上海地方立法
蓝皮书

（2020 年）

丁伟 主编　　王娟 副主编

上海市立法研究所 编

上海人民出版社

前　言

　　全国第一部以一个省市级的地方立法为内容的"立法蓝皮书"——《上海地方立法蓝皮书（2019年）》于2020年12月由上海人民出版社出版，该书对2019立法年度上海地方立法作了全领域、全景式的梳理研究，以权威、翔实的资料展现了该年度上海地方立法的状况，这标志着经历四十年发展的上海地方立法进入了立法实践与理论研究相互交融的高质量发展期。《上海地方立法蓝皮书（2019年）》的发布引起了社会各界、国内同行的广泛关注，在该书发布当日，新华社上海分社关于上海市立法研究所"地方立法蓝皮书"的报道，阅读量近50万。上海地方立法蓝皮书的定期发布，既是对每年度上海地方立法状况的一次巡礼，也对推动我国地方立法理论研究具有标志性的意义。

　　展现在读者面前的《上海地方立法蓝皮书（2020年）》是继首部上海地方立法蓝皮书问世后，上海市立法研究所倾力打造的2020年度上海地方立法年度报告。2020年既是全面建成小康社会的收官之年、实现第一个百年奋斗目标的决胜之年、脱贫攻坚的达标之年，又是法治上海建设的攻坚克难之年。2019年12月20日召开的上海市委十一届八次全会提出，要坚持和完善全面推进依法治市制度体系，使法治成为上海核心竞争力的重要标志、城市治理现代化的闪亮名片。在纪念上海市人大设立常委会40周年座谈会上，李强书记强调，要在服务大局上精准发力，找准切入点、发力点，主动作为，提供有效的制度供给。

　　2020年，在党中央、上海市委的坚强领导下，上海市人大常委会开足马力，高效运行，在按计划整体推进各项工作的同时，突出重点，聚焦难点，进一步增强大局意识、创新意识，加强立法工作的前瞻性、预见性，确保地方立法在大局下谋划，在大势中推进，在大事上作为，有效应对上海实施国家战略及经济社会发展对立法的新需求。一年内完成了 27 件立法，创造了新的立法纪录，其中不少立法属于创制性立法，立法中的一些创新之举开创了地方立法的先河。比如，出台了全国第一部疫情防控的法律性问题决定。又如，率先探索"不破行政隶属，打破行政边界"这一改革发展新模式的法治保障路径，在全国人大常委会法工委的支持下，上海牵头，会同江浙两省人大常委会，同步出台了《关于促进和保障长三角生态绿色一体化发展示范区建设若干问题的决定》，这是改革决策与立法决策协调同步的又一次成功演绎，不但为长三角一体化发展提供了有力的法治保障，而且是对我国立法制度的一次有益探索和创新，为长三角区域立法协同更高质量、更深层次的发展积累了宝贵经验。再如，积极探索"全过程民主"的有效实现形式和路径，在全国率先出台了充分发挥人大在推进全过程民主探索实践中的作用的意见，出台了全国第一部地方外商投资条例，在全国率先实施了《上海市优化营商环境条例》，并由上海市立法研究所编制发布了全国第一部地方立法蓝皮书。

回顾 2020 年度上海地方立法工作，一些超常规的举措反映了新时代地方立法的新特点、新常态：

一是实现观念思路的转变，增强制度供给的针对性。观念决定思路，思路决定出路。立法工作根深蒂固的观念是讲规则、依程序，容易因循守旧，被不尽合理的规则束缚手脚。按照依法立法的要求，《立法法》《制定地方性法规条例》等法律、法规的规定必须严格遵循，但一些具有上海地方特色的制度性规定是在长期的立法实践中逐步形成的，其出台往往有特定的时代背景。对于这些制度既要坚持，又要完善，更要以与时俱进的科学态度，灵活运用、变通执行。比如，立法项目的遴选、确定，按照现有制度，申报单位在立项申报时应当提交完整的立项论证报告并具备法规案草案，按照这一要求，一些社会急需、人民群众期盼的法规就难以列入立法计划。上海市人大常委会以与时俱进的科学态度，积极发挥对立法的主导作用，打破惯常思路，采取超常规的做法，积极催生社会急需、群众期盼的立法项目。

二是实现身份角色的转换，增强制度供给的及时性。按照《立法法》《地方组织法》的规定，同级人民政府是有权提出地方性法规议案的主体。在各地的立法实践中，一些专业性较强的法规通常由政府部门负责起草，政府部门在立法环节中处于前道程序，人大通常处于后道程序。与政府法制部门相比，人大法制工作部门在机构设置、人员编制、经费安排上，力量配备比较有限。党的十八届四中全会通过的《中共中央关于全面推进依法治国若干重大问题的决定》强调要发挥人大对立法的主导作用。在党委领导、人大主导、政府依托、各方参与的新格局中，人大需要转变身份角色，发挥主导作用，做到既不越位，更不缺位，关键时刻还要补位，及时捕捉立法的有利时机。立法只有抓住窗口期，才能最大限度地发挥边际效应。2020年初春，我国遭遇了新中国成立以来传播速度最快、感染范围最广、防控难度最大的新型冠状病毒感染肺炎疫情。为打赢疫情防控阻击战，上海市人大常委会审时度势，及时出击，积极、主动作为，在各类人员即将大量集中返沪、企业即将集中复工的重要时间节点，及时作出了上海市人大常委会《关于全力做好当前新型冠状病毒感染肺炎疫情防控工作的决定》，依法支持并授权政府采取必需的临时性应急管理措施，为政府落实最严格的防控措施，确保中央和市委关于疫情防控的重大部署落实落地提供法治保障。在立法过程中，对于管理部门职责分工等涉及政府事权的事项，依法系政府部门的管理权限，但立法机关在审议过程中并不是被动地确认政府议案的规定。在《上海市知识产权保护条例》审议过程中，上海市人大常委会打破常规，跨前一步，深度介入，积极发挥主导作用，强化了知识产权局的管理职能，有效增强了立法的可执行性，同时也彰显了人大的主导作用。

三是实现立法重点的转移，增强制度供给的有效性。近年来上海改革发展的步伐加快，需要妥善解决立法需求扩张性与立法资源稀缺性、供给能力有限性之间的矛盾。与此同时，改革发展的牵引，导致地方性法规的生命周期缩短，法规修改的频率加快，这是新时期立法工作的新常态。在常委会会期难以无限增加的情况下，上海市人大常委会用足、用好有限的立法资源，降低立法成本。一方面，调整优化存量、控制增量，能修改现行法规的，尽可能不立新法。另一方面，新制定法规能采用"少而精""小快灵""一事一例"的立法体例，尽可能不搞综合性、"大而全"的体例。同时，对于亟待修改的法规，聚焦突出问题、解决主要矛盾，尽可能采用打包处理的方式，根据需要和可能争取一个修法决定一揽子修正数个法规。有效、管用是硬道理，地方立法的真正价值在于务实、管用，具有操作性。为增强立法供给的有效性，上海市人大常委会注重问题导向、目标导向、路径导向，质量与效率并重。在《上海市促进中小企业发展条例》的修订过程中，针对中小企业发展的痛点、难点、堵点，为放大政府融资担保功能，提出了两个约束性指标，即政府性融资担保机构担保放大倍数原则上不低于五倍，担保代偿率可以达到百分之五。这种立法方式应当成为上海地方立法发展的方向。

判断一个地区立法水平高低的尺度不是某一部法规的质量，而是立法制度的创新能力、立法规律的驾驭能力。2020 年上海地方立法最大的亮点在于立法方式的创新发展，优化地方立法的"供给侧"，跑出"加速度"。上海地方立法已经开展四十多年了，在地方立法已经涵盖经济社会发展各领域的情况下，应当正确把握整体推进与重点突破的关系，注重关键领域的重点突破，做到以点带面，增强制度供给的有效性。与其四面开花，十个手指分散，不如攥指成拳，打好"组合拳"，凸显地方性法规的集聚效应，实现一个领域法规的质量、效益由量变到质变，有一个明显的跃升。2020 年，上海地方立法聚焦营商环境建设，形成了"1+X"的制度群：制定并在全国率先实施《上海市优化营商环境条例》，该条例是上海促进营商环境的"基本法"；围绕该"基本法"，制定、修改了一系列单行法规。比如，制定了《上海市外商投资条例》《上海市地方金融监督管理条例》《上海市知识产权保护条例》，修改了《上海市促进中小企业发展条例》《上海市反不正当竞争条例》，有效地打出了组合拳。

上海 2020 年地方立法的实践证明，科学立法的制度性规定不是一成不变的，地方立法的科学规律需要不断探索。推动地方立法高质量发展，不但需要因时制宜、因事制宜，针对每一个立法项目的不同情况定身打造立法工作的具体方案，更要善于总结立法个案中的成功经验，做到举一反三、融会贯通，并及时上升到制度层面。只有这样，才能不断适应新时代地方立法的新常态，不断提高新时代地方立法工作的驾驭能力。

《上海地方立法蓝皮书（2020年）》在编写体例上基本沿用2019年版蓝皮书的体例，全书由正文部分和附录组成。正文分为四个部分，分别是：2020年上海地方立法工作总评述、立法篇、法治综合篇和理论研究篇。其中，地方立法工作总评述部分系统总结、评述了2020年度上海科学立法、民主立法、依法立法的总体情况；立法篇按照立法背景、主要内容、工作评述的框架结构对24件地方性法规、法律性问题决定的相关情况作了描述；法治综合篇汇集了基层立法联系点、备案审查、制度建设以及长三角立法协同的基本情况；理论研究篇摘录了领导相关重要讲话、收录了部分代表专家对立法工作的评价，展示了立法研究所部分立法研究成果。附录收录了《上海地方立法蓝皮书（2019年）》综合评介、2020年度人大代表的立法议案及审议结果报告、2020年度上海市人大常委会立法计划、2020年度新制定和修改的上海市地方性法规的文本。这一结构安排旨在完整展示2020年度上海科学立法、民主立法、依法立法实践探索、制度创新及理论研究的状况。

值此本书出版之际，谨向为编写本书提供大量第一手资料的上海市人大常委会法工委工作人员致以崇高的敬意，向为出版本书提供大力支持的上海人民出版社以及曹培雷副总编辑、夏红梅编辑一并致以衷心的感谢。

丁　伟

上海市立法研究所所长

法学教授、博士生导师

2021年3月24日

目　录

一、2020 年上海地方立法工作的总评述

二、立法篇

三、法治综合篇

四、理论研究篇

附　录

一、2020 年上海地方立法工作的总评述

2020 年上海地方立法工作的总评述

一、立法工作概况

2020 年是极不平凡的一年。上海在地方立法实践中深入贯彻习近平总书记关于坚持和完善人民代表大会制度的重要思想，考察上海的重要讲话精神和在浦东开发开放 30 周年庆祝大会上的重要讲话精神。坚决落实党中央、国务院和上海市委的决策部署，自觉践行"人民城市人民建，人民城市为人民"重要理念，统筹推进疫情防控和经济社会发展工作。

2020 年，面对新的更高的要求，上海市人大常委会审议法规、法律性问题决定草案 30 件，通过 27 件，创造了新的立法纪录。上海市委召开五年一次的市人大工作会议并印发《关于加强新时代人大工作充分发挥人大在推进城市治理现代化中的作用的意见》，对发挥人大在立法中的主导作用等作出全面部署。上海在抗疫、营商环境等方面的地方立法创下多个全国第一，长三角示范区决定获得栗战书委员长批示，中央依法治市委将地方金融等立法作为优秀工作予以表彰。上海市人大 2020 年的立法工作呈现出了鲜明的特色。

二、紧扣社会关切，突出时代特点，积极提供制度支撑

（一）围绕疫情防控，为上海市公共卫生应急管理提供应急、及时、有效的法治保障

坚持人民至上、生命至上，坚决贯彻党中央和市委关于在法治轨道上统筹推进疫情防控工作的重大部署，充分发挥人大立法职能作用，加强疫情防控法治保障。面对突如其来的新冠肺炎疫情，制定全国首部疫情防控地方性法规——上海市人大常委会《关于全力做好当前新型冠状病毒感染肺炎疫情

防控工作的决定》，明确上海各类组织和个人在疫情期间应承担的特定防控责任，为打好疫情防控阻击战提供应急、及时、有效的法治支撑。为更好地推动该决定的贯彻落实，决定翻译成 12 国语言发布，上海市人大常委会法工委编写了《依法治"疫"众志成城》一书，记载立法过程、执法情况并收录了配套制度。根据全国人大部署开展《关于全面禁止非法野生动物交易、革除滥食野生动物陋习、切实保障人民身体健康安全的决定》执法检查并相应修改上海市 12 件地方性法规。为适应疫情防控常态化要求，及时新增并审议通过《上海市公共卫生应急管理条例》，强调平战结合，构建疫情早期监测预警体系，坚持开展爱国卫生运动，对勤洗手、进入公共场所按照要求佩戴口罩、保持社交距离、使用公筷公勺、实施分餐制等作出规定，强化公共卫生社会治理。

（二）夯实优化营商环境法治基础，为助力经济发展打好立法"组合拳"

制定《上海市优化营商环境条例》，着重对标国际最高标准，用法规固化制度改革成果，整合各方力量，聚焦提升政务服务能力和水平，着力打造企业全生命周期服务体系，为市场主体提供稳定、透明、可预期的法治保障。修改《上海市促进中小企业发展条例》，将促进中小企业发展确定为长期发展战略，建立中小企业服务专员制度，有效提高政府性融资担保机构的担保放大倍数，助力解决中小企业"融资难"问题。制定《上海市外商投资条例》，设置"扩大开放"专章，完善跨国公司在沪设立和发展地区总部及研发中心的支持保障政策，彰显上海全方位高水平扩大开放的决心。修改《上海市反不正当竞争条例》，将法律规定的七类不正当竞争行为予以细化列举，强化调查取证和违法惩戒，维护公平竞争市场秩序。以上 4 件法规在半年内通过，以《上海市优化营商环境条例》为"基本法"，形成了"1+X"的制度群，打出了上海优化营商环境法治保障"组合拳"。

（三）聚焦国家重大战略任务实施，提升城市综合实力和能级

为落实习近平总书记关于"地方政府要在坚持金融管理主要是中央事权的前提下，强化地方监管责任和属地风险处置责任"的指示要求，制定《上海市

地方金融监督管理条例》，明确防控金融风险的属地责任，健全上海处置化解金融风险的工作机制。围绕强化科技创新策源功能，制定《上海市知识产权保护条例》，采取综合立法体例，对标国家对上海的战略定位，构建运行高效、衔接紧密的"严保护、大保护、快保护、同保护"工作体系。为强化全球资源配置功能，建设国际会展之都，制定全国首部会展业地方性法规《上海市会展业条例》，设立"进博会服务保障"专章，将固化提升成功举办进博会的成熟经验和创新突破相结合，对优化会展业营商环境、赋能行业发展、加强服务保障、办好进博会等方面进行了全面规划设计，以保障进博会"越办越好"。开展《中国（上海）自由贸易试验区条例》修法调研，听取市政府关于自贸试验区临港新片区建设情况的报告，支持新片区加快构建开放型制度体系，以更高标准优化审批流程，积极探索涉外商事纠纷"一站式"解决方式，全力打造宜业宜居的现代化海滨新城。

（四）支持长三角高质量一体化发展，深入推进区域立法协同

在全国人大支持下，会同江苏、浙江人大同步作出《关于促进和保障长三角生态绿色一体化发展示范区建设若干问题的决定》，共同赋予示范区执委会相关省际管辖权，支持示范区打破行政壁垒、提高行政效能。该决定是沪苏浙两省一市人大常委会为保障重大国家战略实施，首次就示范区建设同步作出法律性问题决定，是在不触及现有立法体制、法律体系的前提下，对我国区域立法协同的新探索。上海市人大重视在各相关立法中促进和推动长三角立法协同，比如，与苏浙皖人大充分沟通研究，率先审议通过《上海市铁路安全管理条例》，落实长三角铁路沿线地区各级政府护路联防责任。修改《上海市公路管理条例》，确立了上海有关管理部门与长三角相关省、市有关部门的沟通协调机制，加强公路规划、建设、养护和管理的协同，提升省际公路通达能力。在取得长三角三省人大共识基础上，上海市人大由常委会领导牵头开展长三角一体化发展专题调研，聚焦共同关心的区域立法协作等六个重点领域，充分听取市政府部门和苏浙皖人大、政府的意见，形成下一阶段工作项目建议和法治保障安排，助力长三角一体化发展扎实推进。

（五）积极回应民生关切，推动城市治理提升效能

上海市人大把人民城市建设的重要理念贯彻落实到立法工作的各方面。对标"老有颐养"新目标，制定综合性的《上海市养老服务条例》，构建覆盖居家养老、社区养老、机构养老、医养康养的工作体系。制定《上海市公共文化服务保障与促进条例》，明确应充分发挥红色文化、海派文化、江南文化等特色文化优势；规定了基本公共文化服务内容，并要求加大对远郊地区以及新城、大型居住社区等地区的公共文化服务供给。修改《上海市消防条例》，审议《上海市非机动车安全管理条例》，推动智慧消防纳入"一网统管"体系，强化电动自行车充电安全管理。及时通过《上海市不动产登记若干规定》，一揽子修改《上海市住宅物业管理规定》等 8 件地方性法规。制定《上海市实施〈中华人民共和国农民专业合作社法〉办法》，创制性地制定全国首部地方性法规《上海市促进家庭农场发展条例》，为增强农业经营主体活力赋能。作出《关于加强检察机关公益诉讼工作的决定》，在城市公共安全、金融秩序、知识产权、个人信息安全、历史风貌区和历史建筑保护等领域探索开展公益诉讼，体现了地方特色。

三、坚持科学立法、民主立法、依法立法的工作原则

（一）扎实做好调查研究，坚持科学立法

上海市人大抓住立法质量这一关键，突出"管用有效"，切实把握立法工作的规律。一是改进和完善工作机制建设。在《上海市人民代表大会专门委员会工作条例》中，对专门委员会的立法工作作了明确，细化了市人大法制委员会在立法工作流程中的作用。市人大常委会主任会议制定了《关于进一步优化完善市人大常委会法规草案起草审议有关工作的若干意见》，抓住起草审议关键环节，对市人大专门委员会和市人大法制委、市人大常委会法工委在各阶段的职责作出明确，并重点强调要提前参与政府部门的起草工作。二是在察实情、求实效上下功夫。比如，在《上海市促进中小企业发展条例》修改过程中，为着力解决中小企业融资难问题，提出政府性融资担保机构担保放大倍数原则上不低于五倍，担保代偿率可以达到百分之五等极具针对性的条款，有力支持中小

企业渡过难关。又比如，为贯彻实施长江大保护战略，制定出台全国首部长江流域特定物种保护法规《上海市中华鲟保护管理条例》。

（二）畅通民意参与渠道，坚持民主立法

上海市人大将民生情怀融入立法实践，通过立法汇聚起共建共享人民城市的磅礴力量。一是拓宽立法建议渠道，强化立法全过程民主，夯实立法民意基础。进一步发挥基层立法联系点的民意直通车作用，进一步发挥代表之家、代表联络站、代表联系点密切联系人民群众的连心桥作用。围绕立法工作，加强社情民意的收集、整理和研判工作，开启每周一期的《法治动态》以及立法项目专题舆情收集。二是民有所呼、我有所应，让人民感受到民主的实效性、优越性。比如，在制定《上海市优化营商环境条例》时，七宝镇人大立法联系点提出，在与政府合作中，企业最担心"人来政改、人走政息"。建议完善政府守信践诺机制，对已作出的行政许可决定、招商引资承诺等，合法的应及时兑现；不合法的，在给予补偿的同时，应作解释并给予指导。《条例》采纳了该建议。又比如，在修改《上海市公路管理条例》时，为解决因规划不合理导致部分农村公路路面破坏、毁损情况较为突出等问题，根据基层建议增加了"农村公路规划应当与特色产业、乡村旅游等发展相协调"等内容。

（三）维护国家法制统一，坚持依法立法

上海市人大始终坚持在立法工作中维护法制统一和权威，把好地方立法的合法关。一是在立法中贯彻上位法的各项要求。跟进全国人大对《村民委员会组织法》的修改，将《上海市村民委员会选举办法》中的村民委员会每届任期由三年相应修改为五年，以保证上海新一轮村民委员会换届工作依法顺利进行。根据新修正的《消防法》和机构改革实施情况，在《上海市消防条例》中对应急管理部门、人民政府消防救援机构、住房城乡建设管理部门以及公安机关等各相关部门的消防管理职责作相应规定，将建设工程的消防设计审查职能由消防救援机构划归住房城乡建设管理部门。二是按部署开展3项法规专项清理。其中，根据《野生动物保护法》《动物防疫法》等法律规定及中央有关抗疫工作的精神要求，一揽子修改12件地方性法规，废止《上海市实施〈中华人民共和国野生动物保护法〉办法》；围绕贯彻实施民法典，首批一揽子修改 12 件地方性法规，废止《上海市机动车道路交通事故赔偿责任若干规定》；此外还开展了食品药品安全领域的地方性法规清理工作。

四、担负起使命责任，切实加强探索创新

（一）牢牢把握人大工作正确政治方向

牢牢把握人大政治机关的定位，毫不动摇坚持中国特色社会主义政治发展道路，增强"四个意识"、坚定"四个自信"、做到"两个维护"，深入学习贯彻习近平法治思想，全面落实党中央、全国人大常委会和市委关于立法工作的部署，围绕法治上海建设的总目标，创制性地做好立法工作。2020 年 9 月，上海市委召开五年一次的市人大工作会议，印发《关于加强新时代人大工作充分发挥人大在推进城市治理现代化中的作用的意见》，对坚持党对人大工作的全面领导，发挥人大在立法中的主导作用等作出全面部署。上海市人大认真落实工作会议精神，及时召开专题学习会、制定任务清单，围绕三个方面作了工作部署：坚持以人民为中心的发展思想，认真贯彻全过程民主的重要理念，充分发挥人大代表在城市建设和治理中的重要作用；坚持运用法治思维和法治方式，不断提高立法的针对性、实效性，不断提高监督的有效性、权威性，充分发挥法治对城市治理的引领保障作用；坚持人大政治机关定位，全面加强自身建设，切实担负起党和人民赋予人大工作的历史重任。

（二）积极探索实践"全过程民主"重要理念

习近平总书记在上海考察基层立法联系点时指出，"我们走的是一条中国特色社会主义政治发展道路，人民民主是一种全过程民主"。上海市人大深入学习贯彻习近平总书记重要讲话精神，落实市委关于推进基层立法联系点优化完善的工作部署。2020 年 4 月，上海市人大召开基层立法联系点扩点提质工作推进会，将基层立法联系点扩大至 25 家，实现 16 个区全覆盖，从街道、乡镇拓展到园区、企业和协会。常委会主任会议修订《上海市人民代表大会常务委员会基层立法联系点工作规则》，明确扩点扩围、更要提质增效，要求各基层立法联系点坚持和拓展基层属性、立法属性和联通属性，把全过程民主优势更充分发挥出来，助力高质量法治建设。11 月，在习近平总书记考察基层立法联系点一周年之际，上海市人大召开座谈会，出台《关于充分发挥人大在推进"全过程民主"探索实践中的作用的意见》，从提高认识、深化探索、制度保障三方面作出规定，要求上海市各级人大常委会在践行全过程民主中发挥示范带头作用。上海推进"全过程民主"情况报全国人大后，全国人大以工作简报形式发全国人大各部门及各省区市人大。

（三）创新推出地方立法协同的新典范样本

2020 年，长三角地区三省一市人大常委会主任座谈会在上海召开。会议强调，三省一市人大要主动推进地方立法协同，聚焦主要问题、创新立法方式、提高立法质量和效率，共同做好示范区地方立法工作。9 月 24 日、25 日，沪苏浙两省一市人大常委会分别表决通过《关于促进和保障长三角生态绿色一体化发展示范区建设若干问题的决定》，授权示范区执委会行使省级项目管理权限，按照两省一市政府有关规定统一管理跨区域项目，负责先行启动区内除国家另有规定以外的跨区域投资项目的审批、核准和备案管理，联合上海市青浦区、江苏省苏州市吴江区、浙江省嘉善县人民政府行使先行启动区控制性详细规划的审批权。该决定的作出，实现了决定文本相同、审议通过时间同步、联合共同召开新闻发布会的"三同"，是两省一市人大常委会在党委领导下积极主动作为、通力密切合作的结果，是全国人大常委会及其有关部门深入指导地方人大做好新时代地方立法工作的成功案例，为进一步探索创新地方立法协同提供了新样本，是对我国立法制度的重要探索创新。

（四）贯彻落实全国人大关于备案审查的新部署新要求

上海市人大贯彻党中央精神，遵循宪法、法律规定和全国人大常委会委员长会议通过的《法规、司法解释备案审查工作办法》，按照"有件必备、有备必审、有错必纠"的要求，进一步加强对报备规范性文件的主动审查，加强备案审查制度和能力建设，备案审查工作取得新进展。常委会党组会议专题听取关于学习贯彻工作办法、加强备案审查制度建设的汇报。按照全国人大关于规范性文件备案审查系统向区级人大延伸的工作要求，结合各区人大工作特点，优化区人大备案审查业务流程，开发建设了市人大规范性文件备案审查系统区级平台，并于2021 年 1 月 1 日起正式启用。严格执行全国人大关于备案审查的指导思想、备案范围、审查标准等要求，进一步夯实备案审查工作的基础，探索市人大备案审查研究中心的平台资源向区人大开放。2020 年，虹口和青浦两区人大备案审查工作机构与市人大备案审查研究中心签订协议，由研究中心提供审查研究咨询意见和理论研究等服务。

（五）服务保障地方立法开展研究工作

立法研究是提高立法质量水平的重要方面，2020 年是上海地方立法研究转型升级的一年，立法研究为上海地方立法提供了有效的后备支撑。一是两部具有一定开创性的著述引起各界广泛反响。全国首部地方立法蓝皮书《上海地方立法蓝皮书（2019 年）》出版，有效提升了地方立法的影响力。历经 2018 年、2019 年和 2020 年的持续研究，数字化治理领域的开创作品《"一网通办"法律规制》出版，直接服务上海地方立法。新华社关于两书的报道文章，阅读量将近 50 万次。二是围绕上海地方立法开展各项实务研究。数字经济法治问题、知识产权立法研究等 14 项课题，《新型肺炎疫情防控法律政策依据（特刊）》《关于长三角一体化示范区行政复议管辖权若干问题研究》等十余期法制参阅资料，有效服务立法决策。三是以立法研究所为枢纽，地方立法的服务平台不断扩大。海通证券股份有限公司、临港新片区所在地南汇新城镇人大成为立法研究基地。结合金融新发展规划，"新形势下上海国际金融中心法制环境的优化"研讨会举办。上海市立法研究所微信公众号启动运行、立法研究所杂志专栏设立，链接各方智库、增进社会交流的有效平台不断扩大。

（编写人：王娟　上海市立法研究所副所长）

二、立法篇

1．《关于全力做好当前新型冠状病毒感染肺炎疫情防控工作的决定》立法工作的评述

一、立法背景

2020年2月7日，上海市第十五届人大常委会第十七次会议表决通过《上海市人民代表大会常务委员会关于全力做好当前新型冠状病毒感染肺炎疫情防控工作的决定》(以下简称《决定》)。

2020年初春，我国遭遇了新中国成立以来传播速度最快、感染范围最广、防控难度最大的新型冠状病毒感染肺炎疫情。在疫情突如其来，肆虐神州大地的关键时刻，以习近平同志为核心的党中央坚持人民至上、生命至上，以坚定果敢的勇气和坚忍不拔的决心，迅速打响疫情防控的人民战争、总体战、阻击战。在上海市委的坚强领导下，上海市人大常委会审时度势，在各类人员大量集中返沪、企业集中复工的重要时间节点和"防输入、防传播、防扩散"的关键阶段，果断启动应急立法程序，组织工作专班，夜以继日投入紧张的立法工作，从调研起草，全过程、全覆盖、多轮次听取各方面意见，到市人大常委会审议表决，仅用了不到10天的时间，创造了上海地方立法的一项新纪录。《决定》是全国第一部疫情防控的法律性问题决定，为上海市全面贯彻落实以习近平同志为核心的党中央关于依法防控的一系列要求及时提供了法治支撑。

一是立足职能，《决定》为确保党中央和市委关于疫情防控重大部署落实落地提供法治保障。习近平总书记在疫情发生后作出重要指示，中共中央印发了《关于加强党的领导、为打赢疫情防控阻击战提供坚强政治保证的通知》《中央全面依法治国委员会关于依法防控新型冠状病毒感染肺炎疫情、切实保障人民群众生命健康安全的意见》，要求全力做好防控工作，强化党建引领，加强社会治

理,坚决遏制疫情蔓延势头,坚决维护社会大局稳定。上海市委、市政府发布了《关于进一步加强我市新型冠状病毒感染肺炎疫情防控工作的通知》等文件。由市人大常委会作出决定,有利于强化责任落实,以法治方式贯彻落实中央和市委的重大决策部署。

二是积极作为,《决定》为政府实施最严格的防控措施提供法治支撑。《决定》借鉴了上海防治"非典"时期和筹办世博会期间的有效做法,是特殊时期的特别规定。《决定》依法支持并授权政府采取必需的临时性应急管理措施,具有优先适用的法律效力,有助于针对上海超大城市实际,为政府落实最严格的防控措施及时提供强有力的支撑。

三是勠力同心,《决定》为动员全社会共同做好防控工作形成合力提供法律依据。疫情防控涉及社会方方面面,既涉及对相关人员的排查和隔离、相关物资应急保障,还涉及社会管理诸多工作。由市人大常委会作出决定,有利于动员全社会积极参与,进一步明确单位和个人的权利、义务以及应承担的法律责任,强化群防群治抵御疫情的法治保障,有力促进全社会科学、高效、规范地做好疫情防控工作。

二、主要内容

《决定》重点规范上海市行政区域内防控新型冠状病毒感染肺炎疫情的有关活动及其管理,包括防控工作的总体要求、政府相关职责、单位和个人权利义务以及应承担的法律责任等内容。

(一)关于防控工作的总体要求

《决定》明确,疫情防控工作遵循依法依规、科学防治、精准施策、有序规范、联防联控、群防群治的原则,坚持党建引领,采取管用有效的措施,把区域治理、部门治理、行业治理、基层治理、单位治理有机结合起来,切实提高疫情防控的科学性、及时性和有效性。

(二)关于政府的职责

《决定》明确了政府一系列职责和工作要求:一是明确了各级人民政府和街

道办事处的职责，落实全市联防联控机制。二是明确各级人民政府及其有关部门应当全力维护医疗、隔离秩序，调动各方面积极性加大科研攻关力度，提高科学救治能力。三是明确应急救援物资保障实行特事特办，要求发展改革、经济信息化、商务、应急管理、市场监管、财政、口岸查验、住房城乡建设等有关部门创新监管方式，优化工作流程，建立绿色通道，为应急救援物资的供应和使用以及应急救援工程建设等提供便利。四是明确市、区人民政府及其有关部门必要时可以征用所需设备、设施、场地、交通工具和其他物资等，并应当依法予以归还或者补偿。审议中有意见提出，《决定》是疫情防控期间的应急性决定，建议明确依法征用是基于疫情防控的需要，并增加为疫情防控物资生产提供便利的内容。经研究，采纳该意见，《决定》规定，"市、区人民政府及其有关部门可以在必要时依法向单位或者个人征用疫情防控所需设备、设施、场地、交通工具和其他物资，要求相关企业组织相应的疫情防控物资和生活必需品的生产、供给。市、区人民政府及其有关部门应当向被征用的单位或者个人发出应急征用凭证，并依法予以归还或者补偿"。五是明确市、区人民政府及其有关部门应当对防控工作中相关单位遇到的困难及时提供帮扶，应当加强对慈善捐赠活动的规范管理。六是充分发挥"一网通办""一网统管"的作用，优化政务服务流程，鼓励企事业单位、社会组织和个人在线办理各项业务。此外，《决定》还对市人民政府根据疫情防控需要，与长三角区域相关省、市共同做好联防联控作了规定。

鉴于疫情防控工作的特殊性和复杂性，可能有一些紧急情况需要临时应对和处置，为了尽最大努力支持政府在疫情防控期间的工作，《决定》明确市人民政府可以就采取临时性应急管理措施制定政府规章或者发布决定、命令和通告等。同时，明确了市人民政府就采取临时性应急管理措施制定规章或者发布决定、命令和通告等的前提、原则和范围，明确了市人大常委会通过备案对此项工作实施监督。

（三）关于群防群治

为调动社会各方面的力量，充分发挥社区和群众性自治组织的积极性，

《决定》分别明确了基层社区、相关单位和个人等各方的权利义务：一是明确疫情防控应当发挥群防群治力量，充分发动基层群众性自治组织采取针对性防控举措。二是明确单位落实防控措施的主体责任，要求机关、企事业单位、社会组织应当建立健全防控工作责任制和管理制度，对重点人员、重点群体、重要场所、重要设施实施严格管控，加强健康监测，发现异常情况及时报告相关部门，要求产业园区管理机构做好园区内各项疫情防控工作，要求航空、铁路、轨道交通、长途客运、水路运输等公共服务单位应当确保各项疫情防控措施有效落实。三是明确个人的防控责任，要求个人应当做好自我防护，按照规定如实提供有关信息，配合相关部门做好疫情防控工作，依法接受调查、监测、隔离观察、集中救治等防控措施，确保疫情早发现、早报告、早诊断、早隔离、早治疗。审议中有意见提出，应当增加有关个人进入公共场所应当自觉佩戴口罩的规定。经研究，采纳该意见。《决定》对个人的防控责任作出规定，"个人应当做好自我防护，进入公共场所的，自觉佩戴口罩"。

（四）关于营造众志成城的良好社会氛围

为进一步动员全社会积极参与配合打好疫情防控阻击战，《决定》规定市人民政府及其有关部门应当实事求是、公开透明、迅速及时公布疫情信息，不得缓报、漏报、瞒报、谎报；媒体应当积极开展公益宣传，宣传解读政策措施，引导广大群众正确理解、积极配合、科学参与疫情防控，在全社会营造全民抗击疫情的积极氛围；明确任何单位和个人不得编造、传播有关疫情的虚假信息。

（五）关于人大监督和司法保障

为进一步发挥人大监督和司法保障功能，《决定》明确：一是市人大常委会和各区人大常委会应当通过听取专项工作报告等方式，加强对本决定执行情况的监督；发挥各级人大代表作用，汇集、反映人民群众的意见和建议，督促有关方面落实疫情防控的各项工作。二是上海市人民法院、人民检察院应当积极履行职责，依法处理各类疫情防控相关民商事纠纷，依法严惩各类妨碍疫情防控的违法犯罪行为，为疫情防控提供司法保障。

（六）关于法律责任

根据《传染病防治法》《突发事件应对法》和《突发公共卫生事件应急条例》等法律法规的规定，《决定》对单位和个人违反法律法规和《决定》的各类法律责任作了规定。同时，明确了个人有隐瞒病史、重点地区旅行史、与患者或疑似患者接触史、逃避隔离医学观察等行为，除依法严格追究相应法律责任外，有关部门还可以将其失信信息依法归集到上海市公共信用信息平台，并采取惩戒措施。在《决定》草案征求意见过程中，各方面对如何进一步做实做细医疗防护物资保障、患者救治、居民生活必需品供应、企业复工复产、中小企业帮扶等提出了不少具体意见和建议。考虑到市委、市政府已经对上述问题作了全面部署，《决定》是在疫情防控期间的一项应急性的规定，重点规范防控疫情的有关活动及其法治保障，相关部门应当在具体工作中贯彻好、落实好市委市政府的部署要求。

三、评述

一是《决定》的出台贯彻了"依法防控"的要求。打赢新型冠状病毒感染肺炎疫情阻击战是关系人民生命健康安全，维护正常社会秩序的大事。上海市人大常委会作出《决定》，贯彻了"依法防控"的要求，为确保中央和市委关于疫情防控重大部署落实落地提供了法治保障。即依法支持并授权政府采取必需的临时性应急管理措施，落实最严格的防控措施；动员全社会积极参与疫情防控工作，进一步明确单位和个人的权利、义务以及应承担的法律责任，强化群防群治抵御疫情的法治保障，促进全社会科学、高效、规范地做好疫情防控工作。

二是《决定》把准法律定位，并对关键环节作了规范。《决定》借鉴了上海防治"非典"时期和筹办世博会期间的有效做法，属于特殊时期的特别规定，具有优先适用的法律效力，有助于针对上海超大城市实际，重点规范三个环节：1.针对各类人员大量集中返沪、企业集中复工的情况，要求相关部门加强道口筛查，把好"防输入"的进口关。2.加强"社区管控"，明确疫情防控应当发挥群防群治力量，充分发挥基层群众性自治组织作用，明确社区属地责任，落实"防输入、防传播、防扩散"的联防联控机制。3.要求各级人民政府及其有关部门强化对定点医疗机构、集中隔离场所等重点部位的综合管理保障工作，全力维护医疗、隔离秩序，积极提高科学救治能力。

三是《决定》重在疫情防控过程中各项管理措施的"管用有效"。《决定》明确，市人民政府可以就采取临时性应急管理措施制定政府规章或者发布决定、命令和通告等，市人大常委会通过备案对此项工作实施监督。《决定》明确，市、区人民政府及其有关部门必要时可以征用所需设备、设施、场地、交通工具和其他物资等，并应当依法予以归还或者补偿。在法律责任方面，《决定》根据《传染病防治法》《突发事件应对法》《突发公共卫生事件应急条例》等法律法规的规定，对违反疫情防控相关规定依法应承担的刑事、民事责任、行政处罚及信用惩戒等事项作了规定。《决定》明确，个人有隐瞒病史、重点地区旅行史、与患者或疑似患者接触史、逃避隔离医学观察等行为，除依法严格追究相应法律责任外，有关部门还应当按照国家和上海市规定，将其失信信息向上海市公共信用信息平台归集，并依法采取惩戒措施。

（编写人：李韵　上海市立法研究所助理研究员）

2.《上海市会展业条例》立法工作的评述

一、立法背景

2020 年 3 月 19 日，上海市第十五届人大常委会第十八次会议表决通过《上海市会展业条例》(以下简称《条例》)。作为全国首个会展业地方性法规，《条例》的出台将有力地推动上海国际会展之都建设，对上海会展业的发展具有重要意义。

市委、市人大、市政府历来高度重视会展业的发展。2005 年，上海在国内率先出台政府规章《上海市展览业管理办法》。2016 年，上海市政府发布《本市关于促进展览业改革发展的实施意见》《"十三五"时期上海国际贸易中心建设规划》，明确提出加快"建设国际会展之都"。近年来，上海会展业的场馆设施、办展规模等多项指标均列国内首位，跃居国际会展城市前茅。但上海会展业在快速发展的同时，面临的挑战和问题依然明显，制定上海会展业地方性法规非常必要。《条例》的制定遵循了以下思路。

一是坚持发展导向。围绕市委市政府"建设国际会展之都"的要求，对标国际会展知名城市，坚持促进发展为主、凸显国际化特色的立法定位，着力推进会展业高质量发展。

二是坚持问题导向。针对会展业市场凸显的纠纷处理等问题，加强管理，强化各方市场主体行为规范，加大企业、项目的引进和培育力度，着力提升会展业水平和质量。

三是固化提升和创新突破相结合。一方面，将上海市在成功举办进博会等工作中积累的较成熟的经验，加以提炼完善后固化上升为制度安排；另一方面，作为创制性立法，结合上海市开放创新的实践探索，创设了"一网通办""展品通关便利化"等体现上海特色的全新制度措施。

二、主要内容

（一）促进与发展的赋能措施

为全面促进会展业发展，提升会展业能级，《条例》规定了多项行业扶持措施。主要包括：一是明确资金支持体系。市、区两级政府应当将促进会展业发展的经费纳入本级财政预算，充分发挥相关专项资金引导激励作用。二是鼓励社会资本进入。推动企业、组织等各种社会资本通过设立会展业投资基金等方式提供资金支持。三是支持引进总部企业和品牌项目。鼓励境内外各类会展企业在上海设立总部并给予相应优惠；建立国际会展活动引进和申办联动机制，加大引进力度。四是培育会展企业国际化发展。支持企业组建具有国际竞争力的大型会展业集团，支持会展项目取得国际认证等。同时，《条例》规定，支持境外机构在会展场馆独立举办对外经济技术展会，这既体现上海会展业进一步扩大开放的态度，又有助于国际知名会展活动的引进和发展。《条例》在促进产业联动、加强区域合作、推进智慧会展、倡导绿色会展方面也设定了扶持举措。五是推广绿色会展。审议中，有意见提出，建议增加制定绿色会展相关标准、鼓励采用绿色原材料和应用低碳环保技术的内容。经研究，《条例》采纳该意见，明确上海遵循减量化、再利用和再循环的原则，积极发展绿色会展，制定、完善绿色会展相关标准，推广应用各种节能降耗的器材设备，鼓励举办单位、场馆单位、会展服务单位和参展单位采用绿色原材料，应用低碳环保技术。

（二）服务与保障机制

一是明确建立会展活动"一网通办"和信息备案制度。按照上海市政府推进"一件事"办理的部署要求，明确在上海"一网通办"平台建立会展统一服务窗口，企业可通过平台服务窗口办理与会展相关的许可、备案等行政事务，办理结果统一经平台反馈。同时，为解决社会各方难以获取准确可信的会展信息的问题，明确建立信息备案制度，规定举办单位应当在发布招展信息前，向市商务部门报备会展活动相关信息；经备案的会展活动，依申请给予展品进境通关便利等公共服务。

二是施行展品通关和人员出入境便利化措施。《条例》将海关为首届进博会量身定制的便利化措施推广至所有符合规定的展会活动。明确规定延长相关展品暂时进境期限，允许符合规定的暂时进境展品在展览结束后进入海关特殊监管区域和保税监管场所。在公安部门支持下，《条例》创设了为信用良好的会展各相关人员提供出入境便利的条款，比如，适用办理口岸签证、护照遗失补办签证等措施。

三是强化现场保障，确立大型会展活动保障机制。会展活动具有人流量大、物流短期集散的特点。《条例》规定，举办地的区政府建立会展活动突发事件应对机制，有关部门加强现场联合检查；明确市、区两级政府建立大型会展活动保障机制，举办超过一定规模会展活动的，由市、区政府依申请启动保障。

四是建立完善会展活动知识产权保护机制。审议中，有意见提出，《条例》应当在会展知识产权保护中明确行政执法、仲裁调解、司法保护等多元化渠道。经研究，《条例》采纳该意见，针对展览期间的知识产权投诉集中、有效处理时间短的特点，明确知识产权管理部门应当加强知识产权保护工作指导，快速处理相关活动期间违法行为；要求举办单位按规定设立知识产权投诉机构，并赋予其依合同采取现场处理措施的权利，以此减少在展馆现场处理纠纷产生的负面影响。此外，《条例》还鼓励会展主体参与制定会展业相关标准；明确制定会展业统计办法，建立统计数据库等。

（三）进博会服务保障

审议中，有意见提出，上海已经成功举办了两届进博会，为了更好地推动落实国家战略、持续放大进博会的溢出带动效应，建议增设专章规定进博会服务保障工作。经研究，《条例》采纳该意见，增设进博会专章：一是关于进博会服务保障总体要求。《条例》明确上海市政府应当贯彻落实国家战略，在进博会组织委员会领导下，会同国家有关部门，加强组织协调、落实服务保障措施，高水平办好进博会。二是关于城市服务保障机制。《条例》明确上海市政府建立进博会城市服务保障机制，确保进博会办成国际一流博览会。三是关于通关便利措施。《条例》明确海关应当按照通关便利、安全高效的要求，简化进博会展品通关手续，提高展品通关效率，便利展品展后处置。四是关于进博会溢出带动效应。《条例》明确市、区政府加强统筹协调，持续放大进博会溢出带动效应，扩大对外开放、推动产业发展、提升城市品质，推进虹桥国际开放枢纽建设，发挥常态化国际贸易服务平台作用。五是关于进博会长三角联动。《条例》明确上海市、区政府依托进博会平台，加强与长三角其他省市间的合作联动，强化安全保卫、口岸通关、环境保护、知识产权保护等重点领域协同保障；促进长三角会展业与其他产业联动发展，推动上海成为联动长三角、服务全国、辐射亚太的进出口商品集散地。

三、评述

一是围绕"建设国际会展之都"，率先进行创制性立法。国家层面在会展业领域尚没有专门的法律法规，省级层面也没有专门的地方性法规。上海率先进行创制性立法，具有很强的示范引领效应。《条例》落实国家战略部署，固化提升成功举办进博会的成熟经验，设"进博会服务保障"专章，持续放大进博会溢出带动效应。《条例》立足国际视野，通过有效的制度设计，培育引进具有国际竞争力的会展项目和举办主体。比如，创制性地规定"支持境外机构在特定会展场馆独立举办对外经济技术展会"，为从事会展业的国外机构"打开大门"。

二是建立促进和保障会展业发展的政策体系和协同机制。促进行业发展、规范行业管理需要较为系统的政策体系和制度安排。《条例》对大型会展活动的多部门协同保障机制，对知识产权以及会展活动期间发生的各类矛盾纠纷的有效处理作了制度设计。《条例》深入推进"放管服"改革，在展览会审批制度已经取消的背景下，对开展事中事后监管和服务明确了新的管理制度。

三是注重创新突破，发挥对行业发展的促进作用。《条例》注重在会展业发展中引入新理念、新技术。比如，《条例》将作为新兴业态的"网上会展"纳入规范，明确"鼓励举办单位、场馆单位和会展服务单位运用现代信息技术开展服务与管理创新，促进网上会展等新兴业态发展，形成线上线下会展活动的有机融合"。《条例》鼓励举办单位、场馆单位和会展服务单位运用现代信息技术，开展服务与管理创新，促进网上会展等新兴业态发展；积极发展绿色会展，完善绿色会展相关标准，鼓励采用绿色原材料，应用低碳环保技术。

（编写人：谭天　上海市立法研究所助理研究员）

3.《上海市消防条例》立法工作的评述

一、立法背景

2020 年 3 月 19 日，上海市第十五届人大常委会第十八次会议表决通过修改后的《上海市消防条例》(以下简称《条例》)。修改《条例》对预防和减少火灾事故的发生、保障人民群众的生命财产安全具有重要意义。

《条例》于 1996 年正式施行，历经 1997 年、2000 年、2003 年三次修正和 2010 年全面修订，对维护上海消防安全、促进经济社会平稳有序发展发挥了重要作用。随着上海城市建设的快速发展，超大型城市的消防安全迫切需要地方立法的支撑，开展修法工作是十分必要的。

一是落实国家机构改革要求。近年来，国家和上海市相继推进机构改革工作，相关部门的消防管理职能发生了重大调整。2019 年，根据机构改革部门职能调整情况，全国人大常委会对《消防法》作了修改。地方有必要通过修法，贯彻落实国家机构改革的要求。

二是回应特大城市消防安全的需要。作为超大城市，上海的消防安全，在行业部门提高依法履责的意识和能力、社会单位落实消防安全主体责任，应急联动单位落实工作责任方面，都需要立法予以保障。

三是完善消防立法体系的需要。上海对消防工作高度重视，消防安全领域的立法工作起步较早且渐成体系，除《条例》外，近年来还陆续出台了《上海市建筑消防设施管理规定》《上海市社会消防组织管理规定》《上海市住宅物业消防安全管理办法》等政府规章，有必要将政府规章中的重点内容予以提升，完善上海消防立法体系。

二、主要内容

（一）落实《消防法》和机构改革的要求

根据新修正的《消防法》和机构改革的要求，相关部门的消防管理职责发生了重大调整。调整后，应急管理部门负责对本行政区域内的消防工作实施监督管理，并由政府消防救援机构负责实施；住房城乡建设管理部门负责建设工程的消防设计审查、建设工程竣工后的消防验收职责以及相应的行政处罚；公安派出所仍负责一定范围的日常消防监督检查等工作。同时，根据新修正的《消防法》，消防设计的审查方式由原来的"大型人员密集场所和特殊建设工程进行审核，其他建设工程进行备案"转变为"特殊建设工程进行审查，其他建设工程在申请许可证或者开工报告时提交材料"。《条例》的相关内容作了相应调整。

（二）强化物业服务企业责任和住宅小区监督检查职责

与新出台的《上海市住宅物业消防安全管理办法》相衔接，《条例》细化了物业服务企业在制定消防管理制度、建立消防档案、设置消防安全标志等方面的具体责任，对动用专项维修资金进行共用消防设施维修、更新和改造等内容作了指引性规定，并设定相应的法律责任。同时，如何强化对住宅小区的监督检查职责，如何协调相关部门执法协作，也是切实落实消防主体责任的关键。审议中有意见提出，应明确住宅小区内占用、堵塞、封闭消防通道等违法行为的执法主体及日常监管要求，建议明确赋予公安派出所在消防监督检查职权范围内行使相应的行政处罚权。经研究，采纳该意见，作了两方面修改：一是关于对住宅小区消防违法行为的监督检查。消防救援机构、公安派出所对日常监督检查中发现的住宅小区内占用、堵塞、封闭消防通道等违法行为，应当依法予以处理。二是关于部门执法协作。机构改革后，虽然相关部门的消防职责发生了较大调整，但上海市的消防救援及监督检查力量不能因此削弱。现有的消防、公安等部门在消防监督检查及违法行为查处方面的协作机制总体上符合上海消防工作实际，可在现行协作机制基础上作进一步完善。为此，增加部门协作的内容："公安机关应当与消防救援机构、住房城乡建设管理部门建立协作机制，加强在消防监督检查、火灾隐患核查、火灾事故调查、违法行为处罚、信息共享等方面的协作；公安派出所对监督检查中发现的消防安全违法行为开展调查取证等工作，协助消防救援机构查处违法行为。"

（三）促进消防工作与现代科技深度融合

近年来，智慧消防充分借力智慧城市的快速发展，为社会消防安全管理提供了新的治理理念。《条例》纳入了鼓励有关单位开展消防科学技术研究和创新，鼓励公安机关、消防救援机构和社会消防组织运用先进科技成果增强火灾预防、扑救和应急救援的能力等方面的表述。审议中有意见提出，应当推进智慧消防建设，加强城市远程消防监控，并纳入"一网统管"支撑体系，切实提升日常监管实效。经研究，加入以下内容："本市推动智慧消防建设，将其纳入'一网统管'城市运行管理体系，依托消防大数据应用平台，为火灾防控、区域火灾风险评估、火灾扑救和应急救援提供技术支持。本市推动消防设施物联网系统建设，加强城市消防远程监控。相关单位应当按照国家工程建设消防技术标准，配置火灾自动报警系统、固定灭火系统和防排烟系统等消防设施，并按照有关规定设置符合规定的消防设施物联网系统，将监控信息实时传输至消防大数据应用平台。"

（四）充分发挥相关技术服务机构的作用

面临新形势新要求，委托第三方机构提供技术服务，已成为现代消防体系建设中的重要内容。审议中有意见提出，要明确在开展建设工程消防设计审查及验收时，可以委托第三方机构提供技术服务。经研究，采纳该意见，明确："住房城乡建设管理部门在消防设计审查、验收时，可以按照国家和本市有关规定，通过政府购买服务等方式，委托具有相应资质的技术服务机构开展图纸技术审查、现场评定等技术服务。被委托的技术服务机构，应当对其出具的意见或者报告负责。"

三、评述

一是强化各级政府及部门消防安全责任。根据国务院机构改革方案和新修正的《消防法》的规定，重新确定了各政府部门的职责。同时，在地方性法规中首次明确上海市各级人民政府主要负责人是本地区消防工作的第一责任人，分管负责人是消防工作的主要责任人，其他负责人应当落实消防安全"一岗双责"制度。明确乡、镇政府和街道办事处应当依托城市网格化等综合管理平台，对公共消防设施、火灾隐患和消防安全违法行为及时协调相关职能部门予以处置，织密基层消防安全治理网格，提升消防安全综合治理水平。

二是从社会治理的全新视角破解难题。明确单位在火灾隐患整改中的自主责任的同时，规定了物业服务企业在住宅物业区域内的消防安全责任以及法律责任。明确在开展建设工程消防设计审查与验收时，可以委托第三方机构提供技术服务。规定消防救援机构在统计火灾损失时，可以委托具有相应资质的第三方机构对火灾损失进行鉴定或评估。明确可以通过政府购买服务等方式，支持和保障消防教育培训、技术服务和物防、技防等工作。

三是建立现代化的智慧消防监管模式。智能化、标准化手段，是守住城市运行安全底线的重要方面。大数据平台将在上海这座拥有 2500 万常住人口的超大城市消防工作中得到应用。《条例》明确，加强智慧消防建设，依托消防大数据应用平台，为火灾防控、区域火灾风险评估、火灾扑救和应急救援提供技术支持。明确配置火灾自动报警系统、固定灭火系统和防排烟系统等消防设施的单位，应当按照有关规定设置消防设施物联网系统，并将监控信息实时传输至消防大数据应用平台。

（编写人：王琨　上海市立法研究所助理研究员）

4.《上海市实施〈中华人民共和国农民专业合作社法〉办法》立法工作的评述

一、立法背景

2020 年 3 月 19 日，上海市第十五届人大常委会第十八次会议表决通过《上海市实施〈中华人民共和国农民专业合作社法〉办法》(以下简称《办法》)。农民专业合作社（以下简称合作社）是深化农村经济体制改革、创新农村基本经营制度的有效形式。合作社作为新时期推动现代农业发展、适应市场经济和规模经济的一种组织形式，增强合作社经济实力、发展活力和带动能力，将充分发挥其服务农民、帮助农民、提高农民、富裕农民的功能作用。上海市制定《办法》有以下几个方面的意义。

一是贯彻落实习近平总书记重要指示和党中央部署的要求。习近平总书记指出，要发展多种形式农业适度规模经营，突出抓好家庭农场和合作社两类农业经营主体发展，支持小农户和现代农业发展有机衔接，赋予双层经营体制新的内涵。2019 年的党中央一号文件明确指出，要开展合作社规范提升行动，建立健全支持合作社发展的政策体系和管理制度。全国促进家庭农场和农民合作社高质量发展工作推进会强调，要加大对合作社扶持力度，增强发展活力和服务带动能力，为加快农业农村现代化提供支撑。

二是有效落实国家上位法和相关政策的必然要求。2017 年，第十二届全国人大常委会第三十一次会议通过新修订的《农民专业合作社法》。2019 年，中央农办、农业农村部等 11 个部门和单位联合印发的《关于开展农民合作社规范提升行动的若干意见》明确提出，各地要加快制修订合作社地方性法规，促进合作社规范发展和质量提升。《农民专业合作社法》《农民专业合作社登记管理条例》

27

等法律法规亟待通过地方性法规加以落实。

三是促进乡村振兴战略实施的必然要求。近年来，市委、市政府一直高度重视合作社发展，出台了一系列政策文件，从财政扶持、税收优惠、金融支持、用地用电扶持、吸引优秀人才、搭建服务平台等方面支持合作社发展。上海建立健全农民专业合作社工作综合协调机制，推动合作社建设和发展，形成和积累了许多符合上海实际、具有上海特点的经验和做法，有必要予以固化并转化为法律规定。

二、主要内容

（一）优化合作社管理体制

《办法》作了如下规定：一是明确政府职责。市、区政府应当将合作社发展纳入国民经济和社会发展规划，建立健全财政投入和经费保障机制。建立合作社综合协调机制，研究合作社发展的重大事项。二是确定部门分工。明确市、区农业农村部门和乡镇政府对合作社的服务、监督等职责，并要求其他部门按照职责分工，共同推进相关工作。

（二）规范合作社设立行为

规范合作社设立行为，发挥章程约束作用，有助于提升合作社治理能力。《办法》明确：一是加强登记管理。设立合作社，应当依法登记。名称、法定代表人等事项变更，应当在三十日内申请变更登记。二是加强对章程制定的指引。设立合作社应当依法制定章程，鼓励使用章程示范文本。三是明确农民成员身份认定。审议中有意见提出，要对合作社农民成员的认定情形作进一步研究。经研究，《办法》明确，符合"具有农业户口、具有土地承包经营权证、具有农村集体经济组织成员证明"三种情形之一的成员，计入农民成员比例；同时，结合上海合作社设立登记的实际情况，明确非上海市户籍人员在上海市设立、加入合作社，符合相关规定情形之一，并在上海承租土地、水面等的，计入农民成员比例；合作社的成员中，农民至少应当占成员总数的百分之八十。四是规范成员出资行为。审议中有意见提出，要对成员出资与盈余分配的关系作进一步梳理。经研究，合作社属于特别法人，除法律、行政法规规定不得作为出资的财产外，合作社的章程可以对成员的出资方式、出资期限、出资额等作出约定。为此，《办法》明确，合作社成员应当按照章程约定的出资方式、数额和缴付期限，履行出资义务，并按照法律规定和章程约定参与盈余分配。

（三）完善合作社运行机制

完善运行管理制度，明确相关财产权属，有利于保障成员切身利益。《办法》明确：一是明确成员资格终止规则。自然人成员死亡的，终止其成员资格，并按照章程相关规定退还其成员账户内的出资额和公积金份额，依法返还资格终止前的可分配盈余、分摊资格终止前的亏损及债务。二是规范财务管理。合作社应当建立健全财务管理制度，设立成员账户。对国家财政直接补助形成的财产和捐赠财产，建立单独台账，并接受有关部门审计或者捐赠人监督。三是实行社务公开。合作社应当向成员公开重大经营决策执行情况、财产情况以及其他涉及成员切身利益的事项。

（四）落实合作社赋能发展措施

《办法》规定了具有上海特色的促进举措，以推动合作社发展。主要包括：一是加大人才吸引力度。鼓励农业科技人员和大中专毕业生到合作社工作，并按规定为其提供职称评定、社会保险、积分落户等保障。二是提供辅导员指导服务。乡镇政府指定或聘任辅导员，为合作社提供业务指导、政策咨询、财务会计辅导等服务。三是强化财政扶持。审议中有意见提出，要细化合作社申请农业生产分时电价优惠的规定。经研究，《办法》明确，合作社从事农产品初加工或者符合其他相关规定的，可以申请农业生产分时电价优惠。四是给予金融支持。审议中有意见提出，要增加合作社管理的生产资料可作为有效抵押物、质押物的规定，为合作社申请贷款提供便利。经研究，《办法》从为合作社申请贷款提供便利的角度，规定要完善抵押物、质押物的评估机制。五是促进销售服务。农业农村、商务等部门帮助合作社搭建销售平台，拓展农产品流通渠道。

（五）加强合作社规范管理

《办法》强化政府监管职责，建立了"运行监测、质量抽查、年度报告、信用管理"为主线的合作社监管机制。一是加强示范社运行监测。农业农村部门会同相关部门制定和完善示范社标准，建立动态监测制度。二是开展质量监督抽查。农业农村部门对合作社农产品质量进行监督抽查，同时向社会公开抽查名单和结果。三是加强年度报告管理。市场监管部门随机抽查合作社年报信息，并向社会公示。四是建立信用管理制度。农业农村部门和相关部门将合作社生产经营活动中产生的失信行为予以记录，并依法向上海市公共信用信息服务平台归集。

此外，关于"空壳社"清理。审议中有意见提出，增加"空壳社"清理整顿、分类处置和退出的规定，简化合作社退出的程序。经研究，《办法》明确，合作社应当依法开展经营活动，连续两年未从事经营活动的，依法吊销其营业执照。合作社解散、清算等事宜，按照国家相关法律规定处理。合作社自主申请注销登记的，农业农村、市场监管、税收等部门应当为其提供便利服务。

三、评述

一是促进发展与规范管理并重。围绕党中央一号文件，《办法》坚持赋能促发展和监管建机制的立法定位，着力推动合作社高效发展。《办法》进一步理顺了政府部门的职责分工，以加强对合作社的指导和监管。《办法》为赋能促发展，从加大人才吸引力度、提供辅导员指导服务、强化财政扶持、给予金融支持和促进销售服务，提出了特殊的扶持举措。专门规定了促进合作社提质转型发展的条款，明确支持合作社高质量发展，创新合作模式和机制，拓展合作社经营内容和领域。

二是坚持问题导向，规定务求实效。针对合作社发展中的问题，明确监管职责，规范合作社管理，提升合作社发展水平。比如，部分合作社存在有名无实，登记设立后并不运行的问题，《办法》专门作出了"空壳社"清理整顿、分类处置和退出的规定，简化了合作社退出的程序。又比如，细化了合作社的运行机制，在财务制度、社务公开制度的规定以外，专门对合作社管理人员作了规定，明确了合作社理事长、理事、执行监事或者监事会成员，由成员大会依法从本社成员中选举产生，依照法律法规和章程的规定行使职权，对成员大会负责。提升了合作社治理能力，保障了社员的权利。

三是立足于实施性规定，细化补充上位法与总结上海特点并重。《办法》以《农民专业合作社法》《农民专业合作社登记管理条例》等法律法规为依据，从总则、设立与运行、促进与发展、规范与管理、法律责任分别提出具体要求。同时，结合上海实际，进一步明确了合作社登记主体、业务范围，强调了政府的管理和服务职责、行业组织的作用、合作社自身建设等，对上海首创的合作社联合社等作了规定，明确鼓励同业或者产业密切关联的合作社在自愿前提下开展合作与联合。《办法》的规定具有较强的针对性和可操作性。

（编写人：王琨　上海市立法研究所助理研究员）

5. 《上海市地方金融监督管理条例》立法工作的评述

一、立法背景

2020年4月10日，上海市第十五届人大常委会第二十次会议表决通过《上海市地方金融监督管理条例》(以下简称《条例》)。作为上海地方金融监管领域首部专门立法，《条例》为上海深化金融改革、防范金融风险提供了有力的法治保障。

习近平总书记在2017年第五次全国金融工作会议上强调，"地方政府要在坚持金融管理主要是中央事权的前提下，强化地方监管责任和属地风险处置责任"。为了贯彻落实党中央和国务院赋予的地方金融监管职责，提高地方金融治理能力，促进地方金融健康发展，防范化解区域金融风险，保障上海国际金融中心建设，有必要通过地方金融立法填补制度空白，确保地方金融监管执法有据，促进金融服务实体经济高质量发展。

一是落实地方金融监管职责的迫切需要。根据《关于服务实体经济防控金融风险深化金融改革的若干意见》(以下简称《若干意见》)的要求，"地方金融监管部门对小额贷款公司、融资担保公司、区域性股权市场、典当行、融资租赁公司、商业保理公司、地方资产管理公司实施监管；强化对辖区内投资公司、开展信用互助的农民专业合作社、社会众筹机构、地方各类交易所等的监管"。《人民银行法》《商业银行法》《银行业监督管理法》《证券法》《保险法》等为中央金融监管部门提供了完善的法律依据，但地方金融行业的法律法规不健全，特别是现有行业监管制度法律位阶不高，导致地方金融监管部门监管执法措施有限。《条例》的出台有利于通过地方立法赋予地方金融监管部门相应的监管执法以及行政处罚权。

二是防范化解区域金融风险的迫切需要。近年来，不少领域"泛金融化"特征凸显，风险点多面广，呈现出突发性、隐蔽性、分散性等特点，跨市场跨行业跨领域的风险层出不穷。《打好防范化解重大金融风险攻坚战行动方案》要求，"形成有利防范和化解金融风险、保护金融消费者合法权益、维护金融市场秩序的法律法规体系"。实践中，上海已逐步形成"央地衔接、条块结合、全面覆盖"的金融风险防控化解机制。《条例》的出台有利于以地方立法形式有效巩固已有实践成果。

三是增强上海国际金融中心建设"软实力"的迫切需要。上海国际金融中心建设已进入决胜冲刺阶段，现阶段正是加大金融改革创新力度，推动各项工作先行先试的良好机遇。《条例》的出台有利于促进各类金融资源集聚、金融对外开放、金融创新发展、金融环境优化，为市场主体提供稳定的、透明的、可预期的法治保障，提升上海国际金融中心建设的软实力。

二、主要内容

（一）明确立法适用范围

根据中央与地方金融监管权限的划分，《条例》明确了立法适用范围：一是列举"小额贷款公司、融资担保公司、区域性股权市场、典当行、融资租赁公司、商业保理公司、地方资产管理公司"七类授权实施监管的行业。二是对"辖区内投资公司、社会众筹机构等"，以"法律、行政法规规定和国务院授权地方人民政府监督管理的具有金融属性的其他组织"来概括。三是考虑到地方金融行业现行监管规则，明确"国家对地方金融监督管理另有规定的，从其规定"；考虑到地方各类交易场所的监管实际，明确"市人民政府对地方各类交易场所另有规定的，从其规定"。

（二）设定市、区两级监管体制

强化地方金融监管，维护金融安全稳定，需要市、区形成合力，共同做好相关工作。为此，《条例》明确了市、区两级监管职责：一是按照《若干意见》要求，市政府应当在国务院金融稳定发展委员会的指导和监督下，建立金融工作议事协调机制，加强与国务院金融稳定发展委员会办公室地方协调机制的协作。区政府应当建立健全地方金融监管机制，做好金融风险防范和处置等工作。审议中有意见提出，应当加强与国务院金融稳定发展委员会办公室地方协调机制的协作。经研究，采纳该意见。《条例》明确，"市金融工作议事协调机制加强与国务院金融稳定发展委员会办公室地方协调机制在金融监管、风险处置、信息共享和消费者权益保护等方面的协作"。二是明确区金融工作部门履行辅助监管义务，对登记在本区的地方金融组织承担初步审查、信息统计等职责，并组织风险监测预警和防范处置等有关工作。

（三）强化监管科技应用，开展"监管沙盒"等试点工作

《条例》作了以下几方面规定：一是通过建立地方金融监管信息平台，推动现代信息技术在监管平台的运用，发展监管科技、补齐监管短板。审议中有意见提出，应充分发挥监管信息平台的作用，强化动态监测、分析、预警、提升监管效能，明确地方金融组织可以通过监管信息平台向地方金融管理部门报送相关信息，同时明确地方金融管理部门应当通过监管信息平台等非现场监管的方式，分析、评价地方金融组织的风险状况等。经研究，采纳该意见。《条例》明确，地方金融组织应当定期"通过监管平台"向地方金融管理部门报送经营信息。《条例》还规定，"地方金融管理部门应当依托监管平台，开展对地方金融组织业务活动及其风险状况的分析、评价和监管"。二是"强监管"与"促发展"是金融的两翼，既要提高监管的针对性、有效性，也要平衡好监管与发展的关系。为此，《条例》确定了包容审慎监管原则，以自贸试验区及临港新片区为基点，在全市范围内试点金融产品、业务和监管创新。三是实现监管的及时性、穿透性和一致性，降低地方金融组织的合规成本。《条例》确定了通过监管评级进行分类监督管理，强化市、区两级监管部门监管标准的一致性，避免企业重复报送报表、监管部门重复开展现场检查，运用监管科技帮助降低企业合规成本。

（四）完善地方金融组织行为规范

基于规范地方金融组织及其活动的考虑，《条例》设定了相应的经营规则，

主要包括：一是加强与现有行业准入监管规则的衔接。以指引性条款确定地方金融组织设立资质。审议中有意见提出，建议进一步明确在上海设立的地方金融组织应当按照国家规定，向市政府或市地方金融监管部门申请许可证、备案或者开展业务试点资质；同时明确市地方金融监管部门应当根据国家有关规定，制定和发布地方金融组织设立指引，明确备案事项和信息报送等有关流程，为企业提供更好的服务。还有意见提出，建议市地方金融监管部门将设立地方金融组织的条件、程序、材料目录、示范文本等及时向社会公开。经研究，采纳上述意见。《条例》第九条明确："在本市设立地方金融组织的，应当按照国家规定申请取得许可或者试点资格。市地方金融监管部门应当将国家规定的设立地方金融组织的条件、程序、申请材料目录和申请书示范文本等，在官方网站、'一网通办'等政务平台上公布。"二是优化日常监管制度设计。针对监管地方金融组织的共性需求，规范日常经营行为，确立消保义务、信义义务以及审慎经营、经营信息报送和重大风险事件报告等制度。审议中有意见提出，应当授权市地方金融监管部门根据实际情况，按照审慎监管的原则，制定重大风险事件的具体标准，并向社会公布。经研究，采纳该意见。《条例》明确："市地方金融监管部门应当制定重大风险事件报告的标准、程序和具体要求，并向社会公布。"三是设定市场退出机制。地方金融组织解散的，应当依法成立清算组织进行清算，并对未到期债务及相关责任的承担作出安排。地方金融组织不再经营相关金融业务的，应当按照规定提出书面申请或者报告，并提交资产状况证明以及债权债务处置方案等材料。四是明确行为底线。严禁"资金端的吸收或者变相吸收公众存款的行为"与"资产端的自营或者受托发放贷款以及受托投资的行为"，督促地方金融组织严守风险底线。

（五）规范地方金融组织监管措施

为落实地方监管责任，进一步规范执法措施，《条例》重点作了以下规定：一是完善现场检查措施，并明确经批准，可对相关证据材料、场所及设施进行查封、扣押。审议中有意见提出，应当强化"查封、扣押"的程序性要求。经研究，采纳该意见。《条例》增加了"经地方金融管理部门负责人批准"的限制。

二是丰富行政监管手段。针对一般性违法违规行为，设定了监管谈话、通报批评等监管措施。三是优化部门执法协作。地方金融管理、市场监管、公安、网信、通信管理等部门和中央金融监管部门在沪派出机构应当加强协作，开展对违法金融营销宣传的监测和查处。

（六）强化区域金融风险防范化解

《条例》对上海近年来有效的区域金融风险防控处置经验进行了立法转化，从制度上防控金融风险：一是强化重大风险处置。各部门相互配合，依法做好重大风险事件的防范和处置工作。审议中有意见提出，建议进一步明确中央金融监管部门在沪派出机构、地方金融管理部门在风险防范和处置中的作用。经研究，采纳该意见。《条例》明确："中央金融监管部门在沪派出机构、地方金融管理部门按照各自职责分工开展各自领域非法金融机构和非法地方金融组织、非法金融业务活动的风险识别和预警，做好案件性质认定、移送、防范和处置工作。"二是地方金融组织对经营活动中的风险事件承担主体责任。地方金融管理部门可以对地方金融组织采取责令暂停相关业务、接管，指定其他同类地方金融组织实施业务托管等措施；并根据不同情形终止重大风险处置。三是加强非法金融广告管理。未取得相应金融业务资质的单位和个人，不得开展与金融业务相关的营销宣传；已获得相应资质的，不得发布与业务资质范围不一致的金融营销宣传内容；相关部门建立协作机制，加强对违法违规金融营销宣传的监测和查处。

三、评述

一是任重道远，定位地方金融监管"基本法"功能。《条例》是上海继 2009年《上海市推进国际金融中心建设条例》和 2014 年《中国（上海）自由贸易试验区条例》后，针对地方金融组织监督管理工作进行的一次综合立法，也是上海地方金融监管的"基本法"。《条例》的颁布回应了维护地方金融稳定的迫切需要，填补了上海地方金融监管综合立法的缺失，对于规范地方金融组织及其活动、维护金融消费者和投资者合法权益、防范和化解地方金融风险、规范地方金融秩序，以及推动上海国际金融中心建设均具有里程碑意义。

二是积极防范，有效加强日常监管与风险防控。当前，各类新兴金融业态不断涌现，对上海金融监管工作提出了更高的要求。上海不仅是非法集资类、互联网金融及一般工商企业"泛金融化"相关金融风险的高发区，也存在金融控股集团风险、私募基金行业风险及债券市场违约风险的化解压力。《条例》根据全国金融工作会议要求，坚持监管建机制和预防控风险的基本定位，通过立法途径强化金融监管措施，着力推动上海地方金融的健康发展。

三是提炼共性，为地方金融监管工作提供有效制度供给。随着社会主义市场经济的不断发展，地方金融组织的种类日渐增多。《条例》充分考虑地方金融组织发展不平衡、差异性较大等特点，提高地方金融治理能力，从监管共性出发完善了地方金融组织行为规范，明确了行为底线。《条例》通过创新性制度供给为上海地方金融监管工作提供了有力保障。

（编写人：施娟萍　上海市立法研究所研究人员）

6.《上海市优化营商环境条例》立法工作的评述

一、立法背景

2020年4月10日，上海市第十五届人大常委会第二十次会议表决通过《上海市优化营商环境条例》（以下简称《条例》）。这是上海营商环境建设的一部综合性、基础性法规，具有里程碑式意义的地方性法规。

"法治是最好的营商环境"，优化营商环境需要发挥法治固根本、稳预期、利长远的保障作用。优化营商环境工作对于激发市场主体活力，维护市场主体合法权益，推动经济高质量发展，推进政府治理体系和治理能力现代化建设，将上海建设成为卓越的全球城市和具有世界影响力的社会主义现代化国际大都市具有重要意义。

一是全面贯彻落实优化营商环境有关法律、行政法规和党中央、国务院文件要求，对相关制度予以细化、完善。近年来，党中央、国务院围绕市场主体需求，以深化"放管服"为主要抓手，出台一系列政策文件，推出了诸多富有成效的改革举措。2019年，国务院通过《优化营商环境条例》。为全面贯彻执行法律、行政法规，有必要制定上海市的《条例》。

二是积极对标国际最高标准，吸收采纳国际先进经验，有必要结合上海实际情况制定相关措施。习近平总书记对上海提出了"要瞄准最高标准、最高水平，打造国际一流营商环境"的要求。上海认真贯彻落实国家部署，对标世行指标和国家营商环境评价体系，积极构建优化营商环境的常态长效机制。作为世行营商评价的样本城市，上海连续助力我国大幅提升排名。《条例》的制定，是打造国际一流营商环境的又一重大举措。

三是聚焦当前市场主体反映强烈的营商环境主要问题和关键环节，切实增强市场主体获得感。坚持问题导向和需求导向，打造企业全生命周期服务体系，着力增强优化营商环境系列措施的可规范性、操作性和实效性，需要立法予以回应和支撑。

二、主要内容

（一）关于营造良好的市场环境

习近平总书记强调，"好的营商环境就像阳光、空气和水，企业发展须臾不可或缺"。审议中有意见提出，优化营商环境应当打造企业全生命周期服务体系，建议在《条例》中予以体现。经研究，予以采纳，《条例》规定："本市充分发挥市场在资源配置中的决定性作用，构建覆盖企业全生命周期的服务体系，在企业开办、融资信贷、纠纷解决、企业退出等方面持续优化营商环境。"

《条例》围绕破解市场主体可能遇到的痛点、难点、堵点问题，作了以下规定：一是平等对待各类市场主体，依法保护各类市场主体在市场准入方面的平等待遇；平等使用自然资源等各类生产要素和公共服务；注重扶持中小企业、保护中小投资者的合法权益。审议中有意见提出，应当对政府采购、招标投标等公共资源交易活动及其管理制度予以规定。经研究，采纳该意见，明确，完善公共资源交易管理制度，建立健全公共资源交易平台，优化交易服务流程，依法公开公共资源交易规则、流程、结果、监管和信用等信息。二是强化保护市场主体合法权益，对经营自主权、财产权、知识产权、自主入会权等权益依法进行保护，积极打击垄断和不正当竞争行为。三是营造宽严适度的监管环境，比如大力推进"证照分离"改革，规范涉企收费事项等。四是促使政府、事业单位守约践诺，治理拖欠企业账款问题。审议中有意见提出，建议对"因社会公共利益的需要，政府依法变更或者撤回已经生效的行政许可、采取应急征用等措施的，应当依法对市场主体予以补偿"作出规定，经研究，采纳该意见，《条例》作出相应规定。

（二）关于政务服务

营商环境，"优"无止境。上海以"一网通办"为核心，着力提升政务服务能力和水平，提供惠企便民的优质高效服务。《条例》作出的相关规定包括：

一是全面推进"一网通办"建设，促进线上线下深度融合，构建覆盖上海全部政务服务事项的总平台，让市场主体获得一网受理、只跑一次、一次办成的服务，并通过企业专属网页获得个性化服务，让企业和群众办事"像网购一样方便"。审议中有意见提出，应当推行政务服务事项全部纳入"一网通办"平台办理的工作机制，并明确"一网通办"工作统筹协调部门。也有意见提出，政府部门应当明示政务服务事项办理条件和材料等内容。还有意见提出，"一网通办"平台设立涉外服务专窗。经研究，采纳该些意见，对"一网通办"的内容作出了较为系统的修改，明确："本市建设全流程一体化在线政务服务平台（以下简称'一网通办'平台），推动线下和线上政务服务融合，整合公共数据资源，加强业务协同办理，优化政务服务流程，推动市场主体办事线上一个总门户、一次登录、全网通办""本市政务服务事项全部纳入'一网通办'平台办理，但法律、法规另有规定或者涉及国家秘密、公共安全等情形的除外""市政务服务部门负责统筹规划、协调推进、指导监督'一网通办'工作。各区、各部门推进政务服务标准化规范化建设，细化量化政务服务标准，编制政务服务办事指南，明确事项办理条件、办事材料、办理流程、容缺受理等内容，线上办理和线下办理标准应当一致。政务服务事项办理条件不得含有兜底条款，相关部门不得要求市场主体提供办事指南之外的申请材料""本市推进'一网通办'平台涉外服务专窗建设，为外商投资企业、外国人提供便利化政务服务。"

二是推进政务服务标准化、便利化，通过推行行政许可清单管理制度、告知承诺制、规范审批中介服务和证明事项、推行电子证照和电子印章、实施政务服务"好差评"制度等各种便利化改革措施，落实减环节、减材料、减时限等要求。关于企业登记形式审查，审议中有意见提出，对企业登记实行形式审查有利于促进贸易投资便利化，进一步激发市场主体活力，建议增加相关规定。经研究，采纳该意见，明确："申请企业设立、变更登记事项，申请人承诺所提交的章程、协议、决议和任职资格证明等材料真实、合法、有效的，市场监管部门可以对提交的材料进行形式审查，但法律、法规另有规定的除外。当事人提供虚假材料申请登记的，应当依法承担责任。"关于企业固定资产投资项目实行告知承诺制，审议中有意见提出，建议增加企业固定资产投资项目实行告知承诺制的内容，为企业投资提供便利。经研究，采纳该建议，增加了"企业固定资产投资项目实行告知承诺制，其范围由市发展改革部门拟订，报市人民政府批准后向社会公布"的表述。

三是固化对标世行指标改革成果，比如，企业开办"一窗通"、工程建设项目审批改革、综合性区域评估、完善不动产登记、提供人才服务、优化口岸通关机制、完善企业注销机制等。关于统一工程建设项目审批管理。审议中有意见提出，应当建立统一的工程建设项目审批管理系统，并明确相关主管部门。有意见提出，对社会投资的低风险工程建设项目，建设工程规划许可和施工许可可以合并办理，建议增加相关内容。也有意见认为，要对重大工程建设项目跨前服务作出规定。还有意见提出，为了进一步加强建设工程质量管理，建议对工程质量潜在缺陷保险制度和建筑师负责制作出规定。经研究，采纳该些意见，对统一工程建设项目审批管理作出系统修改，明确："本市实施工程建设项目审批全流程、全覆盖改革。市住房城乡建设部门依托'一网通办'总门户，牵头建立统一的工程建设项目审批管理系统，实现立项、用地、规划、施工、竣工验收等各审批阶段'一表申请、一口受理、一网通办、限时完成、一次发证'，推动工程建设项目审批实现全流程网上办理。对社会投资的低风险工程建设项目，建设工程规划许可和施工许可可以合并办理，全流程备案、审批时间不超过十个工作日""本市加强对重大工程建设项目跨前服务，对不影响安全和公共利益的非关键要件在审批流程中探索试点'容缺后补'机制，允许市场主体在一定期限内补齐相关材料""本市推行工程质量潜在缺陷保险制度；探索推行建筑师负责制，提供工程建设全周期设计、咨询、管理等服务"。关于口岸通关，审议中有意见提出，要细化规定，进一步提升跨境贸易全流程便利化水平。经研究，采纳该意见，增加"海关应当公布报关企业整体通关时间"以及"鼓励企业提前申报通关，提前办理通关手续。对于申报通关存在差错的，按照有关容错机制处理"的规定。

（三）关于完善公共服务

在做好政务服务之外，上海积极协调、推动公用企事业、公共法律服务、金融等单位为市场主体提供全方位的服务。《条例》作了如下规定：一是建立了企业服务体系。在市、区两级设立服务企业联席会议机制和中小企业服务中心，街镇层面按照网格化模式设立企业服务专员。为借助外力，还专门成立了优化营商环境咨询委员会。二是强化网上服务平台建设。依托"上海市企业服务云"，提供覆盖企业全生命周期的普惠制服务；通过惠企政策"一窗通办"系统，为企业提供一站式惠企政策申报服务。三是为企业提供多样化优质服务。协调法律服务机构、公用企事业单位、金融机构等，为企业提供综合性法律服务、公用事业一站式服务、普惠金融支持、创新创业服务等。审议中有意见提出，应当规定政府及其相关部门采取措施，为市场主体提供融资便利的内容。有的意见提出，应增加企业融资增信保障的条款。经研究，采纳该些意见，《条例》明确，"本市实行统一的动产担保登记制度，推动市场主体通过人民银行动产融资登记系统办理动产担保登记，为市场主体提供融资便利""加大科技型企业培育力度，鼓励符合条件的科技型企业在科创板上市"等内容。《条例》专门增加"融资增信保障"条款，明确："本市设立中小微企业政策性融资担保基金，建立健全融资担保体系，为中小微企业融资提供增信服务。市财政部门应当会同市地方金融等部门，建立信贷风险补偿和奖励机制""本市推进公共数据开放及大数据普惠金融应用，依法与金融机构共享市场监管、税务、不动产登记、环保等政务数据和电力、供排水、燃气、网络等公用事业数据，并依法保护商业秘密、个人信息"。

（四）关于聚焦监管执法

结合转变政府职能，加强"放管服"改革的需要，《条例》聚焦政府的监管执法，作了如下规定：一是推动创新监管方式。推行分类监管、信用监管、"互联网＋监管"等监管方式，除直接涉及公共安全和群众生命健康等特殊行业、重点领域外，全面推行"双随机、一公开"监管，促进公平公正监管执法。二是推进包容审慎监管。对上海率先开展的轻微违法违规经营行为免罚清单制度作了规定，并根据国务院《优化营商环境条例》的精神将其延伸至行政强制领域，鼓励有关部门探索制定行政强制免予实施清单。同时，建立健全信用修复机制，依法依规及时修复市场主体的信用状况。三是规范行政执法行为。对落实行政执法"三项制度"、实施普遍停产停业措施等规定了细化措施。

（五）关于完善法治保障体系

围绕推进营商环境法治保障体系建设，着力发挥法治在营商环境建设中固根本、稳预期、利长远的保障作用，《条例》主要作了如下规定：一是增强规范性文件制定的透明度、规范性。明确制定与市场主体生产经营活动密切相关的文件，应当广泛听取市场主体、行业协会商会等各方面意见，公布后须纳入统一数据库，并开展政策解读。审议中有意见提出，制定政策措施应当为市场主体设置政策适应调整期，以进一步完善政策实施程序。经研究，采纳该意见，增加了以下规定："本市各级人民政府及其有关部门制定与市场主体生产经营活动密切相关的政策措施，应当为市场主体留出必要的适应调整期，但涉及国家安全和公布后不立即施行将有碍施行的除外。"二是对文件内容开展公平竞争审查，确保各项措施不违法干扰市场主体正常生产经营活动。三是通过对司法保护、多元化纠纷解决机制的规定，为市场主体营造高效、便捷的纠纷解决途径。关于涉外仲裁，审议中有意见提出，建议体现支持境外知名仲裁及争议解决机构在临港新片区开展仲裁业务的内容。经研究，采纳该意见，增加了以下规定："本市支持境外知名仲裁及争议解决机构按照规定在临港新片区就国际商事、海事、投资等领域发生的民商事争议开展仲裁业务。"关于司法保护，审议中有意见提出，建议增加有关国际商事纠纷审判组织的条款。经研究，采纳该意见，增加了以下表述："本市根据国家统一部署，加强国际商事纠纷审判组织建设，支持国际商事纠纷审判组织对接国际商事通行规则，加快形成与上海国际商事纠纷解决需求相适应的审判体制机制。"四是对市场主体反映比较集中的执行合同、办理破产、投诉举报机制等进行了规定，保障市场主体合法权益。关于执行合同，审议中有意见提出，建议增加法院加强案件审限管理、诉讼电子化以及法院对司法鉴定等中介机构加强考核评价的内容。经研究，采纳该意见，增加以下规定："本市各级人民法院应当加强网上诉讼服务平台建设，推进全流程网上办案模式，并严格遵守法律及司法解释关于规范民商事案件延长审限和延期开庭的规定。当事人通过网上诉讼服务平台递交诉讼文书的，可以不再提交纸质版本""市高级人民法院应当建立健全对从事司法委托的鉴定、资产评估、审计审价等中介机构的遴选、评价、考核规则和标准，向社会公布，并定期向相关部门通报对中介机构的考核评价结果"。关于办理破产，审议中有意见提出，建议细化完善企业破产处置的内容。也有意见提出，建议增加破产重整、破产财产处置、破产企业职工权益保障和破产企业税费减免等规定。还有意见提出，建议明确破产管理人相关权利和义务。经研究，采纳该些意见，对办理破产作系统规定："本市建立市人民政府和市高级人民法院共同牵头、相关部门参加的企业破产工作协调机制"，《条例》专门对破产企业重整救济、破产财产处置、破产企业职工权益保障和破产企业税费减免等内容作出规定，并对破产企业重大财产处分、破产管理人权利、破产企业注销登记和破产管理人协会分别作出规定。五是明确了优化营商环境法治保障共同体的机制，为依法推进营商环境建设提供智力支持。

三、评述

《条例》是对近年来上海优化营商环境工作的总结，也是对上海社会主义现代化大都市国际一流营商环境建设的新展望。

一是《条例》充分发挥了对营商环境改革的引领作用。《条例》的出台，提升了上海营商环境改革的系统性、整体性、协同性，扩大了改革的覆盖面，增强了市场主体的获得感。《条例》结合上海实际，重在建章立制，着力完善营商环境工作机制性安排。以《条例》为"基本法"，上海市人大常委会在 2020 年修改了《上海市促进中小企业发展条例》《上海市反不正当竞争条例》、制定了《上海市外商投资条例》《上海市知识产权保护条例》，打出了上海优化营商环境法治保障"组合拳"。从政府、两院系统来看，也围绕贯彻落实《条例》，出台了大量政策文件。

二是《条例》着力突出了上海营商环境的特色亮点。《条例》总结了上海的经验做法，比如，"一网通办"、国际贸易"单一窗口"、网格化企业服务模式等；固化了营商环境国际对标改革的成果，比如，企业开办"一窗通"、公用事业服务全程代办等；梳理和回应上海大调研工作中企业所反映的最关心、最直接、最现实的诉求，比如，跨区迁移、企业注销、涉企收费、停工停产、办理破产等。通过《条例》的督促引导，改革系统集成持续加大，改革探索创新稳步开展，法治保障共同体、证照分离改革、高效办成"一件事""一网通办"等改革经验被纳入国办《深化"放管服"改革优化营商环境典型经验100例》，并向全国复制推广。

三是《条例》有力回应了细化深化营商环境工作要求。作为世界银行营商环境报告的样本城市，上海如何才能让"对标最高标准、最高水平"落实到法规法条中？《条例》一一对照世行的标准、国务院的条例、兄弟省市的经验，确定最优的制度选择。《条例》在内容上具有很强的操作性。比如，《条例》对政府服务事项的标准、时限、程序都有很高的透明度要求。对行政许可、涉企收费、审批中介服务、证明事项、监管事项、行政强制措施等，都明确了目录清单制度，目录清单以外的一律不得实施，并配套目录清单动态调整机制。对政府服务标准化规范化建设，明确了线上办理和线下办理标准一致、政务服务事项办理条件不得含有兜底条款、相关部门不得限定市场主体政务服务办理渠道等。

（编写人：谭天　上海市立法研究所助理研究员）

7.《上海市人民代表大会常务委员会关于修改上海市部分地方性法规的决定》立法工作的评述（一）

一、立法背景

2020年5月14日，上海市第十五届人大常委会第二十一次会议表决通过《关于修改上海市部分地方性法规的决定》（以下简称《决定》），对《上海市急救医疗服务条例》等12件地方性法规作了打包修改。

本次《决定》是在加强疫情防控和野生动物保护法治保障背景下作出的。2020年2月，第十三届全国人大常委会第十六次会议表决通过了《全国人民代表大会常务委员会关于全面禁止非法野生动物交易、革除滥食野生动物陋习、切实保障人民群众生命健康安全的决定》（以下简称《全国人大决定》）。随后，全国人大常委会办公厅发函，要求各省级人大常委会贯彻落实《全国人大决定》，抓紧开展野生动物保护领域地方性法规等的全面清理工作，对不符合、不衔接、不适应《全国人大决定》和《野生动物保护法》《动物防疫法》等相关法律规定以及中央有关精神的地方性法规，及时进行废止和修改。因此，为了进一步加强疫情常态化的法治保障和健全上海的公共卫生法治保障体系，有必要开展相关地方性法规的修改工作。

二、主要内容

《决定》对12件地方性法规作出了修改：《上海市急救医疗服务条例》《上海市道路运输管理条例》《上海市公共汽车和电车客运管理条例》《上海市轨道交通管理条例》《上海港口条例》《上海市旅游条例》《上海市商品交易市场管理条例》《上海口岸服务条例》《上海市法律援助若干规定》《上海市实施〈中华人民共

和国村民委员会组织法〉办法》《上海市居民委员会工作条例》《上海市教育督导条例》。

（一）保障医疗救助

在《上海市急救医疗服务条例》中增加保障传染病人安全转运的有关内容，要求配备一定数量的特种救护车。

（二）加强源头防控

在《上海市道路运输管理条例》中增加公共卫生以及其他突发事件发生后，市、区政府或者有关部门统一调度、指挥的内容。在《上海市公共汽车和电车客运管理条例》《上海市轨道交通管理条例》中增加发生公共卫生事件后，根据有关规定采取防护、消毒措施的内容。在《上海港口条例》中补充依法制定公共卫生事件应急预案的规定。

（三）规范市场秩序

在《上海市旅游条例》中，增加公共卫生事件发生后，紧急关闭旅游线路、景区（点）以及控制客流量、卫生防疫等应急处置措施的内容。在《上海市商品交易市场管理条例》中，针对疫情发生后管理商品交易市场的需要，增加采取关闭或者限制使用商品交易市场、卫生防疫等应急处置措施的规定。在《上海口岸服务条例》中，补充开辟通关应急绿色通道的规定。审议中有意见提出，在重大突发事件应对中，市口岸服务部门的职责主要是协调和保障相关口岸工作，并做好服务。经研究，采纳该意见，规定在发生重大突发事件时，市口岸服务部门应当根据实际需要，加强通关协调服务，推进口岸查验机关、上海市有关部门、口岸运营单位加强通关各环节联动协作，做好通关服务工作，保障重要物资通关便捷。

（四）提供法律援助

在《上海市法律援助若干规定》中扩大法律援助的范围，强化疫情防控法律服务，加强疫情期间矛盾纠纷化解，为困难群众提供有效法律援助。

（五）压实防控工作责任

在《上海市实施〈中华人民共和国村民委员会组织法〉办法》《上海市居民

委员会工作条例》中分别增加村民委员会、居民委员会发挥自治作用，配合做好突发事件应对工作的规定。在《上海市教育督导条例》中增加重大教育突发事件应对情况的条款。审议中有意见提出，在重大突发事件应对中，教育督导机构的职责主要是督促学校落实突发事件应对的有关措施。经研究，采纳该意见，规定教育督导机构督促学校开展突发事件应对的落实。

三、评述

一是将上海防疫工作中的成功经验总结固化为工作制度，对有关地方性法规作补充规定。疫情防控常态化管理涉及的领域非常广，关乎上海经济社会发展的方方面面。因此，有必要在总结疫情防控成功经验的基础上形成长效机制，将在疫情防控实践工作中对新情况新问题的解决对策予以制度化，补齐地方性法规中涉及卫生防疫和应对突发事件的短板，完善地方性法规内容，进一步强化上海市公共卫生法治保障体系。

二是根据法制统一的原则，按照《全国人大决定》和相关法律等规定，对不符合、不衔接、不适应的条款予以修改。党和国家高度重视疫情防控工作和野生动物保护，多次出台相关政策规定。此次地方性法规的修改是对法律等政策规定的贯彻落实和积极响应。通过梳理上海疫情防控领域内的法规，对不符合疫情防控和公共卫生安全要求的规定、不衔接国家有关法律政策的规定、不适应疫情防控常态化管理机制的规定予以修改，维护国家法制统一。

（编写人：李秋悦　上海市立法研究所研究人员）

8.《上海市中华鲟保护管理条例》立法工作的评述

一、立法背景

2020年5月14日，上海市第十五届人大常委会第二十一次会议表决通过《上海市中华鲟保护管理条例》(以下简称《条例》)。《条例》是全国第一部有关长江流域特定单一物种保护的地方性法规，《条例》的出台进一步加强中华鲟这一珍稀水生野生动物的保护提供了法治保障。

2018年5月，习近平总书记在全国生态环境保护大会上强调，用最严格制度最严密法治保护生态环境，加快制度创新，强化制度执行，让制度成为刚性的约束和不可触碰的高压线。中华鲟是地球现存最古老的脊椎动物之一，也是长江流域六种国家一级保护水生野生动物之一，被世界自然保护联盟列为极危级保护物种。近年来，由于长江流域水域环境状况的不断变化，水生生物资源急剧衰退，以中华鲟为代表的长江珍稀水生生物的生存面临严峻挑战。2013年至2019年七年间有五年未发现中华鲟自然产卵行为，也未监测到这些年份所孵化的中华鲟幼鱼。为进一步维护生物安全和生态安全，加强生态文明建设，促进人与自然和谐共生，有必要通过地方立法形式提供法治保障。

一是落实国家关于加强长江水生生物保护政策的必然要求。2018年，国务院办公厅出台了《关于加强长江水生生物保护工作的意见》，明确指出要"加强立法工作，推动完善相关法律法规""实施以中华鲟、长江鲟、长江江豚为代表的珍稀濒危水生生物抢救性保护行动"。对于上述工作要求，有必要通过地方立法予以贯彻落实。

二是保护中华鲟这一珍稀水生生物的客观需要。目前，以中华鲟为代表的长江珍稀水生生物的生存面临严峻挑战，需要通过相应的制度设计，为中华鲟的保护提供良好的法治保障。

三是完善上海野生动物保护制度体系的有益补充。为切实做好野生动物保护工作，早在 20 世纪 90 年代，上海就出台了《上海市实施〈中华人民共和国野生动物保护法〉办法》，对野生动物的保护和管理作了相应规定。市政府于 2005 年出台了《上海市长江口中华鲟自然保护区管理办法》，进一步加强对中华鲟的保护。《条例》的制定是完善上海野生动物保护制度体系的又一重要举措。

二、主要内容

（一）理顺中华鲟保护体制

中华鲟保护涉及的部门多、范围广，需要形成合力，共同做好相关保护工作。为此，《条例》作了以下规定：一是明确保护体制与原则。上海对中华鲟保护实行政府统一领导、部门分工负责、全社会共同参与的保护体制，以保护中华鲟为宗旨，坚持生态优先、统筹协调、多元共治、严格监管的原则。二是明确政府职责。市和相关区政府应当将中华鲟保护纳入相应的国民经济和社会发展规划，并将中华鲟保护经费纳入预算。三是明确部门分工。市渔业行政主管部门负责中华鲟保护工作，组织或者协调开展相关行政执法、环境监测与评估、生态修复、收容救护等工作。规划资源、住房建设、生态环境、水务（海洋）、交通、绿化市容、市场监管、公安、应急、海事等部门按照各自职责，共同做好中华鲟保护相关工作。审议中有意见提出，应完善优化相应的协调机制，增加行政保护与司法保护衔接的内容。经研究，采纳该意见，《条例》规定各部门应当依托"一网统管"协作开展信息共享、联合执法、突发事件应对等工作，并强调市渔业行政主管部门应当加强与司法机关的工作衔接，依法及时打击危害中华鲟的犯罪行为。

（二）完善对中华鲟的保护措施

为进一步加强对中华鲟这一珍稀物种的保护，增加其资源数量，《条例》重点作了以下几方面规定：一是明确增加中华鲟种群数量的相关措施。市渔业行政主管部门应当开展相关资源调查和科学研究，并通过人工繁育、增殖放流等措施，加强对中华鲟的保护，促进其种群数量的增加。审议中有意见提出，应当加强对增殖放流活动的管理，避免无序放流、破坏生态。经研究，采纳该意见。《条例》要求市渔业行政主管部门制定中华鲟增殖放流活动管理规定，规范增殖放流活动。二是建立中华鲟救助机制。市渔业行政主管部门应当建立健全中华鲟收容救护体系，对执法机关罚没的中华鲟，以及野外发现的误捕、受伤、搁浅、受困的中华鲟开展收容救护工作。同时，明确了个人和单位对中华鲟的救助责任。三是明确中华鲟的捕捉要求。禁止捕捉、杀害中华鲟，因特殊需要必须捕捉的，应当依法取得特许捕捉证。审议中有意见提出，对中华鲟的保护要做到全面管理、源头管理，禁止各类非法生产、收购、运输中华鲟及其制品的行为，禁止食用中华鲟的行为。经研究，采纳该意见，并明确禁止利用中华鲟及其制品的名义进行营销宣传。四是改善中华鲟生存环境。通过开展环境监测与评估、完善环境影响评价制度、实施生态修复等措施，促进中华鲟生存环境的改善。五是完善相关突发事件应急处置机制。相关部门在编制涉及中华鲟的水域环境污染、生态破坏事故及自然灾害等应急预案时，应当明确对中华鲟保护的应急措施。发生突发事件可能影响中华鲟生存环境的，有关单位和个人应当立即采取补救措施，并及时向相关行政主管部门报告。审议中有意见提出，要明确污染应对相关部门的处理职责。经研究，采纳该意见，明确由市渔业行政主管部门与生态环境、水务（海洋）等部门按照各自职责及时调查处理。

（三）建立中华鲟保护跨区域协作机制

由于中华鲟具有洄游的特性，对中华鲟的保护需要与长江流域其他地区协同合作。《条例》专辟一章规定"区域协作"内容，明确市渔业行政主管部门应当与长江流域其他地区部门加强合作，通过执法合作、科研合作、救助合作、迁地保护等协作，共同推动中华鲟保护。审议中有意见提出，除了协同开展流域性的中华鲟资源调查和生存环境监测外，还要加强科研成果和技术方面的交流，以强化中华鲟科研合作。经研究，采纳该意见，《条例》规定区域协作应加强科研合作、技术交流和成果共享，推动中华鲟全生命周期联动保护。

（四）加强对中华鲟保护工作的监督管理

《条例》在监督管理方面作了以下规定：一是完善中华鲟保护执法检查措施。明确市渔业行政主管部门每年制定中华鲟保护检查计划，按照职责开展检查和指导。二是建立投诉举报机制。可以向渔业行政主管部门投诉举报危害中华鲟的违法行为。三是建立中华鲟保护年度报告制度。市渔业行政主管部门应当会同有关部门每年向社会发布中华鲟保护报告，包括中华鲟资源状况、生存环境状况、人工繁育、增殖放流、收容救护等情况。

（五）明确造成中华鲟生态环境损害的法律责任

《条例》规定，对造成中华鲟栖息水域生态环境损害的，除依法承担相应的行政、刑事责任外，还应承担生态环境损害赔偿责任。《条例》规定了支持开展公益诉讼。有关组织对污染、破坏中华鲟生存的生态环境的行为向人民法院提起公益诉讼的，市渔业行政主管部门依法给予支持。

三、评述

一是立足长江大保护，加强物种保护。《条例》承载着"共抓大保护、不搞大开发"的长江大保护理念，不仅是对中华鲟这一特殊物种的保护，也是对生物、环境的双重保护。《长江保护法》强调生态优先，而中华鲟是长江生物多样性中的旗舰物种，是长江生态保护的目的与核心指标。《条例》从保护措施、跨区域协作、监督管理、法律责任等方面加强保护管理，贯彻落实了《长江保护法》关于对长江流域珍稀濒危水生野生动植物实行重点保护和严格管理的要求，是地方立法贯彻落实《长江保护法》相关内容的有益尝试。

二是找准保护中的主要问题，适应新形势和新要求。《条例》明确中华鲟保护管理坚持"生态优先、统筹协调、严格监管、社会共治"的原则。《条例》理顺了中华鲟保护体制，明确政府职责和部门分工，是首部将特定物种保护全方位纳入政府行政决策及管理的地方立法。同时，《条例》将中华鲟保护纳入社会参与等城市治理活动。比如，支持中华鲟保护公益事业；又比如，创设性地规定了中华鲟误捕、报告、救助、收容制度，明确了个人和单位的救助责任。

三是结合中华鲟保护管理实际，上升提炼经验亮点。《条例》将上海工作中行之有效的经验和做法上升为法规。比如，为优化部门协调，《条例》规定各部门应当依托"一网统管"，协作开展信息共享、联合执法、突发事件应对等工作。又比如，基于中华鲟具有洄游的特性，专辟一章规定"区域协作"，明确应当与长江流域其他地区部门加强合作，通过执法合作、科研合作、救助合作、迁地保护等协作，共同推动中华鲟保护。

（编写人：李秋悦　上海市立法研究所研究人员）

9. 《上海市人民代表大会常务委员会关于加强检察公益诉讼工作的决定》立法工作的评述

一、立法背景

2020年6月18日，上海市第十五届人大常委会第二十二次会议表决通过《上海市人民代表大会常务委员会关于加强检察公益诉讼工作的决定》（以下简称《决定》）。《决定》的出台为切实维护社会公共利益，进一步助力上海国际大都市治理现代化提供了坚实有力的法治保障。

建立检察机关提起公益诉讼制度，是以习近平同志为核心的党中央作出的重大决策部署，是以法治思维和法治方式推进国家治理体系和治理能力现代化的一项重要制度安排。党的十八届四中全会提出"探索建立检察机关提起公益诉讼制度"。2015年，习近平总书记在中央全面深化改革领导小组第十二次会议上指出，"探索建立检察机关提起公益诉讼制度，目的是充分发挥检察机关法律监督职能作用，促进依法行政、严格执法，维护宪法法律权威，维护社会公平正义，维护国家和社会公共利益"。同年，全国人大常委会授权十三个省市开展为期两年的检察公益诉讼试点工作。2017年，全国人大常委会修改《民事诉讼法》和《行政诉讼法》，正式以法律形式确立了检察公益诉讼制度。2019年10月，党的十九届四中全会进一步提出"拓展公益诉讼案件范围"和"完善生态环境公益诉讼制度"。

作为全国改革开放排头兵、创新发展先行者，上海市委、市人大高度重视检察公益诉讼工作。2019年年初，市委深改委听取了市检察院关于开展公益诉讼工作情况的汇报，市委、市政府出台了《关于支持检察机关依法开展公益诉讼的意见》。市人大常委会也及时将检察公益诉讼列为当年专题调研项目。同年

10月，最高人民检察院张军检察长在第十三届全国人大常委会第十四次会议上作公益诉讼检察工作情况报告时提出，要"争取更多省级人大常委会出台促进公益诉讼检察工作的专项决定并有效贯彻落实"。在2020年年初的市第十五届人大第三次会议上，21名人大代表提出"建议市人大常委会作出加强检察机关公益诉讼工作决定的议案"。上海《决定》的作出主要遵循以下思路。

一是贯彻落实党中央和市委的要求。充分发挥检察机关法律监督职能作用，总结固化司法实践经验，增强各方合力，凝聚社会共识，满足人民群众日益增长的公益保护需求。

二是体现地方特色和立法前瞻性。结合上海城市特点和需求，因地制宜发挥地方立法的补充、先行和创制作用，明确检察机关可以在相关领域探索开展公益诉讼工作。

三是注重问题导向和需求导向。着眼于破解检察公益诉讼工作实践中存在的案件范围窄、线索发现难、调查取证难、协作配合难、鉴定难等突出问题，努力提高立法的针对性和可操作性。

二、主要内容

（一）明确检察公益诉讼的定位和内涵

我国法律规定，检察机关是国家的法律监督机关。审议中有意见提出，应当完善检察公益诉讼工作的定位、内涵等方面的表述。经研究，检察机关开展公益诉讼工作，包含提出检察建议，督促和支持有关行政机关、社会组织提起公益诉讼，以及检察机关在有关行政机关、社会组织履职缺位的情况下，直接提起公益诉讼等环节。《决定》采纳该意见，明确检察机关通过"诉前检察建议""督促起诉""支持起诉""提起诉讼"等方式开展检察公益诉讼工作；并规定："检察机关应当为相关社会组织提起公益诉讼提供必要支持，加强与相关社会组织的信息沟通和案件线索交流。"

（二）明确检察公益诉讼领域范围

明确诉讼案件领域范围是充分发挥检察公益诉讼作用的基础和前提。根据法律规定，检察机关可以在生态环境和资源保护、食品药品安全、国有财产保护、国有土地使用权出让以及英雄烈士保护等领域开展公益诉讼。随着检察公益诉讼工作深入推进，有关方面对进一步拓展检察公益诉讼领域的呼声强烈，党的十九届四中全会明确提出要"拓展公益诉讼案件范围"。审议中有不少意见提出，对探索开展法律规定以外领域的检察公益诉讼工作作进一步研究。经研究，采纳该些意见，《决定》结合上海经济社会发展需求和检察公益诉讼工作开展实际情况，对检察公益诉讼案件范围予以一定拓展。一是增加了"以及法律规定的其他领域"表述，为与相关法律修改拓展检察公益诉讼法定领域相衔接预留制度空间。二是明确检察机关探索法律规定以外领域的公益诉讼工作的总体原则，"检察机关遵循积极、稳妥、审慎的原则，可以围绕上海'五个中心'建设和经济社会发展，依法探索开展城市公共安全、金融秩序、知识产权、个人信息安全、历史风貌区和优秀历史建筑保护等领域的公益诉讼工作"。

（三）充分保障检察机关调查核实权

充分保障检察机关的调查核实权，是推进检察公益诉讼案件办理的核心要素。《决定》明确，检察机关办理公益诉讼案件，依法行使调查核实权，全面、客观收集证据材料。相关单位和个人应当积极配合，对拒不配合者或阻扰者，检察机关可采取约谈、建议有关机关或者部门处理等措施。审议中有意见提出，建议对检察机关行使调查核实权和相关单位、个人配合义务的规定予以充实和完善。经研究，采纳该意见，《决定》规定："检察机关调查核实案件事实、调取证据材料、委托公证或者证据保全，以及开展其他必要的调查取证工作，有关单位和个人应当积极配合。"审议中有意见指出，应当增加引入专业技术力量参与检察公益诉讼案件调查核实工作的规定。经研究，采纳该意见，《决定》规定，"根据调查核实工作需要，检察机关可以指派司法警察、检察技术人员协助检察官履行调查核实职责，也可以委托、聘请其他专业机构、人员参与调查核实工作"。

（四）加强相关单位的履职配合

公益保护是一项系统工程，除检察机关外，还需要各相关单位协作配合。

为增强检察公益诉讼工作合力，《决定》分别对行政机关、监察机关、审判机关的协作配合内容作了规定。一是要求各级政府及其部门积极配合检察机关调查核实工作，并将有关情况纳入法治政府建设考评内容，被诉行政机关负责人应当出庭应诉，建立行政执法与公益诉讼工作衔接机制等。公安机关办理相关刑事案件时可以邀请检察机关提前介入，并协助收集、固定相关证据，依法及时处理严重干扰、阻碍办理公益诉讼案件的违法行为。二是要求审判机关加强公益诉讼审判专门化、专业化建设，完善相关庭审机制，依法审理检察机关提出的诉讼请求，依法支持检察机关开展和探索的公益诉讼工作，加大执行工作力度。三是明确司法机关可以将公职人员干扰、阻碍办案，以及行政机关无正当理由不落实检察建议等情节严重的行为，移送监察机关依法处理。

（五）加强各方面支持保障

做好检察公益诉讼工作，既需要技术和资金的支持保障，也需要全社会的共同参与。《决定》一是明确司法行政、财政等部门要加快司法鉴定和检验机构建设，探索完善"先鉴定、检验后付费"工作机制，加大提供公共法律服务的力度，加强财政保障，细化完善公益诉讼赔偿金管理使用办法等。审议中有意见提出，进一步完善公益诉讼赔偿资金管理的相关制度。经研究，采纳该意见，《决定》明确，"市级财政部门应当加强对检察公益诉讼工作的财政保障，将相关办案经费纳入财政预算。本市健全公益诉讼赔偿金管理制度，完善赔偿资金的管理和使用，建立鉴定、评估、检测经费保障机制"。二是对相关社会组织和公众参与支持检察公益诉讼，以及给予表彰、奖励等作了规定。三是要求司法机关、新闻媒体、教育部门通过多种方式加强宣传，提高检察公益诉讼社会知晓度。审议中有意见提出，建议增加有关全社会公益保护宣传教育的规定。经研究，采纳该意见，《决定》增加以下规定："本市加强对公共利益保护和公益诉讼的宣传，提升全社会的法治意识和公共利益保护意识，提高公益诉讼的社会知晓度和公众参与度。"

三、评述

一是创新发展新时代检察工作，体现担当精神。2017 年，全国人大常委会修改《民事诉讼法》《行政诉讼法》，正式确定检察机关提起公益诉讼的制度。目前，检察机关履行公益诉讼职责的依据仅有《民事诉讼法》《行政诉讼法》《英雄烈士保护法》《检察院组织法》《检察官法》以及最高人民法院、最高人民检察院《关于检察公益诉讼适用法律若干问题的解释》。检察公益诉讼还是一项年轻的法律制度，面临制度供给不足的问题。《决定》的出台立足于创新发展新时代检察工作，强化检察机关"国家利益和社会公共利益代表者"的法律定位，明确检察机关的履职要求，体现了责任担当。

二是聚焦上海特色，推出创新性、首创性制度。在《决定》出台前，全国范围内已有数个省级人大常委会作出了关于加强检察公益诉讼工作的相关决定。上海的《决定》在借鉴兄弟省市经验的基础上，作出了创新性规定。比如，在诉讼请求方面，规定检察机关可以围绕确认违法行为侵害公共利益、防范公共利益受损、推动受损公共利益修复等提出诉讼请求，这体现了"恢复性司法理念"以及"预防性原则"在公益诉讼领域的运用。在行政公益诉讼工作中，发现行政规范性文件存在合法性问题的，可以向发文主体提出意见建议，这延伸了检察监督的范畴，有助于推动系统性解决公益损害的问题，在全国尚属首次。

三是营造开展公益诉讼工作的良好社会氛围。《决定》完善了检察机关办理公益诉讼的相关流程，进一步细化检察机关调查核实权，对行政执法与检察公益诉讼工作衔接、审判机关职责、公安机关配合保障、监察监督等作出具体规定。同时，《决定》强调了社会公众的参与，对有关社会公益组织、公证机构、律师事务所、调解组织以及社会公众参与公益诉讼的途径、方式等进行了规定，规定了举报奖励制度等，有助于丰富检察公益诉讼案件来源，推动形成社会各方面共同参与维护社会公共利益的格局。

（编写人：施娟萍　上海市立法研究所研究人员）

10.《上海市促进中小企业发展条例》立法工作的评述

一、立法背景

2020年6月18日，上海市第十五届人大常委会第二十二次会议表决通过修改后的《上海市促进中小企业发展条例》(以下简称《条例》)。中小企业是国民经济和社会发展的生力军，是促进发展、稳定就业、保障民生的重要依托和市场载体。

《条例》于2011年正式施行，并于2018年作了修正。《条例》在优化中小企业政策环境、完善中小企业服务体系、促进中小企业转型升级等方面发挥了重要的保障作用。2018年实施的新修订的《中小企业促进法》在财税支持、融资促进、权益保护、创新支持、服务措施、监督检查等方面作了大幅度完善。为贯彻国家法律、落实中央"六稳""六保"要求，支持中小企业在疫情下渡过难关、恢复经济社会活力，有必要对《条例》进行修改。

一是坚持问题导向。针对中小企业集中反映的成本负担较重、融资难融资贵矛盾突出、权益保护较弱等问题，作出相应制度设计。

二是坚持平等准入、倾斜扶持、特殊保护原则。针对中小企业规模小、抗风险能力弱的特点，在财税支持、融资促进、创业扶持、创新支持、市场开拓等方面制定差异化措施。

三是坚持体现地方特色。在上位法整体框架下，创设地方可操作的制度规范。

二、主要内容

(一) 关注中小企业诉求，提升中小企业获得感

针对企业反映强烈的政策碎片化、服务体系弱化等问题，《条例》作出相应规定：一是建立完善市、区两级政府的议事协调机制，强化政府服务、政策统

筹等方面的职能。审议中有意见提出，进一步明确相关政府部门的职责。经研究，采纳该意见，增加了关于市、区政府应当建立走访中小企业制度，明确本行政区域促进中小企业发展工作的第一责任人；夯实了促进中小企业发展主管部门的职责，明确对中小企业发展中面临的问题和困难，没有具体责任部门或者涉及多个部门无法落实的，市经济信息化部门负责牵头协调解决。二是建立健全中小企业公共服务体系，支持各类服务机构为中小企业提供服务。审议中有意见提出，要充分发挥企业服务机构的作用。经研究，采纳该意见，增加了市、区中小企业公共服务机构设立中小企业服务专员的要求。三是强调政府根据中小企业发展需求，加大公共数据开放，依托"一网通办"和企业服务云平台，提供个性化、精准化服务。审议中有意见提出，要充分发挥企业服务云平台的作用。经研究，采纳该意见，规定了企业服务云平台建立首接负责制，受理中小企业各类诉求，健全诉求分派、督办、反馈的闭环机制。四是发挥行业协会、商会在保障中小企业有效参与标准制定、创业创新、开拓市场等方面的积极作用。五是推动中小企业诚信建设，引导中小企业诚信经营。

（二）加大财税支持和融资促进，缓解中小企业融资难、融资贵矛盾

资金短缺、融资困难是制约中小企业发展的重要因素，为有效解决这一难题，《条例》从加大财税扶持、拓宽融资渠道等方面作出规定。

一是在延续原《条例》关于相关专项资金用于中小企业的比例等内容基础上，扩大资金使用范围，保留政府投资引导基金主要用于带动社会资金投资初创期中小企业等规定，落实国家在减税降费方面的措施。

二是推进普惠金融发展，引导银行业金融机构加大对中小企业的信贷支持。审议中有意见提出，要落实国家关于强化中小企业金融服务的政策措施。经研究，采纳该意见，增加了"推动普惠型小型微型企业贷款增速不低于各项贷款增速，逐步提高信用贷款、首贷和无还本续贷的规模和比例，加大中长期贷款投放力度""推动商业银行完善内部考核机制，增加普惠金融在考核中权重占比，降低普惠金融利润考核要求，提升小型微型企业客户服务情况考核权重"等内容。

　　三是通过优化完善银税互动、大数据普惠金融应用等平台建设，运用金融科技手段提高信贷服务效率。

　　四是拓宽融资渠道，支持中小企业通过上市、发行集合债券和集合票据、股权托管交易、担保融资、保险等多种渠道融资。关于融资信息平台建设，审议中有意见提出，要优化融资增信平台建设，提高融资服务质量和效率。经研究，采纳该意见，在融资增信中增加"依法归集纳税、社保、公用事业缴费、海关企业信用、仓储物流等信息，逐步扩大数据开放范围，完善数据标准，提高数据质量"的内容。关于供应链金融，审议中有意见提出，要鼓励金融机构和产业链核心企业加强合作。经研究，采纳该意见，增加以下内容："市经济信息化、金融管理等部门应当建立与供应链核心企业的联系沟通机制，推动全产业链和供应链金融服务；鼓励金融机构和供应链核心企业加强合作，共享产业链上下游交易等信息，发展订单、仓单、存货、应收账款融资等供应链金融产品。"关于发挥政府性融资担保基金放大效应。审议中有意见提出，要发挥政府性融资担保的作用。经研究，采纳该意见，增加以下内容："政府性融资担保机构担保放大倍数原则上不低于五倍，担保代偿率可以达到百分之五。政府性融资担保机构发生的代偿损失，市、区财政部门应当及时核销，并按照规定补充资本金。有关单位和个人已经履行相关勤勉尽责、合规审查义务的，可以不追究单位和个人责任。"

　　五是对融资时强制要求办理的收费事项建立清理机制，鼓励商业银行承担部分融资费用，减轻中小企业融资负担。

（三）支持企业创业创新和市场开拓，提高中小企业竞争能力

　　针对中小企业高质量发展的时代需求，《条例》在继续加大促进中小企业发展力度的同时，着力为企业提高创业创新能力和市场竞争力提供制度保障：一是优化登记方式，提高登记效率，为企业开办提供便利和支持。二是鼓励中小企业建立研发机构，并参与制造业创新中心建设，鼓励产学研一体化，推进中小企业开展研发活动。三是引导中小企业做优做强，将"专精特新"作为中小企业发展方向，定期发布创新产品推荐目录，明确用地支持，强化知识产权保护等。四是帮助中小企业拓广发展空间，指导和服务中小企业参与政府采购，加强品牌建设，促进大中小企业融通发展，支持中小企业通过参加境外展览展销活动，开拓国际市场。审议中有意见提出，建议完善支持中小企业实施技术改造的相关内容。经研究，采纳该意见，增加以下内容："本市支持中小企业聚焦产业重点领域和关键环节实施技术改造；支持中小企业通过搭建或者运用数字化平台等方式，在研发设计、生产制造、运营管理等环节实施数字化、网络化、智能化升级，实现提质增效。中小企业实施符合上述发展方向的技术改造，符合条件的，可以向经济信息化或者相关部门申请资金支持。"

（四）凸显特殊保护，增强中小企业抗风险能力

针对中小企业经营规模小、业绩不稳定、抗风险能力弱等问题，《条例》注重立法上的特殊保护：一是强调对中小企业及其经营者合法权益的保护，任何单位和个人不得侵犯其合法权益。二是建立自然灾害和公共卫生等突发事件中的中小企业分级分类保护机制，帮助受突发事件影响较大的中小企业恢复正常的生产经营活动。审议中有意见提出，要建立中小企业应急援助机制。经研究，采纳该意见，增加以下内容："本市建立中小企业应急援助机制。发生自然灾害、公共卫生事件等突发事件或者其他影响中小企业生产经营的重大事件时，市经济信息化部门、区中小企业工作部门应当协调相关部门采取措施，积极做好中小企业应急援助工作。"三是实行包容审慎监管，根据中小企业的性质、特点，优化监管方式，对属于轻微违法违规经营行为的，依法不予行政处罚。审议中有意见提出，失信联合惩戒有泛化滥用的倾向，应当予以规制。经研究，采纳该意见，增加以下内容："市、区相关部门应当遵循合法、客观、必要、关联的原则，归集、使用中小企业及其经营者信用信息，不得违法扩大失信信息、严重失信名单的认定范围，不得违法增设失信惩戒措施。本市应当建立健全符合中小企业特点的信用修复机制，完善失信信息修复的条件、标准、流程等要素。对于信用修复申请，相关部门应当及时核实，符合条件的，应当予以修复，并解除惩戒措施。"四是加快推进公共法律服务体系建设，为中小企业维护合法权益提供法律服务。审议中有意见提出，要积极发挥调解组织在维护中小企业

合法权益中的作用。经研究，采纳该意见，增加相关内容："鼓励律师、调解、公证、司法鉴定等行业协会组建中小企业法律服务专业团队，为中小企业维护合法权益提供公益性法律服务。"

（五）强化人大监督职能

审议中有意见提出，要充分发挥人大监督职能，针对促进中小企业发展工作情况开展监督。经研究，采纳该意见，增加以下内容："市、区人民政府应当每年向同级人大常委会报告促进中小企业发展情况；市、区人大常委会通过听取和审议专项工作报告、组织执法检查等方式，加强对本行政区域内中小企业促进工作的监督，并在预算编制审查和执行情况监督中，加强对本级财政涉及中小企业发展的各类专项资金使用情况的监督。"

三、评述

一是落实和细化国家促进中小企业发展的工作部署。党的十九届四中全会提出要健全支持中小企业发展制度。2018 年 1 月 1 日，新修订的《中小企业促进法》施行。2018 年 8 月至今，国务院促进中小企业发展工作领导小组召开多次会议，部署促进中小企业发展工作。《条例》明确将促进中小企业发展作为长期发展战略，规定，"市、区人民政府应当支持中小企业融入、服务国家战略，在上海国际经济、金融、贸易、航运和科技创新中心建设中发挥中小企业作用"。《条例》有效支撑和保障了上位法及国家有关要求在上海市的落实落地。

二是助力中小企业高质量发展、提升城市活力。中小企业贡献了上海企业数的 90%、就业的 80%、创新成果的 70%、税收的 60%，是城市活力和竞争力的重要源泉。为推进中小企业高质量发展，让创新源泉充分涌流，创造活力充分迸发，帮助中小企业解决发展成本高、负担重、融资难、转型风险大等问题，《条例》着力从加大财税支持和融资促进方面拿出了实实在在的举措：一方面，做大做实政府性融资担保功能，明确政府性融资担保机构担保放大倍数原则上不低于五倍，担保代偿率可以达到百分之五。另一方面，发挥普惠金融作用，充分发挥大数据信用增信平台和供应链融资等功能。

三是巩固创新实践、确立法治化营商环境新优势的需要。近年来，上海发挥服务企业联席会议机制作用，采用"互联网＋企业服务"模式，在全国首创电子政商综合平台——"上海市企业服务云"。服务云全覆盖、精准化、兜底式的"店小二"服务受到国家有关部门的肯定。《条例》将上海在优化营商环境方面的系列成果予以固定，并进一步在建立中小企业应急援助机制、健全符合中小企业特点的信用修复机制、发挥调解组织在维护中小企业合法权益中的作用等方面，提出有针对性的举措。

（编写人：王琨　上海市立法研究所助理研究员）

11.《上海市人民代表大会常务委员会关于促进和保障长三角生态绿色一体化发展示范区建设若干问题的决定》立法工作的评述

一、立法背景

2020年9月25日，上海市第十五届人大常委会第二十五次会议表决通过《上海市人民代表大会常务委员会关于促进和保障长三角生态绿色一体化发展示范区建设若干问题的决定》（以下简称《决定》）。2020年9月24日、25日，浙江、江苏两省人大常委会先后通过了示范区建设相关决定，这是上海市、江苏省、浙江省（以下简称两省一市）人大常委会首次就长三角生态绿色一体化发展示范区（以下简称示范区）建设同步作出法律性问题决定，为促进和保障示范区建设提供了有力法治保障。

推动长三角区域一体化发展，是习近平总书记亲自谋划、亲自部署、亲自推动的重大战略。2019年，中共中央政治局会议审议了《长江三角洲区域一体化发展规划纲要》（以下简称《规划纲要》），明确提出要高水平建设长三角生态绿色一体化发展示范区。2019年，国务院批复同意《长三角生态绿色一体化发展示范区总体方案》（以下简称《总体方案》），明确示范区是实施长三角一体化发展战略的先手棋和突破口。2020年，习近平总书记在安徽合肥主持召开扎实推进长三角一体化发展座谈会并发表重要讲话，指出"实施长三角一体化发展战略要紧扣一体化和高质量两个关键词，以一体化的思路和举措打破行政壁垒，提高政策协同，促进高质量发展"。

为了贯彻落实习近平总书记重要指示精神，为《总体方案》实施提供有力的法治保障，上海市人大常委会会同江苏省、浙江省人大常委会就示范区建设作出法律性问题决定是很有必要的。

一是贯彻落实长三角一体化发展国家战略的需要。根据《总体方案》，示范区成立高层级决策协调机制（即示范区理事会）、高效率的开发建设管理机构（即示范区执委会），负责示范区改革创新和开发建设的统筹协调。2020年6月，长三角地区主要领导座谈会提出：充分发挥两省一市人大作用，主动推动地方立法协同，共同争取全国人大常委会和国务院加强对示范区的国家立法，聚焦主要问题、创新立法方式、提高立法质量和效率，共同做好示范区地方立法工作。加强示范区法治保障工作是贯彻落实长三角一体化发展国家战略、保障重大改革举措落地实施的需要。

二是保障示范区执委会依法行政的需要。根据《总体方案》和两省一市政府相关文件规定，示范区执委会作为两省一市人民政府的联合派出机构，其管辖范围涉及两省一市三个区县，享有省级项目管理权限，负责先行启动区内除国家另有规定以外的跨区域投资项目的审批、核准和备案管理，并联合两区一县政府行使先行启动区控制性详细规划的审批权。示范区执委会作为具有管理公共事务职能的组织，其管辖范围跨行政区域，根据《行政许可法》规定，实施上述行政许可需要取得法律、法规授权；示范区执委会联合两区一县政府行使先行启动区控制性详细规划的审批权，需要妥善处理好与《城乡规划法》的关系；对示范区执委会具体行政行为提起行政复议和行政诉讼的管辖问题，现行《行政复议法》《行政诉讼法》没有明确规定。因此，加强示范区法治保障工作是保障示范区执委会依法行政、依法履职的需要。

三是创新立法方式、保障重大改革于法有据的需要。为使重大改革于法有据，实现改革决策和立法决策相衔接，经研究比较分析，根据《立法法》关于"全国人民代表大会常务委员会工作机构可以对有关具体问题的法律询问进行研究予以答复，并报常务委员会备案"的规定，两省一市人大常委会可以采用"法律询问答复"的形式，取得全国人大常委会授权后开展地方立法协同。这是对我国立法制度的一次有益探索和创新。

二、主要内容

（一）明确示范区建设的指导思想和适用范围

《决定》规定示范区建设要坚持新发展理念，不破行政隶属、打破行政边界，率先探索将生态优势转化为经济社会发展优势，从区域项目协同走向区域一体化制度创新，实现绿色经济、高品质生活、可持续发展的有机统一。《决定》明确示范区和示范区先行启动区的范围依照《总体方案》确定。

（二）明确示范区有关机构的职责以及授权事宜

一是规定示范区理事会的相关职责。明确示范区理事会是示范区建设重要事项的决策平台，负责研究确定示范区建设的发展规划、改革事项和支持政策，协调推进重大项目。二是规定示范区执委会的相关职责。明确示范区执委会负责示范区发展规划、制度创新、改革事项、重大项目和支持政策的研究拟订和推进实施，重点推动先行启动区相关功能建设，并加强统筹协调，推动两省一市相关部门和相关地区政府落实示范区各项政策、措施。三是授权示范区执委会行使省级项目管理权限，按照两省一市政府有关规定统一管理跨区域项目，负责先行启动区内除国家另有规定以外的跨区域投资项目的审批、核准和备案管理，联合上海市青浦区、江苏省苏州市吴江区、浙江省嘉善县政府行使先行启动区控制性详细规划的审批权。

（三）明确政府及部门支持以及法治保障

一是政府及部门支持。分别规定了上海市政府、青浦区政府及有关部门在支持和推进示范区建设方面的职责。二是法治保障。明确在示范区内，上海地方性法规的规定，凡与《总体方案》不一致，需要调整实施的，由市人大常委会依法作出决定；因改革举措需要暂时调整或者暂时停止实施地方性法规的，示范区执委会可以向市人大常委会提出建议，由市人大常委会依法决定。

三、评述

一是在立法协同的"协"字上做文章、在"同"字上下功夫。《决定》的出台体现了两省一市人大常委会主动担当、积极作为的精神。两省一市人大常委会加强对《决定》立法工作的协调，确保在法治轨道上推进改革：1.共同研究立法问题和立法路径，两省一市多次共同进行沟通和讨论。2.共同研究报全国人大常委会的请示、共同起草《决定》文本，确保通过的《决定》在关键条款和内容表述上保持高度一致。3.共同召开新闻发布会，向社会各界宣传和解读《决定》。

二是运用法治思维和法治方式解决改革中重大问题的实践。示范区这一国家战略的基本特点是"不破行政隶属，打破行政边界"，其制度创新的核心是打破行政藩篱，实现要素跨地域自由流动。《决定》的实质性功能和作用是授权示范区执委会跨区域行使投资项目审批权、控制性详细规划的审批权。在国家现有法律制度下，示范区行使这两项权力都存在重大法律障碍，于法无据。在国家层面尚未作出决定的情况下，需要地方运用立法智慧破解难题。《决定》在不触及我国现有立法体制、法律体系的前提下，创造性地实现了改革决策与立法决策协调同步。

三是开创区域协同立法新模式，是我国立法制度的重大创新。《决定》由两省一市分别并且同步作出、内容完全相同，是区域立法协同的高级形态。标志着地方立法协同，从精神一致、分别立法的松散型立法，到既有统一条款、又有所差异的互补型立法，又发展出了新形态。《总体方案》规定，示范区是一体化制度创新试验田，要求聚焦规划管理、生态保护、土地管理、要素流动、财税分享、公共服务政策等方面，探索行之有效的一体化制度安排，推进全面深化改革系统集成。《决定》开创的"一致立法"模式将成为推动示范区发展的重要的、常态化的法治保障形式。

（编写人：施娟萍　上海市立法研究所研究人员）

12.《上海市外商投资条例》立法工作的评述

一、立法背景

2020 年 9 月 25 日，上海市第十五届人大常委会第二十五次会议表决通过《上海市外商投资条例》(以下简称《条例》)，这是《外商投资法》实施后地方人大出台的首部外商投资条例。

上海是外商投资的热土和高地，积极吸引和利用外商投资是扩大对外开放和构建开放型经济新体制的重要内容。一直以来，市委、市人大、市政府对外资工作高度重视，出台了多项促进外资发展的法规和政策措施。1996 年，市人大常委会颁布施行了《上海市外商投资企业审批条例》。2002 年，上海在全国率先出台了鼓励跨国公司设立地区总部的规定。2017 年专门出台了支持外资研发中心参与上海科创中心建设的 16 条意见。2019 年，市人大常委会通过全国首个《关于贯彻实施〈中华人民共和国外商投资法〉若干问题的决定》。这些政策措施、举措对上海经济社会发展和全方位对外开放格局的形成，起到了积极的推动和引领作用。在新的形势下，有必要专门制定外商投资地方性法规。

一是制定《条例》是持续优化外商投资环境的需要。强化上海"四大功能"建设，加快推进"五个中心"建设，做优做强城市核心功能，需要在扩大开放、外资促进、外资保护和外资服务等方面进行积极的制度设计，以进一步保护和促进外商投资，营造稳定、透明、可预期的市场环境。

二是制定《条例》是进一步深入贯彻落实《外商投资法》的需要。2019 年 3 月 15 日和 12 月 12 日，全国人大和国务院分别通过《外商投资法》和《外商投资法实施条例》，为地方外资工作提供了法律遵循，提出了新要求。上海围绕贯彻上位法，出台了系列促进外商投资政策措施，需要通过立法予以固化和推进。

三是制定《条例》是稳定投资预期，应对宏观经济不确定性的需要。2020年以来，受逆全球化影响和新冠肺炎疫情冲击，国际投资经贸形势发生深刻变化，国际资本都在寻找更安全的"避风港"。上海要推进建设成为国内大循环的中心节点、国内国际双循环的战略链接，需要法治的保障和支撑。

二、主要内容

（一）强化更高层次扩大开放

《条例》创设"扩大开放"专章，以法治化手段推进上海全方位高水平对外开放。一是明确全方位扩大开放。根据上海对外开放升级发展最新要求，明确强化开放枢纽门户功能，实现从商品和要素流动型开放向制度型开放拓展。同时，提出推动国家有关服务业扩大开放措施在上海率先落实。二是明确上海有关特殊经济区域的开放举措。根据国家有关上海特殊经济区域的功能定位，对自贸试验区、临港新片区、长三角生态绿色一体化发展示范区、虹桥商务区等特殊经济区域的扩大开放举措分别加以规定，实施更加开放的投资自由化便利化政策和制度；推动中国国际进口博览会与投资促进活动协调联动，放大进口博览会对扩大开放的溢出效应。三是为扩大开放提供调法保障。对涉及上海扩大开放事项，明确应当加强与国家有关部门的沟通，推动有关法律、行政法规、国务院决定以及部门规章等调整适用。

（二）聚焦更高质量引进外资

围绕高质量"引外资"和"稳外资"，《条例》根据投资促进工作一般流程，对投资促进服务体系、平台、机构、活动等逐一规定。同时，鼓励设立跨国公司地区总部、外资研发中心等有上海特色的外资平台，推动投资促进创新升级。一是建立健全外商投资促进服务体系。明确外商投资促进机构和服务平台的定位与职责，开展投资促进活动。加强与上海友城、友好组织及境外投资促进机构等的联系与合作。二是加强外商投资产业引导和优惠政策实施。市商务部门等应当定期编制外商投资指引。对投资于《鼓励外商投资产业目录》和上海重点发展领域内的项目以及境内再投资等，给予相关优惠政策和措施。三是推动跨国公司地区总部和外资研发中心升级发展。对符合条件的跨国公司地区总部、外资研发中心等给予相应扶持或者便利化政策。同时，明确区政府可以依法对有关外商投资企业及对外商投资促进有突出贡献的机构和人员给予奖励。审议中有意见提出，在上海设立投资性公司有利于集聚跨国公司全球资源，建议增加鼓励外国投资者在上海设立投资性公司的规定。经研究，采纳该建议，增加以下内容："本市鼓励外国投资者在本市设立投资性公司，支持投资性公司依法开展投资活动，为其股权交易、资金进出等提供便利。"

（三）凸显更加平等的外资保护

《条例》充分借鉴当前国际投资保护的最高标准和最佳实践，对近年来我国政府签订的有关投资保护协定的规定加以吸收，充分彰显了上海的外资保护高地地位。一是将国民待遇适用于外国投资者及其投资的全过程。在明确"本市全面落实外商投资准入前国民待遇加负面清单管理制度"的基础上，进一步提出"本市按照法律、行政法规和我国缔结或者参加的国际条约、协定，给予外国投资者及其投资在设立、运营、处置等各阶段不低于类似情形下给予本国投资者及其投资的待遇"。二是明确外资征收补偿标准。在重申《外商投资法》及其实施条例有关外商投资不予征收，以及特殊情况下征收的程序性规定的同时，增加规定"法律、行政法规和我国缔结或者参加的国际条约、协定对于被征收投资规定给予利息的，还应当支付合理利息"，最大限度维护被征收外资的合法权益。三是细化外资普遍关心而《外商投资法》仅作原则性规定的条款，增强可操作性。创设了行政机关强制技术转让记录制度；对外资自由进出、知识产权保护、商业秘密保护、参与政府采购、政策文件制定、政策承诺、地方标准制定、参与特许经营活动等，作出平等适用和保护的具体规定；对外资投诉机制明确了具体处理流程，对与外资纠纷争议解决相关的仲裁、复议、诉讼等机制作了规定。审议中有意见提出，应当进一步提升跨境贸易投资便利化水平。经研究，采纳该建议，《条例》规定："鼓励本市银行业金融机构加大金融科技应用，为外商投资企业提供涉外收支便利化和结算电子化服务，探索实施外籍和香港、澳门、台湾职工薪酬购汇便利化措施。"

（四）提升更加便捷高效的政府服务

《条例》注重寓管理于服务的理念，设"投资服务"专章。一是优化流程、提高效率。对外商投资企业办理登记注册、项目核准备案等手续，提供便利化服务。外商投资信息报送以确有必要为原则，能够通过共享获得的信息，不得要求再行报送。审议中有意见提出，建议对负面清单管理和项目核准备案等内容进一步梳理完善。经研究，采纳该意见，《条例》强化了相关部门在负面清单管理时的服务职能；明确要加强跨部门信息共享，对经其他部门审核通过的负面清单事项，相关部门应当简化审核流程；在新建或者并购涉及固定资产投资的项目备案时，规定发展改革等部门应当按照内外资一致的原则实行备案管理，收到在线提交的项目全部信息即为备案。二是建立健全重大外商投资项目服务制度。对列入重大外商投资项目清单的，通过建立绿色通道、提供"一站式"服务等方式，统筹推进准入、规划、用地、环保等事项。三是建立健全与外商投资企业的政企沟通机制。将实践中行之有效的通过"圆桌会议"等多种方式，听取外商投资企业意见建议，帮助企业解决问题，研究完善相关政策的做法，予以固化。审议中有意见提出，建议在相关条款中明确体现外商投资管理的内容。经研究，结合《外商投资法》规定的县级以上政府有关部门有开展外商投资管理工作的职责，将《条例》第五章章名修改为"投资管理与服务"，并对其他相关条款作出修改完善。

三、评述

一是将更高水平扩大开放，更高质量引进外资，明确为上海利用外资的基本方向和目标。《条例》对如何在更深层次、更宽领域，以更大力度推动全方位高水平开放作出了具体规定。《条例》创设扩大开放专章，明确上海将实施高标准国际投资贸易通行规则，推进从商品和要素流动型开放向规则、规制、管理、标准等制度型开放拓展。《条例》明确自贸试验区、临港新片区、长三角生态绿色一体化发展示范区、虹桥商务区等区域的扩大开放举措。《条例》还明确，上海有关部门应充分发挥进口博览会对扩大开放的溢出效应，推动进口博览会与投资促进活动协调联动。

二是将全面适用国民待遇，明确为外资保护的基本准则。《条例》坚持以客户体验为导向，从外国投资者角度，对外资从进入、经营到投诉处理、争议解决等各环节涉及的"促外资""稳外资"和"保外资"活动加以审视，加强立法的保障与引领。《条例》将全面适用国民待遇，明确为外资保护的基本准则，并规定："本市全面落实外商投资准入前国民待遇加负面清单管理制度。在外商投资准入负面清单之外的领域，本市各级人民政府及其部门不得针对外商投资设置准入限制""本市根据国家规定，在设立、运营、处置等各阶段给予外国投资者及其投资不低于类似情形下给予本国投资者及其投资的待遇"。

三是将弘扬"店小二"精神，构建外资全生命周期的"服务链"明确为政府服务的基本要求。突出和强化服务，是《条例》的一大亮点。《条例》设专章规定投资管理与服务，并通过负面清单管理、登记注册、外商投资项目核准和备案、安全审查、重大项目服务等具体条款，强化政府服务要求，构建外资全生命周期的"服务链"。在具体规定上，将区政府制定外资促进激励措施、知识产权快速司法保护机制、涉外资重大复杂疑难行政复议案件复议委员会审议制、重大外资项目特别服务制、与外资的政企沟通"圆桌会议"机制等富有上海特色的制度和创新实践固化入法。

（编写人：宋果南　上海市立法研究所研究人员）

13.《上海市人民代表大会专门委员会工作条例》立法工作的评述

一、立法背景

2020年9月25日,上海市第十五届人大常委会第二十五次会议表决通过《上海市人民代表大会专门委员会工作条例》(以下简称《条例》)。《条例》的出台规范了专门委员会运行程序,提升了其履职的制度化、专业化水平。

专门委员会是人民代表大会的常设性机构,肩负着法律赋予的重要职责。习近平总书记在庆祝全国人民代表大会成立60周年大会上的讲话中强调,要优化人大常委会、专门委员会组成人员结构,完善人大组织制度、工作制度、议事程序。党的十九大报告指出,要完善人大专门委员会设置,优化人大常委会和专门委员会组成人员结构。上海市委《关于推动人大工作与时俱进充分发挥人大作用的若干意见》提出,要加强专门委员会专业化建设,提高委员会工作专业化水平。市人大对加强专门委员会建设高度重视,为专门委员会履职增效赋能,特着手制定《条例》。

一是制定《条例》是贯彻党中央、市委要求,加强人大自身建设的需要。要充分发挥人民代表大会制度在推进国家治理体系和治理能力现代化进程中的优势和作用,加强专门委员会建设是重要的方面。有必要以专门的地方性法规的形式,更好地明确专门委员会的职能定位和履职责任。

二是制定《条例》是总结经验做法,不断推进专门委员会工作的需要。市人大常委会主任会议2005年通过了《关于充分发挥市人大专门委员会作用的若干意见》。近年来,市人大各专门委员会围绕中心工作依法履职,积极主动作为,积累了不少好的经验做法,需要进一步总结归纳固化下来。

三是制定《条例》是推进创新，为履职增效赋能的需要。随着新时代人大工作创新的不断深入，要求专门委员会积极创新，不断提升履职成效。需要通过地方性法规的形式，进一步为专门委员会创造良好的履职环境，保障专门委员会依法履行职责，增强专门委员会的履职能力。

二、主要内容

（一）规范专门委员会组织建设

《条例》对专门委员会的成员组成、驻会要求、成员结构、产生方式、工作分工、办事机构等进行规范。《条例》提出，专门委员会的成员一般不少于10人，适当增加专门委员会驻会成员人数，专门委员会成员中要求有适当比例的本领域或者相关领域的专业人员和熟悉人民代表大会制度的专门人员，以进一步突出专门委员会工作的经常性、专业性。《条例》对专门委员会下设综合性办事机构和专业性办事机构也作了规定，以保障专门委员会的工作力量。

（二）明确专门委员会工作职责

《条例》根据法律规定对专门委员会依法开展的各项工作作了梳理列举。同时，将专门委员会参与预算审查监督，加强与全国人大、各省市人大、各区人大有关委员会的联系联动，强化长三角地区人大专门委员会工作协同等近年来成熟的经验做法固定下来。《条例》分别规定专门委员会的议案工作、立法工作、监督工作、计划预算工作、重大事项决定的审议工作、代表工作，以及调查研究、工作交流等；并将法制委员会、财经委员会的专门职责按照工作程序分别嵌入立法工作和计划预算工作的相关流程。

（三）规范专门委员会议事规则

《条例》对专门委员会会议、专门委员会办公会议的议事程序进行规范。明确专门委员会会议的召开与主持、出席表决、列席对象等内容，为专门委员会集体履职创造条件。审议中有意见提出，专门委员会办公会议的出席人员范围，应当与专门委员会会议有所区别。经研究，采纳该意见。《条例》对专门委员会会议与专门委员会办公会议的出席人员范围进行适当区分，专门委员会会议出席人员范围为专门委员会成员，专门委员会办公会议出席人员范围为"专门委员会的驻会成员、相关非驻会成员、下设办事机构负责人等"。

（四）加强专门委员会能力建设

《条例》作出了以下规定：一是对市人大常委会、主任会议、常委会工作机构、办事机构推进保障专门委员会及其成员能力建设作了规范，对专门委员会及其成员加强自身建设提出要求。关于跨委员会事宜，审议中有意见提出，要明确跨委员会工作的协调事宜。经研究，采纳该意见。《条例》明确：对跨领域、跨部门、涉及多个专门委员会工作领域，需要协调的重点工作事项，由常委会办事机构根据主任会议要求，会同相关专门委员会研究后提出协调意见，并为相关专门委员会的工作协同做好服务保障，必要时由常委会办事机构提请常委会秘书长协调。关于专门委员会加强自身建设，审议中有意见提出，专门委员会要加强能力建设工作的规范性。经研究，采纳该意见。《条例》规定："专门委员会应当完善相关工作规程，提高工作的效率和规范性""市人民代表大会常务委员会工作机构、办事机构应当积极支持专门委员会依法履职"。二是强调常委会要加强对专门委员会的领导，通过组织培训和表彰优秀，提高专门委员会成员的履职能力和履职积极性，健全完善涉及多个委员会领域事项的协调机制。三是鼓励通过建立工作室、组建代表专业小组、建立专家咨询机制等形式，为专门委员会及成员履职提供支持。《条例》规定，专门委员会非驻会成员所在单位可以根据非驻会成员的履职需要和本单位的实际情况，探索建立工作室等方式，为其配备相应工作力量。

三、评述

一是明确专门委员会职能定位，夯实履职基础。《条例》根据习近平总书记重要讲话精神，根据党的十九大报告以及市委《关于推动人大工作与时俱进充分发挥人大作用的若干意见》等文件的要求，对专门委员会的组织建设、工作职责、议事规则、能力建设等作出了较为系统的规定，夯实了专门委员会的履职基础。

二是着力加强专业化建设，提升履职的专业化水平。专业性是专门委员会工作的显著特点。《条例》着力对推进专门委员会突出其专业优势作了规定。比如，规定专门委员会成员中要有适当比例的本领域或者相关领域的专业人员和熟悉人民代表大会制度的专门人员。又比如，将上海正在着力探索的非驻会成员工作室以立法形式予以固化，明确所在单位可以根据非驻会成员的履职需要和本单位的实际情况，为其配备相应工作力量。

三是突出制度引领，加强履职的规范化建设。从专门委员会的运行来看，主要依据的是《地方组织法》以及市人大的有关工作规程。《条例》的出台，有助于较为系统地梳理专门委员会履职的各项要求和程序，助力专门委员会履职。比如，专门委员会主要履职是在大会闭会期间，《条例》对有关工作作出了规范和明确。比如，为理顺专门委员会之间的关系，完善适合专门委员会的工作机制，《条例》明确了跨委员会领域事项的协调机制。

（编写人：陈晓燕　上海市立法研究所研究人员）

14.《上海市公路管理条例》立法工作的评述

一、立法背景

2020 年 9 月 25 日，上海市第十五届人大常委会第二十五次会议表决通过修改后的《上海市公路管理条例》（以下简称《条例》）。

《条例》自 2000 年正式施行，历经 2003 年、2015 年两次修正，对加强上海公路管理、完善公路网络和功能、提升运输服务能力起到了重要作用。随着形势的发展，上海公路管理的实践和立法工作也面临一些新情况新问题，需要对《条例》作修改。

一是贯彻落实国家战略，需要法治保障。深入贯彻落实习近平总书记关于"四好农村路"建设重要指示精神，以及交通强国、乡村振兴和长三角区域一体化发展等国家战略，需要全面提升上海农村公路在建设、管理、养护、运营等方面的水平。

二是提升安全监管能力和公共服务水平，需要法治保障。保障城市运行安全和开展城市精细化管理，需要加强公路管理，推进信息化、智能化建设，提升安全监管能力和公共服务水平。

三是实施上位法、推进机构改革，需要法治保障。2011 年国务院《公路安全保护条例》施行，进一步加大了公路保护力度；机构改革也对公路管理职责作了调整，新要求新情况都需要修改《条例》加以贯彻落实。

二、主要内容

（一）调整公路管理职责

本轮机构改革前，公路主管部门为市交通管理部门，区交通管理部门按照职责负责所辖区公路的管理；所属的公路管理机构负责相关公路的具体管理工作。机构改革后，市级层面设立了市道路运输局，由市交通委管理，承担原先由市交通委负责的部分管理职责；市、区两级不再保留公路管理机构；执法上，由市、区交通执法队伍以交通委名义统一实施。《条例》根据机构改革情况，对公路管理职责作了相应修改，规定：市交通行政管理部门负责上海市公路的规划、建设、经营等管理工作，并依法实施行政处罚；市道路运输行政管理部门履行公路养护、使用等管理职责。区交通行政管理部门按照其职责权限，负责所辖区域内公路的具体管理。

（二）强化"四好农村路"建设

农村公路是服务"三农"的公益性基础设施，是实施乡村振兴战略的重要抓手。党的十八大以来，习近平总书记对"四好农村路"建设作出重要指示，要求"建好、管好、护好、运营好"农村公路。国家和上海市先后出台了相关贯彻意见和实施意见。《条例》明确将村道纳入适用范围，在总则部分提出"四好农村路"建设的总体性要求，并在建设、管理、养护和运营各环节予以充实完善：一是在"建好"方面提升标准，明确新建、改建县道、乡道和村道，分别不得低于二级、三级和四级公路技术标准，部分路段确因自然条件限制无法达到标准的，应当经过论证程序。审议中有意见提出，农村公路规划建设要与美丽乡村建设相结合。经研究，采纳该意见，增加"农村公路规划应当与特色产业、乡村旅游等发展相协调"的内容。二是在"护好"方面保障资金投入，强调政府保障农村公路养护以及管理机构和人员支出所需资金。这一规定是对国家文件要求和基层呼声的积极回应。审议中有意见提出，要进一步完善农村公路养护资金保障。经研究，采纳该意见，增加"市人民政府应当完善资金补助机制"的内容。三是在"管好"方面确立路长制和专管员制度，按照国家推行农村公路路长制的要求，建立区、乡镇、村三级路长制，分级分段组织领导本行政区域内的公路管理工作；区、乡镇政府按照规定建立专管员制度，负责日常路况巡查、隐患排查、灾毁信息上报等工作，并与城市网格化管理相衔接。四是在"运营好"方面促进城乡交通运输一体化发展，要求农村公路的技术条件、交通安全设施应当与农村客运、物流发展的要求相匹配，推进农村客运和物流服务体系建设。

（三）提升公路管理和服务水平

《条例》重点从以下五个方面，对公路的管养和服务水平作了提升、完善：一是在高速公路设置监控、通信等附属设施等已有规定基础上，对一级公路提出相同要求，并对公路服务区的布局、服务设施和服务功能作出具体规范，同时明确未达到规定标准的应当逐步改造。二是明确公路应当与城市道路有效衔接、协同管理，并提出城镇化地区的公路路段按规定设置人行道、照明和排水设施等具体衔接措施。三是要求推进公路养护的市场化，引导养护作业单位分类分级发展。四是为确保公路常态化处于符合技术标准的良好状态，明确市道路运输管理部门、区交通管理部门应当按照养护工程计划实施公路养护，并每年至少一次对公路进行技术状况评定，同时通过定期检查或者抽查等方式，加强养护工程质量监管。五是兼顾对公路通行的影响，在养护工作中应当统筹编制养护工程计划，合理确定施工期限，同时加强与公安交通管理部门的协同，从而在保证养护质量的同时，尽量减少对公众出行的影响。审议中有意见提出，公路养护质量有待提高。经研究，采纳该意见，增加任何单位和个人发现公路损坏，可以向相关部门进行反映，相关部门应当及时处理并反馈的内容。

（四）加强掘路统筹和严格超限治理

《条例》重点聚焦路政管理中的掘路、超限两个方面予以精准发力。一是针对公众反映较多的路面反复开挖的"马路拉链"问题，对掘路行为予以统筹平衡，明确由市道路运输或者区交通管理部门会同住房城乡建设管理部门，平衡各类掘路施工计划，并优先安排综合掘路工程，以减少无序反复掘路的情况。审议中有意见提出，建议对公路开挖完善相关管理措施。经研究，采纳该意见，明确掘路施工作业单位应当在醒目位置设置施工铭牌向社会公示以接受社会监督，并对公示具体内容作了规定。二是全面加强超限治理，在强调上位法有关超限运输的审批和相关监管要求的基础上，重点从规划、执法层面加以完善：规划层面，要求在公路专项规划中，体现重型车辆通行功能布局的内容；执法层面，将非现场执法这一有效措施予以固化，规定市道路运输管理部门、区交通管理部门设置称重检测、电子监控等非现场执法设施，并同步明确执法程序。同时，结合国家层面超限运输车辆行驶管理的相关规定，强化源头监管，明确管理部门有权要求超限运输当事人提供运输货物源头信息，当事人应按要求提供。

（五）完善突发事件应对要求

结合此次为应对疫情，在公路领域所采取的有效防控措施，着重对应急预案及措施、检疫和检查站点设置作了具体规定：一是由市、区交通管理部门编制突发事件应急预案，根据突发事件类型和响应等级，明确交通管制、关闭公路、疫情防控检测等"管车、管路、管人"的应急管用的措施，并做好应急物资储备、应急队伍组建以及定期组织演练等工作。二是为应对突发事件等应急管理需要，在公路上设置综合检查、公共卫生检疫等站点的，明确由市交通管理部门会同有关部门报市政府批准后设置。

（六）推进长三角区域协同

按照长三角区域一体化发展国家战略的要求，确立了上海相关管理部门与长三角有关省、市部门的沟通协调机制，以加强公路规划、建设、养护和管理的协同，提升省际公路通达能力。在养护方面，规定省际间养护作业应当做好沟通衔接。在治超方面，建立跨区域治超联防联动机制，通过统筹布局检测站点、加强信息共享、实施信用联合惩戒等多种举措，进一步提升治超实效。

三、评述

一是系统梳理上位法要求，维护国家法制统一。《条例》系统地落实了国家关于公路工作的新精神新要求，明确了机构改革后各部门的职责分工。提出了推进"四好农村路"建设的具体举措，明确上海新建、改建县道、乡道和村道不得低于一定公路技术标准，新建农村公路规划应当与特色产业、乡村旅游等发展相协调。并根据《公路安全保护条例》《收费公路管理条例》等上位法的相关规定，对用地范围内禁止行为、危及公路安全的其他行为、车辆免费通行情形以及部分罚则等内容作了相应修改。

二是贯彻"人民城市"的理念，积极回应群众期待。《条例》充分体现了"人民城市人民建、人民城市为人民"的理念，从提高公路设施质量标准和服务水平，提升市民群众出行满意度的角度，对内容予以优化。比如，重点聚焦公众反映较多的路面反复开挖的"马路拉链"问题，明确要平衡各类掘路施工计划，并优先安排综合掘路工程，以减少无序反复掘路的情况；并要求掘路施工作业单位应当在醒目位置设置施工铭牌向社会公示以接受社会监督，并对公示具体内容作了规定。

三是适应新发展需求，加强城市精细化管理。《条例》按照长三角一体化发展国家战略的要求，明确上海应建立与周边省市在公路规划、建设、养护、运行和管理方面的沟通协调机制；在公路专项规划的编制过程中，注重省际道路互联互通，避免形成断头路。在智慧化管理方面，明确上海公路工作依托"一网通办"平台提供便捷高效政务服务，纳入"一网统管"体系实现集成、协同、闭环管理。此外，还给智能网联汽车在公路上开展测试等相关活动留有一定空间，作了衔接性规定。

（编写人：宋果南　上海市立法研究所研究人员）

15.《上海市村民委员会选举办法》立法工作的评述

一、立法背景

2020年9月25日,上海市第十五届人大常委会第二十五次会议表决通过修改后的《上海市村民委员会选举办法》(以下简称《办法》)。

《办法》自1999年正式施行,历经2004年、2010年、2014年三次修正,对规范上海村民委员会选举工作、保障村民依法行使民主权利,发挥了重要作用。2018年,第十三届全国人大常委会第七次会议作出关于修改《村民委员会组织法》的决定,为了维护法制统一,保证上海新一轮村民委员会换届工作的顺利进行,有必要按照上位法规定,作相应修改。

二、主要内容

(一)将"村民委员会每届任期三年",修改为"村民委员会每届任期五年"。

(二)根据上海行政区划调整情况,将《办法》相关条文中的"区、县",统一修改为"区"。

(三)根据国家监察体制改革及相关立法情况,将"行政处分",修改为"处分"。

三、评述

一是切实维护国家法制统一,认真贯彻村委会任期调整的要求。2021年是村(居)两委换届选举年,对《办法》开展修改,是落实《村民委员会组织法》要求,为换届选举提供法治保障的重要方面。

二是采用修正的简易模式，推动地方立法紧跟形势发展。法规修改是完善地方立法的重要路径，与修订相比，修正具有"法规修改较少，法规体例、结构不作变动"的特点。《办法》采用修正的模式，简便、及时地跟进了上位法和上海工作实际的发展。

（编写人：王琨　上海市立法研究所助理研究员）

16.《上海市反不正当竞争条例》立法工作的评述

一、立法背景

2020年10月27日，上海市第十五届人大常委会第二十六次会议表决通过修改后的《上海市反不正当竞争条例》（以下简称《条例》），系《反不正当竞争法》修订后全国首个修改的反不正当竞争地方性法规。

《条例》自1995年正式施行，历经1997年、2001年两次修正，有效维护了经营者、消费者的合法权益，保障了公平竞争的市场秩序。公平竞争是社会主义市场经济的核心要义内容，是营商环境的重要组成部分，更是上海软实力的重要体现。上海在国内较早开展反不正当竞争工作，始终重视在法治轨道上对不正当竞争行为进行规制，此次修改《条例》也是顺应新形势的需要。

一是落实党中央改革精神和上位法修改要求。党的十八届三中全会作出的《中共中央关于全面深化改革若干重大问题的决定》，明确提出了改革市场监管体系，反对不正当竞争，建立统一开放、竞争有序的市场体系的要求。为确保重大改革于法有据，2017年、2019年，全国人大常委会两次对《反不正当竞争法》作了修改，而上海的地方性法规是以1993年《反不正当竞争法》为依据制定的，亟待根据上位法两次修改情况，作相应修改，以确保法制统一。

二是优化营商环境、解决实践中突出问题。一流的营商环境离不开公平有序的市场环境，离不开对经营者、消费者合法权益强有力的保护。随着市场经济不断发展，经济结构、经营模式、竞争手段等均发生了较大变化，新的热点难点问题不断涌现，对执法工作提出了新挑战。为此，有必要通过修改《条例》，科学规划反不正当竞争的工作路径，及时补足制度短板，回应社会关切。

三是巩固提高上海反不正当竞争工作实效。近年来，上海在反不正当竞争执法实践中积累了不少好的经验做法。比如，通过处罚信息归集等方式，实现对经营者的信用监管等，这些经验做法需要及时予以总结、固化。此外，为更好地落实长三角一体化发展国家战略，推动与相关区域就反不正当竞争工作开展联动执法与协作，有必要通过修改《条例》，作出相应的制度安排。

二、主要内容

（一）明确分工协作，共同营造公平竞争的市场环境

为强化部门职责，形成工作合力，实现反不正当竞争源头治理，《条例》在总则部分作出相关规定：一是明确政府及部门的职责。要求市、区政府建立反不正当竞争工作协调机制，研究决定反不正当竞争重大政策；市场监管部门负责反不正当竞争查处工作，财政、文化旅游等部门根据法律、行政法规的规定，负责各自职责范围内不正当竞争行为查处工作。审议中有意见提出，要落实反不正当竞争工作协调机制，明确公安、网信、发改、金融监管等部门的工作责任，形成整体合力。经研究，采纳该意见，明确了公安、发展改革、地方金融监管、网信等部门的工作职责，并规定在各部门间建立反不正当竞争案件信息共享和协同工作机制，加强案件线索通报移送，开展调查取证协查协助，在重点领域、重点区域探索联合执法。二是探索建立不正当竞争行为监测、分析和研究机制。对重点领域、重点区域以及新型业态中出现的不正当竞争行为探索开展监测、分析和研究，为上海制定反不正当竞争重大政策提供参考。审议中有意见提出，为应对竞争领域出现的新情况新变化，监督检查部门应当提高执法能力。经研究，采纳该意见，新增"执法能力"的规定："市场监督管理等监督检查部门应当加强线上线下监管体系建设和监管执法队伍建设，利用人工智能、大数据等现代信息技术，提高发现和查处不正当竞争行为的能力。"三是强化行业组织在反不正当竞争工作中的作用。明确行业组织要加强行业自律，引导、规范会员依法竞争，协调处理会员之间的竞争纠纷。四是推动实施长三角区域反不正当竞争工作协作。落实长三角一体化发展国家战略，加强与长三角

及其他省市反不正当竞争工作的交流合作。五是强化反不正当竞争信用监管。为增强市场主体诚信意识，提高社会信用水平，明确对实施不正当竞争行为的经营者实行信用监管。六是探索创新法治宣传模式。通过定期发布典型案例、以案释法等方式，提升市场主体参与公平竞争的法律意识。

（二）针对突出问题，细化各类不正当竞争行为

《条例》根据上位法的修改情况，对上位法明确的混淆行为、商业贿赂、虚假宣传、侵犯商业秘密、违法有奖销售、商业诋毁、网络领域不正当竞争七类不正当竞争行为，结合实际作了细化，增强执法操作性。主要包括：对混淆行为增加了具体情形，并对通过将他人有一定影响的标识与关键字搜索关联等方式的混淆行为进行了规制；明确了商业秘密的具体内容，提出权利人可采取的具体保密措施；细化了违法有奖销售的具体情形；细化了商业诋毁的传播方式。

（三）完善查处程序，进一步规范行政执法

为进一步规范反不正当竞争执法行为，《条例》规定了从立案到查处结果公开的执法全流程。一是规范立案程序。明确监督检查部门对不同渠道发现的案件，应当在规定时限内予以核查，决定是否立案。对与立案相关的管辖与移送等，明确了不同监督检查部门之间，以及监督检查部门与司法机关相互之间的移送制度。二是完善调查措施和程序。根据上位法的修改，新增了检查、查封、扣押等调查措施，提升了反不正当竞争执法的实际效果。为严格执法，明确监督检查部门采取调查措施的具体程序，规范了操作流程。三是健全相关配套程序。根据上位法的规定，明确了有关方面和人员的配合调查义务，以及监督检查部门及其工作人员在调查过程中知悉的商业秘密的保密义务。同时，对查处结果要按照上海有关规定予以公开。四是完善有关抄告和举报工作要求。对国家机关、相关单位及其工作人员支持、包庇、参与不正当竞争行为的，监督检查部门应当告知相关机关、单位，同时抄告其上级或主管部门。同时，发挥社会力量作用，鼓励、支持和保护社会监督。审议中有意见提出，要完善反不正当竞争行政执法与经济犯罪案件查办的衔接机制。经研究，采纳该意见，增加关于"完善行刑衔接机制"的规定。

（四）关于反不正当竞争环境建设

审议中有意见提出，公平有序的竞争环境是法治环境的组成部分，也是营商环境的重要内容，建议重视反不正当竞争环境建设。经研究，采纳该意见，增设一章"反不正当竞争环境建设"以推进上海竞争文化、竞争环境迈上新台阶。该章根据审议中提出的意见，增加了有关"经营者是反不正当竞争第一责任人"的规定："经营者是反不正当竞争第一责任人，应当落实主体责任，加强反不正当竞争内部控制与合规管理，自觉抵制不正当竞争行为""鼓励经营者建立健全反商业贿赂等反不正当竞争管理制度"。根据审议中提出的意见，增加了有关"反不正当竞争法治宣传与合规指导"的规定："监督检查部门应当建立工作机制，对经营者加强事前指引、公开裁量基准、开展行政指导""相关政府部门指导行业组织制定本行业竞争自律规范和竞争合规指引"。

三、评述

一是在"优"字上明定位。《条例》积极贯彻落实党中央、国务院关于优化营商环境的决策部署，聚焦市场竞争中存在的主要问题，积极回应广大企业关切，强化反不正当竞争行为调查，将有力维护经营者和消费者合法权益，保障市场经济健康发展。《条例》增设第四章"反不正当竞争环境建设"，从多角度、多主体出发，明确职责分工协作，推进上海竞争文化、竞争环境迈上新台阶。

二是在"全"字上作文章。推动形成政府主导、企业自律、各方参与的完整的反不正当竞争社会预防体系。《条例》明确了参与上海反不正当竞争工作的各类主体及其职责，以及利用现代信息技术提高监管执法水平，形成了由上而下、结构清晰、分工明确、现代高效的反不正当竞争治理体系。《条例》强化了行业组织在反不正当竞争中的作用，要求加强行业自律，配合、协助政府查处不正当竞争行为；鼓励、支持社会力量对反不正当竞争行为进行社会监督。

三是在"细"字上下功夫。在上位法框架内，根据执法实践，细化不正当竞争行为的具体表现形式，增强社会辩识度。比如，细化了商业混淆的行为分类、扩大了商业混淆行为的责任主体、设定了帮助实施混淆行为的行政责任。

又比如，细化了引人误解的商业宣传界定。同时，《条例》还明确，经营者为了销售商品或者获取竞争优势，采取向消费者提供奖金、物品或者其他利益的有奖销售行为，最高奖金额不得超过5万元。

四是在"新"字上求突破。《条例》体现了上海作为改革开放排头兵、长三角一体化发展引领者的创新和担当精神。结合了上海工作特点，体现了"强化竞争政策基础地位""加强和改进反不正当竞争执法""加强企业商业秘密保护"方面的新工作理念。同时，《条例》明确加强与其他省市反不正当竞争工作的交流合作，积极探索构建长三角执法一体化，推动跨区域协助、联动执法，推进执法信息共享、执法标准统一，促进长三角区域反不正当竞争重大政策协调和市场环境优化。

（编写人：谭天　上海市立法研究所助理研究员）

17.《上海市公共卫生应急管理条例》立法工作的评述

一、立法背景

2020 年 10 月 27 日，上海市第十五届人大常委会第二十六次会议表决通过《上海市公共卫生应急管理条例》（以下简称《条例》）。在我国疫情防控阻击战取得重大战略成果并进入统筹推进常态化疫情防控和经济社会发展的阶段，为总结固化有效经验，解决疫情防控中暴露的问题和不足，健全完善公共卫生应急管理体系，有必要制定一部公共卫生应急地方立法，为提升超大城市公共卫生安全治理水平提供法治保障。

一是全面贯彻落实党中央关于统筹推进疫情防控和经济社会发展决策部署。习近平总书记和党中央始终把人民群众生命安全和身体健康放在第一位，多次强调依法防控、依法治理的重要性，明确要求强化公共卫生法治保障和法律体系建设。贯彻落实习近平总书记系列重要讲话和指示精神，需要全面提高依法防控、依法治理能力，以法治为疫情防控工作提供有力支撑。

二是总结巩固上海在新冠肺炎疫情防控工作中的有效做法。上海在疫情防控工作中，形成了防疫"三件套"——"佩戴口罩、个人卫生、保持社交距离"等系列有效经验。这些做法亟待通过立法予以总结固化。2020 年 4 月，上海召开的公共卫生建设大会发布了《关于完善重大疫情防控体制机制健全公共卫生应急管理体系的若干意见》（以下简称《若干意见》），明确要求全面加强公共卫生和应急管理领域法治建设，强化法治保障。

三是系统打出上海疫情防控法治保障的"组合拳"。2020 年 2 月，上海市人大常委会作出《关于全力做好当前新型冠状病毒感染肺炎疫情防控工作的决定》，是全国首部关于疫情防控的地方立法。同年 10 月，上海市人大常委会通过《条例》，对疫情防控作常态化立法，加上 2020 年 5 月针对疫情防控一揽子打包修改 12 件法规，共同构筑起上海疫情防控法治保障的一整套"组合拳"。

二、主要内容

（一）明确公共卫生应急管理体系建设要求

《若干意见》从全面提升上海应对重大传染病疫情等公共卫生事件的能力出发，提出加快打造与社会主义现代化国际大都市功能定位相匹配的公共卫生应急管理体系，织密织牢公共卫生安全防控网络。为此，《条例》在总则部分即对公共卫生应急管理体系建设提出明确要求，并在分则部分围绕公共卫生社会治理、应急指挥、疾病预防控制、监测预警、应急医疗救治"五大体系"展开，完善相关体制机制，作出明确具体规定。

（二）明确主体责任

为了落实公共卫生安全责任，守牢城市安全底线，《条例》对上海各级政府及其相关部门、单位和个人的责任均作出规定。一是明确政府职责。市政府统一领导上海市公共卫生事件预防与处置工作，区和乡镇政府、街道办事处负责具体落实。二是理顺部门分工。根据本次疫情防控实践，结合相关法律法规，在明确卫生健康部门公共卫生日常管理和公共卫生事件监测预警、应急处置、医疗救治等职责的同时，进一步明确了发展改革、经济信息化、商务、药品监管、民政等部门在物资储备征用、应急生产采购、社区防控等方面的职责，充分体现了联防联控的工作机制。三是强化单位和个人义务。本次疫情之所以能在较短时间内得到有效控制，离不开人民群众服从指挥、团结一心的精神。《条例》明确单位和个人应当服从、配合政府及其有关部门为预防处置公共卫生事件发布的决定、命令及采取的措施，并从保护公民、法人和其他组织合法权益的角度出发，明确了采取公共卫生事件应对措施的最小侵害原则，以及禁止歧视和隐私保护要求。

（三）明确公共卫生社会治理要求

为了体现"预防为主、平战结合"的理念，加强公共卫生社会治理，固化联防联控、群防群控机制，《条例》明确建立健全公共卫生社会治理体系，强化属地责任，对社区治理、行业治理、社会力量参与等方面作出了具体规定，并规定了政府部门及媒体开展公共卫生宣传教育的责任。围绕公共卫生社会治理，各方纷纷提出意见建议。关于政府提供便利化服务，审议中有意见提出，要将上海"两网融合"工作纳入公共卫生社会治理。经研究，采纳该意见，规定各级政府及其有关部门的治理责任，明确发挥城市运行"一网统管"、政务服务"一网通办"的作用，建立绿色通道，优化工作流程，为公共卫生事件预防与处置提供便捷服务。关于分餐制和提供公筷公勺服务，审议中有意见提出，要增加餐饮行业推行分餐制、提供公筷公勺服务的规定。经研究，采纳该意见，增加了餐饮服务单位应当提供公筷公勺服务的规定，并明确餐饮行业主管部门以及相关行业组织应当制定分餐制服务规范并推动餐饮服务单位落实要求。相应地在法律责任部分，增加以下规定："餐饮服务单位未向消费者提供公筷公勺服务的，由市场监管部门责令改正；拒不改正的，处以警告，并将相关情况纳入餐饮服务食品安全量化分级管理评定范围，评定结果向社会公布。"关于提升个人健康生活习惯，审议中有意见提出，建议将提升个人健康生活习惯等内容纳入公共卫生社会治理的范畴。经研究，采纳该意见，明确个人在呼吸道传染病流行期间，进入公共场所应当按照要求佩戴口罩，并保持社交距离。相应地在法律责任部分，增加以下规定："个人进入公共场所不按照规定采取防控措施的，有关公共场所管理单位可以拒绝为其提供服务。"

（四）完善预防与应急准备措施

为从源头上预防和减少公共卫生事件的发生，《条例》从"平时状态"下的能力建设出发，规定了应急指挥体系建设，应急预案的制定、调整、演练、培训，应急物资储备、技术与生产能力储备、平战结合的设施储备、专家库等内容，并根据习近平总书记 2020 年 6 月主持专家学者座谈会的讲话精神，对疾病预防控制体系和疾控机构能力建设、医防协同机制、实验室检测网络等作出明确规定。审议中有意见提出，应当加大疾控体系改革力度，加强疾控系统的能力建设。经研究，采纳该意见，增加"整体谋划、系统重塑、全面提升"的表述，作为上海疾控机构改革的总体要求。

（五）完善监测预警体系

为增强公共卫生事件的早期监测预警能力，做到早发现、早报告、早控制、早处置，《条例》明确建立公共卫生监测预警体系，完善监测哨点布局，建立智慧化预警多点触发机制，并对监测方案与计划的制定、实施和信息共享，报告、举报制度及相应的调查核实程序，公共卫生事件的预警、信息通报与信息发布制度等，作出了明确规定。审议中有意见提出，建议进一步完善监测预警体系的内容，细化有关监测哨点布局的规定。经研究，采纳该意见，将医疗机构，药店、学校、托幼机构、养老服务机构、食用农产品批发交易市场、进口冷链食品储运、加工、销售企业，交通枢纽等单位和场所纳入监测哨点布局，并增加"明确不同类型公共卫生事件的触发标准"的要求。

（六）细化应急处置措施

根据《传染病防治法》《突发事件应对法》等法律法规规定，结合此次疫情防控实践，《条例》对公共卫生事件的应急处置措施作了进一步细化。一是明确公共卫生事件性质认定和应急预案启动程序，以及不同应急响应级别下的应急指挥体制。二是授权市、区政府根据公共卫生事件应急处置需要，依法采取各项紧急措施，明确相关单位和个人应当采取相应专业处置措施。三是对流行病学调查、医学观察与隔离措施、健康观察、特殊场所管控、交通和国境卫生检疫等作出细化明确。四是对公共卫生事件应急处置期间的舆情回应、医疗废物和生活垃圾处置、监督执法、志愿服务等作出明确规定。五是立足统筹推进疫情防控和经济社会发展实践，明确复工复产复市复学等生产生活秩序恢复措施。六是明确应急响应级别和区域风险等级调整、应急状态解除以及专项报告的程序要求。

（七）完善医疗救治内容

医疗救治是公共卫生事件应急处置的核心环节，《条例》参照《传染病防治法》的体例，将其单设一章，并进一步充实了相关内容。一是明确上海建立由定点医疗机构、院前急救机构、社区卫生服务中心等组成的应急医疗救治体系，按照集中患者、集中专家、集中资源、集中救治的要求，开展救治工作。审议中有意见提出，公共卫生事件的医疗救治方案应当按照有关诊疗规范要求制定。经研究，采纳该意见，明确"市公共卫生临床中心以及其他定点医疗机构应当按照规范要求制定医疗救治方案"。二是明确了医疗机构预检分诊、首诊负责制度以及转诊、隔离治疗、院感防控等要求，并注重发挥中医药作用，完善中西医协同救治机制。三是强化公共卫生事件应急处置期间医疗秩序的维护。

（八）强化公共卫生保障措施

《条例》专设"保障措施"一章，对公共卫生领域平时与战时状态的保障制度进行了梳理细化。一是从经费保障、科学研究、人才培养等方面规定了平时状态下的保障措施。二是根据战时状态的应急处置需要，规定了应急物资保障、优先运输保障、基本生活保障、激励抚恤、医疗费用、心理干预等具体内容。三是从促进生产生活秩序恢复的角度出发，规定了相关扶持政策、矛盾纠纷化解、公共法律服务等措施。审议中有意见提出，建议增加有关慈善捐赠的规定。经研究，采纳该意见，增加以下规定，市、区政府有关部门应当加强对与公共卫生事件预防、处置有关的慈善捐赠活动的规范管理，确保接收、支出、使用及其监督全过程透明、公开、高效、有序。

此外，《条例》还根据审议意见，强化对公共卫生应急管理工作的监督，增设一章"监督措施"，对政府监督、人大监督、社会监督、舆论监督分别作出相应规定，形成全方位、多层次的公共卫生应急管理监督体系。

三、评述

一是突出预防为主、平战结合的理念。《条例》立足于常态化疫情防控以及应对未来可能发生的突发公共卫生事件，分别从"平"和"战"两方面作出一系列制度安排。比如，加强公共卫生定点医疗机构储备，借鉴方舱医院改造经验，加强大型体育、会展场馆等公共设施针对性改造的能力建设，以便能快速转化为救治、隔离等场所，确保关键时刻拿得出、调得快、用得上；物资方面，实物储备和生产能力储备相结合，既规定平时的储备与管理，又规定了战时储备的启用、应急征用、组织生产和紧急采购等；同时，还鼓励单位和家庭适量储备防护用品、药品等物资。

二是健全完善了公共卫生应急管理的五大体系。五大体系包括：各方参与的公共卫生社会治理体系、集中统一的公共卫生应急指挥体系、专业现代的疾病预防控制体系、协同综合的公共卫生监测预警体系、平战结合的应急医疗救治体系。《条例》着力增强社会治理的总体效能，公共卫生社会治理是立法的亮点。《条例》通过联防联控、群防群控机制，将区域治理、部门治理、行业治理、社区治理、单位治理有机结合，形成跨部门、跨层级、跨区域的公共卫生事件预防与处置体系。

三是提高全社会健康素养，培育文明健康新时尚。《条例》对培育社会文明健康作了细致规定，体现出上海开放、包容、创新的城市品格和城市文明。《条例》将防疫"三件套"——"佩戴口罩、个人卫生、保持社交距离"等文明健康生活习惯纳入，是全国第一个将公民佩戴口罩写进地方立法的城市。《条例》将勤洗手、分餐制、使用公筷公勺——纳入，规定政府应组织开展爱国卫生运动；人人参与、人人践行，让健康文明的生活方式与社会风尚惠及每个家庭、每位市民。

（编写人：李韵　上海市立法研究所助理研究员）

18.《上海市公共文化服务保障与促进条例》立法工作的评述

一、立法背景

2020 年 10 月 27 日，上海市第十五届人大常委会第二十六次会议表决通过《上海市公共文化服务保障与促进条例》(以下简称《条例》)。《条例》的制定，是上海文化领域的一件大事，也是上海公共文化服务体系发展史上的重要里程碑。

党的十八大以来，党中央高度重视文化建设，把文化建设列为全面建成小康社会、实现中华民族伟大复兴"五位一体"总体布局的重要内容。习近平总书记多次强调，要完善公共文化服务体系，提高基本公共文化服务的覆盖面和适用性，让广大人民群众享受到更多优质公共文化服务。文化是城市的灵魂，是加快建设"五个中心"、全面强化"四大功能"、全力实施三项新的重大任务的重要支撑，是加快建设具有世界影响力的社会主义现代化国际大都市的重要组成部分。十一届上海市委九次全会指出，要全面对标党中央对上海的要求，以保障广大市民基本文化权益为出发点和落脚点，深入实施基层文化惠民工程，健全群众性文化活动机制等要求。为加快建成国际文化大都市、推进城市治理现代化，有必要制定保障和促进公共文化服务的地方性法规，《条例》的制定体现了以下的思路。

一是贯彻落实国家关于公共文化的系列要求。国家层面在公共文化领域已形成了以《公共文化保障法》为核心，《公共图书馆法》《博物馆条例》《公共文化体育设施条例》等多部法律、行政法规相配套的立法体系。上海在社区公共文化服务、公共图书馆、文化馆、美术馆等方面也已出台多部法规、规章、规范性文件。制定专门的公共文化地方性法规，有助于与国家层面立法相衔接、完善地方政策文件体系。

二是定位为上海公共文化服务领域的基本法。《条例》定位为上海公共文化服务领域的全局性、综合性、基础性立法。《条例》着力创新公共文化设施运行机制，提升公共文化服务供给和社会参与度，加大统筹协调和融合发展力度，整体谋划和推动公共文化服务高质量发展。《条例》立足提升治理能力，打造共建共治共享的文化共同体，推动公共文化服务高质量发展，让广大人民群众享受到更多优质公共文化服务。

三是彰显上海特色文化，打响"上海文化"品牌。在践行习近平总书记"人民城市人民建，人民城市为人民"重要理念的过程中，上海率先全域基本达到了国家公共文化服务体系示范区创建标准，公共文化服务工作走在全国前列。"文化是城市的灵魂"，《条例》突出上海特色亮点，推进"上海文化"品牌建设，提升城市文化软实力和影响力，着力打造具有独特文化魅力和精神品格的人民城市。

二、主要内容

（一）推进公共文化设施建设与管理

公共文化设施是展示文化建设成果、开展群众文化活动的重要阵地。提升公共文化设施的建设和管理水平，是完善公共文化服务体系的前提和基础。《条例》结合上海实际，对公共文化设施的范围作了细致分类和界定，明确了相关建设和管理要求：一是进一步优化公共文化设施布局，建设公共文化设施网络，明确拆除重建与改建的具体要求。审议中有意见提出，国家将全民科普纳入公共文化服务范畴，有必要在《条例》中明确相关主管部门的职责。经研究，采纳该意见，增加以下规定："科技主管部门负责协调组织科学技术普及活动，推进科普场馆向社会开放等工作。"二是建立公共图书馆、文化馆总分馆制，有效整合公共文化资源，促进优质资源向基层延伸。三是拓展公共文化服务的空间范围，包括黄浦江、苏州河沿岸公共空间和设施以及公园绿地、广场、景区景点、商场、交通站点等的公共空间。四是进一步完善设施运行和管理方式，建立公共文化设施资产统计报告制度、公共文化服务开展情况年报制度、安全管理制度以及突发事件应急机制等。五是推动建立健全公共文化设施管理单位法人治理结构，提高其自身发展能力。

（二）完善服务标准体系，提升公共文化服务效能

为提高基本公共文化服务的覆盖面和适用性，《条例》明确，公共文化服务以免费或者优惠为原则，保障人民群众公平、均等享受基本公共文化服务。具体内容包括：一是明确基本公共文化服务内容，细化公共文化设施免费或者优惠开放、开放时间和服务公示等要求。二是根据未成年人、老年人、残疾人等群体的特点与需求，提供有针对性的公共文化服务。审议中有许多意见提出，建议进一步保障特殊人群的公共文化权益。经研究，采纳该些建议，增加以下规定：1. 关于残疾人公共文化权益的保障，要求市、区两级公共图书馆开设盲文阅读、盲人有声阅读专区或者专座；鼓励电影、电视作品制作方提供无障碍版本；在有条件的电影院、剧院配备无障碍观影设备等。2. 关于老年人公共文化权益的保障，要求依托老年人活动中心、社区文化活动中心等公共文化设施，提供适宜老年人的公共文化服务。鼓励和支持在养老服务机构设置公共文化活动区域，为老年人开展文化活动提供便利。三是创新服务方式，明确流动文化服务和公共数字文化服务的具体内容。审议中有些意见提出，建议加强公共文化配送供需对接。经研究，根据市民需求，加强精准化供给是提升公共文化服务效能的重要举措，采纳该些意见，增加以下规定：1. 各级政府根据实际情况，配备公共阅读栏（屏）、自助式文化设施等设施设备，提供便利可及的公共文化服务。2. 健全和完善市、区、街镇、居（村）四级公共文化服务供给体系，加强公共文化配送供需对接，提高配送服务效能。四是明确加大对远郊地区以及大型居住社区的公共文化服务供给。

（三）倡导开展群众性文化活动，强化多元主体参与

为强化群众在公共文化服务中的主体地位和权益保障，《条例》明确，各级政府应当健全群众性文化活动机制，支持开展全民阅读、全民普法、全民健身、

全民科普和艺术普及、优秀传统文化传承等活动。《条例》细化了各类群众性文化活动的开展方式和内容，明确政府及有关部门、群团组织等应当提供支持与便利措施，鼓励扶持发展各类群众性文化活动团队，支持开展农村群众性文化活动。审议中有些意见提出，建议进一步加强对广场舞等群众性体育健身活动的组织和引导，既要丰富人民群众的文化生活，又要避免影响社会秩序。经研究，采纳该意见，从两个方面对群众性体育健身活动加以规范：1.开展群众性体育健身活动时，应当遵守相关规定和公序良俗，不得影响他人的正常工作和生活；2.要求活动举办地所在乡镇政府、街道办事处以及公共场所管理单位加强组织协调，保障活动有序开展。

（四）加强公共文化品牌建设，促进融合发展与交流

公共文化高质量发展需要树立高辨识度的品牌，形成可持续的文化氛围与开放融合的发展格局，激发群众参与热情。为此，《条例》明确，上海充分发挥"红色文化""海派文化""江南文化"等特色文化优势，支持在重大品牌节庆活动中开展公共文化活动，推动优秀公共文化产品创作生产和交流展示，扶持公民、法人和其他组织举办特色文化活动，搭建推介交流平台，推动高品质公共文化服务供给；实施品牌培育工程，打造公共数字文化品牌，支持乡村文化品牌建设。审议中有意见提出，要明确推进文化品牌建设的具体举措。经研究，采纳该些意见，作以下规定：一是为更好地体现《条例》服务社会主义国际文化大都市建设的战略目标，专设一章"上海文化"品牌。二是明确"上海文化"品牌建设的目标。三是明确"红色文化""海派文化""江南文化"品牌的内涵以及推进举措，并增加文化地标建设、特色团队建设两项具有地方特色的举措。同时，《条例》规定，协调推进公共文化服务与新时代文明实践融合发展；鼓励和支持公共文化服务与教育、科技、旅游等融合发展；推动长三角区域以及国际公共文化合作与交流。

（五）引导社会力量参与，增强公共文化服务发展动力

上海鼓励和支持公民、法人和其他组织参与公共文化设施建设与管理、公共文化服务提供以及其他相关活动。为此，《条例》细化了社会力量参与的主要方式，并明确了捐赠冠名、项目补贴、税收优惠等促进措施。同时，着力发挥公共文化领域行业组织作用，鼓励提供文化志愿服务活动。审议中有些意见提出，专设一章，规定社会参与。经研究，采纳该意见，单设一章"社会参与"，对社会力量参与公共文化的方式、途径和鼓励措施作了较为详尽的规定。审议中有意见提出，建议进一步推动学校文化设施有序开放。经研究，采纳该意见，明确："公办学校应当在不影响日常教育教学秩序的前提下，积极创造条件向公众开放文化体育设施，鼓励民办学校向公众开放文化体育设施。市、区人民政府及有关部门对向公众开放文化体育设施的学校在运行管理、设施维修以及意外伤害保险等方面给予相应支持。"

（六）健全工作机制，强化保障措施

为了加强对公共文化服务工作的保障，《条例》明确：一是落实公共文化服务经费保障，在财政转移支付中向远郊地区重点倾斜，保障城乡居民均等享有基本公共文化服务权益。二是明确政府购买公共文化服务的管理要求。三是明确岗位人员配备、职业发展保障和业务培训等内容。四是建立公共文化需求征询反馈制度，以及公众参与的公共文化设施使用效能和公共文化服务工作考核评价制度，促进提升公共文化服务水平。五是明确文化创意产品开发激励机制，促进资源合理利用。

三、评述

一是将保障基本服务与促进高质量发展相结合。一方面，明确各级政府的主体责任，以及相关各政府主管部门的相应职责，保障基本公共文化服务的均等化、普惠化、便捷化。《条例》将广泛开展群众性文化活动视为在更高水平上"保基本"的重要内容，并对如何健康、规范、有序地开展上述群众性文化活动、扶持和培育群众性文化团队作出了操作性很强的具体规定。另一方面，进一步促进公共文化服务往高质量方向发展。《条例》将品牌建设作为推动高质量发展的有力抓手，要求按照加快建设社会主义国际文化大都市的目标，坚持国家标准、突出上海特色，加强"上海文化"品牌建设，传承和发扬红色文化、海派文化、江南文化等特色文化。

二是持续深化公共文化领域各项改革任务。近年来，上海大力推动公共文化服务目标均等化、供给主体多元化、运行机制专业化、公共服务效能化、管理体系制度化，形成了一系列引领全国的创新实践。上海是全国最早鼓励和推动社区文化活动中心管理社会化、专业化的城市。《条例》总结经验并规定，对提供免费、优惠开放或者公益场、公益票的由社会力量兴办的博物馆、剧院，在运行管理、设施维修等方面给予相应支持，免除社会力量的后顾之忧。又比如，文化配送是上海公共文化服务工作的亮点，为公众提供了大量文化产品。《条例》明确，健全和完善市、区、街镇、居村四级公共文化服务供给体系，加强公共文化配送供需对接，提高配送产品质量和服务效益。

三是系统体现了上海公共文化的工作特点。1."通"，打通宣传文化系统各个单位，打通宣传文化系统与其他部门，打通体制内、体制外，形成政府、市场和社会良性互动、共建共享的公共文化服务模式。2."融"，突出各类设施、资源的共享。推动公共文化服务与新时代文明实践融合发展，与教育、科技等融合发展，与旅游融合发展。发挥重大品牌节庆活动、重大赛事的集聚效应，放大文化惠民效应。依托黄浦江、苏州河沿岸、公园绿地、广场、景区景点、商场、交通站点等公共空间和设施，开展公共文化活动，提升公共文化的影响力。3."众"，强调服务群众的立法"初心"。赋予群众知情权、参与权、建议权、监督权；提供面向未成年人、老年人、残疾人等群体的针对性服务；推进公共文化服务数字平台建设，提升精准服务能力。

（编写人：陈晓燕　上海市立法研究所研究人员）

19.《上海市不动产登记若干规定》立法工作的评述

一、立法背景

2020 年 11 月 27 日，上海市第十五届人大常委会第二十七次会议表决通过《上海市不动产登记若干规定》(以下简称《若干规定》)。

不动产是自然人、法人及非法人组织的重要财产。不动产登记制度是不动产物权取得、变动以及消灭的基本公示方式，是以保护不动产权益和维护交易安全为核心功能价值的一项社会基础性制度。1995 年，上海市人大常委会审议通过了《上海市房地产登记条例》，为规范房地产登记行为、保障房地产交易安全、维护权利人合法权益、促进房地产市场健康发展发挥了重要作用。与法规相配套，上海还出台了《上海市房地产登记条例实施若干规定》《上海市房地产登记技术规定》等政府规章和规范性文件，以进一步细化指导房地产登记工作。2014 年，国务院公布《不动产登记暂行条例》(以下简称《暂行条例》)，正式建立不动产统一登记制度。按照国务院的部署，上海自 2016 年起全面实施不动产统一登记。经过几年的实践，上海实现了不动产统一登记制度的平稳落地，并在登记服务的方式、提升效率和质量方面有了一些新的做法和探索。为更好地符合现行不动产统一登记制度的要求，满足实践的需要，有必要废止《上海市房地产登记条例》，并制定新的地方立法。《若干规定》体现了以下立法思路。

一是提高立法效率，节约立法资源。鉴于国务院《暂行条例》以及实施细则的内容已经非常全面和具体，本次立法采用若干规定的体例，补充和细化《暂行条例》的规定，对上位法已有内容不再重复规定。

二是有效规范登记全过程的工作。为规范不动产登记行为、方便不动产登记申请、维护不动产交易安全、保护权利人的合法权益，在一般规定、登记程序、不动产权利及登记类型特殊情形、登记资料管理、法律责任各个环节做好制度设计。

三是注重操作性，务实回应需求。落实"人民城市人民建，人民城市为人民"的理念，注重突出上海地方特色，为实践操作提供支撑。同时，妥善处理历史遗留问题，明确结合当时的法律法规、政策和实际情况等因素处理，不作一刀切的适用。

二、主要内容

（一）整合部门职责，实行统一登记

整合不动产登记职责、建立统一的登记机构是实现不动产统一登记的基础。《若干规定》结合国务院《暂行条例》以及不动产登记职责整合的要求，根据部门"三定方案"，对部门职责作了明确：市规划资源部门是上海不动产登记的主管部门，负责指导、监督全市的不动产登记工作；区规划资源部门协助做好本辖区内不动产登记工作的监督管理。房屋管理、海洋、林业、农业农村等部门不再承担各自领域的登记工作，而是按照职责分工，协同做好不动产登记的相关工作。同时，明确市自然资源确权登记局是不动产登记机构，负责全市范围内的不动产登记工作，市、区规划资源部门所属的登记事务机构受市自然资源确权登记局的委托，具体办理登记事务。

（二）优化服务流程，营造便民利民的营商环境

为响应深化"放管服"改革、优化营商环境的要求，深入推进服务便民化，不断增强企业和群众改革获得感，《若干规定》提出多项契合上海实际、体现上海特色的便民利民措施，为当事人便捷高效地办理不动产登记提供制度保障：一是减环节，市规划资源部门建立全市统一的不动产登记信息系统，依托"一网通办"平台，推进完善网络申请登记工作。二是减材料，部门信息互通共享，能够通过实时互通共享获取的部门审批、交易等信息，申请人无需重复提交。三是"一窗收件"，在受理登记时一并收取交易、税收等申报材料，实现交易、

纳税、登记的收件一体化。四是减时间，对于不同的登记类别，分别提出了当场、一个工作日、五个工作日办结的要求；对于宅基地使用权及房屋所有权登记等登记类别，因情况相对复杂，为稳妥起见，仍按照上位法规定，在三十个工作日内办结。五是"最多跑一次"，申请人可在申请登记前，通过"一网通办"平台提交电子介质申请材料，由登记事务机构预先进行审核，对符合要求的，在交齐原件后当场发证，实现申请人"最多跑一次"的目标。六是自助查询，提供自助设备、互联网终端等多种方式，方便当事人查询登记资料。

（三）完善各类型登记规则，满足地方实践需要

《若干规定》对原《上海市房地产登记条例》及相关配套规定中行之有效的登记制度规范作了延续和完善，具体包括：一是细化不予登记的情形，规定对申请登记的事项与不动产登记簿的记载有冲突、不动产属于违法建筑等情形，依法不予登记。二是对新建商品房和保障性住房所有权首次登记时应当列明的不动产范围，以及保障性住房抵押登记特殊要求，作了具体规定。三是对因继承、受遗赠不动产的转移登记，明确登记事务机构依法进行调查时，可以采用公告方式。四是对宅基地使用权及房屋所有权登记，规定由农村村民户成员推选户代表申请，户成员名单在不动产登记簿中予以记载，并对政府组织开展首次登记工作时的相关调查和确认程序作了明确。审议中有意见提出，建议对开展宅基地使用权及房屋所有权登记提出更为具体的原则和要求。经研究，采纳该意见，从保护农民利益、提高登记效率角度出发，规定"各区人民政府根据市人民政府的统一安排，按照规范有序、方便办理的要求"开展登记工作。五是明确了因围海造地导致海域灭失而办理海域使用权注销登记的特殊情形。六是对更正登记，明确登记事务机构受理申请后，应当中止办理相关转移、抵押登记，并暂缓受理新的登记申请，直至更正登记完成。七是对需作记载的与不动产权利有关的事项作了细化规定，包括行政机关作出的征收房屋土地、批准建设用地、商品房预售许可等决定，以及对保障性住房、损坏房屋承重结构、附有违法建筑、不履行优秀历史建筑修缮义务的认定、土壤污染状况调查报告等，从而进一步加强不动产登记与其他行政管理措施的衔接。

（四）探索新制度，完善新举措

随着新形势的不断发展，上海在不动产登记工作中积极探索创新，形成了一些有益举措。对此，《若干规定》在制度层面作了进一步完善：一是不动产以不动产单元为基本单位进行登记。不动产单元是指权属界线封闭且具有独立使用价值的空间。《若干规定》明确，不动产单元一经设定，不得任意分割合并。需要进行分割合并的，应当符合国家和上海相关规定。二是权籍调查是不动产确权登记的前提和基础。《若干规定》明确了需要进行不动产权籍调查的情形，有助于减少不必要的调查，降低成本，优化营商环境。同时明确，开展权籍调查活动应当符合技术规范的要求，依法推进权籍调查市场化，为下一步权籍调查制度的规范化指明方向。三是根据上海"留改拆"并举、深化城市有机更新和促进历史风貌保护的总体工作要求，针对因风貌保护、建筑保护等需要在土地供应时带建筑物出让的情形，《若干规定》明确该建筑物应当办理首次登记，并强调在不动产登记簿中记载相关基本历史事实。四是随着上海地下空间开发利用规模的加大和功能的拓展，为进一步发挥登记制度对合理开发利用地下空间资源的促进作用，《若干规定》完善了地下空间建设用地使用权及房屋所有权首次登记相关内容。五是考虑到不动产登记工作技术性、专业性强的特点，《若干规定》提出探索建立不动产登记员制度，由不动产登记员承担审核、登簿等专门性工作，确保登记的真实性和准确性。审议中有些意见提出，建议增加"擅自泄露信息"的法律责任。经研究，采纳该些意见，根据《民法典》《暂行条例》相关内容，增加有关追究"不动产登记工作人员泄露不动产登记资料或者登记信息"法律责任的条款，并就不动产登记机构和不动产登记员的责任作了区分梳理。六是探索建立不动产登记责任保险制度，有效分散登记风险。

（五）贯彻落实《民法典》，补充完善相关登记内容

新颁布的《民法典》进一步确认和完善了不动产统一登记制度。作为地方立法响应《民法典》的重要举措，《若干规定》补充了以下内容：一是将"居住权"纳入不动产登记范围，并明确了设立、注销居住权的程序和收件要求。二是明确了土地经营权登记的内容，规定依法取得流转期限为五年以上土地经营

权的，当事人可以申请土地经营权的首次登记。三是强调利害关系人不得公开、非法使用权利人的不动产登记资料。

此外，针对部分不动产因用地和建设审批基础资料缺失、权属来源不清等历史原因，未办理登记的问题，《若干规定》明确应当结合当时的法律法规、政策和实际情况等因素处理，并授权市政府另行制定具体办法，以推进此类不动产登记历史遗留问题的妥善解决。审议中有意见提出，建议增加旧住房综合改造后办理不动产登记的相关规定。经研究，采纳该意见，明确旧住房综合改造符合规划要求并且已经竣工的，可以依法办理不动产登记。

三、评述

一是回应不动产登记法治建设的需要。《若干规定》落实了国务院《暂行条例》提出的，在立法上实现登记机构、登记簿册、登记依据和信息平台"四统一"的要求，按照登记一般规定、登记程序、不动产权利及登记类型特殊情形、登记资料管理、法律责任的逻辑顺序，对《暂行条例》的部分内容作了细化。新颁布的《民法典》进一步确认和完善了不动产统一登记制度，《若干规定》根据《民法典》的规定及时补充了相关内容，将"居住权"纳入不动产登记范围，并明确了设立、注销居住权的程序和收件要求，有助于推进《民法典》在上海更好地贯彻实施。

二是契合上海不动产登记改革的实践。《若干规定》肯定了已有工作机制，明确市自然资源确权登记局是不动产登记机构，部门职能为确权登记、权籍调查、不动产测绘、争议调处、成果应用等方面，并负责组织实施全市不动产统一登记工作。《若干规定》总结推进城市有机更新和历史风貌保护的经验。比如，针对因风貌保护、建筑保护等需要，土地供应时带建筑出让的情形，明确该建筑应当办理首次登记，并强调在不动产登记簿中记载相关基本历史事实。为配合加快推进旧改工作，明确旧住房综合改造符合规划要求并且已经竣工的，可以依法办理不动产登记。

三是推动上海营商环境的优化。《若干规定》体现了上海在不动产登记领域深化"放管服"改革、优化营商环境的有效举措。比如,"一窗受理、并行办理"、依托"一网通办"开通不动产登记网上申请服务、实现与相关部门间信息互通共享、不断优化登记流程和压缩登记办理时限、提供登记信息网上查询和现场自助查询等多项服务举措。同时,《若干规定》对增加人民群众获得感的改革创新举措,从立法层面予以完善。比如,对宅基地使用权及房屋所有权、新建商品房和保障性住房所有权首次登记的相关调查和确认程序作了明确。

(编写人:陈晓燕　上海市立法研究所研究人员)

20.《上海市促进家庭农场发展条例》立法工作的评述

一、立法背景

2020年11月27日，上海市第十五届人大常委会第二十七次会议通过《上海市促进家庭农场发展条例》(以下简称《条例》)。《条例》是国内首部关于家庭农场的地方立法。

促进家庭农场高质量发展，是推进乡村振兴战略实施，发展都市绿色生态农业的重要路径。上海的家庭农场发展起步较早，市委市政府在2007年就提出要推广松江区经验，大力发展粮食生产家庭农场，鼓励多种形式家庭农场发展。上海家庭农场的发展模式，得到了中央领导的肯定，并多次作为上海经验在全国会议上进行交流。通过多年实践，上海家庭农场综合实力不断提升，在促进农业现代化进程中发挥了越来越重要的作用。近年来，习近平总书记要求"突出抓好农民合作社和家庭农场两类农业经营主体发展，赋予双层经营体制新的内涵"。国家要求"加强促进家庭农场发展的立法研究，加快家庭农场立法进程，为家庭农场发展提供法律保障"。继2020年3月，上海市第十五届人大常委会第十八次会议表决通过《上海市实施〈中华人民共和国农民专业合作社法〉办法》，上海市人大常委会开展了家庭农场的地方立法。

一是贯彻落实党中央和国务院相关部署要求。习近平总书记多次对家庭农场发展作出重要指示。2019年，中央农办、农业农村部等11个部门和单位联合印发了《关于实施家庭农场培育计划的指导意见》(以下简称《指导意见》)，明确"鼓励各地出台规范性文件或相关法规，推进家庭农场发展制度化和法制化"。

二是积极将探索经验转化为首创之法。上海是探索发展家庭农场最早的地区之一。2007 年，松江区结合当地实际兴办粮食生产家庭农场。2012 年，松江区发展家庭农场促进农业现代化的做法得到温家宝总理的充分肯定。上海在促进家庭农场发展中的经验做法需要总结固化，以更好地促进家庭农场健康发展。

三是推进制度化与预留发展空间相结合。《条例》在体例上不求大而全，以问题为导向，共计 25 条。鉴于家庭农场的法律地位尚不明确，上海各区家庭农场的发展模式尚未定型、相关制度供给尚在探索中，现行立法要为国家立法后的地方细化预留空间。

二、主要内容

（一）确立家庭农场名录管理制度

对家庭农场实行名录管理，是《条例》的一项基础性制度。《条例》参照《指导意见》中对家庭农场的特征性表述，明确家庭农场是"以家庭成员为主要劳动力，以家庭为基本经营单元，从事农业规模化、标准化、集约化生产经营的主体"，并从三个层面进行名录管理制度性设计：一是明确纳入名录库的家庭农场可以享受相关扶持政策。二是强调家庭农场名录管理的认定标准由市农业农村部门制定，区农业农村部门可以结合当地资源条件、行业特征、农产品品种特点等实际，根据市农业农村部门的认定标准，对本区家庭农场的经营范围与规模及认定程序等作出细化规定。三是市、区农业农村部门应当将家庭农场名录管理认定标准、扶持措施及入库的家庭农场名录向社会公开，并实行动态更新。《条例》结合上海实际，设置了家庭农场名录退出机制。审议中有意见提出，在鼓励和促进家庭农场发展的同时，也必须规范其经营活动，完善责任追究机制。经研究，采纳该意见，明确"采取弄虚作假、隐瞒真实情况等手段，套取政府扶持项目和资金"等行为，存在相关违法情形的，移出家庭农场名录库，并依法追究法律责任。

（二）规范家庭农场土地经营权的获取方式

获取土地经营权是家庭农场开展生产经营的前提，针对上海各区家庭农场在获取土地经营权方面模式不一的实际情况，《条例》重点从四个方面予以规范和保障：一是明确市、区农业农村部门要健全农村土地经营权公开流转平台，做好相关指导服务工作，家庭农场应当通过农村土地经营权公开流转平台获取农村土地经营权。二是强调镇（乡）政府要根据合理利用土地、适应农作物生长特点和保持土地流转关系相对稳定的实际需求确定流转期限，原则上不低于三年。审议中有意见提出，要根据《民法典》规定，并与同期审议的《上海市不动产登记若干规定》相衔接，明确农村土地经营权登记。经研究，采纳该意见，明确：家庭农场依法取得流转期限为五年以上土地经营权的，可以持取得土地经营权的相关材料以及其他必要材料申请土地经营权首次登记。三是规定家庭农场获取农村土地经营权应当签订流转合同，明确流转期限、土地用途、流转价格等内容。四是要求市、区农业农村部门健全完善农村土地经营纠纷调解和仲裁体系，有效化解土地流转纠纷。审议中有意见提出，要落实《民法典》和其他相关法律的精神，坚持农村土地集体所有，保障农村土地经营权向家庭农场依法有序流转。经研究，采纳该意见，新增了"坚持农村土地集体所有，维护农村土地承包权益，保障农村土地经营权向家庭农场有序流转"的表述。

（三）保障家庭农场对各类生产要素的需求

《条例》结合上海实际，明确了对家庭农场的各项支持措施：一是设施保障。明确区、镇（乡）政府应当在符合国土空间规划和农业相关规划的前提下，对家庭农场用于仓储、晾晒、农产品初加工等设施用地进行合理安排；针对设施用地指标落地难的实际，强调镇（乡）政府要通过资源统筹、培育农业社会化服务组织，帮助家庭农场解决生产经营中的问题。二是资金支持。明确市、区政府应当将促进家庭农场发展的经费纳入本级财政预算，将符合条件的家庭农场纳入政策性融资担保政策的覆盖范围，鼓励银行业金融机构在风险可控的前提下，加大对家庭农场的信贷支持力度。三是科技兴农。要求科技、农业农村部门指导和支持家庭农场应用新品种、新技术、新农艺，支持有条件的家庭农场建设科技试验示范基地，参与实施农业技术研究和推广活动。四是人才培养。通过建立健全农业职业培训制度，完善新型职业农民、农业职业经理人、农村实用人才等培育计划，提高家庭农场技术、管理等水平。

（四）促进家庭农场高质量发展

促进家庭农场高质量发展，是推进乡村振兴战略实施，实现农业增效、农民增收、农村发展目标的必由之路。《条例》从四个方面对此予以保障和促进：一是推动品牌建设。明确市、区农业农村部门应当支持家庭农场开展绿色食品、有机农产品、农产品地理标志认证，并给予指导和服务。二是开拓电子商务。要求商务、农业农村部门推动家庭农场和电子商务平台经营者建立合作关系，拓宽农产品流通渠道；鼓励电子商务平台经营者通过降低入驻门槛和促销费用等方式，支持家庭农场发展农村电子商务。三是强化示范引领。明确市、区农业农村部门应当会同相关部门制定和完善市、区两级示范家庭农场认定标准并组织评审，发挥示范家庭农场在发展适度规模经营、应用先进技术、实施标准化生产、提高农产品质量等方面的示范作用；对经评审认定为示范家庭农场的，市、区农业农村部门进行定期监测和动态调整，并给予政策扶持。四是支持产业联合。鼓励家庭农场与相关企业、农民专业合作社和社会化服务组织加强合作，形成农业产业化联合体，提高经营效益。审议中有意见提出，要鼓励家庭农场与其他相关产业的融合发展，体现都市现代农业的特色。经研究，采纳该意见，增加以下规定：鼓励家庭农场发展农产品初加工产业、休闲农业、创意农业，拓展互联网销售模式，加强与文化旅游等二、三产业融合，促进都市现代农业发展。

此外，审议中有意见提出，家庭农场应当适度规模经营，兼顾效率与公平。经研究，采纳该意见，明确：市、区政府应当建立健全支持家庭农场健康发展的体制机制，制定政策措施，促进家庭农场适度规模经营和高质量发展。

三、评述

（一）探索确定家庭农场的法律定位

《条例》是在国家尚未出台上位法的背景下颁布的第一部地方性法规。上海为家庭农场立法，具有先行先试的首创精神，着力解答了"谁来种地""怎么种地"的问题，为上海实施乡村振兴战略提供了法治保障，也回应了广大农业新型经营主体的呼吁。《条例》明确，家庭农场是"以家庭成员为主要劳动力，以家庭为基本经营单元，从事农业规模化、标准化、集约化生产经营的主体"，并明确了进行名录管理的制度性设计。《条例》对家庭农场的权利与义务作了相关规定。权利包括：可以享受直接补贴和项目支持，对国家和上海财政直接补助形成的生产经营资产享有占有、使用和收益的权利，并可以按照规定进行处分。义务包括：应当遵守农村土地用途管制、耕地保护、生态环境保护、农产品质量安全管理等规定，使用并维护好农田水利、林网等基础设施。

（二）理顺法律关系，解除农场经营者的后顾之忧

《条例》规定，家庭农场合法权益受法律保护，任何单位和个人不得侵犯。《条例》根据《民法典》的规定，结合上海实际，明确流转期限原则上不低于三年，应当通过农村土地经营权公开流转平台获取农村土地经营权，并签订土地经营权流转合同，明确流转期限、土地用途、流转价格等内容。《条例》根据《农村土地承包法》的规定，明确本集体经济组织成员在同等条件下，可优先获得流转土地，设立家庭农场。同时，《条例》也明确，家庭农场不得擅自将流转经营土地再流转给第三方，擅自改变流转经营土地的农业用途。同时，针对国家要求推进农村一、二、三产业融合发展，引导培育家庭农场走产业融合发展之路，所涉及的家庭农场向外开具发票问题，对家庭农场向市场监督管理部门申请登记问题，作了探索性的规定。

（三）明确政府、社会各方职责，提出有力的支持政策

《条例》明确了政府履职、社会参与的家庭农场发展格局。比如，对各级政府及相关部门扶持、指导、服务和规范管理的职责作了明确：市、区政府应当建立健全支持家庭农场健康发展的体制机制，制定政策措施；镇（乡）政府负责对家庭农场生产经营的服务指导和规范管理等日常工作；农业农村部门是家庭农场的主管部门，其他相关部门应当按照各自职责，做好促进家庭农场发展

工作。《条例》规定了对家庭农场的社会化服务支持，鼓励保险机构、电子商务平台、涉农院校、科研院所等社会组织提供相关服务支持。《条例》还对家庭农场的用地用电、财政扶持、金融保险、科技、电子商务、社保等方面的政策支持作了明确。

（编写人：李韵　上海市立法研究所助理研究员）

21.《上海市养老服务条例》立法工作的评述

一、立法背景

2020年12月30日，上海市第十五届人大常委会第二十八次会议表决通过《上海市养老服务条例》(以下简称《条例》)。

党的十九届四中全会提出，加快建设居家社区机构相协调、医养康养相结合的养老服务体系。国家层面先后印发了《关于推进养老服务发展的意见》《国家积极应对人口老龄化中长期规划》，就积极应对人口老龄化和养老服务体系建设作出一系列重要决策部署。上海始终坚持贯彻落实党的十九届四中全会精神和习近平总书记关于"人民城市人民建，人民城市为人民"的重要讲话，聚焦"老小旧远"等群众关心的重大民生问题，持续用力保障和改善民生。上海面对日益增长的养老服务需求，率先开展了老年照护统一需求评估、医养结合、社区嵌入式养老、长期护理保险等符合"大城养老"特点的制度创新，上海市人大先后制定了《上海市老年人权益保障条例》《上海市养老机构条例》，为养老服务体系建设提供了有力支撑。上海亟待制定一部养老服务综合性地方立法，为努力走出一条符合超大城市特点的"大城养老"之路提供法治保障。

一是覆盖居家、社区、机构养老服务，做好"新法规"与"现行法规"的衔接。本次立法覆盖居家、社区、机构养老服务管理全部内容。2016年通过的《上海市老年人权益保障条例》内容已涵盖了"五个老有"(老有所养、老有所医、老有所为、老有所学、老有所乐)，本次立法则侧重于"老有所养"，即将其中的"社会服务"章节予以细化。2014年通过的《上海市养老机构条例》将同步废止。

二是贯彻党的十九届四中全会精神，回应促进养老服务高质量发展的制度供给需求。依托地方立法，系统梳理总结长期护理保险、老人护理需求评估、阿尔茨海默症老人护理、老人养老补贴、"15 分钟养老服务圈"等上海顺应养老服务高质量发展的举措，更有效地推进"智慧养老"的有效运用。

三是力求体例完整、内容全面，形成引领上海养老服务发展的基本法治框架。《条例》对养老服务发展原则与体系，养老服务设施规划与建设，居家、社区、机构养老服务的内容和形式，服务协调发展和医养康养结合，长期照护保障、养老服务机构与从业人员规范、扶持与保障措施、养老产业促进、监督管理等方面都作了规定。

二、主要内容

（一）养老服务发展原则与体系建设

《条例》明确，上海养老服务坚持以人民为中心的发展理念，遵循政府主导、社会参与、市场运作、统筹发展、保障基本、普惠多样的原则，积极应对人口深度老龄化，健全符合超大城市特点的居家为基础、社区为依托、机构充分发展，居家社区机构养老服务相协调、医养康养服务相结合的养老服务体系，满足多层次、多样化的养老服务需求。

（二）政府及相关部门职责

《条例》重点明确了"四个责任"："第一责任"，即"区人民政府承担本行政区域养老服务工作的第一责任"；"协调责任"，即"市、区人民政府应当建立健全养老服务体系建设协调机制，统筹、协调、整合各类养老服务资源，研究解决养老服务重大问题"；"牵头责任"，即"市、区民政部门是本行政区域内养老服务工作的行政主管部门，牵头推进养老服务体系建设，完善相应政策措施，制定基本养老服务标准，负责养老服务的监督管理"；"主体责任"，即明确了各相关部门的具体责任，比如，"卫生健康部门负责拟订医养结合政策措施""医疗保障部门负责组织实施长期护理保险制度，完善医养结合相关医疗保险政策"等。为突出政府"保基本""兜底线"的职责定位，《条例》对养老基本公共服务清单、优先保障对象等内容作出规定。

（三）设施规划建设、老年无障碍环境建设

《条例》明确了养老服务设施规划、建设及用地保障的具体制度，并对改变养老服务设施用地用途和使用性质等作出限制性规定。审议中有许多意见提出，要进一步明确养老服务设施规划建设刚性要求和具体规划指标。经研究，采纳该些意见，增加以下规定："规划资源部门应当按照有关规定，通过优化规划执行及建筑面积奖励等方式鼓励增加养老服务设施""按照区域内常住老年人口和需求配置社区养老服务设施。全市社区养老服务设施建筑面积应当不低于常住人口每千人四十平方米，并根据经济社会发展及时优化调整""配套建设养老服务设施应当与住宅同步规划、建设，并由民政部门按照相关规定参与评审验收""将社区养老服务设施建设作为城市更新的重要内容"。

《条例》规定，市、区政府应当加快推进与老年人日常生活密切相关的交通、文化等公共设施无障碍改造，支持已建成的多层住宅及养老服务设施加装电梯，在公共活动空间增设适合老年人活动、休息的设施。《条例》根据审议意见，梳理完善了老年无障碍环境建设的内容。审议中有意见提出，建议增加有关推进老年人信息交流无障碍建设，为老年人获取信息及服务提供便利的规定。经研究，采纳该意见，增加以下内容："各级行政管理部门、提供公共服务的机构和企业，在为老年人提供公共信息服务时，应当符合无障碍环境建设标准，满足无障碍信息传播与交流的需求。"审议中有些意见提出，应当对照国务院办公厅发布的《关于切实解决老年人运用智能技术困难的实施方案》，对《条例》作补充和完善。经研究，采纳该些意见，明确各级行政管理部门、提供公共服务的企业和机构应当"推广应用符合老年人需求特点的智能信息服务；为老年人提供公共服务时，应当充分尊重老年人的习惯，保留并完善传统服务方式"。

（四）居家养老服务、社区养老服务、机构养老服务

《条例》明确，居家养老服务主要是通过上门、远程支持等方式，为老年人在其住所内提供的生活照料、常用临床护理等照护服务及其他支持性服务。《条例》对生活照料、常用临床护理、紧急救援、巡访关爱、家庭适老化改造、家庭照顾者支持等居家养老服务内容作出规定。

《条例》明确，社区养老服务主要是依托社区养老服务设施或者场所，为老年人提供的日间照护、短期托养、助餐等服务以及其他支持性服务。《条例》对社区日间照护、短期托养、助餐服务、康复辅助器具展示与租赁等社区养老服务内容作出规定。

《条例》对养老服务机构的基本要求作出统一规定，明确了养老服务机构的主体责任；对养老服务机构的设立与备案，设施、人员配备以及服务规范、安全管理、收费管理等明确了要求；对机构养老服务的内容、分级照护计划、服务安全风险评估、终止服务善后等作出具体规定。《条例》还结合此次新冠肺炎疫情防控经验，对养老服务机构的传染病防控和突发事件应急处置作出明确规定。审议中有意见提出，要对养老服务机构服务规范的有关规定作细化补充。经研究，采纳该意见，增加了建立入院评估制度、信息档案管理制度等规定，并明确入住老年人及其代理人应当遵守养老机构的规章制度，维护养老机构正常服务秩序的义务要求。

（五）服务协调发展、医养康养结合

《条例》从促进居家、社区、机构养老服务融合发展以及城镇养老服务、农村养老服务、互助式养老服务、养老顾问服务、老年教育等方面，着力推动各类养老服务协调发展。同时，立足上海实践，从体制、设施、服务、平台等方面着力推进医养康养结合，加强老年护理服务，推广中医药服务、健康促进和体养结合服务，满足老年人的基本健康养老服务需求。围绕服务协调发展，审议中提出了许多意见。审议中有意见提出，要增加"时间银行"制度的规定。经研究，采纳该意见，增加"探索建立互助性养老服务时间储蓄、兑换等激励、保障机制"的原则性规定，为实践探索预留制度空间。审议中有意见提出，建议增加异地养老的规定。经研究，采纳该意见，增加以下规定："推进长江三角洲区域养老服务合作与发展，建立健全政府间合作机制，落实异地就医结算，推动本市老年人异地享受本市长期护理保险、养老服务补贴等待遇，方便老年人异地养老。"审议中有意见提出，建议增加促进积极养老的规定。经研究，采纳该意见，明确："开发老龄人力资源，支持老年人参与社会发展，促进积极养老。"

《条例》明确，政府及其民政、卫生健康、医疗保障、体育、教育等部门应当在政策体系、设施布局、人才培养、合作机制等方面推动医养康养相结合，建立健全老年健康服务体系，保障老年人的基本健康养老服务需求。审议中有意见提出，要关注在养老机构内设医疗机构从业的医护人员的待遇保障问题。经研究，采纳该意见，综合考虑养老机构内设医疗机构医护人员的待遇需求和政策支持空间，增加以下规定："支持医师、护士到养老机构内设置的医疗机构开展多机构执业""在职称评定等方面同等条件下予以优先考虑"。

（六）长期照护保障

聚焦失智失能照护刚性需求，健全长期照护保障体系。《条例》专设"长期照护保障"一章，明确长期照护保障体系内容，细化老年照护需求评估制度；在总结长期护理保险试点经验基础上，对筹资机制、定点机构、支付范围等予以明确；对养老服务补贴的申请条件、办理程序等作出具体规定，并对认知障碍照护保障作出专门规定。审议中有意见提出，建议增加有关公办养老机构轮候入住制度的原则性规定。经研究，采纳该意见，综合考虑上海养老床位供给情况、社会养老需求状况以及相关制度功能等因素，应当明确市、区两级政府加强基本养老服务资源统筹安排、完善相关制度，促进基本养老服务均衡发展、保障资源公平享受。为此，增加以下规定："区人民政府按照本市有关规定，保障达到一定照护等级的老年人依申请轮候入住提供基本养老服务的养老机构。市发展改革、民政、财政等部门以及区人民政府应当加强资源统筹配置，完善相关制度，促进基本养老服务均衡发展、公平享受。"

（七）养老产业促进

《条例》对养老照护服务、康复辅助器具、智慧养老、老年宜居、养老金融等重点领域的产业发展，以及长三角养老产业协同发展，作出前瞻性指引。审议中有意见提出，建议进一步完善养老金融服务，提高老年人养老支付能力。经研究，采纳该意见，按照国家有关"提升老年人金融服务的可得性和满意度""创新养老领域金融服务，增加社会养老财富储备，提升养老服务支付能力"等要求,对《条例》作相应完善。审议中也有意见提出,应当对照住房和城乡建设部等六部门发布的《关于推动物业服务企业发展居家社区养老服务的意见》,对《条例》相关规定作补充和完善。经研究,采纳该些意见,增加"鼓励物业服务企业探索开展物业服务和养老服务相结合的居家社区养老服务"的规定。

(八)从业人员能力和素质、政策扶持与保障

《条例》从提升养老服务从业人员能力和素质、提高其待遇保障的角度出发,对养老服务从业人员的职业操守、培训和继续教育以及有关禁止行为等作出规定,并明确了养老护理员职业技能等级认定、薪酬等级体系及相关待遇保障等,推动养老服务机构与从业人员建立稳定劳动关系。

《条例》对养老服务的扶持与保障措施作了进一步细化完善,明确了符合条件的养老服务机构可相应享受的税收、收费减免、补助等优惠政策;细化政府购买服务要求,并明确规定了福彩金比例、慈善捐赠、融资与保险支持等内容。

(九)监督管理

为加强事中事后监管,确保养老服务质量,保护老年人合法权益,《条例》对养老服务机构的综合监管、财政资金监管、非法集资监管、信用监管、社会监督等作出明确规定,并通过标准引领、机构等级评定与服务质量监测、行业自律等措施,构建起养老服务综合监管体系。

审议中有意见提出,应当对照国务院办公厅发布的《关于建立健全养老服务综合监管制度促进养老服务高质量发展的意见》,对《条例》相关规定作补充和完善。经研究,采纳该意见,明确:一是增加应急管理、生态环境和审计部门的工作职责。二是明确养老服务机构的主体责任:"养老服务机构对依法登记、备案承诺、履约服务、质量安全、应急管理、消防安全等承担主体责任,其主要负责人是第一责任人。"三是作出"市人民政府应当制定养老服务监管责任清单,明确各相关职能部门的职责分工""完善养老服务机构组织信息、养老从业人员信息等基本数据集"的规定。

此外,《条例》对骗取补助补贴奖励、违反养老服务设施规划与建设要求等

违法行为，以及养老服务从业人员有关禁止行为、行政机关有关失职渎职行为，设定了相应的法律责任。

三、评述[①]

一是《条例》为上海养老服务工作提供了"基本法"。《条例》规定了上海养老服务工作最重要的基本原则、要求和制度。养老服务，是指在家庭成员承担赡养、扶养义务的基础上，由政府和社会为老年人提供的生活照料、康复护理、健康管理、精神慰藉、紧急救援等服务。《条例》从家庭赡养扶养义务的角度明确：子女及其他负有赡养、扶养义务的人员，应当履行对老年人提供经济供养、生活照料、精神慰藉等义务。从政府职责角度明确：由市政府领导与统筹协调、民政部门牵头，区政府负责本行政区域养老服务工作。从社会尽责的角度明确：鼓励和支持社会力量提供养老服务；各人民团体、社会组织、居村委会等协同和协助做好养老服务工作；全社会弘扬养老、孝老、敬老的传统美德，广泛开展养老、孝老、敬老的宣传教育活动。

二是《条例》为上海养老服务供给提供了"保障法"。《条例》规定了养老服务的主要方式及内容，并明确了机构、人员等要求以及长期照护制度。《条例》分章对"居家、社区、机构三类养老服务"的基本内涵、服务方式、服务项目、基本要求等作出了规定，有利于老年人及其家庭选择不同的养老服务形式，也有利于政府和社会各有侧重地推动发展不同的养老服务形态。《条例》专章规定"养老服务机构"，并首次设定了"居家社区养老服务机构"的备案要求。《条例》明确，养老服务从业人员应当恪守职业精神，遵守行业规范，努力提高专业水平和服务质量，明确要加强对养老服务从业人员的服务和管理。《条例》聚焦长期失能老年人的照护刚性需求，明确老年照护需求评估、长期护理保险、养老服务补贴等基本制度内涵及要求，全面构建具有中国特色、上海特点的长期照护保障体系。

---

① 参见上海民政微信公众号，2021 年 3 月 18 日。

三是《条例》为上海养老服务发展提供了"促进法"。《条例》对设施规划与建设、养老产业促进以及相应扶持与保障作出规定。在设施规划与建设方面，明确了社区养老服务设施"常住人口千人四十平方米"的刚性指标，以及信息无障碍要求等。在养老产业促进的政策导向方面，按照养老事业与产业协同发展要求，明确了养老照护服务、康复辅助器具、智慧养老、老年宜居、养老金融等领域的发展要求和措施，着力发挥市场主体作用、推动社会参与、激发市场活力。在区域养老服务发展促进方面，首次将"区域养老一体化发展"写入法规。在扶持与保障方面，明确："营利性养老服务机构与非营利性养老服务机构提供基本养老服务享受同等待遇""福利彩票公益金中不低于 60% 的资金用于支持养老服务"等要求。

四是《条例》为上海养老服务行业提供了"规范法"。《条例》全面构建"养老服务综合监管体系"制度框架，通过"监督管理"和"法律责任"两章，明确了安全、资金、质量等方面的监管重点，规范了协同监管、标准管理、信用监管、行业自律、社会监督等方式。同时，结合上海实践，明确了养老服务机构等级评定、服务质量日常监测、信用分级等评价机制，还创设性提出人大监督的方式，督促落实养老服务各项工作。

（编写人：沈静　上海市立法研究所研究人员）

22. 《上海市知识产权保护条例》立法工作的评述

一、立法背景

2020年12月30日，上海市第十五届人大常委会第二十八次会议表决通过《上海市知识产权保护条例》(以下简称《条例》)。

近年来，习近平总书记多次就知识产权保护工作作出重要指示，强调加强知识产权保护，是完善产权保护最重要的内容，也是提高经济竞争力的最大激励。2019年，中办、国办印发了《关于强化知识产权保护的意见》(以下简称《意见》)，对进一步加强知识产权保护工作以及完善知识产权保护体系作出全面部署，为做好新时代知识产权保护工作提供了基本遵循和行动指南。近年来，上海知识产权事业快速发展，创新创造活力不断释放，专利、商标等主要指标持续保持二位数以上增长，亚太地区知识产权中心城市基本建成。为全面贯彻落实党中央、国务院关于知识产权保护的有关决策部署，进一步优化营商环境，上海有必要通过地方立法的方式，进一步为知识产权保护工作提供强有力的法治保障。

一是在立法目的上，以加强知识产权保护为根本宗旨。《条例》通过强化知识产权制度建设、完善知识产权行政和司法保护、推进引导社会共治力量参与，构建知识产权严保护、大保护、快保护、同保护体系，推动形成司法保护、行政保护、仲裁、调解、行业自律等协同机制，营造良好的知识产权保护法治环境。

二是在立法边界上，处理好与相关领域法律法规的关系。《条例》以助力上海科创中心建设为立法目的之一，以《上海市推进科技创新中心建设条例》知识产权专章为逻辑起点，通过细化和扩展内容，进一步完善知识产权保护体系，支持和保障上海科创中心建设。同时，注意做好与《上海市会展业条例》《上海市促进中小企业发展条例》《上海市外商投资条例》等相关法规中知识产权条款的衔接与协调，统筹推进知识产权保护工作。

三是在立法体例和立法方法上，采取综合立法例。《条例》涵盖了专利权、商标权、著作权、商业秘密等知识产权类别，梳理了知识产权保护工作的共性问题和重点任务，对标国家对上海的战略定位、对标知识产权上位法和政策的最新动向、对标国际和兄弟省市的成功经验，尽可能提供可操作性的举措，提升和规范管理和执法效能，持续强化知识产权保护。

二、主要内容

（一）明确工作目标，厘清部门职责

根据国家对知识产权保护工作的最新部署和要求，结合上海实际，《条例》明确了上海知识产权保护工作的目标，提出要"构建制度完备、体系健全、环境优越的国际知识产权保护高地"。鉴于知识产权保护涉及的部门众多，为统筹各相关部门职责，构建高效管理的协同工作机制，《条例》作出以下规定：一是明确市、区政府应当建立知识产权保护工作协调机制，统筹推进知识产权保护工作中的重大事项。同时，明确知识产权保护工作应当纳入国民经济和社会发展规划，并作为政府绩效考核的内容。审议中有意见提出，建议充实知识产权保护工作协调机制的相关内容。经研究，采纳该意见，《条例》进一步明确：市、区政府应当成立知识产权联席会议，具体工作由同级知识产权部门承担；市知识产权部门应当与其他部门紧密协同，牵头建立信息通报、要情会商、联合发文等工作机制。二是根据相关法律、行政法规，明确知识产权、版权、农业农村、林业、市场监管等知识产权相关管理部门的工作职责，以及发展改革、国资监管等部门的配合职责。审议中有意见提出，要在执法等方面进一步推动各部门协同联动。经研究，采纳该意见，增加以下内容："本市按照知识产权保护的要求，整合优化执法资源，推进知识产权领域综合执法""市、区市场监管、文化旅游等部门依据职责，依法查处专利、商标、地理标志、商业秘密、版权等方面的违法行为"。三是明确上海推进长三角区域知识产权保护会商和信息共享，建立区域知识产权快速维权机制，同时加强与其他省市知识产权保护协作互助。

（二）聚焦制度建设，夯实保护基础

《条例》围绕知识产权保护制度建设和创新，提出系统性制度建构。一是引导创新主体建立健全知识产权管理制度。知识产权相关管理部门应当会同有关部门引导高等院校、科研机构、高新技术企业等建立健全知识产权制度，落实知识产权管理规范，强化保护措施；国资监管等部门应当加强对国有企业知识产权保护工作指导，提高国企知识产权管理和保护水平。二是推动建设专利快速审查机制，建立知识产权评议和预警制度。市知识产权部门应当为国家重点发展产业和上海战略性新兴产业提供专利申请和确权的快速通道。市、区政府应当对重大产业发展规划、高技术领域政府投资项目以及重大经济活动开展知识产权评议；知识产权相关管理部门应当加强对知识产权发展现状、趋势等的监测研究，为企业对外经贸、投资活动作好风险预警，防范知识产权风险。三是完善知识产权对外转让审查制度。市知识产权部门应当会同有关部门制定对外转让审查程序和规则，规范对外转让秩序。四是完善软件正版化工作机制。各级机关应当将计算机软件购置经费纳入财政预算，对通用软件实行政府集中采购。五是推进知识产权领域信用体系建设。依法将违法失信信息纳入公共信用信息予以共享，推动开展以信用为基础的分级分类监管，对失信主体依法依规实施信用惩戒。六是完善知识产权综合管理和执法机制建设。按照国家总体部署和要求，在知识产权保护工作机制、纠纷处理、涉外维权、综合执法等方面开展先行先试。

（三）规范行政保护，提高保护效能

行政保护是知识产权保护的重要方面，《条例》充分吸收上海现行知识产权保护工作经验做法，实现保护效能的整体提升。一是强化重点领域监管。知识产权部门应当建立健全重点商标保护名录制度，版权部门应当根据版权预警重点保护名单发出版权预警提示，知识产权相关管理部门应当对侵权集中领域和易发风险区域开展监督检查；推进综合服务平台建设，依托知识产权保护中心、版权服务中心等开展快速确权和维权，版权快速登记、快速监测预警等服务；规范商标注册、专利申请行为。审议中有意见提出，社会各方对建立全市统一的知识产权公共服务平台呼声较高，希望通过加强服务平台建设，推动知识产权基础数据的利用，提供一站式知识产权公共服务。经研究，采纳该意见，明确上海推进建立统一的知识产权信息化综合服务平台，优化政务服务流程，加强信息共享，实现知识产权相关事项办理一次登录、全网通办。二是推进执法协同。知识产权相关管理部门在查处知识产权违法行为时，对不属于其管辖的案件线索应当移交有管辖权的部门；完善"行刑衔接"机制，知识产权相关管理部门对涉嫌犯罪需要采取侦查措施进一步获取证据以判断是否达到刑事立案标准的，应当移送公安机关处理；《条例》同时明确了案件处理情况的反馈制度。三是优化纠纷处理程序。明确市知识产权、农业农村、林业部门对专利侵权纠纷、植物新品种纠纷可以依法开展调解；对专利侵权纠纷案件实行立案登记制，依托"一网通办"，推进网上立案登记；完善技术事实查明机制，知识产权相关管理部门根据需要可以选聘技术调查官，协助处理专业技术性较强的知识产权案件。

（四）强化司法保护，加大保护力度

《条例》根据实践所需，并参照《意见》的要求，依据地方立法权限，进一步加大司法保护力度。《条例》明确人民法院应当深入推进知识产权案件民事、刑事、行政"三合一"审判机制改革；加强诉讼指引，强化举证责任分配、举证不能法律后果等释明；加大侵权赔偿力度，对情节严重的恶意侵权行为，依法判令其承担惩罚性赔偿责任；完善法律适用统一机制建设，加强案例指导；推进行政调解和司法确认衔接，建立行政调解协议司法确认机制，缩短权利人维权周期。审议中有意见提出，建议增加有关行政执法和司法保护相衔接的内容。经研究，采纳该意见，《条例》明确：建立和完善知识产权行政执法和司法保护衔接机制，推动行政机关和司法机关在违法线索、监测数据、典型案例等方面的信息互通共享。审议中也有意见提出，知识产权案件的审判效率提高不应仅限于专利侵权纠纷案件。经研究，采纳该意见，《条例》明确：法院应当深入推进知识产权民事、刑事、行政案件"三合一"审判机制改革，通过繁简分流、在线诉讼等方式，提高知识产权案件审判效率。

（五）推动社会参与，优化保护环境

为引导全社会共同推进知识产权保护，构筑知识产权"大保护"格局，《条例》重点从三个方面作了规定：一是提升法治宣传效果。通过定期发布知识产权保护白皮书和典型案例，以及以案释法、专题宣传等方式，营造有利于创新创造的知识产权保护环境。二是发挥社会力量作用。加强行业自律，推动建立知识产权合规性承诺制度；明确展会举办单位、电商平台经营者等履行知识产权保护义务的相关要求；支持仲裁机构、社会调解组织参与解决知识产权纠纷；鼓励公证机构创新公证证明和公证服务方式，依托电子签名、区块链等技术，提供原创作品保护、知识产权维权取证等公证服务。审议中有意见提出，为强化社会治理，应当大力支持知识产权服务业发展。经研究，采纳该意见，《条例》明确：知识产权部门应当支持知识产权服务行业组织发展，推动建立行业服务标准，提升服务能级，提高服务质量。审议中也有意见提出，要发挥高等院校、科研机构、企业的作用。经研究，采纳该意见，《条例》规定：高等院校、科研机构、企业应当建立健全知识产权内部管理和保护制度，增强自我保护能力；应当加强知识产权保护人才的培养和引进。三是推进治理模式创新。知识产权相关管理部门应当加强与电商平台经营者、行业组织、社会专业机构等合作，借助新技术手段，在线索核查、流向追踪、侵权监测、取证存证等方面推动知识产权治理创新。

此外，《条例》还根据审议意见，增加了发挥人大监督职能的规定，并明确市、区人大常委会应当通过听取和审议专项工作报告、开展执法检查等方式，加强对知识产权保护工作的监督。

三、评述

一是落实党中央、国务院的决策部署。《条例》将习近平总书记关于知识产权重要论述精神、党中央、国务院有关知识产权工作的决策部署要求纳入内容，并落实"严保护、大保护、快保护、同保护"的工作原则。1. 确立"严保护"政策导向，推进知识产权民行刑案件"三合一"审判机制改革，加大侵权赔偿力度。2. 构建"大保护"工作格局，在加强和规范行政、司法保护基础上，借助新技术推动知识产权治理创新，探索多方参与的共治模式。3. 优化"快保护"衔接机制，立足快速审查、确权和跨区域协作等工作机制，推进便捷高效的知识产权维权服务。4. 塑造"同保护"优越环境，强化国际交流合作，完善海外风险预警和维权援助服务，平等保护国内外各类创新主体的知识产权。

二是彰显知识产权保护的整体效应。《条例》规定，市、区政府应当加强对知识产权保护工作的领导，建立知识产权联席会议制度，以更好地组织、指导和监督知识产权保护工作。为推动部门协作，《条例》明确，知识产权联席会议的具体工作由同级知识产权部门承担，知识产权部门应当与其他部门紧密协同，牵头建立信息通报、要情会商、联合发文等工作机制。《条例》根据社会各方对建立全市统一的知识产权公共服务平台的呼声，规定上海推进建立统一的知识产权信息化综合服务平台。

三是建设国际知识产权保护高地。营造更好的创新环境和营商环境，打造国际知识产权保护高地是上海的重要目标。《条例》规定了创新知识产权保护工作机制，支持浦东新区建设知识产权示范城区，率先探索建立知识产权统一管理和执法的体制等内容；并聚焦知识产权制度创新，对管理引导、专利快速审查、评议和预警、对外转让审查、信用体系建设等方面提出了系统性的制度设计和要求。《条例》还对推进长三角区域知识产权保护会商和信息共享，建立区域知识产权快速维权机制，加强与其他省市知识产权保护协作互助等作了规定。

（编写人：李秋悦　上海市立法研究所研究人员）

23. 《上海市铁路安全管理条例》立法工作的评述

一、立法背景

2020 年 12 月 30 日，上海市第十五届人大常委会第二十八次会议表决通过《上海市铁路安全管理条例》(以下简称《条例》)。

铁路是国民经济和社会发展的重要基础设施，在综合交通运输体系中发挥着重要骨干作用。优化铁路沿线安全环境，切实保障铁路运输安全，对于打造高质量上海枢纽门户功能具有重大意义。习近平总书记于 2019 年先后两次作出加强高铁环境安全的重要指示。市委也非常关切地方铁路立法工作。为确保铁路安全、维护人民生命财产安全、推动铁路事业高质量发展，有必要加强法治保障。

一是贯彻交通强国国家战略的需要。在当前铁路高速度、大密度、电气化、公交化开行的运输条件下，铁路沿线区域外部环境日趋复杂、安全风险因素日益增多，需要从规划、建设、线路、运营等方面，全方位提升铁路安全水平、强化安全保障功能。

二是落实国家法律和政策的需要。《铁路法》《铁路安全管理条例》在国家层面对铁路安全管理作出了总体规范，但国家法律法规的部分规定相对原则，有必要通过地方立法予以细化和补充。

三是总结上海沿线环境安全综合整治的需要。上海通过城市精细化管理工作协调机制，相继组织了高速铁路和普速铁路沿线环境安全综合整治，取得了良好效果。上海有关安全整治的有益经验、做法和制度，亟待通过地方立法予以固化和保障。

二、主要内容

（一）关于适用范围

《条例》适用于上海行政区域内铁路的安全管理活动，包括国家铁路和地方铁路。根据《铁路法》对铁路的分类和定义，国家铁路是指由国务院铁路主管部门管理的铁路，地方铁路是指由地方政府管理的铁路。上海现有的铁路主要为国家铁路，建设中的机场联络线、嘉闵线等将作为地方铁路进行管理。

（二）关于管理职责

《铁路法》《铁路安全管理条例》根据铁路行业管理特点，对国务院铁路行业监督管理部门及设立的机构、沿线地方政府及相关部门的职责作了界定。2020年开始施行的国办《交通运输领域中央与地方财政事权和支出责任划分改革方案》，进一步明确了铁路领域中央与地方财政事权和支出责任划分事项改革要求。为既符合国家改革方案的精神和要求，又体现铁路这一特殊重要行业的安全管理需要，形成齐抓共管的合力，更好地保障铁路安全，《条例》在上位法和国家政策基础上，进一步强调和明晰了上海铁路监管机构、地方政府以及市交通管理部门的相关安全管理职责：上海铁路监管机构依法负责本行政区域内铁路安全监管工作。地方政府履行加强保障铁路安全教育、落实护路联防责任制、协调和处理保障铁路安全事项及做好有关工作等职责。市交通管理部门负责地方铁路安全监督管理的具体工作。

（三）关于建设安全管理

为从建设源头把好铁路安全关，《条例》作了以下四方面规定：一是实行铁路线路规划控制线管理。参照上海在轨道交通领域较为成熟的规划控制线制度设计，规定由市规划资源部门会同市发展改革、住房城乡建设和铁路安全监管部门根据相关规划，划定规划控制线；同时明确规划控制线内不得擅自新建、改建、扩建建筑物、构筑物，确需建设的，规划资源部门在审批时，应当征求铁路安全监管部门的意见，从而保障铁路用地控制预留。二是实行安全风险评估。明确铁路建设单位应当在项目可行性研究阶段，对工程本体风险以及对毗邻建（构）筑物和其他管线、设施的安全影响进行评估，并要求其按照评估报告采取相应措施，从而规范预警和预控管理，有效降低后续建设风险。三是针对铁路与道路等立体交叉设施及其附属安全设施移交过程中单位拒绝接收或者接收单位无法确定的情形，规定由市交通管理部门协调落实接收单位。四是上位法规定铁路工程竣工后，应由铁路运输企业进行运营评估，考虑到地方铁路由地方主管的特殊性，《条例》增加了市交通管理部门组织认定，并报市政府同意后开展初期运营，以及期满后再次组织运营安全评估的要求。

（四）关于铁路线路安全保护区管理

铁路线路安全保护区是为保护铁路设施，防止外来因素对铁路列车运行的干扰、减少铁路运输安全隐患，在铁路沿线两侧一定范围内对影响铁路运输安全的行为进行限制而设置的一个特定区域。国务院《铁路安全管理条例》对铁路线路安全保护区范围、划定原则和程序、保护区内行为的限制等作了具体规定。

《条例》结合上海铁路安全实际，参照轨道交通相关做法，在上位法基础上作了三方面补充和完善：一是增加了将铁路的地下车站和隧道外边线 50 米内纳入保护区范围的规定。二是全面加强保护区内的活动管理。保护区是建设等各类活动受到严格管控的区域，《条例》结合实践管理经验，梳理了可能影响铁路安全的取土、挖砂、挖沟、采空作业等限制活动类型。在管理程序上，除上位法规定在保护区内进行特定活动，需征得铁路运输企业或者铁路建设单位同意并签订安全协议外，考虑到地方铁路运营主体的差异性以及地方铁路的保护区管理，增加了作业单位事先将作业方案报市交通管理部门备案以及市交通管理部门组织技术评估的要求。三是进一步优化涉铁事项的办理流程。为增加透明度和规范性，《条例》规定铁路运输企业应当公布相关办理渠道、流程、标准和期限等内容。

（五）关于电力线路安全管理

随着铁路电气化改造步伐不断加快和铁路运行速度不断提升，铁路线路两侧升放风筝、气球、孔明灯，操作无人机以及因大风导致的彩钢棚、广告牌等轻质物体及相关材料脱落，可能破坏铁路电力线路，危及铁路运输安全。对此，《条例》首先规定，在铁路电力线路两侧各 500 米内禁止升放风筝、孔明灯等低空飘浮物体。其次，在高速铁路电力线路两侧各 100 米内和在普通铁路两侧各 50 米内，除安全保卫、施工作业等特殊需要并办理手续外，禁止无人机等"低、慢、小"航空器飞行。再次，对铁路线路两侧的塑料大棚、彩钢棚、广告牌、防尘网等轻质物体和相关轻质材料，提出了采取加固防护措施和及时清理的要求。另外，针对在铁路线路安全保护区外作业时施工机械可能跨越或者触及铁路线路等情形，《条例》也作出了具体规定。《条例》明确，铁路运输企业应当加强铁路线路沿线巡查，发现相关危及铁路安全情形的，应当履行立即通知所有权人或者管理人、报告管理部门、采取相关措施等责任。

（六）关于运营安全管理

铁路运营安全是保障铁路安全的重要环节。《条例》在上位法规定的基础上，借鉴有益做法、聚焦问题短板，主要从以下方面作了进一步补充完善：一是加强铁路设施设备管理和安全技术防范。国务院《铁路安全管理条例》有专章对铁路设施设备进行规定，考虑到铁路专用设备质量安全具有全国统一性，各地铁路立法一般以补强为主。《条例》对铁路运输企业加强铁路设施设备的安全维护、铁路从业人员按照规定操作和管理铁路设施设备作出规定。《条例》还根据当前铁路运营安全管理的智能化发展形势，要求铁路运输企业在铁路沿线重要区域、铁路车站重点部位安装符合标准的智能安全技术防范系统，并与公安机关联网。二是增加禁止危害铁路安全的行为类型。《条例》在上位法规定的基础上，增加禁止性行为类型，比如，擅自进入线路封闭区域、攀爬或者翻越站台闸机、禁烟区吸电子烟、阻碍列车车门关闭等。三是加强安全应急管理。明确应急预案编制和演练、各管理主体之间的预警信息互通、法定假日和传统节日等铁路运输高峰期或者恶劣气象条件下的安全管理协作等。另外，为了固化本次疫情防控中采取的经验措施，还对铁路车站公共卫生检疫站点的设置进行了规定。

（七）关于加强工作联动

审议中有意见提出，建议进一步完善铁路安全管理协作机制。经研究，采纳该意见。加强铁路安全管理，关键是要理顺铁路和地方的条块关系，明确条块协作和联动机制，《条例》明确：一是在运行机制中规定协同管理的内容；二是增加市交通管理部门与上海铁路监管机构建立安全管理协作机制的内容，强化两个铁路安全监管部门之间的协作；同时增加双段长工作责任制内容，解决铁路运输企业与铁路沿线属地区、镇政府之间的信息通报与联动机制难落实的问题。同时，《条例》结合实践，具体明确了信息通报和运输安全生产协调、铁路与相邻交通设施管养协调、铁路治安联防联控、铁路治安信息共享和执法联动、铁路运输高峰期和恶劣气象条件下的应急协调、反恐联动等协同联动机制。

（八）关于长三角区域协作

《条例》设立联合监管与长三角区域协作专章，明确市交通管理部门与长三角区域相关省、市有关部门以及上海铁路监管机构建立铁路安全管理沟通协调合作机制。同时，进一步细化对协商推进跨省市地方铁路协调统一的具体内容，包括列车运行计划、安检标准、导向标识设置等。审议中有意见提出，建议进一步对长三角区域铁路安全管理协作的内容进行细化。经研究，采纳该意见，《条例》作出两方面规定：一是在构建长三角区域铁路安全管理体系中增加信息互通、资源共享的内容；二是增加相关铁路运输企业作为区域协作的参与主体。

三、评述

一是健全铁路安全协作和联动机制。《条例》将国家铁路和地方铁路统一纳入调整范围，在符合国家改革方案精神和要求的前提下，立足体现铁路这一特殊重要行业的安全管理需要，明确各方职责，形成齐抓共管的合力。《条例》明确，市交通管理部门与上海铁路监管机构建立安全管理协作机制，随着地方铁路的推进建设，长三角不同省市之间需要形成协调统一的规则体系。《条例》规定，构建长三角区域信息互通、资源共享、联勤联动的安全管理体系，共同维护良好的铁路安全环境和秩序。市有关交通管理部门与长三角相关省、市有关部门以及相关铁路运输企业进行协商，推进跨省、市地方铁路在运行计划、安检标准、导向标识等方面的协调统一。

二是完善铁路建设运营安全管理制度。《条例》根据上海实际，积极借鉴上海关于轨道交通建设运营等方面比较成熟的经验做法，设定了地方铁路初期运营评估认定制度，并新增了规划控制、建设风险评估等制度。《条例》规定了电力线路安全管理问题，在铁路电力线路两侧各 500 米内禁止升放风筝、孔明灯等低空飘浮物体；在高速铁路电力线路两侧各 100 米内和在普通铁路两侧各 50 米内，除安全保卫、施工作业等特殊需要并办理手续外，禁止无人机等"低、慢、小"航空器飞行。

三是明确社会公众维护铁路运营安全的义务。为统一执法认定和标志，《条例》增设了危害铁路运营安全的禁止行为，主要包括：擅自进入线路封闭区域以及其他禁止、限制进入的区域；攀爬或者翻越围墙、栅栏、站台、闸机等；在铁路列车禁烟区域使用诱发列车烟雾报警的物品；采取阻碍列车车门关闭等方式影响列车运行。将吸烟触发报警器、高铁霸座、进站不配合安检、因迟到冲撞闸机、阻挠列车关门等行为纳入法规调整范围，予以明令禁止并将最高处罚 2000 元，从而为广大市民群众列明了应尽的社会义务，为司法机关提供了强有力的执法武器，将有效阻止旅客违法行为影响铁路运营安全的情况发生。

（编写人：宋果南　上海市立法研究所研究人员）

24.《上海市人民代表大会常务委员会关于修改上海市部分地方性法规的决定》立法工作的评述（二）

一、立法背景

2020年12月30日，上海市第十五届人大常委会第二十八次会议表决通过《关于修改上海市部分地方性法规的决定》（以下简称《决定》），对《上海市合同格式条款监督条例》等8件地方性法规作了打包修改。

本次《决定》是在全面促进《民法典》贯彻实施的背景下作出的。习近平总书记在中央政治局第二十次集体学习时指出，要充分认识颁布实施《民法典》的重大意义，切实推动《民法典》实施，以更好推进全面依法治国，建设社会主义法治国家，更好保障人民权益。对同《民法典》原则和规定不一致的有关规定，要抓紧清理，该修改的修改，该废止的废止。为贯彻落实习近平总书记重要指示精神，做好《民法典》实施前的相关准备工作，维护国家法制统一、尊严和权威，全国人大常委会下发通知，要求对《民法典》涉及法规开展一次集中专项清理工作。因此，上海开展了相关地方性法规的修改工作。

二、主要内容

《决定》对8件地方性法规作出了修改：《上海市合同格式条款监督条例》《上海市遗体捐献条例》《上海市技术市场条例》《上海市住宅物业管理规定》《上海市建筑市场管理条例》《上海市建设工程质量和安全管理条例》《上海市地下空间规划建设条例》《上海市农村集体资产监督管理条例》。

（一）修改与《民法典》不一致的规定

根据《民法典》适当降低作出决议的门槛、完善公共维修资金使用的表决规则等规定，对《上海市住宅物业管理规定》有关调整物业管理区域的决定和表决、业主大会会议的形式和表决、物业服务企业委托规定、物业服务合同续期、业主违反物业服务合同、业主自行管理、物业使用性质改变、物业共用部分的维修更新和改造等内容进行修改。根据《民法典》确立的器官捐献基本规则，对《上海市遗体捐献条例》有关遗体捐献的定义、办理遗体捐献登记手续等内容进行修改。审议中有意见提出，建议根据《民法典》的规定完善遗体捐献的表述，明确自然人生前自愿表示捐献的具体形式。经研究，采纳该意见，明确自然人的生前自愿表示可以采用书面或者订立遗嘱的形式。

（二）修改与《民法典》不一致的表述

根据《民法典》增加的典型合同类型，以及将"居间合同"修改为"中介合同"等内容，对《上海市合同格式条款监督条例》有关典型合同的表述作相应修改。根据《民法典》关于总承包人分包须经发包人同意的规定，对《上海市建筑市场管理条例》作相应修改。根据《民法典》关于"因施工人的原因致使建设工程质量不符合约定的，发包人有权请求施工人在合理期限内无偿修理或者返工、改建"的规定，对《上海市建设工程质量和安全管理条例》作相应修改。

（三）修改相关立法依据

随着《民法典》的施行，《婚姻法》《继承法》《民法通则》《收养法》《担保法》《合同法》《物权法》《侵权责任法》《民法总则》共9部法律同步废止。《上海市合同格式条款监督条例》《上海市技术市场条例》《上海市地下空间规划建设条例》《上海市农村集体资产监督管理条例》等地方性法规中涉及原有9部法律作为立法依据的，均进行修改。

三、评述

一是区别情形，分类处理。《民法典》专项清理涉及领域较广，本次对于相关地方性法规的清理，分以下几类情形处理：1.简易修改。对与《民法典》规定和表述不一致的8件地方性法规，采用"打包"修改的方式一揽子修改。2.废止。《上海市机动车道路交通事故赔偿责任若干规定》出台较早，与《民法典》不一致的内容属于较为核心的条款，2020 年 12 月 30 日，由上海市第十五届人大常委会第二十八次会议废止了该法规。《上海市房地产登记条例》也有较多与《民法典》不一致的核心条款，2020 年 11 月 27 日，上海市第十五届人大常委会第二十七次会议表决通过新制定的《上海市不动产登记若干规定》，同时废止《上海市房地产登记条例》。3. 适时修改。综合考虑国家上位法的修改进展情况，对于《上海市母婴保健条例》《上海市实施〈中华人民共和国妇女权益保障法〉办法》《上海市房屋租赁条例》3 件地方性法规，列入适时修改项目。

二是内容依据，两者兼顾。《民法典》施行的同时，《婚姻法》等 9 部民事领域单行法同时废止。对《民法典》所涉及法规的清理，不仅要对不符合《民法典》规定的具体条款内容进行修改、补充和完善，也要注重地方性法规中以 9 部民事领域单行法为立法依据的内容的修改，以切实维护国家法制统一。

（编写人：李秋悦　上海市立法研究所研究人员）

三、法治综合篇

1. 基层立法联系点工作情况

2019年11月，习近平总书记在上海虹桥街道基层立法联系点考察时发表"全过程民主"重要讲话，并勉励基层立法联系点同志"再接再厉，为发展中国特色社会主义民主继续作贡献"。这标志着基层立法联系点工作进入了新的发展阶段。全国人大常委会高度重视，栗战书委员长就人大贯彻落实"全过程民主"工作作出重要批示和部署。

上海市委对这项工作高度重视，将"推动基层立法联系点优化完善和扩大试点"纳入市委2020年重点任务安排、全面依法治市委员会2020年工作要点，并提出具体推进要求。十一届市委九次全会制定的《深入贯彻落实"人民城市人民建，人民城市为人民"重要理念，谱写新时代人民城市建设新篇章的意见》，提出"搭建更多民意'直通车'平台，推进基层立法联系点各区全覆盖，把听取民意的触角延伸到离群众、离市场最近的地方"。

2020年，上海市人大常委会围绕推动实现"全过程民主"，加强基层立法联系点工作，开展了基层立法联系点的扩点提质工作，并开展了相应的制度建设。

一、开展基层立法联系点的提质扩容工作

上海市人大成立了以常委会莫负春副主任为组长，市人大法制委、市人大常委会法工委共同参加的调研组，对基层立法联系点建设情况开展了调研：一是对现有基层立法联系点的运行情况、实际效果和存在问题等进行评估；二是对各方面推荐的联系点候选名单进行研究和初步遴选，就优化完善联系点的设置、布局及作用发挥提出建设性对策建议；同时，为体现独立、客观、公正，

委托上海社科院法学所作为独立第三方开展了平行评估研究。

经过广泛征集、科学遴选和统筹平衡，围绕贯彻落实自贸试验区临港新片区、长三角区域一体化发展国家战略，贯彻落实党的十九届四中全会决定部署，提高上海营商环境法治化水平、实现经济高质量发展以及实施国家乡村振兴战略等重点工作，按照全覆盖、全过程、全功能的要求，将联系点从首批设立的10家增至25家，覆盖全市16个区，从街道、乡镇拓展到园区、企业和协会，联系点建设进入新的发展阶段。

2020年4月21日，蒋卓庆主任出席市人大常委会基层立法联系点"扩点提质"工作推进会，并作重要讲话，对基层立法联系点扩点提质工作提出明确要求。

二、扩容后基层立法联系点的基本运行情况

25家联系点坚持基层定位、百姓视角，积极主动开展工作，通过采取"线上与线下"相结合、专家与市民相结合等方式，广泛征集立法建议，先后组织调研、座谈会250多次，征集意见2770条，有247条意见在上海地方立法中获得采纳。征集到的立法建议在数量上和质量上都有大幅度提升，积极发挥了基层立法联系点的民意"直通车"作用。

扩容后，25个基层立法联系点呈现出了以下特点：一是在全过程参与立法上有了新探索。由过去只强调"立法中"向"立法前""立法后"两端进行了延伸。二是在征集意见渠道上有了新拓展。许多来自企业一线的声音，直达立法机关，并在立法中得到采纳。三是在密切联系群众上有了新举措。不仅增加了"直通车"的班次，优化了"直通车"的线路布点，也让"直通车"的形式更加丰富多样。四是在整合社会资源上有了新抓手。比如，浦东新区工商联联系点发挥统战工作优势，将各级政协委员、人大代表和优秀企业家等纳入专家人才库；田林街道联系点主动将立法信息采集点与党建网络布点并联，组建信息员队伍；曹杨新村街道等联系点注重与代表工作相结合，组织市、区和街镇三级人大代表在联系点召开征集社情民意座谈会。金泽镇人大依托环淀

山湖毗邻镇人大的区位优势，将立法意见的征集范围扩大到长三角生态绿色一体化发展示范区范围内的街镇，为长三角区域协同立法赋能增力。五是在创新基层治理上有了新成效。黄浦区、金山区借鉴市级联系点的有益经验，建立区级联系点，以市带区同步构建立法意见征集的两级网络。六是在宣传人大制度上有了新作为。市人大常委会进一步发挥对基层立法联系点宣传的制度溢出效应，通过基层立法联系点自身宣传和市级媒体宣传，努力讲好人大故事、立法故事、上海故事。基层立法联系点的生动实践本身就是重要的普法，让人民群众感受到民主法治就在身边，成为生动展示人大制度优势的重要窗口。

三、加强基层立法联系点制度建设的情况

一是制定出台《深入学习贯彻习近平总书记在上海基层立法联系点考察时的重要讲话精神充分发挥人大在推进"全过程民主"探索实践中的作用的意见》。从提高认识、深化探索、制度保障三个方面作出规定，要求全市各级人大常委会在践行"全过程民主"中发挥示范带头作用。其中提出，要增强基层立法联系点的直通车作用。要强化基层立法联系点的职责，充分发挥联系点接地气、察民情、聚民智的优势，广泛听取基层群众对法律法规草案、立法规划计划和立法实施效果评估的意见。要拓展基层立法联系点的功能，加强联系点资源整合利用，推动联系点从参与立法向监督执法、促进守法和宣传普法延伸。要提高基层立法联系点的效能，在扩点提质基础上充实工作内容，推动联系点各展其长，增强建言献策的针对性、操作性和实效性。

二是修订《基层立法联系点工作规则》。从设立目的、功能定位、管理职责、设立条件、推荐遴选、工作职责、工作形式和要求、宣传展示以及服务保障等方面作了规范。《基层立法联系点工作规则》明确要扩点扩围、更要提质增效，要求各基层立法联系点坚持和拓展基层属性、立法属性和联通属性，把全过程民主的优势更充分发挥出来，助力上海高质量法治建设。与

原规则相比，现有工作规则重点对以下内容进行了修改完善：1. 强调联系点设立目的；2. 明确功能定位；3. 提高设立门槛；4. 增加考核内容；5. 完善联系点工作职责；6. 提高工作要求；7. 明确市人大各部门职责；8. 强化服务保障。

（编写人：谭天　上海市立法研究所助理研究员）

2. 备案审查工作情况

开展规范性文件备案审查，是宪法法律赋予地方人大常委会的一项重要职权。2020 年，上海市人大常委会坚持以习近平新时代中国特色社会主义思想、习近平法治思想为指导，贯彻党中央精神，遵循宪法、法律规定和全国人大常委会委员长会议通过的《法规、司法解释备案审查工作办法》(以下简称《工作办法》)，按照"有件必备、有备必审、有错必纠"的要求，进一步加强对报备规范性文件的主动审查，加强备案审查制度和能力建设，备案审查工作取得新进展。

一、备案审查工作的基本情况

(一) 备案工作情况

2020 年，共收到报送备案的各类规范性文件 98 件。其中，市政府规章 11 件、市政府其他规范性文件 63 件；市高院规范性文件 3 件、市检察院规范性文件 12 件；浦东新区政府综改配套文件 3 件；区人大及其常委会决议决定 6 件。

总体来看，各报备单位能够严格依照有关法律规定，及时、规范履行报备义务，自觉接受监督。各类规范性文件总体上与国家上位法、上海地方性法规保持一致，符合法治要求和上海实际。市政府、市高级人民法院、市人民检察院、各区人大常委会紧紧围绕上海工作大局，坚决贯彻党中央和市委关于在法治轨道上统筹推进各项防控工作的部署，通过制定、修改、废止及清理相关规范性文件，为统筹推进疫情防控和经济社会发展提供了良好的法治保障。

同时，报备工作存在一些需要研究改进和完善的方面。比如，不同主体报备文件的格式需要进一步统一规范，报备文件的具体种类需要进一步研究明确，市、区人大备案审查工作联系与交流需要进一步加强。

（二）审查工作情况

根据《立法法》《监督法》和《工作办法》，市人大常委会法工委会同市人大各专门委员会、常委会有关工作机构，积极做好报备文件的审查及处理工作。市人大常委会法工委还按照全国人大常委会的工作部署，开展了有关专项审查和集中清理工作。

一是审查处理报备的规范性文件。根据职责分工，市人大常委会法工委将符合备案要求的规范性文件，按文件属性及时分送市人大有关专门委员会、常委会有关工作机构进行审查研究。市人大常委会法工委在收到有关方面的审查研究意见后，结合自身审查研究意见进行综合，对于需要进一步研究的，会同相关委员会召开专题会议，邀请有关各方和专家共同讨论研究，并提出处理建议。

在2020年报备文件的审查中，市人大城建环保委审查研究意见指出，关于公有住房差价交换的文件，对公有住房"承租人丧失民事行为能力、死亡或者户籍迁离本市后，继续承租的个人的确定程序"的相关表述，与上海市房屋租赁条例的有关规定不同，引起理解歧义。经研究沟通，该文件中有关条款关于"继续承租"的程序性规定，是房屋租赁条例规定的特殊情形。市人大常委会法工委会同有关方面研究提出审查建议，认为该文件有关的具体操作性规定需要与房屋租赁条例的相关规定相衔接，有关部门表示将适时修改完善这一文件的规定。

此外，在对推进企业履行社会责任的文件审查中，市人大城建环保委审查研究意见指出，该文件规定的"连续三年达标的企业免除日常监察（测）"，与相关上位法规定的"企业应依法履行污染监测义务"不一致。经研究沟通，有关部门表示将适时修改该文件，并已在其门户网站发布了该文件的修订解读。

二是开展疫情防控专项审查工作。为健全公共卫生法治保障体系，助力打赢疫情防控阻击战，根据全国人大常委会法工委部署，开展野生动物保护领域的相关规范性文件专项审查和集中清理工作。市人大常委会法工委会同市人大各专门委员会对现行有效的地方性法规进行了全面梳理，提出清理工作建议，共确定 14 件相关地方性法规需作进一步处理。目前，通过采取简易修改、先废后立方式，完成了《上海市实施〈中华人民共和国野生动物保护法〉办法》《上海市急救医疗服务条例》等 13 件法规修改，另有 1 件法规《上海市动物防疫条例》已列入 2021 年立法计划预备项目，有关方面正抓紧研究修改。市人大常委会法工委会同相关专门委员会对与疫情防控有关的行政规范性文件开展专项备案审查，切实促进依法防控工作。截至 2020 年年底，市政府向市人大常委会报备的与疫情防控有关的规范性文件共 27 件，涉及疫情防控、减轻企业负担、加大财税金融支持力度、援企稳岗、优化企业服务等方面。经审查研究认为，上述报备文件符合依法防控的法治要求，并建议市政府结合疫情防控常态化的要求，及时调整完善管理措施，固化经验做法，更好在法治轨道上推进各项防控工作。同时，市人大常委会法工委督促市政府法制机构加强对相关委办局和区政府有关规范性文件的备案审查，截至 2020 年年底，市政府法制机构共收到市政府各部门、各区政府报备此类文件 40 件（市政府各部门 29 件、区政府 11 件），已全部审结，准予备案。

三是开展《民法典》所涉及法规的专项清理工作。开展《民法典》所涉及地方性法规的清理工作，是全面推进《民法典》贯彻实施的重要举措。市人大常委会法工委协调有关方面，深入研究、全面清理上海现行有效地方性法规，梳理法规中与《民法典》不一致的内容、需要进行处理的情形。根据不同情形，提出了废止、单一修改、"打包"修改以及适时修改的工作安排。目前，已修改地方性法规 8 件、废止 1 件。此外按照相关要求，组织开展食品药品安全领域地方性法规专项清理工作，梳理解决与上位法不一致、不衔接、不配套的相关问题，更好发挥法律体系整体功效，筑牢公共卫生的坚固防线。

二、开展备案审查制度和能力建设的情况

（一）自觉以习近平法治思想指导备案审查工作实践

习近平法治思想是全面依法治国的根本遵循和行动指南。市人大常委会法工委深入学习贯彻习近平法治思想，按照全国人大常委会关于贯彻落实好习近平法治思想的具体要求，自觉把备案审查工作放在党和国家工作大局中来考虑、谋划、推进，努力发挥职能作用，保证党中央令行禁止，维护国家法制统一。严格执行全国人大常委会办公厅下发的《工作办法》中关于备案审查的指导思想、备案范围、审查标准等的规定。2019年，十三届全国人大常委会第四十四次委员长会议通过该《工作办法》，《工作办法》全面总结了我国备案审查工作的实践经验，对备案审查制度作出了系统化的规定。在认真学习研究的基础上，市人大常委会法工委向常委会党组会议专题汇报了关于学习贯彻《工作办法》、加强备案审查制度建设的具体建议，并将《工作办法》印送市政府、市高级人民法院、市人民检察院、市人大各专门委员会、常委会工作机构、区人大常委会，并在统筹疫情防控与经济社会发展、促进浦东开发开放等规范性文件的备案审查工作中，严格执行《工作办法》的新标准新要求，为进一步提升备案审查工作水平作好基础准备。

（二）推进规范性文件备案审查系统向区级人大延伸

2019年，在银川召开的全国人大常委会规范性文件备案审查会议提出，备案审查系统要向区级人大延伸。2020年以来，市人大常委会法工委会同常委会办公厅信息中心，按照全国人大提出的"两级设计、多级使用"的原则，广泛开展调研，收集各区人大的工作需求，结合各区人大工作特点，优化区人大备案审查业务流程，开发建设了市人大规范性文件备案审查系统区级平台。区级平台已经常委会办公厅发文通知，于2021年1月1日起正式启用，各区人大常委会关于规范性文件的接收、分办、审查、反馈等工作在备案审查系统区级平台上已全部在线运行，实现全市规范性文件备案审查系统的互联互通，为提升上海备案审查工作的规范化、信息化、智能化水平提供了技术保障。

（三）探索开展与区人大备案审查工作的联系

各区人大常委会的备案审查工作是全市备案审查工作的有机组成部分。为此，市人大常委会法工委积极探索开展与区人大备案审查工作的联系。一是通报工作信息。市人大常委会法工委将全国人大常委会关于备案审查工作的文件、会议精神及案例汇编等及时印送各区人大备案审查工作机构，通报市人大常委会备案审查工作开展情况，确保国家备案审查工作的制度要求得到贯彻落实，同时促进各区人大备案审查制度建设和能力建设的提升。二是开展调研交流。2020 年，在备案审查系统区级平台建设推进过程中，市人大常委会法工委召开座谈会听取意见，赴浦东、黄浦、虹口等区人大进行了实地调研，了解各区级平台的个性化需求，沟通交流推进备案审查工作的情况。三是鼓励区人大使用市人大备案审查研究中心的平台资源。目前，各区人大备案审查工作机构人员数量、专业力量不同，有关工作开展情况不尽相同。2020 年，虹口、青浦两区人大备案审查工作机构与市人大备案审查工作研究中心签订协议，探索由研究中心提供审查研究咨询意见和理论研究等服务。

（编写人：李韵 上海市立法研究所助理研究员）

3．制度建设工作情况

2019 年 11 月，习近平总书记在上海虹桥街道基层立法联系点考察时发表重要讲话指出，我们走的是一条中国特色社会主义政治发展道路，人民民主是一种全过程的民主，所有的重大决策都是依照程序、经过民主酝酿，通过科学决策、民主决策产生的，并要求上海为发展中国特色社会主义民主继续作出贡献。2019 年 12 月、2020 年 6 月，上海市委相继通过《全面贯彻落实中共中央关于坚持和完善中国特色社会主义制度、推进国家治理体系和治理能力现代化若干重大问题的决定的意见》《深入贯彻落实"人民城市人民建，人民城市为人民"重要理念，谱写新时代人民城市建设新篇章的意见》，布局全过程民主在国家治理和人民城市建设中的落地落实。

为深入贯彻落实习近平总书记的重要讲话精神以及市委重要工作部署，2020 年 4 月，上海市第十五届人大常委会第四十六次主任会议讨论通过了修订后的《上海市人大常委会基层立法联系点工作规则》(以下简称《基层立法联系点工作规则》)；2020 年 11 月，上海市第十五届人大常委会第六十一次主任会议讨论通过了《关于深入学习贯彻习近平总书记在上海基层立法联系点考察时的重要讲话精神充分发挥人大在推进全过程民主探索实践中的作用的意见》(以下简称《全过程民主意见》)。

一、《基层立法联系点工作规则》的主要内容

修订后的《基层立法联系点工作规则》共 20 条，从设立目的、功能定位、管理职责、设立条件、推荐遴选、工作职责、工作形式和要求、宣传展示以及服务保障等方面作了规范。

一是制定规则的目的。制定规则的目的是为了贯彻落实党的十八届四中全会《关于全面推进依法治国若干重大问题的决定》要求和习近平总书记在上海考察基层立法联系点时的重要讲话精神，发挥基层立法联系点在立法全过程民主中的示范引领作用，充分听取基层对立法及相关工作的意见建议，深入推进科学立法、民主立法、依法立法，拓宽社会各方有序参与立法的途径和方式，进一步提高立法质量和效率，保障基层立法联系点顺利开展工作。

二是基层立法联系点的定义和功能定位。基层立法联系点是指根据立法需要，在基层设立的协助收集和反映基层人民群众对立法及相关工作意见建议的单位或者组织。其功能定位于三个属性，即发挥"基层属性"，利用其扎根基层接地气、察民情、聚民智的优势，广泛听取基层人民群众意见建议；聚焦"立法属性"，引导其有序参与立法规划、计划编制、法规草案意见征集以及法规通过后实施评估等工作，充分发挥联系点在立法全过程民主中的作用；增强"联通属性"，发挥其桥梁纽带作用向下延伸察民意、向上直通传民智，畅通意见建议反映和收集渠道。

三是基层立法联系点的设立条件和考核调整。设立的总体要求是：应当紧紧围绕保障国家重大战略任务和全市工作大局提供法治保障等立法实践需求，突出基层性，综合考虑建点条件和设点意愿等因素，统筹考虑和涵盖各地区、各领域、各行业的典型代表性。设立的程序是：一般由市人大各部门、区人大常委会或者有关方面推荐，经市人大常委会法工委协调和遴选提出联系点建议名单，报常委会主任会议讨论决定。考核内容是：市人大常委会法工委根据基层立法联系点制度建设和机制完善等自身建设情况，结合年度工作开展频次、意见征集范围、意见征集数量和质量、建议采纳情况等，进行年度评估。设立期限是：设立期限一般为五年，并规定常委会主任会议可以根据立法工作需要和联系点年度考核结果，适时对联系点进行优化调整。

四是基层立法联系点的工作职责。1. 在立法前，组织征求对市人大常委会五年立法规划、年度立法计划草案的意见建议，应邀参加、受委托或者自行组织开展相关立法前期调研。2. 在立法中，组织征求对法律法规草案、决定决议草案的意见建议，应邀参加立法调研、座谈等，协助市人大各部门开展相关立法调研。3.在立法后，协助市人大各部门开展法律法规实施情况调研、收集法律法规实施过程中存在的问题和修改完善建议以及立法后评估等工作。4.加强对法律法规及立法相关知识的学习，并通过多种方式协助做好法律法规在本区域范围内的宣传普及工作。5.根据全国人大常委会外事部门和市人大常委会办公厅要求，协助做好有关外事活动。6.根据所在行政区域内区人大的要求，协助做好区人大相关决定决议草案及相关工作的征求意见工作。7.加强组织协调，注重对法律资源的统筹使用和整合等。8.对市人大常委会立法及其他方面的工作提出意见建议。

五是基层立法联系点的工作要求。1.健全机制和网络。建立健全工作制度，设置立法信息采集点，组建相对固定的立法联络员或信息员队伍，形成稳定的工作机制和网络。2.运用多渠道多方式征求意见。可以采用座谈会、调查研究、书面征求意见等多种方式，鼓励创新工作方法，利用互联网平台等新媒体和新技术，拓宽基层单位和群众参与立法工作的覆盖面，可以邀请人大代表就近就便参加法律法规草案征求意见等活动，为代表依法履职提供支持和便利。3.结合法治宣传与社会治理。把法律法规草案征求意见等工作与普法宣传等结合起来；发挥基层立法联系点在本地区社会治理中的作用，对有关本地社会治理问题，及时向有关方面反映，依法有序参与共商共建共治活动。

六是市人大加强工作统筹。在综合各基层立法联系点和市人大各部门意向的基础上，统筹平衡基层立法联系点的使用频率和工作量等，制定年度使用计划。市人大各部门根据年度使用计划听取基层立法联系点意见或开展立法调研，收到基层立法联系点提出的意见建议后，应当认真研究，能吸纳的尽量吸纳，并通过多种方式及时将意见建议的采纳情况向基层立法联系点反馈。市人大可以采用编发工作专报等形式，对联系点开展工作情况及其工作特色和成效等进行通报。

七是市人大提供服务保障。1.定期寄送法律书籍、法律法规草案、法规草案背景材料、法制参阅材料等立法相关工作信息和资料。2.有序邀请联系点全过程参加市人大常委会立法调研会、座谈会、听证会、立法工作培训会等会议，旁听常委会会议或者委员会会议等活动。3.不定期组织召开联系点工作座谈会和业务培训会，加强工作培训和联系指导，促进相互交流。4.根据需要选派机关干部赴基层立法联系点挂职锻炼或者蹲点调研，帮助开展工作。5.建立健全志愿者服务工作机制。6.为联系点开展工作提供必要的经费保障和物质支持。此外，联系中央和地方有关媒体通过多种形式宣传展示联系点在实现全过程民主中发挥的重要作用，在推进国家治理体系和治理能力现代化方面发挥的正能量，扩大影响力。

二、《全过程民主意见》的主要内容

《全过程民主意见》共10条。从提高认识、深化探索、制度保障三个方面作了规定。

一是充分认识加强全过程民主探索实践的重要性。1.深化对全过程民主是人民民主的重要特点和优势的认识。要深刻认识实现全过程民主对进一步发挥人民代表大会制度优越性的重要意义，坚持党的领导、人民当家作主、依法治国有机统一，坚持以人民为中心，保证人民在党的领导下通过各种途径和形式依法管理国家事务、管理经济文化事业、管理社会事务，实现人民的知情权、参与权、表达权和监督权。深刻领会全过程民主将民主选举、民主协商、民主决策、民主管理、民主监督等各个环节贯通起来，不仅要有完整的制度程序，而且要有完整的参与程序，充分体现人民民主是最广泛、最真实、最管用的民主。2.增强探索实践全过程民主的自觉性。要充分运用人民代表大会这一民主主渠道，有效发挥人大在保障和实现全过程民主中的重要作用，开展更多有益探索，创造更多实现形式，以地方的生动实践丰富全过程民主的时代内涵，体现人民代表大会制度功效。要落细落实人民民主的全链条，探索各环节上民主的实现形式和路径，让民意充分表达，让更多群众广泛参与，广纳各方智慧，汇聚人民城市建设的强大合力。要密切人大同人大代表、人民群众的联系，当好人民利益的代言人，推动各项惠民举措落到实处，使全过程民主不仅体现在过程中、更体现在解决问题的成效上。3. 在探索全过程民主中充分发挥人大代表的主体作用。要探索实践全过程民主，切实发挥各级人大代表作用是关键。要不断加强和改进代表工作，激发代表的履职积极性，保证代表依法执行代表职务。进一步密切常委会与代表的联系，推进代表参与常委会、各委员会工作常态化。充分发挥代表了解民情、反映民意、汇集民智的优势，推动将"老、小、旧、远"等民生关切问题、经济社会发展的重要问题、城市建设管理中的热点难点问题作为代表履职的重点，更好发挥代表在人民城市建设中的作用。

二是积极探索实现全过程民主的有效形式和途径。1. 增强基层立法联系点的直通车作用。强化基层立法联系点的职责，充分发挥联系点接地气、察民情、聚民智的优势，广泛听取基层群众对法律法规草案、立法规划计划和立法实施效果评估的意见。拓展基层立法联系点的功能，加强联系点资源整合利用，推动联系点从参与立法向监督执法、促进守法和宣传普法延伸。提高基层立法联系点的效能，在扩点提质基础上充实工作内容，推动联系点各展其长，增强建言献策的针对性、操作性和实效性。2. 深化"家、站、点"的连心桥作用。加强"家、站、点"的网络体系建设，推进合理布局、规范运作、体现实效，打造代表联系人民群众的制度化平台。深化"家、站、点"平台内涵，明确平台功能定位，发挥平台在宣传党的路线方针政策、宣传宪法法律法规和联系基层、服务群众、开展基层协商、及时反映社情民意中的作用。健全"家、站、点"平台有序运行机制，丰富活动形式，构建工作闭环，提高代表联系人民群众质效。3. 拓宽社情民意表达和反映的渠道。广泛深入听取有关单位、组织和人民群众对人大和"一府一委两院"工作的意见建议，了解掌握民意，凝聚社会共识。加强社情民意收集、分析、研判，针对涉及上海改革发展稳定的重大问题、人民群众高度关注的问题、阶段性集中突出的问题等组织深度调研，提供工作研究和决策参考。4. 推进代表意见建议办理的民主公开。加强代表意见建议办理过程中的沟通协商，认真听取代表对办理答复的意见建议，提高办理质量和实效。健全代表建议分层督办机制，加强常委会主任会议重点督办、专门委员会专项督办、代表工作委员会协调督办，强化跟踪督办和办理工作评估，推动改进实际工作。加强对代表参加人大各项会议时提出的意见建议的分析整理，认真研究吸纳代表的真知灼见，切实将全过程民主贯彻到代表意见办理全流程。推进代表建议内容和办理结果向社会公开，扩大办理工作民主。

三是加强全过程民主探索实践的制度机制保障。1.加强代表在全过程民主中的履职保障。拓宽代表知情知政渠道，保证代表的知情知政权。支持有条件的市人大代表在所在单位支持下设立代表工作小组，协助做好立法、监督、调研、收集分析社情民意等相关工作，更好发挥基层代表的作用。增强市人大代表法律专家库功能，运用代表专业优势开展履职互助。统筹做好代表联系社区工作，认真听取群众意见建议。进一步办好"代表论坛"，加强代表履职学习和交流。深化代表参与人大信访工作。2.增强全过程民主探索实践的制度供给。全面贯彻落实市人大工作会议精神，逐项落实市委《关于加强新时代人大工作充分发挥人大在推进城市治理现代化中的作用的意见》涉及人大的任务清单，健全体现全过程民主的人大制度、选举制度、工作制度和议事规则。修改完善市人大、市人大常委会议事规则，研究制定市人大常委会监督工作条例，完善人大讨论决定重大事项制度，保证人大更好发挥代表机关作用，推进全过程民主制度化规范化程序化。3.优化践行全过程民主的服务保障。推进人大及其常委会自身建设，发挥各级人大常委会在人大践行全过程民主中的示范带头作用。完善和推进代表候选人的提名、公示、宣传介绍等环节工作。加强市、区人大工作联动，完善上海四级人大代表联系机制，进一步形成全市人大工作整体合力。加强人大信息化建设，提高人大工作信息化保障水平。加大人大新闻宣传力度，讲好人大故事和全过程民主故事，增强全社会坚持和完善人民代表大会制度、坚定走中国特色社会主义政治发展道路自信。深化对人民代表大会制度、人民民主、地方人大履职等重要理论和实践问题的研究，推进人民代表大会制度理论和实践创新，推动全过程民主探索实践不断取得新进展新成效。

（编写人：施娟萍　上海市立法研究所研究人员）

4．长三角立法协同工作情况

2020 年，长三角地区三省一市人大立足新起点，谋划新举措，展现新作为，从全局和战略的高度，紧扣"一体化"和"高质量"两个关键词，从人大职能定位出发，深化立法协同、为服务和助力长三角一体化发展国家战略深入实施提供有力法治保障。

2020 年 7 月，长三角地区三省一市人大常委会主任座谈会在上海召开。会议交流了服务统筹推进疫情防控和经济社会发展工作及"十四五"规划编制专题调研的做法和打算，商讨确定了 2020 年度长三角地区人大协作重点工作计划，并强调，三省一市人大要主动推进地方立法协同，聚焦主要问题、创新立法方式、提高立法质量和效率，共同做好示范区地方立法工作。

在 2020 年的立法工作中，沪苏浙人大共同作出《关于促进和保障长三角生态绿色一体化发展示范区建设若干问题的决定》，保障了国家重大区域发展战略的落实，也实现了我国立法制度上的重大创新。上海在诸多地方性法规的制定过程中，都注重围绕推进长三角各项工作的协同，作出相应的规定，也为长三角协同立法提供了对接的制度空间。

一、共同作出《关于促进和保障长三角生态绿色一体化发展示范区建设若干问题的决定》

2019 年 5 月，中共中央政治局会议审议了《长江三角洲区域一体化发展规划纲要》，明确提出要高水平建设长三角生态绿色一体化发展示范区。10 月，国务院批复同意《长三角生态绿色一体化发展示范区总体方案》，明确示范区建设是实施长三角一体化发展战略的先手棋和突破口。2020 年 8 月，习近平总书记在安徽合肥主持召开扎实推进长三角一体化发展座谈会并发表重要讲话，指出要以一体化的思路和举措打破行政壁垒、提高政策协同，促进高质量发展。

全国人大常委会高度重视示范区法治保障工作，2019 年 11 月，栗战书委员长就示范区法治保障工作作出重要批示。王晨副委员长指出：要认真贯彻栗战书委员长的重要批示精神，支持示范区积极探索。全国人大常委会法工委副主任许安标两次与上海市人大常委会法工委就示范区法治保障需求和建议方案进行专题研究，并于 2020 年 7 月，率队赴示范区实地调研，听取两省一市人大常委会法工委、示范区执委会的意见和建议。

在全国人大常委会法工委的指导下，上海市人大常委会法工委代表两省一市人大常委会法工委向全国人大常委会法工委报送了关于示范区法治保障问题的请示。全国人大常委会法工委在《答复意见》中支持沪苏浙人大常委会通过立法协同，共同就示范区建设作出法律性问题决定。两省一市人大常委会及时就请示情况向同级党委作了专题报告，得到同级党委的充分肯定和支持。

两省一市人大常委会联合成立决定草案起草小组，共同起草决定草案，并多次研究、修改和完善。9 月 24 日、25 日，沪苏浙人大常委会分别表决通过了《关于促进和保障长三角生态绿色一体化发展示范区建设若干问题的决定》。《决定》规定了示范区建设的指导思想、适用范围、示范区理事会的相关职责、示范区执委会的相关职责、授权条款、政府及部门支持和法治保障等内容。其中，第五条授权示范区执委会按照两省一市人民政府有关规定负责相关跨区域投资项目的审批、核准和备案管理，联合上海市青浦区、江苏省苏州市吴江区、浙江省嘉善县人民政府行使先行启动区控制性详细规划的审批权。

《决定》是沪苏浙人大常委会为保障重大国家战略实施，首次就示范区建设同步作出法律性问题决定，是沪苏浙人大常委会在省市党委领导下积极主动作为、通力密切合作的结果，也是全国人大常委会深入指导地方人大做好新时代地方立法工作的成功案例。《决定》的制定体现了几个特点：

一是在立法协同的"协"字上做文章、在"同"字上下功夫。1. 共同研究立法问题和立法路径，两省一市多次共同进行沟通和讨论。2. 共同研究报全国人大常委会的请示、共同起草《决定》文本，确保通过的《决定》在关键条款和内容表述上保持高度一致。3.共同召开新闻发布会，共同向社会各界宣传和解读《决定》。

二是运用法治思维和法治方式解决改革中重大问题的实践。示范区这一国家战略的基本特点是"不破行政隶属，打破行政边界"，其制度创新的核心是打破行政藩篱，实现要素跨地域自由流动。《决定》在国家现有法律制度下，运用立法智慧破解难题，授权示范区执委会跨区域行使投资项目审批权、控制性详细规划审批权，创造性地实现了改革决策与立法决策协调同步。

三是开创区域协同立法新模式，是我国立法制度的重大创新。《决定》由两省一市分别并且同步作出且内容完全相同，是区域立法协同的高级形态。标志着地方立法协同，从精神一致、分别立法的松散型立法，发展到既有统一条款、又有所差异的互补型立法，又发展出了新形态。《决定》开创的"一致立法"模式将成为推动示范区发展的重要的、常态化的法治保障形式。

二、上海地方立法积极围绕推进长三角协同作出相关规定

一是营商环境领域。《上海市优化营商环境条例》规定，推动建立统一的市场准入和监管规则，着力形成要素自由流动的统一开放市场，提升长三角区域整体营商环境水平。《上海市地方金融监督管理条例》规定，完善长三角区域金融监管合作机制，建立健全风险监测预警和监管执法联动机制，强化信息共享和协同处置，推动金融服务长三角区域高质量一体化发展。《上海市促进中小企业发展条例》规定，推动建设长三角中小企业技术创新服务平台，为长三角中小企业提供技术交易咨询、知识产权运营、产权评估、投资融资等专业化、集成化服务。《上海市外商投资条例》规定，依托长三角区域工作协作机制，协同推进重点领域对外开放，不断提升长三角地区高质量对外开放整体水平。《上海市反不正当竞争条例》规定，推动实施长三角区域反不正当竞争工作协作，开展跨区域协助、联动执法，实现执法信息共享、执法标准统一，促进长三角区域反不正当竞争重大政策协调和市场环境优化。在长三角生态绿色一体化发展

示范区探索反不正当竞争执法一体化。《上海市知识产权保护条例》规定，推进长三角区域知识产权保护会商和信息共享，建立区域知识产权快速维权机制，完善立案协助、调查取证、证据互认及应急联动等工作机制，实施重大知识产权违法行为联合信用惩戒，实现知识产权执法互助、监管互动、信息互通、经验互鉴。

二是公共卫生领域。《关于全力做好当前新型冠状病毒感染肺炎疫情防控工作的决定》规定，市、区政府根据疫情防控需要，可以与长三角区域相关省、市建立疫情防控合作机制，加强信息沟通和工作协同，共同做好疫情联防联控。《上海市公共卫生应急条例》规定，上海应当与相关省市建立公共卫生事件联防联控机制，开展信息沟通和工作协作。在长三角区域合作框架下，推进公共卫生事件防控预案对接、信息互联互通、防控措施协同。

三是道路交通领域。《上海市公路管理条例》规定，市交通、道路运输行政管理部门应当与长三角区域相关省、市有关部门建立沟通协调机制，加强公路规划、建设、养护和管理的协同，提高省际公路通达能力，推进形成便捷高效的区域公路网络。《上海市铁路安全管理条例》设立联合监管与长三角区域协作专章，并规定，铁路安全监管部门应当与长三角区域相关省、市有关部门以及相关铁路运输企业建立铁路安全管理沟通协调合作机制，统筹协调区域铁路安全管理重大问题，构建长三角区域信息互通、资源共享、联勤联动的安全管理体系，共同维护良好的铁路安全环境和秩序。

四是民生保障领域。《上海市公共文化服务保障与促进条例》规定，推动长三角区域公共文化服务合作，加强公共文化服务资源联通、共享，推进区域公共文化服务一体化发展。《上海市养老服务条例》规定，基于长三角区域一体化发展战略，按照资源互补、信息互通、市场共享、协同发展的原则，推进区域养老服务一体化发展；并规定，推进长三角区域养老服务合作与发展，建立健全政府间合作机制，落实异地就医结算，推动上海老年人异地享受本市长期护理保险、养老服务补贴等待遇，方便老年人异地养老。

此外，《上海市会展业条例》规定，支持上海会展活动举办单位在长三角等区域举办系列展会，通过品牌合作、管理合作等形式推动会展业区域联动。鼓励上海会展行业组织在长三角等区域建立会展业联动发展工作机制，建设长三角等区域特色展览展示平台，举办区域联动主题会展活动。《上海市实施〈中华人民共和国农民专业合作社法〉办法》规定，全面落实长三角区域一体化发展国家战略，与长三角区域相关省建立促进农民专业合作社发展的合作机制，推进长三角区域农民专业合作社优势互补与协同发展；鼓励农民专业合作社与国内其他地区农民专业合作社合作，推动开展国际交流。《上海市中华鲟保护管理条例》专辟一章规定"区域协作"内容，明确市渔业行政主管部门应当与长江流域其他地区部门加强合作，通过执法合作、科研合作、救助合作、迁地保护等协作，共同推动中华鲟保护。

（编写人：沈静　上海市立法研究所研究人员）

四、理论研究篇

1. 关于立法工作的重要讲话

在上海市人大工作会议上的讲话（摘录）

（2020年9月17日）

李　强

习近平总书记就坚持和完善人民代表大会制度、发展社会主义民主政治，作出了一系列重要论述，标志着我们党对人民代表大会制度的规律性认识达到了一个新高度，为我们做好新时代上海人大工作指明了前进方向、提供了根本遵循。人民代表大会制度是支撑我国国家治理体系和治理能力的根本政治制度。越是外部环境复杂严峻，越要发挥制度优势、运用制度威力，努力在危机中育新机、于变局中开新局。全市各级人大及其常委会要始终坚持正确政治方向，始终坚持党的全面领导，坚决贯彻中央和市委的各项决策部署，使各级人大成为坚持党的领导、执行党的决定的坚强阵地。人大机关要把政治建设作为首要任务，不断增强"四个意识"、坚定"四个自信"、坚决做到"两个维护"，始终坚持党的领导、人民当家作主、依法治国有机统一。要加强对人大制度和人大工作的宣传，讲好人大故事，结合上海实践充分展示我国政治制度的特点和优势。

人大工作的根基在人民，发挥作用的力量在人民，依法履职的归宿也在人民。谱写人民城市新篇章，尤其需要充分发扬民主，使各项决策更加科学，经得起历史和实践的检验；尤其需要认真倾听人民声音、真实反映人民诉求、切实保障人民利益，让人民群众有更多的获得感、幸福感、安全感；尤其需要广泛引导人民群众通过民主途径参与城市治理，把发展的目标、改革的任务转化为全市人民的自觉行动。

要优化法治供给，充分发挥立法的引领、推动、保障作用，让重大战略实施更有底气，让改革更有穿透力，让高质量发展在法治的轨道上"跑得更快"。紧盯治理之需、民生之痛，加强重点领域立法，及时回应人民群众的期待和社会普遍关心的问题。在提高立法质量上下功夫，探索形成更多富有"上海智慧"的立法成果。要实施有效监督，只要是改革发展需要、人民群众期盼、属于人大职权范围内的事项，都应积极参与推进、强化依法监督，以强监督推动强落实。要广泛凝聚力量，健全人大常委会联系代表、代表联系社区和人民群众的机制，更好发挥人民代表作用，做到对人民负责、替人民代言、为人民谋利。

要开展更多有益探索，创新更多实现形式，以地方的生动实践丰富全过程民主的时代内涵。要落细落实人民民主的全链条，积极探索各环节上的有效形式和途径，把民主选举、民主决策、民主管理、民主监督有效贯通、有机衔接起来，并把协商民主贯穿其中，让"众人的事情由众人商量"成为全过程民主的重要实现方式。要不断拓宽人民群众有序参与渠道，最广泛动员和组织人民群众在依法管理有关事务中持续实现知情权、参与权、表达权、监督权。建立更多民意表达"直通车"，推动基层立法联系点扩点提质、拓展功能。当前要广泛听取人大代表和人民群众对"十四五"规划编制的意见建议。要以解决问题的成效体现全过程民主的成果，以聚沙成塔、久久为功的韧劲，推动一项项惠民便民举措转化为一件件可观可感的民生成果，把人民民主的真实性、优越性更加充分地体现出来。

全市各级党委要切实加强对人大工作的领导，把人大工作纳入总体布局，及时研究解决人大工作中的重大问题，为人大及其常委会按照法定要求行使职权、开展工作创造条件、提供保障。"一府一委两院"要自觉接受人大监督。人大常委会党组要发挥政治领导作用，更好把方向、管大局、保落实。要抓好班子、带好队伍，以党的建设引领人大机关各项工作，更好发挥党员代表先锋模范作用，团结和引领全体代表更好开展工作，不断开创人大工作新局面。

在上海市人大工作会议上的发言（摘录）

（2020 年 9 月 17 日）

蒋卓庆

　　在全市上下深入学习贯彻习近平总书记考察上海重要讲话精神，扎实推进人民城市建设，奋力创造新时代上海发展新奇迹的新形势下，市委召开人大工作会议，印发《关于加强新时代人大工作充分发挥人大在推进城市治理现代化中的作用的意见》，充分体现了市委对坚持和完善人民代表大会制度、全面加强党对人大工作的领导、充分发挥人大职能作用的高度重视。我们要认真学习领会、扎实抓好落实。

　　一、坚持人民城市建设的重要理念，充分发挥人大代表在城市建设和治理中的重要作用

　　习近平总书记指出，城市归根结底是人民的城市，人民城市人民建，人民城市为人民。人大是国家权力机关，更是党领导下的重要政治机关，是同人民群众保持密切联系的代表机关，是健全和完善城市治理体系的重要组成部分。全市有各级人大代表 13000 多名，是人民利益和意志的代表，是城市建设和治理的重要力量。我们要坚持以人民为中心的发展思想，坚持人民立场、人民观点、人民情怀，密切人大代表与人民群众的联系，密切常委会与人大代表的联系，充分发挥人大代表主体作用，畅通社情民意表达渠道，推动代表议案和建议高质量办理，把一切为了人民、一切造福人民的理念贯穿到人大各项工作中。我们要认真贯彻全过程民主的重要理念，为基层立法联系点提效赋能，让更多人大代表、人民群众参与到立法、执法、守法等城市法治实践中来，充分发挥察民情、聚民智的"直通车"作用，汇聚起共建共享人民城市的磅礴力量。

　　当前，根据市委要求，市和区人大常委会正在积极开展"十四五"规划编制专题调研。"十四五"规划对于上海经济社会发展至关重要，我们要畅通渠道，集思广益，充分尊重和听取各级人大代表的意见，围绕重大问题深化调研，有

效建言，为人民代表大会审查批准规划做好充分准备。

二、坚持运用法治思维和法治方式，发挥法治对城市治理的引领保障作用

2015年市委人大工作会议以来，市十四届、十五届人大依法积极履职，在贯彻落实国家战略、推进上海"五个中心"建设、加强城市建设管理、道路交通整治、强化生态环境保护、实施生活垃圾分类管理、支持浦东新区深化改革开放等方面强化法治供给，为上海经济社会发展作出了积极贡献。

2020年以来，面对突如其来的新冠肺炎疫情，市人大按照市委统一部署，坚持特殊时期要有特殊作为，作出特殊努力。认真贯彻习近平总书记"在法治轨道上统筹推进各项防控工作"的重要指示精神，及时审议通过全国地方人大首个疫情防控法律性决定。积极落实习近平总书记关于"加快补齐治理体系的短板弱项，为保障人民生命安全和身体健康夯实制度基础"的重要讲话精神，抓紧完善公共卫生应急管理法规。同时，根据市委重点工作要求，市人大常委会高度重视，迅速组织力量，开展了本市国民经济计划运行和预算执行情况分析、人口结构优化问题调研，营造良好营商环境、服务和保障进博会筹办、实施"稳就业、稳投资、稳外资"专题调研和立法监督，积极争取全国人大支持启动长三角一体化发展示范区建设立法协同等，提出了一系列针对性建议和法治化解决方案，助力疫情防控和经济社会发展取得双胜利。

法治是城市核心竞争力的重要标志。推进疫情常态化防控、构建新发展格局，更要发挥法治优势。我们要切实用好宪法法律赋予人大的各项职责，努力在全市围绕中心、服务大局中有人大担当、人大作为。

要加强立法工作，不断提高立法的针对性、实效性。贯彻中央和市委决策部署，紧紧围绕实施"三项新的重大任务"、强化四大功能、深化五个中心建设、保障和改善民生、促进"老、小、旧、远"难点问题解决、推进城市有机更新、维护超大城市安全运行等方面创新开展地方立法。坚持问题导向，提出务实管用的法治措施，确保中央和市委重大决策、重要工作的推进落实有法治保障。

要加强人大监督，不断提高监督的有效性、权威性。要凸显人大执法检查的法律巡视功能，强化有法必依、执法必严、法出必行，让法律法规更有权威。改进监督方式方法，坚持依法监督、正确监督，注重人大监督与党内监督有机结合，进一步形成监督合力。探索人民代表大会行使监督权的新形式新途径，更好发挥人民代表大会监督职能。在当前经济形势下，要进一步用好人大国民经济计划运行和预算执行审查监督职能，用好人大国有资产监督职能，加大人大预算联网监督力度，进一步加强人大常委会对审计查出突出问题整改情况的监督，着力提高财政资金使用绩效。

三、加强自身建设，切实担负起党和人民赋予人大工作的历史重任

站在上海改革开放再出发的新起点上，我们要坚定人大政治机关定位，坚持以习近平新时代中国特色社会主义思想统领人大工作，坚持党对人大工作的全面领导，市人大常委会党组要严格执行人大工作中的重大问题、重要事项及时向市委请示报告制度。充分发挥市人大常委会党组把方向、管大局、保落实的作用，确保人大工作正确政治方向。履行全面从严治党主体责任，扎实推进党风廉政建设。加强市人大常委会组成人员建设，提高组成人员把握全局、调查研究、反映民意、完善法治、督促落实的履职本领。加强专门委员会建设，支持委员会分党组充分发挥作用，完善市人大专门委员会工作规则。加强基层人大建设，进一步推进区、乡镇人大和街道人大工委密切联系群众，强化组织建设，全面提升依法履职水平。加强人大机关干部队伍建设，把政治建设放在首位，重视思想作风建设，着力打造政治坚定、作风优良、业务过硬的人大干部队伍。重视培养优秀年轻干部，加强专业化建设和工作能力建设，在实践中磨砺品质、增强才干，厚植人大工作的发展后劲，推动本市人大工作不断迈上新台阶。

在市人大常委会基层立法联系点
扩点提质工作推进会上的讲话（摘录）

（2020 年 4 月 21 日）

蒋卓庆

一、提高站位，充分认识基层立法联系点在推进全过程民主中的重要意义

2019 年 11 月，习近平总书记在上海考察基层立法联系点时指出，"我们走的是一条中国特色社会主义政治发展道路，人民民主是一种全过程的民主"。总书记在讲话中充分肯定基层立法联系点的民主功能和民主价值，指出"这是中国特色社会主义民主的一个实现形式和实现路径"，"我们所有的重大决策都是依照程序、经过民主酝酿，通过科学决策、民主决策产生的"，指出基层立法联系点的探索"是很有意义的，要总结推广这种模式，使我们的重大决策更加有效、更接地气"，同时勉励基层立法联系点同志"再接再厉，为发展中国特色社会主义民主继续作贡献"。2020 年年初，全国人大常委会栗战书委员长就基层立法联系点工作作出重要批示。市委对这项工作高度重视，将"推动基层立法联系点优化完善和扩大试点"，纳入市委 2020 年重点任务安排、全面依法治市委员会 2020 年工作要点，并提出具体推进要求。

全过程民主是中国特色社会主义民主政治的鲜明特点和显著优势，反映在国家政治生活方面，就是将人民民主原则全面体现在我国根本制度、基本制度和重要制度之中，贯穿于国家治理和社会生活的各个环节。反映在人民代表大会制度方面，就是畅通民意反映渠道，丰富民主实现方式，在重大问题上保障人民的知情权、参与权、表达权、监督权。反映在立法工作方面，就是从立法的计划编制、项目确定、草案起草、条款决策到效果评估的全过程，都扩大各方参与，充分听取民意，完善立法决策。这一系列制度安排和制度实践集中起来，就是全过程民主的丰富实践。

从我市过去三年多来的探索实践看，依靠基层立法联系点同志们的辛勤工作，基层立法联系点建设工作取得了明显成效，成为坚持党的领导、人民当家作主和依法治国三者有机统一的实践载体；实现最广泛、最真实、最管用民主的有效形式；保障重大立法决策接地气、察民情、聚民智的重要途径；讲好上海人大故事、上海人大立法故事，坚定人大制度自信的重要窗口。基层立法联系点开辟了基层意见直达立法机关的彩虹桥、直通车，让地方立法更接地气、更有特点、更可操作，提升了科学立法、民主立法的水平。

二、提质增效，做深做细做实基层立法联系点工作

习近平总书记考察基层立法联系点并发表重要讲话，标志着基层立法联系点工作进入了新的发展阶段。根据市委要求，市人大常委会主任会议修订了《基层立法联系点工作规则》，明确要扩点扩围、更要提质增效，要求各基层立法联系点坚持和拓展基层属性、立法属性和联通属性，把全过程民主的优势更充分发挥出来，助力本市高质量法治建设。

一是要突出务实管用，为提高地方立法的针对性、操作性、有效性而努力。法律的生命力在于实施。地方立法的生命力，更在可执行、可操作、接地气。基层立法联系点设立在基层，最有条件了解到法规在基层实施的实际情况。各基层立法联系点要充分发挥立足基层的优势，紧紧围绕提高本市法规条文的针对性、操作性、有效性，有重点地收集整理提出意见建议。从而让本市地方性法规更具体、更深入，能更好地贴近实际、贴近民心，在基层站得住、在基层能管用，解决好法规实施的最后一公里问题。

二是要善于整合资源，广泛联系、统筹用好区域内法律资源和社会资源。作为扎根社会各界的基层立法联系点，要征集到能为立法机关所采纳的意见建议，并不容易。需要基层立法联系点延伸触角，善于组织、统筹用好各方资源。虹桥街道基层立法联系点征集意见工作做得好，得到习近平总书记的肯定，很重要的是动员了区域内各类群体的参与，得到了相关法律资源的支持。本次 25家基层立法联系点中还有部分本身就是专业性的单位，掌握专业资源，那就更要把本单位的专业优势用足用好，并逐步拓展。各区人大支持基层立法联系点

建设，重点要在整合区域资源上用力，实现跨层级跨地区整合，调动好区域内法律资源和各类专业资源，扩大各级人大代表对立法工作的参与。

三是要注重思想引领，提升和营造基层立法联系点的法治宣传教育功能和环境。基层立法联系点的工作，名称是服务立法，实际贯穿于法规制定、实施全过程，是弘扬法治理念的社会化思想教育活动。通过一次次地征求意见，无论是否发表意见、最终是否采纳，对每一位参与者来说都是一次法治思维实践活动，都是一次法治理念养成教育。各基层立法联系点都要自觉把法治宣传教育理念融入场所设计、来访接待、对外沟通、征集意见等各环节工作中，不断提高群众和各方人士对依法治理的认识和自觉，把基层立法联系点建设成为上海加强法治宣传教育，提升公民法律素养的重要基地。

四是要夯实法治基础，发挥基层立法联系点在城市治理体系中的重要作用。在上海城市基层社区中，有这样一个讲民主、讲法治的基层立法联系点，十分必要。建设得好，必将成为我国法治体系向基层延伸的重要环节，成为推进城市治理的基础保障。各基层立法联系点要着眼基层法治建设，激发驻区单位对社区治理的热情，团结社会组织参与依法治理，采集一批公共性的协商议题，不断提升社区法治协同能力、基层治理法治化水平。

五是要搭建工作平台，在基层立法联系点的建设中培养锻炼干部。市、区人大常委会都要增强"干出一番事业、带出一支队伍"的意识，以基层立法联系点扩点提质为契机，把人大干部派下去，给予平台、充分锻炼。要用好基层立法联系点平台，选派年轻干部参加，给他们交任务、压担子，支持他们把基层立法联系点工作做好。

在深入学习贯彻习近平总书记考察基层立法联系点重要讲话精神一周年座谈会上的讲话（摘录）

（2020年11月23日）
蒋卓庆

2019年11月，习近平总书记在上海虹桥街道基层立法联系点考察时发表"全过程民主"重要讲话。全国人大常委会高度重视，栗战书委员长就人大贯彻落实"全过程民主"工作作出重要批示和部署。2019年12月，王晨副委员长在十三届全国人大常委会第十五次专题讲座上，就《深入学习贯彻党的十九届四中全会精神　坚持和完善人民代表大会制度这一根本政治制度》作了辅导报告，回顾了总书记在虹桥基层立法联系点讲话的重要精神。全国人大常委会法工委领导多次到上海基层立法联系点调研考察，积极给予工作指导。

市委对本市积极推进"全过程民主"，加强基层立法联系点建设高度重视。十一届市委八次全会作出的《全面贯彻落实中共中央关于坚持和完善中国特色社会主义制度、推进国家治理体系和治理能力现代化若干重大问题的决定的意见》，提出"深化探索基层立法联系点制度，拓宽立法建议渠道，强化立法过程民主，夯实立法民意基础"，并将"推动基层立法联系点优化完善和扩大试点"作为2020年重点任务。十一届市委九次全会制定的《深入贯彻落实"人民城市人民建，人民城市为人民"重要理念，谱写新时代人民城市建设新篇章的意见》，提出"搭建更多民意'直通车'平台，推进基层立法联系点各区全覆盖，把听取民意的触角延伸到离群众、离市场最近的地方"。2020年9月市人大工作会议印发的《加强新时代人大工作充分发挥人大在推进城市治理现代化中的作用的意见》，将"自觉践行全过程民主重要理念"专列一节，市委李强书记要求上海各级人大进一步增强实现全过程民主的探索性，推动人大工作守正创新迈出新步伐。十一届市委十次全会审议的《关于制定上海市"十四五"规划纲要和2035远景目标的建议》，也将对"坚持把全过程民主、实质性民主贯穿到城市生活的各个方面"作出新的部署。

一年来，在全国人大常委会有力指导下，在市委坚强领导下，上海市人大常委会制定出台《深入学习贯彻习近平总书记在上海基层立法联系点考察时的重要讲话精神充分发挥人大在推进"全过程民主"探索实践中的作用的意见》，从提高认识、深化探索、制度保障三个方面作出规定，要求全市各级人大常委会在践行"全过程民主"中发挥示范带头作用。

一、加强理论研究，不断深化对"全过程民主"是人民民主重要特点和优势的认识

我们理解，"全过程民主"是对人民民主重要特点和优势的一个集中表达。我们党自成立之日起就以实现人民当家作主为己任，努力探索和发展维护人民根本利益的民主，人民民主的根本原则体现在我国各项政治制度之中，贯穿于国家治理和社会生活的各个环节，这一系列制度安排和各方面实践集中反映为不断探索全过程的民主。

一年来的探索实践，使我们对人民民主的这一"全过程民主"的特点和优势有了更深的理解。

"全过程民主"展现了人民民主的方向性。习近平总书记在虹桥街道基层立法联系点讲话时指出，"中国的民主有中国的特色，我们走的是中国式的民主化道路"，深刻指出全过程民主具有中国特色，我们必须坚持党的领导、人民当家作主、依法治国有机统一，坚持走中国特色社会主义政治发展道路，并且要求上海要为发展有中国特色社会主义民主作出贡献。

"全过程民主"展现了人民民主的真实性。习近平总书记指出，人民是否享有民主权利，要看人民是否在选举时有投票的权利，也要看人民在日常政治生活中是否有持续参与的权利；要看人民有没有进行民主选举的权利，也要看人民有没有进行民主决策、民主管理、民主监督的权利。我们的民主是真实、广泛、管用的人民民主。

"全过程民主"展现了人民民主的程序性。人民民主的运行必须有完整的制度程序保障，民主和法治是相辅相成的。习近平总书记在虹桥街道基层立法

联系点指出，"我们所有的重大决策都是依照程序、经过民主酝酿，通过科学决策、民主决策产生的"。民主越是全过程，越需要制度程序为民主运行提供保障。

"全过程民主"展现了人民民主的参与性。社会主义民主不仅需要有完整的制度程序，而且需要完整的参与实践。习近平总书记在虹桥街道基层立法联系点讲话中讲到的各种民主参与渠道，其中就包括基层立法联系点这种渠道。推进全过程民主，就要发挥多种渠道作用，让更多群众广泛参与，在扩大参与中保障好人民群众的知情权、参与权、表达权和监督权。

"全过程民主"展现了人民民主的实效性。习近平总书记指出，"民主不是装饰品，不是用来做摆设的，而是要用来解决人民要解决的问题的"。习近平总书记在虹桥街道基层立法联系点视察时，充分肯定联系点工作的成效，指出"你们的工作非常有成效，提升了法律的民意基础，这个工作非常有意义"。我们理解，"全过程民主"不仅体现在过程中，更体现在结果上，要让人民感受到民主的实效性、优越性。

学习习近平总书记关于"全过程民主"的重要理念，要放在习近平总书记关于坚持和完善人民代表大会制度的重要思想之中来把握，深刻认识实现"全过程民主"对进一步发挥人民代表大会制度优越性的重要意义，更好地把坚持党的领导、人民当家作主、依法治国在人大工作中贯通起来。

二、加强工作实践，积极探索"全过程民主"的有效实现形式和路径

一年来，市人大常委会、各区人大常委会在四方面进行了积极探索。

一是进一步发挥基层立法联系点的民意直通车作用。常委会主任会议修订《基层立法联系点工作规则》，两次召开联系点扩点提质推进会，按照全覆盖、全过程、全功能的要求，将联系点从 10 家增至 25 家，覆盖全市 16 个区，从街道、乡镇拓展到园区、企业和协会。在各区人大常委会的关心支持下，全市 25 家联系点坚持基层定位、百姓视角，积极主动开展工作，通过采取"线上与线下"相结合、专家与市民相结合等方式，广泛征集立法建议，先后组织调研、座谈会 100 多次，征集意见 1776 条，有 143 条意见在本市地方立法中获得采

纳，其中有很多生动的立法故事、民主故事。

二是进一步发挥"家、站、点"的连心桥作用。代表之家、代表联络站、代表联系点是各级人大代表密切联系人民群众、有效履职的平台载体。落实"全过程民主"要求，市人大统筹谋划、区人大积极推进，做了很多务实有效的工作。建章立制，规范运行。市人大常委会 2020 年颁布《关于加强和规范人大代表联系人民群众平台建设的指导意见》。很多区人大也都制定相关文件，要求"家、站、点"接待活动有记录、解决问题有实例、释义协调有依据、监督考评有章法。织密网络，全面覆盖。在各区的努力下，全市"家、站、点"从 2019年年底的 5356 个增加到现在的 6248 个，增加了 892 个，基本上上海每一平方公里就有一个。按照市委要求，真正做到把代表联系平台的网络触角延伸到离人民群众最近的地方。明确要求，落细落实。各区人大相继出台制度规范，明确代表接待选民、联系社区、提出议案建议的基本要求，保证了人民群众到家站点能找到代表。分层办理，加强督办。各区人大均按照市级、区级、街镇层面三个类别对代表收集的群众意见进行交办、处理、跟踪和反馈，切实对代表和群众负责。

本市 13000 多位各级代表是 2400 万市民行使当家作主权利的代表。"家、站、点"的建立运行架起了代表联系群众的"连心桥"，是落实"全过程民主"的重要载体。代表们在"代表之家"的学习交流，提高了代表履职能力；线上线下相互结合的运行机制，丰富了代表履职方式；群众意见分级处理机制的建立，提高了代表履职实效，打通了代表服务群众的"最后一公里"。

三是建立人大社情民意表达和反映平台。加强社情民意的收集、整理和研判，形成社情民意专报 23 期，代表工作小组专报 11 期。其中许多专报被市委、市政府领导批示，有关推进农村集体经营性建设用地入股、发行乡村振兴专项债券拉动农村投资、建设中医药传承创新核心高地、强化教育惩戒权法律救济、推进上海新能源出租车健康发展、提高本市农村生活污水处理质量等建议得到推进和有效解决。

四是加强代表意见建议办理。常委会把发挥人大代表作用作为推进"全过程民主"的重要工作，要求加大代表意见建议督办力度，更好支持代表依法履职，以实际工作成果取信于代表、取信于人民。市人大常委会制定《市人大常委会主任会议成员督促代表建议办理工作规程》，经过对 8 个专题 119 件代表建议的督办，目前有 105 件答复为"解决采纳"，达到 88%。有关完善长期护理保险、探索整小区加装电梯等建议，都取得了阶段性办理效果。

三、加强制度建设，把发挥人大代表作用放在更加突出的位置

一是吸纳基层市人大代表参与专门委员会工作。为增强专门委员会工作的专业性和民意基础，2020 年市人大常委会任命 17 位基层市人大代表担任专门委员会委员（不驻会），这些代表来自企业、乡镇、科研单位，平时履职十分积极，人大新的工作岗位将赋予他们发挥作用的更大平台。

二是为代表日常履职提供团队支撑。在市人大代表所在单位的支持下，建立了 57 个市人大代表工作小组，使代表日常履职有了共同研究的工作团队，为提出高质量的议案建议创造了条件。

三是为代表增强履职能力搭建服务平台。市人大常委会邀请市人大代表中具有法律专业背景的 29 位代表组建法律专家库，为代表履职提供法律服务。《民法典》颁布后，常委会举办了 2 期专题学习班，法律专家库的 10 位代表上台宣讲，取得很好的培训效果。

四是发挥代表在"十四五"规划编制中的作用。按照中央和市委关于开门问策、问计于民的要求，2020 年市人大常委会"十四五"规划编制调研首次面向 13000 多名四级人大代表开展问卷调查，组织 3570 多位各级人大代表围绕民生主题进社区听意见，组织市人大专门委员会开展 9 项专题调研，全覆盖听取 16 个区人大意见建议，归纳形成各级人大代表、市人大专门委员会、各区人大系列调研报告报送市委。

市人大常委会作出的《关于深入学习贯彻习近平总书记在上海基层立法联系点考察时的重要讲话精神充分发挥人大在推进"全过程民主"探索实践中的作用的意见》，全面贯彻落实习近平总书记关于"全过程民主"的重要讲话精

神，贯彻市人大工作会议精神，着眼人大常委会作为代表机关、工作机关的定位，为探索实践"全过程民主"提供了有效制度保障。本市各级人大要努力在推进"全过程民主"工作中迈出新步伐、取得新进展。

一是要提高政治站位，增强探索实践"全过程民主"的自觉性。按照市委要求，在深入学习贯彻习近平法治思想、习近平总书记考察上海重要讲话和在浦东开发开放 30 周年庆祝大会上的重要讲话精神，落实党中央交给上海的重要任务和建设"人民城市"的过程中，要进一步增强探索"全过程民主"的自觉性，充分发挥人大在推进城市治理现代化中的重要作用。各级人大要勇于实践，积极探索"全过程民主"的有效实现形式和路径，真正把"全过程民主"贯穿到人民城市建设的各个方面，把人民代表大会的制度优势转化为城市治理效能。

二是要充分发挥人大代表主体作用，做好"全过程民主"探索实践中代表履职的服务保障。全市 13000 多位人大代表是人民利益和意志的代言人，是探索实践"全过程民主"的重要力量。全市各级人大要认真贯彻市人大常委会《关于加强和改进市人大代表工作的若干意见》，更好地激发代表的履职积极性，保证代表依法执行代表职务。要进一步密切常委会与代表的联系，推进代表参与常委会、各委员会工作常态化。进一步加强"家、站、点"平台建设，精心组织代表活动，建立有效的群众建议处理反馈机制，推动群众关心的问题得到回应和解决。进一步发挥人大代表了解民情、反映民意、汇集民智的优势，推动将"老、小、旧、远"等民生关切问题、经济社会发展的重要问题、城市建设管理中的热点难点问题，作为代表履职的重点。

三是要深化基层立法联系点建设，提升探索实践"全过程民主"的载体功能。各区人大常委会要在同级党委领导下，及时研究解决联系点建设中的重点难点问题，充分发挥联系点接地气、察民情、聚民智的优势。要推动基层立法联系点拓展功能，从"立法中"向"立法前""立法后"两端延伸，向监督执法、促进守法、宣传普法延伸，充分发挥联系点在促进法律法规实施、强化社区法治化治理、凝聚社区治理共识中的重要作用。要加强宣传教育，积极开展面向群众的法治宣传教育，成为讲好中国人大故事、民主立法故事的宣传主阵地。

四是加强制度供给，推进"全过程民主"制度化、规范化。要全面贯彻落实市人大工作会议精神，编制市人大工作会议文件涉及人大的任务清单。市人大常委会已经制定修改了 9 项工作规程，还将适时修改市人民代表大会议事规则、市人大常委会议事规则，研究制定市人大常委会监督工作条例，完善人大讨论决定重大事项制度，推动人大更好地发挥工作机关、代表机关的作用。要继续加强市区人大工作联动，坚持重要立法项目组织区人大参与，全局性监督工作开展市区人大联动，充分发挥区人大在全市人大工作中的重要作用。要继续加强对人民代表大会制度、人民民主、依法治国、地方人大履职等重要理论和实践问题的研究，为全方位实践"全过程民主"提供理论支撑。

上海作为"全过程民主"重要理念的首提地，要进一步增强贯彻落实习近平总书记"全过程民主"重要理念的自觉性、主动性和责任感，开展更多有益探索，创造更多实现形式，以地方的生动实践丰富"全过程民主"的时代内涵，体现人民代表大会制度的优越性，交出新时代上海人大工作的合格答卷。

充分发挥地方立法在统筹疫情防控常态化和 经济社会发展中的作用（摘录）

——关于上海地方立法工作的实践与体会

（2020 年 10 月 17 日）

莫负春

习近平总书记在《习近平谈治国理政第三卷》指出，"地方人大及其常委会要按照党中央关于人大工作的要求，围绕地方党委贯彻落实党中央大政方针的决策部署，结合地方实际，创造性地做好立法、监督工作，更好助力经济社会发展和改革攻坚任务"。习总书记的讲话，对做好新时代地方立法工作，科学而精准地指明了方向和提出了要求。结合学习总书记的讲话，我谈四个方面的体会：

一、地方立法要围绕贯彻落实党中央大政方针的决策部署

一是制度优势体现。中国共产党的领导是中国特色社会主义的重要内涵和制度优势，中国共产党总揽全局、协调各方，举旗定向推进改革和促进发展。根据宪法和《立法法》规定，地方性法规是中国特色社会主义法律体系的重要组成部分。在坚持中央统一领导前提下，地方立法发挥自己的特点和优势，围绕中央大政方针决策部署在地方的贯彻实施，围绕地方改革发展的核心关键，把党的大政方针作为立法的指导思想和重要依据，有利于把党的意志转化为全社会共同遵守的行为规范，凝聚起全社会共同推进改革发展的巨大力量。

二是自身使命使然。围绕大政方针的决策部署是社会主义法治的价值所在。地方立法工作的生命力在于反映经济社会改革发展的需求，解决经济社会中存在的问题。地方立法主要包括三类：实施性立法，为保证宪法、法律、行政法规在本行政区域的遵守和执行，从本地实际出发，制定某一法律或者某一行政法规的实施办法。自主性立法，在地方事权范围内制定地方性法规，其内容具有地域性特征。先行先试性立法，在法定权限范围内，就国家尚未制定法律或

者行政法规的事项，通过地方性法规先行先试。地方立法的活动使命，在于根据地方经济社会发展实际需要，使国家有关制度和规定更加符合地方实际，更具有针对性、可操作性、可执行性。

三是改革发展实际需要。上海处于改革开放前沿，中央对上海改革开放再出发寄予厚望。习总书记强调，上海要继续当好全国改革开放排头兵、创新发展先行者，实现制度创新和功能重构；要发挥全局的探索和示范作用，在服务全国中发展上海；要在更深层次、更宽领域、以更大力度推进全方位高水平开放。面对重大而艰巨的改革开放任务，以及随着我国法律体系的建立和完善，以"破法""绕法"和"避法"方式推进改革，无论对于政府，还是对于企业、公民个人来说，都会存在不同程度的法律风险。因此，地方立法发挥依法保障改革的作用，特别是发挥先行探索引领的作用，其特征越来越明显，需求也越来越大。

二、地方立法要更好助力经济社会发展和改革攻坚任务

一是助力引导价值取向。任何立法都有一个价值取向问题。立这个法要实现什么目标，解决什么问题，确立什么制度机制，采取什么措施办法，表面上是立法技术问题，深层次则是立法的价值取向问题。地方立法要把握好立法的价值取向，有了这个价值取向，法就立住了。地方立法服务保障地方经济社会发展和改革攻坚任务，要体现人民至上的理念，反映立法为民的根本，切实维护社会公平和人民群众的合法权益，为地方经济社会发展和改革攻坚任务做出重要制度安排。

二是助力提高社会共识。立法的过程就是党的主张通过人民代表大会制度和法定程序转化为国家意志的过程，成为全社会共同遵守的行为规范的过程，扩大改革宣传、形成改革共识、凝聚改革力量和提高改革成效的过程。因此，地方立法要高度重视民主立法，建立健全立法工作各环节上的公众有序参与机制，认真听取人民声音、真实反映人民诉求、切实保障人民利益。要综合考虑人民群众的认识认可程度、经济社会发展水平等因素，审慎把握宽严尺度，把人民群众对于改革目标任务的普遍认同和自觉行动作为立法的社会基础。

三是助力改革落地实施。要把立得住、真管用作为地方立法的基本导向。地方立法要围绕保障重大改革于法有据，以国家强制力作为实施保障，依法提高改革权威；要精心做好关键制度设计，确保改革措施落地实施，提高改革执行的有效性；要督促政府做好实施准备和创造实施条件；要加强立法实施的指导监督，确保按照改革意图正确实施，及时开展立法后评估等工作，以立法实施的实际成效衡量评价立法成败。特别是地方立法要聚焦经济社会发展和改革攻坚任务落地的问题，综合运用有关法律法规，坚持小切口立法，充分发挥地方立法在解决改革政策通达实际的"最后一公里"的作用。

三、结合实际创造性地做好地方立法工作

一要立法与改革相互促进。要以立法创新保障改革创新，充分激发上海改革开放的活力动力。要以改革创新倒逼立法创新，围绕改革创新的需要，创新立法供给的体制机制和方式方法，以立法创新引领、支持和保障改革创新。在具体地方立法中，要科学把握改革规律，包括依法引导改革方向、聚焦改革任务，激发改革活力、规范改革程序、排除改革障碍、预留改革空间、建立容错机制、划定改革底线、建立改革保障机制等。

二要良法与善治相结合。党的十九大报告提出，要以良法促进发展、保障善治。地方立法要与地方治理相结合，紧密结合地方实际，把握立法的统一性和灵活性的关系，目标和过程的关系，原则和方法的关系，改革顶层设计与实践创新的关系，特别是全面推进与重点突破的关系，聚焦重点领域和重大制度，根据改革开放再出发的重点任务，针对制度空白和突出短板加强地方立法，确保加快改革和有序改革目标的实现。

三要创新立法路径方法。在国家法制统一的前提下，充分运用立改废释、授权立法、暂停调整实施、法律询问答复以及区域立法协同等方式方法，依法保障制度创新。根据地方人大职权，积极探索赋权改革，把握改革创新与立法风险的关系，在风险总体可控的情况下，积极鼓励改革和探索创新，鼓励基层一线自主探索改革，提供可复制、可推广的改革经验。

四要坚持制度创新的实效性。高度重视立法实施，加强立法宣传和法律监督，着力提高立法的实施成效。重视规范性文件备案审查，加强立法的评估和监督，推进立法的落地实施和充分发挥立法成效。及时修改与上位法不相一致、不符合实际需要的地方立法。特别要注重向人民群众学习，汲取群众创造性智慧、吸取基层创造性办法，高质量推进地方立法制度创新。

四、依法保障上海统筹疫情防控常态化和经济社会发展

当前，必须统筹推进疫情防控和经济社会发展工作，在疫情防控常态化前提下，坚持稳中求进工作总基调，积极通过立法做好"六稳"、"六保"等工作。今年来，上海地方立法主要开展了如下工作：

一是全力为做好本市疫情防控工作提供法治保障。市人大常委会专门加开一次常委会，于 2020 年 2 月 7 日上午审议通过了《关于全力做好当前新型冠状病毒感染肺炎疫情防控工作的决定》，为上海打好疫情防控阻击战提供了及时有效的法治支撑。全国人大常委会法工委《地方立法动态》指出，上海疫情防控决定是地方人大常委会贯彻落实习近平总书记重要指示精神，创造性地开展立法工作，增强立法及时性、针对性、有效性的重要范例。上海的疫情防控决定为其他地方运用法治思维和法治方式，以法治支撑疫情防控阻击战提供了重要参考和有益经验。

二是创新完成长三角生态绿色一体化发展示范区法治保障任务。2020 年 9 月 24 日、25 日，上海、江苏、浙江人大分别就促进和保障长三角生态绿色一体化发展示范区建设作出一致决定，开创地方协同立法新的成功案例。2019 年示范区挂牌后，上海市人大常委会启动了示范区法治保障工作，及时请示全国人大常委会法工委，争取国家支持。全国人大常委会法工委作出《答复意见》，同意并支持两省一市人大常委会开展地方立法协同，做好示范区法治保障工作。《答复意见》认可请示中关于授权示范区执委会实施相关行政许可，共同编制相关控制性详细规划的解决方案。

三是明确政府在当前经济社会发展中的兜底责任。2020 年 6 月 18 日新修订通过的《上海市促进中小企业发展条例》，明确对中小企业发展中面临的问题和困难，没有具体责任部门或者涉及多个部门无法落实的，市经济信息化部门负

责牵头协调解决。2020年4月10日表决通过的《上海市优化营商环境条例》规定了优化营商环境的政府职责，明确了政府主要负责人是第一责任人。为了解决地方金融组织管理中的难题，2020年4月10日表决通过的《上海市地方金融监督管理条例》规定，市人民政府在国家金融稳定发展委员会的指导和监督下，建立金融工作议事协调机制。

四是积极构建市场化、法治化、国际化的营商环境。《上海市优化营商环境条例》对优化市场环境做了一系列规定，还以政务服务"一网通办"为核心，着力提升政务服务能力和水平，提供惠企便民的优质高效服务；积极协调、推动公用企事业、公共法律服务、金融等单位为市场主体提供全方位服务。《条例》还围绕推进营商环境法治保障体系建设，着力发挥法治在营商环境建设中固根本、稳预期、利长远的保障作用。

五是以立法积极解决经济社会发展中的痛点、短板问题。《上海市优化营商环境条例》围绕市场主体可能遇到的跨区迁移、企业注销、涉企收费、停工停产、办理破产等痛点难点堵点问题提出破解之道。《上海市促进中小企业发展条例》着力解决中小企业融资难问题，增强政府性融资担保基金功能，明确政府性融资担保机构担保放大倍数原则上不低于五倍，担保代偿率可以达到百分之五。《上海市地方金融监督管理条例》全面压实地方政府及其相关部门承担的属地监管和金融风险防范处置责任。对于社会各界普遍关注的"非法集资风险防范处置"，中央明确要求地方政府承担本行政区域内防范和处置非法集资的第一责任人的责任，《条例》对此加以细化落地。

针对2020年的立法工作实际，主要有如下体会：

一是立法要体现及时性。作为一种制度供给，对于公共卫生等突发事件，要根据实际需要第一时间提供法律保障；对改革发展实践证明行之有效的做法，要及时上升到法规层面予以肯定固化；对存在法规空白、需要制度支撑的，要及时研究制定；对一些新业态、新问题，一时看不清楚的，要划出底线，给出相对明确的预期。要及时补上制度供给的短板，解决有法可依的问题。

二是立法要体现针对性。在全面深化改革的新时期，紧跟快速发展变化的新形势，关注层出不穷的新情况和新需求，深入对各类问题的调查研究，准确把握社会对立法的需求，聚焦突出问题，解决主要矛盾，确保立法供给与需求相呼应。要精准发力，实现制度供给的科学合理。

三是立法要体现有效性。立法需要遵循科学立法的规律，加强顶层设计，加强地方立法的预测研究；科学论证、审慎决策，对于相关立法需求，区分轻重缓急，根据立法权限和规范效力位阶，分门别类予以统筹推进，通过建立结构良好的法律规范群，确保制度的务实管用。

2. 专家代表论地方立法

对 2020 年上海人大立法的深切体会：及时性、有效性和民主性

刘正东

2020 年，通过参与上海地方立法工作，我收获了不少宝贵的立法经验，同时也对上海地方立法的成就有了更加深刻的体会：

第一，立法的及时性。这点在疫情防控方面的立法中尤为明显。2020 年上半年，上海率先作出了《关于全力做好当前新型冠状病毒感染肺炎疫情防控工作的决定》，下半年又通过了《上海市公共卫生应急管理条例》。立法的快速及时起到了非常好的制度供给效果，对上海有效防控疫情作用巨大，也符合重大改革于法有据的要求。

第二，立法的有效性。我从事破产相关法治研究和实务工作，我感到，2020 年制定的《上海市优化营商环境条例》非常有实效。比如，其中针对"办理破产"的条文就有三条，并规定了相应的法律责任。这成为上海破产管理人办理有关破产事务的"法宝"，从根本上有力地促进了破产管理人执业环境的改善。

第三，立法的民主性。2020 年，上海市人大遵循科学立法、民主立法、依法立法的要求，着力贯彻落实习近平总书记有关"全过程民主"的重要讲话精神。认真协助做好全国人大基层立法联系点的相关工作，对上海市人大基层立法联系点也作了提质扩容，地方立法更充分地反映了社情民意。

围绕加强《上海市优化营商环境条例》配套立法，对今后特别是 2021 年的上海地方立法工作提两点具体建议：

一是考虑商事登记立法。海南在启动建设自贸试验区后，将商事登记作为了第一批地方立法事项，并已于 2018 年通过了《中国（海南）自由贸易试验区商事登记管理条例》。深圳也于 2020 年修订了《深圳经济特区商事登记若干规定》，而临港新片区也于 2020 年实施了《中国（上海）自由贸易试验区临港新片区商事主体登记确认制实施办法（试行）》。广州、珠海等沿海地区也早就开展了商事登记制度的专门立法。因此，从进一步优化上海法治化营商环境来看，上海应考虑将商事登记立法作为立法调研的重点。

二是考虑探索统一的财产登记立法。不动产登记、车辆登记、动产质押登记等方面的法律、法规和规范性文件较为分散，标准也不一样。登记到底是形式审查还是实质审查，相关规定五花八门，总的感觉是限制仍然较多，全国各地统一的地方财产登记规范几乎没有。建议上海尝试将不动产登记、车辆登记、动产质押登记、知识产权登记，乃至航空器、船舶登记作统一规范，探索制定上海地方的财产登记立法，以落实《上海市优化营商环境条例》，并为今后的全国统一财产登记立法积累经验。

（发言者系上海市人大监察司法委员会委员、君悦律师事务所首席合伙人）

优化营商环境立法特点鲜明

许丽萍

我已连任四届上海市人大代表，曾参与许多件地方性法规的审议及相关监督活动。2020年上海市人大开展的优化营商环境立法及其监督工作使我印象深刻：

第一，打响组合拳。优化营商环境是系统工程，仅靠一部立法不能解决全部问题，需要相关立法发挥协同作用。市人大制定《上海市优化营商环境条例》《上海市外商投资条例》《上海市知识产权保护条例》，修订《上海市促进中小企业发展条例》，通过立法的组合拳，进一步凸显法治保障作用。

第二，人大立法与政府重点工作紧密结合。将上海优化营商环境的成功经验，以立法形式加以固化；通过立法推动政府工作深化，取得实效。值得关注的是，全市优化营商环境工作强调统筹推进，并将"一网通办"作为重要载体之一。

第三，立法内容具有鲜明特点。优化营商环境立法强调以市场主体获得感作为评价标准，强调不同规模市场主体的公平权利，强调对企业全生命周期的服务。

第四，当年立法、当年监督。以往，地方性法规施行后，要过几年才开展执法检查或者专项监督，现在则是当年立法、当年监督；而且根据立法的内容，明晰任务清单，逐条精准监督，形成了"立法＋监督"的闭环管理。

第五，立法的可实施性增强，市场主体有获得感。立法的内容干货多、针对性强、可操作性强，切实推动了中小企业贷款难、企业跨区搬迁难、企业信用修复难等瓶颈问题的解决。

同时，对于进一步优化营商环境，提出几点思考：

第一，优化营商环境永远在路上。在每个阶段、每个领域都会持续出现新业态、新情况、新问题，要及时帮助市场主体解决遇到的新困惑。

第二，要注意到中小企业、民营企业所承担的隐性压力。要加大对中小企业、民营企业的帮扶力度，一视同仁地对待市场主体，对不正确的理念纠错纠偏。

第三，要持续探索完善指标体系。要在对标世界银行通用指标体系的基础上，积极探索构建适合国情、市情的营商环境指标体系。

（发言者系上海市人大城建环保委员会委员、上海勘察设计研究院（集团）有限公司总工程师、研究院院长）

立法工作保障上海的战略地位

肖泽萍

对上海市人大 2020 年的立法工作有如下几点感受：

第一，有力支撑了上海在国家发展中的战略地位。立法作为依法治国的源头，是衡量一个国家，一个地区，一个城市法治化水平高低、核心竞争力强弱的重要指标。上海的立法工作始终走在全国前列。为落实习近平总书记提出的建设成为全球有影响力的科创中心的要求，近年来，上海市人大抓紧开展立法工作，先后制定了《上海市推进科技创新中心建设条例》《上海市知识产权保护条例》，非常好地支撑了上海在国家战略中的地位。

第二，具有全球视野和前瞻性，主动而为。全球城市建设一定要对标全球最好的城市，着眼未来深谋远虑地开展立法工作。2020 年制定施行的《上海市优化营商环境条例》《上海市外商投资条例》等，都是上海立法对标国际高标准的例子。上海立法工作深度参与并有效服务了上海全球卓越城市的建设。

第三，坚定地贯彻"人民城市人民建"，回应民生关切。上海立法工作一直重视民生福祉，2020 年年初疫情爆发后，上海市人大第一时间作出了《关于全力做好当前新型冠状病毒感染肺炎疫情防控工作的决定》，回应社会民生关切。下半年，又通过《上海市公共卫生应急管理条例》，把上海在城市精细化管理中的好做法固化下来，受到社会各界广泛好评。

就今后上海地方立法工作，提出三方面建议：

第一，不仅"立"，同时在"改"和"废"上下功夫。事物总在不断发展，推陈出新。立法作为一种时空的存在，需要在"立、改、废"不断循环往复、螺旋式上升的动态过程中保持稳定性和变动性相统一。地方立法不仅要有计划地"立"，也要对已有的法规进行回顾，有节奏地"改"和"废"。比如，教育方面，学习压力过大导致学生心理和身体健康问题频出。2020 年"两会"有政协委员呼吁"尊重生命，回归教育本源"。希望将来修改教育相关法规时，能在教育理念、方向把握方面有更多倡导和重视。

第二，提炼大逻辑，便于各行各业大协同。2020 年疫情期间，我们走访了不少中小企业。企业提出，中小企业是产业供应链中不可欠缺的环节，希望在各项工作中考虑到中小企业的生存发展问题。2020 年，市人大修改了《上海市促进中小企业发展条例》，建议继续统筹好行业条线立法，注重大方向大逻辑的提炼，更有利于城市长远发展。

此外，对编辑好上海地方立法蓝皮书提些建议。要把蓝皮书坚持办下去，使之成为城市立法工作的重要文献检索源。以后可以考虑再增设些专栏，在深入调查研究的基础上形成有大样本数据支撑的研究材料，使得内容素材更加丰富。

（发言者系上海市政协教科文卫体委员会专职副主任）

强化法律制度供给　保障营商环境优化

陈　萌

《上海市优化营商环境条例》作为上海市首部专门针对营商环境工作制定的综合性地方法规，无论在内容还是形式、体例上都与以往一般的地方性法规存在较大区别，具有很强的时代性和新颖性。尤其是从效果来看，《条例》对上海健全营商环境工作制度、提升营商环境水平发挥了很好的制度供给功能。《条例》的制定过程体现了以下特点：

一是因势而谋、应势而动，体现了一个"快"字。《条例》从3月18日议案首次提交常委会审议，到4月10日通过，全程仅耗时近一个月。这充分体现了市人大常委会作为地方立法机关的站位和担当，体现了市人大常委会深入贯彻落实中央和市委决策部署、服务保障党和国家工作大局的自觉性、主动性。

二是聚焦问题、回应需求，体现了一个"实"字。《条例》制定过程体现了鲜明的问题导向和需求导向，确保了制度供给的实效性。一方面，紧紧围绕市场主体经营发展可能遇到的痛点、难点、堵点，强化相应制度供给，有效回应企业反映强烈的问题需求；另一方面，聚焦各部门在加强工作协调联动、强化改革系统集成方面面临的困难问题，明确相关部门的职责分工和任务要求，为持续深化营商环境改革提供了有力制度支撑。

三是集聚众智、汇聚众力，体现了一个"精"字。《条例》的相关规定既符合上海实际，又对标国际最高标准，吸收采纳了一系列国际先进经验，体现了制度设置的精准性和立法的高质量。这得益于通过召开调研座谈会、网站、报纸发布等方式，广泛听取了各方面意见，汇聚了广大市场主体、行业协会及法律专家的意见建议；也得益于有效组织相关部门共同参与，认真总结提炼并吸纳了上海市近年来推进营商环境改革的有益探索和成功经验。

四是即立即行、保障有力，体现了一个"效"字。《条例》充分考虑到制度的可执行性，专设了"法律责任"专章，明确了政府有关部门及其工作人员不履行职责的法律责任，有助于保障各项措施真正落到实处。此外，《条例》表决通过后，市人大立即部署开展了《条例》实施情况专项监督，逐条逐款监督相关部门贯彻执行《条例》规定，有力促进了《条例》的落地落实。

正如习近平总书记指出的，"营商环境没有最好，只有更好"。法治化营商环境建设必须持续推进、久久为功。希望市人大及有关方面进一步深入总结《条例》制定实施的有益经验，并持续倾听市场主体和执法、司法部门的意见建议，推动优化营商环境法治保障体系不断健全完善，为建设具有国际一流水平的全球卓越城市提供更加有力的法治保障！

（发言者系上海市高级人民法院副院长）

营商环境立法组合拳成效显著

罗培新

2020 年，上海推出了包括《上海市优化营商环境条例》与其他数件地方性法规在内的营商环境立法组合拳，在营商环境指标的优化方面做了努力。

在国内，曾有人说，营商环境，就是政府给足优惠补贴，企业纷至沓来的一场政企狂欢。的确，曾经有一段时间，为招商引资，祖国各地，八仙过海，各显神通，纷纷比拼土地优惠、税收减免……但此种模式，终究不可持续，特别是在税权收归国家、土地禀赋资源行将用尽之时，更是如此。对于企业而言，政府的种种优惠补贴，固然能够惠及一时，但真正起决定作用的，是公平高效的制度环境。她像空气一样须臾不可分离，弥漫于企业的周遭，平时势难察觉，一旦遭受污染，有毒有害的空气所侵蚀的，远远不仅是少数企业，而是整个生态系统。特殊照顾与额外补贴，而不是普遍降税减费，其戕害的，恰恰是市场化、国际化与法治化的营商环境。

"营商环境"一词，源于世界银行集团国际金融公司（IFC）的"Doing Business"项目调查，该项目调查始于 2002 年，旨在对各国中小企业进行考察，对企业存在周期内所适用的法规进行评估，通过收集并分析全面的定量数据，对各经济体在不同时期的商业监管环境进行比较。该项目调查发布《营商环境报告》（DB Report），供学术界、记者、私营部门研究人员和关注各国商业环境的其他人士参考。首份《营商环境报告》于 2003 年发布，其包括五套指标，涉及 133 个经济体。而今，该报告包括十套指标，涉及 190 个经济体。

世界银行的营商环境年度报告，对从阿富汗到津巴布韦的 190 个经济体，采集其最大的工商业城市（对于人口超过 1 亿的 11 个经济体，还采集第二大工商业城市）的数据，运用"开办企业、办理施工许可、获得电力、登记财产、获得信贷、保护少数投资者、税收支付、跨境贸易、执行合同、办理破产"十项指标（以后可能还要纳入"劳动力市场监管"、"政府采购"两项指标）进行评估，从而得出该经济体的商业监管规则的优劣等级，并进行横向与纵向排名。

世行评估极其重视规则。近三年来，笔者作为世行受访专家，填写了问卷，并参与了世行营商环境评估的所有最终磋商。世行专家经常问到的问题是，对于这样的做法，有规则依据吗？规则是否应当做这样的解释？

对于世行来说，领导重视当然很重要，但领导常变而规则常在。只有规则适为确立，方能固根本、稳预期和利长远。

因而，世行评估中有一个词，反复出现于问卷与磋商过程中，那就是 Regulation，即可以反复适用与普遍适用的规则。

正因为如此，习近平总书记指出，营商环境就像空气，只有空气清新了才能吸引更多投资。2019 年 2 月 25 日，习近平总书记在中央全面依法治国委员会第二次会议上强调，法治是最好的营商环境。

文明新旧能相益，心理东西本自同。习近平总书记的这一重要论断，与新制度经济学关于"制度极端重要"的论说，可谓一脉相承。

新制度经济学家、诺贝尔奖获得者道格拉斯·诺斯（Douglass North）等在《西方世界的兴起》《经济史中的结构与变迁》等著作中提出了"制度是极其重要的"这一命题，他们甚至从一种禀赋的视角，来理解法律制度：法律被视同为高速公路或者水坝——经济发展腾飞之前的一项固定资产投资，它决定了经济的发展路径，但其自身却不会变动不居。

此种观点可追溯至马克思·韦伯。他运用法律来解释西欧的兴起，得出了一项著名的论断，即"理性的"法律通过对市场交易提供预期和合法性而支撑着经济活动的发展。一个世纪之后，道格拉斯·诺斯部分援引了韦伯的观点，并将其运用于具体制度领域中。诺斯声称，将富国与穷国一分为二的是各国制度的质量。在诺斯看来，富国成功地形成了可靠的、低成本的制度，保护了产权，确保了合约的履行。相反，穷国则缺乏这些孕育市场交易的制度安排。由于制度变迁存在路径依赖，那些禀赋屡弱的国家想变更其基础以赢得未来的经济增长，相当困难。

他们的论证过程，可以简单地抽象为以下方程式：良性法律 + 良性执法 =

良好的经济绩效。

将制度优劣与国家贫富联系在一起，已经获得了广泛的认可。

《上海市优化营商环境条例》作为地方性法规，有利地助推了上海营商环境的优化。根据《条例》相关规定，只要企业开办的申请人承诺提交的材料真实、合法、有效，窗口工作人员就可以进行形式审查。如果形式审查出错，窗口工作人员只要尽到了合理谨慎的审查义务即可免责。这提高了上海企业开办的便利度。现在开办企业基本上可以做到在一天半内完成。

这本地方立法蓝皮书，除了记载地方的立法过程，还对核心制度进行了细微的阐析。这对法规的宣贯有着重要的意义。我们会充分利用好蓝皮书这一研究成果。

（发言者系上海市司法局副局长）

不断提升上海的立法工作

盛雷鸣

上海的立法工作向来讲究科学、民主、实用，2020 年，地方立法的效果非常显著，特别是在解决突发情况和重点问题方面。

首先，面对突发的新冠疫情，上海市人大及时作出了《全力做好当前新型冠状病毒感染肺炎疫情防控工作的决定》，制定了《上海市公共卫生应急管理条例》，并有效开展了与疫情相关的地方性法规的清理工作。这些工作对上海的疫情防控、城市法治化管理水平提升和市民生活卫生习惯改善等起到了重要和积极的作用。同时，针对优化营商环境，制定了《上海市优化营商环境条例》《上海市外商投资条例》《上海市地方金融监督管理条例》《上海市知识产权保护条例》，并修改了《上海市促进中小企业发展条例》《上海市反不正当竞争条例》，不仅为提升我国营商环境的世界排名起到了重要作用，还切实推动了行政机关的"放管服"改革，促进了上海营商环境的全面改善。总而言之，上海地方立法在保持往年的高水平之外，务实和快速方面的特点更加明显。

改进上海的地方立法，需要加强立法后评估工作。目前，上海的立法前调研工作较为完善，但立法后评估工作尚有不足。法律的生命在于实施，但立法具有滞后性和不周延性等固有属性，这决定了再科学的立法在实施过程中都不可避免地会遇到各种情况和问题。立法后评估正是通过考察和考量法律的实际执行和运用情况，从而精准和及时地发现立法中存在的不足，以便在后续工作中进行完善。同时，通过立法后评估总结出的经验，也能为后续立法提供借鉴。做好立法后评估工作能够更有力地提升上海立法的科学性和实效性，提高立法质量。为此，建议今后将立法后评估作为一项规定动作，建立有效的立法后评估体系。

此外，也对改进上海地方立法蓝皮书相关工作提出建议。该书作为地方立法蓝皮书系列的开创之作，其主要功能就是通过总结过往来指导未来。如果能把上海的立法特色和经验充分总结并展示好，不仅有利于上海自身的立法工作，对其他地区的立法工作也有积极的借鉴参考意义。

应该说，上海的立法工作坚持守成创新，水平一直居于全国领先地位，特色非常显著，主要表现为：在立法领域方面，既注重推进重大领域高质量发展，也注重加强城市现代化、精细化治理。在立法遵循方面，严格贯彻科学立法、民主立法、依法立法，制定了关于科学立法、全过程民主立法的系列规范，并坚持维护法制统一。为此，建议在今后编写蓝皮书时，将立法特色作为单列章节进行论述，以更充分地阐述上海的立法特色和立法经验。

（发言者系上海市人大代表、中华全国律师协会副会长、北京观韬中茂（上海）律师事务所合伙人）

3. 立法研究所课题摘编

上海土壤污染防治地方立法研究

2018 年 8 月，全国人大常委会通过了《土壤污染防治法》，该法的出台填补了我国土壤污染防治法律的空白，为扎实推进"净土保卫战"提供了法治保障。《土壤污染防治法》作为土壤污染防治领域的专门性法律，提出了"预防为主、保护优先、分类管理、风险管控、污染担责、公众参与"的基本原则，建立了土壤污染防治的基本制度，对地方政府及其相关部门职责作了大量规范，涉及土壤污染防治工作的全过程。

上海作为国际性超大城市，需进一步提高城市精细化管理水平，尤其是生态环境保护方面，要加快推进生态环境治理体系和治理能力现代化。在土壤污染防治领域，上海的防治工作启动较早，初步形成了具有上海地方特色的污染治理经验，比如土地全生命周期管理、水土一体化防治等。在执法过程中，政府各部门适应新形势、新发展，不断对工作方法进行创新，各部门协调合作，各司其职，共同推进土壤污染防治工作。但在实践中，上海面临着比较大的土壤环境安全风险。因此，有必要总结上海土壤污染防治经验并对工作中存在的问题开展研究，从法治的角度引领和保障上海市土壤污染防治工作。

鉴于此，市立法研究所会同市人大城建环保委、华东理工大学等单位组成课题组，以问题为导向，围绕上海市土壤污染防治地方立法需要解决的主要法治问题进行深入探讨，并对问题解决方案进行理论论证。

一、上海市土壤环境情况

上海市土壤环境情况主要有以下特征：一是工业是主要的土壤污染源。上海老工业区土壤和污染治理修复难度大、耗时久、费用高，且追责困难，政府资金压力过大。二是建设用地开发利用高、流转快。上海对土地需求量大，但土地资源相对有限，导致土地重复利用率高、开发频率快。三是土壤污染与地下水污染关联性强。上海地下水位高，土壤污染与地下水污染伴生共存。四是土地用途面临转化。根据国务院"退绿还耕""退林还耕"要求，农用地与建设用地、林地之间的转换导致污染治理任务比较重。五是环境治理修复单位密度高。上海从事环境治理、修复的企业数量多，法律并未规定相应的资质和准入门槛，因此管理难度相对较大。

二、上海市土壤污染防治工作现状

上海已经制定了一系列土壤污染防治的地方规定和政策，明确了相关部门的土壤污染防治责任，并开展了以下工作：制定实施污染防治规划和地方标准，推进土壤污染状况调查，开展土壤环境监测；加强预防和保护，严格实施环境影响评价制度；推进土壤污染风险管控和修复，建立土地全生命周期管理制度；完成耕地土壤环境质量类别划分，推进地下水和土壤污染协同防治。目前，上海土壤环境质量总体稳定，净土保卫战有序推进。

然而，对照法律的规定和上海城市的发展定位，上海的土壤污染防治工作仍然存在一些问题：一是治理合力未有效形成。一家抓总、分工负责的管理体制未充分发挥作用，各部门协作不够。二是保护农用地的规定未严格落实。河道底泥违法还田、农药使用监管不全面等老问题仍然存在，退林还耕等新问题亟待解决。三是预防和保护措施有待精细化。比如，重点监管企业、在产企业的检测义务有待加强，建设施工过程中的土壤污染预防有待加强，土壤污染防治与土地快速流转使用的矛盾有待解决等。四是土壤污染治理从业单位的监管问题。从事土壤污染治理的第三方企业专业能力参差不齐，对这类企业的监管力度有待加强。五是水土一体化污染防治机制有待完善。水土一体化防治是上海土壤污染防治的难点，目前对地下水治理修复监管手段比较缺乏，土壤和地下水污染事故联防联控工作机制尚不完善。六是追责机制难以落实。由于大多数土壤家底不清，缺乏历史监测数据，污染责任主体难以确定，"污染担责"的规定难以落实，往往由地方政府兜底。

三、地方立法面临的主要问题及对策

从《土壤污染防治法》的执行、落实情况和上海土壤污染防治工作的现状来看，地方立法主要面临以下亟待研究的问题。

（一）政府部门土壤污染防治职责划分的问题

实践中，政府各部门在土壤污染防治工作职责划分方面的问题主要聚焦在以下两个方面：一是农用地开垦、整治中政府部门职责划分问题。对于农用地开垦、整治等工作的监管机制，《土地管理法》与《土壤污染防治法》的规定相冲突。新开垦和整治的耕地涉及土壤污染的，应由农业农村部门牵头，会同生态环境、规划资源部门进行土壤污染状况调查以及整治后验收工作，并依法分类管理。二是土壤治理修复中安全监管职责划分问题。具体来说，一方面由于修复地块尚未出让，难以通过建设施工报批流程，导致住建部门难以介入监管；另一方面，生态环境部门虽负责统一监管土壤污染防治工作，但囿于专业因素，难以有效监管土壤修复施工过程中的安全问题，导致安全监管空白。因此，应当建立土壤治理修复监管协同机制，形成生态环境部门对污染修复行为监管、住建部门对安全施工监管的联动监管模式。

（二）农用地土壤污染防治的问题

一是河流底泥还田问题。应建立规划资源、农业农村、生态环境等部门参加的协同管理工作机制，明晰部门职责，明确工作标准和程序，形成工作合力，确保河流底泥还田的安全性，保障农用土地质量。二是农药化肥的规范使用问题。应确立农药化肥使用的监测评估、数据统计及安全性评价制度，建立农药化肥登记购买管理制度，制定农药、肥料等农业投入品及其包装物标

准和农田灌溉用水水质标准等。三是土地用途转化中土壤污染防治问题。对于划定的需要还耕的土地，应当由生态环境部门或农业农村部门牵头，其他相关职能部门配合，首先对绿地、林地的土壤污染状况进行评估调查，根据评估调查结果进行不同的处理。不存在污染的，可以直接复垦为耕地，并实施耕作过程中的土壤污染防治措施。存在污染的，应当先进行土壤污染治理和修复工作，在达到耕作农用地土壤质量的标准后，再进行复垦。在土壤污染治理和修复完成前，不允许进行复垦和耕作等与土壤污染治理工作无关的工程。

（三）建设用地土壤污染防治的问题

一是建设施工过程中的土壤污染防范问题。《土壤污染防治法》未涉及建设施工期间土壤污染防治责任和监管问题，建议地方立法对建设施工期间的土壤污染防治工作进行明确，即由施工单位作为施工期间的土壤污染防治责任人，规定施工单位应当开展自我监测、定期上报、设备拆除等污染防治措施。二是在产企业污染防治监管问题。法律政策大多只规定了重点监管企业的监测义务、法律责任以及对重点监管企业的监管，对中小企业则很少涉及。地方立法应对两部分主体予以考虑。一方面，对重点监管企业的义务和监管措施进行细化：1.明确重点监管企业的持续监测义务和底线准则，对监测上报后企业后续如何处置和开展工作进行补充规定。2.明确监管部门、监管期限、监管标准等，加强监管力度，确保重点监管企业履行义务。另一方面，对中小企业，要采取合理、有效、经济的措施进行监管，督促中小企业的污染防治责任。具体建议为：1.加大监管和处罚力度。建立惩罚机制，构建全民环保监察体系，划定区域集中监管。2.完善环境执法体系，加强基层执法力量。建立联合监管体系，加快环境执法基础建设，加强基层环境执法队伍建设。3.采取措施补强中小企业污染防治能力。建立环境补贴制度，建立污染物集中处理制度。三是土壤污染防治与土地快速流转的矛盾问题。目前上海采取"净土出让"的模式，即污染治理修复未达标的地块不得出让转让。该方式虽然有利于强化土地污染治理责任，但不利于土地流转交易的快捷性和城市土地开发的进程。对于特殊情况，比如，政府收储或者受让人愿意承担修复责任的情形，在完成调查、风险评估等手续后，经政府有关部门批准，可允许土地先行出让，并明确由受让人承担土壤污染风险管控措施及修复治理，并定期向有关部门报告。此外，根据国务院《关于构建现代环境治理体系的指导意见》中提出的"环境修复＋开发建设"要求，地方立法应探索符合上海发展和土壤条件的"修复＋开发"模式，具体分析污染地块的情况，有条件允许地下修复工程和地表建设工程同步进行。

（四）水土一体化污染防治的问题

水土一体化防治是上海土壤污染防治的重难点问题，课题组提出以下制度建议供参考：一是完善土壤和地下水污染的预警和应急体制。地方立法应建立完备的水土污染风险应急预案制度。1. 搭建政府和企业两级应急预案机制，构建风险预警标准体系，包括指标体系和预警分级标准。2. 建立突发水土污染事件应急联动制度。明确突发事件下不同主体的责任和义务，确定不同主体之间的定期会商机制、联合演练机制和联合应对机制，加强政府部门之间，政府与企业、社会组织、公众之间联动与协作。3. 建立突发水土污染事件信息报告制度。依法公开信息，保证公众及时获知环境信息并参与其中。根据行政应急处置的不同阶段，明确"政府及时发布有关信息"的具体标准。4. 构建完善的应急保障制度。组建水土污染风险应急职业队伍，建设水土污染事件应急操作中心，将预警后处理措施融入风险管控措施。二是加强土壤和地下水治理修复工程的监管。1. 强化水土一体化治理修复工程的全过程监管。建议引入社会资本对水土修复工程进行监管，对修复工程实行环境监理制度。2. 运用自动化监管手段。借助科技手段，对全市已有的水土污染修复工程进行全面排查和动态监管，推进浅层地下水环境质量监测，对全市水土质量点位进行系统梳理，加快优化土壤和地下水一体化监测网，定期组织对企业自行监测监管的核查。

（五）从事土壤污染治理第三方单位的监管问题

基于简政放权系列改革的考量，国家取消了土壤污染治理从业单位的市场准入制度，而上海存在大量的环境治理修复单位，如何对无资质要求的从业单位进行管控和规范，是值得关注的问题。为此，课题组提出以下建议：一是建立备案管理制度。环保部门制作从业单位从业名录，对从业单位的资质进行备案管理。从业单位应当向环保部门提供足以证明其企业资质的材料，环保部门进行审查之后，将资质合格的企业加入从业名录中，对缺乏专业能力或者之后被加入黑名单的企业则不予加入或者移除，同时将该名录对外公示。二是建立信用管理制度。制定信用评价规则体系，依托"守信激励、失信惩戒"原则，建立"一票否决"强制退出机制。构建规范的"黑名单"制度，设置严格的"进"和"出"程序，并对进入"黑名单"的企业或者个人实行从业禁止并进行公示。三是强化随机抽查制度。要进一步细化随机抽查程序，公开随机执法程序和结果，保证随机抽查的频次和比例。探索建立从业单位监督从业单位机制，即必要时生态环境部门可以委托信誉好、业务强的土壤污染治理从业单位辅助抽查工作。四是完善专家评审制度。开展对从业单位工作的评审时，建议从专家评审库中抽取评审专家，而非选取，以保证评审结果的公正性，避免评审机构、评审专家与从业单位的串通行为。五是严厉打击不正当低价竞争。完善从业单位相关信息披露制度，特别是费用标准、价格等信息，增加收费透明度。地方立法应明确从业单位不正当低价竞争行为的法律责任，将行政处罚和民事赔偿结合，加大处罚力度。六是依托行业协会补充监管力量。鼓励设立统一的土壤污染治理从业单位行业协会，强化行业协会的内部监督和管理职能，比如，警示约谈、内部通报、信息公开等措施。通过授权或者委托方式授予行业协会部分政府监管职能，发挥行业协会的专业性优势，对土壤污染治理从业单位实施更加精准的监管。

（六）土壤污染防治工作"一网统管"建设的问题

加快建设全市土壤污染防治"一网统管"平台，建立土壤信息档案，摸清土壤家底信息。一是明确平台的建设和运营主体。由生态环境部门统筹负责整个平台的建设、运营工作，规划资源、农业农村、住建、林业、水务等其他部门配合。二是平台应全面覆盖土壤相关信息。除法律规定的土壤污染治理活动外，还需包括全市土壤的背景值、水土一体化环境监测数据、土壤转移、土地流转等信息，建立全面的土壤信息档案，摸清家底。三是严格土壤信息收集、利用等机制。平台应严格监督信息收集程序，保证各项信息的真实性，建立合法、合理、合规的信息互联互通机制、查询机制、保密机制。

（《上海土壤污染防治地方立法研究》课题组，摘录执笔人：董溯战）

《上海市推进国际金融中心建设条例》立法后评估

营造良好的金融法治环境是构建国际金融中心的重要内容，也是构建国际金融中心过程中必不可少的基础性条件。《上海市推进国际金融中心建设条例》（以下简称《条例》）自 2009 年施行十余年来，为上海国际金融中心发展奠定了良好的基础。做好立法后评估，对于修改完善《条例》，推动上海国际金融中心建设向更高目标发展，具有重要意义。

一、《条例》有效实施取得显著成绩

（一）《条例》中各项要求得到具体落实

《条例》第四条规定，"上海国际金融中心建设议事协调机构应当接受国家有关部门的指导"，上海在 2007 年、2010 年设立相关机构、建立工作制度基础上，2019 年 6 月又成立了新的由市政府部门、司法机关、人民银行上海总部及银保监局、证监局等组成的市推进上海国际金融中心建设领导小组。

《条例》关于支持金融市场深化改革、推进金融机构体系建设、区域布局和基础设施建设以及集聚金融人才、塑造信用环境、鼓励金融创新等方面的规定得到有效落实。特别是在防范金融风险方面，不论是预防惩治非法金融活动、维护社会稳定，还是加强金融机构内控、完善合规管理都获得了明显的效果。

（二）《条例》实施以来上海金融法治环境不断优化

一是不断健全金融中心法律规范。国家不断完善的金融立法为金融市场整体发展提供了重要准则，国务院、中国人民银行等专门为金融中心颁布了一系列规范性文件。同时，上海积极探索地方立法，努力为国际金融中心建设特需的、先行先试的事项提供行为规范。《中国（上海）自由贸易试验区条例》《上海市社会信用条例》《上海市优化营商环境条例》《上海市地方金融监管条例》等，都从不同角度与《条例》相辅相成。

二是努力完善金融中心执法监管机制。根据中央金融监管部门关于与自贸试验区建设联动，探索、推进功能监管和综合监管的要求，上海启动了自贸区监管制度改革。2002 年 3 月，国务院金融稳定发展委员会办公室地方协调机制（上海市）（即"上海协调机制"）正式成立。2018 年 11 月，上海地方金融监管局在原市金融服务办公室基础上正式组建，市、区两级政府及其金融部门的工作机制建立。中央金融部门的多个金融消费者权益保护机构入住上海。

三是积极发挥金融司法保障作用。上海司法机关根据金融中心建设的进展需要，主动颁布实施了一系列司法保障政策措施，并与监管机构合作，积极防控化解金融风险。司法机关严厉惩治金融犯罪，成功办理一批在全国有重大影响的金融案件，有效维护金融市场秩序，保护投资者利益。司法机关打造专业化金融司法机构与团队，特别是 2018 年 8 月上海金融法院的成立，标志着上海金融审判体制机制改革进入新阶段；检察机关也逐步建立三级金融检察架构和专业团队。金融司法国际化及金融纠纷多元化解体系也取得了很大的发展。

（三）《条例》实施对接三项新的重大任务

全力支持、全面配合在上海证券交易所设立科创板并试点注册制，培育优质上市资源，优化金融生态环境，进一步加强金融中心和科技创新中心联动发展。临港新片区金融开放和创新发展，对上海国际金融中心建设推动有力。就加大金融支持上海自贸试验区临港新片区建设和长三角一体化发展力度，深化金融供给侧结构性改革，推动金融更高水平开放创新，提出一系列措施。

二、《条例》文本及其实施尚存在不足和短板

（一）《条例》文本存在不足

受当时立法条件的限制，以及金融中心建设过程中形势发展和要求变化的影响，《条例》文本存在着宣示性、号召性条款及富有弹性的概念过多，行政机关实施机制与组织规程不具体，金融管理部门与市场之间交流机制缺位，部分条款内容的阶段性色彩明显等问题，均有待完善。

（二）《条例》实施以来金融中心法治尚存短板

一是金融立法需进一步完善。金融法律制度需要与国际对标，尤其是要让外方了解中国金融立法与司法。上海国际金融中心建设缺乏基础制度，支持和保障金融创新的制度需要加强，政府政策的可获性、问责制的可操作性、社会公众的参与性等都有待加强。金融中心适当的立法权需要落实。

二是金融监管需更有针对性。符合金融中心特色需求的监管协调机制及地方金融监管制度还需加快探索，征信平台的应用需有效推进，金融法律人才的瓶颈需打开，外资金融机构营商环境需要持续优化。

三是金融司法短板需及时修补。司法资源的配置要与金融机构集聚地相匹配。国内企业在跨境经济活动中，要加强风险意识和法律能力，合理选择约定司法管辖。要积极应对处理跨境金融犯罪案件中的防范惩治措施差异、合作缺乏、司法协助不足等挑战，提高应对新型金融犯罪的能力。

三、完善上海国际金融中心法治建设与修订《条例》的对策建议

《条例》的修订要与上海国际金融中心建设新的更高目标相契合，与国家战略部署相衔接，与优化金融营商环境相协调。

（一）修订《条例》促进金融中心立法完善

借鉴域外金融中心近期立法经验。一是巩固和促进金融中心的立法。比如，日本从 20 世纪末开始积极推动日元国际化和金融自由化，努力提升东京国际金融中心的地位，出台一系列改革法，2006 年制定了《日本金融商品交易法》，最大限度地将具有投资性的金融商品、服务作为法律的规制对象，避免法律真空地带。二是顺应混业经营融合监管趋势的立法。美国 1999 年《金融服务现代化法》开创了新一轮混业经营。新加坡自 2020 年开始筹备金融服务业综合法的制定，发布了《金融服务业新综合法的咨询文件》，扩大监管部门在许多重要领域的监管权力。三是注重金融科技时代金融消费者保护的立法。2010 年美国《多德—弗兰克法案》第十篇为《2010 年消费者金融保护法》，围绕保护金融产品或服务的消费者作全面规定，并新设金融消费者保护局。英国在脱欧后将欧盟

法《金融工具市场法规》部分本土化，加强了金融机构的勤勉义务和投资者保护的内容，并在原先的基础上不断细化。迪拜金融中心2017年就颁行《电子交易法》《数据保护法》，2020年6月颁布了新的《数据保护法》，规定了数据保护专员的通知程序、问责制、记录保存、罚款和跨境转移个人数据等的适当管辖权。

上海国际金融中心立法需要制度创新，需要通过多元化途径健全金融中心制度规范。一是对金融中心建设发展过程中需要先行先试，又不宜马上在全国实施的事项，由国家授权金融中心调法适用、暂不执行现行规定。二是用好既有的地方立法权，按国务院的要求"基本形成符合发展需要和国际惯例的税收、信用和监管等法律法规体系"。三是争取中央金融管理部门为金融中心量身定制更多专门规范，以及充分运用好金融惯例和交易规则。

（二）修订《条例》推动金融中心监管执法完善

借鉴域外金融中心近期金融监管发展经验。一是加强功能性监管，比如，美国对直接利用自有资金发放网络贷款（类似网络小贷）或提供信贷信息撮合服务的网络平台，统一界定为"放贷机构"，要求其事先获得注册的州放贷业务许可证，并接受金融消费者保护局的监管；对将已发放贷款作为基础资产、通过互联网向投资者发行证券的平台认定为"证券发行或销售行为"，纳入美国《证券法》监管范畴。二是探索适应金融科技的监管方式，比如，英国金融行为监管局于2015年首先推出监管沙盒机制，允许先向金融科技企业发放有限牌照，并在限定条件和场景中（如业务规模不超过5万英镑）测试开展相关创新业务，监管部门根据测试结果确定是否进一步授予全牌照。三是加强跨市场和跨国监管协作，比如，2016年欧洲央行和日本银行启动史特拉项目，展开关于分布式账本技术的合作，共享数据库，加强金融监管，保证交易的机密性，增强数据隐私等。

完善上海金融执法、创新监管模式。一是构建国际金融中心的分层式监管体制，包括分层配置监管权，凡是可能引起系统性风险的金融业态仍属于中央监管，而风险较小、辐射影响较低的金融业态归地方监管；有效发挥市场、行业组织的自律功能。二是探索适应金融科技，创新监管模式，包括实质性启动功能性监管试点，秉持"激励相容"的监管理念，实现监管规则的创制可预期性。

（三）修订《条例》加快金融中心司法完善

借鉴域外金融中心近期金融司法发展经验。一是重视并加强国际商事法院的建立，2018年德国联邦众议院公布《引入国际商事法庭的立法草案》，规定在州中级法院设立国际商事法庭。二是扩大管辖范围，新加坡国际商事法院规定，只要案件属于"国际和商事"性质的纠纷，且当事人签订书面管辖协议选择新加坡国际商事法院对纠纷进行管辖，就满足了受理条件，并不要求案件与新加坡有实际联系。三是法官和律师团队的国际化和专业化，新加坡国际商事法院共有41名法官，其中本地24名，其他来自西方及亚洲国家以及中国香港地区。四是争议多元化解决机制，迪拜国际金融中心纠纷管理局下设迪拜国际金融中心法院、迪拜国际金融中心、伦敦国际仲裁院以及相关法庭及附属机构，为当事人提供调解、仲裁、诉讼等多元化的争议解决方式，实现纠纷的"一站式"解决。

金融司法的国际化路径是完善上海国际金融中心司法的重要抓手。一要对标国际标准设立金融司法机构，除了继续扩大金融法院功能、加快设立金融检察院，还要抓紧设立专业性国际金融审判机构。二要扩大金融司法机构管辖权，对于跨境金融活动的司法管辖持开放姿态，可采用"最低联系"基础上的积极管辖权原则，只要纠纷与中国存在一定法律上的联系或当事人自愿选择，甚至当事人协议将纯属外国间的金融争议提交上海审理，均应受理。三是在金融司法中适用相关外国法，可以与国外机构合作成立联合查明机构，或聘请外国专家担任查明顾问，提高外国法查明效率。四是探索外国法官及律师参与国际金融审判。五是打造国际化的金融调解机制。

（四）建设临港国际金融法律试验区

按国家有关规定，临港新片区参照经济特区管理，在制度制定、国际商事审判组织、国际仲裁、法律服务、监管方式等方面均已获得先行先试的政策，因此有条件建设国际金融法律试验区，作为金融制度创新的压力测试区。试验区可争取全国人大授权，即对标适用国际先进的金融商事法律规则。根据国务院的要求，在临港建立国际商事纠纷审判组织，建议新片区设立的国际审判组织内设金融审判机构，专事区内外的跨境金融纠纷的审理。

（《上海市推进国际金融中心建设条例》立法后评估课题组，摘录执笔人：吴弘）

促进上海体育产业发展立法研究

体育产业是国民经济的新增长点，是建设"健康上海"的重要方面，是打响上海"四大品牌"的重要载体，是城市软实力和吸引力的重要支撑。

习近平总书记深刻指出："体育是提高人民健康水平的重要途径，是满足人民群众对美好生活向往、促进人的全面发展的重要手段，是促进经济社会发展的重要动力，是展示国家文化软实力的重要平台。"2020年中共中央公布的《关于制定国民经济和社会发展第十四个五年规划和二〇三五年远景目标的建议》也明确提出了"体育强国"战略。

上海一直重视体育产业发展，提出建设全球著名体育城市的发展目标。近年来，在政策引导与市场驱动的双重作用下，上海的体育产业在加速发展，呈现出体育产业规模进一步壮大，产业结构进一步优化，企业活力进一步释放，盈利水平进一步提升，消费水平进一步激发的良好态势。可以说，上海体育产业正逐步迈向高质量发展阶段，成为经济的新增长点。

为助力上海体育产业发展，实现建设"健康上海"目标，着力为体育产业发展提供法治保障，市立法研究所、市体育局和东华大学共同成立课题组，开展对上海体育产业发展的立法研究，以期为推动地方立法提供决策参考。

一、体育产业的概念与特征

对于体育产业的界定，理论界尚存在较为明显的分歧。因此，相较于体育产业概念的准确界定，课题组更着重于研究体育产业与体育事业的区分。具体而言，体育事业与体育产业的主要区别体现为主要任务、资金来源以及管理方式不同。

体育产业相较于其他经济产业的特殊性具体表现在：一是空间依存度较大。体育运动往往要求有较大的空间范围。二是时间消费明显。体育消费者必须拥有相对充裕的余暇时间。三是消费层次要求高。只有大众具备一定程度的消费能力和较高层次的精神娱乐需求之后，才可能诞生体育产业。四是服务质量要求较高。体育消费者需通过时间和金钱的消费换取运动满足感、体质增强等多层次消费需求。

二、上海体育产业发展基本情况

就上海体育产业总体发展规模而言，2014—2019 年间，上海体育产业总规模和增加值的平均增速均超过 15%，明显快于上海国内生产总值增长的速度。到 2019 年，上海体育服务业总规模达到 1414.66 亿元，占上海体育产业总规模的比重为 79.4%。可见，上海体育产业不仅高速发展，而且产业结构较为合理，已经超过全国 40% 的平均水平，并达到了部分体育产业发达国家的平均水平。

上海体育产业发展中仍存在一些不足，具体体现在以下几个方面：一是体育产业监管体制机制有待明晰。体育产业存在较为明显的多头管理特征，未明确体育产业监管部门及监管权力，对所涉多部门也并未形成合理有效的协调监管机制。二是体育产业发展有待规范。当前一些新兴体育产业中仍存在不规范现象，体育消费者难以享受到高质量的体育服务，人身、财产权益存在被不合理侵害的潜在风险。三是体育产业要素资源支持有待加强。由于体育产业自身发展特征及相关政策落地的障碍，导致目前体育产业生产要素支持方面仍显不足。四是体育产业配套措施有待完善。体育产业的健康发展还涉及配套机制的完善，与体育产业紧密相关的知识产权保护、体育纠纷解决等配套机制目前仍与产业发展需求不匹配。

三、体育产业领域现有制度供给情况分析

（一）国家层面情况

1995 年出台的《体育法》没有直接关于体育产业的具体规定。相关行政法规多是特定时期针对具体事项而专门制定，尚无综合性促进和监管体育产业的法律法规。近年来，国家相继发布了多项政策性文件，虽然不具备法律的效力，但其出台为上海体育产业发展地方立法指明了方向。

（二）兄弟省市相关立法情况

兄弟省市现有体育产业地方立法并未从促进产业发展角度出台相应制度措施，而更多从审批、严管理等角度对体育经营活动进行规范。随着体育产业发展"十三五"规划的开展，各省市正加速体育产业的建设，公布了促进产业发展的政策性文件，但也存在效力有限、落地困难等实际问题。

（三）上海市层面情况

目前，上海现有规定更多是从体育事业的角度出发，针对体育产业的有效的促进和激励制度尚有缺失。同时，虽有相关政策性文件对体育产业作规定，但由于缺乏法律强制性，也存在政策难以落地的困境，不能有力支持上海体育产业战略发展。

四、上海体育产业发展地方立法的必要性和可行性

（一）上海体育产业发展地方立法的必要性

第一，制定《条例》是改善体育产业营商环境的必然要求。通过制定《条例》，推动体育产业发展实践中形成的好经验、好做法上升固化为地方性法规，以更好更优的营商环境推动上海体育产业发展。

第二，制定《条例》是实现上海体育产业发展战略的客观要求。上海体育产业具有完备的产业门类、较优化的产业结构及广阔的发展空间，未来必将呈现各产业门类全面发展、新业态不断涌现的态势，只有进行综合性的促进立法，才能全面推动体育产业发展，并为体育产业未来的发展留下制度空间。

第三，制定《条例》是以"促进型立法"服务体育产业发展的需要。体育产业产效较低，相较其他产业而言，在发展方面存在一定弱势，且目前市场规模并未形成。这也决定了现阶段不适合对其进行"管理型立法"，而需要制定相应的"促进型"立法以有效促进体育产业的健康发展。

第四，制定《条例》是落实"健康上海2030"规划纲要的重要方面。为满

足人民群众对健康生活的要求，形成比较完善的促进全民健康的服务体系、制度体系和治理体系，不仅需要政府的积极投入，也离不开体育产业的快速、规范发展。

（二）上海体育产业发展地方立法的可行性

第一，国家已出台的政策文件为《条例》制定提供了支撑。现有政策文件在一定程度上对体育产业的发展起到促进和规范的作用，也为上海制定《条例》提供了指导和遵循。

第二，上海地方实践工作为《条例》制定提供了基础。近年来，上海市在促进体育产业发展中积累了不少好的经验和做法，这些好经验、好做法需要及时予以总结、固化，并上升到地方性法规，从而为体育产业发展营造良好的政策环境和法治环境。

第三，兄弟省市的立法经验为《条例》制定提供了借鉴。积极借鉴兄弟省市体育产业立法的宝贵经验，结合上海实际，有利于推进制定一部具有上海特色的体育产业地方立法。

第四，域外国家体育立法为《条例》制定提供了经验。域外国家的相关体育立法虽然与其自身经济结构、文化传统、具体国情关系密切，但一些共同的体育产业立法经验仍值得借鉴。

五、促进上海体育产业发展立法的主要内容

（一）体育产业政府监管体制

一是明确相关政府部门在产业监管方面的职责划分。应明确市体育部门是体育产业的监管部门，负责体育产业发展的政策制定、规划引导和服务保障等工作。基层人民政府派出机关也应设立相应的体育行政部门。二是构建多部门协调工作机制。市政府应当成立体育产业发展工作办公室，由分管体育的副市长担任领导，定期召开会议协调体育产业发展相关事项。三是强化各单项体育协会行业自律管理职能。形成体育协会的市场化运行机制，强化其在维权、纠纷调解、产业规划、纪律惩戒等方面的自律管理职能。

（二）体育产业规范化发展机制

一是相关体育产品、服务的地方标准建设。由体育部门牵头，以相关体育行业协会为支撑，会同市场监管部门、专家进行综合评审，完成相关体育产业地方标准的制定。二是建立体育产业信息服务平台。由相关政府部门、行业协会、市场主体合作建立统一的体育产业信息服务平台，发布体育产业相关政策文件、产业主体经营信息等。三是完善体育行业信用体系建设。体育部门应当建立完善体育产业联合惩戒对象名单管理制度；探索根据信用等级高低对相关体育企业采取差异化的监管措施。

（三）体育产业要素促进措施

一是土地要素供给的多元化。应编制上海市体育产业布局专项规划；充分运用长期租赁、先租后让、投资入股等多种经营方式盘活现有存量土地要素；对现有中小学校体育场地进行分步改造，对外营业场地与教学空间实现物理隔离，并由体育、教育行政部门制定相应标准进行验收。二是人才引进配套机制构建。编制和发布体育产业重点领域紧缺人才开发目录；鼓励高等院校、职业院校设置体育产业相关专业，重点培养体育经营管理、创意设计、中介服务等专业人才；将体育产业重点专业纳入非上海生源应届普通高校毕业生进沪就业重点专业和紧缺专业目录。三是政府财税保障措施。应当安排体育产业发展专项资金；设立支持体育产业发展的政府引导基金，引导和带动社会资本支持初创期中小企业；市、区体育部门应当加大政府购买力度，并对中小体育企业预留相应采购份额。

（四）体育产业发展配套保障措施

一是充分发挥体育专业仲裁作用，解决相关体育法律纠纷。可以由市体育部门会同相关体育协会组建专门的体育仲裁委员会，并向上海市司法行政机关登记注册。二是完善体育产业知识产权保护机制。体育部门应与知识产权保护部门等加强信息共享、执法协作，并由体育部门制定体育产业相关无形资产的行政管理办法，维护市场主体的合法利益及市场正常竞争秩序。

（五）统筹多种资源促进跨领域合作

一是体育产业与相关产业融合发展。加强体育产业与其他产业的良性互动，促进其融合发展，鼓励"体医融合""体教融合""体育+"等新兴业态的涌现。二是体育产业"长三角"区域合作。市、区体育部门应当加强与长三角地区以及国内其他城市有关部门的协作交流，推动体育产业人才、场地、资金、信息以及项目等资源的整合与共享。三是加大体育产业对外开放力度。加强与国际体育组织等专业机构的交流合作，适当降低国际体育产业准入门槛。

（《促进上海体育产业发展立法研究》课题组，摘录执笔人：桂祥）

《上海市实施〈中华人民共和国妇女权益保障法〉办法》
相关法律问题研究

　　妇女地位是衡量国家与社会现代文明程度的重要标尺。早在1994年，上海市人大常委会就制定了《上海市实施〈中华人民共和国妇女权益保障法〉办法》（以下简称《实施办法》），对《妇女权益保障法》作了细化和补充。之后，上海市人大常委会在1997年、2007年两次对《实施办法》作了修改。

　　一、《实施办法》施行以来妇女权益保障法治化的基本情况

　　新中国成立70年来，中国妇女权益保障取得历史性成就，形成了以宪法为基础，以《妇女权益保障法》为主体，包括国家各项法律、行政法规、地方性法规和政府规章在内的一整套保护妇女权益和促进性别平等的中国特色妇女权益保障法治体系，走出了一条中国特色的保障道路。

　　上海的妇女权益保障法治化水平走在全国前列，其中《实施办法》作为妇女权益保障的核心地方立法，为保障妇女权益提供了有效的支撑。其特点为：一是明确主体、强化责任，增强法规的适用性。二是突出重点、细化内容，增强法规的针对性。三是增加救济、构建机制，增强法规的可操作性。进入21世纪以来，上海妇女保障事业相关的法规、规章、政策、标准体系不断完善。

　　二、《实施办法》施行中的问题与不足

　　上海的妇女权益保障工作在发展中也遇到了一些瓶颈难题，归纳起来主要包括三方面：

　　一是妇女权益保障的理念有待进一步明晰。国家发展政策中已充分体现性别意识，通过政府决策推进性别平等已成为当今国际社会的共识。上海率先提出自检自审机制，并成立了法规政策性别平等咨询评估委员会，探索"源头维权"。但要发挥好这些机制和平台的作用，依然任重道远。

二是妇女权益保障的立法模式有待调整。《实施办法》主要是对《妇女权益保障法》在功能上作细化。十余年来，上海经济社会持续快速发展，《实施办法》所依据的现实基础与制度基础均发生变迁。一方面，相关法律法规和政策不断修改完善，对妇女权益保障提出新课题。《民法典》《反家庭暴力法》《人口与计划生育法》《刑法》等陆续制定或修改，《实施办法》已难以全面涵盖妇女权益保障的诸多新内容。

三是上海妇女权益保障工作的做法和经验亟待总结提升。比如：完善权益保障的组织体系、"数据时代"背景下的性别统计工作，健全全面二孩政策下妇女生育支持系统，建立重大公共事件背景下对妇女的支持保障机制。

三、境内外妇女权益保障法治建设的启示与借鉴

（一）国内兄弟省市妇女权益保障法治建设的启示与借鉴

一是地方妇保立法要实事求是地选择立法体例。不必拘泥于某种特定形式，要根据具体内容和实际情况选择立法体例。二是地方妇保立法要以《宪法》《妇女权益保障法》及其他上位法确定的依据和精神开展制度设计。三是地方妇保立法要处理好国家保障、社会保障、家庭保障和自我保障的关系。四是地方妇保立法要体现本地区妇女权益保障工作的最新成果，讲求操作性。

（二）境外妇女权益保障法治建设的启示与借鉴

虽然由于各个国家的经济、历史、传统的不同，其对妇女受教育权、劳动权和参政权益等方面的规定也不尽相同，但可以通过比较研究发现其中较为成功的做法，从而对《实施办法》的修改提供启示和借鉴。比如，欧盟国家在保护妇女劳动权益方面，主要采取了三种做法：即加强立法、注重政策、开发项目。

四、修改《实施办法》的对策建议

（一）落实分工，强化责任，健全妇女权益保障组织体系

一是强化政府和检法两院的职责。首先，在条文中明确由各级政府领导本

行政区域内的妇女权益保障工作。其次，政府的主体责任需要通过发展纲要和经费保障加以落实。建议将总则第四条修改为"各级人民政府领导本行政区域内的妇女权益保障工作"。二是强化妇儿工委的职能。在《实施办法》中，关于妇儿工委职责的表述与政府职责、检法两院职责混列在一条中，既无法全面体现妇儿工委在妇女权益保障中的重要地位，也难以完整阐述妇儿工委的职责。因此，建议单列一条，明确妇儿工委的地位和职责，"市和区人民政府成立妇女儿童工作委员会，下设办事机构，配备专职工作人员，提供工作经费"。三是强化妇女组织的作用。在《实施办法》中，对于妇女组织的定位和职能语焉不详，导致对各级妇联组织的赋权不足。应当结合上海实际，加强妇联组织在自身建设、教育培养工作、家庭建设、法律服务等方面的职责，并给予相应的政府支持。建议创设第八章，对妇女组织作专章规定，切实发挥妇联真诚倾听妇女呼声，真实反映妇女意愿，真心实意为广大妇女办事的作用。四是强化政府各部门的职责。建议单列一条，明确公安、民政、人力资源与社会保障、教育、卫生、统计等部门的职责，"公安、民政、人力资源与社会保障、教育、卫生、统计等部门应当在各自职责范围内保护妇女合法权益，做好妇女发展规划的实施以及监测、评估和分性别监测统计等工作"。五是强调发挥社会舆论的作用。无论是"男女平等"基本国策还是妇女权益保障的相关法律、法规，都亟待通过媒体宣传和舆论引导，进一步扩大接受度和影响力。建议规定，"各类新闻舆论媒体应当加强'男女平等'基本国策和妇女权益保障法律、法规的宣传，营造有利于妇女权益保障的社会环境"。六是明确对妇女的自身要求。妇女权益保障立法一直面临着是否"保护过度"的诘问。应当明确，妇女权益保障既要强调保护，也应倡导妇女提升自我要求，使制度保障与自我要求相互平衡。要使对妇女的自身要求，富有时代特色与区域特色，包括倡导妇女发扬爱国奉献精神，积极参与经济社会发展，鼓励妇女学习运用法律维护自身合法权益等。建议规定，"妇女应当发扬爱国奉献精神，自尊、自信、自立、自强，积极参与经济社会发展。妇女应当遵守社会公德，履行法律、法规所规定的义务，学习运用法律维护自身合法权益"。

（二）保障妇女政治权益，切实提升妇女参与政治生活主动性

综合国内外经验，结合上海实际，课题组针对保障妇女政治权益，切实提升妇女参与政治生活有三方面对策建议。

一是坚持法律型配额制，捋顺保障层级，加强保障力度。在参政议政领域应不断提高妇女比例。应当对人大代表、政协委员、居（村）委会中的女性比例作出倡导性规定。鼓励人大女代表、政协女委员积极参加各类调研视察活动、撰写建议提案，参与决策咨询，反映社情民意。建议贯彻落实相关法规政策中关于女干部培养选拔和配备的要求，明确上海各级国家机关、社会团体、国有企业和事业单位的领导成员中，必须有一定数量的女性成员。此外，对于居（村）委会中妇女成员的比例问题，建议明确居（村）委会议应当有一定比例的女性代表参加。居（村）委会成员中应当有妇女成员。促使更多妇女成员加入居（村）委会，彰显妇女在振兴乡村、基层自治方面的作用。

二是要拓宽路径，优化保障方式。建议明确制定、修改地方性法规、规章和公共政策时，对涉及妇女权益的重大问题，应当通过适当方式听取妇女群众、妇女联合会和工会女职工委员会的意见。企业、事业单位在制定规章制度或者研究涉及女职工的劳动保护、生活福利、社会保险等事项时，不但要听取女职工委员会的意见，还应当听取本单位女职工的意见。

三是要注重引导，提升内在主动性。建议在第二章政治权利中创设关于培养妇女参政能力的条文，即"各级国家机关、社会团体、企业、事业单位应当采取措施，培养、提高妇女的参政能力和管理能力"。

（三）保障妇女劳动权益，减少职场隐性歧视

上海的职业女性劳动权益法治保障走在全国前列，近年来针对妇女劳动权益的显性侵害减少，但许多女性在找工作时遇到"软钉子"，职场中碰到"隐性歧视"的情况依然屡见不鲜。课题组认为，针对妇女劳动权益的保障，下一步应当尤其注重配套法规的完善和隐性侵权的消减，同时关注女性的发展性经济权利。为此建议：一是进一步整合维护女职工劳动权益的规定。二是多管齐下防治隐性侵权：要明确法律概念，提高规则的适应性；要强化针对性执法工作，

保障法律执行效力。三是关注女性的发展性权利，比如，加强职业培训和指导，加强女职工妇产科检查权利保障，加强母婴设施建设等。

（四）保障妇女人身权益，关注家庭暴力

自2016年《反家庭暴力法》施行以来，有多个省、自治区出台了反家暴地方性法规。就上海情况来看，目前立法规划并未列入反家庭暴力相关立法。《实施办法》应对反家庭暴力问题作相应回应。一是通过"首办负责制"，解决多职能部门协调困境，避免互相推诿现象。二是贯彻"预防为主"，充分调动全社会资源：明确预防家暴的主体；实行全流程预防；强化各级政府、各类社会组织、机构以及家庭在反家暴中的职责，尤其是强化居（村）委会等的职责；强化媒体的宣传作用；强调妇联组织的参与和推动。三是强化公安机关在反家暴中的职能作用：在公安派出所组建反家暴的一线警察队伍；明确公安机关接警后的具体处置要求，并对出具告诫书的具体情形进行细化。四是构建家庭暴力防治部门联动机制：要求各医疗机构应当做好家庭暴力受害人的诊疗记录；充分发挥人民调解组织的作用；明确当事人所在单位是预防家庭暴力系统中的重要组成部门。

（五）区分职场和公共场合，细化对性骚扰行为的规范

职场性骚扰侵犯的是劳动者的基本权利，是宪法和法律保护的人格尊严和个人权利。地方立法可以从几个角度作规定：一是进一步细化和明确"性骚扰"的含义。二是强化责任追究。三是加强预防。四是提升意识。

针对公共场合性骚扰，目前国内还没有专门的法律法规。课题组认为：一是关于概念。相较于职场性骚扰，公共场合性骚扰的定义是指当事人在公共场所利用环境优势针对他人实施或发布的不受欢迎的涉"性"行为或言论，该种行为或言论足以令对方产生较为严重的生理或心理负担。二是关于救济。在应对公共场所性骚扰的过程中，行政机关应当发挥主导作用，行政权力的介入势必会为公共场所性骚扰的治理提供强大的支撑。三是关于预防。应对公共场所性骚扰是一项系统工程，尤其离不开社会组织和社会力量的支持，比如，地铁运营公司、志愿者等。

（六）借力大数据平台，推动性别统计工作的完善

第四次世界妇女大会通过的《北京宣言》《行动纲领》明确提出，各国政府要加强性别统计工作，把性别统计纳入国家统计体系，在权利和决策、劳动和经济、暴力和犯罪、健康和残疾等方面改进分性别统计的概念、定义、分类、测量和数据收集，生产和发布按性别分组的数据和信息。课题组建议，在国家大数据战略背景下，地方立法可以明确要求深化多部门协同，依托市大数据中心资源平台，利用最新信息技术，开展性别指标数据汇集、互联、共享和应用，丰富性别指标数据来源。

（七）深化全面二孩政策，构建妇女生育支持体系

在老龄化和少子化并存、生育率低等问题突出的上海，如何通过地方立法系统化地保障全面二孩政策下的妇女权益，全面构建妇女生育支持体系，是值得思考的现实问题。课题组建议：一是加强上海地区人口监测，完善计生服务。二是提高产妇医疗卫生和生育水平。三是禁止针对生育二孩妇女的就业歧视。四是倡导良好的婚姻家庭氛围，完善保险、税收、生育假等生育奖励制度。

（八）建立在重大公共事件下对妇女的支持保障机制

课题组建议：一是妇幼保健专科医院需培养员工在重大公共卫生事件中，针对孕产妇保健问题的应急意识和能力，并建立预案，定期演练。二是应当确保由具有专业资质的人员为公共卫生事件的受害者、居家隔离人员，尤其是孕产期妇女、哺乳期妇女、身患慢性疾病妇女、老年妇女、失独家庭妇女等特殊人群提供专业心理咨询服务，最大程度保障其心理健康。

（《上海市实施〈中华人民共和国妇女权益保障法〉办法》相关法律问题研究课题组，摘录执笔人：李韵）

附　录

一、《上海地方立法蓝皮书（2019 年）》
新书发布会概况

2021 年 1 月 5 日，上海市立法研究所举行《上海地方立法蓝皮书（2019 年）》新书发布会。发布会由市人大常委会法工委副主任孙福庆主持。市人大常委会法工委主任、立法研究所所长丁伟介绍了蓝皮书编辑的基本情况，市司法局副局长罗培新、上海社科院法学所所长姚建龙作为嘉宾代表致词。市人大常委会副主任莫负春作重要讲话。市人大常委会副秘书长李碧影、上海政法学院校长刘晓红、市法学会专职副会长施伟东、上海金融法制研究会监事长许慧诚、市大数据中心副主任王晓妹、复旦大学法学院院长王志强、市行政法治研究所所长王天品、华师大长三角一体化法治研究院副院长王美舒、上海人民出版社编辑室副主任夏红梅，市人大各委员会、研究室、人大月刊编辑部以及新闻媒体同志参加会议。

一、丁伟所长关于立法蓝皮书的介绍（摘录）

《上海地方立法蓝皮书（2019 年）》是国内第一本"地方立法蓝皮书"，其编写和发布，不仅将成为上海市立法研究所今后的一项常态化工作，同时也希望能成为法治上海建设的又一张靓丽名片。借此机会对蓝皮书的编写做三点说明：

（一）为什么要编这本蓝皮书？

上海率先编写和发布地方立法蓝皮书主要有三方面考虑：

一是上海法治高质量发展的需要。上海作为具有全球影响力的开放型城市，不仅是中国经济活力最强、开放度最大的城市之一，也是法治化程度最高的地区之一。上海市委书记李强同志强调，要努力使法治成为上海核心竞争力的重要标志。立法作为法治建设的源头，是衡量一个国家、一个地区、一个城市法治化水平高低、核心竞争力强弱的重要指标，也是国家治理体系、治理能力现代化建设的重要环节。上海法治高质量发展需要有一本全面、系统反映上海地方立法的年度报告，对每一年上海地方立法进行及时回顾总结。从这个意义上讲，上海地方立法蓝皮书是进一步宣传、贯彻、实施上海地方立法的重要举措。

二是推进上海科学立法的需要。立法作为一种时空的存在，是特定时期社会经济发展的产物。立法活动是一个渐进式的历史发展过程，总在"立、改、废"不断循环往复、螺旋式上升的动态过程中保持稳定性与变动性相统一的状态。立法理论的研究、立法经验的传承离不开翔实、准确的立法信息与数据。而由独立的专业研究机构编制的具有一定专业性、权威性的"立法蓝皮书"无疑是记录年度立法信息、立法数据的重要载体。

三是贯彻全国人大领导要求，发挥"立法试验田"作用的需要。上海市人大及其常委会1979年被依法授予地方立法权，追寻四十年的发展轨迹，上海地方立法在实践中探索，在探索中创新，在创新中发展，始终与改革开放相伴，与经济发展、社会转型同行，与国家民主法治的发展进程同步。2019年5月18日，中共中央政治局委员、全国人大常委会副委员长王晨同志专程来上海考察、调研地方立法工作。他指出：上海四十年来地方立法成果丰硕，各方面工作走在全国前列；上海地方立法锐意改革，聚力创新，在国家专属立法权外以及国家尚未立法的领域，根据党和国家有关政策精神，先行制定地方性法规，为国家相关的立法探索经验，发挥了"立法试验田"作用，许多行之有效的制度设计还被其他地方立法所吸收、借鉴。四十年来，上海不断完善立法体制机制，深入推进科学立法、民主立法、依法立法，创造了很多可复制、可推广的经验，为上海经济社会发展及带动全国发展进步发挥了重要作用，交出了一份满意的答卷。为进一步总结上海地方立法的成功经验，推动科学立法、民主立法、依法立法的理论研究和实践创新，加强地方立法的预测研究，在上海市人大常委会设立四十周年、上海市人大及其常委会行使地方立法权四十周年之际，上海市立法研究所编写了这部《上海地方立法蓝皮书》。

（二）编写发布《上海地方立法蓝皮书》的主体

蓝皮书的编写主体是上海市立法研究所，蓝皮书不是白皮书，通常是由作为研究机构的独立第三方编写发布。立法是国家机关依职权开展的活动，编写立法蓝皮书需要深入立法活动的全过程，客观、真实、全面地记录立法信息。立法研究所在这方面有得天独厚的优势。立法研究所成立于 2003 年，是财政全额拨款的公益一类事业单位，作为独立的研究机构，专门从事地方立法理论与实务研究。成立 18 年来，上海市立法研究所开展了大量地方立法的应用性研究，组织并承办了一系列具有较大规模和影响的研讨会，编辑出版了《"一网通办"的法律规制》《构建和谐社会的立法思考》《关于上海市人大常委会有关世博立法的评估报告》《后世博上海城市法治化建设的思考》《立法中的博弈》《上海地方立法课题研究报告集》等十余部公开出版物。研究所与复旦大学、华东政法大学、上海政法学院、上海社科院法学所、西南政法大学等多所高校（院所）建立了长期的合作关系，聘请了 10 多位知名教授、资深律师、法律实务工作者作为"客座研究员"，借鉴并整合理论界与实务界的力量，发挥平台集成优势，为上海地方立法工作提供智力支持。这一特殊的背景为立法研究所编写上海地方立法蓝皮书奠定了比较好的基础。

（三）《上海地方立法蓝皮书》的结构安排

《上海地方立法蓝皮书（2019 年）》对 2019 立法年度上海地方立法作了全领域、全景式的梳理研究，以权威、翔实的资料展现该年度上海地方立法的状况。蓝皮书由正文部分和附录组成。正文分为四个部分，分别是：地方立法工作总评述、立法篇、法治综合篇和理论研究篇。其中，地方立法工作总评述部分系统总结、评述了 2019 年度上海科学立法、民主立法、依法立法的总体情况。立法篇按照立法背景、主要内容、工作评述的框架结构对 11 件地方立法的相关情况作了描述。法治综合篇汇集了基层立法联系点、备案审查、长三角立法协同以及制度建设的基本情况。理论研究篇摘录了领导相关重要讲话，收录了部分代表专家对立法工作的评价，展示了立法研究所部分立法研究成果。附录收录了 2019 年度人大代表的立法议案及审议结果报告、2019 年度上海市人大常委会立法计划、2019 年度新制定和修改的上海市地方性法规的文本。

我们将在社会各界的大力支持下，在学习借鉴同行经验的基础上，继续不懈努力，使得上海地方立法蓝皮书能够成为社会观察、了解上海地方立法的重要窗口，成为专家学者研究上海地方立法的重要数据库，成为上海市法治智库建设最具影响力的品牌之一。

二、罗培新副局长的致辞（摘录）

我发言有四个关键词：祝贺、专业、细节和传承。

首先是祝贺，在上海市人大常委会设立四十周年和上海市人大常委会行使地方立法权四十周年之际，上海市立法研究所编写的《上海地方立法蓝皮书（2019 年）》顺利出版，是上海法学界和法律界的一大盛事，也是上海法治水平和法治能力进一步提升的标志。一个国家和地方的法治程度检验着这个社会当下的文明程度，记载着立法进程和核心内容的著作的出版是法治的重要组成部分。我们法治同仁共同祝贺这本书的出版。

第二个是专业，这本书的专业性体现在三个方面：一是主编的身份，两位主编丁伟主任和孙福庆副主任都是学者型的实践家，两位分别具有教授博导和研究员博导的身份，多年来用自己的学识和经验为上海的法治水平提升贡献了大量的心力；二是团队的专业，这本书是团队整体智慧的结晶，里面有许多各院校的教授和研究人员的大作，他们也对上海的科学立法、民主立法、依法立法进程贡献了浓墨重彩的一笔；三是内容的专业，内容是统分结构，有理论，有全景，也有分编，特别是里面提到的立法工作总评述、立法篇、法治综合篇和理论研究篇，我觉得非常亲切。

第三个是细节，翻看蓝皮书，我想起了《上海市推进科创中心建设条例》的立法场景。该法规是 2019 年 1 月 20 日市十五届人大三次会议表决通过的，在通过的 2 天前，1 月 18 日下午 2 点 55 分，莫负春副主任带着大家改稿，我拍下了当时的场景。因为几个关键词的表述差异，莫负春副主任带头一字一字地修改，这些都是非常温暖的场景。立法里面有许多温暖的故事特别感人。

第四个是传承，记住历史是为了更好地开创未来，2019 年的蓝皮书是开创之作，2020 年的蓝皮书正在酝酿进行之中。我今天和几个司法局的处长在交流时也在讨论，我说人大已经在做了，我们政府规章能不能也做蓝皮书？政府规章立法，比如医护人员保障办法中也有很多故事值得记下来。我觉得丁伟主任和孙福庆副主任主编的这本书，对我们司法局开展规章的梳理来说也很有价值，我们会好好学习。

三、姚建龙所长的致辞（摘录）

上海市委书记李强同志强调，要努力使法治成为上海核心竞争力的重要标志。这本书的出版是上海法治建设的标志性成果。《上海地方立法蓝皮书（2019年）》可以说是从理论高度对习近平法治思想深入学习贯彻的最新成果。蓝皮书以地方立法为主题，生动诠释了上海何以是我国法治化程度最高的地区之一。它既是上海地方立法的一张年度成绩单，也是上海地方立法公开的全景式的窗口，彰显了上海作为全球开放型城市的法治特点。蓝皮书展示出了上海立法的水准和水平，也展示出了上海的自信。

对于上海地方立法蓝皮书，我有三个词的判断：第一是权威，以后谁想要学习研究上海地方立法的经验，肯定绕不开蓝皮书；第二是系统，可以说它把上海地方立法的武功秘籍公开出来了；第三是客观，蓝皮书没有做主观性的判断和表述，而是完全以客观实录的方式记载上海地方立法一年走来的过程。期待和祝愿上海市立法研究所能够推出更多的上海法治建设的标志性成果。

最后，我借这个机会谈一点感受。上海社科院法学所从 2012 年开始编辑出版《上海法治发展报告》，主要围绕人大立法、法治政府、司法改革和依法治市四个维度开展调研，以研究机构独立第三方的观点，按年度展示上海法治建设的成果。我今天看到《上海地方立法蓝皮书（2019 年）》出版后，很高兴，但压力也很大，高兴的是上海法治建设成果有了新的重磅的展示窗口，压力是

《上海法治发展报告》遭遇到强有力的对手，刚才丁伟主任说是姊妹篇，其实是引领篇，而且一定是指导篇，所以不是姊妹篇。《上海法治发展报告》要向地方立法蓝皮书学习，地方立法蓝皮书的出版打破了法治蓝皮书的垄断局面，打破垄断有助于生产出更多更好的产品。我也希望上海市立法研究所多支持、指导和帮助我们编写《上海法治发展报告》。

四、新闻媒体报道选编

自上海市人大及其常委会于 1979 年被依法授予地方立法权以来，上海在国家专属立法权外以及国家尚未立法的领域，先行制定地方性法规，为国家相关的立法探索经验，发挥了"立法试验田"作用。近日，《上海地方立法蓝皮书（2019 年）》发布，进一步总结上海地方立法的成功经验，推动科学立法、民主立法、依法立法的理论研究和实践创新。

——《新华网》

《上海地方立法蓝皮书（2019 年）》是全国首部由专业研究机构编制，以一个地区的地方立法为内容的"立法蓝皮书"。该书对 2019 立法年度上海地方立法作了全领域、全景式的梳理研究，以权威、翔实的资料展现该年度上海地方立法的状况。

——《文汇报》

这是上海首次以蓝皮书形式将地方立法实践经验"结集"出版。该书对上海 2019 年制定或修改的《生活垃圾管理条例》《家政服务条例》《推进科创中心建设条例》等 11 部地方性法规都有详细评述，揭开了立法工作背后的故事。

——《东方网》

全国首部地方立法蓝皮书——《上海地方立法蓝皮书（2019 年）》正式发布。2021 年 1 月 5 日，《上海地方立法蓝皮书（2019 年）》举行新书发布会，这是全国首部以一个地区的地方立法为内容的专门的"立法蓝皮书"。《上海地方立法蓝皮书（2019 年）》是该系列蓝皮书的开创之作。

——《澎湃新闻》

法治，作为依法治国的源头，是衡量一个国家、一个地区、一个城市法治化水平高低、核心竞争力强弱的重要指标，也是国家治理体系、治理能力现代化建设的重要环节。上海作为具有全球影响力的开放型城市，不仅是中国经济活力最强、开放度最大的城市之一，也是法治化程度最高的地区之一。作为地方国家权力机关的上海市人大及其常委会 1979 年被依法授予地方立法权，追寻 40 年的发展轨迹，上海地方立法在实践中探索，在探索中创新，在创新中发展，始终与改革开放相伴，与经济发展、社会转型同行，与国家民主法治的发展进程同步。为总结上海地方立法的成功经验，推动科学立法、民主立法、依法立法的理论研究和实践创新，加强地方立法的预测研究，上海市立法研究所编写了这部《上海地方立法蓝皮书（2019 年）》。

——《新民晚报》

立法是国家机关依职权开展的活动，编写立法蓝皮书需要深入立法活动的全过程，客观、真实、全面地记录立法信息。《上海地方立法蓝皮书（2019 年）》由作为研究机构的独立第三方编写发布。作为立法蓝皮书编制与发布的主体，上海市立法研究所成立 18 年来开展了大量地方立法的应用性研究，并聘请了 10 多位知名教授、资深律师、法律实务工作者作为"客座研究员"，借鉴并整合理论界与实务界的力量，发挥平台集成优势，为上海立法工作提供智力支持。

——《劳动观察》

二、2020年立法相关代表议案及审议结果

　　上海市第十五届人大第三次会议共收到市人大代表十人以上联名提出的议案44件。根据《上海市人民代表大会关于代表议案的规定》，上海市第十五届人大第三次会议主席团决定将其中42件议案作为正式议案，交由市人大相关专门委员会在大会闭会后审议并提出审议结果报告，提请市人大常委会会议审议决定。①42件议案中，立法议案30件、监督议案12件。

　　2020年3月19日，上海市第十五届人大常委会第十八次会议审议并表决通过相关专门委员会提出的代表议案审议结果报告。现将该些立法相关代表议案的摘要及市人大专门委员会审议结果报告附后以供参考，并排序如下：

　　法制综合（第一件至第四件）、监察司法（第五件至第八件）、财政经济（第九件至第十五件）、教科文卫（第十六件至第十七件）、城建环保（第十八件至第二十三件）、社会建设（第二十四件至第三十件）。

　　一、关于启动研究、制定办法，适时开展质询的议案（第24号②）

　　毛放等11位代表提出：质询是各级人大及其常委会的法定职权。宪法、地方组织法和监督法对质询有明确规定。党的十八大报告、十八届三中全会决定都提到了质询工作，党的十九届四中全会再次重申，要支持和保证人大及其常委会依法行使职权，健全人大对"一府一委两院"的监督制度。2016年起，全

---

① 另有2件代表提出的议案，市人大有关专门委员会经审查拟不作为议案，并与代表进行了沟通，对符合代表建议、批评和意见要求的，建议代表按照《上海市人民代表大会关于代表建议、批评和意见的规定》改作建议、批评和意见提出。

② 该编号为市人代会上按议案提交时间所作的编号，本附录中系按照所属领域作排序。

国人大常委会连续三年在年度工作要点和监督工作计划中明确要探索完善质询机制，视情况适时推动质询工作开展，形成监督合力。上海市人大常委会如何贯彻落实党中央要求，选择合适时机依法开展质询亟待尽早破题。为此建议：一是启动质询研究，为质询提供理论支撑和方法指引。二是制定质询办法，为开展质询奠定制度基础。三是适时开展质询，让质询成为开展监督工作的利器。

相关委员会认为：质询是宪法、《地方组织法》和《监督法》明确赋予各级人大及其常委会的重要监督手段，积极探索质询工作，有利于提高人大监督刚性和实效。在制度规范层面，除了宪法、《地方组织法》《监督法》的相关规定外，上海先后于 1988 年制定了《上海市人民代表大会常务委员会议事规则》，1990 年制定了《上海市人民代表大会议事规则》，对市人民代表大会及其常务委员会质询案的提出、答复、终止等作了规定。鉴于上述法律、法规的相关规定较为原则，委员会建议：常委会办公厅会同法工委、研究室，密切关注监督法修改进程，借鉴外省市实践经验，加强操作路径实务研究，建立完善相关制度；同时，会同相关专门委员会，积极探索个案质询工作，并在此基础上，不断完善上海市质询工作机制。

二、关于修改《上海市人民代表大会关于代表议案的规定》的议案（第 30 号）

魏蕊等 15 位代表提出：《上海市人民代表大会关于代表议案的规定》（以下简称《议案规定》）第十五条第一款规定，市人民代表大会主席团决定交付有关专门委员会或者常务委员会主任会议在大会闭会后审议的代表议案，有关专门委员会或者常务委员会主任会议应当在大会闭会后的三个月内提出审议结果的报告，提请市人大常委会会议审议。在议案办理工作实践中，市人大常委会一般会期安排在当年 3 月份听取审议结果的报告，导致议案数量较大的专门委员会难以在一两个月内对议案提出的问题进行全面调研，有可能影响议案的办理质量。为此建议：适时对该条款进行修改，按照全国人大常委会提出的"内容高质量、办理高质量"的要求，并借鉴全国人大常委会的做法，将专门委员会提出议案审议结果报告的时限适当延长。

相关委员会认为：1988 年《议案规定》制定之初即明确："本市有关国家机关对市人民代表大会常务委员会交办的代表议案，应当抓紧办理，必须在交办之日起的三个月内提出办理情况的报告。"近年来，为了充分发挥代表主体作用，国家和上海市都对代表议案工作提出了更高要求，强调既要内容高质量，也要办理高质量；既要重结果，也要重过程。为了适应代表议案工作的新形势新要求，有必要借鉴全国人大常委会委员长会议原则通过的《全国人大代表议案处理办法》以及北京、浙江等省市相关法规的规定，对办理期限作适当调整。此外，近年来代表还就议案的认定标准、处理程序等提出了一些意见和建议，也需要通过完善《议案规定》予以回应。为此，委员会建议：常委会代表工委认真研究代表提出的意见和建议，全面梳理上海市代表议案办理工作，深入开展立法调研，及时启动《议案规定》的修改程序，不断完善和优化代表议案工作制度，进一步提高代表议案审议和办理质量。

三、关于加紧出台《关于加强"一网通办"法制保障的决定》的议案（第 38 号）

陈靖等 21 位代表提出：为进一步落实党中央、国务院和市委的要求，建设人民满意的服务型政府，把"一网通办"政务服务品牌擦得更亮、打得更响，当前迫切需要在系统梳理现有制度规范、总结实践经验的基础上，加紧出台《关于加强"一网通办"法制保障的决定》。为此建议：市人大常委会会同市政府相关部门及时启动前期调查研究，明确相关法律关系以及立法涉及的关键领域和八个方面的重点内容，有力固化"一网通办"现有成果，切实为改革增能赋权，推动更深层次、更大力度、更广范围、更可持续的"一网通办"改革。

相关委员会认为：2018 年上海在全国率先提出并推动了政务服务"一网通办"改革，市委、市政府高度重视，各项工作扎实推进，改革取得重要阶段性成果，得到党中央、国务院的充分肯定。加强"一网通办"法制保障有利于优化上海市营商环境，便利企业和群众办事，激发市场活力和社会创造力，对建设人民满意的服务型政府具有积极意义。市人大常委会已将"一网通办"法制保障相关项目列为 2020 年立法计划重点调研项目。议案中提出的开展立法准备和调研法制保障基本制度等工作，需要市人大、市政府加强合作、抓紧推进。为此，委员会建议：一是由市人大常委会办公厅会同市政府办公厅、市司法局及市大数据中心等单位搭建班子，抓紧启动调研工作，市人大常委会法工委做好立法的提前介入工作。二是制定调研计划，系统梳理近年来国家和上海市作出的部署要求，调研上海市现有"一网通办"相关政府规章和配套管理办法的执行情况，坚持问题导向、需求导向、效果导向，提出加强法制保障的具体方案。三是结合市人大常委会立法计划和"一网通办"工作的发展要求，根据调研情况，适时启动相关立法工作。

四、关于制定《上海市街道人大工作委员会工作条例》的议案（第 40 号）

李爽等 14 位代表提出：经过几年工作实践，上海市街道人大工委工作模式已经形成，在联系服务代表、发挥代表作用和完成常委会交办任务等方面发挥了重要作用，但也存在法规制度不健全、职责任务不清晰、工作运行不规范等问题。为此建议：市人大常委会尽快制定《上海市街道人大工作委员会工作条例》，从地方立法层面落实党中央和上位法的规定要求，回应和解决街道人大工委工作中存在的突出问题，固化实践中好的经验和做法，保障和推动街道人大工委工作依法开展、取得实效。

相关委员会认为：街道人大工委作为区人大常委会在街道设立的工作机构，是推进区域治理体系和治理能力现代化的重要基础，是推进基层民主法治建设的重要力量。党的十八大以来，上海市认真贯彻落实党中央、全国人大关于加强县乡人大工作和建设的部署和要求，2016 年 10 月底，全市 105 个街道全部设立街道人大工委，总体运行良好。但在实际工作中，也还存在街道人大工委的职责不够清晰、机构设置和人员配备比较薄弱、相关工作的规范性有待提高等问题，有必要通过地方立法进一步规范和加强街道人大工委工作，细化工作职责，加强组织保障，提高街道人大工委工作规范化、制度化水平，更好地发挥街道人大工委的职责作用。为此，委员会建议：常委会代表工委对上海市街道人大工委工作开展情况进行全面深入调研，梳理总结成功经验做法，厘清工作中存在的难点问题，在此基础上，争取早日提出成熟的法规草案，以便尽早启动相关立法程序。

五、关于加快修订《上海市养犬管理条例》的议案（第4号）

许丽萍等21位代表提出：《上海市养犬管理条例》颁布实施8年多来，社会普遍认为养犬管理过于宽松，处罚额度低。近年来，遛狗不牵绳、犬只随地便溺、烈性犬伤人事件时有发生。调研发现，条例实施过程中存在违法处理程序比较复杂、威慑力不足、执法成本显著高于违法成本、流浪犬数量多等诸多问题。为适应特大城市"精细化管理"新需求，建设"平安上海""平安社区"，上海市应当加大对违法违规养犬的处罚力度，简化执法程序，提升执法效率。为此建议：加快修订《上海市养犬管理条例》。

六、关于制定《上海市宠物管理条例》的议案（第21号）

高燕峰等12位代表提出：随着城市居民生活水平不断提高，居民家中宠物的数量、种类逐渐增多，宠物狗、宠物猫等传播疾病、叫声扰民、伤人伤物、影响公共环境事件时有发生。为切实保障市民人身安全和公共卫生安全，维护市容环境和社会公共秩序，建议：制定《上海市宠物管理条例》，按照《上海市养犬管理条例》进一步完善相关内容，明确规范养宠物的行为、登记手续和流程以及宠物经营规则。

相关委员会认为：以上两件议案均涉及犬只管理，可以并案处理。加强犬只等管理，对于保障市民健康安全，维护市容环境卫生和社会秩序具有重要意义。当前，突出问题是养犬管理，其余是猫等宠物管理。《上海市养犬管理条例》实施以来，公安机关等部门在加强犬只管理方面取得了一些成效，但养犬办证率还不高，养犬行为不规范，烈性犬伤人事件仍经常发生，流浪犬数量较多，市民意见较大。这既有相关职能部门对《条例》赋予的管理措施和手段，尚未充分用足用好问题，也有执法主体多、协调难度大、处罚程序需完善、违法成本低问题，还有运用科技手段执法依据不足等法规实施中遇到的新情况新问题。鉴于修改《条例》已列入常委会 2020 年度立法计划调研项目，委员会建议，市公安局要结合立法调研，对《条例》实施效果进行全面评估，认真梳理犬只管理、执法程序、处罚力度等方面存在的问题，研究切实可行的措施和办法，提出高质量的调研报告和条例修订草案，为适时修法奠定坚实基础。同时，建议市农业农村委、市公安局等政府相关部门结合养犬修法调研，对宠物管理立法的必要性、可行性等进行前瞻性研究，提出加强宠物管理的对策措施，切实保障市民健康安全。

七、关于制定《上海市推进法律服务中心建设条例》的议案（第 19 号）

吴坚等 12 位代表提出：加快建设具有全球影响力的科创中心、打造国际一流营商环境等，都需要把法治作为提升城市软实力的重要支撑。律师作为法治力量的重要组成部分，在服务和保障经济社会高质量发展和社会治理方面大有可为。为及时体现党对律师行业发展的新要求、上海律师服务国家战略的新使命以及上海市推进优化营商环境过程中出现涉外、域外法律服务的新动向新问题，引领、推动和保障上海律师高质量服务上海深化改革开放、优化营商环境和超大城市治理，促进上海律师依法执业、依法服务、依法作为，建议：制定《上海市推进法律服务中心建设条例》。

相关委员会认为：随着全面推进依法治国深入开展，加强法律服务中心建设，对于更好保障经济社会高质量发展，推进国家治理体系和治理能力现代化，满足人民群众日益增长的法治需求具有重要意义。律师队伍是法律服务的重要组成部分，在法律服务中心建设中可以发挥重要作用，推动律师行业发展有助于加快推进法律服务中心建设。近年来，国家和上海市陆续出台深化律师制度改革等一系列文件，上海律师在服务中心、保障大局等方面作出积极贡献，成为法治上海建设的重要力量。但是，从上海律师行业实现更高质量发展、更好发挥职能作用看，仍有较大提升空间。通过地方立法提供制度供给，进一步推动律师更好地服务国家重大战略和经济社会建设确有必要，符合当前法律服务行业发展趋势。据了解，全国人大常委会已将《律师法》修订列入五年立法规划，司法部正在开展法律修订工作，相关法律草案征求意见稿对律师管理和业务等有较大调整。委员会建议：市司法局要密切跟踪相关法律修订工作，及时了解进展情况；认真研究在推进法律服务中心建设中如何更好发挥律师职能作用，积极开展立法前期调研论证，为今后立法做好准备。

八、关于建议市人大常委会作出《加强检察机关公益诉讼工作的决定》的议案（第 22 号）

屠涵英等 21 位代表提出：探索建立公益诉讼制度，是党的十八届四中全会作出的一项重大改革部署，也是以法治思维和法治方式推进国家治理体系和治理能力现代化的一项重要制度安排。上海市公益诉讼检察工作整体发展良好，但在法律制度层面和司法实践层面还存在不少问题，主要是：法律虽然赋予检察机关调查核实权，但相关规定过于原则，具体行使尚有较大分歧；相关单位消极应对检察监督的情况仍然存在；生态环境、自然资源领域公益损害鉴定机构数量少、评估费用高且周期长；检察机关与审判机关对案件管辖、证据标准和法律适用的认识尚不够统一；公益诉讼损害赔偿费用的管理使用缺乏相关规定。为此建议：作出《加强检察机关公益诉讼工作的决定》。

相关委员会认为：探索建立检察机关提起公益诉讼制度，是党的十八届四中全会作出的一项重大改革部署，是以法治思维和法治方式推进国家治理体系和治理能力现代化的一项重要制度安排。2019 年年初，市委、市政府出台了《关于支持检察机关依法开展公益诉讼的意见》。市人大常委会及时将检察公益诉讼列为年度专题调研项目，常委会组成人员专题听取调研情况报告，在肯定成绩的同时，指出了存在的问题和不足。与会部分常委会组成人员和人大代表建议要加强制度供给，支持和推动检察机关更好地发挥维护国家和社会公共利益的职能作用，满足人民群众日益增长的公益保护需求，为加强上海市公益诉讼工作提供有力的法制保障。2019 年 10 月，最高人民检察院张军检察长在十三届全国人大常委会第十四次会议上作公益诉讼检察工作情况报告时，提出要"争取更多省级人大常委会出台促进公益诉讼检察工作的专项决定并有效贯彻落实"。2020 年，常委会已把制定关于《加强检察机关公益诉讼工作的决定》列入年度立法计划的正式项目，由监察司法委提出法规议案。委员会将在 2019 年专题调研基础上，会同常委会法工委、市检察院、市高院等相关部门成立立法调研组，邀请提出议案的代表全程参加，深入开展立法调研，广泛听取人大代表、法律专家和各方面意见，学习借鉴兄弟省市立法经验，认真做好立法难点问题的研究论证，按照常委会立法工作计划的要求提出法规草案，提请常委会审议。①

九、关于修订《上海市酒类商品产销管理条例》的议案（第 5 号）

刘正东等 10 位代表提出：《上海市酒类商品产销管理条例》对于上海市加强酒类行政监管、严控酒类商品质量、规范酒类流通秩序发挥了积极作用。但是，现行《条例》的一些条款与加强酒类市场管理，确保酒类食品安全，加快营造市场化、法治化、国际化的营商环境不相适应，亟待对《条例》加以修改。为此建议：一是按照上位法有关规定，调整酒类生产管理部门、酒类商品安全管理等内容，保持法制统一。二是强化酒类市场监管，完善酒类产销从源头到终端的监管体系，加大酒类违法行为处罚力度。三是健全公开透明的监管规则和标准体系，加快酒类产销相关许可配套制度的"立改废"。

相关委员会认为：《条例》的实施对于加强上海市酒类行政监管、规范流通秩序、确保食品安全发挥了积极作用。由于《条例》出台时间较长，很多内容已不能适应当前国家法律和形势要求。委员会建议：政府有关部门要按照国家深化"放管服"改革优化营商环境的要求，以"四个最严"标准全面贯彻落实国家食品安全法，强化酒类商品产销管理的制度建设和监督检查，抓紧对《条例》修改的必要性和可行性进行研究。

---

① 《上海市人民代表大会常务委员会关于加强检察公益诉讼工作的决定》已于 2020 年 6 月 18 日经上海市第十五届人大常委会第二十二次会议表决通过。

十、关于制定《上海市个人信息保护条例》的议案（第 14 号）

钱翊樑等 15 位代表提出：随着信息处理和存储技术快速发展，个人信息被滥用问题日趋严重，个人信息保护问题日益凸显。我国至今没有制定全面保护个人信息方面的法律，分散在各部法律法规中的现行规定仅限于禁止泄露个人信息，有必要对个人信息保护进行专门立法。为此建议：制定《上海市个人信息保护条例》，以注重预防、严格管理、全程可控、社会监督为原则，规范个人信息使用、收集和处理活动，保障个人信息主体知情权、同意权、查询权、更正权、删除权，加强个人敏感信息和未成年人个人信息保护，加大对个人信息违法行为的处罚力度。

相关委员会认为：加强个人信息的保护非常重要，目前国家正在制定《个人信息保护法》。委员会建议：有关部门要加强对国家立法的动态跟踪，同时针对上海市存在的突出问题开展前期立法研究。在充分调研的基础上，适时启动上海市个人信息保护的立法。

十一、关于建议对《上海市促进中小企业发展条例》修订的议案（第 17 号）

吕奕昊等 18 位代表提出：《上海市促进中小企业发展条例》实施以来，为上海市中小企业健康发展提供了坚实的法制保障。2018 年 1 月，国家新修订的中小企业促进法正式实施，上海市在促进中小企业发展方面也积累了不少好的经验和做法，为保持法制统一、适应新的形势，有必要对《条例》进行修订。为此建议从以下方面对《条例》进行修订：一是强化中小企业服务部门政策制定、资金安排和监督检查等方面的统筹职能。二是加大对中小企业发展的财政支持力度。三是形成降低中小企业融资成本长效机制。四是增强中小企业创新动力。五是突出中小企业合法权益的保护。

相关委员会认为：中小企业是上海经济发展和社会稳定的重要支撑，具有不可替代的作用，在上位法修改的背景下，加快修改《条例》很有必要。目前，该《条例》修改已列入市人大常委会 2020 年立法计划正式项目，有关部门已形成《条例》草案初稿。建议政府有关部门在《条例》修改中，要认真研究中小企业的政策扶持、权益保护、鼓励创新等问题，充分吸收代表提出的抗击疫情期间扶持政策的常态化以及固化优化营商环境成果等建议，抓紧完善草案，按计划提请人大审议。①

十二、关于修订《上海市反不正当竞争条例》的议案（第 25 号）

盛雷鸣等 19 位代表提出：随着新型不正当竞争行为不断出现，原有反不正当竞争法律制度难以适应当前要求。2017 年和 2019 年，国家《反不正当竞争法》两次进行修改，对原有法律框架和内容作了较大幅度调整。为保持法制统一、适应发展需要，有必要对《上海市反不正当竞争条例》进行修订。为此建议：重点对《条例》进行如下修订：一是完善部门职责、工作机制、制度创新等内容。二是充实应予禁止的不正当竞争行为，增设不公平交易行为规定。三是强化监督检查，完善调查措施、程序和规则。四是健全法律责任，调整民事和行政责任制度，引入信用惩戒制度。

相关委员会认为：随着国家和上海市进入高质量发展阶段，持续优化营商环境对市场公平竞争提出了新的要求，在国家上位法两次修改的背景下，加快修改《条例》十分必要。目前，《条例》修改已被列入市人大常委会 2020 年立法计划正式项目。建议政府有关部门积极吸纳代表议案提出的意见，做好法规修订草案的起草工作。委员会将按照立法计划，积极做好法规上会审议各项工作，为上海市营造公平市场环境提供更完善的法制保障。②

十三、关于制定《上海市民宿管理暂行办法》的议案（第 26 号）

盛雷鸣等 16 位代表提出：随着人民生活水平不断提高、共享经济逐渐崛

---

① 《上海市促进中小企业发展条例》已于 2020 年 6 月 18 日经上海市第十五届人大常委会第二十二次会议修订通过。

② 《上海市反不正当竞争条例》已于 2020 年 10 月 27 日经上海市第十五届人大常委会第二十六次会议表决通过。

起，民宿作为一种旅游新业态快速发展。但是，由于相关管理规范明显滞后，也存在不少风险隐患：一是无证经营。二是违法建筑乱搭乱建。三是安防监控设施和消防设施不到位。四是对周围邻居的影响导致纠纷频发。五是监督管理缺位。因此，上海市有必要开展民宿管理相关立法。为此建议：制定《上海市民宿管理暂行办法》，内容包括开办标准、规范经营、监督管理、法律责任等。

相关委员会认为：民宿作为一种新兴的非标准化住宿业态，发展迅速。《上海市旅游条例》对在重大节庆赛事会展期间居民利用家庭住房为旅游者提供住宿，规定由市政府制定管理办法。针对目前民宿业发展中存在的突出问题，通过完善制度设计加强规范管理是十分必要的。委员会建议：市政府要完善工作机制、加强统筹协调、落实监管责任，有关部门要认真研究代表议案提出的法律问题，研究制定管理办法，加强规范管理，促进民宿业健康发展。

十四、关于制定《中国（上海）自由贸易试验区临港新片区条例》的议案（第 36 号）

彭燕玲等 11 位代表提出：习近平总书记在首届进博会上宣布增设中国（上海）自由贸易试验区新片区。2019 年 7 月，市政府审议通过《中国（上海）自由贸易试验区临港新片区管理办法》，以规章的形式为新片区运行提供法制保障。由于规章层级不高，措施设定力度有限，有必要将规章的内容上升为地方性法规。为此建议：制定《中国（上海）自由贸易试验区临港新片区条例》。内容包括：一是明确新片区功能定位。二是建立科学高效的管理体制。三是实施公平竞争的投资经营便利。四是推进高标准贸易自由化。五是实施更便利的金融管理制度。六是提高国际运输开放水平。七是实施自由便利的人才服务。

十五、关于以"事权法定"方式破解"三个驱动不足"，有效推进临港新片区高质量发展的议案（第 42 号）

杨菁等 11 位代表提出：设立临港新片区是进一步扩大开放的重大战略举

措。自启动以来，临港新片区扎实推进国务院总体方案，掀起了首轮产业投资高潮。但是，新片区发展仍存在特殊政策驱动不足、空间布局驱动不足、重大项目突破驱动不足等问题，有必要按照"以事定权、权随事配"原则，采取"事权法定"方式，推动临港新片区高质量发展。为此建议加强新片区发展的法治保障，具体包括：一是将部分顶层设计类的政府规章升格为法规。二是将"一张蓝图干到底"的成功经验纳入法规。三是将专业化、市场化的开发主体纳入法规。

相关委员会认为：以上两件议案均建议制定临港新片区条例，可以并案处理。增设临港新片区是以习近平同志为核心的党中央作出的重大战略部署，管理办法为新片区的顺利运作提供了保障。在更深层次、更宽领域、以更大力度推进全方位高水平开放，打造更具国际市场影响力和竞争力的特殊经济功能区，有必要将新片区有关内容纳入地方性法规。根据《中国（上海）自由贸易试验区临港新片区总体方案》有关新片区参照经济特区管理的要求，委员会建议：上海市有关部门加快研究并积极争取全国人大授权在新片区行使经济特区立法权，加强临港新片区建设法治保障。

十六、关于加快制定《上海市知识产权保护条例》的议案（第 3 号）

许丽萍等 23 位代表提出：构建良好的知识产权保护法制环境对推进上海科创中心建设意义重大，正在制定的科创中心建设条例有关知识产权保护的内容较少，其他法规的相关内容也有待整合。为此建议：根据国家相关法律法规和政策，借鉴外地立法经验，制定《上海市知识产权保护条例》。重点内容包括：一是明晰知识产权保护工作的原则、总体方案和阶段目标，构建相应的责任体系和保护措施。二是解决知识产权保护战略、资金保障、防范重大风险、加强人大监督等问题。三是加强知识产权行政保护力度。四是建立知识产权保护社会共治模式。五是提升行政执法和司法保护的质量和效率。六是建立知识产权信息公共服务平台。

十七、关于加强知识产权保护立法的议案（第 23 号）

陈猛等 13 位代表提出：知识产权保护是创新的基础和关键，是良好营商环境的重要保证。高科技企业研发投入巨大，知识产权一旦被窃取，势必造成严重损失。现有知识产权保护法律严重滞后，还停留在以"结果法"为处理依据的状态，不能满足知识产权保护的需求，导致维权成本高、侵权成本低。为此建议：加快知识产权保护立法，推动知识产权保护工作。具体建议：一是加强知识产权保护力度，为高科技企业创造良好的经营环境。二是在立法过程中听取高科技企业和行业专家的意见，邀请其提前介入立法工作。三是借鉴美国和日本等国家经验，变"结果法"为"行为法"。四是加快立法速度，确保有法可依。

相关委员会认为：以上两件议案均建议制定知识产权保护方面的地方性法规，可以并案处理。加快知识产权保护立法，营造法治化知识产权保护环境，是上海实施创新驱动发展战略、提升城市创新策源功能的现实需要，也是优化营商环境、推动经济高质量发展的重要保障。市人大常委会高度重视知识产权立法工作，2019 年在《上海市推进科技创新中心建设条例》中对知识产权保护作出专章规定，2020 年将制定《上海市知识产权促进与保护条例》列入年度立法工作计划。为此，委员会建议，市知识产权局等有关部门及时掌握国家有关上位法的修改进程，学习借鉴国内外相关立法经验，进一步梳理上海市知识产权综合立法的基本定位、立法边界、核心内容，认真研究代表议案相关建议，抓紧开展立法调研和《条例》草案起草工作，及时按程序将法规草案提请市人大常委会审议。委员会将加强与市政府相关部门、市人大有关委员会、议案领衔代表的沟通，重点围绕完善知识产权保护机制等内容，提前介入相关工作，广泛听取各方面意见建议，推动完善相关制度设计，提高法规的针对性、有效性。①

---

① 《上海市知识产权保护条例》已于 2020 年 12 月 30 日经上海市第十五届人大常委会第二十八次会议表决通过。

十八、关于修改《上海市实施〈中华人民共和国野生动物保护法〉办法》进一步限制野生动物展演活动的议案（第 6 号）

朱柯丁等 25 位代表提出：动物表演这一营利性娱乐活动，对野生动物本身以及动物族群的社会结构等都造成了极大伤害，且观看野生动物表演也不利于孩子树立正确的动物保护观念。为此建议：政府有关部门加大监管力度，严格执行相关法律法规，杜绝商业营利性的野生动物表演。在修订《上海市实施〈中华人民共和国野生动物保护法〉办法》的过程中，应进一步明确约束野生动物表演相关行为，对向公众展示展演的商业行为应予以严格限制与规范。同时，媒体舆论要有正确的宣传导向，还要鼓励动物园采用更先进的动物管理方式，鼓励使用高科技与野生动物表演进行融合，减少对动物的伤害。

相关委员会认为：1993 年制定的《上海市实施〈中华人民共和国野生动物保护法〉办法》所依据的上位法已于 2016 年全面修订，《实施办法》的很多内容与上位法不一致，也与上海市的管理需求不相适应。习近平总书记对修改《中华人民共和国野生动物保护法》提出了明确要求，全国人大常委会已于 2020 年 2 月作出了《关于全面禁止非法野生动物交易、革除滥食野生动物陋习、切实保障人民群众生命健康安全的决定》，并加快推进修法工作。委员会将积极推动市政府有关部门加大力度、加快进度推进《实施办法》修改的调研工作，同时密切跟踪全国人大常委会立法进度，及时启动地方立法程序。①

十九、关于修改《上海市民用机场地区管理条例》的议案（第 8 号）

彭燕玲等 12 位代表提出：《上海市民用机场地区管理条例》授权机场管理机构依照有关法律、法规对一些违法行为实施行政处罚。但由于该《条例》早于《上海市生活垃圾管理条例》制定，客观上存在《上海市民用机场地区管理条例》中没有包括生活垃圾分类管理相关内容，造成机场管理机构对机场地区

---

① 《上海市实施〈中华人民共和国野生动物保护法〉办法》已于 2020 年 5 月 14 日经上海市第十五届人大常委会第二十一次会议废止。

违反生活垃圾管理的违法行为缺乏管理和处罚依据。为此建议：通过修改《上海市民用机场地区管理条例》明确垃圾分类管理的工作要求，授权机场管理机构承担管理和执法职能。

相关委员会认为：《上海市生活垃圾管理条例》明确授权城管执法部门对生活垃圾分类等行为进行监督检查和行政处罚，而《上海市民用机场地区管理条例》则将机场地区违反环境卫生管理的行为授权机场管理机构实施行政处罚。垃圾分类从大的分类来说属于环境卫生管理的范畴，代表建议修改《上海市民用机场地区管理条例》，进一步强化垃圾分类工作的要求，并明确授权机场管理机构开展执法应当予以采纳。委员会建议：市政府相关部门和机场管理机构认真研究代表议案所提建议，可以采取集中打包修改等方式积极推进法规的修改工作。

二十、关于制定《上海市既有住宅增设电梯条例》的议案（第 13 号）

钱翊樑等 15 位代表提出：我国《住宅设计规范》对七层以下住宅安装电梯没有强制性规定，导致六层以下多层住宅普遍没有安装电梯。上海市 20 世纪 90 年代以前建造的多为七层以下没有电梯的多层住宅，随着上海逐渐进入老龄化社会，越来越多的老年居民对加装电梯翘首以盼。上海市多层住宅加装电梯工作量大面广，目前在工作推进中还存在诸多难点，为更好地为人民谋福祉，全面推进这项工作，建议制定《上海市既有住宅增设电梯条例》。

相关委员会认为：既有多层住宅加装电梯与民生密切关联，随着老龄化社会的到来，这项工作日益受到社会关注，人大代表的呼声也非常集中。近年来，市政府有关部门不断修改完善制度规定，积极推进既有多层住宅加装电梯试点工作，但在实践中由于居民意见难统一、小区规划和房屋结构安全限制、后期运行维护机制复杂等多方面原因，试点工作总体进展不快，尚未形成非常有效的推进机制，目前开展地方立法的条件尚不成熟。为支持推动这项工作，委员会建议：市人大常委会对既有多层住宅加装电梯开展重点调研。委员会将邀请议案领衔代表共同参加，共同研究破解难题的对策办法，积极推动加装电梯工作实践，也为未来立法创造条件。

二十一、关于加快推进制定《上海市海上搜寻救助条例》的议案（第 20 号）

肖跃华等 15 位代表提出：上海港是全球最为繁忙和复杂的水域之一，海上搜寻救助形势十分严峻。加强海上搜寻救助工作，对于保障上海城市运行安全，服务国际航运中心和卓越全球城市建设有着十分重要的意义。当前，上海市在海上搜寻救助实际工作中还存在着一些问题：一是海上搜救组织体系仍需完善。二是海上搜救保障机制仍需健全。三是海上搜救能力仍需提升。为此建议：将《上海市海上搜寻救助条例》尽快列入立法计划，加强海上搜寻救助基础设施建设及搜救力量配置，为海上搜救提供必要的资金、物质和制度保障，为上海建设全球卓越城市营造更为良好的法治环境。

相关委员会认为：上海港是全球最为繁忙和复杂的水域之一，无论是保护生命财产安全，还是推进国际航运中心建设，开展海上搜寻救助相关地方立法皆有必要。2013 年市政府制定《上海市海上搜寻救助管理办法》，对建立海上搜救和船舶污染事故应急管理机制，以及开展应急处置等作了规定，为依法开展海上搜救提供了依据。2019 年 10 月，国务院办公厅下发《关于加强水上搜救工作的通知》，对健全水上搜救工作体系，特别是强化属地政府责任、落实搜救经费等提出了新要求，现行的《管理办法》已无法完全适应工作实践需要。委员会建议：市政府有关部门和上海海事局组织力量推进立法调研，对《上海市海上搜寻救助管理办法》实施情况进行全面评估，认真梳理分析地方立法的需求和重点难点问题及关键内容，加强沟通和协调，为立法积极创造条件。

二十二、关于修改《上海市轨道交通管理条例》的议案（第 37 号）

彭燕玲等 11 位代表提出：轨道交通车站等特定地区的生活垃圾分类管理和执法工作是由《上海市轨道交通管理条例》明确的专门管理部门和执法队伍实施管理执法，其他管理执法部门一般不进入该区域实施管理执法活动。但上海市现行的轨道交通条例没有生活垃圾分类管理的相关内容，造成轨道交通企业对站内违反生活垃圾分类要求的违法行为查处无据。为此建议：修改《上海市轨道交通管理条例》，明确站点内的生活垃圾分类管理要求，落实管理执法主体和责任要求，以真正实现生活垃圾分类管理执法的全覆盖。

相关委员会认为：《上海市轨道交通管理条例》授权轨道交通企业对轨道交通设施范围内违反环境卫生管理规定的行为实施管理和行政处罚，但因该法规早于《上海市生活垃圾管理条例》出台，故没有生活垃圾分类相关要求，造成轨道交通企业对站内违反生活垃圾分类要求的违法行为开展执法缺乏明确的依据，代表议案指出的问题客观存在。委员会建议：市政府尽快明确轨交站点内垃圾分类行为的监督管理和执法主体。如涉及法规的修改，可以采取集中打包修改等方式进行修改。

二十三、关于修订《上海市出租汽车管理条例》，并将出租汽车（含巡游车和网约车）统一纳入法规的议案（第 43 号）

杨国平等 17 位代表提出：上海出租汽车行业的网约车存在着严重的非法营运现象，以及服务质量参差不齐、以顺风车名义行网约车之实、平台公司涉嫌垄断和组织非法营运等问题。《上海市网络预约出租汽车经营服务管理若干规定》层级较低、内容不够完善，导致执法依据不足、执法手段单一，不能满足对网约车依法管理的实际需要。为此建议：市人大对网约车运营和监管状况开展专项调研，督促政府部门修订《上海市出租汽车管理条例》，将包括巡游出租车和网约出租车在内的出租汽车纳入条例调整范围，并督促交通执法部门加强对网约车非法营运行为的监管和处罚。

相关委员会认为：网约车在快速发展的同时，其伴生的非法营运问题和对正常营运秩序的冲击，以及潜在的安全风险一直受到各方关切。2016 年，在国家有关部门出台《网络预约出租汽车经营服务管理暂行办法》后，市政府相应发布了《上海市网络预约出租汽车经营服务管理若干规定》，对网约车管理作出规范，加大了对网约车违规行为的整治力度，但由于对网约车平台企业缺乏强有力的监管手段，难以从根本上起到震慑作用。网约车与巡游车管理存在的监管尺度不一、价格政策差异等，对传统巡游出租汽车行业也形成较大冲击，造成从业人员心态不稳和行业整体服务水平的下降。为适应当前出租车行业管理实际，确有必要对现行的《上海市出租汽车管理条例》进行修改完善。但由于出租汽车行业管理的相关顶层设计极为复杂，多年来始终制约着修法工作的推进。委员会建议：市政府有关部门一方面应积极用好用足现有的法律资源，比如《上海市查处车辆非法客运若干规定》等，进一步加大对非法营运行为的执法力度，维护客运市场正常秩序；另一方面应结合代表议案办理，大力推进立法调研，积极加强顶层设计研究，认真梳理总结执法管理中的经验教训，抓紧推进法规修改的前期工作，为加快正式启动地方立法作好准备。

二十四、关于制定《上海市加强和创新基层社会治理条例》的议案（第 7 号）

孙军等 11 位代表提出：基层社会治理是社会治理最基础的单元和最深厚的支撑点，在整个国家和社会治理体系中占有重要位置。加强和创新基层社会治理，不仅关乎党的长期执政和国家长治久安，而且也和广大人民群众的切身利益息息相关。近几年来，上海在"创新社会治理，加强基层建设"等方面进行了积极的探索，各项工作取得了一定的成果。一些长期困扰基层的瓶颈问题有了新突破，群众反映突出的难点痛点堵点问题的解决有了成效。这些突破、成效，都需要用法规的形式加以固化。为此建议：市人大常委会加强调研，加快社会治理领域的立法工作，尽快将基层社会治理成功经验上升为地方性法规。

相关委员会认为：法治化是社会治理的重要要求和根本保障，进一步完善相关法规制度，对于不断提升上海基层治理创新水平具有重要意义。2016 年至2017 年，市人大常委会先后制定了《上海市街道办事处条例》《上海市实施〈中华人民共和国村民委员会组织法〉办法》《上海市居民委员会工作条例》；为推进立法与时俱进，常委会在 2018 年编制五年立法规划时，又将这些法规的修改纳入了调研项目。委员会将在 2020 年协助常委会组织开展《上海市街道办事处条例》执法检查时，认真吸收代表议案内容，结合 2019 年组织实施《上海市居民委员会工作条例》执法检查的情况，就代表提出的立法建议进行研究论证。同时，建议：政府相关部门根据常委会五年立法规划，抓紧做好街、村、居等法规的修改调研，针对基层治理创新的新变化和法治保障的新需求提出立法建议，为适时启动立法打好基础。

二十五、关于建议制定《上海市无障碍环境建设条例》的议案（第 18 号）

厉明等 13 位代表提出：我国有逾 8500 万残疾人，约每 17 个人中就有一个残疾人，关爱残疾人，为残疾人工作生活提供便利和保障是整个社会必须做的事情。无障碍环境建设包括无障碍设施建设、信息交流无障碍建设、社区公共服务功能无障碍等方面，上海市 2003 年制定、2010 年修订的《上海市无障碍设施建设和使用管理办法》离无障碍环境建设要求还有较大差距。为此建议：上海市重新制定无障碍环境建设的地方性法规，大力推进无障碍环境建设，提升城市精细化管理水平，造福广大残疾人。

相关委员会认为：上海市一直重视无障碍环境建设，在《上海市实施〈中华人民共和国残疾人保障法〉办法》第八章中，对无障碍环境作了专章规定；市政府也制定了相关管理办法。随着无障碍理念的不断更新，现在无障碍关爱对象已从残疾人拓展到老年人、伤病人员等社会群体，无障碍服务内容也有了很大的拓展，上海市无障碍环境的总体状况与人民群众需求和卓越的全球城市的定位相比，还有一定差距，需要加大法治保障力度。目前，上海市政府正在制定《上海市无障碍环境建设与管理办法》（暂定名），拟将无障碍环境建设、信息交流和无障碍社区服务等纳入其中。委员会将积极支持市残联等部门做好相关工作，同时建议相关部门认真研究吸纳代表议案内容，为地方立法做好前期准备。

二十六、关于加快修改《上海市实施〈中华人民共和国妇女权益保障法〉办法》的议案（第 27 号）

徐枫等 14 位代表提出：我国经济社会持续快速发展，有关妇女权益保障的国家法律法规不断完善，上海市实践层面不断探索创新，妇女儿童对美好生活的需求不断增长，《上海市实施〈中华人民共和国妇女权益保障法〉办法》制定于 1994 年，虽经 1997 年、2007 年两次修改，但已不能完全适应形势的需要。为此建议：聚焦人民群众关切的难点问题，加快修改妇女权益保障法办法，作为立法调研或预备项目。

相关委员会认为：男女平等是我国的一项基本国策，保障妇女合法权益是全社会的共同责任，根据经济社会发展情况逐步完善上海妇女权益保障法规，具有现实必要性。据了解，全国人大社会建设委员会已联合相关方面，开展修改《中华人民共和国妇女权益保障法》的基础性工作；《民法典》有多条规定聚焦妇女权益保护，比如防治性骚扰、夫妻共同债务认定、离婚损害赔偿等。为积极推进妇女权益保障工作，委员会将积极支持市妇联做好相关立法调研，并与市立法研究所联手开展课题研究，根据调研论证和上位法修改完善情况，及时提出立法建议。

二十七、关于在《上海市老年人权益保障条例》中增设独生子女家庭护理假等的议案（第 28 号）

诸春梅等 19 位代表提出：近年来，独生子女父母养老问题已成为全社会热点，在就业竞争日益激烈的今天，独生子女们面临着"小的不敢生、老的无力养"、父母生病住院无暇护理照料的窘境。截至 2019 年 11 月底，有 14 个省市区在老年人权益保障法规中规定了独生子女家庭护理假。上海是中国最早进入人口老龄化的城市，也应该在独生子女家庭父母护理照料方面积极探索，制定出台独生子女家庭护理假制度和有效落实的实施细则。为此建议：在《上海市老年人权益保障条例》中增加相应条款，并进一步完善长期护理保险制度；同时，民政等部门抓紧研究制定保障独生子女群体合法权益的相关配套制度和实施细则。

相关委员会认为：独生子女家庭的养老保障功能相对较弱，随着独生子女父母群体陆续进入老年期，需要政府和社会给予更多支持和帮助。代表议案提出的设立独生子女护理假的建议，具有现实必要性。独生子女护理假是一项重大的制度创设，需要广泛听取社会各方意见，平衡好各方利益诉求，确保制度设计科学合理、可操作。委员会建议：政府相关部门深入研究论证，参考兄弟省市相关工作情况，提出符合上海实际的政策建议。对代表议案中提出的长护险制度完善问题，委员会将在开展社区养老跟踪监督及养老服务立法过程中，进一步关注和推动相关部门做好长护险试点工作。同时，建议医保、民政等部门及时总结长护险试点的成果与不足，学习借鉴国内外好的做法和经验，不断提升长护险制度实施效果，让更多老年人获益。

二十八、关于开展养老服务立法的议案（第 29 号）

柏万青等 19 位代表提出：目前，上海老龄化程度持续加剧，高龄人口比例逐年增加。今后，新增的老年人口中将有 80% 为第一代独生子女的父母，同时异地养老知青、失独、留守老人等问题日益凸显。纵观现有的养老服务法规和规范性文件条文，诸多方面不适应老年人口结构变化，以及传统家庭养老功能日益弱化的现实，亟待强化和补充。为此建议：市人大加快立法调研，尽快出台相关地方性法规，推动老年事业发展。重点要聚焦独生子女、留守老人、失独老人，失能、失智、高龄老年人等特殊人群需求，制定《上海市老年人长期照护服务条例》，在立法中考虑以下问题：一是加强养老服务机构的监督管理。二是完善养老护理员培训和权益保障规范。三是加强长护险项目监管。四是加强老年人心理疏导。五是强化子女赡养义务。六是发挥老年人社会组织作用。

相关委员会认为：市人大常委会始终关注"老小旧远"等民生问题，养老服务工作是持续聚焦的重点。2020 年，养老服务立法列入了市人大常委会立法预备项目。按计划，立法工作已于 3 月初正式启动，争取上半年实行"预转正"，下半年进行一审。委员会将认真组织开展立法调研，并邀请相关代表全程参与，确保立法质量与进度。①

二十九、关于建议市人大常委会加强促进就业工作监督、修改《上海市促进就业若干规定》的议案（第 35 号）

吴祖强等 21 位代表提出：2005 年市人大常委会出台了《上海市促进就业若干规定》，随着经济社会发展，上海产业结构和劳动力结构发生重大变化，就业工作面临众多新问题新挑战：经济下行压力加大；产业转型中就业结构性矛盾加剧；高校毕业生就业压力增加；新业态蓬勃发展催生就业新渠道新形态，也带来新问题。为此建议：市人大常委会聚焦"稳就业"，加强促进就业工作的专项监督；跟踪国家修改《促进就业法》的进程，适时修改《上海市促进就业若干规定》。

相关委员会认为：就业是民生之本，上海一直把就业工作摆在突出位置，市人大常委会制定了《若干规定》，政府及相关部门做了大量富有成效的工作。随着就业环境和形势的变化，尤其是受此次新冠肺炎疫情的影响，上海稳就业、促就业工作面临着许多新的挑战，需要人大加大监督支持力度、完善相关法规。上半年，常委会听取和审议市政府关于促进就业情况的报告。目前，委员会已启动监督调研相关工作，针对疫情对就业的影响，完善监督工作方案，着力推动稳就业、促就业各项政策的有效落实。委员会将邀请相关代表全程参与监督调研，认真吸纳代表的意见建议；对代表提出的修改《若干规定》的建议，将在监督过程中一并予以调研论证。

三十、关于提请市人大尽快审议修订《上海市消防条例》并对上海居民区及周边消防通道现状开展专题调研的议案（第 44 号）

张娣芳等 18 位代表提出：在国内一些火灾案例中发现，居民区及周边消防

---

① 《上海市养老服务条例》已于 2020 年 12 月 30 日经上海市第十五届人大常委会第二十八次会议表决通过。

通道的堵塞问题较为普遍，严重影响了救援的黄金时间，对人民生命财产安全造成了巨大损失，引起社会各界对居民区及周边消防通道现状的广泛关注。上海市也存在相关问题，这既有建筑设计不合理（多为老旧小区）、管理不当（新建小区）的原因，也有居民的主观认识不足的因素。《上海市消防条例》于2010年修订，其中部分条款已经与城市治理和发展形势不相适应。为此建议：尽快审议修订《上海市消防条例》，同时结合《条例》的修改审议，对居民区及周边消防通道现状开展专题调研。

相关委员会认为：在住宅小区消防安全管理方面，代表议案所反映的消防车通道被居民车辆占用等违法现象较为普遍，依法解决该问题具有现实紧迫性。《上海市消防条例》的修改已历时两年多，按计划将于本次常委会会议上再次进行审议并表决。针对代表议案中涉及的问题，经与相关部门沟通，拟在《条例》中进一步明确住宅物业日常消防监督检查的部门职责分工。对代表议案中提出的居民区及周边消防通道管理问题，委员会建议政府相关部门组织专题调研，进一步促进该问题的依法有效解决，并及时报告有关情况。①

---

① 《上海市消防条例》已于2020年3月19日经上海市第十五届人大常委会第十八次会议修正通过。

三、上海市人大常委会 2020 年度立法计划

一、2020 年度工作要点中关于高质量做好地方立法工作的要求

2020 年是全面建成小康社会和"十三五"规划收官之年，也是上海基本建成国际经济、金融、贸易、航运中心，形成科创中心基本框架之年，全面推进三项新的重大任务的关键之年。上海市人大常委会工作的总体要求是：以习近平新时代中国特色社会主义思想为指导，全面贯彻落实党的十九大和十九届二中、三中、四中全会精神，深入学习贯彻习近平总书记考察上海重要讲话精神，按照十一届市委八次全会部署和市十五届人大三次会议确定的各项任务，坚持党的领导、人民当家作主、依法治国有机统一，坚持稳中求进工作总基调，在彰显制度优势上保持定力，在服务大局上精准发力，在密切联系群众上深挖潜力，在加强自身建设上持续用力，依法履职、担当进取，努力把人大制度优势转化为城市治理效能，为创造新时代上海发展新奇迹作出应有贡献。在高质量做好地方立法工作方面：

一是要落实党领导立法工作的机制。深入学习贯彻习近平总书记全面依法治国新理念新思想新战略，认真落实市委批准的五年立法规划和年度立法计划。贯彻新修改的《关于进一步健全立法工作中重大事项向市委请示报告制度的若干具体规定》，立法工作中的重大问题、重要事项、重要情况及时向市委请示报告。发挥党组在立法中的"主心骨"作用，坚持党组集体研究讨论立法中的重大问题、委员会向党组报告立法中重大问题的制度。

二是要围绕国家战略和市委优化营商环境等重要部署加强法规制度供给。作出关于全力做好当前新型冠状病毒感染肺炎疫情防控工作的决定，为防控工作提供及时、有效的法治支撑。继续审议消防条例、会展业条例、地方金融监

管条例、实施农民专业合作社法办法等。审议中国（上海）自由贸易试验区条例（修改）、外商投资促进条例、促进中小企业发展条例（修改）、反不正当竞争条例（修改）、知识产权促进与保护条例、不动产登记若干规定、公共文化服务保障与促进条例、中医药条例、公路管理条例（修改）、安全生产条例（修改）、非机动车管理条例、长江中华鲟保护管理条例、加强检察机关公益诉讼工作的决定。待条件成熟时，提请常委会审议养老服务、促进家庭农场发展、促进大型科学仪器设施共享、科学技术普及、全民阅读保障、铁路安全管理、多元化解纠纷等预备立法项目，系统梳理、适时修改上海市疾病防控等常态管理相关的地方性法规。

三是要提高立法质量和效率。实施《关于地方立法中涉及的重大利益调整论证咨询的工作规范》《关于争议较大的重要地方立法事项引入第三方评估的工作规范》。发挥人大主导作用，重要立法项目实行双组长制，提前介入有关部门法规起草工作，加强审议把关，落实立法每一环节的工作要求，提高立法质量和效率。扩大代表对立法工作的参与，在立法工作各环节充分吸纳代表议案和建议内容。进一步发挥区人大常委会在立法工作中的作用，做好法规草案征求意见工作。

四是要加强基层立法联系点建设。完善工作机制，做好扩点工作，把听取立法意见的触角延伸到基层一线，完善群众意见建议的分析采纳机制，把立法征求意见工作与推进社区共建共治共享融合起来，充分发挥接地气、察民情、聚民智的"直通车"作用。提升接待外国议会代表团能力，打造展现中国特色社会主义民主以及制度优势和魅力的重要窗口。

二、2020 年立法计划的主要内容

（一）继续审议的法规案（4 件）

1. 消防条例

2. 会展业条例

3. 地方金融监督管理条例

4.实施《中华人民共和国农民专业合作社法》办法

（二）初次审议的项目（15 件）（按初审时间排序）

1.关于全力做好当前新型冠状病毒感染肺炎疫情防控工作的决定（暂定名）

2.长江中华鲟保护管理条例（暂定名）

3.促进中小企业发展条例（修改）

4.中医药条例（立新废旧）

5.公路管理条例（修改）

6.关于加强检察机关公益诉讼工作的决定（暂定名）

7.公共文化服务保障与促进条例（暂定名）

8.反不正当竞争条例（修改）

9.不动产登记若干规定（立新废旧）

10.非机动车管理条例（暂定名）

11.知识产权促进与保护条例（暂定名）

12.外商投资促进条例（暂定名）

13.安全生产条例（修改）

14.中国（上海）自由贸易试验区条例（修改）

15.为适应机构改革需要、维护国家法制统一开展的立改废释或打包修改项目

（三）预备审议项目（8 件）

1.养老服务条例（暂定名）

2.促进家庭农场发展条例（暂定名）

3.促进大型科学仪器设施共享规定（修改）

4.科学技术普及条例（暂定名）

5.全民阅读保障条例（暂定名）

6.铁路安全管理条例（暂定名）

7.多元化解纠纷条例（暂定名）

8.系统梳理和修改本市与疾病防控等常态管理相关的地方性法规

以上项目由有关方面抓紧调研和协调，条件成熟的，视情况在 2020 年下半年适时进入预转正程序并启动审议。

（四）重点调研项目（8 件）

1. 长三角生态绿色一体化发展示范区授权决定（暂定名）

2. 关于一网通办、一网统管法治保障的决定（暂定名）

3. 慈善条例（暂定名）

4. 预防未成年人犯罪条例（暂定名）

5. 养犬管理条例（修改）

6. 实施《中华人民共和国野生动物保护法》办法（修改）

7. 沿海边防治安管理条例（暂定名）

8. 实施《中华人民共和国反恐怖主义法》办法（暂定名）

以上项目由有关方面抓紧调研和起草，加快立法进程，滚动推进立法。

四、2020 年制定、修改的上海市地方性法规

1. 上海市人民代表大会常务委员会关于
全力做好当前新型冠状病毒感染肺炎疫情防控工作的决定
（2020 年 2 月 7 日上海市第十五届人民代表大会常务委员会
第十七次会议通过）

为了全力做好当前新型冠状病毒感染肺炎疫情防控工作，落实最严格的防控措施，保障公众身体健康和社会公共安全，举全市之力共同打赢疫情防控阻击战，根据《中华人民共和国传染病防治法》《中华人民共和国突发事件应对法》和《突发公共卫生事件应急条例》等法律、行政法规，结合本市实际情况，在疫情防控期间，作如下决定：

一、本市疫情防控工作，贯彻依法依规、科学防治、精准施策、有序规范、联防联控、群防群治的原则，坚持党建引领，采取管用有效的措施，把区域治理、部门治理、行业治理、基层治理、单位治理有机结合起来，切实提高疫情防控的科学性、及时性和有效性。

二、各级人民政府及其有关部门应当切实履行属地责任、部门责任，建立健全市、区、街镇、城乡社区等防护网络，发挥"一网统管"作用，形成跨部门、跨层级、跨区域防控体系，做好疫情监测、排查、预警、防控工作，防输入、防传播、防扩散，落实全市联防联控机制。

各级人民政府及其有关部门应当强化对定点医疗机构、集中隔离场所等重点部位的综合管理保障工作，全力维护医疗、隔离秩序；应当调动高校、科研院所、企业等各方面的积极性，加大科研攻关力度，积极提高科学救治能力。

乡镇人民政府和街道办事处应当按照市、区统一部署，发挥群防群治力量，组织指导居民委员会、村民委员会做好辖区管理，采取针对性防控举措，切实做好辖区内防控工作。

居民委员会、村民委员会应当发挥自治作用，协助相关部门做好社区疫情防控宣传教育和健康提示，落实相关防控措施，及时收集、登记、核实、报送相关信息。业主委员会、物业服务企业应当配合做好疫情防控工作。

三、在本市行政区域内，任何单位和个人都应当遵守关于疫情防控的规定，服从本地区人民政府的统一指挥和管理，及时报告新型冠状病毒感染的肺炎患者、与患者密切接触者以及其他需要开展医学观察、隔离治疗人员的情况。

机关、企事业单位、社会组织对本单位落实各项疫情防控措施负有主体责任，应当强化防控工作责任制和管理制度，对重点人员、重点群体、重要场所、重要设施实施严格管控，加强健康监测，发现异常情况及时报告相关部门。产业园区管理机构应当做好园区内各项疫情防控工作。航空、铁路、轨道交通、长途客运、水路运输等公共服务单位应当采取必要措施，确保各项疫情防控措施有效落实。

个人应当做好自我防护，进入公共场所的，自觉佩戴口罩。个人应当按照规定如实提供有关信息，配合相关部门做好疫情防控工作，依法接受调查、监测、隔离观察、集中救治等防控措施，确保疫情早发现、早报告、早诊断、早隔离、早治疗。

四、市人民政府可以在不与宪法、法律、行政法规相抵触，不与本市地方性法规基本原则相违背的前提下，在医疗卫生、防疫管理、隔离观察、道口管理、交通运输、社区管理、市场管理、场所管理、生产经营、劳动保障、市容环境等方面，就采取临时性应急管理措施，制定政府规章或者发布决定、命令、通告等，并报市人大常委会备案。

五、市、区人民政府及其有关部门可以在必要时依法向单位或者个人征用疫情防控所需设备、设施、场地、交通工具和其他物资，要求相关企业组织相应的疫情防控物资和生活必需品的生产、供给。市、区人民政府及其有关部门应当向被征用的单位或者个人发出应急征用凭证，并依法予以归还或者补偿。市、区人民政府及其有关部门应当加大统筹力度，优先满足一线医护人员和救治病人对疫情防控物资的需要。

发展改革、经济信息化、商务、应急管理、市场监管、财政、口岸查验、住房城乡建设等有关部门应当创新监管方式，优化工作流程，建立绿色通道，为疫情防控物资的生产、供应和使用以及相关工程建设等提供便利。市、区人民政府及其有关部门应当对防控工作中相关单位遇到的困难及时提供帮扶，有效解决相关问题。

市、区人民政府有关部门应当加强对与疫情防控、应急救援有关的慈善捐赠活动的规范管理，确保接收、支出、使用及其监督全过程透明、公开、高效、有序。

六、本市充分发挥"一网通办"平台的作用，加强业务协同办理，优化政务服务流程，提供线上政务事项办理服务。

鼓励企事业单位、社会组织和个人通过网上办理、证照快递等方式，在线办理税务、人社、医保、公积金、出入境证件等相关业务。

七、市人民政府及其有关部门应当严格落实疫情报告制度，实事求是、公开透明、迅速及时向社会公布疫情信息，不得缓报、漏报、瞒报、谎报。

广播、电视、报刊、网络等媒体应当积极开展公益宣传，普及疫情防控知识，宣传解读政策措施，推广防控工作经验做法，开展舆论引导，回应社会关切，在全社会营造坚定信心、全民抗击疫情的积极氛围。

任何单位和个人不得编造、传播有关疫情的虚假信息。

八、市、区人民政府根据疫情防控需要，可以与长三角区域相关省、市建立疫情防控合作机制，加强信息沟通和工作协同，共同做好疫情联防联控。

九、任何单位和个人都有权向各级人民政府及其有关部门报告疫情传播的隐患和风险，有权举报违反本决定的其他情况。接受举报的机关，应当及时调查处理。

十、本市人民法院、人民检察院应当积极履行职责，依法处理各类疫情防控相关民商事纠纷，依法严惩各类妨碍疫情防控的违法犯罪行为，为疫情防控及时提供司法保障。

十一、在疫情防控工作中，任何单位和个人，违反有关法律法规和本决定，由公安机关等有关部门依法给予处罚；给他人人身、财产造成损害的，依法承担民事责任；构成犯罪的，依法追究刑事责任。个人有隐瞒病史、重点地区旅行史、与患者或疑似患者接触史、逃避隔离医学观察等行为，除依法严格追究相应法律责任外，有关部门还应当按照国家和本市规定，将其失信信息向本市公共信用信息平台归集，并依法采取惩戒措施。

十二、市人大常委会和各区人大常委会应当通过听取专项工作报告等方式，加强对本决定执行情况的监督。

市人大常委会和各区人大常委会应当充分发挥各级人大代表作用，汇集、反映人民群众的意见和建议，督促有关方面落实疫情防控的各项工作。

本决定自 2020 年 2 月 7 日起施行，终止日期由上海市人民代表大会常务委员会另行公布。

2. 上海市会展业条例

（2020 年 3 月 19 日上海市第十五届人民代表大会常务委员会
第十八次会议通过）

第一章　总则

第一条　为了促进会展业发展，规范会展活动，维护会展活动各方主体合法权益，服务保障中国国际进口博览会（以下简称"进博会"）等会展活动，打造国际会展之都，进一步优化营商环境，推动上海"五个中心"建设，根据有关法律、行政法规，结合本市实际，制定本条例。

第二条　本市行政区域内会展业的促进、服务和规范，适用本条例。

国家对会展业和会展活动管理另有规定的，从其规定。

第三条　本条例所称会展业，是指通过举办会展活动，促进贸易、科技、旅游、文化、体育、教育等领域发展的综合性产业。

本条例所称会展活动，是指举办单位通过招展方式，在特定场所和一定期限内，进行物品、技术、服务等展示，或者以举办与展示主题相关的会议形式，为参与者提供推介、洽谈、交流等服务的商务性活动，但以现场零售为主的展销活动除外。

第四条　本市会展业发展遵循市场运作、政府引导、公平竞争、行业自律的原则，坚持国际化、专业化、品牌化、信息化方向，加强产业联动，提升城市能级，促进经济高质量发展。

第五条　市人民政府应当加强对会展业的统筹规划，完善会展活动公共服务体系，组织市有关部门和各区人民政府落实各项促进、服务和保障措施。

市人民政府应当建立会展业发展议事协调机制，统筹推进会展业重大政策制定，协调会展业发展中的重大事项，协调重大会展活动服务保障工作。

区人民政府应当根据本行政区域经济社会发展实际，采取措施，支持和引导会展业发展。

第六条　市商务部门是本市会展业的主管部门，负责会展业综合协调、引导规范和服务保障等工作。区商务部门按照职责，做好本行政区域内会展业相关工作。

发展改革、经济信息化、财政、公安、应急、消防、市场监管、教育、科技、人力资源社会保障、规划资源、住房城乡建设管理、交通、文化旅游、卫生健康、统计、体育、绿化市容、知识产权、城管执法、海关等部门和国际贸易促进机构按照各自职责，做好促进会展业发展与规范的相关工作。

第七条　本市与会展业相关的行业协会、促进机构等行业组织（以下统称"会展行业组织"）应当加强行业自律和信用建设，开展市场研究、标准制定、业务培训和相关评价评估，促进行业信息交流与合作，引导会员规范经营，推动行业公平竞争和有序发展。

第二章　促进与发展

第八条　市商务部门应当会同市有关部门编制本市会展业发展规划，报市人民政府批准后，纳入本市国民经济和社会发展规划，向社会公布并组织实施。

第九条　市商务部门应当会同市规划资源等部门编制会展场馆布局规划，按照规定程序报经批准后，纳入相应的国土空间规划。

市住房城乡建设管理、交通、商务、文化旅游、经济信息化等部门应当按照会展场馆布局规划的要求，支持与城市定位和产业特色相符合的会展场馆建设，完善会展场馆周边交通、餐饮、住宿、通讯等配套设施建设。

第十条　市、区人民政府应当将促进会展业发展的经费纳入本级财政预算，重点支持品牌会展培育、会展业宣传推广、会展业与相关产业联动等工作。

市、区相关专项资金可以对本市会展业发展给予引导和支持，促进会展业高质量发展。

第十一条　鼓励社会资本通过设立会展业投资基金等方式，为会展产业集聚和相关服务业发展提供资金支持。

第十二条　鼓励境内外举办单位、场馆单位和会展服务单位在本市设立总部，并在通关流程、人才引进、资金结算、投资便利、人员出入境等方面按照规定给予支持。

本市建立国际会展活动引进和申办联动机制。商务、文化旅游等部门和会展行业组织应当加强国际交流合作，积极引进国际知名会展行业组织和国际知名会展活动。

第十三条　市人民政府及其有关部门应当制定政策措施，培育具有市场竞争力的示范企业，支持企业通过收购、兼并、联营等市场化方式，打造具有国际竞争力的大型会展业市场主体。

第十四条　本市会展行业组织应当加强对举办单位、场馆单位和会展服务单位的指导，鼓励其加入国际知名会展行业组织；支持本市会展项目取得国际认证，提高全球辐射和服务能力，提升本市会展品牌的国际影响力；积极培育境外自办展览项目，提升境外组展办展能力。

本市支持境外机构在特定会展场馆独立举办对外经济技术展会。

第十五条　市人民政府及其有关部门应当制定政策措施，搭建资源共享平台，推动会展业与制造、商贸、旅游、文化、体育等产业联动发展，扩大会展业溢出带动效应。

第十六条　支持本市会展活动举办单位在长江三角洲（以下简称"长三角"）等区域举办系列展，通过品牌合作、管理合作等形式推动会展业区域联动。

鼓励本市会展行业组织在长三角等区域建立会展业联动发展工作机制，建设长三角等区域特色展览展示平台，举办区域联动主题会展活动。

第十七条　市商务部门应当会同市人力资源社会保障部门建立和完善以市场为导向、与国际会展之都建设相适应的会展人才使用评价机制，并制定相关政策措施。

鼓励举办单位、场馆单位和会展服务单位通过市场机制从国内外引进高层次、紧缺会展人才。

市、区人民政府有关部门应当按照相关规定，对引进的高层次、紧缺会展人才在户籍和居住证办理、住房保障等方面提供便利。

第十八条　市教育部门应当支持本市高等院校结合会展业发展需求，优化会展业相关学科专业设置与人才培养结构，培养高端复合型会展人才。支持有条件的高等院校开展会展专业贯通人才培养。

市商务部门应当会同市教育等部门搭建校企合作服务平台，引导本市高等院校与举办单位、场馆单位和会展服务单位加强校企合作，设立会展教育与培训基地，推进校企协同育人。

第十九条　鼓励举办单位、场馆单位和会展服务单位运用现代信息技术，开展服务与管理创新，促进网上会展等新兴业态发展，形成线上线下会展活动的有机融合。

支持会展场馆单位推进智慧场馆建设，通过信息化手段整合各类安全防范措施和会展服务资源，提高会展活动技术水平和服务功能。

市商务、经济信息化等部门和会展场馆所在地的区人民政府应当推进会展活动保障和公共服务智能化。

第二十条　本市遵循减量化、再利用和再循环的原则，积极发展绿色会展，制定、完善绿色会展相关标准，推广应用各种节能降耗的器材设备，鼓励举办单位、场馆单位、会展服务单位和参展单位（以下统称"会展活动各方主体"）采用绿色原材料、应用低碳环保技术。

第三章　服务与保障

第二十一条　本市在政务服务"一网通办"平台建立会展统一服务窗口（以下简称"平台服务窗口"）。商务部门应当会同公安、消防、绿化市容、规划资源等部门加强业务协同办理，优化政务服务流程。

举办单位、场馆单位和会展服务单位可以通过平台服务窗口等方式，申请办理大型群众性活动安全、消防、户外广告、地图审核等与举办会展活动相关的行政许可、备案等有关行政事务。通过平台服务窗口申请办理有关行政事务的，相关部门依法作出的行政许可决定及有关行政事务办理结果，统一通过平台服务窗口反馈。

市商务部门应当通过平台服务窗口，依法为公众提供会展活动信息查询等公共服务，并按照国家和本市有关规定保障信息安全，对涉及的商业秘密予以保密。

第二十二条　举办单位举办会展活动时，应当在发布招展信息前，将会展活动名称、举办时间、举办地点等信息，向市商务部门备案。

经备案的会展活动，举办单位可以向海关、商务等部门申请给予展品进境通关便利、大型会展活动保障等服务。

会展活动信息备案的具体管理办法由市商务部门另行制定。

第二十三条　海关应当优化会展活动展品的通关手续和监管流程，提高通关便利化水平；按照规定延长相关展品暂时进境期限；会展活动结束后，允许符合规定的境外暂时进境展品进入海关特殊监管区域和保税监管场所，并准予核销结案。

出入境管理部门应当为信用良好的会展活动各方主体相关人员提供出入境便利。

第二十四条　会展活动举办地的区商务部门应当会同公安、应急、消防、市场监管、城管执法、卫生健康等部门加强工作协同，对会展活动实施现场联合检查，维护会展活动正常秩序。

会展活动举办地的区人民政府应当建立会展活动突发事件应对机制，及时组织有关部门处置突发事件。

第二十五条　市、区人民政府应当建立大型会展活动保障机制，组织有关部门开展安全保障、交通协调、人员疏导、突发事件处置等工作。

举办预计单日人流超过五万人次的会展活动，举办单位可以向活动举办地的区商务部门提出保障申请。区商务部门认为有必要的，应当向区人民政府提请启动区级保障机制。

区人民政府认为相关会展活动超出区级保障能力的，应当及时向市人民政府提请启动市级保障机制。

第二十六条　市人民政府应当完善会展活动知识产权保护机制，充分发挥调解、仲裁等多元化知识产权纠纷解决途径的作用。

知识产权相关管理部门应当加强对会展活动知识产权保护工作的指导，快速处理会展活动知识产权违法行为。

本市加强会展活动知识产权司法保护，完善知识产权诉讼案件审理机制，依法加大侵权损害赔偿力度。

第二十七条　举办单位应当按照有关规定，设立会展活动知识产权投诉机构。会展活动知识产权投诉机构由举办单位人员、相关领域的专业技术人员和法律专业人员等组成。必要时，知识产权相关管理部门可以应举办单位要求派员指导。

举办单位或者其设立的会展活动知识产权投诉机构初步判断参展产品构成侵权的，举办单位可以按照合同约定，采取遮盖、下架展品或者取消参展资格等措施，并按照有关规定移交市知识产权相关管理部门依法处理。

第二十八条　市商务、标准化等部门应当完善会展业标准化体系，强化会展业标准实施与监督，提升会展业质量和水平。

市标准化部门和有关部门应当组织制定会展业相关地方标准，加强对地方标准的宣传和推动实施工作。

鼓励会展行业组织、会展活动各方主体参与标准化工作，制定场馆管理、经营服务、节能环保、安全运营等团体和企业标准。

第二十九条　市统计部门应当会同市商务、文化旅游等部门建立会展业统计制度，完善统计指标体系，优化调查方法，建立会展业统计数据库，开展大数据分析，并对会展业发展情况进行监测和评估。

第四章　规范与管理

第三十条　本市依法保障会展活动各方主体开展公平竞争。场馆单位、举办单位等不得滥用市场支配地位，不得附加不合理的交易条件。

第三十一条　市商务部门应当会同市市场监管、公安、知识产权等部门制定会展活动相关合同示范文本，引导会展活动各方主体使用。

第三十二条　会展活动的名称、标识、主题等应当符合国家与本市有关规定，不得损害国家利益、社会公共利益，不得违背公序良俗或者产生其他不良影响。

举办单位使用会展活动名称和标识时，不得实施混淆行为，引人误认为是其他举办单位的会展活动或者与其存在特定联系。

本市鼓励举办单位通过申请注册商标等方式保护会展活动名称等无形资产。

第三十三条 举办单位应当以自己的名义发布招展信息，并与会展活动备案信息相符，不得发布虚假或者引人误解的信息。

会展活动的名称、场所、时间、面积等发生变更的，举办单位应当提前变更备案信息，及时告知参展单位，并向社会公告。

第三十四条 场馆单位应当建立场馆安全管理制度，依法配备安保人员，在场馆内设置监控、消防、急救等设施设备和安全标识，并指导举办单位、参展单位、会展服务单位等做好安全管理相关工作。

第三十五条 举办单位应当做好会展活动安全事前风险评估，按照相关标准，采取相应的人防、物防、技防措施，依法对其举办的会展活动安全负责。

举办单位应当与场馆单位签订安全协议，明确双方安全责任和义务，制定安保措施和应急预案。

举办单位和参展单位搭建会展活动临时设施，应当委托具有相应资质的单位进行设计、施工，并遵守相关安全管理规定和技术规范标准。

会展活动期间出现安全风险或者发生突发事件的，举办单位应当采取应急措施，并立即向公安等相关部门报告。会展活动各方主体应当配合做好应急处置工作。

第三十六条 举办单位和场馆单位应当按照有关行政许可要求，设置户外广告设施，依法配置废弃物收集设备，加强会展活动垃圾分类和回收再利用，并在会展活动结束后及时拆除户外广告设施，妥善处理废弃物。

绿化市容、生态环境、城管执法等部门应当对会展活动中户外广告设置、废弃物分类和收集、防范和处理环境污染等行为进行指导、规范和管理。

第三十七条 参展单位展出的进境展品应当办理通关手续，接受海关监管。

举办单位在会展活动开始前，应当对参展单位有关展品的知识产权证书、海关通关文件、地图展品的审图号等进行查验。

第三十八条　参展单位不得展示假冒伪劣、侵犯他人知识产权以及其他违反法律、法规的展品，不得违反合同约定在会展活动中展示与主题不符的展品或者从事其他与主题不符的活动。

参展单位在会展活动中有前款规定行为的，举办单位可以按照合同约定采取遮盖、下架展品或者取消参展资格等措施。

第三十九条　举办单位、场馆单位和会展服务单位收集参展单位和观众信息的，应当明示收集和使用信息的目的、方式和范围，并征得被收集者同意。

信息收集方应当采取有效措施防止信息泄露，不得超出被收集者同意的范围使用相关信息。

第四十条　本市鼓励律师事务所、仲裁机构、调解组织、公证机构等法律服务机构为会展活动纠纷处理提供高效、专业的服务。

举办单位应当在会展活动现场设立纠纷处理机构，或者委托法律服务机构进驻现场处理纠纷。

第四十一条　商务部门发现会展活动各方主体存在违反本条例规定行为的，可以会同市场监管等部门约谈有关单位主要负责人，要求其采取有效措施予以整改。

第四十二条　各相关部门应当按照国家和本市有关规定，将会展活动各方主体在会展活动中产生的失信信息向本市公共信用信息服务平台归集，并依法对失信主体采取惩戒措施。

会展活动各方主体有下列行为之一，造成严重后果或者严重不良社会影响的，应当将其列入严重失信主体名单，标明对该严重失信行为负有责任的法定代表人、主要负责人和其他直接责任人的信息，并通过本市公共信用信息服务平台公示：

（一）故意侵犯他人知识产权或者举办单位明知参展单位侵犯他人知识产权而不作处理；

（二）发生生产安全、环境污染等责任事故；

（三）其他严重破坏会展业市场公平竞争秩序或者严重侵害他人合法权益的行为。

市商务部门应当公布严重失信主体名单，并同时公开名单的列入、移出条件和救济途径。

有关部门可以依法对严重失信行为负有责任的法定代表人、主要负责人和其他直接责任人实施联合惩戒。

第五章　进博会服务保障

第四十三条　市人民政府应当贯彻落实国家战略，在进博会组织委员会领导下，会同国家有关部门，加强组织协调、落实服务保障措施，高水平办好进博会。

第四十四条　市人民政府根据进博会组织委员会部署，建立进博会城市服务保障机制，落实重大活动保障方案，加强安全保卫、交通、能源、通信等城市服务保障工作，确保进博会办成国际一流博览会。

市有关部门、区人民政府应当按照各自职责，做好进博会城市服务保障工作。

第四十五条　海关应当按照通关便利、安全高效的要求，简化进博会展品通关手续，提高展品通关效率，便利展品展后处置；支持常年保税展示交易常态化。

第四十六条　市、区人民政府应当加强统筹协调，持续放大进博会溢出带动效应，扩大对外开放、推动产业发展、提升城市品质，推进虹桥国际开放枢纽建设，发挥常态化国际贸易服务平台作用。

第四十七条　市、区人民政府应当依托进博会平台，加强与长三角其他省市间的合作联动，强化安全保卫、口岸通关、环境保护、知识产权保护等重点领域协同保障；促进长三角会展业与其他产业联动发展，推动上海成为联动长三角、服务全国、辐射亚太的进出口商品集散地。

第六章　法律责任

第四十八条　举办单位违反本条例第三十二条第二款规定，使用会展活动名称和标识时，实施混淆行为，引人误认为是其他举办单位的会展活动或者与其存在特定联系，违反反不正当竞争法律、法规规定的，由市场监管部门予以处罚。

第四十九条　举办单位违反本条例第三十三条第一款规定，发布虚假或者引人误解的信息，违反反不正当竞争、广告等法律、法规规定的，由市场监管部门予以处罚。

第五十条　参展单位违反本条例第三十八条第一款规定，在会展活动中展示与主题不符的展品或者从事其他与主题不符的活动，扰乱会展活动秩序，构成违反治安管理行为的，由公安机关依法给予治安管理处罚。

第五十一条　会展活动各方主体在会展活动中侵犯他人合法权益的，应当依法承担相应的民事责任。

第五十二条　商务部门和其他有关部门工作人员在会展活动管理中未按照本条例规定履行监督检查职责，造成不良影响的，依法给予处分。

第七章　附则

第五十三条　对非营利性展示活动的促进、服务和规范，可以参照适用本条例。

第五十四条　本条例下列用语的含义：

（一）举办单位，是指负责制定和实施会展活动计划方案，对会展活动进行统筹、组织和安排的单位；

（二）场馆单位，是指为会展活动提供场地和相关服务的单位；

（三）会展服务单位，是指在会展活动中主要为举办单位、场馆单位、参展单位、观众等各方提供搭建、物流、餐饮等专业服务的单位；

（四）参展单位，是指将物品、技术、服务等在会展活动中展示交流的单位。

第五十五条　本条例自 2020 年 5 月 1 日起施行。

3. 上海市消防条例

（1995年10月27日上海市第十届人民代表大会常务委员会第二十二次会议通过 根据1997年10月17日上海市第十届人民代表大会常务委员会第三十九次会议《关于修改〈上海市消防条例〉的决定》第一次修正 根据2000年1月25日上海市第十一届人民代表大会常务委员会第十六次会议《关于修改〈上海市消防条例〉的决定》第二次修正 根据2003年6月26日上海市第十二届人民代表大会常务委员会第五次会议《关于修改〈上海市消防条例〉的决定》第三次修正 2010年1月13日上海市第十三届人民代表大会常务委员会第十六次会议修订 根据2020年3月19日上海市第十五届人民代表大会常务委员会第十八次会议《关于修改〈上海市消防条例〉的决定》第四次修正）

第一章 总则

第一条 为了预防和减少火灾危害，加强应急救援工作，保护人身、财产安全，维护公共安全，根据《中华人民共和国消防法》和有关法律、行政法规的规定，结合本市实际，制定本条例。

第二条 本市行政区域内的消防工作以及相关应急救援工作，适用本条例。

第三条 本市各级人民政府负责本行政区域内的消防工作。

市和区人民政府应当将消防工作纳入国民经济和社会发展规划并组织实施，保障消防工作与经济建设和社会发展相适应。

第四条 市和区人民政府应急管理部门对本行政区域内的消防工作实施监督管理，并由本级人民政府消防救援机构负责实施。

第五条 维护消防安全是全社会的共同责任。本市机关、团体、企业、事业等单位（以下统称单位）和个人都有保护消防设施、预防火灾、报告火警的义务。

第六条 本市各级人民政府及其有关部门应当组织开展经常性的消防宣传教育。

应急管理部门及消防救援机构、公安机关应当加强消防法律、法规的宣传，并督促、指导、协助有关单位做好消防宣传教育工作。

单位应当加强对本单位人员的消防宣传教育。

教育、人力资源等部门和学校、有关职业培训机构应当将消防知识纳入教育、教学、培训的内容。

新闻、广播、电视、报刊、网站等传播媒体应当积极开设消防安全教育栏目，开展公益性消防宣传教育。

工会、共产主义青年团、妇女联合会等团体应当结合各自工作对象的特点，采取各种形式做好消防宣传教育工作。

居、村民委员会应当协助人民政府以及公安机关、应急管理等部门加强消防宣传教育。

第七条　本市鼓励消防科学技术研究和创新。鼓励消防救援机构和社会消防组织运用先进科技成果增强火灾预防、扑救和应急救援的能力。

本市对在防火、灭火和应急救援等工作中做出重大贡献或者对举报违反消防安全行为有功的单位和个人，予以表彰、奖励。

第八条　每年 11 月 9 日为本市消防活动日。

第二章　消防安全责任

第九条　本市各级人民政府应当依法落实消防工作责任制。

本市各级人民政府主要负责人是本地区消防工作的第一责任人，分管负责人是消防工作的主要责任人，其他负责人应当落实消防安全"一岗双责"制度。

上级人民政府应当与下一级人民政府签订年度消防工作责任书，确定消防工作责任目标，并对完成情况进行考核。

第十条　市和区人民政府应当履行下列消防工作职责：

（一）建立消防工作联席会议制度，研究并协调解决消防工作重大问题；

（二）对本级政府有关部门履行消防安全职责的情况进行监督检查；

（三）组织政府有关部门开展有针对性的消防安全检查；

（四）将公共消防设施建设和消防工作经费纳入本级财政预算，可以通过政府购买服务等方式，支持和保障消防教育培训、技术服务和物防、技防等工作；

（五）对严重影响公共安全的重大火灾隐患或者区域性火灾隐患实行挂牌督办，并推动整改；

（六）法律、法规规定的其他消防工作职责。

第十一条　乡、镇人民政府和街道办事处应当组织、指导、督促本区域内的单位和个人做好消防工作；指导、支持、帮助居、村民委员会开展群众性消防工作；依托城市网格化等综合管理平台，对公共消防设施、火灾隐患和消防安全违法行为及时协调相关职能部门予以处置；组织做好火灾事故善后处理相关工作。

第十二条　发展改革、住房城乡建设管理、交通、规划自然资源、财政等部门在规划制定、调整和实施工作中，应当按照本条例有关规定履行相关职责。

市场监管部门应当按照职责加强对消防产品质量和消防产品生产、销售单位的监督。

应急管理部门负责易燃易爆危险化学品相关的安全监督管理工作，组织编制和实施易燃易爆危险化学品事故应急救援预案。

经济信息化、住房城乡建设管理、商务、教育、民族宗教、民政、司法行政、文化旅游、卫生健康、国有资产监督管理、体育、交通、民防等部门应当建立健全行业消防安全标准化管理制度，根据本系统、本行业的特点，有针对性地对行业单位开展消防安全检查，及时督促整改火灾隐患。

第十三条　居、村民委员会应当确定消防安全管理人，组织居、村民制定防火安全公约，宣传家庭防火和应急逃生知识，进行防火安全检查。

第十四条　消防救援机构履行下列职责：

（一）贯彻、执行消防法律法规，依法开展消防监督检查工作，对单位实行清单式分类管理，监督落实消防安全责任；

（二）负责公众聚集场所投入使用、营业前的消防安全检查；

（三）开展消防法律法规宣传，组织消防安全专门培训，管理或者指导消防队伍的建设和训练，根据需要指导单位开展消防演练；

（四）负责消防产品使用环节的监督检查；

（五）组织、指挥、承担火灾扑救工作，负责调查火灾原因，统计火灾损失；

（六）参加政府统一领导的应急救援工作；

（七）推广消防科学技术研究成果；

（八）上级主管部门认为应当由消防救援机构履行的其他职责。

第十五条　公安派出所应当履行下列消防工作职责：

（一）对辖区内住宅物业消防安全管理和居、村民委员会履行消防安全责任的情况以及上级公安机关确定的单位实施日常消防监督检查；

（二）依职责对监督检查发现或者群众举报、投诉的火灾隐患进行核查，并监督整改；

（三）开展消防宣传教育培训；

（四）保护火灾现场，协助调查火灾事故原因，依法控制火灾肇事嫌疑人。

公安机关应当与消防救援机构、住房城乡建设管理部门建立协作机制，加强在消防监督检查、火灾隐患核查、火灾事故调查、违法行为处罚、信息共享等方面的协作；公安派出所对监督检查中发现的消防安全违法行为开展调查取证等工作，协助消防救援机构查处违法行为。

第十六条　单位应当履行下列消防安全责任：

（一）实行消防安全责任制，制定并落实消防安全制度、消防安全操作规程；

（二）按照国家和本市有关规定配置消防设施和器材、设置消防安全标志，并定期组织检验、维修，确保消防设施和器材完好、有效；

（三）保障疏散通道、安全出口、消防车通道畅通，保证防火防烟分区、防火间距符合消防技术标准；

（四）改善防火条件，组织防火检查，及时消除火灾隐患；

（五）针对本单位的特点对员工进行消防宣传教育，制定灭火和应急疏散预案，定期组织消防演练；

（六）组织火灾自救，保护火灾现场，协助调查火灾原因。

单位的主要负责人是本单位的消防安全责任人。

同一建筑物由两个以上单位管理或者使用的，应当由建筑物的管理、使用各方共同协商，在签订的协议中明确各自消防安全工作的权利、义务和违约责任。

第十七条　依法确定的消防安全重点单位除应当履行本条例第十六条规定的责任外，还应当履行下列消防安全责任：

（一）确定消防安全管理人，组织实施本单位的消防安全管理工作；

（二）建立消防档案，确定消防安全重点部位，设置防火标志，实行严格管理；

（三）实行每日防火巡查，并建立巡查记录；

（四）对员工进行消防安全培训，管理本单位的专职消防队、志愿消防队；

（五）自行或者委托符合国家规定条件的消防技术服务机构定期开展消防安全评估，并自评估完成之日起五个工作日内将评估报告报所在地消防救援机构备案。

第十八条　住宅区的物业服务企业应当在管理区域内履行下列消防安全责任：

（一）承接物业管理时，查验共用消防设施的完好状况，做好查验、交接记录，并告知业主委员会；未成立业主委员会的，应当及时告知全体业主；

（二）制定管理区域的消防安全管理制度、操作规程，建立消防档案，并按照相关技术标准规范记载消防档案内容；

（三）按照规定设置消防安全标志，定期进行管理区域内共用消防设施、器材和消防安全标志的维护管理；

（四）开展防火检查，发现火灾隐患及时采取相应措施，对业主、使用人违反消防安全管理规定的行为予以劝阻、制止，并及时向相关部门报告；

（五）制定灭火和应急疏散预案，定期开展消防演练。

物业服务企业发现管理区域内共用消防设施损坏，需要动用专项维修资金进行维修、更新和改造的，按照国家和本市住宅物业管理的相关规定办理。

第十九条　任何个人都应当遵守消防法律、法规，学习必要的消防知识，懂得安全用火用电用气、燃放烟花爆竹和其他防火、灭火常识及逃生技能，增强自防自救能力。

监护人应当对被监护人进行火灾预防教育。

第三章　火灾预防

第二十条　市消防救援机构应当会同市发展改革、住房城乡建设管理、交通、规划自然资源等部门按照统筹兼顾、科学合理、与经济和社会发展相适应的原则，组织编制市消防规划。

市消防规划应当包括消防安全布局、消防站、消防供水、消防通信、消防车通道、消防装备等内容。

市消防规划经市人民政府批准后纳入城乡规划，由有关部门按照各自职责具体实施。

第二十一条　城乡消防安全布局不符合消防安全要求的，应当及时调整、完善。

对下列情形，区人民政府应当组织有关部门按照市消防规划，制定方案予以解决：

（一）耐火等级低的建筑密集区；

（二）严重影响城乡消防安全的工厂、仓库、码头及其他重大危险源。

第二十二条　纳入规划的公共消防设施建设用地，任何单位和个人不得侵占或者擅自改变使用性质。

第二十三条　公共消防设施应当纳入市政设施基本建设计划。市和区人民政府应当组织有关部门依照消防规划和技术标准，建设、配置和维护消防站、消防车通道、消防通信、消火栓等公共消防设施。

公共消防设施、消防装备不足或者不适应实际需要的，应急管理部门应当书面报告本级人民政府。接到报告的人民政府应当及时核实情况，组织有关部门增建、改建、配置或者进行技术改造。

第二十四条　本市推动智慧消防建设，将其纳入"一网统管"城市运行管理体系，依托消防大数据应用平台，为火灾防控、区域火灾风险评估、火灾扑救和应急救援提供技术支持。

应急管理、公安、交通、住房城乡建设管理、经济信息化、民政、市场监管、民防、气象、教育、卫生健康、商务、文化旅游、生态环境、国有资产监督管理等部门以及供水、供电、供气、通信等公用企业应当共享与消防安全管理相关的监管和服务信息。

本市推动消防设施物联网系统建设，加强城市消防远程监控。相关单位应当按照国家工程建设消防技术标准，配置火灾自动报警系统、固定灭火系统和防排烟系统等消防设施，并按照有关规定设置消防设施物联网系统，将监控信息实时传输至消防大数据应用平台。

鼓励其他单位设置消防设施物联网系统。

第二十五条　建设、设计、施工、工程监理等单位依法对建设工程的消防设计、施工质量负责。

第二十六条　建设工程消防设计应当符合国家消防技术标准。没有国家标准的，应当符合本市消防技术标准。国家和本市消防技术标准没有规定的，或者拟采用特殊消防技术标准的，应当按照国家和本市有关规定办理。

承接建设工程消防设计的单位，应当具有相应资质，配备消防设计审核人员并建立消防设计自审制度。

第二十七条　特殊建设工程的建设单位应当按照国家和本市有关规定，将消防设计文件报送住房城乡建设管理部门审查，住房城乡建设管理部门依法对审查结果负责。

前款规定以外的其他建设工程，建设单位申请领取施工许可证或者申请批准开工报告时应当提供满足施工需要的消防设计图纸及技术资料。

特殊建设工程未经消防设计审查或者审查不合格的，其他建设工程的建设单位未提供满足施工需要的消防设计图纸及技术资料的，住房城乡建设管理部门和其他有关部门不得发放施工许可证或者批准开工报告。

经住房城乡建设管理部门审查同意的消防设计，任何单位和个人不得擅自修改；确需修改的，建设单位应当向住房城乡建设管理部门重新申请消防设计审查。

第二十八条　施工单位应当依照经住房城乡建设管理部门审查同意的消防设计进行施工。

建设工程施工现场的消防安全由施工单位负责。实行施工总承包的，由总承包单位负责。建筑物进行局部改建、扩建和内装修时，建设单位应当与施工单位在订立的合同中明确各方对施工现场的消防安全责任。

施工单位应当指定专人负责施工现场的消防工作，落实消防安全管理制度，配备必要的灭火器具。建筑物施工高度超过二十四米时，施工单位应当随施工进度落实消防水源。

第二十九条　应当申请消防验收的建设工程竣工后，建设单位应当向住房城乡建设管理部门申请消防验收。

前款规定以外的其他建设工程，在完成竣工验收后，建设单位应当报住房城乡建设管理部门备案，住房城乡建设管理部门应当进行抽查。

依法应当进行消防验收的建设工程，未经消防验收或者消防验收不合格的，禁止投入使用；其他建设工程经依法抽查不合格的，应当停止使用。

第三十条　市、区住房城乡建设管理部门应当按照本市建设工程质量安全监督管理的职责分工，开展建设工程消防设计审查、验收。

住房城乡建设管理部门在消防设计审查、验收时，可以按照国家和本市有关规定，通过政府购买服务等方式，委托具有相应资质的技术服务机构开展图纸技术审查、现场评定等技术服务。被委托的技术服务机构，应当对其出具的意见或者报告负责。

第三十一条　搭建临时建筑物、构筑物或者改变建筑物用途，应当符合消防安全要求。

第三十二条　公众聚集场所在投入使用或者营业前，建设单位或者使用单位应当向所在地消防救援机构申请消防安全检查。消防救援机构可以根据公众聚集场所的性质、建筑面积、火灾风险程度等差异性，实行分类分级消防安全检查，国家规定实施告知承诺方式审查的，从其规定。

经消防安全检查合格后，公众聚集场所方可投入使用或者营业。

第三十三条　建筑构件、建筑材料、建筑保温材料和室内装修、装饰材料的防火性能应当符合国家标准；没有国家标准的，应当符合行业标准。

第三十四条　消防产品应当符合国家标准；没有国家标准的，应当符合行业标准。

从事生产、销售、维修消防产品的单位，应当严格执行产品质量和标识的技术标准或者有关规定。

第三十五条　火灾自动报警系统、固定灭火系统和防排烟系统等技术性能较高的消防设施，应当由有资质的单位安装，并由符合国家规定条件的单位定期检测。

第三十六条　居民聚居区、大型商业区、党政机关、学校、铁路干线、名胜古迹、风景游览区以及其他重要场所周边，在国家规定的距离范围内不得新建、改建、扩建易燃易爆危险物品的生产设施或者储存场所。已经建成的易燃易爆危险物品的生产设施或者储存场所周边，在国家规定的距离范围内不得建造居民聚居区、大型商业区。

第三十七条　生产、储存、销售、运输、携带、使用或者销毁易燃易爆危险物品的，应当遵守国家和本市有关易燃易爆危险物品的安全管理规定。

禁止非法携带易燃易爆危险物品进入公共场所或者乘坐公共交通工具。

禁止邮寄或者在邮品中夹带易燃易爆危险物品。

禁止擅自携带火种进入生产、储存、装卸易燃易爆危险物品的场所。

居民存放少量易燃易爆危险物品的，应当选择合适的容器，存放在安全的地方，配置必要的灭火器具。

第三十八条　禁止在具有火灾、爆炸危险的场所擅自动用明火或者吸烟。需要动用明火作业的，应当事先按规定办理本单位内部的审批手续，作业人员应当遵守安全规定，并采取严密的消防安全措施。

进行电焊、气焊等具有火灾危险作业的人员和自动消防系统的操作人员，应当持证上岗；在进行电焊、气焊、气割、砂轮切割以及其他具有火灾、爆炸危险作业时，应当严格遵守消防安全操作规程。

人员密集场所禁止在营业、使用期间进行电焊、气焊、气割、砂轮切割、油漆等具有火灾危险的施工、维修作业。

第三十九条　电器产品、燃气用具的安装、使用及其线路、管路的设计、敷设、维护保养、检测，应当符合国家和本市的消防技术标准和管理规定。

鼓励单位采用电气火灾监控技术，提升对电器产品及其线路运行状态的监测、预警和处置能力。

鼓励在居民住宅户内安装独立式火灾探测报警器。

第四十条　公共汽车、电车、出租车、轨道列车、渡轮等公共交通工具应当配备必要的消防器材，保持完好、有效，并设置明显标识和使用说明。

公共交通运营单位应当加强对工作人员的消防安全培训，使其能够熟练使用消防器材，并在火灾等突发事件发生时引导、协助乘客及时疏散。

公共交通运营单位应当通过广播、电视、宣传手册等形式，向乘客宣传防火措施、消防器材的使用方法和避难、逃生方式等消防安全知识。

第四十一条　人民防空工程、普通地下建筑物、地铁、地下通道等地下空间的产权人、物业管理单位或者使用人应当遵守国家和本市有关地下空间消防安全的管理规定。

第四十二条　生产、储存、经营易燃易爆危险物品的场所不得与居住场所设置在同一建筑物内，并应当与居住场所保持安全距离。

生产、储存、经营其他物品的场所与居住场所设置在同一建筑物内的，应当符合国家和本市有关消防安全规定。

建筑物的所有人、管理人发现违法设置上述场所的，应当及时劝阻，并向消防救援机构报告。

第四十三条　单位和个人应当做好消防设施的保护工作，禁止下列行为：

（一）损坏、挪用或者擅自拆除、停用消防设施、器材；

（二）埋压、圈占、遮挡消火栓；

（三）占用防火间距，破坏防火防烟分区；

（四）占用、堵塞、封闭疏散通道、安全出口、消防车通道。

人员密集场所的门窗不得设置影响逃生和灭火救援的障碍物。

禁止指使、强令他人从事违反消防安全规定的生产和作业。

第四十四条　本市易燃易爆危险物品生产、储存、运输、销售企业和公众聚集场所经营单位按照国家的有关规定投保火灾公众责任险。

第四十五条　下列人员应当接受消防安全培训：

（一）消防安全管理人员；

（二）消防工程的设计、施工、监理、维修人员，消防产品的检验维修人员和自动消防设施的操作人员；

（三）易燃易爆危险物品的作业人员；

（四）消防技术服务机构的执业人员。

消防安全重点单位的消防安全管理人、自动消防设施的操作人员、易燃易爆危险物品仓库保管人员应当持有相应的上岗证书。

第四十六条　单位应当按照本单位灭火和应急疏散预案及国家有关规定，定期组织消防演练。消防安全重点单位应当每年进行至少两次消防演练。

物业服务企业和人员密集场所的经营、管理单位，应当组织员工开展有针对性的消防演练，培训员工在火灾发生时组织、引导在场人员有序疏散的技能。

托儿所、幼儿园、学校、敬老院、养老院、福利院、医院等单位的灭火和应急疏散预案，应当包含在火灾发生时保护婴幼儿、学生、老人、残疾人、病人的相应措施。

第四十七条　符合国家规定条件的消防技术服务机构可以提供消防产品质量认证、消防设施检测、消防安全监测、消防技术咨询、消防安全评估、火灾损失核定等方面的技术服务，并对所提供的服务承担相应的法律责任。住房城乡建设管理部门、消防救援机构及其他有关部门应当对其进行监督。

第四十八条　消防救援机构在消防监督检查中发现有火灾隐患的，应当通知有关单位或者个人立即采取措施消除隐患。接到通知的单位和个人，应当采取有效措施，及时整改；对不能当场整改的火灾隐患，应当自行或者委托符合国家规定条件的消防技术服务机构制定整改计划，确定整改部门和人员，落实整改资金，限期完成整改。

第四十九条　消防救援机构在消防监督检查中发现以下情形，不及时消除可能严重威胁公共安全的，应当依照规定对危险部位或者场所采取临时查封措施：

（一）可燃物资仓库和生产、储存、装卸、使用易燃易爆危险物品的场所存在重大火灾隐患的；

（二）生产、储存、经营易燃易爆危险物品的场所与居住场所设置在同一建筑物内的；

（三）人员密集场所违反消防技术标准和管理规定，储存、经营、使用易燃易爆危险物品的；

（四）人员密集场所损坏或者擅自拆除、停用消防设施，堵塞疏散通道、安全出口的；

（五）其他不及时消除可能严重威胁公共安全的情形。

未经采取临时查封措施的消防救援机构同意，不得拆封或者使用被查封的场所、部位。

第四章　消防组织

第五十条　市、区人民政府依照国家有关规定和市消防规划建立国家综合性消防救援队、政府专职消防队，建设固定营房，配备消防车辆和器材装备。

乡、镇人民政府和街道办事处应当根据国家和本市有关规定，结合当地经济发展和消防工作的需要，建立专职消防队、志愿消防队、基层消防安全组织。

第五十一条　下列单位应当建立单位专职消防队，承担本单位的火灾扑救工作：

（一）大型火力发电厂、民用机场、港口、易燃易爆危险物品装卸专业码头、大型修造船厂、城市轨道交通综合维修基地；

（二）生产、储存易燃易爆危险物品的大型企业；

（三）储备可燃的重要物资的大型仓库、基地；

（四）火灾危险性较大，且与最近的国家综合性消防救援队、政府专职消防队相距超过五公里的其他大型企业。

第五十二条　专职消防队应当按照国家和本市有关规定建设固定营房，配备消防人员、消防车辆和器材装备，并经市消防救援机构验收。

未经市消防救援机构同意，不得撤销专职消防队。

第五十三条　国家综合性消防救援队、专职消防队承担火灾扑救工作，并依照国家规定承担重大灾害事故和其他以抢救人员生命为主的应急救援工作。

第五十四条　单位以及居、村民委员会根据需要，建立志愿消防队等多种形式的消防组织，开展群众性自防自救工作。

人员密集场所和高层公共建筑的产权单位或者受其委托管理的单位，按照国家和本市有关规定组建志愿消防队，落实人员、器材装备、值班备勤室等。

第五十五条　国家综合性消防救援队、专职消防队应当制定、实施业务训练计划，维护、保养装备器材，并严格执行执勤制度。

专职消防队的执勤、业务训练、火灾扑救、应急救援，按照国家综合性消防救援队有关规定执行。专职消防队员应当接受培训，取得相应的消防职业等级证书。

志愿消防队应当根据实际情况开展有针对性的业务训练，提高扑救火灾的技能。

消防救援机构应当对专职消防队、志愿消防队等消防组织进行业务指导。

第五十六条　国家综合性消防救援队救援人员，根据国家和本市相关规定享有职业荣誉、生活待遇、社会优待等职业保障。

专职消防队的组建单位应当与消防队员依法签订劳动或者聘用合同，在合同期间按照规定为其办理各项社会保险，并提供相应的福利待遇。

单位应当保障专职消防队的建设经费和消防业务经费。

第五十七条　国家综合性消防救援队和专职消防队的消防车、消防艇，应当设置专用标志、安装示警设备，并纳入特种车辆、船艇管理，在执行火灾扑救和应急救援等任务时免缴道路、航道通行费。

第五十八条　政府专职消防队员在消防救援机构工作人员指导和监督下，协助开展监督检查、隐患举报查处、劝阻和纠正消防安全违法行为、开展消防宣传教育等工作。

消防救援机构应当加强对政府专职消防队员的管理、培训、考核。考核不合格的，不得上岗。

政府专职消防队员履行职责时，应当统一着装、携带证件、佩戴统一标识。

第五十九条　依法建立的消防协会在市消防救援机构及其他有关部门的指导和监督下，依照协会章程开展消防学术交流和消防宣传教育，推广先进消防技术，进行消防行业自律管理。

第五章　灭火救援

第六十条　任何个人发现火灾都应当迅速报警；任何单位和个人都应当为报警无偿提供便利。不得谎报火警，制造混乱。

任何单位和个人都有为扑救火灾提供帮助的义务。在消防队未到达火灾现场前，有关单位应当迅速组织力量扑救，减少火灾损失。

禁止组织未成年人参加火灾扑救。

人员密集场所发生火灾时，该场所的现场工作人员有组织、引导在场人员疏散的义务。

第六十一条　国家综合性消防救援队、专职消防队接到出警命令后应当在六十秒内出动消防车，赶赴火灾现场。

消防车、消防艇前往执行火灾扑救或者应急救援任务，在确保安全的前提下，不受行驶速度、行驶路线、行驶方向和指挥信号的限制，其他车辆、船舶以及行人应当让行，不得穿插超越。交通管理指挥人员应当保证消防车、消防艇迅速通行。

第六十二条　消防救援机构统一组织和指挥火灾现场扑救，应当优先保障遇险人员的生命安全。

国家综合性消防救援队、专职消防队参加火灾以外的其他重大灾害事故的应急救援工作，由市或者区人民政府统一领导。

第六十三条　消防救援机构有权调动专职消防队和交通、供水、供电、供气、通信、医疗救护等有关部门进行火灾扑救，投入灭火抢险。参加火灾扑救的单位和个人应当服从火场总指挥员的统一指挥。

为阻止火灾蔓延，避免重大损失，火场总指挥员有权决定使用各种水源，划定警戒区，在火场周围实施交通管制，截断电力、可燃气体和可燃液体的输送，限制用火用电，利用临近建筑物和有关设施，拆除或者破损毗邻建筑物、构筑物或者设施等。

市或者区、乡、镇人民政府应当根据扑救火灾的紧急需要，组织人员、调集所需物资支援灭火。

第六十四条　消防救援机构有权根据需要封闭火灾现场。任何单位和个人都不得扰乱火灾现场秩序，不得妨碍火灾原因调查，未经消防救援机构同意，不得进入火灾现场，禁止擅自清理火灾事故现场。

第六十五条　火灾扑灭后，由消防救援机构负责调查火灾原因，统计火灾损失。消防救援机构可以委托依法设立的价格鉴证机构、资产评估机构对火灾直接财产损失进行鉴定或者评估。火灾直接财产损失鉴定意见或者评估报告可以作为消防救援机构统计火灾损失的依据。

发生火灾的单位和相关人员应当按照消防救援机构的要求保护现场，接受事故调查，如实提供与火灾有关的情况。

消防救援机构根据火灾现场勘验、调查情况和有关的检验、鉴定意见，及时制作火灾事故认定书，作为处理火灾事故的证据。

第六十六条　外单位的专职消防队、志愿消防队参加扑救火灾所损耗的燃料、灭火剂和器材装备，由火灾发生地的人民政府补偿。火灾发生单位参加的保险中含有施救费用的，保险公司支付的施救费用应当优先用于补偿外单位专职消防队、志愿消防队的损耗。

参加应急救援造成的损耗补偿，参照前款规定执行。

第六章　法律责任

第六十七条　违反本条例规定的行为，法律、行政法规有处理规定的，依照有关法律、行政法规的规定处理。

第六十八条　违反本条例规定生产、储存、运输、经营、携带、使用、销毁易燃易爆危险物品的，由消防救援机构责令停止违法行为，可以对易燃易爆危险物品采取查封、扣押等强制措施。

对不符合消防安全技术规定，可能造成重大危害的易燃易爆危险物品及其容器，消防救援机构可以予以收缴销毁。

第六十九条　人员密集场所在营业、使用期间进行电焊、气焊、气割、砂轮切割、油漆等具有火灾危险的施工、维修作业的，由消防救援机构处五千元以上五万元以下罚款。

第七十条　违反本条例规定，有下列行为之一的，由消防救援机构处警告或者二千元以上二万元以下罚款；情节严重的，处二万元以上二十万元以下罚款：

（一）搭建临时建筑物、构筑物或者改变建筑物用途不符合消防安全要求的；

（二）建筑物施工高度超过二十四米，施工单位没有随施工进度落实消防水源的；

（三）组织未成年人参加火灾扑救的。

第七十一条　单位违反本条例第十六条、第十七条、第三十八条第二款的规定，由消防救援机构责令限期改正；逾期不改正的，对其直接负责的主管人员和其他直接责任人员给予警告或者由有关部门依法给予处分。

第七十二条　物业服务企业违反本条例第十八条第一款第二项规定，未建立消防档案或者记载消防档案内容不规范的，由消防救援机构责令限期改正；逾期不改正的，给予警告；情节严重的，处五百元以上二千元以下罚款。

物业服务企业违反本条例第十八条第一款第三项规定，未按照规定在管理区域内设置消防安全标志的，由消防救援机构责令限期改正；逾期不改正的，处五千元以上二万元以下罚款；情节严重的，处二万元以上五万元以下罚款。

第七十三条 当事人逾期不履行停产停业、停止使用、停止施工决定的，由作出处罚决定的住房城乡建设管理部门或者消防救援机构强制执行。责令停产停业，对经济和社会生活影响较大、执行确有困难的，由住房城乡建设管理部门或者消防救援机构提出意见，并由住房城乡建设管理部门或者应急管理部门报请本级人民政府依法决定。

被责令停止施工、停止使用、停产停业的，应当在整改后向作出决定的部门或者机构报告，申请施工、使用、生产、经营，经检查合格，方可恢复。

作出决定的部门或者机构应当自收到书面申请之日起三个工作日内进行检查，自检查之日起三个工作日内作出决定，送达当事人。

第七十四条 作出行政处罚决定的部门或者机构应当依法公开消防行政处罚信息，将适用一般程序作出的行政处罚信息以及重大火灾隐患政府挂牌督办的有关信息，依法纳入本市公共信用信息目录管理，并采取惩戒措施。

第七十五条 住房城乡建设管理部门、消防救援机构的工作人员执行职务，应当自觉接受社会监督。任何单位和个人都有权对住房城乡建设管理部门、消防救援机构的工作人员在执法中的违法行为进行检举、控告。收到检举、控告的机关，应当按照职责及时查处。

住房城乡建设管理部门、消防救援机构的工作人员在消防工作中滥用职权、玩忽职守、徇私舞弊，有下列行为之一，尚不构成犯罪的，依法给予处分：

（一）对不符合消防安全要求的消防设计文件、建设工程、场所准予审查合格、消防验收合格、消防安全检查合格的；

（二）无故拖延消防设计审查、消防验收、消防安全检查，不在法定期限内履行职责的；

（三）发现火灾隐患不及时通知有关单位或者个人改正的；

（四）利用消防设计审查、消防验收和消防安全检查谋取利益的；

（五）利用职务为用户、建设单位指定或者变相指定消防产品的品牌、销售单位或者消防技术服务机构、消防设施施工单位的；

（六）将消防车、消防艇以及消防器材、装备和设施用于与消防和应急救援无关的事项的；

（七）其他滥用职权、玩忽职守、徇私舞弊的行为。

第七章　附则

第七十六条　本条例所规定的单位，是指机关、团体、企业、事业等单位。有固定生产经营场所且场所面积达到一定标准的个体工商户应当履行本条例规定的单位消防安全职责，具体标准由市消防救援机构制定。

第七十七条　本条例自 2010 年 4 月 1 日起施行。

4. 上海市实施《中华人民共和国 农民专业合作社法》办法

（2020 年 3 月 19 日上海市第十五届人民代表大会常务委员会
第十八次会议通过）

第一章　总则

第一条　为了规范本市农民专业合作社的组织和行为，保护农民专业合作社及其成员的合法权益，鼓励、支持、引导农民专业合作社高质量发展，有效推进本市农村"美丽家园""绿色田园""幸福乐园"工程建设，促进乡村振兴战略实施，根据《中华人民共和国农民专业合作社法》等有关法律、行政法规，结合本市实际，制定本办法。

第二条　本市行政区域内农民专业合作社的设立、运行以及相关的扶持、管理等活动，适用本办法。

本办法所称农民专业合作社，是指在农村家庭承包经营基础上，农产品的生产经营者或者农业生产经营服务的提供者、利用者，自愿联合、民主管理的互助性经济组织。

第三条　在农民专业合作社中，根据中国共产党章程和党内法规的规定成立党组织。农民专业合作社应当为党组织的活动提供必要条件。

第四条　市、区人民政府应当将农民专业合作社发展纳入国民经济和社会发展规划，建立健全财政投入和经费保障机制，制定政策措施，促进农民专业合作社的发展。

本市建立农民专业合作社综合协调机制，统筹协调、研究解决农民专业合作社发展中的重大事项，推动农民专业合作社的建设和发展。

第五条　市、区农业农村部门和乡镇人民政府按照各自职责，负责本行政区域内农民专业合作社的指导、扶持、服务和监督工作。

市、区发展改革、财政、经济信息化、市场监管、商务、科技、金融、税务、规划资源、人力资源社会保障、教育、粮食和物资储备、林业、水务、生态环境等部门应当按照职责分工，共同推进农民专业合作社发展的相关工作。

第六条　本市支持农民专业合作社高质量发展，创新合作模式和机制，拓展农民专业合作社经营内容和领域；鼓励同业或者产业密切关联的农民专业合作社在自愿前提下开展合作与联合。

第七条　本市全面落实长江三角洲区域一体化发展国家战略，与长江三角洲区域相关省建立促进农民专业合作社发展的合作机制，推进长江三角洲区域农民专业合作社优势互补与协同发展；鼓励农民专业合作社与国内其他地区农民专业合作社合作，推动开展国际交流。

第二章　设立与运行

第八条　设立农民专业合作社，应当依法向市场监管部门申请登记，领取农民专业合作社法人营业执照。未经依法登记并取得营业执照，不得以农民专业合作社的名义从事生产经营活动。

农民专业合作社名称、成员出资总额、法定代表人等法定登记事项发生变更的，应当自作出变更决议之日起三十日内，向原登记机关申请变更登记。

第九条　农民专业合作社以其成员为主要服务对象，开展以下一种或者多种业务：

（一）农业生产资料购买、使用；

（二）种植、养殖、捕捞生产；

（三）农产品生产、销售、加工、运输、贮藏及其他相关服务；

（四）农业机械作业及维修服务；

（五）农村民间工艺及制品、休闲农业和乡村旅游资源的开发运营；

（六）与农业生产经营有关的技术、信息、设施建设运营等服务。

第十条　设立农民专业合作社应当依法制定章程，并由全体设立人一致通过。农民专业合作社制定的业务规范，可以作为章程的附件。

鼓励农民专业合作社使用章程示范文本。市农业农村部门应当会同市场监管部门制定农民专业合作社章程示范文本。

第十一条　具有民事行为能力的公民，以及从事与农民专业合作社业务直接相关的生产经营活动的企业、事业单位或者社会组织，能够利用农民专业合作社提供的服务，承认并遵守农民专业合作社章程，履行章程规定的入社手续的，可以成为农民专业合作社的成员。

第十二条　农民专业合作社成员符合下列情形之一的，计入农民成员比例：

（一）具有农业户口的；

（二）具有土地承包经营权证的；

（三）具有农村集体经济组织成员证明的。

非本市户籍人员在本市设立、加入农民专业合作社，符合前款情形之一，并在本市承租土地、水面等的，计入农民成员比例。

农民专业合作社的成员中，农民至少应当占成员总数的百分之八十。

第十三条　除本办法第十二条规定外，下列单位和个人也可以发挥自身优势，依法设立、加入农民专业合作社：

（一）农村集体经济组织；

（二）农业科学研究单位和农业技术服务组织；

（三）基层供销合作社；

（四）农业产业化龙头企业、家庭农场；

（五）农业科技人员；

（六）致力于农业发展的其他组织和人员。

第十四条　农民专业合作社成员应当按照章程约定的出资方式、数额和缴付期限，履行出资义务，并按照法律规定和章程约定参与盈余分配。

农民专业合作社成员依法以土地经营权、林权等出资的，不得改变土地用途，出资年限不得超过土地经营权、林权等的剩余期限。

第十五条　农民专业合作社自然人成员死亡后，其成员资格终止，农民专业合作社应当按照章程规定的方式和期限，退还记载在该成员账户内的出资额和公积金份额，并依法返还资格终止前的可分配盈余、分摊资格终止前的亏损及债务。

第十六条 农民专业合作社成员大会选举和表决，实行一人一票制，成员各享有一票的基本表决权。

出资额或者与本社交易量（额）较大的成员按照章程规定，可以享有附加表决权。本社的附加表决权总票数，不得超过基本表决权总票数的百分之二十。

农民专业合作社章程可以规定附加表决权不得行使的情形，也可以规定基本表决权与附加表决权相加行使的上限。

第十七条 理事长、理事、执行监事或者监事会成员，由成员大会依法从本社成员中选举产生，依照法律法规和章程的规定行使职权，对成员大会负责。

第十八条 农民专业合作社应当依法建立健全财务管理制度，设置会计账簿，为每个成员设立成员账户。

农民专业合作社应当依法设置会计机构或者在有关机构中设置会计人员；不具备设置条件的，应当委托经批准设立从事会计代理记账业务的中介机构代理记账、核算。

成员账户除了记载法律规定的内容外，还应当记载下列内容：

（一）国家财政直接补助形成的财产量化份额；

（二）他人捐赠形成的财产量化份额；

（三）从农民专业合作社得到的盈余返还份额。

第十九条 农民专业合作社对国家财政直接补助形成的财产，享有占有、使用和处分的权利，并可以以该财产对债务承担责任。

农民专业合作社解散或者破产清算时，上述财产的处置按照国家和本市有关规定执行。

第二十条 农民专业合作社接受他人捐赠的，可以按照捐赠协议享有所捐赠财产的权利。捐赠协议约定不明的，视为农民专业合作社所有，农民专业合作社可以依法处置。

第二十一条 农民专业合作社对于国家财政直接补助形成的财产和他人捐赠的财产，应当建立单独的台账，并接受有关部门的审计或者捐赠人的监督。

第二十二条　农民专业合作社应当依法建立农产品生产记录或者质量安全台账，健全农产品质量安全管理制度、检验检测制度，落实农产品质量安全追溯制度，提高农产品质量安全水平。

第二十三条　农民专业合作社的下列事项应当向成员公开：

（一）农民专业合作社的重大经营决策的执行情况；

（二）国家财政直接补助和他人捐赠形成的财产情况；

（三）其他涉及成员切身利益的事项。

农民专业合作社应当在会计年度终了时，向成员公布经营和财务状况，接受成员的监督。

第二十四条　鼓励农民专业合作社根据发展需要，以产品和产业为纽带开展合作，自愿组建农民专业合作社联合社。

农民专业合作社联合社应当按照法律法规和章程的规定，开展生产经营活动，并享受农民专业合作社的相关优惠政策。

第二十五条　农民专业合作社联合社应当设立由全体成员参加的成员大会，并可以根据需要，设立理事会、监事会或者执行监事。

农民专业合作社联合社的理事长、理事应当由成员社选派的人员担任。理事长、监事长（执行监事）不得在同一成员社中产生。

第三章　促进与发展

第二十六条　市、区人民政府应当将促进农民专业合作社发展的经费纳入本级财政预算，通过财政补助、贷款贴息、先建后补等方式，重点用于支持农民专业合作社基础设施建设、质量标准认证、市场营销、技术创新与推广、人员培训等事项。

第二十七条　科技、农业农村部门鼓励农民专业合作社联合科研单位共同申报相关科技计划项目，支持其开展与农业生产经营有关的研发与服务。

科技、农业农村部门应当对农民专业合作社培育与引进新品种、应用新技术的项目予以指导、支持。

农业科研院所、高等学校、技术推广机构和科学技术协会等组织应当为农民专业合作社提供技术咨询、科普宣传等服务。

鼓励具有丰富农业实践经验的专家为农民专业合作社提供技术支持。

第二十八条　鼓励农业科技人员和大中专毕业生到农民专业合作社工作。

在农民专业合作社工作的农业科技人员和大中专毕业生可以按照本市规定，在同等条件下优先评定职称。

第二十九条　在农民专业合作社工作的农业科技人员和大中专毕业生可以按照本市规定，参加城镇职工社会保险。

本市户籍的农民专业合作社成员可以按照本市规定，参加城镇职工社会保险。

在农民专业合作社从事农业劳动的从业人员可以按照本市规定，办理灵活就业登记。

第三十条　非本市户籍的农业科技人员和大中专毕业生在农民专业合作社工作的，可以按照本市居住证积分管理的有关规定，申请积分办理，享受相应的公共服务；符合本市落户政策规定的，可以申办本市常住户口。

第三十一条　乡镇人民政府指定或者聘任农民专业合作社辅导员，为农民专业合作社提供业务指导、政策咨询、财务会计辅导等服务，促进农民专业合作社规范发展。

农业农村部门应当加强辅导员管理，定期开展辅导员专业知识和技能培训。

第三十二条　对符合以下条件之一的农民专业合作社，在财政补助、贷款贴息等方面优先给予支持：

（一）具有良好农业规范、食品安全管理体系认证、质量管理体系认证的；

（二）具有绿色食品、有机产品认证的；

（三）具有农产品地理标志的；

（四）具有地方特色农产品品牌的。

第三十三条　农民专业合作社享受国家规定的对农业生产、加工、流通、服务和其他涉农经济活动的税收优惠。

第三十四条　鼓励金融机构加大对农民专业合作社及其成员的贷款支持力度，完善抵押物、质押物的评估机制，积极开展与农业生产经营周期相匹配的流动资金贷款和中长期贷款业务，简化贷款审批流程。

鼓励保险机构开展符合农民专业合作社产业升级发展需求的综合保险服务。建立健全包括农作物生产以及农产品运输、储存、加工、销售等全流程风险产品体系，扩大农业保险覆盖范围，提高农业保险赔付标准，增强农民专业合作社抵御风险的能力。

第三十五条　农民专业合作社兴办加工企业等需要建设用地或者设施农用地的，在符合国土空间规划和农业相关规划的前提下，规划资源部门应当优先安排用地计划，及时办理用地手续。

农民专业合作社从事种植业、养殖业的，享受国家农业用电优惠电价；农民专业合作社从事农产品初加工或者符合其他相关规定的，可以申请农业生产分时电价优惠。

第三十六条　农业农村、商务、教育、粮食和物资储备等部门应当采取措施，帮助具备条件的农民专业合作社与连锁超市、食品加工或者餐饮服务企业、高等院校及大型企业的后勤采购单位等搭建农商对接、产销衔接平台，拓展农产品新型流通渠道。

第三十七条　鼓励和扶持具有生产经营规模和出口能力的农民专业合作社参加具有国际影响力的展销会、推介会等活动，开展技术交流，拓展国际市场。

第三十八条　农民专业合作社整车运输列入国家《鲜活农产品品种目录》鲜活农产品的车辆，按照国家有关规定，享受道路通行费优惠。

第三十九条　鼓励供销合作社通过引领创办、资金注入、项目扶持、人才培训、市场开拓、产供销服务等形式，做好农民专业合作社培育和服务工作。

第四章　规范与管理

第四十条　农业农村部门和市场监管部门应当加强对农民专业合作社的监管，引导农民专业合作社建立健全内部运行、财务会计和生产经营等管理制度，促进农民专业合作社规范发展。

第四十一条　农业农村部门应当会同相关部门制定和完善农民专业合作社示范社标准，评审认定农民专业合作社示范社，并按照国家和本市有关规定予以扶持。

农业农村部门应当建立健全农民专业合作社示范社动态监测制度，定期监测农民专业合作社示范社运行情况。

第四十二条　支持和鼓励农民专业合作社根据专业特点设立联合会。

农民专业合作社联合会应当加强农民专业合作社自律和诚信建设，引导农民专业合作社和成员提升发展质量，维护农民专业合作社和成员的合法权益。

第四十三条　农业农村部门应当建立健全农产品质量安全管理制度、控制和追溯体系，引导农民专业合作社开展农业标准化生产，推行绿色生产方式，发展循环农业，并为农民专业合作社申请农产品质量安全认证提供咨询、指导和服务。

农业农村部门应当组织开展农民专业合作社农产品质量监督抽查。抽查农民专业合作社的名单和结果，应当向社会公开。

第四十四条　市场监管部门应当在农民专业合作社设立、变更或者注销登记完成后，通过本市法人信息共享与运用系统，将有关登记信息与农业农村等部门进行共享。

第四十五条　农民专业合作社应当按照国家有关规定，向市场监管部门报送年度报告，并向社会公示。

市场监管部门应当组织开展农民专业合作社年报信息随机抽查。抽查农民专业合作社的名单和结果，应当通过企业信用信息公示系统向社会公示。

第四十六条　农业农村部门和相关部门应当按照国家和本市有关规定，将农民专业合作社生产经营活动中产生的失信行为予以记录，并依法向本市公共信用信息服务平台归集。

第四十七条　农民专业合作社应当依法开展经营活动，连续两年未从事经营活动的，依法吊销其营业执照。

农民专业合作社解散、清算等事宜，按照国家相关法律规定处理。农民专业合作社自主申请注销登记的，农业农村、市场监管、税收等部门应当为其提供便利服务。

第四十八条　农民专业合作社与成员之间发生纠纷时，可以协商解决或者申请调解，也可以依法向人民法院提起诉讼。

农民专业合作社及其成员按照前款规定申请调解的，乡镇人民政府、村（居）民委员会、人民调解组织应当予以调解处理。

第五章　法律责任

第四十九条　对违反本办法的行为，法律、行政法规已有处理规定的，从其规定。

第五十条　行政机关及其工作人员有下列行为之一的，对直接负责的主管人员和其他直接责任人员依法给予行政处分；给农民专业合作社造成损失的，依法承担赔偿责任；构成犯罪的，依法追究刑事责任：

（一）弄虚作假骗取国家财政补助资金的；

（二）强迫、阻挠农民或者其他单位、个人，设立、加入或者退出农民专业合作社的；

（三）其他玩忽职守、滥用职权、徇私舞弊侵犯农民专业合作社及其成员合法权益的行为。

第五十一条　农民专业合作社及其管理人员采取弄虚作假、隐瞒真实情况等方式，套取政府扶持项目和资金的，由有关部门追回项目资金，并依法追究相应责任。

第五十二条　农民专业合作社的理事长、理事和管理人员有下列行为之一，造成农民专业合作社财产损失和其他合法利益损害的，应当依法承担赔偿责任；构成犯罪的，依法追究其刑事责任：

（一）侵占、挪用或者私分本社资产的；

（二）违反章程规定或者未经成员大会同意，将本社资金借贷给他人、对外投资或者以本社资产为他人提供担保的；

（三）接受他人与本社交易的佣金归为己有或者向本社转嫁债务的；

（四）违反章程规定作出决策，损害本社及其成员合法权益的；

（五）从事损害本社经济利益的其他活动。

第六章　附则

第五十三条　本办法自 2020 年 5 月 1 日起施行。

5. 上海市地方金融监督管理条例

（2020 年 4 月 10 日上海市第十五届人民代表大会常务委员会
第二十次会议通过）

第一章　总则

第一条　为了规范地方金融组织及其活动，维护金融消费者和投资者合法权益，防范化解金融风险，促进本市金融健康发展，推动上海国际金融中心建设，根据相关法律、行政法规和国家有关规定，结合本市实际，制定本条例。

第二条　本市行政区域内地方金融组织及其活动的监督管理、风险防范与处置工作，适用本条例。

国家对地方金融监督管理另有规定的，从其规定；市人民政府对地方各类交易场所另有规定的，从其规定。

本条例所称地方金融组织，包括小额贷款公司、融资担保公司、区域性股权市场、典当行、融资租赁公司、商业保理公司和地方资产管理公司，以及法律、行政法规和国务院授权地方人民政府监督管理的具有金融属性的其他组织。

第三条　本市地方金融监督管理工作，应当遵循安全审慎、有序规范、创新发展的原则，坚持服务实体经济、防控金融风险和深化金融改革的目标，推动金融服务经济高质量发展。

第四条　市人民政府应当在国家金融稳定发展委员会的指导和监督下，建立金融工作议事协调机制，完善地方金融监督管理体系，落实地方金融监督管理职责，统筹本市金融改革发展、金融风险防范等重大事项。

本市金融工作议事协调机制应当加强与国务院金融稳定发展委员会办公室地方协调机制在金融监管、风险处置、信息共享和消费者权益保护等方面的协作。

区人民政府应当加强对本行政区域内地方金融相关工作的组织领导，建立健全地方金融监督管理机制，做好金融风险防范与处置等工作。

第五条　市地方金融监管部门负责本市地方金融组织及其活动的监督管理，承担制定监督管理细则、开展调查统计、组织有关风险监测预警和防范处置等职责。

区金融工作部门根据市地方金融监管部门的要求，对登记注册在本行政区域内的地方金融组织承担初步审查、信息统计等职责，组织风险监测预警和防范处置的有关工作，并采取相应的监督管理措施。

发展改革、经济信息化、商务、公安、市场监管、财政、国资、宣传、文化旅游、交通、农业农村、科技、教育、民政、住房城乡建设管理、网信、通信管理等部门按照各自职责，做好地方金融监督管理的相关工作。

第六条　本市建立地方金融监督管理信息平台（以下简称监管平台），参与国家金融基础数据库建设，按照国家统一规划推动地方金融监督管理标准化建设。监管平台由市地方金融监管部门负责建设运营。

市地方金融监管部门应当推动现代信息技术在监管平台的运用，通过监管平台开展监管信息归集、行业统计和风险监测预警等，实现与有关部门监管信息的互联共享，定期分析研判金融风险状况，提出风险预警和处置建议。

第七条　市人民政府应当完善上海国际金融中心建设规划，支持金融市场体系建设、金融要素资源集聚，推进金融对外开放，激发金融创新活力，优化金融发展环境，进一步强化全球金融资源配置功能，提升辐射力与影响力。

本市推动在中国（上海）自由贸易试验区以及临港新片区等区域，试点金融产品创新、业务创新和监管创新。

本市协同中央金融监管部门推广金融科技应用试点，全面提升金融科技应用水平，推进技术创新与金融创新融合发展，加强上海国际金融中心建设和科技创新中心建设联动。

第八条　本市完善长江三角洲区域金融监管合作机制，建立健全风险监测预警和监管执法联动机制，强化信息共享和协同处置，推动金融服务长江三角洲区域高质量一体化发展。

第二章　地方金融组织行为规范

第九条　在本市设立地方金融组织的，应当按照国家规定申请取得许可或者试点资格。

市地方金融监管部门应当将国家规定的设立地方金融组织的条件、程序、申请材料目录和申请书示范文本等，在官方网站、"一网通办"等政务平台上公布。

第十条　地方金融组织的下列事项，应当向市地方金融监管部门或者区金融工作部门（以下统称地方金融管理部门）备案：

（一）在本市或者外省市设立分支机构；

（二）变更组织名称、住所或者主要经营场所、注册资本、控股股东或者主要股东；

（三）变更法定代表人、董事、监事或者高级管理人员；

（四）市地方金融监管部门规定的其他应当备案的事项。

前款规定的事项中，国家规定需要审批或者对备案另有规定的，从其规定。

第十一条　地方金融组织应当完善组织治理结构，按照国家和本市有关规定，建立健全并严格遵守风险管理、内部控制、资产质量、风险准备、信息披露、关联交易、营销宣传等业务规则和管理制度。

第十二条　地方金融组织应当向金融消费者和投资者如实、充分揭示金融产品或者服务的风险，开展投资适当性教育，不得设置违反公平原则的交易条件，依法保障金融消费者和投资者的财产权、知情权和自主选择权等合法权益。

地方金融组织应当建立方便快捷的争议处理机制，完善投诉处理程序，及时处理与金融消费者和投资者的争议。

第十三条　地方金融组织的董事、监事和高级管理人员应当遵守国家和本市监管要求，履行恪尽职守、勤勉尽责的义务，有效防范和控制风险。

第十四条　地方金融组织应当定期通过监管平台向地方金融管理部门报送下列材料：

（一）业务经营情况报告、统计报表以及相关资料；

（二）经会计师事务所审计的财务会计报告；

（三）国家和本市规定的其他材料。

第十五条　地方金融组织发生流动性困难、重大待决诉讼或者仲裁、重大负面舆情、主要负责人下落不明或者接受刑事调查以及群体性事件等重大风险事件的，应当在事件发生后二十四小时内，向地方金融管理部门报告。

地方金融组织的控股股东或者实际控制人发生前款规定的重大风险事件，地方金融组织应当自知道或者应当知道之时起二十四小时内，向地方金融管理部门报告。

市地方金融监管部门应当制定重大风险事件报告的标准、程序和具体要求，并向社会公布。

第十六条　地方金融组织解散的，应当依法成立清算组织进行清算，并对未到期债务及相关责任的承担作出安排。

地方金融组织不再经营相关金融业务的，应当按照规定提出书面申请或者报告，并提交资产状况证明以及债权债务处置方案等材料。

地方金融组织解散或者不再经营相关金融业务后，市人民政府或者市地方金融监管部门应当依法注销许可或者取消试点资格，将相关信息通报市场监管部门并予以公告。

第十七条　地方金融组织的股东依照法律规定以其认缴的出资额或者认购的股份为限对地方金融组织承担责任。

地方金融组织可以建立控股股东或者实际控制人承担剩余风险责任的制度安排，控股股东或者实际控制人可以出具书面承诺，在地方金融组织解散或者不再经营相关金融业务后，承担地方金融组织的未清偿债务。地方金融组织可以将控股股东或者实际控制人是否承诺承担剩余风险责任的情况向社会公示。

第十八条　地方金融组织应当依法规范经营，严守风险底线，禁止从事下列活动：

（一）吸收存款或者变相吸收存款；

（二）出借、出租许可证件或者试点文件；

（三）非法受托投资、自营或者受托发放贷款；

（四）国家和本市禁止从事的其他活动。

第三章　监督管理措施

第十九条　市地方金融监管部门应当在风险可控的基础上，采取与地方金融组织创新发展相适应的监督管理措施，针对不同业态的性质、特点制定和实施相应的监管细则和监管标准。

第二十条　地方金融管理部门应当每年制定地方金融组织监督检查计划，对地方金融组织的经营活动实施监督检查。监督检查可以采取现场检查和非现场监管等方式。

市地方金融监管部门应当制定监督检查程序，规范监督检查行为。

地方金融管理部门应当依托监管平台，开展对地方金融组织业务活动及其风险状况的分析、评价和监管。

第二十一条　地方金融管理部门在开展现场检查时，可以采取下列措施：

（一）进入地方金融组织及有关单位经营活动场所进行检查；

（二）询问地方金融组织及有关单位工作人员，要求其对检查事项作出说明；

（三）检查相关业务数据管理系统等；

（四）调取、查阅、复制与检查事项有关的文件资料等；

（五）法律、法规规定的其他措施。

经市地方金融监管部门负责人批准，对可能被转移、隐匿或者损毁的文件资料、电子设备等证据材料，以及相关经营活动场所、设施，可以予以查封、扣押。

地方金融管理部门开展现场检查的，执法人员不得少于二人，应当出示行政执法证件和检查通知书。地方金融管理部门可以根据监管需要聘请律师事务所、会计师事务所等第三方机构参与监督检查。

有关单位和个人应当配合检查，如实说明有关情况并提供文件资料，不得妨害、拒绝和阻碍。

第二十二条　地方金融管理部门在依法履行职责过程中，发现地方金融组织涉嫌违反国家和本市监管要求的行为或者存在其他风险隐患的，可以采取监管谈话、责令公开说明、责令定期报告、出示风险预警函、通报批评、责令改正等措施。

地方金融管理部门可以要求地方金融组织的控股股东或者实际控制人以及法定代表人、董事、监事或者高级管理人员等，对业务活动以及风险状况等事项作出说明。

第二十三条　有关政府部门、受委托参与监督检查活动的中介机构、行业自律组织及其工作人员，对于履行职责中知悉的有关单位和个人的商业秘密、个人隐私等，应当予以保密。

第二十四条　市地方金融监管部门应当综合现场检查和非现场监管的情况，对地方金融组织开展监管评级。

市地方金融监管部门可以根据监管评级情况进行分类监管，确定监督检查的频次、范围和需要采取的监管措施等。

第二十五条　市地方金融监管部门应当在官方网站、"一网通办"等政务平台，公布地方金融组织设立、变更、终止和业务范围、行业运行监测等信息。

第二十六条　市地方金融监管部门应当建立地方金融组织的信用档案，依法将地方金融组织及其从业人员的信用信息向本市公共信用信息服务平台归集，同时报送金融信用信息基础数据库。

地方金融组织违反本条例规定造成严重后果或者严重不良社会影响，或者被处以市场禁入的，应当将其列入严重失信主体名单。市地方金融监管部门应当公布严重失信主体名单，并同时公布名单的列入、移出条件和救济途径。

地方金融组织被列入严重失信主体名单的，有关部门可以依法对其法定代表人、董事、监事或者高级管理人员、实际控制人实施联合惩戒。

第二十七条　鼓励地方金融组织建立行业自律组织。行业自律组织依照章程开展下列工作：

（一）制定行业自律规则，督促、检查会员及其从业人员行为，实施自律管理；

（二）维护会员合法权益，反映行业建议和诉求，配合地方金融管理部门开展行业监管工作；

（三）督促会员开展金融消费者和投资者适当性教育，开展纠纷调解，维护金融消费者和投资者合法权益；

（四）调查处理针对会员违法违规行为的投诉；

（五）组织开展会员培训与交流；

（六）法律法规规定的其他工作。

第二十八条　未取得相应金融业务资质的单位和个人，不得开展与金融业务相关的营销宣传。

广告经营者和广告发布者应当依法查验有关单位和个人提供的相关金融业务资质证明材料，不得发布与业务资质范围不一致的金融营销宣传内容。

地方金融管理、市场监管、公安、网信、通信管理等部门和中央金融监管部门在沪派出机构应当加强协作，开展对违法金融营销宣传的监测和查处。

第二十九条　任何单位和个人对于地方金融组织的违法违规行为，有权向地方金融管理部门和有关部门举报。

地方金融管理部门和有关部门应当公开受理举报的联系方式，依法及时处理接到的举报，并对举报人信息和举报内容严格保密。

对实名举报并提供相关证据的，地方金融管理部门和有关部门应当将处理结果告知举报人。

第四章　风险防范与处置

第三十条　市、区人民政府承担本行政区域内防范和处置非法集资工作第一责任人的责任，制定风险突发事件应急处置预案，组织、协调、督促相关部门做好对非法集资活动的监测预警、性质认定、案件处置等工作，维护社会稳定。

地方金融管理部门应当会同有关部门、中央金融监管部门在沪派出机构，对擅自设立地方金融组织或者非法从事地方金融组织业务活动开展风险防范和处置。

金融机构、地方金融组织以外的企业（以下简称一般登记注册企业）应当遵守国家有关规定，不得从事或者变相从事法定金融业务活动。

第三十一条　在本市行政区域内发生重大风险事件，影响区域金融稳定或者社会秩序的，发挥国务院金融稳定发展委员会办公室地方协调机制和市金融工作议事协调机制作用，推动相关部门依法做好风险防范和处置工作：

（一）中央金融监管部门在沪派出机构、地方金融管理部门按照各自职责分工开展各自领域非法金融机构和非法地方金融组织、非法金融业务活动的风险识别和预警，做好案件性质认定、移送、防范和处置工作；

（二）公安机关负责查处涉嫌金融犯罪活动，依法采取冻结涉案资金、限制相关涉案人员出境等措施；

（三）市场监管部门对涉嫌违法违规开展金融业务的一般登记注册企业加强名称、经营范围和股东的登记管理，依法开展失信行为的联合惩戒；

（四）网信、通信管理等部门对涉嫌违法违规开展金融业务的企业，依法采取暂停相关业务、关闭网站等处置措施；

（五）人民法院、人民检察院和其他相关行业主管部门按照各自职责做好风险防范和处置工作。

第三十二条　地方金融组织对经营活动中的风险事件承担主体责任，发生风险事件时应当立即采取相应措施并向地方金融管理部门报告。地方金融管理部门收到地方金融组织的报告后，应当立即开展风险研判、评估。

地方金融组织存在重大风险隐患的，市地方金融监管部门可以依法采取责令暂停相关业务、责令停止增设分支机构等控制风险扩大的措施。

采取前款规定的措施仍不能控制风险扩大、可能严重影响区域金融稳定的，经同级人民政府批准，地方金融管理部门可以对该地方金融组织依法采取接管、安排其他同类地方金融组织实施业务托管等措施，并联合有关部门进行风险处置。

第三十三条　地方金融组织的重大风险已经消除且恢复正常经营能力的，

可以继续经营金融业务。

地方金融组织的重大风险无法消除或者不能恢复正常经营能力的，由市人民政府或者市地方金融监管部门依法注销许可或者取消试点资格。

第五章　法律责任

第三十四条　违反本条例规定的行为，法律、行政法规已有规定的，从其规定；构成犯罪的，依法追究刑事责任。

第三十五条　擅自设立地方金融组织或者非法从事地方金融组织的业务活动的，由市地方金融监管部门责令停业并没收违法所得；违法所得五十万元以上的，处违法所得三倍以上五倍以下的罚款；没有违法所得或者违法所得不足五十万元的，处五十万元以上二百五十万元以下的罚款。对相关责任人处二十万元以上一百万元以下的罚款。

第三十六条　地方金融组织违反本条例第十条第一款规定，未按照要求对相关事项进行备案的，或者违反本条例第十四条规定，未按照要求报送经营信息的，由市地方金融监管部门责令限期改正，处一万元以上五万元以下的罚款。

地方金融组织违反本条例第十五条规定，未按照要求在规定期限内报告重大风险事件的，或者违反本条例第三十二条第一款规定，在发生风险事件时未立即采取相应措施的，由市地方金融监管部门责令限期改正，处一万元以上五万元以下的罚款；情节严重的，处五万元以上二十万元以下的罚款。

第三十七条　地方金融组织违反本条例第十八条规定，由市地方金融监管部门责令限期改正，没收违法所得，处五十万元以上二百五十万元以下的罚款；情节严重的，依法责令停业或者吊销许可证件、取消试点资格。

第三十八条　地方金融组织妨害地方金融管理部门履行职责，拒绝、阻碍监督检查或者毁灭、转移相关材料的，由市地方金融监管部门责令限期改正，处一万元以上五万元以下的罚款；情节严重的，处五万元以上二十万元以下的罚款；构成违反治安管理行为的，依照《中华人民共和国治安管理处罚法》予以处罚。

第三十九条　市地方金融监管部门依据本条例对地方金融组织作出行政处

罚的，可以同时对负有直接责任的董事、监事或者高级管理人员处五万元以上五十万元以下的罚款。

第四十条　违反本条例规定，有下列情形之一的，应当依法从轻或者减轻行政处罚：

（一）主动及时赔偿金融消费者和投资者损失的；

（二）主动消除或者减轻违法行为危害后果的；

（三）配合查处其他违法行为有立功表现的；

（四）其他依法应当从轻或者减轻行政处罚的。

第四十一条　行政机关及其工作人员在地方金融监督管理工作中滥用职权、玩忽职守、徇私舞弊的，依法给予处分；构成犯罪的，依法追究刑事责任。

第六章　附则

第四十二条　本条例所称控股股东，是指持有地方金融组织百分之五十以上股权或者表决权，以及持有股权或者表决权比例不足百分之五十但足以对地方金融组织的决策产生重大影响的股东或者其他出资人。

本条例所称主要股东，是指持有地方金融组织百分之五以上股权或者表决权但不构成控股地方金融组织的股东或者其他出资人。

本条例所称实际控制人，是指虽不是地方金融组织的直接出资人，但通过投资关系、协议或者其他安排，能够实际支配地方金融组织的人。

第四十三条　本条例自 2020 年 7 月 1 日起施行。

6. 上海市优化营商环境条例

（2020年4月10日上海市第十五届人民代表大会常务委员会
第二十次会议通过）

第一章 总则

第一条 为了持续优化营商环境，激发市场主体活力，维护市场主体合法权益，推动经济高质量发展，推进政府治理体系和治理能力现代化建设，将上海建设成为卓越的全球城市、具有世界影响力的社会主义现代化国际大都市，根据《优化营商环境条例》等法律、行政法规，结合本市实际，制定本条例。

第二条 本条例适用于本市行政区域内优化营商环境的相关工作。

本条例所称营商环境，是指企业等市场主体在市场经济活动中所涉及的体制机制性因素和条件。

第三条 优化营商环境应当坚持市场化、法治化、国际化原则，以市场主体获得感为评价标准，以政府职能转变为核心，以"一网通办"为抓手，全面深化"放管服"改革，践行"有求必应、无事不扰"的服务理念，对标最高标准、最高水平，打造贸易投资便利、行政效率高效、政务服务规范、法治体系完善的国际一流营商环境，为各类市场主体投资兴业营造稳定、公平、透明、可预期的发展环境。

第四条 市、区人民政府应当加强优化营商环境工作的组织领导，按照优化营商环境的原则和要求，建立健全优化营商环境的统筹推进工作机制，完善服务企业联席会议机制，加强统筹本行政区域企业服务工作。政府主要负责人是优化营商环境的第一责任人。

市、区发展改革部门是本行政区域内优化营商环境工作的主管部门，负责指导、组织、协调优化营商环境日常工作。

本市经济信息化、商务、政务服务、市场监管、住房城乡建设、规划资源、司法行政、地方金融、知识产权等部门应当按照各自职责，做好优化营商环境相关工作。

第五条　市、区人民政府及其有关部门应当结合实际，充分运用现行法律制度及国家政策资源，探索具体可行的优化营商环境新经验、新做法，并复制推广行之有效的改革措施。

中国（上海）自由贸易试验区和临港新片区、张江国家自主创新示范区、虹桥商务区等区域应当在优化营商环境方面发挥引领示范作用，先行先试有利于优化营商环境的各项改革措施。

第六条　本市加强与长江三角洲区域相关省、市的交流合作，以长三角生态绿色一体化发展示范区营商环境建设为重点，推动建立统一的市场准入和监管规则，着力形成要素自由流动的统一开放市场，提升长江三角洲区域整体营商环境水平。

第七条　市、区人民政府应当建立优化营商环境工作激励机制，对在优化营商环境工作中作出显著成绩的单位和个人，按照有关规定给予表彰和奖励。

各区、各部门可以结合实际情况，在法治框架内积极探索优化营商环境具体措施。对探索中出现失误或者偏差，但有关单位和个人依照国家和本市有关规定决策、实施，且勤勉尽责、未牟取私利的，不作负面评价，依法予以免责或者减轻责任。

第八条　本市按照营商环境评价体系要求，以市场主体和社会公众满意度为导向推进优化营商环境改革，发挥营商环境评价对优化营商环境的引领和督促作用。

各区、各部门应当根据营商环境评价结果，及时调整完善优化营商环境的政策措施。

第二章　市场环境

第九条　本市充分发挥市场在资源配置中的决定性作用，构建覆盖企业全生命周期的服务体系，在企业开办、融资信贷、纠纷解决、企业退出等方面持续优化营商环境。

第十条　国家市场准入负面清单以外的领域，各类市场主体均可以依法平等进入。国家外商投资准入负面清单以外的领域，按照内外资一致的原则实施管理。

本市根据城市功能定位、发展规划以及环保安全等相关规定，按照规定程序制定产业引导政策，并向社会公开。

第十一条　本市对标国际高标准投资贸易规则，推进贸易便利化，鼓励和促进外商投资；按照国家部署，在中国（上海）自由贸易试验区和临港新片区实行外商投资试验性政策措施，扩大对外开放。

鼓励各类企业在本市设立总部机构、研发中心，鼓励与上海国际经济、金融、贸易、航运和科创中心建设密切相关的国际组织落户本市，支持创设与本市重点发展的战略性新兴产业相关的国际组织。

第十二条　本市依法保护各类市场主体的经营自主权、财产权和其他合法权益，保护企业经营者的人身和财产安全。

任何单位和个人不得干预应当由市场主体依法自主决策的定价、内部治理、经营模式等事项，不得对市场主体实施任何形式的摊派，不得非法实施行政强制或者侵犯市场主体及其经营者合法权益的其他行为。

除法律、法规另有规定外，市场主体有权自主决定加入或者退出行业协会、商会等社会组织，任何单位和个人不得干预。

第十三条　各类市场主体依法平等适用国家及本市支持发展的政策，享有公平使用资金、技术、人力资源、土地使用权以及其他自然资源等各类生产要素和公共服务资源的权利。

市、区人民政府及其部门应当平等对待各类市场主体，不得制定和实施歧视性政策。

招标投标和政府采购应当公开透明、公平公正，不得设定不合理条件，或者以其他任何形式排斥、限制潜在投标人或者供应商，保障各类市场主体依法平等参与。

本市完善公共资源交易管理制度，建立健全公共资源交易平台，优化交易服务流程，依法公开公共资源交易规则、流程、结果、监管和信用等信息。

第十四条　本市建立健全公平竞争工作协调机制，加大执法力度，预防和制止市场垄断和滥用行政权力排除、限制竞争的行为，以及不正当竞争行为，营造公平竞争的市场环境。

第十五条　本市营造中小企业健康发展环境，保障中小企业公平参与市场竞争，支持中小企业创业创新。

市、区人民政府应当在财政扶持、费用减免、金融支持、公共服务等方面制定专项政策，并在本级预算中安排中小企业发展专项资金，支持中小企业发展。

第十六条　本市加大对中小投资者权益的保护力度，完善中小投资者权益保护机制，保障中小投资者的知情权、表决权、收益权和监督权，发挥中小投资者服务机构在持股行权、纠纷调解、支持诉讼等方面的职能作用，提升中小投资者维护合法权益的便利度。

第十七条　本市将涉企经营许可事项全部纳入"证照分离"改革范围，通过直接取消审批、审批改为备案、实行告知承诺、优化审批服务等方式，分类推进改革。除法律、行政法规规定的特定领域外，涉企经营许可事项不得作为企业登记的前置条件。

本市支持"一业一证"审批模式改革探索，将一个行业准入涉及的多张许可证整合为一张行业综合许可证。

市场监管部门应当根据企业自主申报的经营范围，明确告知企业需要办理的许可事项，同时将需要申请许可的企业信息告知相关主管部门。相关主管部门应当依企业申请及时办理涉企经营许可事项，并将办理结果即时反馈市场监管部门。

第十八条　对依法设立的政府性基金、涉企保证金、涉企行政事业性收费、政府定价的经营服务性收费，实行目录清单管理，目录清单之外一律不得执行。市财政、发展改革等部门应当编制目录清单，并向社会公开。

本市推广以金融机构保函、保证保险等替代现金缴纳涉企保证金，市发展改革、住房城乡建设等相关主管部门应当明确具体规范和办事指南。

第十九条　本市培育和发展各类行业协会、商会，依法规范和监督行业协会、商会的收费、评比、认证等行为。

行业协会、商会应当加强内部管理和能力建设，及时反映行业诉求，组织制定和实施团体标准，加强行业自律，为市场主体提供信息咨询、宣传培训、市场拓展、权益保护、纠纷处理等服务。

第二十条　本市各级人民政府及其有关部门应当履行向市场主体依法作出的政策承诺以及依法订立的各类合同，不得以行政区划调整、政府换届、机构或者职能调整以及相关责任人更替等为由违约、毁约。因国家利益、社会公共利益需要改变政策承诺、合同约定的，应当依照法定权限和程序进行，并依法对市场主体受到的损失予以补偿。

政府依照法律规定的条件和程序变更或者撤回已经生效的行政许可、采取征用等措施的，应当依法对市场主体予以补偿。

第二十一条　本市各级人民政府及其有关部门、事业单位不得违反合同约定拖欠市场主体的货物、工程、服务等账款，也不得在约定付款方式之外变相延长付款期限。

本市探索建立拖欠账款行为约束惩戒机制，通过预算管理、绩效考核、审计监督等，防止和纠正拖欠市场主体账款的问题。

第二十二条　本市加强知识产权保护工作，理顺知识产权综合管理和执法体制，加强跨区域知识产权执法协作机制。

本市依法实行知识产权侵权惩罚性赔偿制度，推动建立知识产权快速协同保护机制，完善行政保护与司法保护衔接机制，探索开展知识产权公益诉讼，完善知识产权维权援助机制，提供知识产权保护的侵权预警、法律服务和司法救济。

本市完善知识产权纠纷多元解决机制，充分发挥行业协会和调解、仲裁、知识产权服务等机构在解决知识产权纠纷中的积极作用。

第三章　政务服务

第二十三条　本市建设全流程一体化在线政务服务平台（以下简称"一网

通办"平台），推动线下和线上政务服务融合，整合公共数据资源，加强业务协同办理，优化政务服务流程，推动市场主体办事线上一个总门户、一次登录、全网通办。

本市政务服务事项全部纳入"一网通办"平台办理，但法律、法规另有规定或者涉及国家秘密、公共安全等情形的除外。市场主体可以通过"一网通办"平台办理政务服务，并可以通过企业专属网页获得精准化政务服务。

市政务服务部门负责统筹规划、协调推进、指导监督"一网通办"工作。各区、各部门推进政务服务标准化规范化建设，细化量化政务服务标准，编制政务服务办事指南，明确事项办理条件、办事材料、办理流程、容缺受理等内容，线上办理和线下办理标准应当一致。政务服务事项办理条件不得含有兜底条款，相关部门不得要求市场主体提供办事指南规定之外的申请材料。

市场主体可以自主选择政务服务办理渠道，相关部门不得限定办理渠道。已在线收取规范化电子材料的，不得要求申请人再提供纸质材料。

本市推进"一网通办"平台涉外服务专窗建设，为外商投资企业、外国人提供便利化政务服务。

第二十四条　本市政务服务大厅推行综合窗口服务，实行综合受理、分类办理、统一出件。

服务窗口应当加强标准化管理，推进规范化建设，健全一次告知、首问负责、收件凭证、限时办结等服务制度，完善预约、全程帮办、联办以及错时、延时服务等工作机制。

各区、各部门应当加强窗口服务力量配置和窗口工作人员业务培训。服务窗口应当按照政府效能建设管理规定，综合运用效能评估、监督检查、效能问责等手段，提高服务质量和效能。

除法律、法规有明确规定的情形外，窗口工作人员不得对申请人提出的申请事项不予收件。窗口工作人员不予收件的，各部门应当加强核实监督。

第二十五条　本市对行政许可事项实施清单管理制度。市审批改革部门应当会同相关行政管理部门及时向社会公布清单并进行动态调整。

在行政许可事项清单之外，不得违法设定或者以备案、登记、注册、目录、规划、年检、年报、监制、认定、认证、审定以及其他任何形式变相设定或者实施行政许可。对国家和本市已经取消的行政许可事项，不得继续实施、变相恢复实施或者转由行业协会、商会以及其他组织实施。

各相关部门应当将本年度行政许可办理、费用收取、监督检查等工作情况，向同级审批改革部门报告并依法向社会公布。

第二十六条　本市全面推行行政审批告知承诺制度。对审批条件难以事先核实、能够通过事中事后监管纠正且风险可控的行政审批事项，行政审批机关可以采取告知承诺方式实施行政审批，但直接涉及公共安全、生态环境保护和直接关系人身健康、生命财产安全的以及依法应当当场作出行政审批决定的行政审批事项除外。告知承诺的具体事项，由审批改革部门会同相关部门确定，并向社会公布。

实行行政审批告知承诺的，相关部门应当一次性告知申请人审批条件和需要提交的材料。申请人以书面形式承诺符合审批条件的，应当直接作出行政审批决定，并依法对申请人履行承诺情况进行监督检查。申请人未履行承诺的，审批部门应当责令其限期整改；整改后仍未满足条件的，应当撤销办理决定，并按照有关规定纳入信用信息平台。

第二十七条　本市遵循合法、必要、精简的原则，规范行政审批中介服务事项。行政审批中介服务事项清单由市审批改革部门会同相关行政管理部门编制，并向社会公布。

除法律、法规另有规定外，市场主体有权自主选择中介服务机构，任何行政管理部门不得为其指定或者变相指定中介服务机构，不得强制或者变相强制市场主体接受中介服务。

各区、各部门在行政审批过程中需要委托中介服务机构提供技术性服务的，应当通过竞争性方式选择中介服务机构，并自行承担服务费用。

中介服务机构应当明确办理法定行政审批中介服务的条件、流程、时限、收费标准，并向社会公开。

第二十八条　市人民政府有关部门应当在市政府网站上公布证明事项清单，逐项列明设定依据、索要单位、开具单位等内容。新证明事项实施或者原有证明事项取消之日起七个工作日内，有关部门应当完成清单更新。

各区、各部门应当加强证明的互认共享，不得重复向市场主体索要证明，并按照国家和本市的要求，开展证明事项告知承诺制试点等工作，进一步减证便民。

第二十九条　本市实施政务服务"好差评"制度，提高政务服务水平。"好差评"制度覆盖本市全部政务服务事项、被评价对象、服务渠道。评价和回复应当公开。

本市各级人民政府及其有关部门应当建立差评和投诉问题调查核实、督促整改和反馈机制。对实名差评事项，业务办理单位应当在一个工作日内联系核实。对于情况清楚、诉求合理的事项，立即整改；对于情况复杂、一时难以解决的事项，限期整改。整改情况及时向企业和群众反馈。政务服务主管部门应当对实名差评整改情况进行跟踪回访。

第三十条　本市推行企业开办全流程"一表申请、一窗领取"。申请人可以通过"一窗通"网上服务平台申办营业执照、印章、发票、基本社会保险等业务。材料齐全、符合法定形式的，政府有关部门应当当场办结；不能当场办结的，应当在一个工作日内办结。

申请企业设立、变更登记事项，申请人承诺所提交的章程、协议、决议和任职资格证明等材料真实、合法、有效的，市场监管部门可以对提交的材料进行形式审查，但法律、法规另有规定的除外。当事人提供虚假材料申请登记的，应当依法承担责任。

企业可以在政务服务大厅开办企业综合窗口一次领取从事一般性经营活动所需的营业执照、印章和发票。

企业设立试行名称告知承诺制和企业住所自主申报制，推广实施开办企业全程电子化。多个企业可以根据本市相关规定，使用同一地址作为登记住所。

第三十一条　本市按照电子证照相关规定，建立健全电子证照归集和应用机制。除法律、法规另有规定外，市、区人民政府及其部门签发的电子证照应当向市电子证照库实时归集，确保数据完整、准确。

申请人在申请办理有关事项时，可以通过市电子证照库出示业务办理所需要的电子证照，受理单位不得拒绝办理或者要求申请人提供实体证照，但依法需要收回证照原件的除外。

第三十二条　本市建立统一的电子印章系统，推进电子印章在政务服务、社区事务受理等领域的应用，鼓励市场主体和社会组织在经济和社会活动中使用电子印章。各部门已经建立电子印章系统的，应当实现互认互通。

企业电子印章与企业电子营业执照同步免费发放。企业可以根据实际需要，自主刻制实体印章。

第三十三条　企业办理政务服务事项，使用的符合法律规定条件的可靠的电子签名，与手写签名或者盖章具有同等法律效力；电子印章与实物印章具有同等法律效力；电子证照与纸质证照具有同等法律效力，但法律、行政法规另有规定的除外。

第三十四条　企业固定资产投资项目实行告知承诺制，其范围由市发展改革部门拟订，报市人民政府批准后向社会公布。

第三十五条　本市推行工程建设项目风险分级分类审批和监管制度。市住房城乡建设、交通等部门应当制定并公布各类工程建设项目的风险划分标准和风险等级，并会同市发展改革、规划资源等部门实行差异化审批、监督和管理。

本市实施工程建设项目审批全流程、全覆盖改革。市住房城乡建设部门依托"一网通办"总门户，牵头建立统一的工程建设项目审批管理系统，实现立项、用地、规划、施工、竣工验收等各审批阶段"一表申请、一口受理、一网通办、限时完成、一次发证"，推动工程建设项目审批实现全流程网上办理。对社会投资的低风险工程建设项目，建设工程规划许可和施工许可可以合并办理，全流程备案、审批时间不超过十个工作日。

市、区人民政府应当设立工程建设项目审批审查中心，依托工程建设项目审批管理系统，实行联合会审、联合监督检查和综合竣工验收等一站式服务模式。

本市加强对重大工程建设项目跨前服务，对不影响安全和公共利益的非关键要件在审批流程中探索试点"容缺后补"机制，允许市场主体在竣工验收备案前补齐相关材料。

本市推行工程质量潜在缺陷保险制度，探索推行建筑师负责制。

第三十六条　本市在产业基地和产业社区等区域实施综合性区域评估。各区域管理主体应当组织开展水资源论证、交通影响评价、地质灾害危险性评估、雷击风险评估等区域评估，区域评估结果向社会公开，并纳入相关部门管理依据。

市场主体在已经完成综合性区域评估的产业基地和产业社区建设工程项目的，不再单独开展上述评估评审，但国家和本市另有规定的除外。

第三十七条　本市企业新建社会投资低风险产业类项目的竣工验收与不动产登记合并办理，竣工验收后一次性获得验收合格相关证书和不动产权证电子证书，并可以当场获得纸质权证。

不动产登记机构办理不动产转移登记，实行一窗收件、当场缴税、当场发证、一次完成。不动产登记机构应当与公用企事业单位、金融机构等加强协作，逐步实现电力、供排水、燃气、网络过户与不动产登记同步办理。本市推广在商业银行申请不动产抵押登记等便利化改革。

任何单位和个人有查询需要的，可以根据国家和本市不动产登记资料查询的相关规定，按照地址查询非住宅类不动产权利人信息等登记信息和地籍图信息。

第三十八条　本市依托市、区两级人才服务中心，提供人才引进、落户、交流、评价、咨询等便利化专业服务。

本市为外籍高层次人才出入境、停居留和工作学习生活提供便利，通过"外国人工作、居留单一窗口"办理工作许可和居留许可的，应当在七个工作日内一次办结。

第三十九条　本市通过国际贸易单一窗口，为申报人提供进出口货物申报、运输工具申报、税费支付、贸易许可和原产地证书申领等全流程电子化服务，并推广贸易融资、信用保险、出口退税等地方特色应用。

各收费主体应当在国际贸易单一窗口公开收费标准，实现口岸相关市场收费"一站式"查询和办理。市口岸、交通、发展改革、市场监管等部门应当加强口岸收费管理。

本市依托国际贸易单一窗口，推动与其他经济体的申报接口对接，促进信息互联互通，便利企业开展跨境业务。

第四十条 本市运用各类口岸通关便利化措施，压缩货物口岸监管和港航物流作业时间，实现通关与物流各环节的货物状态和支付信息可查询，便利企业开展各环节作业。

本市推动优化口岸监管，鼓励企业提前申报通关，提前办理通关手续。对于申报通关存在差错的，按照有关容错机制处理。

对符合条件的企业，依照有关规定，实行先验放后检测、先放行后缴税、先放行后改单等管理。海关应当公布报关企业整体通关时间。

第四十一条 本市构建面向纳税人和缴费人的统一税费申报平台，推动相关税费合并申报及缴纳。相关部门应当精简税费办理资料和流程，减少纳税次数和税费办理时间，提升电子税务局和智慧办税服务场所的服务能力，推广使用电子发票。

本市严格落实国家各项减税降费政策，积极开展宣传辅导，确保各项政策落实到位。

第四十二条 企业可以在本市自主选择主要办事机构所在地，并依法登记为住所。各区、各部门应当对企业跨区域变更住所提供便利，不得对企业变更住所设置障碍。

对区级层面难以协调解决的企业跨区域迁移事项，由市服务企业联席会议机制协调解决，并推动落实。

第四十三条 企业可以通过本市"一窗通"网上服务平台申请注销，由市场监管、税务、人力资源社会保障等部门分类处置、同步办理、一次办结相关事项。

对领取营业执照后未开展经营活动、申请注销登记前未发生债权债务或者债权债务清算完结的，可以适用简易注销登记程序。企业可以通过国家企业信用信息公示系统进行公告，公告时限为二十日。公告期内无异议的，登记机关可以为企业办理注销登记。

第四章　公共服务

第四十四条　市经济信息化部门组织开展全市企业服务体系建设，依托上海市企业服务云，实现涉企政策统一发布、专业服务机构集中入驻、企业诉求集中受理。

市、区经济信息化部门应当建立中小企业服务中心，受理企业各类诉求，完善诉求快速处理反馈机制，一般问题五个工作日办结，疑难问题十五个工作日办结，无法办理的应当向企业说明情况。

各区应当建立网格化企业服务模式，在乡镇、街道、园区及商务楼宇等设立企业服务专员，为协调解决企业诉求提供服务。

第四十五条　市经济信息化部门应当会同市财政等部门建立本市财政资金类惠企政策统一申报系统，为企业提供一站式在线检索、订阅、匹配、申报服务。

各区应当设立财政资金类等惠企政策服务窗口，有条件的区可以设立惠企政策综合服务窗口。

第四十六条　本市建立政企沟通机制，通过调研、座谈、问卷调查、新媒体等多种形式，及时倾听和回应市场主体的合理诉求。

本市设立优化营商环境咨询委员会，负责收集、反映市场主体对营商环境的诉求，为营商环境改革提供决策咨询，推动优化营商环境精准施策。

第四十七条　本市鼓励电力、供排水、燃气、网络等公用企事业单位为市场主体提供全程代办服务。鼓励公用企事业单位全面实施网上办理业务，在"一网通办"总门户开设服务专窗，优化流程、压减申报材料和办理时限。

公用企事业单位应当推行接入和服务的标准化，确保接入标准、服务标准公开透明，并提供相关延伸服务和一站式服务。公用企事业单位应当对收费项目明码标价，并按照规定履行成本信息报送和公开义务。

公用企事业单位同步申请多种市政接入的，规划资源、绿化市容、交通等政府部门应当予以支持并提供便利。

第四十八条　本市实行统一的动产担保登记制度，推动市场主体通过人民银行动产融资登记系统办理动产担保登记，为市场主体提供融资便利。

鼓励金融机构为诚信经营的中小企业提供无抵押信用贷款，支持为科技型企业提供全生命周期综合金融服务，加大科技型企业培育力度，鼓励符合条件的科技型企业在科创板上市。

第四十九条　本市设立中小微企业政策性融资担保基金，建立健全融资担保体系，为中小微企业融资提供增信服务。市财政部门应当会同市地方金融等部门，建立信贷风险补偿和奖励机制。

本市推进公共数据开放及大数据普惠金融应用，依法与金融机构共享市场监管、税务、不动产登记、环保等政务数据和电力、供排水、燃气、网络等公用事业数据，并依法保护商业秘密、个人信息。

第五十条　本市扶持产业园区建设，推进产业与城市融合发展。相关政府部门根据需要在产业园区设立政务服务窗口。鼓励各类产业园区的管理运营单位设立一站式企业服务受理点，提供企业开办、项目建设、人才服务等政策咨询和代办服务。

园区管理运营单位通过推荐函等方式为园区企业办事提供证明、保证等服务的，相关政府部门应当予以支持。

第五十一条　本市支持创新创业集聚区建设，支持发展科技企业孵化器、众创空间等各类创新创业载体。对于符合条件的创新创业载体，按照有关规定给予税收优惠和财政支持。

鼓励和支持高校、科研院所通过建设专业团队、委托第三方服务机构等方式开展技术转移服务，推动科技成果转移转化。

第五十二条　本市实行重大产业项目目录制管理，并定期动态调整。市、区人民政府应当建立重大项目联系制度和协调处理机制，为企业提供全流程服务保障。

市经济信息化部门应当推进市级投资促进平台建设，制定发布上海市产业地图，推进建设重点项目信息库和载体资源库，推动项目与产业地图精准匹配。

市商务部门应当推动完善海外招商促进网络。

第五十三条　本市加快推进公共法律服务体系建设，整合律师、公证、司法鉴定等公共法律服务资源，以公共法律服务中心、公共法律服务热线等为载体，提升公共法律服务质量和水平。

鼓励律师创新法律服务模式，通过专业化的法律服务，帮助中小企业有效防范法律风险，及时高效地解决各类纠纷。

持续优化公证服务，实现简易公证事项和公证信息查询的"自助办、网上办、一次办"。

鼓励鉴定机构优化鉴定流程，提高鉴定效率。与委托人有约定时限的，在约定的时限内完成鉴定；没有约定的，一般应当在三十个工作日内完成鉴定，但重大复杂或者法律、法规、部门规章有专门规定的除外。

第五章　监管执法

第五十四条　相关政府部门应当按照鼓励创新的原则，对新技术、新产业、新业态、新模式等实行包容审慎监管，针对其性质、特点分类制定和实行相应的监管规则和标准，预留发展空间，同时确保质量和安全，不得予以禁止或者不予监管。

本市建立健全市场主体轻微违法违规经营行为包容审慎监管制度，明确轻微违法违规经营行为的具体情形，并依法不予行政处罚。

第五十五条　市审批改革部门应当会同相关行政管理部门编制监管事项目录清单，明确监管主体、监管对象、监管措施、处理方式等，并向社会公开。监管事项目录清单实行动态调整。

本市基于监管对象信用状况及风险程度等，对市场主体实施差异化分类监督管理。各部门应当根据分类结果建立相应的激励、预警、惩戒等机制。对直接涉及公共安全和人民群众生命健康等特殊行业、重点领域，依法实行全覆盖全过程重点监管。

实施分类监管的部门和履行相应公共事务管理职能的组织，应当制定分类监管实施细则，并向社会公布。

第五十六条　相关行政管理部门应当充分运用信用信息，在实施行政许可过程中，对守信主体给予优先办理、简化程序等便利服务，同时严格规范联合惩戒名单认定，依法依规开展失信联合惩戒。

本市建立健全信用修复机制，明确失信信息修复的条件、标准、流程等要素。对于符合条件的修复申请，失信信息提供单位应当在规定的期限内，向市公共信用信息服务中心书面反馈意见，由其将该信息从本市公共信用信息服务平台查询界面删除。各部门应当同步删除相关网站上的公示信息。失信信息提供单位应当将处理情况告知申请人。

本市结合行业特点，探索建立政府采购领域重大违法记录中较大数额罚款认定标准体系，完善政府采购领域的联合惩戒机制。

第五十七条　本市全面落实行政执法公示、行政执法全过程记录和重大行政执法决定法制审核制度，通过考核、定期报告、协调指导、执法数据共享等方式，推进行政执法严格规范公正文明。

各行政执法部门应当根据监管需求，加强执法协作，明确联动程序，提高跨部门、跨领域联合执法效能。

本市深化行政综合执法改革，推进相对集中行使行政处罚权，统筹配置行政执法资源。

第五十八条　本市依托"互联网＋监管"系统，推动各部门监管业务系统互联互通，加强监管信息归集共享和应用，推行远程监管、移动监管、预警防控等非现场监管，为开展"双随机、一公开"监管、分类监管、信用监管、联合执法等提供支撑。在监管过程中涉及的市场主体商业秘密，各部门应当依法予以保密。

第五十九条　除直接涉及公共安全和人民群众生命健康等特殊行业、重点领域外，市场监管领域各相关部门在监管过程中通过随机抽取检查对象、随机选派执法检查人员的方式开展行政检查。

随机抽查的比例频次、被抽查概率应当与抽查对象的信用等级、风险程度挂钩。针对同一检查对象的多个检查事项，应当合并或者纳入跨部门联合抽查范围。

市场监管领域各相关部门应当及时通过国家企业信用信息公示系统等平台向社会公开抽查情况及查处结果。

第六十条　各行政执法部门实施行政强制，应当遵循合法、适当、教育与强制相结合的原则，对采用非强制性手段能够达到行政管理目的的，不得实施行政强制；对违法行为情节轻微或者社会危害较小的，可以不实施行政强制；确需实施行政强制的，应当限定在所必需的范围内，尽可能减少对市场主体正常生产经营活动的影响。

市人民政府有关部门可以探索建立不予实施行政强制措施清单。

第六十一条　市人民政府有关部门应当按照国家和本市的规定科学规范行政处罚裁量权，对行政处罚裁量基准实行动态管理，根据法律、法规、规章等调整情况和执法实践，及时制定、修订、废止行政处罚裁量基准。各行政执法单位应当按照本市有关规定，规范适用行政处罚裁量基准。

第六十二条　除涉及人民群众生命安全、发生重特大事故或者举办国家重大活动，并报经有权机关批准外，市、区人民政府及其部门不得在相关区域采取要求相关行业、领域的市场主体普遍停产、停业等措施。采取普遍停产、停业等措施的，应当提前书面通知企业或者向社会公告，法律、法规另有规定的除外。

第六章　法治保障

第六十三条　本市制定与市场主体生产经营活动密切相关的地方性法规、规章、行政规范性文件，应当通过报纸、网络等向社会公开征求意见，充分听取市场主体、行业协会、商会的意见，并建立健全意见采纳情况反馈机制。

涉及市场主体权利义务的地方性法规、规章、行政规范性文件，应当通过便于公众知晓的方式及时公布。行政规范性文件应当录入本市统一的行政规范性文件数据库。地方性法规、规章、行政规范性文件公布时，应当同步进行宣传解读。与外商投资密切相关的地方性法规、规章、行政规范性文件，应当提供相应的英文译本或者摘要。

第六十四条　本市各级人民政府及其有关部门制定与市场主体生产经营活动密切相关的规范性文件、政策措施，应当进行合法性审查，并由制定机关集体讨论决定。

起草或者制定涉及市场主体经济活动的地方性法规、规章、规范性文件和其他政策措施时，应当按照规定进行公平竞争审查。鼓励社会第三方机构参与公平竞争审查工作。

对涉嫌违反公平竞争审查标准的政策措施，任何单位和个人有权举报。制定机关要建立健全涉及公平竞争审查投诉举报的受理回应机制，及时纠正排除、限制竞争的政策措施；对适用例外规定制定的政策措施，要向同级公平竞争审查联席会议报送备案。

第六十五条　本市各级人民政府及其有关部门制定与市场主体生产经营活动密切相关的政策措施，应当为市场主体留出必要的适应调整期，但涉及国家安全和公布后不立即施行将有碍施行的除外。

第六十六条　本市积极完善调解、仲裁、行政裁决、行政复议、诉讼等有机衔接、相互协调的多元化纠纷解决机制，充分发挥市、区两级非诉讼争议解决中心功能，支持金融等专业领域建立纠纷解决机构，为市场主体提供高效、便捷的纠纷解决途径。

本市支持仲裁和调解机构加入"一站式"国际商事纠纷多元化解决平台，合力营造公平、公正、透明、便捷的法治化国际化营商环境。

本市支持境外知名仲裁及争议解决机构按照规定在临港新片区就国际商事、海事、投资等领域发生的民商事争议开展仲裁、调解业务。

第六十七条　本市支持各级人民法院依法公正审理涉及市场主体的各类案件，平等保护各类市场主体合法权益；支持各级人民检察院对人民法院审判活动实施法律监督。

本市根据国家统一部署，加强国际商事纠纷审判组织建设，支持国际商事纠纷审判组织对接国际商事通行规则，加快形成与上海国际商事纠纷解决需求相适应的审判体制机制。

本市强化执行难源头治理制度建设，推动完善执行联动机制，支持人民法院加强和改进执行工作。政府各有关部门、人民检察院、人民团体、企事业单位、金融机构等，应当加强与人民法院执行工作的配合与协作，协同推进本市执行工作水平和效率。

第六十八条　本市推行企业法律文书送达地址先行确认及责任承诺制。企业在本市办理设立、变更、备案等登记注册业务或者申报年报时，经市场监管部门告知企业先行确认法律文书送达地址以及承诺相关责任等事项后，企业可以通过国家企业信用信息公示系统，在线填报本企业法律文书送达地址，并承诺对填报地址真实性以及及时有效接受本市各级人民法院和行政管理部门送达的法律文书负责。

第六十九条　本市各级人民法院应当加强网上诉讼服务平台建设，推进全流程网上办案模式，并严格遵守法律及司法解释关于规范民商事案件延长审限和延期开庭的规定。当事人通过网上立案方式递交诉状材料的，可以不再提交纸质版本。

市高级人民法院应当建立健全对从事司法委托的鉴定、资产评估、审计审价等中介机构的遴选、评价、考核规则和标准，向社会公布，并定期向相关部门通报对中介机构的考核评价结果。

相关部门应当与人民法院建立信息共享机制，支持人民法院依法查询有关市场主体的身份、财产权利、市场交易等信息，支持人民法院对涉案不动产、动产、银行存款、股权、知识产权及其他财产权利实施网络查控和依法处置，提高财产查控和强制执行效率。

相关部门应当与人民法院加强协同联动，将拒不履行生效裁判确定义务的被执行人纳入失信惩戒名单，强化对失信被执行人的惩戒力度。

第七十条　本市推进完善市场化、法治化的破产制度，支持人民法院探索建立重整识别、预重整等破产拯救机制，探索破产案件繁简分流、简易破产案件快速审理等机制，简化破产流程。

本市建立市人民政府和市高级人民法院共同牵头、相关部门参加的企业破产工作协调机制，统筹推进企业破产处置工作，依法支持市场化债务重组，及时沟通解决企业破产过程中的问题。

本市各级人民法院依照相关法律和司法解释的规定，建立重整计划草案由权益受到调整或者影响的债权人或者股东参加表决的机制，促进具有营运价值的困境企业及时获得重整救济。

第七十一条　本市建立破产案件财产处置联动机制。市高级人民法院会同市规划资源、公安等有关部门统一破产企业土地、房产、车辆等处置规则，提高破产财产处置效率。

本市建立破产企业职工权益保障机制。各级人力资源社会保障部门应当协调解决职工社会保险关系转移等事项，保障职工合法权益。

破产企业按照有关规定履行相关义务后，自动解除企业非正常户认定状态。企业因重整取得的债务重组收入，依照国家有关规定适用企业所得税相关政策。对于破产企业涉及的房产税、城镇土地使用税等，税务机关应当依法予以减免。

第七十二条　破产管理人处分破产企业重大财产的，应当经债权人会议逐项表决通过。

破产管理人有权查询破产企业注册登记材料、社会保险费缴纳情况、银行开户信息及存款状况，以及不动产、车辆、知识产权等信息，相关部门、金融机构应当予以配合。

破产管理人依据人民法院终结破产程序裁定文书、清算组依据人民法院强制清算终结裁定文书提出申请的，市场监管部门依法为企业办理注销登记。

市破产管理人协会应当加强行业自律，加大对破产管理人的培训力度，提高破产管理人的履职能力和水平。

第七十三条　本市建立营商环境投诉维权机制，任何单位和个人可以通过

"12345"市民服务热线、上海市企业服务云、中小企业服务中心以及"一网通办"平台等，对营商环境方面的问题进行投诉举报。

各有关部门应当畅通投诉举报反馈渠道，保障市场主体合理、合法诉求得到及时响应和处置，无法解决的，应当及时告知并说明情况。

第七十四条　本市探索在生态环境和资源保护、食品药品安全、公共卫生安全等领域建立内部举报人制度，发挥社会监督作用，对举报严重违法、违规行为和重大风险隐患的有功人员予以奖励，并对其实行严格保护。

第七十五条　本市建立由机关单位、专业院校、社会组织等共同参与的优化营商环境法治保障共同体，畅通政策和制度的设计、执行、反馈沟通渠道，重点疏通协调营商环境建设中存在的制度性瓶颈和体制机制问题，为各区、各部门提供依法推进营商环境建设的智力支持。

第七十六条　本市探索创建适合市场主体的法治宣传新模式，采取以案释法、场景互动等方式提升法治宣传效能。

本市遵循"谁执法谁普法""谁服务谁普法"的原则，探索将优化营商环境法治宣传工作纳入普法责任制考核。

第七十七条　市、区人民代表大会常务委员会通过听取专项工作报告、开展执法检查等方式，加强本行政区域内优化营商环境工作监督。

市、区人民代表大会常务委员会充分发挥代表作用，组织代表围绕优化营商环境开展专题调研和视察等活动，汇集、反映各类市场主体的意见和建议，督促有关方面落实优化营商环境的各项工作。

第七章　法律责任

第七十八条　违反本条例规定的行为，法律、行政法规有处罚规定的，从其规定。

第七十九条　本市各级人民政府和有关部门及其工作人员在优化营商环境工作中，有下列情形之一的，由有关部门责令改正；情节严重的，依法追究责任：

（一）违反"一网通办"工作要求，限定市场主体办理渠道的；

（二）对情况清楚、诉求合理的实名差评事项，拒不整改的；

（三）对企业变更住所地违法设置障碍的；

（四）妨碍破产管理人依法履职的；

（五）其他不履行优化营商环境职责或者损害营商环境的。

第八章　附则

第八十条　本条例自 2020 年 4 月 10 日起施行。

7. 上海市急救医疗服务条例

（2016 年 7 月 29 日上海市第十四届人民代表大会常务委员会第三十一次会议通过　根据 2020 年 5 月 14 日上海市第十五届人民代表大会常务委员会第二十一次会议《关于修改本市部分地方性法规的决定》修正）

第一章　总则

第一条　为了规范急救医疗服务，维护急救医疗秩序，完善急救医疗服务体系，实现救死扶伤的宗旨，制定本条例。

第二条　本市行政区域内的院前急救医疗服务、院内急救医疗服务以及社会急救等活动及其管理，适用本条例。

第三条　本条例所称的院前急救医疗服务，是指由急救中心、急救站（以下统称院前急救机构）按照统一指挥调度，在患者送达医疗机构救治前开展的以现场抢救、转运途中紧急救治和监护为主的医疗活动。

本条例所称的院内急救医疗服务，是指设置急诊科室的医疗机构（以下称院内急救机构）为院前急救机构送诊的患者或者自行来院就诊的患者提供紧急救治的医疗活动。

本条例所称的社会急救，是指在突发急症或者意外受伤现场，社会组织和个人采用心肺复苏、止血包扎、固定搬运等基础操作，及时救护伤者、减少伤害的活动或者行为。

第四条　市和区人民政府应当加强对急救医疗服务工作的领导，将急救医疗事业纳入国民经济和社会发展规划，建立完善的财政投入机制和运行经费补偿保障机制，形成平面急救站点完善、立体急救门类齐全、硬件配置先进、院前院内有序衔接的急救医疗网络和服务体系，保障急救医疗事业与经济社会协调发展，满足群众日常急救需求。

第五条　市卫生健康行政部门主管本市范围内的急救医疗服务工作；区卫生健康行政部门负责管理本辖区内的急救医疗服务工作。

发展改革、财政、规划资源、公安、消防、建设、经济信息化、交通、人力资源社会保障、教育、民政、文化旅游等部门按照各自职责，共同做好急救医疗服务的相关工作。

第六条　卫生健康行政部门应当组织院前急救机构、院内急救机构开展急救知识和技能的宣传、教育和培训，引导市民合理使用急救医疗资源。

报刊、电视、广播、网络等媒体应当开展急救知识和技能的公益宣传，倡导自救互救的理念，宣传救死扶伤的精神。

第七条　市民应当尊重和配合院前急救机构、院内急救机构开展的急救医疗服务活动，合理、规范、有序使用急救医疗资源，自觉维护急救医疗秩序。

第八条　鼓励单位和个人向院前急救机构、院内急救机构进行捐赠，支持急救事业发展。

第九条　院前急救服务和非急救转运服务实行分类管理。

院前急救服务由院前急救机构通过救护车提供。

非急救转运服务可以由社会力量通过专门的转运车辆提供，具体管理规范由市人民政府制定。

第二章　院前急救医疗服务

第十条　市卫生健康行政部门会同市规划资源部门组织编制院前急救设施建设专项规划，合理确定急救站点的数量和布局，经市人民政府批准后，纳入相应的城乡规划。

市规划资源部门和区人民政府应当为院前急救设施建设预留建设用地。

区人民政府应当按照本市院前急救设施建设专项规划，建设院前急救机构的相关设施。

第十一条　院前急救机构应当按照法律、行政法规的有关规定，向市和区卫生健康行政部门申请办理院前急救医疗执业登记。

未经卫生健康行政部门批准，任何单位和个人不得擅自设置院前急救机构开展院前急救医疗服务。

第十二条　市卫生健康行政部门应当组织制定院前急救医疗工作规范和质

量控制标准，建立统计报告制度。

院前急救机构应当按照院前急救医疗工作规范和质量控制标准，制定相应的管理制度，定期组织急救业务培训和考核，向卫生健康行政部门报告有关统计信息。

第十三条 院前急救机构从业人员包括急救医师、医疗急救指挥调度人员、行政管理人员、急救辅助人员和医疗急救装备专业维修维护人员。院前急救机构的岗位设置和人员配置，按照国家和本市有关规定执行。

第十四条 本市根据区域服务人口、服务半径、地理环境、交通状况以及业务需求等因素，确定合理的院前急救机构救护车（以下简称救护车）配备数量，并配备一定数量的特种救护车辆。救护车的具体配备数量由市卫生健康行政部门编制，报市人民政府批准。

救护车应当符合国家标准，有明显的行业统一规定的急救医疗标志及名称，按照有关规定安装定位系统、通讯设备和视频监控系统，配备警报器、标志灯具、急救设备和药品，并喷涂"120"等标志图案。

救护车应当专车专用。任何单位和个人不得使用救护车开展非院前急救医疗服务活动。

任何社会车辆不得使用"120"等标志图案。

第十五条 每辆救护车应当至少配备急救医师一名，驾驶员、担架员等急救辅助人员两名。

急救医师应当由医学专业毕业、经过院前急救医疗专业岗前培训和继续教育培训合格的人员担任。

急救辅助人员应当由经过急救员技能培训合格、熟练掌握基本急救医疗知识和基本操作技能的人员担任。

第十六条 院前急救人员的薪酬待遇，根据其岗位职责、工作负荷、服务质量、服务效果等因素合理确定。

第十七条 本市设置的院前急救呼叫受理和指挥调度中心，实行全年二十四小时急救呼叫受理服务，统一受理急救呼叫，合理调配急救资源。

市卫生健康行政部门、市交通部门、市公安交通管理部门应当建立道路、交通信息共享机制。

第十八条　急救呼叫专用电话号码为"120"。院前急救呼叫受理和指挥调度中心应当根据人口规模、急救呼叫业务量设置相应数量的"120"专线电话线路，配备调度人员，保障及时接听公众的急救呼叫电话。

任何单位和个人只有在出现紧急情况且需要急救医疗服务时，才可以拨打"120"专线电话；不得有虚假的急救呼叫行为，不得对"120"专线电话进行骚扰。

"120"呼叫受理和指挥调度中心与"110"指挥中心、"119"指挥中心应当完善联动协调机制。

第十九条　院前急救呼叫受理和指挥调度中心接到急救呼叫信息后，应当立即对急救呼叫信息进行分类、登记，对病情进行初步评估，并发出救护车调度指令。必要时，可以对急救呼叫人员进行现场应急救护的指导。

第二十条　院前急救人员在执行急救任务时，应当佩戴统一的院前急救医疗标识，携带相应的急救药品和设备设施。

院前急救人员根据调度指令到达现场后，应当根据患者病情采取相应的急救措施。对需要送往院内急救机构抢救的患者，院前急救人员应当通知院内急救机构做好收治抢救的准备工作。

患者家属、现场其他人员有义务协助院前急救人员做好相关工作，提供便利。

第二十一条　院前急救人员因未能与急救呼叫的患者取得联系且无法进入其住宅等现场开展急救的，可以立即向公安、消防等部门报告，请求协助进入现场。公安、消防等部门应当及时赶赴现场予以协助。

第二十二条　除通过院前急救机构为急诊患者提供转院服务的情形外，院前急救机构应当按照就近、就急以及满足专业治疗需要的原则，决定将患者送往相应的院内急救机构进行救治。患者或者其家属要求送往其他医疗机构的，院前急救医师应当告知其可能存在的风险，并要求其签字确认。

患者有下列情形之一的，一律由院前急救医师决定送往相应的院内急救机构进行救治：

（一）病情危急、有生命危险的；

（二）疑似突发传染病、严重精神障碍的；

（三）法律、行政法规有特别规定的。

第二十三条　院前急救人员在将患者送往院内急救机构的过程中，应当密切观察患者病情，进行生命体征监测，及时救治，并向患者或者其家属询问病史，做好相关记录。

第二十四条　对有危害社会治安行为、涉嫌违法犯罪或者依法需要提供保护性措施的患者，院前急救人员应当在提供急救医疗服务时，及时通知当地公安机关或者有关专业机构，由公安机关或者有关专业机构依法采取相应措施。

第二十五条　院前急救机构应当做好急救呼叫受理、现场抢救、转运途中救治、监护等过程的信息记录。

院前急救医疗病历按照医疗机构病历管理相关规定管理保存。院前急救机构的急救呼叫电话录音、派车记录资料应当至少保存两年。

第二十六条　本市建立、健全陆上、水面、空中等门类齐全的立体化院前急救网络，加大政府扶持力度，实现陆上与水面、空中急救一体化。

第二十七条　对重大或者特别重大突发事件中的急救医疗，必要时，由应急医疗专家对现场患者情况进行专业判断后，由院前急救机构送往相关的医疗机构进行救治。

第二十八条　院前急救机构应当按照市和区人民政府的要求或者突发事件应急预案的要求，为大型群众性活动做好院前急救医疗服务的准备工作。

第三章　院内急救医疗服务

第二十九条　市和区卫生健康行政部门应当制定院内急救医疗资源配置规划，完善本行政区域内的院内急救医疗资源布局，加强对院内急救机构的指导和监督。

市和区卫生健康行政部门应当建立、健全相关危重急症专业急救网络，加强区域内定点救治工作。

第三十条　市卫生健康行政部门应当根据院内急救机构的功能定位，制定院内急诊科室建设标准和管理规范。院内急救机构上级主管部门和单位应当根据建设标准和管理规范，加强急诊科室建设，并接受市卫生健康行政部门的指导和监督。

第三十一条　二级以上综合性医疗机构和卫生健康行政部门确定的专科医院应当按照急诊科室建设标准和管理规范，设置急诊科室，加强急诊学科建设和日常管理，提高院内急救医疗服务能力。未经卫生健康行政部门批准，不得关、停急诊科室。

鼓励院内急救机构开展急诊与重症监护室一体化建设。

第三十二条　院内急救机构应当按照有关标准，配备掌握急诊医学理论知识和基本操作技能的急诊科室医护人员，并加强急诊科室医护人员培训。

第三十三条　院内急救机构应当建立急诊抢救、紧急会诊等各项规章制度和应急联动机制，明确岗位职责和操作规程。院内急救人员应当遵守规章制度和诊疗技术规范，保证医疗服务质量及医疗安全。

第三十四条　市卫生健康行政部门应当制定、完善急诊分级救治标准，明确急诊分级救治的目标和措施。

院内急救机构应当依据急诊分级救治标准，制定本单位的执行制度，并向社会公示，引导急诊患者合理分流，按照患者疾病严重程度进行分级，并决定救治的优先次序。急诊患者及其家属应当遵循急诊分级救治标准，听从医护人员安排，按照院内急救机构的规范和流程有序就诊。

第三十五条　院内急救机构与院前急救机构之间应当建立工作衔接机制，规范交接工作流程，按照急诊分级救治标准的要求，实现信息互通和业务协同。

院内急救机构应当保持急救绿色通道畅通，接到院前急救人员要求做好急危重患者收治抢救准备工作的通知后，应当及时做好接诊准备。

院前急救人员将患者送达院内急救机构后，院内急救机构相关人员应当及时与院前急救人员办理患者交接的书面手续，不得以任何理由拒绝或者推诿，不得无故占用救护车的设施、设备。市和区卫生健康行政部门、院内急救机构上级主管单位应当加强对院内急救机构交接情况的监督和考核。

第三十六条　院内急救机构实行首诊负责制，不得拒绝或者推诿急诊患者；对急危重患者，应当按照先及时救治、后补交费用的原则进行救治。

确因情况特殊需要转运至其他院内急救机构进行救治的患者，由首诊的院内急救机构进行判断，对符合转运指征的，应当由首诊的院内急救机构联系、落实接收的院内急救机构。

第三十七条　院内急救机构应当根据患者病情需要进行救治、转诊或者分流。患者经急诊科室救治后需要住院继续治疗的，院内急救机构应当及时将其转入住院病房治疗；患者经急诊科室诊治后病情稳定、无需继续急诊救治，且符合出院或者转诊标准的，应当及时办理出院手续或者转诊至相关医疗机构、康复机构继续治疗康复。

第三十八条　市和区卫生健康行政部门应当完善医疗康复、护理服务体系，畅通患者双向转诊渠道。

鼓励三级医疗机构与相关医疗、康复、老年护理、养老机构开展业务协作和双向转诊。

第三十九条　市医保部门应当通过医保支付政策的倾斜，引导经过急诊处理、病情稳定的患者转诊到相关医疗机构继续治疗康复。

符合出院或者转诊标准仍无故滞留院内急救机构、占用急救资源的患者，市卫生健康行政部门应当按照有关规定将其信息提供给本市公共信用信息服务平台，记为不良信用信息。

第四十条　本市建立院内急救医师与院前急救医师、院内急救医师与其他相关科室医师联动培养机制，组织相关专业医师到院前急救机构或者急诊科室工作。

第四十一条　院内急救机构上级主管部门和单位应当根据机构功能定位、急诊规模、急诊医疗服务质量，制定合理的考核指标；考核后的奖励应当向急诊科室倾斜。

医疗机构应当对急诊科室的医护人员在个人绩效考核和职称晋升、聘任方面予以倾斜，加强急诊学科建设和人才培养。

第四章　社会急救

第四十二条　市民发现需要急救的患者，应当立即拨打"120"专线电话进行急救呼叫，可以在医疗急救指挥调度人员的指导下开展紧急救助，也可以根据现场情况开展紧急救助，为急救提供便利。

鼓励具备急救技能的市民，对急危重患者实施紧急现场救护。

在配置有自动体外除颤仪等急救器械的场所，经过培训的人员可以使用自动体外除颤仪等急救器械进行紧急现场救护。

紧急现场救护行为受法律保护，对患者造成损害的，依法不承担法律责任。

本市鼓励社会组织通过商业保险、奖励等形式，支持和引导市民参与紧急现场救护。

第四十三条　下列场所和单位应当配备必要的急救器械、药品和掌握急救器械使用知识、技能的工作人员：

（一）轨道交通站点以及机场、客运车站、港口客运码头等交通枢纽；

（二）学校、体育场馆、展览场馆、文化娱乐场所、旅馆、商场、景区（点）等人员密集场所；

（三）大型建筑施工企业的施工现场、大型工业企业。

鼓励有条件的场所和单位配备自动体外除颤仪。

第四十四条　市卫生健康行政部门、市红十字会应当组织编写急救知识和技能培训教材，组织各类急救知识和技能培训。

鼓励志愿者组织以及其他社会组织开展急救知识和技能培训，提高市民的急救意识和自救互救技能。

第四十五条　公安、消防人员、公共交通工具的驾驶员和乘务员、学校教师、保安人员、导游以及自动体外除颤仪的使用人员，应当参加红十字会、院前急救机构等具备培训能力的组织所开展的急救知识和技能培训。

第四十六条　红十字会、院前急救机构及其他医疗机构应当开展急救知识普及工作，组织市民参与社会急救培训。

国家机关、企事业单位、社会团体应当组织人员参加急救知识普及和技能培训。

各级各类学校应当开设急救知识和技能课程，组织学生开展急救知识和技能的培训。

居民委员会、村民委员会应当配合做好急救知识、技能普及工作。

第五章　保障措施

第四十七条　市和区人民政府可以采取购买公共服务等方式，支持和鼓励社会力量参与急救医疗服务。社会力量参与急救医疗服务的，应当服从卫生健康行政部门的统一组织、管理。

第四十八条　市卫生健康行政部门应当会同市人力资源社会保障、教育等部门制定符合急救行业特点的人才培养和学科队伍建设等保障措施。

第四十九条　公安交通管理部门应当保障执行急救任务的救护车优先通行，在救护车遇到交通拥堵时，应当及时进行疏导。院前急救机构、院内急救机构门前以及距离上述地点三十米以内的路段，除救护车以外，禁止停车。

第五十条　救护车执行急救任务时，可以使用警报器、标志灯具；在确保道路交通安全的前提下，不受行驶路线、行驶方向、行驶速度和交通信号灯的限制。

第五十一条　救护车执行急救任务时，其他车辆和行人应当让行，不得阻碍救护车通行。

对因让行执行急救任务的救护车而导致违反交通规则的车辆和行人，免予行政处罚。对不按照规定为执行急救任务的救护车让行的车辆和行人，院前急救机构可以将车辆或者行人阻碍救护车通行的情形通过视频记录固定证据。公安机关应当根据上述证据，依法进行处罚。

第五十二条　对执行急救任务的救护车，免收道路通行费和停车费。

第五十三条　患者及其家属应当遵从院前急救机构、院内急救机构的安排，不得干扰急救医疗服务，不得妨碍急救医疗秩序，不得殴打、辱骂急救医疗人员。

对有前款行为的人员，公安机关应当依法及时制止，并予以处理。

第五十四条　市价格主管部门应当根据急救医疗服务活动成本和居民收入水平等因素，制定急救医疗服务活动收费标准，并可以根据经济社会发展水平适时调整。收费标准及调整情况应当及时向社会公布。

第五十五条　生活无着的流浪、乞讨人员符合救助条件的，其急救医疗救治费用按照国家和本市有关规定执行。

对在本市行政区域内发生急危重病情、需要急救且符合救助条件的患者所产生的急救费用，医疗机构可以按照国家和本市有关规定，申请从疾病应急救助基金中支付。

第五十六条　本市建立急救医疗信息系统平台，对全市院前、院内急救资源状况等进行动态监控，实现院前与院内急救资源信息即时共享。

第五十七条　市和区卫生健康行政部门建立应对突发事件的应急医疗专家库。

本市有条件的三级医院应当建立应急医疗救援队，参与重大或者特别重大突发事件中的急救医疗工作。

第六章　法律责任

第五十八条　违反本条例规定的行为，法律、行政法规有处理规定的，依照有关法律、行政法规的规定处理。

第五十九条　违反本条例第十一条规定，擅自开展院前急救医疗服务的，由卫生健康行政部门责令改正，处一万元以上三万元以下的罚款；情节严重的，处三万元以上十万元以下的罚款。

第六十条　违反本条例第十四条第三款规定，使用救护车开展非院前急救医疗服务活动的，由卫生健康行政部门责令改正，处一千元以上一万元以下的罚款；情节严重的，处一万元以上五万元以下的罚款。使用救护车开展非院前急救医疗服务活动所产生的费用，由相关责任人承担。

第六十一条　违反本条例第十四条第四款规定，社会车辆使用"120"等标志图案的，由卫生健康行政部门责令改正，处一万元以上三万元以下的罚款；情节严重的，处三万元以上十万元以下的罚款。

第六十二条　违反本条例第十八条第二款规定，有虚假的急救呼叫行为，或者对"120"专线电话进行骚扰的，由公安部门依法以违反治安管理行为予以处罚。

第六十三条　违反本条例第三十五条第三款规定，院内急救机构拒绝、推诿患者交接，或者无故占用救护车的设施、设备，由卫生健康行政部门给予警告；情节严重的，处一万元以上三万元以下的罚款。

第六十四条　卫生健康等行政管理部门及其工作人员违反本条例规定，有下列行为之一，造成不良后果的，由所在单位或者监察机关依法对负有直接责任的主管人员和其他直接责任人员给予警告或者记过处分；情节较重的，给予记大过或者降级处分；情节严重的，给予撤职处分：

（一）未及时制定院前急救医疗工作规范和质量控制标准；

（二）未依法履行对急救医疗服务的保障职责；

（三）未依法开展监督、检查。

第七章　附则

第六十五条　医疗机构开展院前急救医疗服务的，参照本条例执行。

第六十六条　本条例自 2016 年 11 月 1 日起施行。

8. 上海市道路运输管理条例

（1996 年 1 月 26 日上海市第十届人民代表大会常务委员会第二十七次会议通过　根据 1997 年 8 月 13 日上海市第十届人民代表大会常务委员会第三十八次会议《关于修改〈上海市道路运输管理条例〉的决定》第一次修正　根据 2003 年 11 月 13 日上海市第十二届人民代表大会常务委员会第八次会议《关于修改〈上海市道路运输管理条例〉的决定》第二次修正　2005 年 10 月 28 日上海市第十二届人民代表大会常务委员会第二十三次会议修订　根据 2010 年 9 月 17 日上海市第十三届人民代表大会常务委员会第二十一次会议《关于修改本市部分地方性法规的决定》第三次修正　根据 2011 年 12 月 22 日上海市第十三届人民代表大会常务委员会第三十一次会议《关于修改本市部分地方性法规的决定》第四次修正　根据 2020 年 5 月 14 日上海市第十五届人民代表大会常务委员会第二十一次会议《关于修改本市部分地方性法规的决定》第五次修正）

第一章　总则

第一条　为了维护本市道路运输市场秩序，保障道路运输安全，保护道路运输各方当事人的合法权益，促进道路运输业的健康发展，根据《中华人民共和国道路运输条例》，结合本市实际，制定本条例。

第二条　本条例适用于本市行政区域内的道路运输经营及其管理活动。

前款所称道路运输经营，包括道路旅客运输经营（以下简称客运经营）、道路货物运输经营（以下简称货运经营）和道路运输相关业务。客运经营包括省际的班线客运经营、包车客运经营和旅游客运经营。道路运输相关业务，包括道路旅客运输站（场）（以下简称客运站）经营、道路货物运输站（场）（以下简称货运站）经营、机动车维修经营、机动车驾驶员培训、机动车综合性能检测、公共停车场（库）经营和道路货物运输代理经营。

本市公共汽车和电车、出租汽车客运管理不适用本条例。

第三条　市交通行政管理部门主管本市道路运输管理工作，负责组织实施本条例。市交通行政管理部门所属的上海市城市交通运输管理处（以下简称市运输管理处）和上海市城市交通行政执法总队（以下简称市交通执法总队）为市道路运输管理机构；市运输管理处负责具体实施本市道路运输的日常管理工作，并直接对黄浦、徐汇、长宁、静安、普陀、虹口、杨浦等区的道路运输进行日常管理和监督；市交通执法总队具体负责本市道路运输监督检查工作，并按照《中华人民共和国道路运输条例》和本条例的规定实施行政处罚。

浦东新区以及闵行、宝山、嘉定、金山、松江、奉贤、青浦、崇明等区交通行政管理部门负责组织领导本行政区域内的道路运输管理工作。区交通行政管理部门所属的区道路运输管理机构按照规定的职责负责具体实施本行政区域内的道路运输管理工作，并按照《中华人民共和国道路运输条例》和本条例的规定实施行政处罚。

本市有关行政管理部门按照各自的职责，协同实施本条例。

第四条　市交通行政管理部门应当按照法定程序，根据本市经济和社会发展的需要，编制道路运输发展规划和专业系统规划，分别纳入市国民经济和社会发展计划以及城市总体规划。

第二章　基本管理

第五条　从事客运经营、货运经营、客运站经营、货运站经营、机动车维修经营、机动车驾驶员培训的，应当具备国家规定的与其经营业务相适应的条件。具体条件中的专业标准、技术规范可以由市交通行政管理部门会同有关部门制定并公布。

需要从事客运经营、机动车驾驶员培训的，应当向市交通行政管理部门提出申请；需要从事危险货物运输经营的，应当向市运输管理处提出申请；需要从事危险货物经营以外的货运经营、客运站经营、货运站经营、机动车维修经营的，应当向市运输管理处或者所在地的区道路运输管理机构提出申请。市交通行政管理部门和市运输管理处、区道路运输管理机构受理申请后，应当按照法定条件和程序进行审查，作出许可或者不予许可的决定。

第六条　从事机动车综合性能检测、公共停车场（库）经营的，应当在取得营业执照后十五日内，向市运输管理处或者所在地的区道路运输管理机构备案。

第七条　依据本条例第五条规定取得道路运输经营许可的经营者需要合并、分立或者变更许可事项的，应当向原审批机关申请办理变更手续。

客运经营者、客运站经营者需要终止经营的，应当在终止经营三十日前告知原审批机关，并同时向社会公告。

第八条　从事危险货物运输的驾驶人员、装卸管理人员、押运人员应当经市交通行政管理部门考试合格，取得上岗资格证后，持证上岗。

从事危险货物运输以外的货运经营以及客运经营的驾驶人员、培训机动车驾驶员的教练员，应当经市运输管理处考试合格，取得上岗资格证后，持证上岗。

考试发证机构不得组织强制性考前培训或者指定培训点。

第九条　实行政府定价、政府指导价的道路运输服务价格，由市交通行政管理部门提出方案，经市物价行政管理部门批准后执行。

道路运输经营者应当遵守国家和本市价格规定，并按照规定明码标价。

第十条　从事道路运输经营依法应当具备的经营许可证件、车辆营运证、上岗资格证、营运标志、机动车维修范围标志牌、机动车维修合格证等证件、标志牌，由市运输管理处统一监制，任何单位和个人不得伪造、涂改、转让或者出租。

第十一条　本市积极推进建立道路运输公共信息网络系统，具体实施办法由市人民政府制定。

第十二条　市交通执法总队可以依法在本市主要的公路道口对道路运输经营车辆的经营资质和经营行为进行检查。市其他行政管理部门需要委托市交通执法总队对车辆运输的货物依法进行检查、控制的，应当经市人民政府批准。

道路运输管理机构的工作人员应当严格按照职责权限和程序加强对道路运输经营活动的监督检查，做好检查记录。

第十三条　任何单位和个人有权对道路运输经营中的违法行为和服务质量

以及交通行政管理部门、道路运输管理机构工作人员的违法行为，向市交通行政管理部门、区交通行政管理部门、道路运输管理机构进行举报和投诉。

交通行政管理部门和道路运输管理机构应当建立举报、投诉制度，公开举报和投诉电话、通信地址或者电子邮件信箱，依法及时调查处理举报和投诉，并将处理结果回复举报、投诉人。

第三章　客运、货运管理

第十四条　本市对客运班线实行有期限经营，经营期限为四年到八年。市运输管理处应当根据班线客运经营者的资质条件、服务质量等确定相应的经营期限。

班线客运经营者依法取得客运班线经营权后，应当在一百二十日内正式营运。超过规定期限六十日未营运的，视为放弃客运班线经营权。

客运班线经营期限届满需要延续经营的，班线客运经营者应当在届满六十日前向原审批机关提出申请。

第十五条　本市建立客运班线经营状况评议考核制度。市运输管理处可以每年对班线客运经营者的基本资质条件和营运服务质量进行评议考核。考核应当公开、公平、公正，考核结果作为延续或者注销客运班线经营权的依据之一。

第十六条　客运经营者的客运车辆应当按照规定的线路和公布的班次行驶，在批准的客运站点停靠，禁止沿途揽客。禁止超过核定人数运输旅客。

定线旅游客运应当按照班线客运管理，非定线旅游客运应当按照包车客运管理。

第十七条　因特殊情况发生旅客严重滞留的情况，市运输管理处应当及时采取有效措施，进行疏散；客运经营者应当服从市运输管理处的统一调度、指挥。

第十八条　市交通行政管理部门应当会同市公安交通行政管理部门根据本市道路运输发展规划、货运市场需求以及市内道路交通条件，制定允许在市内全天通行的营业性货运车辆运力发展年度计划。公安交通行政管理部门可以根据道路和交通流量的实际情况，在一定区域、时间内限制货运车辆通行。

允许在市内全天通行的营业性货运车辆应当具有独立的封闭结构车厢，车辆的外形和安全、环保等技术性能应当符合国家和本市规定的有关标准和条件。禁止使用客运车辆从事货运经营活动，禁止使用货运车辆从事客运经营活动。

第十九条　本市道路运输车辆应当按照国家和本市的规定悬挂和使用与其运输经营业务相符合的营运标志。

第二十条　客运经营者、货运经营者应当按照国家和本市的规定定期对营运车辆进行维护和检测。市运输管理处、区道路运输管理机构应当按照国家营运车辆技术等级划分和评定要求，每年对营运车辆进行车辆技术等级评定，并同时实施年度审验。

客运经营者和货运经营者应当按照国家和本市的规定建立车辆技术档案，及时、完整、准确记载车辆检测、技术等级评定等有关内容。

发生交通事故、自然灾害、公共卫生以及其他突发事件，客运经营者和货运经营者应当服从市、区人民政府或者有关部门的统一调度、指挥。

第二十一条　在外省市注册的货运经营者从事起讫地均在本市的货运经营活动的，应当到市运输管理处或者区道路运输管理机构备案。

第四章　机动车维修与检测管理

第二十二条　本市鼓励发展以便利、快捷为特点，以机动车常见故障排除和养护为主要内容的机动车维修服务（以下简称机动车快修）。机动车快修应当符合本市汽车快修企业技术条件。

本市中心城区内鼓励发展连锁经营的机动车快修，不再新设机动车专项维修点。

第二十三条　机动车维修经营者应当在经营场所的醒目位置悬挂机动车维修范围标志牌，公示经营许可证、机动车维修工时定额和工时单价、材料配件进销价差率、机动车维修质量保证期。

第二十四条　机动车维修经营者承接机动车二级维护、总成修理、整车修理的，应当与托修方签订维修合同，并建立维修档案，做好维修记录。

第二十五条　机动车维修经营者应当建立配件登记档案，记录配件的名称、供应商名称和地址、制造企业名称和地址、进货日期、进货单价等。

机动车维修经营者提供的配件应当标明原厂配件、副厂配件、修复配件或者旧配件，供用户选择。使用修复配件或者旧配件的，应当征得托修方同意，并保证维修质量。禁止使用假冒伪劣配件维修机动车。

第二十六条　机动车维修经营者应当按照有关技术标准对机动车进行维修；尚无标准的，应当参照机动车制造企业提供的维修手册、使用说明书和有关资料进行维修。

机动车维修经营者承接机动车二级维护、总成修理、整车修理的，应当进行维修前诊断检验、维修过程检验和维修竣工质量检验。维修竣工质量检验合格的，应当由维修质量检验人员签发全国统一样式的机动车维修合格证。机动车维修经营者不具备维修质量检验能力的，应当委托具有资质的机动车综合性能检测站进行维修质量检验。

进行机动车维修竣工质量检验的，应当按照有关技术标准进行检验，确保检验结果准确，如实提供检验结果证明，并对检验结果承担法律责任。

第二十七条　机动车维修经营者应当按照公示的机动车维修工时定额、工时单价、材料配件价格收取费用；机动车制造企业未提供机动车维修工时定额的，应当执行市交通行政管理部门制定的机动车维修工时定额。

机动车维修经营者与托修方结算费用时，材料费和工时费应当分项计算，并出具市运输管理处统一监制的机动车维修结算清单。

第二十八条　机动车维修经营者、机动车综合性能检测站应当加强对检测、计量仪器设备的日常维护和校正，确保其技术性能指标达到标准要求。用于机动车维修质量检验、营运车辆技术等级评定等的检测、计量仪器设备，应当按照国家和本市的规定进行强制周期检定。

道路运输管理机构在监督检查中发现前款规定的检测、计量仪器设备不准确或者逾期未进行强制周期检定的，应当责令其限期校正或者检定，并移交市场监督管理部门依法处理。

第五章　　其他相关业务管理

第二十九条　　机动车驾驶员培训机构应当遵守下列规定：

（一）在经营场所的醒目位置公示经营许可证、收费标准、训练区域等；

（二）按照国务院交通主管部门规定的教学大纲进行培训；

（三）聘用取得教练员上岗资格证的人员从事教学工作；

（四）严格考试纪律；

（五）按规定做好培训记录，建立学员档案。

机动车驾驶员培训机构及其教练员在培训过程中不得弄虚作假，对结业考试不合格的学员，不得颁发培训结业证书。

第三十条　　客运站、货运站、公共停车场（库）的设置和建设，应当符合本市道路运输专业规划及国家和本市的有关标准。

市和区规划行政管理部门及建设行政管理部门在审查客运站、货运站、公共停车场（库）建设工程的规划方案和初步设计方案时，应当分别征求市交通行政管理部门和区交通行政管理部门意见。

未经批准不得改变客运站、货运站、公共停车场（库）的用途和服务功能。

第三十一条　　客运站经营者应当遵守下列规定：

（一）合理安排运行班次和发车时间；

（二）按照客运经营者根据政府指导价确定的票价售票；

（三）对无故停班或者连续三日不进站经营的，及时向市运输管理处或者所在地的区道路运输管理机构报告；

（四）严格执行各项站务收费规定；

（五）工作人员佩戴服务证上岗。

第三十二条　　货运站经营者应当遵守下列规定：

（一）按照国家规定的安全操作规程装卸、储存、保管货物；

（二）严禁有毒、易污染物品与食品混装；

（三）仓储等经营场所符合消防安全条件，各种消防器材、设施配备齐全有效；

（四）工作人员佩戴服务证上岗。

第三十三条　道路货物运输代理经营者受理运输危险货物和法律、行政法规规定应当办理有关手续后方可运输的货物业务的，应当了解运输货物的品名、性质、数量和应急处理方法，查验有关凭证。不得受理运输国家规定的禁运货物。

道路货物运输代理经营者应当将受理的运输业务交给具有合格资质的货运经营者承运。

第六章　法律责任

第三十四条　违反本条例的行为，《中华人民共和国道路运输条例》及其他有关法律、行政法规已有处罚规定的，从其规定。

第三十五条　违反本条例的下列行为，由市交通执法总队、区道路运输管理机构予以处罚：

（一）违反本条例第六条规定，未履行备案义务的，责令限期改正；逾期不改正的，处二百元以上二千元以下的罚款。

（二）违反本条例第八条第二款规定，教练员未取得上岗资格证上岗从业的，责令停止上岗，并处二百元以上二千元以下的罚款。

（三）违反本条例第十条规定，转让或者出租营运标志、机动车维修范围标志牌、机动车维修合格证的，责令停止违法行为，收缴有关证件、标志牌，并处二百元以上二千元以下的罚款；伪造或者涂改营运标志、机动车维修范围标志牌、机动车维修合格证的，收缴有关证件、标志牌，没收违法所得，可以并处二千元以上二万元以下的罚款；构成犯罪的，依法追究刑事责任。

（四）违反本条例第十九条规定，未按规定悬挂和使用营运标志的，责令改正，可以处一百元以上五百元以下的罚款。

（五）违反本条例第二十条第二款规定，未建立车辆技术档案的，责令改正，可以处三百元以上三千元以下的罚款。

（六）违反本条例第二十一条规定，未履行备案义务的，责令改正，可以处二百元以上二千元以下的罚款。

（七）违反本条例第二十三条规定，未履行公示义务的，责令限期改正；逾期不改正的，处二百元以上二千元以下的罚款。

（八）违反本条例第二十四条规定，未建立维修档案、未履行记录义务的，责令限期改正；逾期不改正的，处二百元以上二千元以下的罚款。

（九）违反本条例第二十五条第一款规定，未建立配件登记档案、未履行记录义务的，责令限期改正；逾期不改正的，处二百元以上二千元以下的罚款。

（十）违反本条例第二十六条第三款规定，未如实提供检验结果证明的，责令改正，有违法所得的，没收违法所得，并处违法所得二倍以上十倍以下的罚款；没有违法所得的，处二千元以上二万元以下的罚款；构成犯罪的，依法追究刑事责任。

（十一）违反本条例第二十九条第一款第五项规定，未做好培训记录、未建立学员档案的，责令限期改正；逾期不改正的，处二百元以上二千元以下的罚款。

（十二）违反本条例第二十九条第二款规定，教练员在培训过程中弄虚作假的，处二百元以上一千元以下的罚款；情节严重的，吊销教练员上岗资格证。

（十三）违反本条例第三十一条第三项规定，未履行及时报告义务的，处二百元以上二千元以下的罚款。

（十四）违反本条例第三十三条规定，受理运输国家规定的禁运货物或者将受理的运输业务交给不具有合格资质的货运经营者承运的，没收违法所得，并处二千元以上二万元以下的罚款；构成犯罪的，依法追究刑事责任。

（十五）道路运输经营者在经营活动过程中，因情况变化丧失或者部分丧失第五条规定的经营条件，仍从事经营活动的，责令限期改正，可以处二千元以上二万元以下的罚款；逾期不改正的，吊销其道路运输经营许可证件。

第三十六条 市交通执法总队、区道路运输管理机构在实施监督检查过程中，发现无车辆营运证又无法当场提供其他有效证明的车辆从事经营活动的，可以暂扣其营运车辆，并责令当事人在规定的期限内到指定的地点接受处理。

市交通执法总队、区道路运输管理机构在暂扣物品时，应当向当事人出具暂扣物品文书和清单，告知执法依据、理由和接受处理的地点、时限；对暂扣的物品应当妥善保管、不得使用，不得在告知当事人接受处理的时限内收取或者变相收取保管费。

当事人应当在规定时限内到指定地点接受处理。逾期不来接受处理的，市交通执法总队、区道路运输管理机构可以依法作出行政处罚决定，并将处罚决定书送达当事人。当事人履行处罚决定后，取回暂扣物品。当事人无正当理由逾期不履行行政处罚决定，经公告三个月后仍不来接受处理的，市交通执法总队、区道路运输管理机构可以依法处理暂扣物品。

第三十七条　当事人对市交通行政管理部门、区交通行政管理部门、道路运输管理机构的具体行政行为不服的，可以依照《中华人民共和国行政复议法》或者《中华人民共和国行政诉讼法》的规定，申请行政复议或者提起行政诉讼。

当事人对具体行政行为逾期不申请复议，不提起诉讼，又不履行的，作出具体行政行为的市交通行政管理部门、区交通行政管理部门、道路运输管理机构可以申请人民法院强制执行。

第三十八条　从事道路运输管理和执法的工作人员玩忽职守、滥用职权、徇私舞弊、索贿受贿的，由其所在单位或者上级主管机关给予处分；构成犯罪的，依法追究刑事责任。

第七章　附则

第三十九条　本条例自 2006 年 1 月 1 日起施行。

9. 上海市公共汽车和电车客运管理条例

（2000 年 9 月 22 日上海市第十一届人民代表大会常务委员会第二十二次会议通过　根据 2003 年 10 月 10 日上海市第十二届人民代表大会常务委员会第七次会议《关于修改〈上海市公共汽车和电车客运管理条例〉的决定》第一次修正　根据 2006 年 6 月 22 日上海市第十二届人民代表大会常务委员会第二十八次会议《关于修改〈上海市公共汽车和电车客运管理条例〉的决定》第二次修正　根据 2010 年 7 月 30 日上海市第十三届人民代表大会常务委员会第二十次会议《关于修改〈上海市公共汽车和电车客运管理条例〉的决定》第三次修正　根据 2011 年 12 月 22 日上海市第十三届人民代表大会常务委员会第三十一次会议《关于修改本市部分地方性法规的决定》第四次修正　根据 2018 年 11 月 22 日上海市第十五届人民代表大会常务委员会第七次会议《关于修改本市部分地方性法规的决定》第五次修正　根据 2020 年 5 月 14 日上海市第十五届人民代表大会常务委员会第二十一次会议《关于修改本市部分地方性法规的决定》第六次修正）

第一章　总则

第一条　为了加强本市公共汽车和电车客运管理，维护营运秩序，提高服务质量，保障乘客和经营者的合法权益，促进公共汽车和电车客运的发展，根据本市实际情况，制定本条例。

第二条　本条例适用于本市行政区域内公共汽车和电车客运的经营及其相关的管理活动。

本条例所称公共汽车和电车，是指在本市行政区域内按照固定的线路、站点和规定的时间营运，用于运载乘客并按照核定的营运收费标准收费的汽车和电车。

第三条　上海市交通行政管理部门（以下简称市交通行政管理部门）是本市公共汽车和电车客运的行政主管部门，并负责本条例的组织实施。

市交通行政管理部门所属的上海市城市交通运输管理处（以下简称市运输管理处）负责具体实施本市公共汽车和电车客运的日常管理工作，并直接对黄浦、徐汇、长宁、静安、普陀、虹口、杨浦等区的公共汽车和电车客运进行日常管理和监督；市交通行政管理部门所属的上海市城市交通行政执法总队（以下简称市交通执法总队）具体负责本市公共汽车和电车客运监督检查工作，并按照本条例的规定实施行政处罚。

浦东新区以及闵行、宝山、嘉定、金山、松江、奉贤、青浦、崇明等区交通行政管理部门（以下简称区交通行政管理部门）负责组织领导本行政区域内的公共汽车和电车客运管理工作。区交通行政管理部门所属的交通运输管理机构（以下简称区运输管理机构）负责具体实施本行政区域内公共汽车和电车客运日常管理和监督工作；区交通行政管理部门所属的交通行政执法机构（以下简称区交通执法机构）负责具体实施本行政区域内公共汽车和电车客运监督检查工作，并按照本条例的规定实施行政处罚。

区人民政府和有关行政管理部门按照各自职责，协同实施本条例。

第四条　本市实施公共交通优先发展战略。市和区人民政府应当按照城乡一体化的要求，对公共汽车和电车客运在资金投入、规划用地、设施建设、场站维护、道路通行等方面给予扶持，并形成合理的价格机制，为市民提供快捷、安全、方便、舒适的客运服务。

市和区人民政府对公共汽车和电车客运方面的资金投入应当纳入公共财政预算体系。

本市鼓励在公共汽车和电车客运的经营和管理领域应用先进的科学技术及管理方法，鼓励采用新能源、低排放车辆。

第五条　市交通行政管理部门应当根据城市发展和方便市民出行的实际需要，经听取区人民政府有关部门意见后，组织编制公共汽车和电车客运专项规划，由市规划行政管理部门综合平衡，报市人民政府批准后，纳入城市总体规划。

公共汽车和电车客运专项规划应当包括公共汽车和电车在城市公共交通方

式中的构成比例和规模、客运服务设施的用地范围、场站和线路布局、专用道和港湾式停靠站设置等内容。

公共汽车和电车客运专项规划应当与轨道交通等其他专项规划合理衔接，形成布局合理、经济高效的营运体系。

第六条　本市公共汽车和电车客运的经营活动，应当遵循服从规划、公平竞争、安全营运、规范服务、便利乘客的原则。

第七条　本市根据公共汽车和电车客运服务的公益性特点，建立职工工资增长主要与其产生的社会效益相联系的机制。

第二章　线路和线路经营权

第八条　市和区交通行政管理部门应当在听取各方面意见的基础上，会同有关部门根据本市公共汽车和电车客运专项规划，制定或者调整本市、本区公共汽车和电车客运线网规划（以下简称线网规划）及场站规划。

本市公共汽车和电车客运线路（以下简称线路）的开辟、调整、终止，应当符合线网规划的要求。

第九条　市和区交通行政管理部门应当定期组织公共汽车和电车客流调查和线路普查，对公共汽车和电车客运线网进行优化调整，实现与轨道交通等其他交通方式的有效衔接，并提高出行不便地区的线网密度。

市和区交通行政管理部门应当会同公安、建设等行政管理部门，根据线网规划、客流调查和线路普查情况，制定开辟、调整、终止线路的计划，并通过公开征求意见、召开听证会等方式征询涉及范围内单位、居民的意见，作为线路开辟、调整、终止的依据之一。

区人民政府也可以根据本地区的实际需要，提出跨区开辟、调整、终止线路的意见，经市交通行政管理部门会同公安、建设等行政管理部门审核同意后，纳入线路开辟、调整、终止的计划。

市和区交通行政管理部门根据计划开辟、调整、终止线路的，应当在实施之日的十日前予以公布。

第十条　市和区交通行政管理部门应当为新建居住区等建设项目同步配套

公共汽车和电车线路，或者与邻近公共交通站点接驳的线路。

市和区规划行政管理部门应当会同市和区交通行政管理部门，按照居住区公共服务设施设置的有关标准，将新建居住区等建设项目配套的公共汽车和电车站点设施用地纳入相关控制性详细规划。公共汽车和电车站点设施应当与新建居住区等建设项目同步设计、同步建设、同步竣工、同步交付使用。新建居住区分片开发的，应当根据实际情况，设置过渡公共汽车和电车站点设施。

第十一条　旅游线路应当纳入线网规划。旅游线路的开辟、调整、终止，由市旅游行政管理部门提出，经市交通行政管理部门平衡后确定。

旅游线路应当按照方便游客的原则，在旅游景点设立固定站点，并与旅游景点的开放和营业时间相适应。

第十二条　经营者从事线路营运，应当取得有关交通行政管理部门授予的线路经营权。区交通行政管理部门负责授予起讫站和线路走向均在本区内线路营运的线路经营权；市交通行政管理部门负责授予其他线路营运的线路经营权。

线路经营权每期不得超过八年。在线路经营权期限内，经营者不得擅自处分取得的线路经营权。

第十三条　经营者取得线路经营权，应当具备下列条件：

（一）取得本市《企业法人营业执照》；

（二）符合线路营运要求的营运车辆或者相应的车辆购置资金；

（三）符合线路营运要求的停车场地和配套设施；

（四）具有合理、可行的线路营运方案；

（五）具有健全的客运服务、行车安全等方面的营运管理制度；

（六）具有相应的管理人员和经培训合格的驾驶员、乘务员、调度员，其中驾驶员应当有一年以上驾驶年限。

第十四条　对新开辟的线路，线路经营权期限届满需要重新确定经营者的线路，或者在线路经营权期限内需要重新确定经营者的线路，市和区交通行政管理部门应当通过招标方式授予经营者线路经营权。

线路经营权期限届满六个月前，经营者可以向市或者区交通行政管理部门提出取得新一期线路经营权的书面申请。市或者区交通行政管理部门根据经营者营运服务的状况，在线路经营权期限届满三个月前，决定是否授予其线路经营权。

经营者取得线路经营权的，由市或者区交通行政管理部门发给线路经营权证书。

第十五条　市财政部门应当会同市交通行政管理部门建立规范的公共汽车和电车企业成本费用审计与评价制度。市和区审计部门应当依法加强审计监督。审计与评价结果作为财政补贴的依据之一。

市和区人民政府对实行公共交通换乘优惠、对老年人等符合规定条件的乘客实施的乘车免费措施以及在农村等客流稀少地区开辟线路的公共汽车和电车经营者，应当及时给予补贴。

第十六条　市和区交通行政管理部门应当加强城市公共汽车和电车客运基础设施的建设；加强公共汽车和电车客运市场管理，查处无证经营行为；除特殊情况外，对已经确定经营者的线路不再开辟复线。

第十七条　市和区交通行政管理部门应当定期组织对经营者的营运服务状况进行评议，评议内容主要包括营运服务、安全行车、统计核算、遵章守纪、市民评价等。评议结果作为授予或者吊销线路经营权的依据之一。

市和区交通行政管理部门组织对经营者的营运服务状况进行评议时，应当邀请乘客代表参加，并听取社会各方面的意见。

市和区交通行政管理部门应当将国有公共汽车和电车企业营运服务状况的评议结果告知国有资产监督管理机构。国有资产监督管理机构依照有关法律、法规的规定，对国有公共汽车和电车企业进行监管。

第十八条　取得线路经营权的经营者，应当配备符合要求的营运车辆，并将车辆基本信息报送市运输管理处或者区运输管理机构。

驾驶员、乘务员、调度员应当经市运输管理处培训合格后方可上岗。

第三章　营运管理

第十九条　经营者在营运中应当执行取得线路经营权时确定的客运服务、

行车安全等方面的营运管理制度。

经营者应当按照核准的线路、站点、班次、时刻、车辆数、车型、车辆载客限额组织营运，不得擅自变更或者停止营运。

车辆载客限额由市公安部门和市运输管理处共同核准。

第二十条　经营者应当根据本条例规定的营运要求和客流量编制线路行车作业计划，报市运输管理处或者区运输管理机构备案。经营者应当按照线路行车作业计划营运。

市运输管理处、区运输管理机构应当对经营者的线路行车作业计划的执行情况进行监督检查。

第二十一条　采用无人售票方式营运的线路，经营者应当在无人售票营运车辆上设置符合市交通行政管理部门规定的投币箱、电子读卡机和电子报站设备，并保持其完好；投币箱旁应当备有车票凭证。

起讫站设在火车站、客运码头、机场的线路，经营者不得采用无人售票方式营运。

第二十二条　采用装有空调设施的车辆营运的，经营者应当定期维护车辆空调设施，保持其良好的工作状态，并在车厢内显著位置设置温度计。

每年的六月一日至九月三十日期间和十二月一日至次年三月一日期间，以及在此期间外车厢内温度高于二十八摄氏度或者低于十二摄氏度时，经营者应当开启车辆空调设施。

除前款规定应当开启车辆空调设施的情形外，经营者应当开启车辆通风换气设施。

第二十三条　经营者在营运过程中，应当在规定的站点安排上下客。在本市城镇范围外，站点间距超过一定距离的，经市运输管理处或者区运输管理机构会同公安部门审核批准，经营者可以在核准的共用招呼站安排上下客。

第二十四条　经营者因解散、破产等原因在线路经营权期限内需要终止营运的，应当在终止营运之日的三个月前，书面告知市或者区交通行政管理部门。市或者区交通行政管理部门应当在经营者终止营运前确定新的经营者。

第二十五条　需要暂停或者终止线路营运、站点使用的，经营者应当向市或者区交通行政管理部门提出书面申请，经审核批准后实施。

需要变更站点或者营运线路的，经营者应当向市运输管理处或者区运输管理机构提出书面申请，经市运输管理处或者区运输管理机构会同公安、建设等行政管理部门审核批准后实施。

线网规划调整的，市运输管理处或者区运输管理机构可以要求经营者实施营运调整，经营者应当予以执行。

道路、地下管线等城市基础设施施工或者道路状况影响营运安全的，市运输管理处或者区运输管理机构根据公安、建设等行政管理部门提出的意见，可以要求经营者实施营运调整，经营者应当予以执行。

第二十六条　除不可抗力或者其他紧急情况外，经市运输管理处或者区运输管理机构批准实施营运调整的，经营者应当于实施之日的五日前，在线路各站点公开告示。

除不可抗力或者其他紧急情况外，市运输管理处或者区运输管理机构根据本条例第二十五条第三款、第四款规定实施营运调整的，应当于实施之日的十日前，在线路各站点公开告示营运调整和临时站点设置情况。

两条或者两条以上相关联的线路同时发生营运调整的，市运输管理处或者区运输管理机构还应当通过新闻媒体公开告示。

第二十七条　有下列情形之一的，经营者应当按照市运输管理处或者区运输管理机构的统一调度，及时组织车辆、人员进行疏运：

（一）主要客运集散点供车严重不足的；

（二）举行重大社会活动的；

（三）轨道交通发生突发事件需要应急疏散的；

（四）其他需要应急疏运的。

第二十八条　经营者应当按照市人民政府核定的营运收费标准收费。

经营者向乘客收取营运费用后，应当出具由市交通行政管理部门和市税务部门认可的等额车票凭证。

第二十九条 市和区交通行政管理部门应当建设公共汽车和电车客运服务信息系统，提供营运信息发布、出行查询、应急报警等信息服务，方便乘客出行。

经营者应当配备符合规定标准的车辆信息监控系统和图像监控设施，并按照规定发送营运数据。

第三十条 经营者应当制定并执行安全教育培训、现场管理、应急处置等各项安全制度，防止和减少事故发生。发生安全事故的，经营者应当立即启动应急预案，妥善处理事故，并及时向市或者区交通行政管理部门报告。

经营者可以采取商业保险、事故赔偿专用资金等方式，保障营运事故的善后处理。

经营者应当加强对营运车辆的检查、保养和维修工作，并予以记录，保证投入营运的车辆符合下列要求：

（一）车辆整洁、设施完好；

（二）车辆性能、尾气排放符合国家规定的技术规范；

（三）在规定的位置，标明营运收费标准、线路名称和经营者名称；

（四）在规定的位置，张贴市交通行政管理部门按照本条例制定的《上海市公共汽车和电车乘坐规则》（以下简称《乘坐规则》）、线路走向示意图以及乘客投诉电话号码；

（五）按照规定设置应急窗、救生锤、灭火器等设施；

（六）按照规定对车辆采取消毒等卫生措施。

第三十一条 经营者应当加强对驾驶员、乘务员、调度员的管理，提高服务质量。

驾驶员、乘务员从事营运服务时，应当遵守下列规定：

（一）遵守交通法规，安全文明行车；

（二）按照核准的线路、站点、班次、时刻、车辆载客限额营运；

（三）按照核准的营运收费标准收费；

（四）在规定的站点或者核准的共用招呼站安排上下客；

（五）按照规定报清线路名称、车辆行驶方向和停靠站点名称，设置电子报站设备的，应当正确使用电子报站设备；

（六）保持车辆整洁，维护车厢内的乘车秩序；

（七）不得将车辆交给不具备本条例规定条件的人员营运；

（八）车辆不得在站点滞留，妨碍营运秩序；

（九）为老、幼、病、残、孕妇及怀抱婴儿的乘客提供必要的乘车帮助；

（十）不得在车厢内吸烟。

调度员从事营运调度时，应当遵守下列规定：

（一）按照行车作业计划调度车辆，遇特殊情况时合理调度；

（二）如实记录行车数据。

发生公共卫生事件，驾驶员、乘务员、调度员应当按照规定采取防护措施。

第三十二条　乘客享有获得安全、便捷客运服务的权利。

有下列情形之一的，乘客可以拒绝支付车费：

（一）营运车辆上未按规定标明营运收费标准的；

（二）驾驶员或者乘务员不出具或者不配备符合规定的车票凭证的；

（三）装有空调设施的车辆上未按规定开启空调或者换气设施的；

（四）装有电子读卡机的车辆上因电子读卡机未开启或者发生故障，无法使用电子乘车卡的。

车辆营运中发生故障不能正常行驶时，乘客有权要求驾驶员、乘务员组织免费乘坐同线路同方向的车辆，同线路同方向车辆的驾驶员、乘务员不得拒绝；驾驶员、乘务员在规定时间内无法安排乘坐同线路同方向车辆的，乘客有权要求按照原价退还车费。

第三十三条　乘客不得携带易燃、易爆、有毒、有放射性、有腐蚀性以及有可能危及人身和财产安全的其他危险物品，并应当遵守《乘坐规则》，文明乘车。经营者及其从业人员发现乘客违反规定的，应当对其进行劝阻和制止，经劝阻拒不改正的，可以拒绝为其提供营运服务；对坚持携带危险物品乘车的，应当立即报告公安机关。

危险物品的目录和样式由市公安部门和交通行政管理部门公告，经营者按照规定方式予以张贴。

乘客乘车应当按照规定支付车费。乘客未按规定支付车费的，经营者及其从业人员可以要求其补交车费，并可以对其按照营运收费标准的五倍加收车费。

第四章 设施建设和管理

第三十四条 本市城市总体规划中确定和预留的公共汽车和电车客运用地和空间，未经原审批单位批准，任何单位或者个人不得侵占或者改变其用途。

第三十五条 市和区人民政府应当支持、鼓励并参与新建、改建或者扩建大型的公共汽车和电车站点设施以及停车场地，对公共汽车和电车车辆更新给予补贴。政府投资建设的公共汽车和电车站点免费提供给公共汽车和电车经营者使用；政府投资建设的公共汽车和电车停车场、保养场低价租赁给公共汽车和电车经营者使用。

新建、改建、扩建公共汽车和电车站点设施以及停车场地，应当符合本市公共汽车和电车客运专项规划、线网规划和场站规划。规划管理部门在核发建设工程规划许可证前，应当征求市或者区交通行政管理部门的意见。

有下列情形之一的，建设单位应当按照规划要求配套建设公共汽车和电车起讫站点设施：

（一）新建或者扩建机场、火车站、客运码头、长途汽车站、轨道交通车站等客流集散的公共场所的；

（二）新建或者扩建大型公共设施的；

（三）新建或者扩建具有一定规模的居住区的。

公共汽车和电车站点设施以及停车场地投入使用前，建设单位应当通知市或者区交通行政管理部门参加验收；未按规定验收或者验收不合格的，不得投入使用。

未经市或者区交通行政管理部门审核批准，不得将场站设施关闭或者移作他用。

第三十六条 线路站点应当按照方便乘客、站距合理的原则设置。

线路站点的站距一般为五百米至一千米。

经营者应当在线路起讫站点设置车辆调度、候车设施，张贴《乘坐规则》、营运收费价目表以及乘客投诉电话号码。

新辟线路的起讫站点，应当分别设置上客站和下客站。

第三十七条　经营者应当按照市运输管理处规定的统一标准，在公共汽车和电车站点设置站牌（包括临时站牌，下同）。

公共汽车和电车站牌应当标明线路名称、首末班车时间、所在站点和沿途停靠站点的名称、开往方向、营运收费标准等内容，并保持清晰、完好；营运班次间隔在三十分钟以上的线路，还应当标明每一班次车辆途经所在站点的时间。

第三十八条　公共汽车和电车站点的日常管理单位，由市或者区交通行政管理部门和授权经营单位或者产权所有者协商采用招标或者委托的方式确定。

站点日常管理单位应当按照市交通行政管理部门的规定，定期维护保养站点设施，保持候车亭、站牌等设施整洁、完好。市和区交通行政管理部门应当加强对站点日常管理工作的监督检查。

进入站点营运的驾驶员、乘务员，应当遵守站点管理制度。

第三十九条　在营运车辆上设置广告，除应当符合有关广告的法律、法规规定外，广告设置的位置、面积、色彩应当符合公共汽车和电车营运管理的有关规定。

车厢内不得播放有声广告或者散发书面广告。

利用候车亭设置广告的，总体面积不得超过候车亭立面的百分之四十，其中公益广告所占的面积或者时间比例不得低于广告总量的百分之十。

第四十条　电车供电单位应当按照国家规定的技术标准和规范，定期对电车触线网、馈线网、变电站等电车供电设施进行维护，保证其安全和正常使用。电车供电设施发生故障时，电车供电单位应当立即组织抢修，尽快恢复其正常使用。

电车供电单位应当按照国家有关规定，设立供电设施保护标志。

禁止下列危害电车供电设施安全的行为：

（一）损坏、覆盖电车供电设施及其保护标志；

（二）在电车触线网、馈线网上悬挂、架设宣传标语、广告牌或者其他设施；

（三）危害电车供电安全的其他行为。

建设工程施工可能危及电车供电设施安全的，建设单位应当与电车供电单位协商，采取相应的安全保护措施后方可施工。

运输超高物件需要穿越电车触线网、馈线网的，运输单位应当采取相应的安全保护措施，并书面通知电车供电单位。

第四十一条　本市根据主要机动车道的道路情况、公共汽车和电车客运量以及公共汽车和电车流量等，开设高峰时段公共汽车和电车专用车道；符合条件的单向机动车道，应当允许公共汽车和电车双向通行；符合条件的主要道口，应当设置公共汽车和电车优先通行的标志、信号装置；本市主要机动车道，应当开设港湾式停靠站。

第五章　监督检查和投诉

第四十二条　市交通行政管理部门和市运输管理处、市交通执法总队、区交通行政管理部门、区运输管理机构、区交通执法机构应当加强对公共汽车和电车营运活动的监督检查。

上述部门从事监督检查的人员应当持有行政执法证件。

第四十三条　市运输管理处、区运输管理机构和经营者应当建立投诉受理制度，接受乘客对违反本条例规定行为的投诉。

第四十四条　经营者应当自受理乘客投诉之日起十个工作日内作出答复。乘客对经营者的答复有异议的，可以向市运输管理处或者区运输管理机构申诉。

市运输管理处或者区运输管理机构应当自受理乘客投诉或者申诉之日起二十个工作日内作出答复。

第四十五条　市运输管理处或者区运输管理机构可以向经营者核查投诉及投诉处理情况。市运输管理处或者区运输管理机构向经营者核查投诉及投诉处理情况的，应当向经营者发出核查通知书。经营者应当自收到核查通知书之日起十个工作日内，将有关情况或者处理意见书面回复市运输管理处或者区运输管理机构。

第六章　法律责任

第四十六条　违反本条例第十二条第一款规定，未取得线路经营权擅自从事公共汽车和电车营运的，由市交通执法总队或者区交通执法机构没收其非法所得，并处以五千元以上五万元以下的罚款。市、区交通行政管理部门在作出行政处罚前可以将营运车辆扣押，责令行为人在规定的期限内到指定地点接受处理。

第四十七条　违反本条例第十二条第二款规定，有下列行为之一的，由市或者区交通行政管理部门没收其非法所得，并可处以五千元以上五万元以下的罚款或者吊销其线路经营权证书：

（一）将线路经营权发包给其他单位或者个人经营的；

（二）擅自转让线路经营权的。

经营者违反本条例第十九条第一款规定，未执行客运服务、行车安全等营运管理制度的，由市或者区交通行政管理部门责令其限期改正，逾期不改正的，市或者区交通行政管理部门可以吊销其线路经营权证书。

有第一款、第二款行为，造成公私财产重大损失、严重社会影响或者其他严重后果的，市或者区交通行政管理部门可以吊销其部分或者全部的线路经营权证书。

第四十八条　驾驶员、乘务员、调度员有下列行为之一的，市交通执法总队或者区交通执法机构可处以警告或者五十元以上二百元以下的罚款：

（一）违反本条例第三十一条的第二款、第三款、第四款规定，不遵守从业人员服务规范的；

（二）违反本条例第三十二条第三款规定，未按规定组织乘客免费换乘或者退票的；

（三）违反本条例第三十八条第三款规定，不遵守站点管理制度的。

第四十九条　经营者有下列行为之一的，由市交通执法总队或者区交通执法机构责令改正或者限期改正，并可处以警告或者二百元以上二千元以下的罚款：

（一）违反本条例第十九条第二款规定，超过核准的车辆载客限额营运的；

（二）违反本条例第二十条第一款规定，未按备案的线路行车作业计划营运的；

（三）违反本条例第二十二条规定，装有空调设施的车辆未按照规定营运的；

（四）违反本条例第二十九条第二款规定，未按照规定标准配备监控设施的，或者未按照规定发送营运数据的；

（五）违反本条例第三十条第一款规定，发生安全事故未按照规定报告的；

（六）违反本条例第三十条第三款规定，营运车辆不符合要求的。

经营者有下列行为之一的，由市交通执法总队或者区交通执法机构责令改正或者限期改正，并可处以警告或者五百元以上五千元以下的罚款：

（一）违反本条例第二十条第一款规定，未将行车作业计划报备案的；

（二）违反本条例第二十三条规定，未在规定的站点或者核准的共用招呼站安排上下客的；

（三）违反本条例第二十八条规定，未按核准的营运收费标准收费，收费后不出具等额车票凭证的；

（四）违反本条例第三十一条规定，连续两个月内，经营者的驾驶员、乘务员、调度员违章率超过百分之二的。

经营者有下列行为之一的，由市交通执法总队或者区交通执法机构责令改正或者限期改正，并可处以一千元以上一万元以下的罚款：

（一）违反本条例第二十四条规定，擅自终止营运的；

（二）违反本条例第二十五条的第一款、第二款规定，擅自实施营运调整的；

（三）违反本条例第二十六条第一款规定，未公开告示营运调整情况的；

（四）违反本条例第二十七条规定，不服从统一调度的。

第五十条　有下列行为之一的，由市交通执法总队或者区交通执法机构责令行为人改正或者限期改正，并可处以二千元以上二万元以下的罚款：

（一）违反本条例第三十五条第五款规定，经营者擅自将场站设施关闭或者移作他用的；

（二）违反本条例第三十六条第三款规定，经营者未按规定在线路起讫站点设置车辆调度、候车设施的；

（三）违反本条例第三十七条规定，经营者未按规定设置站牌的；

（四）违反本条例第三十八条第二款规定，站点日常管理单位未按照规定维护保养站点设施的；

（五）违反本条例第三十九条第一款规定，经营者在营运车辆上设置广告的位置、面积、色彩不符合公共汽车和电车营运管理要求的；

（六）违反本条例第三十九条第二款规定，在车厢内播放有声广告或者散发书面广告的；

（七）违反本条例第三十九条第三款规定，利用候车亭设置广告，广告总体面积超过候车亭立面的百分之四十的；

（八）违反本条例第四十条的第三款、第四款、第五款规定，危害电车供电设施安全的。行为人的违法行为造成财产损失的，还应当承担赔偿责任。

第五十一条　市和区交通行政管理部门、市运输管理处、市交通执法总队、区运输管理机构、区交通执法机构应当建立、健全对客运监督检查人员执法的监督制度。有关行政管理部门及其工作人员有下列行为之一的，由其所在单位或者上级主管部门给予处分；构成犯罪的，依法追究刑事责任：

（一）违法实施行政许可的；

（二）违法实施行政处罚的；

（三）违反本条例规定，未履行监督管理职责的；

（四）违反本条例规定，接到投诉、申诉后未依法处理、答复，造成严重后果的；

（五）其他玩忽职守、滥用职权、徇私舞弊的行为。

第五十二条　当事人对市和区交通行政管理部门或者市运输管理处、市交通执法总队、区运输管理机构、区交通执法机构的具体行政行为不服的，可以依照《中华人民共和国行政复议法》或者《中华人民共和国行政诉讼法》的规定，申请行政复议或者提起行政诉讼。

当事人对具体行政行为逾期不申请复议，不提起诉讼，又不履行的，作出具体行政行为的部门可以申请人民法院强制执行。

第七章　附则

第五十三条　本条例中有关用语的含义：

（一）复线，是指总长度百分之七十以上与原线路重复的新线路，或者经过原线路主要客源段且起讫站点与原线路相近的新线路。

（二）城镇，是指中心城、新城、中心镇、一般镇。

（三）驾驶员、乘务员、调度员违章率，是指违反本条例规定的驾驶员、乘务员、调度员人次占经培训合格的驾驶员、乘务员、调度员总数的百分比。

第五十四条　本条例施行前经营者已经从事线路营运的，应当向市交通行政管理部门办理取得线路经营权的手续。

第五十五条　本条例自 2001 年 1 月 1 日起施行。

10. 上海市轨道交通管理条例

（2002 年 5 月 21 日上海市第十一届人民代表大会常务委员会第三十九次会议通过 根据 2006 年 6 月 22 日上海市第十二届人民代表大会常务委员会第二十八次会议《关于修改〈上海市轨道交通管理条例〉的决定》第一次修正 根据 2010 年 9 月 17 日上海市第十三届人民代表大会常务委员会第二十一次会议《关于修改本市部分地方性法规的决定》第二次修正 2013 年 11 月 21 日上海市第十四届人民代表大会常务委员会第九次会议修订 根据 2018 年 12 月 20 日上海市第十五届人民代表大会常务委员会第八次会议《关于修改〈上海市供水管理条例〉等 9 件地方性法规的决定》第三次修正 根据 2020 年 5 月 14 日上海市第十五届人民代表大会常务委员会第二十一次会议《关于修改本市部分地方性法规的决定》第四次修正）

第一章 总则

第一条 为了加强轨道交通管理，促进轨道交通建设，保障安全运营，维护乘客的合法权益，根据有关法律、行政法规的规定，结合本市实际情况，制定本条例。

第二条 本条例所称轨道交通，是指本市地铁、轻轨等城市轨道公共客运系统。

本条例所称轨道交通设施，是指轨道交通的轨道、隧道、高架、车站（含出入口、通道）、车辆、机电设备、通信信号系统和其他附属设施，以及为保障轨道交通运营而设置的相关设施。

第三条 本条例适用于本市行政区域内轨道交通的规划、建设、运营及其相关的管理活动。

第四条 市交通行政管理部门主管本市轨道交通管理工作，负责本条例的组织实施，并可以委托其所属的交通行政执法机构实施本条例规定由市交通行政管理部门实施的行政处罚。

市人民政府确定的轨道交通企业具体负责本市轨道交通的建设和运营，并按照本条例的授权实施行政处罚。轨道交通企业执法人员应当取得执法身份证件，规范执法、文明执法。

市发展改革、建设、规划资源、公安、应急等有关行政管理部门，按照各自的职责实施本条例。

区人民政府应当协助做好轨道交通建设、运营服务和应急事件处置等有关工作。

第五条　本市轨道交通实行统一规划、配套建设、安全运营、规范服务的原则。

第六条　本市优先发展城市轨道公共客运交通。本市各级人民政府应当对轨道交通的投资、建设和运营给予支持。

第七条　市人民政府有关部门应当加强对轨道交通建设资金、运营和综合开发收益等情况的监督。

第二章　规划和建设

第八条　轨道交通专项规划应当根据国民经济和社会发展规划编制，并按照国家和本市规定的程序报经批准后，纳入本市相应的城乡规划。

轨道交通专项规划包括网络系统规划、选线专项规划以及系统配套设施规划。

市规划资源行政管理部门应当会同市发展改革、建设、交通等相关行政管理部门和轨道交通企业组织编制网络系统规划、选线专项规划，并划定轨道交通规划控制区。

市交通行政管理部门应当会同市规划资源行政管理部门和轨道交通企业组织编制轨道交通系统配套设施规划。

编制轨道交通专项规划，应当统筹安排轨道交通不同线路之间、轨道交通与其他交通方式之间的换乘衔接。

编制轨道交通专项规划，应当按照法定程序听取沿线区人民政府、有关单位和公众的意见。

第九条　轨道交通规划控制区内不得擅自新建、改建、扩建建筑物、构筑物。确需新建、改建、扩建建筑物、构筑物的，市和区规划资源行政管理部门应当书面征得市交通行政管理部门同意后，依法作出审批。

第十条　市发展改革行政管理部门应当会同市规划资源、建设、交通等相关行政管理部门组织编制轨道交通建设规划。

轨道交通建设规划按照国家规定的程序批准后组织实施。

第十一条　城乡规划确定的轨道交通用地，未经法定程序调整，不得改变用途。

本市鼓励对新建轨道交通设施用地按照市场化原则实施综合开发。实施综合开发的，开发收益应当用于轨道交通建设和运营。

第十二条　轨道交通企业应当在轨道交通建设项目可行性研究阶段，对建设项目的安全风险及其对周边环境影响进行评估，并按照建设程序报批。轨道交通企业应当采取措施，防止和减少对上方和周围已有建筑物、构筑物的影响，保障其安全。

第十三条　相关区人民政府和市规划资源行政管理部门在编制轨道交通车站所在区域的控制性详细规划时，应当预留换乘枢纽、公共汽（电）车和出租汽车站点、停车场、公共厕所等公共交通和公共设施用地。

第十四条　轨道交通勘察、设计、施工、监理等活动应当符合有关法律、法规和技术标准的规定。

轨道交通企业在组织工程项目建设时，应当根据国家、本市规定的技术标准以及轨道交通运营功能配置规范，配置安全可靠的轨道交通设施，建设完善的轨道交通安全监测和施救保障系统，保障乘客乘车安全、便捷。

第十五条　轨道交通工程完工后，轨道交通企业应当按照设计标准进行工程初步验收，并按照国家有关规定进行不载客试运行。

轨道交通工程投入试运营前，市交通行政管理部门应当组织有关部门和专家认定，具备基本运营条件的，报市人民政府批准后，方可进行试运营。

轨道交通工程竣工，按照国家有关规定进行验收。经验收合格后，方可交付正式运营。

第三章　运营服务

第十六条　轨道交通企业应当设置售票、检票、自动扶梯、公共厕所、通风、照明、废物箱等轨道交通服务设施，并定期检查，及时维修、更新，保持完好，确保轨道交通设施处于可安全运行的状态。

第十七条　路政管理部门、轨道交通企业应当按照国家有关标准和本市有关规定，在车站周边、车站出入口以及车站内设置轨道交通导向标志、安全标志等运营服务标志。

路政管理部门、轨道交通企业应当做好运营服务标志的日常管理和维护工作。

第十八条　轨道交通企业应当按照国家和本市规定的标准和要求，在轨道交通车站配套建设无障碍设施，设置指导和提示标志，并进行日常养护和维修。

任何单位或者个人不得损坏、擅自占用无障碍设施，或者改变无障碍设施的用途。

第十九条　市交通行政管理部门应当制定本市轨道交通运营服务规范，并向社会公布。轨道交通企业应当按照服务规范的要求，提供安全、便捷的客运服务，保障乘客的合法权利。

第二十条　轨道交通企业应当根据轨道交通沿线乘客出行规律及变化，以及其他相关线路的列车运行情况，合理编制运营计划，报市交通行政管理部门备案。

列车运营时间、运营间隔应当向社会公布。

第二十一条　轨道交通企业应当按照以下要求向乘客提供信息服务：

（一）通过广播、电子显示屏等向乘客提供列车到达、间隔以及安全提示等信息；

（二）在车站醒目处公布首末班车行车时刻、列车运行状况提示和换乘指示；

（三）在车站提供问讯服务，车站工作人员在接受乘客问讯时，应当及时准确提供解答；

（四）需要调整首末班车行车时间，或者发生非正常情况、设施故障影响正常运营时，及时通过多种信息发布手段对乘客进行告知。

第二十二条　轨道交通企业应当采取以下管理措施，为乘客提供良好的乘车环境：

（一）建立车站卫生保洁制度，保持站内设施和车厢清洁，出入口和通道畅通，并按照规定对运营场所、车辆采取消毒等卫生措施；

（二）建立急救协助制度，按照规定在车站配备医药箱；

（三）建立紧急关闭装置巡查制度，轨道交通运营期间遇有紧急情况时，及时启动紧急关闭装置。

第二十三条　区人民政府和轨道交通企业应当对各自责任区域加强市容和环境卫生管理。

第二十四条　轨道交通企业的驾驶员、调度员、车站值班员等工作人员必须经培训考核后，持证上岗。

轨道交通企业的工作人员应当按照规定统一着装、佩戴标志，礼貌待客、文明服务。

发生公共卫生事件，轨道交通企业的工作人员应当按照规定采取防护管理措施。

第二十五条　车站、车辆的广告设置应当合法、规范。广告设置不得影响服务标志的识别，不得影响轨道交通运营安全和服务设施的使用。

车站商业网点的设置应当符合运营安全、方便乘客、统筹规划、因地制宜的要求。除轨道交通车站设计方案确定设置的商业网点和设置在站台的自动售货机、书报亭外，禁止在车站出入口、站台及通道设置商业网点。

轨道交通企业应当定期对广告设施、商业网点进行安全检查。广告设施、商业网点使用的材质应当采用难燃材料，并符合有关消防规定。

广告设施、商业网点的设置作业或者维护作业应当在轨道交通非运营期间进行。

第二十六条　市交通行政管理部门应当定期通过乘客满意度调查等形式，对轨道交通运营服务情况进行评价。对评价中发现的问题，轨道交通企业应当及时改进，市交通行政管理部门应当加强监督。服务评价结果和改进情况应当通过多种方式向社会公布。

第二十七条　轨道交通票价应当与本市其他公共交通的票价相协调。票价的确定和调整应当依法召开听证会，广泛听取社会各方面意见，经市物价管理部门审核并报市人民政府批准。

轨道交通企业应当执行市人民政府批准的票价并予以公布。市物价管理部门应当对轨道交通票价的执行情况进行监督检查。

第二十八条　轨道交通运行过程中发生故障而影响运行时，轨道交通企业应当组织力量及时排除故障，恢复运行。一时无法恢复运行的，轨道交通企业应当组织乘客疏散和换乘，并及时向市交通行政管理部门报告。

轨道交通因故障不能正常运行十五分钟以上的，轨道交通企业应当出具延误证明，乘客有权持有效车票要求轨道交通企业按照原票价退还票款。

第二十九条　市交通行政管理部门应当制定《轨道交通乘客守则》。乘客进站、乘车应当遵守《轨道交通乘客守则》。

第三十条　乘客应当持有效车票乘车，乘客越站乘车的，应当补交超过部分的票款。

乘客无车票或者持无效车票乘车的，轨道交通企业可以按照轨道交通网络单程最高票价补收票款，并可加收五倍票款。市交通行政管理部门应当加强对轨道交通企业加收票款的监督。

享受乘车优惠的乘客应当持本人有效证件乘车。乘客不得冒用他人证件、使用伪造证件乘车。

乘客有冒用他人证件、使用伪造证件乘车和其他逃票行为的，有关信息可以纳入个人信用信息系统。

第三十一条　在轨道交通设施范围内禁止下列行为：

（一）拦截列车；

（二）擅自进入轨道、隧道等禁止进入的区域；

（三）攀爬或者跨越围墙、栅栏、栏杆、闸机；

（四）强行上下车；

（五）吸烟，随地吐痰、便溺，乱吐口香糖渣，乱扔纸屑等杂物；

（六）擅自涂写、刻画或者张贴；

（七）擅自设摊、停放车辆、堆放杂物、卖艺、散发宣传品或者从事销售活动；

（八）乞讨、躺卧、收捡废旧物品；

（九）携带活禽以及猫、狗（导盲犬除外）等宠物；

（十）携带自行车（含折叠式自行车）进站乘车；

（十一）使用滑板、溜冰鞋；

（十二）违反法律、法规规定的其他行为。

第三十二条　禁止乘客携带易燃、易爆、有毒、有放射性、有腐蚀性以及其他有可能危及人身和财产安全的危险物品进站、乘车。危险物品目录和样式由市公安、交通行政管理部门公告，由轨道交通企业在车站内予以张贴。

轨道交通企业应当按照有关标准和操作规范，设置安全检查设施，并有权对乘客携带的物品进行安全检查，乘客应当予以配合。对安全检查中发现的携带危险物品的人员，轨道交通企业应当拒绝其进站、乘车；不听劝阻，坚持携带危险物品进站的，轨道交通企业应当立即按照规定采取安全措施，并及时报告公安部门依法处理。

公安部门应当对轨道交通安全检查工作进行指导、检查和监督，并依法处理安全检查中发现的违法行为。

第三十三条　公安部门负责轨道交通的治安、消防管理，维护轨道交通的安全运营。

电力、供水、通信等相关单位应当保证轨道交通用电、用水、通信的需要，协助轨道交通企业保障轨道交通正常运营。

第三十四条　市交通行政管理部门和轨道交通企业应当建立投诉受理制度，

接受乘客对违反本条例运营规定行为和服务质量的投诉。

轨道交通企业应当自接受投诉之日起十个工作日内作出答复。乘客对答复有异议的，可以向市交通行政管理部门申诉。

市交通行政管理部门应当自接受乘客投诉或者申诉之日起十个工作日内作出答复。

第四章　安全管理

第三十五条　轨道交通企业是轨道交通运营安全的责任主体，应当按照有关规定设置安全生产管理机构，配备专职安全生产管理人员，建立健全安全生产管理制度和操作规程，维护轨道交通运营安全。

第三十六条　轨道交通企业应当设置报警、灭火、逃生、防汛、防爆、防护监视、紧急疏散照明、救援等器材和设备，定期检查、维护，按期更新，并保持完好。

第三十七条　轨道交通应当设置安全保护区。安全保护区的范围如下：

（一）地下车站与隧道外边线外侧五十米内；

（二）地面车站和高架车站以及线路轨道外边线外侧三十米内；

（三）出入口、通风亭、变电站等建筑物、构筑物外边线外侧十米内。

第三十八条　在轨道交通安全保护区内进行下列作业的单位，其作业方案应当经过市交通行政管理部门同意，并采取相应的安全防护措施：

（一）建造或者拆除建筑物、构筑物；

（二）从事打桩、基坑施工、挖掘、地下顶进、爆破、架设、降水、钻探、河道疏浚、地基加固等工程施工作业；

（三）其他大面积增加或者减少载荷的活动。

作业单位应当先将上述作业方案送轨道交通企业进行技术审查，轨道交通企业应当及时提出技术审查意见；市交通行政管理部门根据技术审查意见作出是否同意作业方案的决定后，应当及时告知轨道交通企业。

市交通行政管理部门应当会同轨道交通企业制定安全保护区作业方案技术审查规定，根据作业区域与作业类别的不同明确技术审查期限。

第三十九条　轨道交通企业应当建立相关制度，在安全保护区内组织日常巡查，同时按照技术审查意见，对第三十八条第一款有关作业的安全性进行日常监督，对作业项目相邻的轨道交通设施加强监护监测。

经同意在轨道交通安全保护区内的作业出现危及轨道交通安全情况的，或者未经同意在轨道交通安全保护区内进行作业的，轨道交通企业应当通知作业单位立即停止作业并采取相应的安全措施，同时报告市交通行政管理部门。

第四十条　在轨道交通线路弯道内侧，不得修建妨碍行车瞭望的建筑物、构筑物，不得种植妨碍行车瞭望的树木。

禁止向轨道交通轨道、高架或者隧道内抛掷杂物。

第四十一条　禁止下列危害轨道交通设施的行为：

（一）非紧急状态下动用紧急或者安全装置；

（二）损坏车辆、轨道、路基等设施和隧道、高架、车站及其附属设施；

（三）干扰机电设备和通信信号系统；

（四）损坏轨道交通设施的其他行为。

第四十二条　轨道交通企业应当开展日常安全隐患排查，并定期对轨道交通设施进行安全检查。发现安全隐患的，应当及时消除。

市交通行政管理部门应当对轨道交通运营安全实施动态监督检查；需要进行技术检测的，可以委托专业机构实施。

市交通行政管理部门应当建立轨道交通安全评价体系，定期组织专业机构对轨道交通运营情况进行安全评价。

对监督检查和安全评价中发现的问题，市交通行政管理部门应当提出整改意见，轨道交通企业应当按照要求予以落实。

第四十三条　市交通、建设行政管理部门应当会同公安等行政管理部门按照有关法律、法规以及本市突发事件总体应急预案的规定，组织编制本市轨道交通突发事件应急预案，报市人民政府批准后实施。

轨道交通企业应当根据轨道交通突发事件应急预案，编制本企业的具体应急预案，并报市交通、建设行政管理部门备案。

市交通行政管理部门、轨道交通企业应当定期组织运营应急演练。

发生自然灾害、恶劣气象条件或者发生运营安全事故以及其他突发事件时，相关行政管理部门和轨道交通企业应当及时启动应急预案进行处置。

第四十四条　因节假日、大型群众活动等原因造成客流量上升的，轨道交通企业应当及时增加运力，疏导乘客。

当发生轨道交通客流量激增而可能危及运营安全等紧急情况时，轨道交通企业应当按照有关规定采取限制客流量的措施，确保运营安全。

采取限制客流量等措施后仍然无法保证运营安全时，轨道交通企业可以停止轨道交通线路部分区段或者全线的运营，并应当立即报告市交通行政管理部门。

采取限制客流量、停运措施，造成客流大量积压的，市交通行政管理部门应当组织采取疏运等应对措施。

第四十五条　发生轨道交通运营安全事故时，轨道交通企业应当立即排查事故原因；经查清原因、消除妨碍后，在确保运营安全的情况下，及时恢复正常运行。

市人民政府及其应急、交通等行政管理部门应当按照国家和本市的有关规定对轨道交通运营安全事故组织调查和处理，公布事故原因和处理结果。

第四十六条　轨道交通运营中发生人身伤害事故，轨道交通企业应当及时抢救人员，妥善保护现场，维持秩序；公安部门应当及时对现场进行勘查、检验，依法进行现场处理。

第五章　法律责任

第四十七条　违反本条例规定的行为，有关法律、行政法规已有处罚规定的，从其规定。

第四十八条　违反本条例规定，轨道交通企业有下列行为之一的，由市交通行政管理部门按照下列规定予以处罚：

（一）违反第十四条规定，轨道交通建设不符合运营功能配置规范的，未配置安全可靠的运营、服务设施或者未建设完善的安全监测和施救保障系统的，责令限期改正，处二万元以上二十万元以下罚款。

（二）违反第十六条、第三十六条规定，未管理和维护好轨道交通设施的，责令限期改正；逾期不改正的，处三千元以上三万元以下罚款。

（三）违反第十七条规定，未按照国家有关标准和本市有关规定设置、维护轨道交通导向标志、安全标志等运营服务标志的，责令限期改正；逾期不改正的，处三千元以上三万元以下罚款。

（四）违反第二十条、第二十一条规定，未按规定公布或者告示有关事项，或者未按要求向乘客提供信息服务的，责令限期改正；逾期不改正的，处一千元以上五千元以下罚款。

（五）违反第二十二条规定，未按规定采取管理措施的，责令限期改正；逾期不改正的，处三千元以上三万元以下罚款。

（六）违反第二十四条规定，有关工作人员无证上岗或者工作人员未规范服务的，责令限期改正；逾期不改正的，处五百元以上二千元以下罚款。

（七）违反第二十五条规定，在禁止设置区域内设置商业网点或者设置、维护广告设施、商业网点不符合规定的，责令限期改正；逾期不改正的，处一万元以上三万元以下罚款。

第四十九条　违反本条例第三十条第三款，冒用他人证件乘车的，由轨道交通企业处五十元以上五百元以下罚款；使用伪造证件乘车的，由轨道交通企业移交公安部门依据《中华人民共和国治安管理处罚法》予以处理。

违反本条例第三十一条第一项、第二项、第三项、第四项，第四十一条规定的，轨道交通企业有权对行为人进行劝阻和制止，并移交公安部门依法处罚。

违反本条例第三十一条第五项、第六项、第七项、第八项、第九项、第十项、第十一项规定的，由轨道交通企业责令改正，处警告或者五十元以上五百元以下罚款。

第五十条　违反本条例第三十八条第一款规定，未经同意或者未按照同意的作业方案在安全保护区内作业的，由市交通行政管理部门责令限期改正，处二万元以上二十万元以下罚款。

第五十一条　违反本条例第四十条第一款规定，修建妨碍行车瞭望的建筑物、构筑物的，由市交通行政管理部门责令限期改正；种植妨碍行车瞭望的树木的，由市交通行政管理部门责令限期修剪或者迁移。

违反第四十条第二款规定，向轨道交通轨道、高架或者隧道内抛掷杂物的，由市交通行政管理部门予以警告，并可处五百元以下罚款。

第五十二条　拒绝、妨碍市交通行政管理部门及其所属的交通行政执法机构或者轨道交通企业的执法人员依法执行职务，违反《中华人民共和国治安管理处罚法》的，由公安部门依法处罚；构成犯罪的，依法追究刑事责任。

第五十三条　违反本条例规定造成轨道交通设施损坏的，除依法给予行政处罚外，还应当承担相应的民事赔偿责任。

因轨道交通建设或者运营造成建筑物、构筑物损坏的，由轨道交通企业根据其损坏程度予以修复，或者给予相应的经济赔偿。

第五十四条　市交通行政管理部门及其所属的交通行政执法机构以及其他有关行政管理部门的工作人员有下列行为之一的，由其所在单位或者上级主管部门依法给予警告、记过或者记大过处分；情节严重的，给予降级、撤职或者开除处分：

（一）未依照本条例规定组织轨道交通试运营认定的；

（二）违法实施轨道交通安全保护区作业许可的；

（三）未履行安全检查、安全评价等安全监管职责的；

（四）其他滥用职权、玩忽职守、徇私舞弊的行为。

第六章　附则

第五十五条　磁浮交通的规划、建设、运营和管理参照本条例执行。

第五十六条　本条例自 2014 年 1 月 1 日起施行。

11. 上海港口条例

（2005 年 12 月 29 日上海市第十二届人民代表大会常务委员会第二十五次会议通过 根据 2010 年 9 月 17 日上海市第十三届人民代表大会常务委员会第二十一次会议《关于修改本市部分地方性法规的决定》第一次修正 根据 2015 年 7 月 23 日上海市第十四届人民代表大会常务委员会第二十二次会议《关于修改〈上海市建设工程材料管理条例〉等 12 件地方性法规的决定》第二次修正 根据 2020 年 5 月 14 日上海市第十五届人民代表大会常务委员会第二十一次会议《关于修改本市部分地方性法规的决定》第三次修正）

第一章　总则

第一条　为了加强上海港口管理，维护港口的安全与经营秩序，保护当事人的合法权益，促进港口的建设与发展，推动上海国际航运中心的建设，根据《中华人民共和国港口法》和相关法律、行政法规，结合本市实际，制定本条例。

第二条　本市港口的规划、建设、维护、经营、管理及其相关活动，适用本条例。

第三条　市港口行政管理部门主管上海港口管理工作，具体负责本条例的实施。

区人民政府负责港口管理的部门（以下称区港口行政管理部门）按照市人民政府规定的职责，管理所辖区域内的港口工作，业务上受市港口行政管理部门的领导。

上海海事、海关、边检以及本市其他有关行政管理部门在各自职责范围内，协同实施本条例。

第四条　上海港口管理应当遵循一港一政、科学规划、统一管理、规范服务的原则。

第二章　港口规划、建设和岸线使用

第五条　上海港口总体规划由市港口行政管理部门依法编制，经国务院交通主管部门会同市人民政府批准后公布实施。上海港口总体规划应当与本市城市总体规划等有关规划相衔接、协调。

市港口行政管理部门会同市规划行政管理部门依据上海港口总体规划，编制港区控制性详细规划，报市人民政府批准后公布实施。

港口设施建设应当符合上海港口总体规划和港区控制性详细规划。港口设施包括为港口经营、管理而建造和设置的建筑物、构筑物和设备。

第六条　建设港口设施需要使用港口岸线的，应当在立项前向市或者区港口行政管理部门提出书面申请。使用港口岸线申请应当包括岸线的使用人、使用范围、使用期限、使用功能。

对使用港口非深水岸线的，市或者区港口行政管理部门应当自收到申请之日起三十日内，按照上海港口总体规划和港区控制性详细规划的要求进行审批；对使用港口深水岸线的，由市港口行政管理部门报国务院交通主管部门审批。对经审查批准的，核发港口岸线使用证。

第七条　港口岸线使用人应当按照经批准的范围和用途使用港口岸线，不得擅自改变港口岸线的使用范围和使用功能。确需改变港口岸线使用人和港口岸线使用范围、使用功能的，应当向市或者区港口行政管理部门提出申请，按照本条例的有关规定办理相关审批手续。

港口岸线使用人终止使用港口岸线的，应当向市或者区港口行政管理部门办理港口岸线使用注销手续，交回港口岸线使用证。

第八条　因港口设施建设、货物装卸等需要临时使用港口岸线的，应当向市或者区港口行政管理部门提出书面申请。市或者区港口行政管理部门应当自收到申请之日起三十日内作出审批决定。临时使用港口岸线，不得新建永久性的建筑物、构筑物和设施。

临时使用港口岸线的期限不得超过两年。期满需要续期使用的，续期最长不得超过一年。

第九条　港口岸线使用人应当按照市人民政府的规定缴纳港口岸线使用费。

第十条　在上海港口总体规划确定的规划港区内，不得新建影响港口规划实施的建筑物、构筑物和设施；规划行政管理部门审批有关建设项目时，应当听取港口行政管理部门的意见。

第十一条　港口设施建设项目依法实施安全预评价制度。港口设施建设单位在建设项目工程可行性研究阶段，应当委托设计单位以外的安全评价机构进行建设项目安全预评价。

第十二条　编制港口设施建设项目勘察、设计文件，应当符合国家、行业和本市有关港口设施建设标准的要求。

建设单位应当按照规定将港口设施建设项目施工图设计文件送有相应资质的施工图设计文件审查机构进行审查；未经审查或者经审查不符合强制性标准的施工图设计文件不得使用。

第十三条　港口设施建设项目具备国务院交通主管部门规定的施工条件的，建设单位应当在开工前依法向港口行政管理部门申请施工许可；未经许可的，不得进行施工。

第十四条　港口设施建设工程依法实施施工安全监督制度。港口建设工程安全监督机构应当按照有关规定，对港口设施建设工程施工安全开展监督工作。

第十五条　港口建设工程质量监督机构应当按照法定程序和技术标准对港口设施建设工程质量进行监督管理。

第十六条　港口设施建设工程竣工后应当按照国家有关规定进行试运行，并在试运行前向港口行政管理部门备案。

港口设施建设工程试运行完毕，并具备国家规定的竣工验收条件的，应当向港口行政管理部门提出竣工验收申请，由港口行政管理部门组织相关部门共同对港口设施建设工程进行验收。

港口设施未经竣工验收合格的，不得投入使用。

第十七条　市和区人民政府应当保证必要的资金投入，用于港口公用基础设施的建设和维护。

国务院交通主管部门返还的港口建设费等港口规费，应当按照规定专项用于港口基础设施的建设和维护。

第三章　港口运营管理

第十八条　从事港口经营，应当符合法律、行政法规规定的经营条件，并依法向港口行政管理部门申请取得港口经营许可证。

港口行政管理部门实施港口经营许可，应当遵循公开、公平、公正的原则。

第十九条　港口经营人从事经营活动，应当遵守法律、法规和国务院交通主管部门制定的有关港口作业规则以及市港口行政管理部门制定的有关规范。

第二十条　港口经营人在港区内对堆存的货物实施卫生除害处理的，应当在港口行政管理部门批准的专用场所实施，并在处理的二十四小时前向港口行政管理部门报告被处理货物名称、数量和处理原因、时间、地点、措施以及应急预案等事项。

第二十一条　对载运抢险、救灾物资和国防建设急需物资的船舶，市港口行政管理部门根据国家有关部门和市人民政府的指令，统一组织指定船舶的靠泊泊位，优先安排作业。港口经营人应当服从指挥。

第二十二条　收货人或者其代理人在接到货物抵港通知后，应当及时办理货物接收手续。

对收货人或者其代理人未在约定或者规定期限内接收货物的，港口经营人可以依照有关规定将货物转栈储存，但在转栈储存时应当考虑货主的相关利益。

第二十三条　港口经营人为客运船舶提供码头服务的，应当维护客运候船秩序。

禁止旅客携带危险品上船；发现旅客携带危险品的，港口经营人应当采取防止危险发生的安全措施，携带人应当服从。

第二十四条　客运船舶不能按时运输旅客的，港口经营人应当及时发布公告。对滞留港口候船的旅客，港口经营人应当会同承运人维持候船秩序，及时疏散旅客，做好船期变更和旅客退换票的工作。

遇有旅客滞留而阻塞港口的，市港口行政管理部门应当及时采取措施，疏散滞留旅客。港口经营人和相关的船舶应当服从市港口行政管理部门的统一组织和调度。

第二十五条　港口经营人从事船舶废弃物接收、压舱水（含残油、污水收集）处理等服务的，应当符合下列条件：

（一）有接收、处理废弃物、压舱水的作业方案；

（二）在作业过程中确保港口环境、经营秩序和安全不受影响；

（三）用于接收废弃物、压舱水的船舶和设施符合有关标准规定；

（四）工作人员具有处理相关废弃物、压舱水的必要知识；

（五）进行废弃物、压舱水处理的场所应当符合有关规定；

（六）法律、法规规定的其他要求。

第二十六条　外国籍船舶和按照规定应当申请引航的中国籍船舶在港口航行或者靠泊、离泊、移泊的，应当向港口引航机构申请引航。港口引航机构在接到船舶引航申请后，应当及时安排持有有效证书的引航员，并将引航方案通知申请人。

前款规定以外的其他船舶在港口航行或者靠泊、离泊、移泊的，可以根据需要申请引航。

港口引航机构应当为船舶提供及时、安全的引航服务。

第二十七条　市港口行政管理部门应当按照有关法律、法规的规定做好港口的统计工作，并可以根据港口发展需要，适时开展港口统计调查。港口统计调查包括港口基础设施和装备及其运用情况、吞吐量、质量和安全、船舶进出港以及其他统计调查事项。

从事港口经营、建设及相关活动的组织和个人，应当依法及时、准确填报统计报表，提供统计调查资料。

第二十八条　市港口行政管理部门应当会同本市口岸管理部门推进口岸信息标准化建设，及时发布港口公共信息，推动港口信息整合与共享，为电子数据交换和通关管理提供服务。

从事为客运船舶提供服务的港口经营人应当将公共水上交通信息在港口信息网站上予以公布，并及时更新。

第四章 港口安全和维护

第二十九条 市港口行政管理部门应当依法制定可能危及社会公共安全的港口危险货物事故应急预案、重大生产安全事故的旅客紧急疏散和救援预案、公共卫生事件应急预案以及预防自然灾害预案,建立健全港口重大生产安全事故的应急救援体系。区港口行政管理部门应当按照市港口重大生产安全事故应急救援体系的要求,建立健全本区域的港口重大生产安全事故应急救援体系。

前款所列的各项预案包括应急事故等级、应急指挥系统、预测预警系统、应急启动程序、信息发布程序、应急组织及其职责、应急救援组织的训练及定期演练、应急事故处置措施、应急救援设备器材的储备、应急经费保障等内容。

港口发生安全事故或者紧急情况时,港口行政管理部门应当根据事故等级和危害影响程度,分别启动不同等级的预案,组织实施应急处置和救援。

第三十条 港口经营人应当在港口行政管理部门的指导下,依法制定本单位的危险货物事故应急预案、重大生产安全事故的旅客紧急疏散和救援预案、公共卫生事件应急预案以及预防自然灾害预案,报港口行政管理部门备案。

港口发生安全事故或者紧急情况时,港口经营人应当先期进行应急处置,防止和控制事故蔓延,同时按照预案启动报告程序。

第三十一条 港口经营人应当按照安全生产法律、法规的规定,建立本单位安全生产责任、危险作业安全管理、特种作业管理、事故报告处理等制度,配备劳动防护用品,完善安全生产条件,确保安全生产。

港口经营人应当按照规定对石油化工码头、罐(库)区、危险货物码头和库场、港区内加油站以及生产用燃料油储存库等场所,进行专项安全评价。

港口经营人从事客运码头、散粮筒仓码头和其他非危险货物装卸码头经营的,应当对可能影响安全生产的因素,开展安全现状评价,并应当根据安全现状评价结论制定合理可行的安全对策措施,及时整改安全生产条件,消除事故隐患。

第三十二条 从事危险货物作业的港口经营人,依法必须具备相应资质条件的,应当向市港口行政管理部门申请危险货物港口作业资质认定。

港口经营人从事港口危险货物作业不得超越经认定的作业资质范围。

第三十三条　委托港口经营人进行危险货物作业的，委托人应当向港口经营人提供危险货物的中文名称、国家或者联合国编号、适用包装、危害、应急措施等资料。委托人不得在委托作业的普通货物中夹带危险货物，不得匿报危险货物或者谎报为普通货物。

港口经营人应当在每次危险货物作业开始二十四小时前，将委托人以及危险货物作业的有关事项向港口行政管理部门报告。但定货种、定码头泊位的，可以定期报告。港口行政管理部门应当在接到报告后二十四小时内作出是否同意的决定，并书面通知报告人。

第三十四条　发生下列情况之一的，从事危险货物作业的港口经营人应当立即停止该货物的作业活动，并及时报告港口行政管理部门：

（一）发现未申报或者申报不实的危险货物；

（二）在普通货物中发现危险货物；

（三）在已申报的危险货物中发现性质相抵触的危险货物。

接到港口经营人的上述报告，港口行政管理部门应当及时提出处理意见，并告知港口经营人。

第三十五条　港区道路交通信号灯、交通标志、交通标线应当符合道路交通安全、畅通的要求和国家标准，并保持清晰、醒目、准确、完好。

第三十六条　禁止在港口水域内从事下列活动：

（一）进行养殖、种植、捕捞活动；

（二）倾倒泥土、砂石；

（三）违反规定排放超过规定标准的有毒、有害物质。

禁止在港口内擅自进行可能危及港口安全的采掘、爆破等活动。因工程建设等确需进行的，必须采取相应的安全保护措施，并报市或者区港口行政管理部门批准；依照规定须经海事管理机构批准的，还应当报海事管理机构批准。

第三十七条　停泊码头运载有易燃易爆危险货物的船舶，包括虽已卸货但未作清舱处理的，不得动用明火进行改装和修理。

停泊危险货物码头的船舶，不得动用明火进行改装和修理。

为船舶提供港口设施服务的港口经营人发现前两款所列违法行为的，应当及时制止，并报告港口行政管理部门。

第三十八条　货物或者其他物体落入港口水域可能影响港口安全或者有碍航行的，相关责任人应当立即向港口或者海事等行政管理部门报告，并负责清除该货物或者其他物体。

港口、海事等行政管理部门发现货物或者其他物体落入港口水域的，应当责令相关责任人限期清除，逾期未清除的，可以代为清除；情况紧急的，应当直接予以清除。清除所需费用由相关责任人承担。

第五章　法律责任

第三十九条　违反本条例规定，有关法律、法规有规定的，按照相关规定进行处罚。

第四十条　违反本条例规定，由港口行政管理部门按照下列规定予以处理：

（一）违反本条例第七条规定，未经批准，擅自改变港口岸线使用人和港口岸线使用功能、使用范围的，责令停止使用，限期改正，可以处一万元以上五万元以下罚款。

（二）违反本条例第八条第一款规定，未经批准，擅自临时使用港口岸线的，责令停止使用，限期改正，可以处一万元以上五万元以下罚款。

（三）违反本条例第九条规定，未按照规定缴纳港口岸线使用费的，责令限期补缴，并从应缴纳的次日起按日核收应缴费款千分之三的滞纳金；情节严重的，处应缴费款一倍以上五倍以下罚款。

（四）违反本条例第二十条、第三十四条第一款、第三十七条第三款、第三十八条第一款规定，未履行报告义务的，责令限期改正；逾期不改正的，可以处三千元以上三万元以下罚款。

第四十一条　违反本条例规定，港口行政管理部门不依法履行职责的，由其上级机关或者监察机关责令改正；给当事人的合法权益造成损害的，应当依照国家赔偿法的规定给予赔偿。

港口行政管理部门的工作人员有下列情形之一的，由其所在单位或者上级机关依法给予处分；构成犯罪的，依法追究刑事责任：

（一）不依照本条例规定的条件、程序和期限实施行政许可的；

（二）参与或者变相参与港口经营的；

（三）发现违法行为不及时查处，造成后果的；

（四）索取、收受他人财物，或者谋取其他利益的；

（五）其他违法行为。

第六章　附则

第四十二条　本条例自 2006 年 3 月 1 日起施行。1994 年 7 月 22 日上海市第十届人民代表大会常务委员会第十一次会议通过的《上海港口货物疏运管理条例》同时废止。

12. 上海市旅游条例

（2003 年 12 月 31 日上海市第十二届人民代表大会常务委员会第九次会议通过　根据 2009 年 10 月 22 日上海市第十三届人民代表大会常务委员会第十四次会议《关于修改〈上海市旅游条例〉的决定》第一次修正　根据 2014 年 12 月 25 日上海市第十四届人民代表大会常务委员会第十七次会议《关于修改〈上海市旅游条例〉的决定》第二次修正　根据 2018 年 11 月 22 日上海市第十五届人民代表大会常务委员会第七次会议《关于修改本市部分地方性法规的决定》第三次修正　根据 2020 年 5 月 14 日上海市第十五届人民代表大会常务委员会第二十一次会议《关于修改本市部分地方性法规的决定》第四次修正）

第一章　总则

第一条　为了促进本市旅游业的发展，合理开发、有效保护旅游资源，规范旅游市场秩序，保障旅游者和旅游经营者的合法权益，根据《中华人民共和国旅游法》和有关法律、行政法规，结合本市实际情况，制定本条例。

第二条　本条例所称的旅游业，是指利用旅游资源和设施，为旅游者提供游览、住宿、餐饮、交通、购物、娱乐、信息等服务的综合性产业。

本条例所称的旅游资源，是指可以为发展旅游业开发利用，具有经济效益、社会效益和环境效益的自然资源、历史人文资源和其他社会资源。

本条例所称的旅游经营者，是指旅行社、导游服务公司、旅馆、旅游集散站、景区（点）经营者、网络旅游经营者和旅游线路经营者等从事旅游经营活动的单位或者个人。

第三条　本市行政区域内旅游的促进和发展，旅游的规划编制和资源保护，旅游经营者的经营活动和旅游者的旅游活动以及相关的监督管理适用本条例。

第四条　旅游业发展应当与经济和社会发展相协调，突出都市旅游特点，遵循统一规划、可持续发展的原则，坚持旅游资源开发利用与保护相结合，坚持旅游的经济效益、社会效益和环境效益相统一。

第五条　市人民政府应当加强对本市旅游工作的组织和领导，把旅游业的发展纳入国民经济和社会发展规划，建立旅游工作协调机制，对旅游公共服务、旅游产业发展、旅游市场监管和旅游形象推广进行统筹协调。

区人民政府应当加强对本行政区域旅游工作的组织和领导，编制本行政区域的旅游发展规划，制定并组织实施有利于旅游业持续健康发展的政策措施，促进旅游业与相关产业的协调发展。

经国家和本市确定的特定旅游区域管理机构可以对本区域旅游公共服务、旅游产业发展、旅游市场监管和旅游形象推广进行统筹协调。

主要景区（点）所在地的镇、乡人民政府和街道办事处应当会同有关部门做好本行政区域旅游资源保护利用、旅游产业发展、旅游安全监督、旅游环境秩序维护和文明旅游宣传等工作。

对促进旅游业发展作出显著贡献的单位和个人，市和区人民政府应当给予表彰和奖励。

第六条　市旅游行政管理部门和区旅游行政管理部门（以下统称旅游行政管理部门）负责本行政区域内旅游规划的编制、旅游业促进、旅游资源开发利用与保护的组织协调，以及旅游经营活动的指导和监督管理。

相关行政管理部门按照各自职责，保障和促进旅游业的发展。

第七条　旅游经营者可以依法成立或者加入相关行业协会。相关行业协会应当制定行业服务规范，加强行业自律，并可以根据会员需求，开展为会员提供服务、组织市场拓展、参与旅游促销、发布市场信息、推介旅游产品、进行行业培训和交流等活动。

第二章　旅游促进与发展

第八条　市人民政府应当在年度财政预算中，安排旅游发展专项资金。旅游发展专项资金主要用于城市形象宣传、旅游公益设施的建设和重大旅游促进活动的组织等。

各级人民政府应当对涉及景区（点）的道路交通、安全保障、环境卫生、供水供电、自然环境和文化遗产保护等配套设施的建设资金给予支持。

第九条　旅游行政管理部门会同相关行政管理部门建立待开发的旅游建设项目库，指导具有地方特色和文化内涵的旅游项目的投资；为境内外投资者参与旅游业的开发和建设，提供信息，帮助协调；对重点旅游区域和带动地区经济、文化发展的旅游建设项目，给予政策支持。

境内外企业采取参股、兼并、收购或者迁移总部等方式来沪开展旅游经营活动的，享受与本市旅游企业同等待遇。法律、法规对其有特别规定的，按照相关规定执行。

第十条　旅游行政管理部门和相关行政管理部门应当推进本市工业、农业、商业、体育、科技、文化、教育和卫生等社会资源的开发，实现旅游业与相关产业融合发展；创新文化旅游、会展旅游、体育旅游、水上旅游、乡村旅游、医疗旅游、老年旅游、研学旅行等旅游产品，推动休闲度假旅游与观光旅游共同发展。

本市在区域开发中应当统筹考虑城乡居民休闲度假需求，加强设施建设，完善服务功能，合理优化布局，营造城乡居民休闲度假空间。

本市编制和调整土地利用总体规划、城乡规划和海洋功能区规划时，应当充分考虑相关旅游项目、设施的空间布局、建设用地以及用海和海岸线占用需求。

第十一条　各省、自治区、直辖市的旅行社可以组织当地旅游团队直接来本市进行旅游活动。

旅游行政管理部门和相关行政管理部门应当为各省、自治区、直辖市旅行社及其组织的来沪旅游团队提供便利。

第十二条　市旅游行政管理部门应当会同相关行政管理部门制定本市旅游形象宣传计划，建立境内外旅游宣传网点，通过大众传媒、境内外合作交流等各种渠道和形式，加强对本市城市形象、主要景区（点）以及重大节庆、赛事、会展等活动的宣传。

本市鼓励单位和个人结合地方特色和文化特点开发旅游产品。旅游行政管理部门应当根据本区域旅游资源特色和旅游产品优势，确定旅游整体形象和宣传推介主题，扶持旅游产品的开发，促进旅游市场的拓展。

第十三条　国有旅游资源经营权经批准有偿出让的，应当遵循公开、公平、公正和诚实信用的原则，通过拍卖、招标等方式进行。

第十四条　本市推进完善旅游公共服务体系，为旅游者提供高效的信息咨询服务、安全保障服务、交通便捷服务、便民惠民服务。

旅游行政管理部门应当组织建立旅游监测和旅游公共信息服务平台，无偿向旅游者提供景区（点）、线路、交通、气象、客流量预警等旅游信息和咨询服务，根据需要设置旅游咨询中心；推进旅游公共服务进社区，加强对社区的旅游宣传，为社区居民旅游出行、旅游投诉维权提供便利。

相关行政管理部门应当在旅游者集中场所推进公共卫生设施及无障碍设施建设与改造、无线局域网络覆盖，完善高速公路服务区的旅游服务功能。

旅游行政管理部门可以通过政府购买服务等方式，鼓励、引导社会资本和社会力量参与旅游公共服务。

第十五条　本市制定公共客运规划时，应当听取旅游行政管理部门的意见；安排公共客运线路和设置站点时，应当兼顾旅游发展的需要。

本市市内旅游线路规划，应当纳入城市交通线网规划。

本市旅游线路及其设施的配置，应当与公共客运线路及其设施的配置相协调。

第十六条　市旅游行政管理部门应当会同公安、建设交通等行政管理部门，在机场、火车站、码头等公共交通枢纽站点和主要景区（点）合理设置或者安排旅游团队车辆临时上下客点。

市旅游行政管理部门应当会同公安、建设交通等行政管理部门，按照国家和本市的相关规定，在高速公路、城市道路上设置主要景区（点）和公共交通枢纽站点的指引标志。

第十七条　旅游行政管理部门应当开展旅游统计分析，建立旅游信息管理系统，实现区域间旅游信息互通，并向公众发布相关旅游信息。

市统计行政管理部门应当会同市旅游行政管理部门完善旅游统计指标体系

和调查方法，建立科学的旅游发展考核评价体系，开展全市旅游产业监测。作为统计调查对象的旅游行政管理部门、旅游企事业单位和其他组织应当按照国家和本市有关规定，真实、准确、完整、及时地报送统计信息。

第十八条　本市建立假日旅游预报制度和旅游警示信息发布制度。

市旅游行政管理部门应当在春节、国际劳动节、国庆节假日期间及放假前一周，通过大众传媒逐日向社会发布主要景区（点）的住宿、交通等旅游设施接待状况的信息。

相关旅游区域发生自然灾害、疾病流行或者其他可能危及旅游者人身和财产安全情形的，市旅游行政管理部门应当依据相关部门发布的通告，及时向旅游经营者和旅游者发布旅游警示信息。

第十九条　市和区人民政府应当加强对旅游安全工作的领导，将旅游安全作为突发事件监测和评估的重要内容，建立旅游安全联动机制，组织相关行政管理部门编制旅游突发事件应急预案、开展应急演练。突发事件发生地的区人民政府及其有关部门应当及时处理旅游突发事件。

公安、消防、卫生健康、市场监管、交通、绿化市容、旅游、商务、文化、体育等依法负有审批、处罚等职责的行政管理部门，应当严格按照有关规定实施旅游安全监督管理，逢重大节庆、赛事、会展等活动进行重点安全检查。

第二十条　旅游行政管理部门和相关行政管理部门应当为旅游电子商务提供相应的保障和公共服务，鼓励企业建立旅游电子商务平台，开发网上信息查询、预订和支付等服务功能，实现网上旅游交易。

第二十一条　鼓励利用有关专业会议、博览交易、文艺演出、体育赛事、科技交流等活动，促进旅游业的发展。有关组织机构在协调安排年度展览计划时，应当优先考虑规模大、国际化程度高、对旅游业促进作用明显的展览项目。

第二十二条　本市推进发展邮轮、游船、游艇等水上旅游，加大水上旅游公共设施的投入和建设力度，推进水上旅游航线和产品开发，加强水上旅游的宣传和推介。

市旅游、交通行政管理部门应当根据本市国民经济和社会发展规划，结合旅游发展的实际需要，会同市发展改革、规划、口岸服务、水务（海洋）、海事等有关行政管理部门和相关区人民政府组织编制水上旅游发展规划，报市人民政府批准后组织实施。

市发展改革、交通、口岸服务、旅游等行政管理部门应当协同推进邮轮、游船和游艇码头的建设，完善相关的旅游服务功能和配套设施，协调口岸监管部门提高邮轮口岸通关服务和综合管理水平。

市市场监督管理部门应当组织市旅游、交通、海事等行政管理部门制定水上旅游服务标准。旅游、交通、海事等行政管理部门应当加强水上旅游市场监管，引导水上旅游经营者提供优质服务。

第二十三条　本市推进开发乡村旅游资源，促进发展乡村旅游。市旅游、农业行政管理部门应当会同相关行政管理部门和区人民政府制定支持乡村旅游发展的相关政策。区旅游、农业行政管理部门应当加强乡村旅游的推介，对农村集体经济组织、农民专业合作社开展乡村旅游服务提供培训、指导。

市市场监督管理部门应当组织市旅游、农业、公安、生态环境等行政管理部门制定乡村旅游服务的相关标准。

第二十四条　市人民政府应当协调年度节庆活动计划，鼓励旅游经营者开发节庆旅游产品，培育具有影响力、公众参与性强的特色节庆活动。每年在举办上海旅游节活动前，组织单位应当预先发布活动信息，协调与旅游节活动相关的事宜。

第二十五条　在本市举办重大节庆、赛事、会展等活动，市旅游行政管理部门可以根据需要制定旅游住宿保障方案，协调各类住宿资源，满足住宿要求。

市旅游行政管理部门可以组织本市居民利用家庭住房自愿为参加前款所列旅游活动的旅游者提供住宿，具体管理办法由市人民政府规定。

第二十六条　旅游行政管理部门和相关行政管理部门应当通过提供信息、帮助协调等方式，促进研制和开发具有本市地方特色的旅游商品，加强知识产权保护，培育体现地方特色的旅游商品品牌。

本市加强特色商品购物区建设，鼓励社会组织推出旅游商品推荐名单。鼓励企业为旅游者购买商品提供金融、物流等便利服务。

第二十七条　市旅游行政管理部门应当根据旅游发展的实际情况，会同市发展改革、文物、商务、绿化市容、广播电视等行政管理部门制定促进旅游消费的政策措施。

第二十八条　旅游行政管理部门和相关行政管理部门应当加强对旅游院校、专业的建设，促进旅游科研、教学和职业培训工作，培养旅游专业人才。

第二十九条　本市推行旅游服务标准化。

涉及人体健康和人身、财产安全的旅游服务领域，没有国家和行业标准的，相关行政管理部门应当制定地方标准，并组织实施。旅游经营者提供的产品、服务和设施，有强制性标准的，应当符合强制性标准。

第三章　旅游规划与资源保护

第三十条　市旅游行政管理部门根据本市国民经济和社会发展规划以及旅游发展的实际需要，会同有关部门组织编制本市旅游发展规划，依照法定程序报市人民政府批准后，纳入相应的城乡规划，并与土地利用总体规划相协调。

各区人民政府根据市旅游发展规划，编制本区旅游发展规划。

编制旅游发展规划，应当以市场导向为基础，实行合理引导，防止无序开发和重复建设。

第三十一条　编制本市旅游发展规划，应当发挥长江三角洲地区旅游资源的综合优势，加强与长江三角洲和国内其他地区的区域旅游合作与发展。

对黄浦江、苏州河等水系景观的旅游开发，以及区与区之间相邻的旅游资源的开发，应当实行统筹协调。

第三十二条　市旅游行政管理部门根据市旅游发展规划，会同有关部门组织编制或者指导区旅游行政管理部门组织编制旅游度假区、特色旅游街区、特色农家旅游村等专项规划。区旅游行政管理部门编制的专项规划，应当体现区域特色和功能特征，并报市旅游行政管理部门综合平衡。

第三十三条　编制旅游规划，应当听取公众的意见。

旅游规划可以通过招标的方式委托境内外专业机构编制。

第三十四条　新建、改建、扩建景区（点）、旅馆等旅游建设项目，应当符合本市或者区旅游发展规划，其建筑规模和风格应当与周围景观相协调，不得破坏旅游环境和生态环境。

相关行政管理部门审批景区（点）、旅馆等旅游建设项目，应当征求旅游行政管理部门的意见，并依法进行环境影响评价。

第三十五条　市旅游行政管理部门会同相关部门对本市范围内的旅游资源进行普查、评估，建立旅游资源档案，并制定旅游资源保护方案和组织实施。

第三十六条　利用自然保护区等自然资源开发旅游项目，应当遵守有关法律、法规、规章的规定，采取相应的保护措施。风景名胜区以及由规划确定的其外围保护地带内的各项建设项目，不得破坏景观、污染环境、妨碍游览。

第三十七条　利用历史文化风貌区和优秀历史建筑以及其他历史人文资源开发旅游项目，应当遵守法律、法规、规章的规定，保持其特有的历史风貌，不得擅自改建、迁移、拆除。

市旅游行政管理部门应当会同相关部门制作标牌，用中文和外国文字介绍历史人文景区（点）的有关历史文化背景。

第三十八条　利用工业、农业、商业、体育、科技、文化、教育和卫生等社会资源开发旅游项目，应当保持其内容与景观、环境、设施的协调和统一。

第四章　权益保护与经营规范

第三十九条　旅游者的合法权益受法律保护。旅游者享有以下权利：

（一）知悉旅游经营者所提供的产品及服务的真实情况；

（二）自主选择旅游经营者及其所提供的产品或者服务的方式和内容；

（三）要求旅游经营者按照约定或者惯例提供质价相符的服务；

（四）人格尊严、民族风俗习惯及宗教信仰得到尊重；

（五）因接受旅游经营者的服务受到人身、财产损害的，享有依法获得赔偿的权利；

（六）法律、法规、规章规定或者旅游合同约定的其他权利。

第四十条　残疾人、老年人、未成年人、军人、全日制学校学生等旅游者在旅游活动中依照法律、法规和有关规定享受便利和优惠。旅游经营者应当向旅游者明示享受优惠的条件和其他相关信息。

利用公共资源建设的景区（点）应当按照本市有关规定对残疾人、老年人、未成年人、军人、全日制学校学生等旅游者实行门票及相关服务费用减免；鼓励其他景区（点）对残疾人、老年人、未成年人、军人、全日制学校学生等旅游者实行门票及相关服务费用减免。

第四十一条　旅游者应当遵守法律、法规、规章和社会公德；尊重民族风俗习惯和宗教信仰；保护旅游资源和生态环境；爱护古迹、文物和旅游设施；遵守安全和卫生管理规定；履行旅游合同所约定的义务。

第四十二条　旅游经营者的自主经营权受法律保护。旅游经营者有权拒绝违反法律、法规规定的收费、摊派和检查；有权拒绝旅游者违反法律、法规、规章、社会公德或者旅游合同约定内容的要求。

旅游经营者的知识产权受法律保护。任何单位或者个人不得非法获取、使用或者披露旅游经营者的营销计划、销售渠道、客户名单以及其他商业秘密。

第四十三条　从事旅游经营活动的单位或者个人应当按照国家规定，依法取得营业执照。法律、法规规定需经相关行政管理部门许可的，应当取得相应的经营许可证。

旅游经营者经营或者组织漂流、狩猎、探险等具有危险性的特殊旅游活动的，应当按照国家有关规定办理审批手续。

第四十四条　旅游经营者应当严格执行国家有关安全和卫生管理的规定，健全相关的管理制度，配备必要的设施设备并加强维护和保养。

旅游经营者对旅游活动中可能危及旅游者人身、财产安全的情况，应当事先向旅游者做出说明或者明确警示，并采取相应措施防止危害的发生。

因突发事件应对需要，旅游经营者应当按照国家和本市规定，采取紧急关闭旅游线路、景区（点）以及控制客流量、卫生防疫等应急处置措施。

发生旅游突发事件的，旅游经营者应当及时向事故发生地的相关机构和本市的旅游行政管理部门报告。

第四十五条 旅游经营者应当公开服务项目、内容和收费标准，明码标价，禁止强行出售联票、套票。

实行政府指导价的景区（点），应当严格控制门票价格上涨；拟收费或者提高门票价格的，应当论证其必要性、可行性，并按照国家和本市规定的程序确定或者调整门票价格。

第四十六条 旅游经营者之间发生业务往来，不得账外给予或者收受佣金。

旅游经营者之间应当通过合同约定支付佣金的具体数额或者比例，将佣金纳入营业收入，并依法纳税。

旅游经营者不得向导游、领队等旅游从业人员直接支付佣金。

第四十七条 旅行社组织旅游活动，应当与旅游者签订书面旅游合同。签订旅游合同，可以参照相关行政管理部门推荐的合同示范文本。旅游者与旅行社协商一致，可以在合同中约定以下事项：

（一）因航空、铁路、船舶等交通运营的延误、取消等原因影响行程的处理；

（二）因不可抗力影响旅游合同履行的处理；

（三）需要约定的其他事项。

因突发事件致使不能履行合同，构成不可抗力的，按照相关法律规定及合同约定处理。

旅行社因接待、招徕旅游者，与其他旅行社或者住宿、餐饮、交通、购物、景区（点）等企业发生业务往来的，应当签订合同，约定双方的权利义务；组织出境旅游的，应当按照国家的规定选择境外旅行社。

旅行社未按照旅游合同标准提供相关服务的，承担违约责任，给旅游者造成损失的，依法赔偿。由于其他旅游经营者的原因致使旅游合同不能履行或者不能完全履行，并给旅游者造成损失的，旅游者有权要求旅行社赔偿；旅行社赔偿后，有权向造成旅游合同不能履行或者不能完全履行的旅游经营者追究违约责任。

旅行社应当按照国家有关规定交纳旅游服务质量保证金，用于旅游者权益损害赔偿和垫付旅游者人身安全遇有危险时紧急救助的费用。

第四十八条　旅行社经与旅游者协商一致或者应旅游者要求指定具体购物场所、安排另行付费旅游项目的，应当与旅游者签订书面合同，并遵守下列规范：

（一）不得影响同一团队其他旅游者的行程安排；

（二）不得通过指定具体购物场所和安排另行付费旅游项目获取回扣等不正当利益；

（三）具体购物场所、另行付费旅游项目经营场所应当同时面向其他社会公众开放；

（四）事先向旅游者明示具体购物场所、另行付费旅游项目的基本信息及可能存在的消费风险。

除前款规定外，旅行社及其从业人员组织、接待旅游者，不得指定具体购物场所，不得安排另行付费旅游项目，不得以旅游者拒绝接受指定购物场所及另行付费旅游项目为由，拒绝签订旅游合同或者提高旅游团费、另行收取费用。

旅游者在与旅行社书面合同约定的具体购物场所内购买商品，销售者在商品中掺杂、掺假，以假充真，以次充好，以不合格商品冒充合格商品，或者销售失效、变质的商品的，旅游者可以要求旅行社赔偿；旅行社赔偿后，有权向商品的销售者追偿。

第四十九条　本市旅行社委托其他旅行社代理销售包价旅游产品，或者接受其他旅行社的委托代理销售包价旅游产品，应当遵守下列规范：

（一）签订委托代理合同，就委托代理销售包价旅游产品事项的内容、形式、代理费及其支付、双方的权利和义务、违约责任、投诉受理机制、应急处置程序等作出约定；

（二）按照本市有关规定向其工商注册地的区旅游行政管理部门办理委托代理合同备案；

（三）向旅游者明示委托代理关系，并按照国家和本市有关规定向旅游者做好有关事项的提示、告知；

（四）代理社与旅游者订立包价旅游合同、收取旅游费用的，应当使用委托社的合同和印章，出具委托社的发票，并在包价旅游合同中载明委托社和代理社的基本信息。

第五十条　旅行社与旅游者签订旅游合同时，应当向旅游者说明下列事项：

（一）旅游合同的具体内容；

（二）旅游目的地需要旅游者注意的法律规范和风俗习惯；

（三）发生紧急情况，需要医疗救助的注意事项；

（四）法律、法规规定应当向旅游者说明的其他情况。

第五十一条　旅行社应当向旅游者发放健康信息登记表，指导旅游者填写，并提示旅游者随身携带。

旅游者应当如实填写健康信息登记表。

第五十二条　旅行社、住宿、旅游交通以及高空、高速、水上、潜水、探险等高风险旅游项目的经营者应当根据国家有关规定投保相关责任险。

本市推行旅游经营者责任险统保制度，相关行业协会可以组织本市旅游经营者及外省市旅游经营者在沪分支机构集中投保相关责任险。

第五十三条　旅行社需要租用客运车辆、船舶的，应当选择具有相应资质的运输企业和已投保法定强制保险的车辆、船舶。

旅行社与运输企业签订的旅游运输合同，应当明确运行计划，约定运输路线、运输价格、车辆和船舶的要求以及违约责任等事项。

承担旅游运输的车辆、船舶，应当配备具有相应资质的驾驶员、船员和具有行驶记录功能的卫星定位装置、座位安全带、消防、救生等安全设施设备，并保持安全设施设备正常使用。驾驶员、船员、乘务员及导游人员应当提醒乘客安全注意事项。乘客应当提高安全意识，遵守安全警示规定，按要求使用座位安全带等安全设施设备。

承担旅游运输的车辆、船舶，不得超过核定载客定额载运旅客；车辆、船舶的驾驶员、船员，不得超速、超时、疲劳驾驶。

第五十四条　本市推行旅行社服务质量评定制度。

旅行社服务质量评定由旅行社自愿申请，由相关行业协会依照本市有关标准进行评定并向社会公布评定结果。

第五十五条　参加导游资格考试成绩合格，方可取得导游资格证书。取得导游资格证书的人员，经与旅行社、景区（点）订立劳动合同或者在本市旅游行业组织注册，可以申请取得相应的导游证。导游人员为旅游者提供导游服务，应当遵守法律、法规和职业道德。

旅行社或者景区（点）临时聘用导游人员为旅游者提供服务的，应当与导游人员签订书面合同，约定双方的权利义务。

导游人员有下列情形之一的，旅行社和景区（点）不得安排其为旅游者提供服务：

（一）无民事行为能力或者限制民事行为能力的；

（二）患有传染性疾病的；

（三）法律、法规、规章规定的其他情形。

旅游行业组织应当加强对导游人员的诚信教育，建立对导游人员服务的评价机制。

市旅游行政管理部门应当将导游人员的基本信息、奖惩记录等纳入信用档案。

第五十六条　旅馆的设施设备应当符合国家和本市规定的标准。旅馆经营者应当遵守法律法规，为旅游者提供规范的服务，保护旅游者的人身、财产安全。

旅馆实行等级评定和复核制度。评定和复核的标准、程序按照国家和本市有关规定执行。取得服务质量等级的旅馆，应当按照与其服务质量等级相对应的标准提供服务；未取得服务质量等级的旅馆，不得使用服务质量等级标志和称谓。

第五十七条　景区（点）的范围应当依照城乡规划合理划定。

景区（点）经营者应当根据旅游安全及服务质量等要求，确定旅游接待承载力，实行流量控制，并向社会公布。

景区（点）应当根据接待的需要，按照国家和本市规定的标准设置供水、供电、停车场、公厕、无障碍设施等旅游配套服务设施以及中文和外国文字的导向、解说标识。

第五十八条　旅游集散站实行统一设置和规范管理。旅游集散站应当建立营运监管制度，对旅游线路经营者承诺的交通工具、营运标准和服务项目进行日常监督；协助相关行政管理部门做好旅游线路交通工具安全监管等工作。

第五十九条　邮轮公司、旅行社为旅游者提供邮轮旅游服务，应当向旅游者提供中文文本的合同、船票和服务说明等资料；邮轮公司、旅行社与旅游者签订合同使用格式条款的，应当按照本市有关规定报市市场监督管理部门备案。

邮轮公司、旅行社应当以显著方式提醒旅游者注意邮轮旅游的安全注意事项、风险警示、礼仪规范、民事责任与义务、免责事项、投诉电话、法律救助渠道等内容。邮轮码头应当协助在公共场所宣传明示有关内容。

发生邮轮延误、不能靠港、变更停靠港等情况的，邮轮公司、旅行社和邮轮码头应当及时向旅游者发布信息，告知解决方案，对旅游者进行解释、劝导。邮轮旅游纠纷应当按照有关法律规定和合同约定处理。

旅游者在邮轮旅游活动中或者在解决纠纷时，不得影响港口、码头的正常秩序，不得损害邮轮公司、旅行社和其他旅游者的合法权益。

市旅游、交通行政管理部门应当制定邮轮旅游经营规范。市旅游行政管理部门应当会同市市场监督管理部门制定合同示范文本，供邮轮公司、旅行社和旅游者签订合同时参考、使用。

第六十条　网络旅游经营者应当为旅游者提供真实、可靠的旅游服务信息，并按照国家和本市有关规定向旅游者提供经营地址、联系方式、安全注意事项和风险提示等信息；涉及由其他经营者实际提供服务的，应当在相关产品主页面的显著位置标明，并向旅游者提供该经营者的名称、经营地址、联系方式等信息。

通过网络经营旅游交通、住宿、餐饮、游览、娱乐等单项代定业务的，应当选择具有相应经营资质的经营者作为服务提供方。

通过网络经营包价旅游、代理销售包价旅游合同、委派领队或者导游、代办旅游签证（签注）等旅行社业务的，应当取得旅行社经营许可证，并在其网站主页的显著位置标明许可证信息以及经营地址、联系方式等信息。该网站应当与旅游行政管理部门联网认证。

第六十一条　本市农民以自有宅基地住宅或其他条件从事餐饮、住宿等农家旅游经营，或者农民专业合作社接受其成员委托，以成员的自有宅基地住宅或其他条件从事餐饮、住宿等农家旅游经营，应当符合区旅游行政管理部门编制的农家旅游专项规划，并按照有关规定享受税收优惠政策。

市人民政府应当结合本市实际情况，遵循促进发展、适度监管的原则，制定农家旅游经营的管理办法。从事农家旅游经营的客房数、经营面积等超过规定标准的，执行国家和本市旅馆业管理制度。

第六十二条　旅馆、景区（点）和其他旅游经营场所，应当在醒目位置使用符合国家规定的公共信息图形符号。

第六十三条　旅游经营者及其从业人员不得有下列行为：

（一）组织或者提供损害国家利益、民族尊严和违反社会公德的活动；

（二）超越核定范围经营旅游业务；

（三）假冒其他旅游经营者的注册商标、品牌、质量认证标志，或者擅自使用其他旅游经营者的名称；

（四）对服务范围、内容、标准等做虚假宣传；

（五）法律、法规和规章禁止的其他行为。

第六十四条　旅游者与旅游经营者发生争议的，旅游者可以通过以下途径解决：

（一）与旅游经营者协商；

（二）向消费者协会、旅游行业协会投诉；

（三）向旅游、市场监管等行政管理部门投诉；

（四）旅游合同中约定有仲裁条款或者事后达成书面仲裁协议的，申请仲裁机构仲裁；

（五）向人民法院提起诉讼。

第六十五条　旅游行政管理部门应当健全旅游投诉制度，设立并公布投诉电话，接受旅游者的投诉。旅游行政管理部门在接到旅游者投诉后，属于本部门处理的，应当在四十五日内作出处理决定，并答复投诉者；对应当由其他部门处理的，应当在五个工作日内转交有关部门处理，并告知投诉者。

第五章　法律责任

第六十六条　旅游经营者及其从业人员违反旅游经营管理的规定，法律、法规有处罚规定的，从其规定。

旅游者违反本条例第四十一条规定的，按照有关法律、法规的规定处理。

第六十七条　旅游经营者违反本条例第四十五条第一款的规定，强行出售联票、套票的，由旅游行政管理部门责令改正，没收违法所得，并处违法所得一倍以上五倍以下的罚款；没有违法所得的，处二千元以上一万元以下的罚款。

第六十八条　旅行社违反本条例第四十九条第二项规定，未按照规定向旅游行政管理部门办理备案的，由旅游行政管理部门责令改正，并处二千元以上五千元以下的罚款。

第六十九条　旅行社违反本条例第五十三条第一款、第三款的规定，使用不符合规定的车辆、船舶承担旅游运输的，由旅游行政管理部门责令改正，没收违法所得，并处五千元以上五万元以下的罚款；违法所得五万元以上的，并处违法所得一倍以上五倍以下的罚款；情节严重的，责令停业整顿或者吊销旅行社业务经营许可证；对直接负责的主管人员和其他直接责任人员，处二千元以上二万元以下的罚款。

第七十条　旅行社、景区（点）违反本条例第五十五条第三款规定，安排不符合规定的导游人员为旅游者提供服务的，由旅游行政管理部门责令改正，没收违法所得，并处一千元以上一万元以下的罚款。

第七十一条　旅游经营者有本条例第六十六条、第六十七条、第六十八条、第六十九条、第七十条规定情形的，除依照法律、法规规定予以处罚外，处罚机关应当将违法旅游经营者的行政处罚信息记入信用档案，通过企业信用信息公示系统向社会公布，归集到市公共信用信息服务平台。

第七十二条　当事人对旅游行政管理部门以及相关行政管理部门的具体行政行为不服的，可以依照《中华人民共和国行政复议法》或者《中华人民共和国行政诉讼法》的规定，申请行政复议或者提起行政诉讼。

当事人对具体行政行为逾期不申请复议，不提起诉讼，又不履行的，作出具体行政行为的旅游行政管理部门以及相关行政管理部门可以申请人民法院强制执行。

第七十三条　旅游行政管理部门以及其他相关行政管理部门的工作人员玩忽职守、滥用职权、徇私舞弊的，由其所在单位或者上级主管部门依法给予处分；构成犯罪的，依法追究刑事责任。

第六章　附则

第七十四条　本条例自 2004 年 3 月 1 日起施行。

13. 上海市商品交易市场管理条例

（2005 年 11 月 25 日上海市第十二届人民代表大会常务委员会第二十四次会议通过 根据 2020 年 5 月 14 日上海市第十五届人民代表大会常务委员会第二十一次会议《关于修改本市部分地方性法规的决定》修正）

第一章 总则

第一条 为了促进商品交易市场的发展，维护商品交易市场秩序，保障市场经营管理者、场内经营者和商品购买者的合法权益，根据有关法律、行政法规，结合本市实际，制定本条例。

第二条 本条例所称的商品交易市场，是指由市场经营管理者经营管理、集中多个商品经营者在场内各自独立进行现货商品交易的固定场所。

本条例所称的市场经营管理者，是指依法设立、利用自有、租用或者其他形式取得固定场所，通过提供场地、相关设施、物业服务以及其他服务，吸纳商品经营者在场内集中进行现货商品交易，从事市场经营管理的企业法人。

本条例所称的场内经营者，是指在商品交易市场内以自己的名义独立从事现货商品销售的企业、其他组织以及个体工商户。

第三条 本市行政区域内商品交易市场的设置、经营管理、场内交易以及相关监督管理活动，适用本条例。

第四条 市和区经济贸易行政管理部门按照职责分工负责编制商品交易市场的发展规划，指导商品交易市场的经营活动，协调政府有关部门共同实施本条例。

各级市场监督管理部门负责对商品交易市场主体资格的确认和经营行为的监督管理。

其他有关行政管理部门按照各自职责，依法对商品交易市场实施监督管理。

第五条 市场经营管理者、场内经营者和商品购买者的合法权益受法律保护。

市场经营管理者、场内经营者应当遵循诚实信用的原则，依法进行经营活动。

第二章　政府职责

第六条　市人民政府应当加强对商品交易市场设置的规划管理。

对需要市人民政府编制布局规划的商品交易市场的设置，由市经济贸易行政管理部门会同其他有关行政管理部门编制设置规划，报市人民政府批准后实施。

对食用农产品批发市场的设置，市经济贸易行政管理部门应当会同同级规划行政管理部门编制设置规划，落实规划用地，报市人民政府批准后实施。食用农产品零售市场的设置，区经济贸易行政管理部门应当会同同级规划行政管理部门按照方便市民的原则编制设置规划，报区人民政府批准后实施。

第七条　对关系到本市经济社会发展的重要商品交易市场，市人民政府应当制定相应的扶持政策。

政府提供场所设置商品交易市场的，有关行政管理部门应当按照公开、公平、公正的原则，通过公开招标投标方式选择市场经营管理者。

第八条　市和区人民政府的有关行政管理部门应当按照政府信息公开的要求，公开商品交易市场管理的法律、法规、规章、规范性文件、商品交易市场设置情况等信息，并为公众查阅信息提供方便。

第九条　食用农产品等批发市场交易的商品需要现场检测的，有关行政管理部门应当在场内派驻检测人员，配备相应的检测仪器和试剂，或者委托具有检测条件的批发市场经营管理者进行检测，从事检测的工作人员应当培训合格。

第十条　市场监管和消防等行政管理部门应当建立巡查制度，并按照各自的职责对商品交易市场进行监督管理。

市场监督管理部门应当在商品交易市场内公布与本部门的监督职责相关的政务信息和管理机构以及派出机构的名称、地址、联系电话。

各有关行政管理部门接到举报投诉后应当作好记录、及时调查处理，并回复举报投诉人。

市场监督管理部门对市场经营管理者、场内经营者的违法经营活动，应当依法查处。

第十一条　市场监督管理部门应当对商品交易市场内依法强制检定的计量器具实行监督检查。

市场监管、农业等行政管理部门应当按照各自职责对商品交易市场内的商品质量实行定期抽检，并将抽检结果在商品交易市场内公示。

第三章　市场经营管理者

第十二条　开办商品交易市场实行企业法人登记制度。

市场经营管理者应当依法向市场监督管理部门办理登记注册，领取企业法人营业执照。需要办理其他经营许可的，应当依法向有关行政管理部门办理。

第十三条　商品交易市场经营管理者的企业名称中，应当含有"市场经营管理"的字样，其经营范围应当与登记注册的经营范围相一致。

商品交易市场的注册地应当与其市场实际经营场所相一致。市场经营管理者在其注册地以外的其他场所另行设立商品交易市场的，应当向所在地市场监督管理部门办理分支机构登记注册手续。

第十四条　商品交易市场的选址应当符合城市规划所确定的用地要求和本条例第六条的规定。

商品交易市场内部布局和设施的配置应当符合国家和本市的有关标准和规范，达到环境保护、市容环卫的要求和消防等公共安全的要求。

第十五条　商品交易市场的经营管理应当遵循提供服务与实施管理相结合的原则。市场经营管理者应当制定市场内的有关管理制度，定期组织检查相关制度的实施情况，并根据检查结果及时采取必要措施。

第十六条　以零售为主的食用农产品市场的市场经营管理者应当在场内划定不少于本市场营业面积百分之五的专用区域，用于农民出售自产自销的食用农产品。

第十七条　市场经营管理者应当与场内经营者订立进场经营合同，并可以参照进场经营合同示范文本约定经营内容、场内秩序等双方权利义务以及违约责任、纠纷解决方式等事项。

进场经营合同的示范文本，由市经济贸易行政管理部门会同市市场监督管理部门制定并推荐使用。

第十八条 市场经营管理者应当核验进场经营者的营业执照、税务登记证和各类经营许可证。

第十九条 市场经营管理者应当督促场内经营者遵守有关法律规定和市场管理制度，增强诚信服务、文明经商的意识，倡导良好的经营风尚和商业道德。

市场经营管理者发现场内经营者有违法行为的，应当予以劝阻，并及时向有关行政管理部门报告。

市场经营管理者不得为从事非法交易的场内经营者提供场地、保管、仓储等条件。

第二十条 市场经营管理者应当维护市场内各项经营设施以及消防、环卫和安保等设施，确保相关设施处于完好状态，及时消除各类安全隐患。

市场经营管理者应当制止场内经营者在市场内占道、搭建或者流动经营等行为，保持场内环境整洁，确保场内通道畅通。

因突发事件应对需要，市场经营管理者应当按照国家和本市规定，采取关闭或者限制使用商品交易市场、卫生防疫等应急处置措施。

第二十一条 市场经营管理者应当对场内使用的、属于强制检定范围内的计量器具登记造册，并组织场内经营者向指定的计量检定机构申请周期检定，督促场内经营者依法正确使用、维护计量器具。

市场经营管理者应当在市场内设置符合计量要求的复检计量器具。

第二十二条 市场经营管理者应当在场内显著位置悬挂其企业营业执照、税务登记证以及有关许可证明，并在场内显著位置设立公示牌，公布市场管理制度以及消费者权益投诉受理机构的地址和电话。

第二十三条 侵犯消费者合法权益的场内经营者已经撤离商品交易市场的，消费者可以向市场经营管理者要求赔偿。市场经营管理者承担赔偿责任后，可以向负有赔偿责任的场内经营者追偿。

第二十四条　商品交易市场歇业或者终止营业的，市场经营管理者应当按照下列规定办理：

（一）提前三个月通知场内经营者，但合同另有约定的从其约定；

（二）以零售为主的商品交易市场，应当提前三个月在市场入口处张贴公示。

第四章　场内经营者

第二十五条　场内经营者应当信守承诺、公平竞争、合法经营，并按照规定在经营场所的显著位置悬挂相关证照。

农民在市场内出售自产自销的食用农产品应当持相关有效证明，并在市场经营管理者划定的专用区域内经营。

第二十六条　场内经营者购进商品应当查验商品质量，并在该商品销售完毕后继续保存能够证明进货来源的发票、单证等半年。

特约经销品牌商品的，场内经营者应当取得授权证明。

第二十七条　场内经营者出售商品，应当按照国家有关规定或者商业惯例向商品购买者出具购货凭证，但农民销售自产自销的食用农产品除外。

第二十八条　经营涉及人体健康、生命安全的商品以及重要的生产资料商品，场内经营者应当建立购货销货台账，向供货方索取相关合格证明文件。

第二十九条　场内经营者对场内管理秩序和安全隐患问题，有权向市场经营管理者提出改进意见，必要时可以向有关行政管理部门报告。

第五章　法律责任

第三十条　违反本条例规定的行为，法律、法规有处罚规定的，按照其规定予以处罚。

第三十一条　市场经营管理者违反本条例第十九条规定，发现场内经营者有违法行为，未及时向有关行政管理部门报告的，由有关行政管理部门按照各自的职责责令改正，并可处二千元以上二万元以下的罚款。

第三十二条　市场经营管理者违反本条例第二十四条关于商品交易市场歇业或者终止营业的规定，以零售为主的商品交易市场未提前三个月在市场入口处张贴公示的，由区市场监督管理部门责令限期改正；逾期不改正的，处一千元以上一万元以下的罚款。

第三十三条　场内经营者违反本条例第二十八条规定，经营涉及人体健康、生命安全的商品以及重要的生产资料商品未建立购销台账或者索取供货方合格证明的，由市场监督管理部门责令改正，并可处一千元以上五千元以下的罚款。

第三十四条　有关行政管理部门直接负责的主管人员和其他直接责任人员玩忽职守、滥用职权、徇私舞弊的，由所在单位或者上级主管部门给予处分；构成犯罪的，依法追究刑事责任。

第六章　附则

第三十五条　本条例自 2006 年 3 月 1 日起施行。

14. 上海口岸服务条例

（2011年11月17日上海市第十三届人民代表大会常务委员会第三十次会议通过　根据2020年5月14日上海市第十五届人民代表大会常务委员会第二十一次会议《关于修改本市部分地方性法规的决定》修正）

第一章　总则

第一条　为了规范口岸开放，提高口岸通关效率，保障口岸安全畅通，促进对外开放和经济社会发展，根据国家有关法律、行政法规的规定，结合本市实际，制定本条例。

第二条　本条例所称的口岸，是指供人员、货物、物品和交通工具直接出入国（关、边）境的港口、机场、车站等。

第三条　本市口岸开放、通关服务优化、口岸环境保障等工作，适用本条例。

第四条　市人民政府在国家有关部门的指导下，加强对本市口岸工作的领导，统筹推进上海口岸的建设和发展。

第五条　市口岸服务部门按照规定权限，负责口岸管理和通关协调服务工作，推进口岸环境的优化完善，并组织实施本条例。

市发展改革、建设、商务、经济信息化、规划资源、交通等部门应当根据各自职责，规范和优化行政程序，协同实施本条例，为口岸运行提供公开透明、便捷高效的行政服务。

海关、海事、边检等口岸检查检验机构（以下统称"口岸查验机构"）依法做好上海口岸检查检验、监督管理等工作，并协同落实上海口岸的其他有关工作。

第六条　本市相关行业协会应当加强对国际货运代理、国际船舶代理、报检报关代理等中介服务机构的自律管理，监督会员的经营活动，指导会员提高相关中介服务的专业水平和能力。

第二章　口岸开放

第七条　市口岸服务部门应当会同市发展改革、规划资源、建设、交通、商务、财政等部门根据上海对外开放和经济社会发展需要，组织编制上海口岸开放规划。经征求口岸查验机构、相关区人民政府、本市海关特殊监管区域管理机构等意见后，按照规定程序报批和公布。

上海口岸开放规划应当包括新开放口岸、扩大开放口岸以及口岸开放范围内对外开通启用的项目名称、位置、预测吞吐量、口岸查验机构及其人员配备的需求测算等。

上海口岸开放规划作为专项规划纳入本市国民经济和社会发展规划，是实施口岸开放管理的依据。

第八条　上海口岸开放规划应当与本市港口、机场、铁路等专项规划相衔接。

本市有关部门在编制港口、机场、铁路等专项规划时，应当征求市口岸服务部门意见。

第九条　对列入上海口岸开放规划的港口、机场、车站等建设工程，市口岸服务部门应当会同口岸查验机构、本市有关部门和建设单位按照国家有关规定，结合实际情况，协调落实口岸现场查验设施和非现场配套设施的建设要求。

口岸现场查验设施和非现场配套设施，应当按照"保障监管、便利通关、资源集约、合理适当"的原则建设和配备。

第十条　对列入上海口岸开放规划的港口、机场、车站等建设工程，口岸现场查验设施应当与主体工程统一规划、统一设计、统一投资和统一建设。

本市有关部门在办理前款规定的建设工程投资项目审批（核准、备案）和建设工程设计文件审查手续时，应当征求市口岸服务部门的意见。

第十一条　新开放口岸或者扩大开放口岸的，由市口岸服务部门提请市人民政府按照国家有关规定报国务院审批。

新开放口岸或者扩大开放口岸经国家批准后，由市口岸服务部门按照国家有关规定组织预验收；预验收合格的，报请国家口岸主管部门组织正式验收。

第十二条　临时开放口岸或者在非开放区域临时进出的，由市口岸服务部门按照规定程序报国家有关部门审批。经批准后，由市口岸服务部门协调保障口岸查验机构开展检查检验和监督管理工作。

第十三条　在口岸开放范围内，码头、航站楼、车站等作业区需要对外开通启用的，由作业区运营单位向市口岸服务部门提出。对外开通启用的作业区，应当符合上海口岸开放规划，具备相关主管部门认可的工程立项手续及生产运行条件，其口岸查验配套设施等查验和监管条件应当符合口岸查验监管要求。

市口岸服务部门应当自受理之日起二十个工作日内牵头，会同口岸查验机构对作业区生产、安全、查验和监管条件等进行验收，并应当在验收合格后五个工作日内报市人民政府，由市人民政府批准对外开通启用，并报国家口岸主管部门备案。

经市人民政府批准对外开通启用的码头、航站楼、车站等作业区扩建、改建的，应当按照前两款规定办理对外开通启用手续。

第十四条　在口岸开放范围内，未对外开通启用的码头、航站楼、车站等作业区因口岸建设、应急保障、科研考察等特殊情形，确需临时接靠国际交通运输工具的，作业区运营单位应当提前向市口岸服务部门提出。临时接靠的作业区，应当具备相关主管部门认可的生产运行条件和基本的查验监管条件。

市口岸服务部门应当及时牵头办理临时接靠手续，协调保障口岸查验机构开展检查检验和监督管理工作。

第十五条　市口岸服务部门应当会同口岸查验机构、本市有关部门定期对口岸现场查验设施条件和吞吐运能、通关业务量、服务能力等情况进行评估，并根据评估结果，协调落实相应的管理措施。

第三章　通关服务优化

第十六条　本市依据上海口岸布局，设立集中通关服务场所，方便办理通关申报和相关的税务、外汇、金融等业务。

市口岸服务部门应当组织口岸查验机构和相关单位进驻集中通关服务场所联合办公，并建立日常运行协调机制，推进通关服务场所完善功能、优化服务。

本市电力、通信等相关企业应当做好集中通关服务场所的电力、通信等服务保障工作。

第十七条　本市推进电子口岸信息平台的建设、运营和发展，支持口岸查验机构、口岸运营单位提高通关申报、查验、放行、后续监管等环节的信息化应用水平。

市口岸服务、经济信息化等部门应当会同口岸查验机构、本市有关部门、口岸运营单位将通关业务流程和相关信息数据整合进电子口岸信息平台，推进通关信息兼容共享。

第十八条　本市支持口岸查验机构优化通关流程、完善通关服务，促进旅客通关便捷和贸易便利化。

市口岸服务部门应当加强通关协调服务，推进口岸查验机构、本市有关部门、口岸运营单位加强通关各环节的联动协作，及时协调处理影响通关日常运行的各类问题。

对影响通关效率和涉及通关模式创新的重大问题，市口岸服务部门应当会同相关单位提出解决方案，报市人民政府协调推进。

第十九条　本市建立重要国际会议、重大国际赛事、大型国际展览等重大活动的通关服务保障机制。

针对重大活动的特点和通关需求，市口岸服务部门应当会同口岸查验机构、本市有关部门、口岸运营单位共同开展通关服务保障工作，必要时制定专项方案，确保重大活动通关安全便捷。

发生重大突发事件时，市口岸服务部门应当根据实际需要，加强通关协调服务，推进口岸查验机关、本市有关部门、口岸运营单位加强通关各环节联动协作，做好通关服务工作，保障重要物资通关便捷。

第二十条　对口岸与海关特殊监管区域间的保税货物流转，市发展改革、口岸服务等部门和本市海关特殊监管区域管理机构应当配合口岸查验机构，根据国家有关规定按照保障安全和方便货物进出的原则，合理确定监管流程和监管方法，建立保税货物便捷流转的监管模式。

第二十一条　本市根据区域经济发展特点和外省市口岸通关合作需求，与其他省、自治区、直辖市建立口岸跨区域合作机制，提升上海口岸服务长三角、长江流域和全国的功能。

市口岸服务部门应当协调配合口岸查验机构创新区域通关监管模式，优化旅客、货物中转流程，扩大区域通关便利措施的适用范围。

市建设、交通、口岸服务等部门应当与外省市相关部门加强口岸物流协作，推进江海直达、铁海联运、水水中转、陆空联运等多式联运发展，支持口岸运营单位、航运企业跨区域合作。

第四章　口岸环境保障

第二十二条　市口岸服务、公安、交通、商务、卫生、市场监管等部门应当协同口岸查验机构加强口岸风险的预警防范，配合做好打击走私、防范非法出入境、防控卫生疫情、管控危险货物等口岸安全保障工作。

口岸运营单位应当建立健全安全管理制度，定期检查本单位各项安全防范措施的落实情况；及时处理本单位存在的可能引发口岸安全事件的问题，并按照规定向有关部门报告。

本市港口、机场、车站等口岸的突发事件应急指挥责任单位应当制定和落实口岸突发事件应急预案，并组织应急演练，完善应急处置机制。

第二十三条　本市建设、公安、交通等部门应当加强对口岸及其周边的道路、堆场等设施的建设管理，加强口岸集疏运协调配合，及时疏导旅客、货物以及严重道路交通堵塞等情况，保障口岸进出畅通。

第二十四条　市经济信息化、口岸服务、商务、市场监管、税务等部门应当会同口岸查验机构、人民银行、外汇管理部门建立企业诚信信息共享机制，推动诚信标准互认，并协同实施以企业诚信度为基础的口岸通关分类监管制度。

第二十五条　市发展改革、市场监管、商务、交通、口岸服务等部门应当协同口岸查验机构引导国际货运代理、国际船舶代理、报检报关代理等中介服务机构发展，规范中介服务机构的经营行为，加强中介服务市场的监管。

第二十六条　市口岸服务部门应当组织编制上海口岸发展年度报告，反映口岸运行状况、监管服务情况、通关创新措施等，并向社会公布。

市口岸服务部门应当定期会同市交通、商务、外汇管理等部门和口岸查验机构汇总上海口岸运行相关数据，加强对口岸运行情况的分析监测。

第二十七条　市口岸服务部门应当支持口岸查验机构健全通关服务窗口业务规范，并按照国家和本市相关规定，推进口岸查验机构和口岸运营单位开展文明口岸共建工作。

市口岸服务部门应当组织本市相关行业协会、企业定期对口岸服务情况进行评价；对评价中发现的问题，由市口岸服务部门协调、督促相关单位及时处理。

第五章　法律责任

第二十八条　违反本条例规定的行为，有关法律、行政法规已有处罚规定的，从其规定。

第二十九条　在口岸开放范围内，码头、航站楼、车站等作业区的运营单位违反本条例第十三条的规定，未办理对外开通启用手续擅自接靠国际交通运输工具，或者违反本条例第十四条的规定，未办理临时接靠手续擅自接靠国际交通运输工具的，由市口岸服务部门责令改正，没收违法所得，并处二万元以上十万元以下罚款。

在口岸开放范围外，码头、航站楼、车站等作业区的运营单位未办理口岸开放手续，擅自接靠国际交通运输工具的，由市口岸服务部门予以制止，并报国家有关部门处理。

第三十条　行政机关工作人员违反本条例规定，玩忽职守、滥用职权、徇私舞弊的，由其所在单位或者上级主管部门依法给予处分；构成犯罪的，依法追究刑事责任。

第六章　附则

第三十一条　本条例自 2012 年 3 月 1 日起施行。

15. 上海市法律援助若干规定

（2006 年 4 月 26 日上海市第十二届人民代表大会常务委员会第二十七次会议通过　根据 2020 年 5 月 14 日上海市第十五届人民代表大会常务委员会第二十一次会议《关于修改本市部分地方性法规的决定》修正）

第一条　为了保障经济困难的公民获得必要的法律服务，促进和规范本市的法律援助工作，根据《法律援助条例》，结合本市实际，制定本规定。

第二条　本规定所称的法律援助机构，是指由市或者区人民政府司法行政部门依法确定的组织开展法律援助工作的专门机构。

第三条　市和区人民政府司法行政部门监督管理本行政区域内的法律援助工作。

法律援助机构具体负责组织实施所在区域内的法律援助活动。

第四条　市和区人民政府应当将法律援助经费纳入政府财政预算，对符合规定的各种法律援助事项提供经费保障。经费保障的具体办法，由市司法行政部门会同市财政部门确定。

法律援助经费应当专款专用，并接受财政、审计部门的监督。

第五条　除《法律援助条例》第十条第一款规定的法律援助事项外，经济困难的公民还可以对下列事项申请法律援助：

（一）在签订、履行、变更、解除和终止劳动合同过程中受到损害，主张权利的；

（二）因工伤、交通事故、医疗事故受到人身损害，主张权利的；

（三）因遭受家庭暴力、虐待、遗弃，合法权益受到损害，主张权利的；

（四）因突发事件受到人身损害，请求赔偿的；

（五）法律、法规和规章规定应当提供法律援助的其他事项。

第六条　本市根据经济社会发展状况和法律援助事业的需要，逐步扩大受援范围，保障困难群众的基本权益。

法律援助对象经济困难的标准，应当高于本市最低生活保障标准的数额。具体标准，由市人民政府另行规定。

法律援助对象经济困难的标准，应当向社会公开。

经济困难证明由法律援助申请人户籍所在地或者居住地的街道办事处、乡镇人民政府出具。经济困难证明应当包括本人的劳动能力、就业状况以及家庭成员、家庭月（年）人均收入、家庭财产等内容。

第七条　公民因见义勇为导致诉讼或者仲裁需要法律援助的，法律援助机构应当提供法律援助，无需审查其经济状况。

见义勇为行为的认定，按照国家和本市有关规定执行。

第八条　公民申请法律援助，应当向义务人或者被请求人所在地的区法律援助机构提出申请；申请法律援助的案件属于本市高级或者中级人民法院管辖范围的，应当向市法律援助机构提出申请。

按照前款规定，两个以上法律援助机构都可以受理申请的，申请人应当向其中一个法律援助机构提出申请。申请人如果向两个以上法律援助机构提出申请的，由最先收到申请的法律援助机构受理。

法律援助机构应当自收到公民法律援助申请之日起十个工作日内作出是否给予法律援助的决定，并书面告知申请人。

本市律师事务所以及社会团体、企事业单位等社会组织可以为公民申请法律援助提供帮助。

第九条　诉讼或者仲裁法定时效即将届满，当事人需要申请法律援助的，法律援助机构可以先行提供法律援助。

法律援助机构先行提供法律援助的，应当及时进行审查，以确定是否符合法律援助的条件。

第十条　市法律援助机构受理的法律援助事项，可以委托区法律援助机构办理。区法律援助机构受理的法律援助事项有特殊原因的，也可以移送市法律援助机构办理。

法律援助机构之间发生受理争议的，由市司法行政部门指定受理。

第十一条　受援人应当向法律援助机构、办理法律援助案件的人员如实陈述案件事实，提供有关证据材料，并协助办案人员调查取证。

第十二条　受援人提出不符合法律规定或者实际情况的要求，经解释仍坚持不合理要求，致使法律援助活动难以继续进行的，经受理申请的法律援助机构审查同意，可以中止该项法律援助。

除《法律援助条例》第二十三条规定的情形外，受援人采取虚假陈述等欺骗手段获得法律援助的，经受理申请的法律援助机构审查核实，应当终止该项法律援助，并视情追索其应承担的法律服务费用。

第十三条　法律援助机构工作人员、办理法律援助案件的人员应当严格按照相关办案规范办理法律援助案件，及时向受援人通报法律援助案件的进展情况，依法维护受援人的合法权益。由于法律援助机构工作人员、办理法律援助案件人员的过错给受援人造成损害的，应当按照有关法律、法规的规定予以赔偿。

第十四条　法律援助机构工作人员、办理法律援助案件的人员在承办法律援助事项时，凭法律援助机构的证明，依法调查取证和查阅、调取、复印相关资料，本市有关部门和单位应当予以协助，并免收或者减收相关费用。

第十五条　法律援助案件办理过程中，法律援助机构承担的法律援助办案人员的差旅费、文印费、交通通讯费、调查取证费、翻译费等必要开支，可以由受援人列入诉讼或者仲裁请求。

第十六条　法律援助办案补贴的标准，由市司法行政部门会同市财政部门核定，并可以根据需要进行调整。

第十七条　本市鼓励工会、妇联、共青团、大专院校以及其他社会团体和事业单位利用自身资源为经济困难的公民提供法律援助。

本市鼓励社会对法律援助活动提供捐助。

第十八条　法律援助机构及其工作人员、办理法律援助案件的人员违反法律援助有关规定的，由司法行政部门依法给予处分和行政处罚；构成犯罪的，依法追究刑事责任。

第十九条　本规定自 2006 年 7 月 1 日起施行。

16. 上海市实施《中华人民共和国村民委员会组织法》办法

（2000 年 9 月 22 日上海市第十一届人民代表大会常务委员会第二十二次会议通过　2017 年 2 月 22 日上海市第十四届人民代表大会常务委员会第三十五次会议修订　根据 2020 年 5 月 14 日上海市第十五届人民代表大会常务委员会第二十一次会议《关于修改本市部分地方性法规的决定》修正）

第一章　总则

第一条　根据《中华人民共和国村民委员会组织法》，结合本市实际，制定本办法。

第二条　村民委员会是村民自我管理、自我教育、自我服务、自我监督的基层群众性自治组织，实行民主选举、民主决策、民主管理、民主监督。

村民委员会向村民会议、村民代表会议负责并报告工作。

第三条　中国共产党在农村的基层组织，按照中国共产党章程进行工作，发挥领导核心作用，领导和支持村民委员会行使职权；依照宪法和法律，支持和保障村民开展自治活动、直接行使民主权利。

第四条　本市建立健全以村党组织为核心，村民委员会为主导，村民为主体，村务监督委员会、村集体经济组织、驻村企业事业单位、群众团体、社会组织等共同参与的村级治理体系。

第五条　乡、镇人民政府指导、支持、帮助村民委员会依法开展自治活动，但是不得干预依法属于村民自治范围内的事项，不得侵占或者违规处置村、村民小组集体财产。

村民委员会协助乡、镇人民政府开展工作。

第六条　村民委员会的设立、撤销、范围调整、更名，由乡、镇人民政府提出，经村民会议讨论通过，报区人民政府批准后实施。

村民委员会可以根据村民居住状况、集体土地所有权关系等分设若干村民小组。村民小组的撤销、范围调整、更名，由村民委员会提出，经村民小组会议讨论通过，报乡、镇人民政府审核同意后实施，其中涉及村民委员会范围调整的，适用前款规定。

村民委员会、村民小组撤销或者范围调整的，应当按照规定的程序先行对村、村民小组集体资产清产核资、明晰产权，并制定集体资产处置方案。集体资产处置方案应当符合市、区有关规定，并经村民会议、村民小组会议分别讨论通过，报乡、镇人民政府审核同意后实施。

第七条　村民委员会应当尊重和支持本村集体经济组织依法独立开展经济活动，做好本村生产经营的服务和协调等工作。

村集体经济组织根据法律、法规和本组织章程的规定，可以将本组织的收益按一定比例用于本村公共事务和公益事业。

村民委员会与本村集体经济组织实行分账管理。

第二章　村民委员会的组成和职责

第八条　村民委员会由主任、副主任和委员共三至七人组成，按照《上海市村民委员会选举办法》选举产生。

第九条　村民委员会根据人民调解、综合治理、公共卫生与计划生育、文化体育、老年人和妇女儿童权益保障等工作需要设立若干委员会。村民委员会成员可以兼任下属委员会的成员。人口少的村的村民委员会可以不设下属委员会，由村民委员会成员分工负责有关工作。

第十条　村民委员会应当履行下列职责：

（一）宣传和贯彻宪法、法律、法规和国家政策，建立健全村民开展自治活动的各项制度，教育和督促村民履行法律、法规规定的义务、遵守村民自治章程和村规民约，维护村民的合法权益；

（二）召集村民会议、村民代表会议，执行村民会议、村民代表会议的决定；

（三）编制并实施本村发展规划和年度计划，发展文化教育，普及科技知识，促进男女平等，做好计划生育工作，调解矛盾纠纷；

（四）办理本村的公共事务和公益事业，动员和组织村民、驻村企业事业单位、非本村户籍居民等参与农村社区建设，支持服务性、公益性、互助性社会组织依法开展活动；

（五）教育引导村民、非本村户籍居民增进团结、互相尊重、互相帮助，开展多种形式的社会主义精神文明建设活动；

（六）做好本村财务管理工作，建立预算、决算制度，实现收支平衡；

（七）协助人民政府做好本村社区公共服务、公共管理、公共安全等有关工作；

（八）向人民政府反映村民的意见、要求和提出建议；

（九）法律、法规规定应当由村民委员会履行的其他职责。

突发事件发生时，村民委员会应当按照所在地人民政府的决定和要求，组织、动员村民，开展自救和互救，配合人民政府开展突发事件应对工作。

区人民政府应当建立行政事务委托村民委员会的准入、退出制度，编制村民委员会依法协助行政事务清单。

第十一条　村民小组设组长一名，由村民小组会议在本组有选举权和被选举权的村民中推选或者投票选举产生，任期与村民委员会的任期相同，可以连选连任。

本组三分之一以上有选举权的村民或者户的代表联名，可以提出罢免村民小组组长的要求，并说明罢免理由。罢免村民小组组长，应当有本组三分之二以上有选举权的村民或者户的代表投票，并应当经投票的村民或者户的代表过半数通过。被提出罢免的村民小组组长有权提出申辩。

推选、选举或者罢免村民小组组长的村民小组会议由村民委员会召集。

第十二条　村民小组组长主持召开村民小组会议，执行村民小组会议的决定，办理本组相关事项，向村民委员会反映本组村民的意见、要求和提出建议，向本组村民传达村民委员会的有关决定，协助村民委员会办理本村的公共事务和公益事业，完成村民委员会布置的任务。

第三章　村民会议和村民代表会议

第十三条　村民会议由本村十八周岁以上的村民组成。

村民会议由村民委员会召集。有十分之一以上的村民或者三分之一以上的村民代表提议，应当召集村民会议。召集村民会议，应当提前十日通知村民并公布会议议题和议程。

第十四条　召开村民会议，应当有本村十八周岁以上村民的过半数，或者本村三分之二以上的户的代表参加。村民会议所作决定应当经到会人员的过半数通过。法律对召开村民会议及作出决定另有规定的，依照其规定。

召开村民会议，根据需要可以邀请乡、镇人民政府职能机构、驻村企业事业单位、群众团体、社会组织和非本村户籍居民等派代表列席。

第十五条　村民会议审议村民委员会的年度工作报告，评议村民委员会成员的工作；有权撤销或者变更村民委员会、村民代表会议不适当的决定。

涉及村民利益的下列事项，应当经村民会议讨论决定：

（一）制定、修改村民自治章程、村规民约；

（二）推选村务监督委员会成员；

（三）村民委员会成员和其他参与村务工作人员的报酬、补贴方案；

（四）本村发展规划和年度计划；

（五）本村财务预算、决算和收支情况报告；

（六）法律、法规规定或者村民会议认为应当由村民会议讨论决定的其他事项。

法律、法规对讨论决定村集体经济组织财产和成员权益的事项另有规定的，依照其规定。

第十六条　村民会议可以授权村民代表会议审议村民委员会的年度工作报告，评议村民委员会成员的工作，撤销或者变更村民委员会不适当的决定，讨论决定除制定、修改村民自治章程、村规民约以外的事项。

村民会议向村民代表会议授权，应当通过召开村民会议或者书面征求村民意见的形式进行，或者在村民自治章程中予以明确。采用书面征求意见形式的，应当由村民委员会向本村全体十八周岁以上村民或者全体户的代表征求，过半数的十八周岁以上村民或者三分之二以上户的代表实名向村民委员会反馈意见的，征求意见程序有效。村民或者户的代表的同意意见超过反馈意见的半数的，方可进行授权。

第十七条　人数较多或者居住分散的村，可以设立村民代表会议。村民代表由村民按每五至十五户推选一人，或者由各村民小组推选若干人产生。村民代表的人数不得少于三十五人。

村民代表的任期与村民委员会的任期相同，可以连选连任；推选村民代表的户或者村民小组认为村民代表不称职或者不能履职的，可以按原推选方式予以更换。任何组织和个人不得指定、委派或者随意更换村民代表。

村民代表应当向其推选户或者村民小组负责，接受村民监督，与村民保持密切联系，及时向村民传达村民代表会议的决定，动员村民遵守、执行；及时向村民委员会或者村民代表会议反映村民的意见、要求和提出建议。

第十八条　村民代表会议由村民委员会成员和村民代表组成，村民代表应当占村民代表会议组成人员的五分之四以上，妇女村民代表应当占村民代表会议组成人员的三分之一以上。

村民代表会议由村民委员会召集，一般每季度召开一次，必要时可以随时召开。有五分之一以上的村民代表提议，应当召集村民代表会议。村民代表会议有三分之二以上的组成人员参加方可召开，所作决定应当经到会的村民代表会议组成人员的过半数通过。

召开村民代表会议，根据需要可以邀请驻村企业事业单位、群众团体、社会组织和非本村户籍居民等派代表列席。

村民委员会应当在村民代表会议召开十日以前通知村民代表并公布会议议题和议程。村民代表应当在会前征求村民的意见和建议，并在村民代表会议上如实反映。

第十九条　村民小组会议由村民小组组长召集，讨论决定涉及本组村民利益的事项。本组三分之一以上年满十八周岁的村民或者户的代表提议的，应当召集村民小组会议。

召开村民小组会议，应当有本组三分之二以上年满十八周岁的村民或者户的代表参加，所作决定应当经到会人员的过半数通过。

第二十条　制定和修改村民自治章程、村规民约，应当广泛征求村民的意见，经村民会议讨论通过后报乡、镇人民政府备案。

村民自治章程一般包括制定章程的目的和依据，村民会议和村民代表会议的会议制度，村民委员会的成员分工、工作制度和下设工作机构，村民小组的划分，村民的权利和义务，村干部和村民的行为规范等内容。

村规民约一般针对村民福利、房屋管理、租赁管理、环境卫生、社会治安、精神文明建设、奖惩措施等事项逐一约定。

第二十一条　村民自治章程、村规民约以及村民会议或者村民代表会议的决定不得与宪法、法律、法规和国家的政策相抵触，不得有侵犯村民的人身权利、民主权利和合法财产权利的内容。

村民自治章程、村规民约以及村民会议或者村民代表会议的决定违反前款规定的，由乡、镇人民政府责令改正。

村民应当遵守法律、法规和国家的政策，遵守村民自治章程、村规民约，执行村民会议、村民代表会议的决定，履行村民应尽的义务。

第四章　民主管理和民主监督

第二十二条　村民委员会应当实行少数服从多数的民主决策机制和公开透明的工作原则，建立健全各项工作制度。

第二十三条　村民委员会实行村务公开制度。村务公开应当及时，内容应当真实、完整、清楚。

村民委员会应当在便于村民阅览的地点设置固定的村务公开栏，并可以采用会议、广播、视频和互联网等村务公开形式。

下列村务事项应当公布：

（一）村民委员会成员的分工；

（二）村务监督委员会的组成及村务监督情况；

（三）村民委员会的年度工作目标；

（四）本村贯彻落实国家有关政策情况；

（五）村民委员会财务收支、预算、决算及其管理的资产、资金、资源等情况；

（六）村民委员会成员和其他参与村务工作人员的报酬和补贴情况；

（七）政府拨付和接受社会捐赠的救灾救助、补贴补助等资金、物资的管理使用情况；

（八）村民委员会、村务监督委员会的工作报告；

（九）村民委员会协助人民政府开展工作情况；

（十）经村民会议、村民代表会议讨论决定的其他事项及其实施情况；

（十一）涉及本村村民利益、村民普遍关心的或者法律、法规规定应当公布的其他事项。

前款规定事项中，一般事项至少每季度公布一次；集体财务往来较多的，财务收支情况应当每月公布一次；涉及村民利益的重大事项应当随时公布。

村民小组可以在便于本组村民阅览的地点设立组务公开栏，及时公布本组村民普遍关心的事项。

第二十四条　村民对村务公开内容有疑义的，可以直接向村民委员会查询或者提出意见，也可以通过村务监督委员会向村民委员会查询。村民委员会不能当场答复的，应当在十五日内作出答复。

经村务监督委员会同意，村民可以在专业人员的指导下查阅有关账目。

第二十五条　村应当设立村务监督委员会。村务监督委员会由村民会议或者村民代表会议推选三至七名村民组成。村务监督委员会决定事项，实行少数服从多数的原则。

村务监督委员会成员中应当有具备财会、管理专业知识的人员。村民委员会成员和村集体经济组织管理人员及其近亲属、村财务人员，不得担任村务监督委员会成员。

村务监督委员会的任期与村民委员会的任期相同，其成员可以连选连任。村务监督委员会应当每年定期向村民会议或者村民代表会议报告工作，接受村民会议或者村民代表会议对其履行职责情况的民主评议和监督。

本村五分之一以上有选举权的村民或者三分之一以上的村民代表认为村务监督委员会成员不称职或者不能履行职责的，可以按原推选方式予以罢免。

村务监督委员会成员出缺的，经村民会议或者村民代表会议决定，可以按照原推选得票多少的顺序依次递补或者按原推选方式补选。

第二十六条 村务监督委员会应当履行下列职责：

（一）监督村级重大事项的决策程序和落实情况；

（二）监督村务公开制度的落实情况；

（三）监督村民自治章程、村规民约的执行情况；

（四）监督村民委员会成员履行职责及廉洁自律情况；

（五）监督、检查、审核村民委员会的相关资产、资金、资源的管理使用情况；

（六）参与制定村民委员会各项财务管理制度并监督制度的落实情况；

（七）村民会议或者村民代表会议赋予的其他监督职责。

村务监督委员会成员列席村民委员会会议、村民代表会议等有关会议，有权查阅与监督事项有关的资料，有权对村务事项和村民委员会成员履行职责情况进行询问。

村民委员会的决定与村民会议、村民代表会议的决定相违背或者有重大错误的，村务监督委员会应当提出改正意见。经指出后不改正的，村务监督委员会可以建议召开村民会议或者村民代表会议，村民委员会应当自收到建议之日起十五日内召集村民会议或者村民代表会议就有关事项进行审议。村民委员会逾期不召集村民会议或者村民代表会议的，由村务监督委员会召集村民会议或者村民代表会议审议有关事项，并报乡、镇人民政府备案。

第二十七条 村民委员会应当自觉接受村民的监督，支持村务监督委员会依法履行职责，对村民和村务监督委员会提出的意见、建议，应当及时作出答复。

第二十八条 村民委员会及其成员有下列行为之一的，村民和村务监督委员会有权向乡、镇人民政府或者区人民政府及其有关部门反映：

（一）不及时公布应当公布的事项或者公布的事项不真实的；

（二）无正当理由不执行村民会议或者村民代表会议的决定的；

（三）对应当由村民会议或者村民代表会议决定的事项擅自作出决定或者处理的；

（四）对村民、村务监督委员会成员打击报复的。

乡、镇人民政府或者区人民政府及其有关部门对村民和村务监督委员会反映的前款所列行为，应当负责调查核实。查证属实的，应当责令公布或者改正；发现违法行为的，应当依法追究有关人员的责任。

第二十九条　村民委员会成员以及由村民委员会承担工作报酬的聘用人员，应当接受村民会议或者村民代表会议对其履行职责情况的民主评议。民主评议每年至少进行一次，由村务监督委员会主持，民主评议结果应当及时向村民公布。

民主评议结果与评议对象的使用和工作报酬等直接挂钩。村民委员会成员连续两次被评议为不称职的，其职务自行终止；由村民委员会承担工作报酬的聘用人员连续两次被评议为不称职的，由村民委员会依法予以解聘。

第三十条　村民委员会和村务监督委员会应当建立村务档案，依法按照归档范围进行收集、整理、立卷、管理。村务档案应当真实、准确、完整、规范，并有专人负责。

第三十一条　村民委员会成员实行任期和离任经济责任审计，审计包括下列事项：

（一）本村财务收支情况；

（二）本村债权债务情况；

（三）政府拨付和接受社会捐赠的资金、物资管理使用情况；

（四）本村建设项目的发包管理以及公益事业建设项目招标投标情况；

（五）本村资金管理使用以及本村资源的承包、租赁、担保、出让情况，征地补偿费的使用、分配情况；

（六）法律、法规规定或者本村五分之一以上年满十八周岁的村民要求审计的其他事项。

村民委员会成员的任期和离任经济责任审计，由区人民政府农业、财政部门或者乡、镇人民政府负责组织，可以委托社会审计机构进行。审计结果应当公布，其中离任经济责任审计结果应当在下一届村民委员会选举之前公布。

第五章　农村社区建设

第三十二条　村民委员会协助乡、镇人民政府加强农村基础设施、基本公共服务设施、服务管理信息化平台建设，引导社会各方参与农村社区建设，建立村民自我服务与政府公共服务、社会公益服务相结合的农村社区服务体系。

第三十三条　村民委员会应当围绕本村的公共事务和公益事业等事项，组织村民、村集体经济组织、驻村企业事业单位、群众团体、社会组织、非本村户籍居民和其他利益相关方，邀请相关政府部门，开展形式多样的农村社区民主协商。

第三十四条　村民委员会应当加强农村文化设施建设，传承乡贤文化，弘扬公序良俗，保护非物质文化遗产，培育发展群众文化，丰富农村文化生活。

第三十五条　村民委员会应当加强农村人居环境建设，倡导和培育节约意识、环保意识和生态意识，发动村民和驻村企业事业单位等开展公共空间、公共设施、公共绿化的管理维护行动，推动村民形成爱护环境、节约资源的生活习惯、生产方式和良好风气。

第三十六条　村民委员会纳入乡、镇网格化综合管理体系，加强与乡、镇网格化管理的协同联动，协助乡、镇人民政府对影响农村秩序和妨碍公共管理、公共安全的违法行为实施综合治理。

第三十七条　村民委员会应当协助有关部门推进农村公共法律服务体系建设，加强农村社区法治宣传教育。引导村民自觉尊法、学法、守法、用法，依法反映诉求和解决矛盾纠纷。

区人民政府应当加强民主法治示范村建设，推进建立村民委员会法律顾问制度。

第六章　村民自治的保障

第三十八条　本市建立村级自我积累与公共财政补助相结合的村级组织基本运转经费保障制度，保障村民委员会承担的人员工作报酬、村办公经费、基本公共服务和管理经费。村集体经济收入保障村级组织基本运转经费的不足部分，由区和乡、镇财政予以保障，并由区人民政府建立保障标准动态调整机制。

第三十九条　本市各级人民政府对村民委员会协助政府开展公共服务、公共管理、公共安全等工作，应当提供必要的工作条件和经费支持，给予工作指导；政府有关部门委托村民委员会开展工作所需经费由委托部门承担。

第四十条　市和区民政部门以及乡、镇人民政府应当加强对村民委员会成员、村务监督委员会成员、村民小组组长、村民代表的教育培训，提高其履职能力。

乡、镇人民政府应当根据本地区经济社会发展水平和农村人均可支配收入情况，结合工作岗位、工作绩效等，提出村民委员会成员工作报酬方案的指导意见。

第四十一条　市人民代表大会常务委员会、区人民代表大会及其常务委员会和乡、镇人民代表大会在本行政区域内保证《中华人民共和国村民委员会组织法》和本办法的实施，保障村民依法行使自治权利。

第四十二条　市和区民政、农业等部门，应当在同级人民政府的领导下做好《中华人民共和国村民委员会组织法》和本办法实施的有关工作。

第四十三条　村民委员会及其成员违反本办法规定，经村务监督委员会指出后拒不改正或者村务监督委员会无法发挥监督作用的，由乡、镇人民政府责令改正，通报批评；构成犯罪的，依法追究刑事责任。村民委员会成员被判处刑罚的，其职务自行终止。

第四十四条　政府职能部门及其工作人员违反本办法规定，由本级人民政府或者上级主管部门予以批评教育，责令改正；情节较重的，依法予以处分；构成犯罪的，依法追究刑事责任。

第七章　附则

第四十五条　本办法有关乡、镇人民政府职责的规定，适用于辖区内设村的街道办事处。

第四十六条　本办法自 2017 年 5 月 1 日起施行。

17.　上海市居民委员会工作条例

（2017 年 4 月 20 日上海市第十四届人民代表大会常务委员会第三十七次会议通过　根据 2020 年 5 月 14 日上海市第十五届人民代表大会常务委员会第二十一次会议《关于修改本市部分地方性法规的决定》修正）

第一条　为了加强居民委员会建设，服务居民群众，提高居民自治能力和自治水平，促进社区和谐，根据《中华人民共和国城市居民委员会组织法》和有关法律、行政法规的规定，结合本市实际，制定本条例。

第二条　本市行政区域内居民委员会组织运行、履行自治职能、协助相关工作及保障机制等，适用本条例。

第三条　居民委员会是居民自我管理、自我教育、自我服务、自我监督的基层群众性自治组织，依法组织居民开展自治活动，依法协助政府及其派出机关开展工作。

第四条　居民委员会工作应当坚持党的领导、政府指导、依法自治、社会参与，服务居民群众，形成居民区治理合力。

第五条　中国共产党在居民区的基层组织，按照中国共产党章程进行工作，发挥领导核心作用，领导和支持居民委员会行使职权；依照宪法和法律，支持和保障居民开展自治活动，建立健全居民区治理体系。

第六条　市和区人民政府对居民委员会的工作给予指导，其职能部门应当对居民委员会的工作给予支持和帮助。

街道办事处、乡镇人民政府应当对居民委员会的组织建设、制度建设、队伍建设、设施建设等给予具体指导、支持和帮助。

第七条　国家机关、社会组织、企业事业单位应当支持所在地的居民委员会的工作，通过多种形式共同参与居民区建设和治理。

第八条　鼓励居民委员会根据本居民区实际和居民需求，创新服务形式，拓展自治内容，不断提高居民自治能力和水平。

第九条　居民委员会根据居民居住状况、人口规模、公共服务资源配置等因素，按照便于居民自治和服务、管理的原则设置。

居民委员会的设置、撤销、规模调整，由街道办事处或者乡镇人民政府提出，报区人民政府批准。

第十条　居民委员会成员包括主任、副主任和委员，由本居民区有选举权的居民依法选举产生。

居民委员会成员应当遵守宪法、法律、法规和国家的政策，办事公道，廉洁奉公，热心为居民服务，接受居民监督。

居民委员会根据人民调解、综合治理、公共卫生与计划生育、社会保障、文化体育、环境和物业管理等工作需要设立若干委员会，依法开展自治活动，依法协助政府及其派出机关做好有关工作。

居民委员会可以分设若干居民小组，开展楼组、弄堂等组织形式的居民自治活动。

第十一条　居民委员会对居民会议负责并报告工作。

居民会议由全体十八周岁以上的居民或者每户派代表参加，也可以由每个居民小组选举代表二至三人参加。居民会议每年至少召开一次。召集居民会议，应当提前通知居民，并公布会议议题和议程。

居民会议由居民委员会依法召集和主持，讨论决定下列事项：

（一）制定居民自治章程和居民公约；

（二）审议居民委员会年度工作计划和报告；

（三）评议居民委员会及其成员的工作；

（四）涉及全体居民利益的其他重要事项。

居民会议有权依法撤换和补选居民委员会成员，撤销或者变更居民委员会不适当的决定。

居民委员会及其成员、居民应当遵守居民会议作出的决议。

第十二条　居民委员会以服务居民为宗旨，承担下列主要任务：

（一）组织居民制定并遵守自治章程和居民公约，召集居民会议，执行居民会议决定，开展自我管理、自我教育、自我服务、自我监督；

（二）调解民间纠纷；

（三）指导和监督业主委员会开展工作，维护居民和业主的合法权益；

（四）支持和引导居民区内的社会组织、企业事业单位、志愿者等社会力量参与居民区治理，开展社区协商；

（五）依法协助政府及其派出机关做好与居民利益相关的公共服务、公共管理、公共安全等工作；

（六）组织居民对街道办事处、乡镇人民政府和区人民政府职能部门派出机构及居民区相关公共服务单位进行工作评价；

（七）向街道办事处、乡镇人民政府反映居民的意见、要求和提出建议；

（八）法律、法规规定的其他任务。

突发事件发生时，居民委员会应当按照所在地人民政府的决定和要求，组织、动员居民，开展自救和互救，配合人民政府及其派出机关开展突发事件应对工作。

第十三条　居民委员会应当根据本居民区实际，组织居民制定居民自治章程和居民公约，经居民会议讨论通过后实施。居民自治章程和居民公约应当报街道办事处或者乡镇人民政府备案。

居民自治章程对居民委员会组织建设、居民自治制度和行为规范、监督评议等基本自治事项作出规定。居民公约对本居民区的自我管理、自我教育、自我服务、自我监督的具体事项进行规范。

居民自治章程和居民公约的内容，不得与宪法、法律、法规和国家的政策相抵触。

居民委员会及其成员、居民应当遵守居民自治章程和居民公约。

第十四条　居民委员会应当宣传宪法、法律、法规和国家的政策，开展多种形式的社会主义精神文明建设活动，弘扬社会主义核心价值观，教育居民遵守公序良俗、居民自治章程和居民公约、履行依法应尽的义务，促进社区和谐。

第十五条　居民委员会应当开展便民利民的社区服务活动，推动居民互助服务和志愿服务活动。

第十六条　居民委员会应当通过听证会、协调会、评议会等形式，对涉及居民切身利益的居民区公共事务，听取居民的意见和建议，组织、引导居民有序参与自治事务。

居民委员会应当建立健全自治议题和自治项目形成机制，广泛征集自治议题和自治项目，充分反映居民或者居民小组、群众活动团队的意见和建议。

第十七条　居民委员会应当及时、真实公布下列事项，接受居民查询和监督：

（一）居民会议讨论决定的事项及其实施情况；

（二）听证会、协调会、评议会的有关情况；

（三）社区协商成果的落实情况；

（四）居民委员会工作经费使用情况；

（五）政府拨付和接受社会捐赠的救灾救助、补贴补助等资金、物资的管理使用情况；

（六）涉及全体居民利益、居民普遍关心的其他事项。

居民委员会应当在便于居民阅览的地点设置固定的居务公开栏，并可以采取会议、社区信息平台等居务公开形式。

第十八条　街道办事处、乡镇人民政府应当建立健全居民委员会工作评价机制，提高居民评价的权重，以居民知晓度、参与度、满意度为重点，评价居民委员会及其成员的工作。

居民委员会及其成员应当接受居民会议对其履职情况的民主评议，听取居民意见，每年不得少于一次。

第十九条　居民委员会依法设立的人民调解委员会以法律、法规、国家的政策和社会公德规范为依据，通过说服、疏导等方法，在自愿、平等的基础上，及时化解与居民有关的矛盾、纠纷，促进居民区的和谐、稳定。

第二十条　居民委员会应当协助街道办事处或者乡镇人民政府、房屋行政管理部门做好业主委员会组建和换届选举的组织工作，指导业主委员会建立健全日常运作的工作制度。

因客观原因未能选举产生业主委员会的，居民委员会应当在街道办事处或者乡镇人民政府的指导和监督下，组织业主讨论决策住宅小区公共管理事务，经业主大会委托也可以暂时代行业主委员会的相关职责。房屋行政管理部门应当加强对居民委员会代行业主委员会相关职责的业务指导和服务工作。

居民委员会应当加强对业主委员会的指导和监督，引导其以自治方式规范运作。对涉及大多数居民利益的物业管理事项，居民委员会有权督促业主委员会依法召开业主大会，广泛征求业主意见并形成决议。

业主委员会应当配合居民委员会依法履行自治管理职能，支持居民委员会开展工作，接受其指导和监督；业主委员会作出的决定，应当告知相关的居民委员会。

符合条件的居民委员会成员可以经合法程序担任业主委员会成员。

第二十一条　居民委员会应当指导和监督业主委员会督促物业服务企业履行物业服务合同；对物业服务企业不履行物业服务合同或者物业管理方面存在的问题，可以报告街道办事处或者乡镇人民政府、房屋行政管理部门。街道办事处或者乡镇人民政府、房屋行政管理部门接到报告后，应当及时依法调查处理。

在尚未选聘物业服务企业且未组建业主委员会的住宅小区，居民委员会应当组织居民做好公共区域的物业管理工作。

居民委员会可以依法调解业主、业主委员会、物业服务企业之间的物业管理纠纷。

第二十二条　居民委员会应当支持和引导居民区生活服务、公益慈善、文体活动、纠纷调解等社会组织和群众活动团队、志愿者参与居民区服务和管理，动员居民区内的企业事业单位向居民开放资源、履行社会责任，共同参与居民区建设和治理。

第二十三条　居民委员会可以采取居民区联席会议等形式，组织居民代表、业主委员会、物业服务企业、社区民警、志愿者以及居民区内企业事业单位、社会组织、群众活动团队等的代表，就社区公共事务开展民主协商，并可以根据需要邀请街道办事处、乡镇人民政府或者区人民政府相关职能部门参加。

对协商确定需要居民委员会落实的事项，居民委员会应当及时组织实施，并将落实情况在规定期限内向居民公开，接受监督。受政府或者有关部门委托的协商事项，协商结果应当及时向政府或者有关部门报告；政府和有关部门无正当理由的，应当采纳协商结果，并以适当方式反馈。

第二十四条　居民委员会应当依法协助政府及其派出机关做好与居民利益相关的社会保障、劳动就业、社会救助、优待抚恤、公共卫生、计划生育、社区教育、文化体育、消费维权和老年人、残疾人、妇女、未成年人权益保障等公共服务工作。

第二十五条　居民委员会应当依法协助政府及其派出机关做好人口管理、住宅小区综合治理、社区矫正等公共管理工作。

居民委员会应当组织其成员、居民、志愿者等协助做好城市网格化综合管理工作，对在本居民区内发现的城市管理、市场监管、社区安全等问题及时予以劝阻，并报街道或者乡镇的城市网格化综合管理平台，支持、协助城市管理行政执法、市场监管、公安等执法和管理机构依法予以处置。

第二十六条　居民委员会应当组织居民参与社会治安综合治理，开展群防群治，协助政府及其派出机关做好居民区的消防安全、生产安全、食品药品安全、减灾救灾等公共安全领域的安全宣传等工作，对发现的安全隐患应当及时报告。

第二十七条　市和区人民政府应当建立居民委员会协助行政事项的准入管理机制，制定居民委员会依法协助行政事项清单；对清单以外的协助行政事项，居民委员会有权拒绝办理。市和区人民政府职能部门不得将职责范围内的事项转交给居民委员会承担或者直接给居民委员会安排工作任务。

对居民委员会依法协助的行政事项，有关政府职能部门应当为居民委员会提供必要的经费、工作条件和信息支持，并进行业务指导。

第二十八条　市和区人民政府应当建立居民委员会出具证明事项的准入管

理机制，制定居民委员会出具证明事项范围清单，将法律、法规明确规定以及经审核批准的政府职能部门、企业事业单位、社会组织需要居民委员会出具的证明事项，纳入清单范围。

对清单以内的事项，居民委员会应当依法出具证明；对清单以外的事项，居民委员会有权拒绝出具证明。

第二十九条　对街道办事处、乡镇人民政府、区人民政府职能部门派出机构及其相关工作人员工作情况的考核，应当听取居民委员会的意见。居民委员会可以组织居民进行评议，评议意见应当作为考核的重要依据。

居民委员会可以组织居民对供水、供电、供气、环境卫生、园林绿化等公共服务单位的服务情况进行评议，并将评议意见反馈给相关行政主管部门，作为其对相关单位进行管理或者考核的依据。

第三十条　居民委员会应当通过多种形式收集居民的意见和建议，对居民反映的问题及时协调处理；无法协调处理的，应当及时向街道办事处、乡镇人民政府或者相关政府职能部门报告。

第三十一条　居民委员会成员应当认真学习法律、法规和国家的政策，学习社会工作知识，掌握做好群众工作的方法，不断提高服务居民和依法办事的能力。

市和区民政部门、街道办事处、乡镇人民政府应当根据居民区治理实际，通过加强分类指导、总结推广经验、开展专业培训等方式，帮助居民委员会及其成员提高组织和引导居民自治的能力。

第三十二条　居民委员会应当建立健全接待、联系、服务居民的工作制度，根据实际需要，通过错时上下班、节假日轮休等方式，保障工作运转，方便群众办事。

第三十三条　居民委员会的办公经费、社区服务经费和自治项目经费以及办公用房、居民区公共服务设施，由区或者乡镇人民政府按照国家和本市有关规定予以保障。

市财政、民政等部门应当按照规范管理、勤俭节约、高效便捷、公开透明的原则，制定和完善居民委员会经费使用、管理规定，方便居民委员会开展工作。

第三十四条　对符合条件的居民委员会成员，可以按照本市有关规定聘任为社区工作者，享受相应的待遇保障。

街道办事处、乡镇人民政府可以根据居民区服务和管理需要，安排一定数量的社区工作者协助居民委员会开展工作。

第三十五条　街道办事处、乡镇人民政府应当通过政府购买服务等方式，鼓励和支持居民区引入专业社会组织，在居民委员会的组织安排和监督下，提供法律援助、文化体育、社会工作等专业服务，满足居民多样化需求。

第三十六条　市和区人民政府应当建立和完善居民区综合管理和服务信息平台，收集、整合居民区基础数据，实现信息资源共享，为提高居民区服务和管理效率提供支撑。

鼓励居民委员会运用信息化方式，拓展自治渠道和平台。

公安、房屋管理、规划资源、民政、人力资源社会保障等部门应当依法向居民委员会提供人口、房屋等基础信息和有关政务服务信息，支持居民委员会开展工作。

第三十七条　居民委员会未按照本条例规定履行义务的，由居民会议予以纠正；必要时，由街道办事处或者乡镇人民政府责令改正。

第三十八条　市和区人民政府职能部门违反本条例规定，将职责范围内的事项转交给居民委员会承担或者直接给居民委员会安排工作任务的，由本级人民政府予以纠正、通报批评；情节较重的，对负有直接责任的主管人员和其他直接责任人员给予警告或者记过处分。

第三十九条　本条例自 2017 年 7 月 1 日起施行。

18.　上海市教育督导条例

（2015 年 2 月 11 日上海市第十四届人民代表大会常务委员会第十九次会议通过　根据 2020 年 5 月 14 日上海市第十五届人民代表大会常务委员会第二十一次会议《关于修改本市部分地方性法规的决定》修正）

第一章　总则

第一条　为了保证教育法律、法规和国家教育方针、政策的贯彻执行，实施素质教育，提高教育质量，促进教育公平，推动教育事业科学发展，推进教育治理体系和治理能力建设，根据国务院《教育督导条例》，结合本市实际，制定本条例。

第二条　对本市行政区域内的各级各类教育实施教育督导，适用本条例。

第三条　市和区教育督导委员会负责统筹、协调、指导本行政区域内的教育督导工作，审议教育督导工作的重大事项，聘任督学，协调解决教育督导工作中发现的重大问题。市和区人民政府教育督导室是同级教育督导委员会的办事机构，承担教育督导委员会的日常工作，负责教育督导的具体实施。

市和区教育督导委员会及其教育督导室（以下统称教育督导机构）在本级人民政府领导下依法独立行使教育督导职能。市教育督导机构应当对区教育督导机构进行业务指导。

第四条　教育督导机构对人民政府相关职能部门和下级人民政府依法履行教育职责，各级各类学校和其他教育机构（以下统称学校）规范办学实施监督、指导，并对教育发展状况和教育质量组织开展评估、监测。

第五条　市和区人民政府应当加强对教育督导工作的领导，将教育督导经费列入本级政府财政预算，并根据本行政区域教育规模和教育督导工作需要，对开展教育督导工作的人员配备和工作条件予以保障。

第六条　本市实行市与区分级督导、分工负责的教育督导体制。

鼓励和支持学生及其家长、社会组织、社会公众有序参与教育督导。

第二章 督学的管理

第七条 符合国家规定条件的人员，经考核合格后可以被任命或者聘任为督学。

市教育督导机构负责制定本市督学考核的标准和规范，并通过政府网站等方式向社会公布。

第八条 市和区人民政府应当加强教育督导队伍建设，根据教育督导工作的性质与需要，配备专职督学。专职督学由市和区人民政府任命。具有专业技术职务的专职督学，按照相应专业技术职务管理办法晋升，具体办法由市教育督导机构会同市人力资源社会保障部门制定。

兼职督学由教育督导机构聘任，任期为三年，可以连续聘任，连续聘任不得超过三个任期。

第九条 教育督导机构应当定期对督学开展相关法律、法规、规章以及教育管理、教育质量评估和监测等方面的专业培训，并采取措施支持督学开展教育督导科学研究与交流，提高督学专业能力。

第十条 督学受教育督导机构的指派实施教育督导。

督学开展教育督导，应当遵守国家和本市相关规定，客观公正地反映实际情况，不得隐瞒或者虚构事实。

督学与被督导单位有利害关系或者有其他可能影响客观公正实施教育督导情形的，应当回避。

教育督导机构负责对本级督学的履职情况进行考评。考评不合格的，按照相关规定处理。

第三章 教育督导的实施

第十一条 教育督导机构对人民政府相关职能部门和下级人民政府实施的教育督导，包括下列事项：

（一）教育相关规划的部署与落实、各级各类教育协调发展情况；

（二）教育经费的投入、管理与使用情况；

（三）学校办学条件的保障与改善情况；

（四）义务教育均衡发展与教育城乡一体化的落实情况；

（五）校长队伍建设、教师配备及待遇保障情况；

（六）学校开展突发事件应对的落实情况；

（七）法律、法规和国家教育政策规定的其他事项。

第十二条　教育督导机构对学校实施的教育督导，包括下列事项：

（一）依法自主办学与民主管理情况；

（二）素质教育、课程建设与教育教学日常管理情况；

（三）教师队伍建设与专业发展情况；

（四）学生德、智、体、美等方面全面发展情况；

（五）学校与家庭、社会合作与资源共享情况；

（六）学校开展突发事件应对的落实情况；

（七）法律、法规和国家教育政策规定的其他事项。

教育督导应当结合学校特点分类实施，具体办法由市教育督导机构制定。

第十三条　实施教育督导可以采取全面、系统的综合督导，单项或者局部的专项督导和对教育督导责任区内学校教育实施的经常性督导等形式。

第十四条　区教育督导机构根据本行政区域内的学校布局和在校学生规模等情况设立教育督导责任区，并为责任区内每所学校指派不少于两名的责任督学。责任督学的姓名、联系方式和督导事项应当通过政府网站等方式向社会公布。学生及其家长、教师和社会公众对学校规范办学情况的意见和建议，可以直接向责任督学反映。

第十五条　教育督导机构对政府相关职能部门和下级人民政府应当每五年至少实施一次综合督导或者专项督导。

教育督导机构对所辖学校应当每三至五年至少实施一次综合督导，并根据需要就教育普遍性问题和教育重点工作等开展专项督导。

对责任区内学校实施的经常性督导每学期不得少于两次。

对于办学不规范、受学生及其家长和社会公众举报并查证属实的学校，教育督导机构应当增加对其实施专项督导或者经常性督导的次数。

第十六条　实施教育督导可以采取以下方式：

（一）听取被督导单位的情况汇报；

（二）查阅有关文件、账目、档案等资料；

（三）参加教育教学活动或者进行其他现场考察；

（四）参加有关工作会议或者组织召开座谈会；

（五）开展问卷调查、测评、个别访谈；

（六）实施教育督导时可以采取的其他方式。

第十七条　教育督导机构对人民政府相关职能部门和下级人民政府实施综合督导，应当听取有关社会公众和相关行业协会等社会组织的意见；对学校实施综合督导，应当听取学生及其家长、教师、社区单位等方面代表的意见。参与人员应当通过随机方式产生，不得指定。

第十八条　教育督导机构实施专项督导或者综合督导，应当事先确定督导事项，成立由三名以上督学组成的督导小组，并事先向被督导单位发出书面督导通知。教育督导机构要求被督导单位组织自评的，被督导单位应当在通知规定期限内报送自评报告。

责任督学实施经常性督导可以不事先通知学校；确需通知的，不应早于两个工作日。

第十九条　区人民政府应当对本行政区域的教育工作进行自评，并形成自评报告报送市教育督导机构。

自评报告应当包含政府依法履行教育职责、教育财政经费使用、教师队伍保障、学生发展水平、硬件设施达标、教育资源变更以及本地区居民对政府依法履行教育职责的评价等内容。

市教育督导机构对各区人民政府的自评情况进行核查后，通过政府网站等方式向社会公布。

第二十条　经常性督导结束后，责任督学应当及时向指派其实施督导的教育督导机构提交工作报告；责任督学在教育督导中发现违法违规办学、侵犯师生合法权益、影响正常教育教学秩序或者危及师生人身安全隐患等情况，应当及时督促学校和相关部门处理。

第二十一条　督导小组应当对被督导单位的自评报告、现场考察情况和社会公众的意见进行评议，形成初步督导意见，并在督导结束时向被督导单位反馈。

被督导单位对初步督导意见有异议的，可以自教育督导结束之日起十个工作日内向督导小组提交书面申辩意见。

教育督导机构应当根据督导小组的初步督导意见，综合分析被督导单位的申辩意见，经督导小组集体评议并征得三分之二以上成员的同意，自督导结束之日起三十日内作出督导意见书。

督导意见书应当说明事实、理由和法律法规依据，就督导事项对被督导单位作出客观公正的评价；对存在的问题，应当提出限期整改要求和建议。

第二十二条　教育督导机构作出的督导意见书，除送达被督导单位外，还应当通过政府网站等方式向社会公布。

第二十三条　被督导单位应当根据督导意见书提出的问题、整改要求和期限进行整改，并在规定时限内向作出督导意见书的教育督导机构报告整改情况。

教育督导机构应当对被督导单位的整改情况进行核查。

第四章　督导报告与评估监测

第二十四条　专项督导或者综合督导结束后，教育督导机构应当向本级人民政府提交督导报告；区的教育督导报告还应当报市教育督导机构备案。教育督导机构应当向本级人民政府提交年度教育督导工作报告。

督导报告应当通过政府网站等方式向社会公布。学生及其家长、社会组织、社会公众对督导报告有异议的，可以向发布督导报告的教育督导机构反映。教育督导机构接到反映后，应当及时进行调查核实，并将处理情况反馈给反映人。

第二十五条　市和区人民政府及其有关主管部门应当将督导报告作为对被督导单位及其主要负责人进行考核、奖惩、任免的重要依据。

第二十六条　教育督导机构应当根据教育的发展现状和实际需要，组织开展教育质量评估和监测工作，并组织专业机构发布教育质量评估报告、监测结果。

第二十七条　教育督导机构可以委托依法成立的研究机构、评估机构及其他组织，开展相关教育质量评估和监测活动。

教育督导机构应当将社会组织提供的评估报告、监测结果作为实施教育督导的重要参考。

第五章　法律责任

第二十八条　违反本条例的行为，法律、行政法规有处理规定的，依照法律、行政法规的规定处理。

第二十九条　教育督导机构违反本条例第十五条、第十七条、第二十一条、第二十二条、第二十三条、第二十四条规定，有下列情形之一的，对直接负责的主管人员和其他责任人员给予批评教育；情节严重的，依法给予处分：

（一）未按照规定周期实施教育督导的；

（二）未按照规定吸收社会公众参与督导，影响督导公正的；

（三）未按照规定作出或者公布督导意见书的；

（四）未对被督导单位的整改情况进行核查的；

（五）未按照规定提交或者公布督导报告的。

第六章　附则

第三十条　本条例自 2015 年 5 月 1 日起施行。

19. 上海市中华鲟保护管理条例

（2020 年 5 月 14 日上海市第十五届人民代表大会常务委员会
第二十一次会议通过）

第一章　总则

第一条　为了加强中华鲟保护管理，维护长江生物多样性和生态平衡，坚持长江经济带共抓大保护，推进生态文明建设，根据《中华人民共和国野生动物保护法》《中华人民共和国渔业法》《中华人民共和国环境保护法》《中华人民共和国水生野生动物保护实施条例》等法律、行政法规，结合本市实际，制定本条例。

第二条　本市行政区域内中华鲟保护管理以及相关活动，适用本条例。

第三条　本市实行政府统一领导、部门分工负责、全社会共同参与的中华鲟保护管理体制，以保护中华鲟为宗旨，坚持生态优先、统筹协调、严格监管、社会共治的原则。

第四条　市和相关区人民政府应当将中华鲟保护管理纳入国民经济和社会发展规划，采取积极措施加强中华鲟保护管理，并将中华鲟保护管理经费纳入同级财政预算。

市渔业行政主管部门负责本市中华鲟保护管理工作，组织或者协调开展相关行政执法、资源调查、环境监测与评估、生态修复、收容救护、科学研究、科普宣传等工作。

规划资源、住房建设、生态环境、水务（海洋）、交通、绿化市容（林业）、市场监管、公安、应急、海事等部门按照各自职责，共同做好本市中华鲟保护管理相关工作。

第五条　本市加强中华鲟保护的宣传教育和科学知识普及工作。相关行政主管部门以及新闻媒体、学校、社区等应当开展中华鲟保护法律法规和科学知识的宣传教育，提高全社会中华鲟保护意识。

鼓励自然人、法人和非法人组织通过捐赠、资助、志愿服务等方式参与中华鲟保护活动，支持中华鲟保护公益事业。

第六条 对于污染、破坏中华鲟生存的生态环境的行为，法律规定的有关组织向人民法院提起公益诉讼的，市渔业行政主管部门依法给予支持。

第七条 对在中华鲟救助、收容等保护活动中成绩显著的单位和个人，市渔业行政主管部门应当依法给予奖励。

第八条 本市中华鲟保护管理经费主要来源于以下渠道：

（一）财政预算和专项拨款；

（二）自然人、法人和非法人组织提供的捐赠、资助；

（三）法律法规规定的其他筹集渠道。

上述经费应当专款专用，不得用于与中华鲟保护管理无关的事项。

第二章 保护措施

第九条 市渔业行政主管部门应当开展中华鲟生长、洄游、种群分布、数量、结构等方面的资源调查，评估资源状况，建立资源调查档案，为科学保护提供依据。

第十条 市渔业行政主管部门应当会同相关部门开展中华鲟资源现状、生存环境特征、种群特性、种群动态等方面的研究工作，提高物种保护、生态保护与修复等方面的科学技术水平。

第十一条 市渔业行政主管部门应当组织或者协调开展中华鲟人工繁育工作，制定中华鲟人工繁育工作规范，建设人工繁育基地，留存中华鲟繁殖群体和活体基因，增加人工繁育资源和遗传多样性。

第十二条 市渔业行政主管部门应当按照国家有关规定开展中华鲟增殖放流工作，并可以采取标志放流、跟踪监测等措施进行增殖放流效果评估。

市渔业行政主管部门应当制定中华鲟增殖放流活动管理规定，规范增殖放流活动。

第十三条 禁止非法出售、收购、运输、利用中华鲟及其制品。

禁止生产、出售、收购、运输、食用中华鲟及其制品制作的食品。

禁止为非法出售、收购、运输、利用中华鲟及其制品提供交易服务。

禁止为非法出售、收购、运输、利用中华鲟及其制品或者为禁止使用的猎捕工具发布广告。

禁止利用中华鲟及其制品的名义进行营销宣传。

因科学研究、人工繁育、展示等特殊情况需要出售、收购、运输、利用中华鲟或者其制品的，应当按照国家有关规定获得批准。

第十四条　禁止捕捉、杀害中华鲟。因科学研究等特殊情况必须捕捉中华鲟的，应当按照国家有关规定取得特许捕捉证。

取得特许捕捉证的，应当按照特许捕捉证规定的数量、地点、期限、工具和方法进行捕捉。捕捉作业完成后，应当及时向捕捉地的区渔业行政主管部门申请查验。

市和相关区渔业行政主管部门对捕捉中华鲟的活动应当进行监督检查，并及时报告监督检查结果。

第十五条　任何单位和个人误捕中华鲟的，应当立即无条件放生。

任何单位和个人发现受伤、搁浅、受困中华鲟的，应当及时报告渔业行政主管部门，由其采取紧急收容救护措施；也可以要求附近具备救护条件的单位采取紧急救护措施，并报告渔业行政主管部门。已经死亡的中华鲟，由渔业行政主管部门妥善处理。

因保护中华鲟受到损失的，可以向渔业行政主管部门申请补偿；经调查属实并确实需要补偿的，由渔业行政主管部门按照有关规定给予适当补偿。

第十六条　市渔业行政主管部门应当建立健全中华鲟收容救护体系，对执法机关罚没的中华鲟，以及野外发现的误捕、受伤、搁浅、受困的中华鲟开展收容救护工作。

市渔业行政主管部门可以指定具备救护条件的单位作为固定收容救护单位。收容救护单位应当对接收的中华鲟进行检查、检疫、治疗、安置、暂养等。

第十七条　市和相关区渔业行政主管部门应当组织社会各方面力量，采取人工鱼礁、水生动植物底播等生态修复措施，维护水域生态环境，预防和控制外来水生动植物入侵，改善中华鲟的栖息环境。

第十八条　市和相关区渔业行政主管部门应当会同相关部门开展中华鲟生存环境水文、水质、底质、地形地貌、底栖生物等环境监测，建立相应的监测网络和数据共享机制，并对其生存环境状况进行评估。

第十九条　实施开发利用活动或者工程建设项目可能对中华鲟产生影响的，应当按照国家有关规定编制专题论证报告，并将其纳入环境影响报告书（表）。建设单位应当按照环境影响报告书（表）落实环保措施，控制环境影响。

建设项目的环境影响报告书（表）未依法经审批部门审查或者未予批准的，建设单位不得开工建设。

第二十条　经批准的开发利用活动或者工程建设项目对中华鲟产生不利影响的，应当制定并落实生态修复方案和措施，使用生态环保材料，并向市渔业行政主管部门备案。

第二十一条　市渔业行政主管部门应当加强中华鲟保护管理工作所需设施设备的建设和维护，并配备相应的专业人员，提升保护管理能力。

第三章　监督管理

第二十二条　市渔业行政主管部门应当建立与生态环境、绿化市容（林业）等相关行政管理部门的协调机制，依托"一网统管"等方式协作开展信息共享、联合执法、突发事件应对等工作，共同做好中华鲟保护管理。

市渔业行政主管部门应当加强与司法机关的工作衔接，依法及时打击危害中华鲟保护的违法犯罪行为。

第二十三条　市渔业行政主管部门应当与生态环境、水务（海洋）等部门加强沟通和协作，在编制涉及中华鲟的水域环境污染、生态破坏事故及自然灾害等应急预案时，制定对中华鲟保护的应急管理措施，明确相关部门的工作职责。

第二十四条　对造成或者可能造成中华鲟生存环境污染、破坏的行为，有关单位和个人应当立即采取控制污染、停止作业等相应措施，并及时向相关行政主管部门报告。市渔业行政主管部门与生态环境、水务（海洋）等部门应当按照各自职责及时调查处理。

第二十五条　市渔业行政主管部门应当每年制定中华鲟保护管理检查计划，可以会同市自然保护区行政管理部门按照职责开展检查和指导。

市渔业行政主管部门开展现场检查时，可以向相关单位和个人询问、调查有关情况，查阅、复制有关资料。被检查的单位和个人应当予以配合。

第二十六条　可能造成危害中华鲟的严重事故，有关单位未及时消除隐患的，市渔业行政主管部门可以约谈责任单位主要负责人，要求其采取有效措施消除隐患。

第二十七条　市渔业行政主管部门应当按照国家有关规定建立健全评价机制，分析、评价中华鲟保护管理效果，提出改进措施。

第二十八条　任何单位或者个人发现危害中华鲟的违法行为的，可以向市和相关区渔业行政主管部门投诉举报。

市和相关区渔业行政主管部门对接到的投诉举报，属于本部门职责的，应当及时进行核实、处理、答复；不属于本部门职责的，应当立即通知有权处理的部门，并及时移交相关材料、告知投诉举报人。有权处理的部门应当及时予以处理。

第二十九条　市渔业行政主管部门应当会同有关部门每年向社会发布本市中华鲟保护管理报告，内容包括：

（一）中华鲟资源及分布状况；

（二）中华鲟生存环境状况；

（三）中华鲟人工繁育、增殖放流、收容救护等情况；

（四）中华鲟管理情况；

（五）其他需要报告的情况。

第四章　区域协作

第三十条　市渔业行政主管部门应当与长江流域其他地区相关部门建立中华鲟保护管理区域协作机制，协同推动中华鲟保护管理。

第三十一条　市渔业行政主管部门应当与长江流域其他地区相关部门加强

中华鲟保护管理的执法合作，搭建区域性执法协作平台，推进执法信息交流和证据通报，协同打击非法猎捕、非法经营利用等违反中华鲟保护管理规定的行为。

第三十二条　本市相关行政主管部门应当与长江流域其他地区相关部门协同开展流域性的中华鲟资源调查和生存环境监测，加强科研合作、技术交流和成果共享，推动中华鲟全生命周期联动保护。

第三十三条　市渔业行政主管部门应当与长江流域其他地区相关部门加强中华鲟的收容救护合作，共享收容救护设施设备，互相提供收容救护人员与技术资源，定期开展收容救护技术交流，共同提升收容救护水平。

第三十四条　市渔业行政主管部门应当与长江流域其他地区相关部门加强中华鲟迁地保护合作，建立迁地保护、人工繁育和科普教育基地。

第三十五条　市渔业行政主管部门应当与长江流域其他地区相关部门加强中华鲟遗传多样性保护合作，建立基因档案，加强种质资源交流，提高中华鲟遗传多样性。

第五章　法律责任

第三十六条　有下列情形之一的，由市或者区渔业行政主管部门等相关部门依据《中华人民共和国野生动物保护法》《全国人民代表大会常务委员会关于全面禁止非法野生动物交易、革除滥食野生动物陋习、切实保障人民群众生命健康安全的决定》《中华人民共和国水生野生动物保护实施条例》等法律、行政法规的规定予以处罚，构成犯罪的，依法追究刑事责任：

（一）违反本条例第十三条第一款规定，非法出售、收购、运输、利用中华鲟及其制品的；

（二）违反本条例第十三条第二款规定，生产、出售、收购、运输、食用中华鲟及其制品制作的食品的；

（三）违反本条例第十四条第一款、第二款规定，未取得特许捕捉证或者未按照特许捕捉证规定的数量、地点、期限、工具和方法捕捉中华鲟的。

违反本条例规定的其他行为，法律、行政法规有处罚规定的，从其规定。

第三十七条　任何单位和个人，违反生态环境法律、法规，除依法承担相应的行政责任、刑事责任外，造成中华鲟栖息水域生态环境损害的，还应当依法承担相应的生态环境损害赔偿责任。

第三十八条　行政机关工作人员在从事中华鲟保护管理工作中玩忽职守、滥用职权、徇私舞弊的，依法给予处分；构成犯罪的，依法追究刑事责任。

第六章　附则

第三十九条　江豚、胭脂鱼、松江鲈等国家重点保护的其他珍稀、濒危水生野生动物，按照相关法律、法规的规定实施保护管理。

第四十条　本条例自 2020 年 6 月 6 日起施行。

20. 上海市人民代表大会常务委员会关于
加强检察公益诉讼工作的决定

（2020 年 6 月 18 日上海市第十五届人民代表大会常务委员会
第二十二次会议通过）

为加强检察公益诉讼工作，根据《中华人民共和国民事诉讼法》《中华人民共和国行政诉讼法》等有关法律规定，结合本市实际，作出如下决定：

一、本市检察机关应当充分发挥法律监督职能作用，充分运用诉前检察建议、督促起诉、支持起诉、提起诉讼等方式，依法开展检察公益诉讼工作，维护宪法法律权威，维护社会公平正义，维护国家利益和社会公共利益。

本市各级国家机关、企事业单位、社会组织和个人应当充分认识加强检察公益诉讼工作对于实现国家治理体系和治理能力现代化的重要意义，积极配合检察机关开展公益诉讼工作。

二、检察机关应当依法加强生态环境和资源保护、食品药品安全、国有财产保护、国有土地使用权出让、英雄烈士保护以及法律规定的其他领域的公益诉讼工作。

检察机关遵循积极、稳妥、审慎的原则，可以围绕上海"五个中心"建设和经济社会发展，依法探索开展城市公共安全、金融秩序、知识产权、个人信息安全、历史风貌区和优秀历史建筑保护等领域的公益诉讼工作。

三、民事主体侵害公共利益，检察机关拟提起民事公益诉讼、刑事附带民事公益诉讼的，应当依法履行诉前公告程序。公告期满，法律规定的机关、有关组织不提起诉讼或者无法律规定的机关、有关组织的，检察机关可以提起诉讼。法律规定的机关、有关组织提起诉讼的，检察机关可以支持起诉。

侵权行为人自行纠正违法行为，采取补救措施，或者承诺整改的，检察机关可以就民事责任的承担与侵权行为人进行磋商。经磋商达成协议的，可以向审判机关申请司法确认。经磋商未达成协议的，检察机关应当及时提起民事公益诉讼。

四、行政机关违法行使职权或者不作为，致使公共利益受到侵害的，检察机关应当与行政机关沟通核实，及时提出检察建议，督促其依法履行职责。行政机关应当在法定期限内依法履行职责并书面回复检察机关，提交落实检察建议的相关证据材料。检察机关对逾期不回复的，或者对整改落实情况评估后，认为行政机关仍未依法履行职责的，应当依法提起诉讼。

检察机关可以将检察建议及其整改落实情况报送同级人民代表大会常务委员会，并抄送同级人民政府。检察机关应当提升检察建议的质量和水平，依法、精准监督，发挥检察建议在推进依法行政、严格执法和促进社会治理中的作用。检察机关在公益诉讼工作中发现行政规范性文件存在合法性问题的，可以向有关制定主体提出意见和建议。

五、检察机关办理公益诉讼案件，应当依法行使调查核实权，全面、客观收集证据材料。检察机关调查核实案件事实、调取证据材料，委托公证或者证据保全，以及开展其他必要的调查取证工作，有关单位和个人应当积极配合。对拒不履行协助调查义务或者阻扰检察机关调查核实的，检察机关可以约谈相关人员，依照本决定第七条、第十一条、第十二条、第十八条的规定，建议有关机关或者部门处理。

根据调查核实工作需要，检察机关可以指派司法警察、检察技术人员协助检察官履行调查核实职责，也可以委托、聘请其他专业机构、人员参与调查核实工作。

六、检察机关应当提高公益诉讼专业化、规范化、信息化水平，加强基层检察机关公益诉讼机构专门化建设，配强办案人员和技术调查人员，配齐办案装备，引入专业技术力量，提升公益诉讼办案能力和办案质效。

七、各级人民政府及其有关部门应当积极配合检察机关依法开展调取查阅行政执法卷宗、收集证据材料等调查核实工作。对于检察机关提起的行政公益诉讼案件，被诉行政机关负责人应当出庭应诉。

八、行政机关与检察机关应当建立行政执法与公益诉讼工作衔接机制，推动行政执法与公益诉讼工作在违法线索、监测数据、裁量标准、典型案例等方面的信息互通共享。对于行政执法和审计监督中发现存在公共利益受到侵害可能需要启动检察公益诉讼的，有关机关应当及时将线索移送同级检察机关。

九、审判机关应当加强检察公益诉讼审判专门化、专业化建设，优先组成有专门知识的人民陪审员参加的合议庭审理公益诉讼案件，探索和完善专家辅助人等制度。依法审理检察机关围绕确认违法行为侵害公共利益、防范公共利益受损、推动受损公共利益修复等提出的诉讼请求，依法推进惩罚性赔偿在相关领域公益诉讼的适用。

十、审判机关对不履行生效判决、裁定的案件，应当及时移送执行。

对需要组织生态修复等协助执行事项的，应当及时移送有关部门、机构组织实施或者通知有关行政机关参与相关执行工作。

对于拒不履行相关义务的被执行人、协助执行人，应当依法追究法律责任。

十一、公安机关在办理本决定第二条规定领域的刑事案件时，可以邀请检察机关提前介入；发现公益诉讼案件线索的，应当及时移送检察机关。公安机关在依法搜集刑事犯罪证据时，可以根据检察机关的建议，协助收集、固定犯罪嫌疑人侵害国家利益和社会公共利益的相关证据。

公安机关对于以暴力、威胁、限制人身自由、聚众围攻等方式干扰、阻碍审判机关、检察机关办理公益诉讼案件的违法行为，应当依法及时处理。

十二、公职人员干扰、阻碍检察机关依法调查核实，干扰、阻碍审判机关、检察机关依法办理公益诉讼案件，情节严重的，审判机关、检察机关可以将相关线索移送监察机关依法处理。行政机关无正当理由不落实检察建议，情节严重的，检察机关认为存在需要追究有关人员责任情形的，可以将相关线索移送监察机关。

十三、本市根据检察公益诉讼工作的发展需要，不断完善相关公共法律服务体系，加快生态环境、食品药品安全等领域的司法鉴定和检验机构建设，探索完善检察公益诉讼案件先鉴定、检验后付费工作机制。司法行政部门协调指导公证机构、律师事务所以及专业调解组织为检察公益诉讼工作提供相关服务。

十四、市级财政部门应当加强对检察公益诉讼工作的财政保障，将相关办案经费纳入财政预算。

本市健全公益诉讼赔偿金管理制度，完善赔偿资金的管理和使用，建立鉴定、评估、检测经费保障机制。

十五、承担环境保护、消费者权益保护、特殊群体权益保护等职责的社会组织，应当积极履行公共利益保护职责。检察机关应当为相关社会组织提起公益诉讼提供必要的支持，加强与相关社会组织的信息沟通和案件线索交流，推动形成多元主体共同维护公共利益的工作格局。

鼓励社会公众向检察机关提供公益诉讼相关线索，引导社会公众有序参与检察公益诉讼工作。根据有关规定，对积极参与检察公益诉讼工作并作出贡献的单位和个人予以表彰；对举报有功人员给予奖励，举报奖励的具体办法由检察机关会同财政部门研究制定。

对于国家机关、企事业单位、社会组织和个人移送、提供的公益诉讼案件线索，检察机关应当登记在案，并予以回复。

十六、本市加强对公共利益保护和公益诉讼的宣传，提升全社会的法治意识和公共利益保护意识，提高公益诉讼的社会知晓度和公众参与度。

审判机关、检察机关应当通过及时发布典型案例、以案释法等形式，加大检察公益诉讼工作的宣传力度。新闻媒体应当加强对检察公益诉讼工作的宣传报道，发挥舆论监督作用，引导社会公众通过法律途径表达诉求，营造社会各界参与、支持检察公益诉讼工作的良好氛围。教育部门应当将公共利益保护纳入中小学德育课程，增强未成年人自觉保护公共利益的意识。

十七、本市检察机关应当加强与长江经济带、长江三角洲区域检察机关的协作配合，积极探索完善检察公益诉讼协作机制，加强信息共享、线索移送、调查协作、联动办案等工作，推动跨区域系统化治理。

十八、市、区人民代表大会常务委员会应当通过听取和审议专项工作报告、组织执法检查、开展询问、作出决议决定等方式，加强对审判机关、检察机关依法开展公益诉讼工作的情况以及行政机关接受、配合法律监督工作的情况进行监督。

市、区人民代表大会常务委员会充分发挥人大代表作用，组织人大代表围绕检察公益诉讼开展专题调研和视察等活动，汇集、反映各方的意见和建议，督促有关方面落实支持和保障检察公益诉讼的各项工作。

十九、本决定自 2020 年 7 月 1 日起施行。

21. 上海市促进中小企业发展条例

（2011 年 4 月 12 日上海市第十三届人民代表大会常务委员会第二十六次会议通过　根据 2018 年 5 月 24 日上海市第十五届人民代表大会常务委员会第四次会议《关于修改本市部分地方性法规的决定》修正　2020 年 6 月 18 日上海市第十五届人民代表大会常务委员会第二十二次会议修订）

第一章　总则

第一条　为了保障中小企业公平参与市场竞争，维护中小企业合法权益，支持中小企业创业创新，稳定和扩大城乡就业，发挥中小企业在国民经济和社会发展中的重要作用，根据《中华人民共和国中小企业促进法》以及相关法律、行政法规，结合本市实际，制定本条例。

第二条　本市促进中小企业发展工作适用本条例。

本条例所称中小企业，是指在本市行政区域内依法设立并符合国家中小企业划分标准的企业，包括中型企业、小型企业和微型企业。

第三条　市、区人民政府应当加强对促进中小企业发展工作的领导，将中小企业发展纳入国民经济和社会发展规划，为中小企业的设立和发展营造有利环境。

市、区人民政府应当建立和完善服务企业议事协调机制，加强对中小企业促进工作的统筹规划和综合协调；建立走访中小企业制度，加强对中小企业的服务。

市、区人民政府应当明确本行政区域促进中小企业发展工作的第一责任人。

第四条　市经济信息化部门是本市促进中小企业发展工作的主管部门，负责对本市中小企业促进工作的统筹指导、组织协调和监督检查。

区人民政府确定的负责中小企业促进工作的主管部门（以下简称区中小企业工作部门）应当在市经济信息化部门指导下，做好本行政区域内促进中小企业发展工作。

市和区发展改革、科技、商务、市场监管、人力资源社会保障、规划资源、财政、税务、地方金融监管、生态环境、知识产权、司法行政等部门应当在各自职责范围内，负责中小企业促进工作。

对中小企业发展中面临的问题和困难，没有具体责任部门或者涉及多个部门无法落实的，市经济信息化部门负责牵头协调解决。

第五条　本市将促进中小企业发展作为长期发展战略，坚持准入平等、倾斜扶持、特殊保护的原则，营造有利于中小企业健康发展的市场环境。

本市保障各类企业权利平等、机会平等、规则平等，法律、行政法规未予禁止或者未限制投资经营的市场领域，不得对中小企业设置附加条件。强化对中小企业财税支持、融资促进、创业创新等政策扶持，拓展中小企业发展空间。对中小企业特别是小型微型企业强化服务和权益保障，增强企业自我发展能力。

第六条　市、区人民政府应当支持中小企业融入、服务国家战略，在上海国际经济、金融、贸易、航运和科技创新中心建设中发挥中小企业作用。

市、区人民政府应当引导中小企业向专业化、精细化、特色化、新颖化发展，因地制宜聚焦主业加快转型升级，提升中小企业在细分市场领域的竞争力，支持中小企业做优做强，培育更多具有行业领先地位、拥有核心竞争力的企业。

第七条　本市建立健全中小企业统计监测和分析制度，为中小企业扶持政策的制定与调整提供决策参考。市统计、经济信息化部门定期对本市规模以上中小企业进行分类统计、监测、分析和发布相关统计信息，并加强对规模以下中小企业的统计分析，准确反映企业发展运行情况。

第二章　服务保障

第八条　本市建立中小企业扶持政策的统筹协调机制。市人民政府职能部门制定中小企业扶持政策时，应当就政策的合理性、政策之间的协调性听取主管部门和相关部门意见；有关部门如有不同意见且协调不一致的，可以通过市服务企业议事协调机制协调予以解决。

第九条　市、区人民政府及其有关部门应当及时对涉及中小企业的法律法规和政策进行解读和宣传，为中小企业免费提供市场监管、财税、金融、环境保护、安全生产、劳动用工、社会保障等方面的法律政策咨询和公共信息服务，营造公开、透明、可预期的中小企业发展政策环境。

市经济信息化部门应当会同相关部门梳理、归集国家和本市有关中小企业发展的法律法规、产业政策、扶持措施等信息，编制惠企政策清单和涉企公共服务清单，为中小企业提供快速、便捷、无偿的信息服务。

中小企业办理注册登记时，区行政服务中心应当向申请企业提供惠企政策清单和涉企公共服务清单，告知其相关扶持政策。

第十条　本市依托"一网通办"打造上海市企业服务云平台，为中小企业提供管理咨询、市场拓展、科技创新、投资融资等专业服务；建立首接负责制，受理中小企业各类诉求，健全诉求分派、督办、反馈的闭环机制。

市大数据中心依托"一网通办"企业专属网页，为中小企业提供个性化、精准化服务。

第十一条　市、区人民政府应当建立健全中小企业公共服务体系，建立和完善中小企业公共服务机构。

市、区中小企业公共服务机构应当在市经济信息化部门和区中小企业工作部门的指导下，设立中小企业服务专员，为中小企业提供公益性服务，联系和引导各类服务机构为中小企业提供服务。

第十二条　各类服务机构为中小企业提供创业培训与辅导、知识产权保护、管理咨询、信息咨询、信用服务、市场营销、项目开发、投资融资、财会税务、产权交易、技术支持、人力资源、对外合作、展览展销、法律咨询等服务，符合规定的可以享受市、区人民政府的扶持政策。

支持各类服务机构设立中小企业境外服务机构，为本市中小企业境外发展提供企业开办、场地开设、市场开拓、专业咨询等服务，符合规定的可以享受市经济信息化部门的扶持政策。

第十三条　本市各级行政机关以及履行公共管理和服务职能的事业单位应当根据中小企业发展需求，动态调整公共数据开放清单，增加数据供给。

本市鼓励中小企业依法开放自有数据，促进公共数据和非公共数据安全有序的融合应用。

第十四条　市教育、人力资源社会保障等部门应当根据中小企业发展的需求，指导本市相关高等学校、职业教育院校和职业技能培训机构及时调整专业设置，培养创新、专业和实用人才。

市经济信息化、人力资源社会保障、科技、商务、市场监管等部门应当有计划地组织实施中小企业经营管理人员培训，提高企业营销、管理和技术水平。

市经济信息化、人力资源社会保障等部门应当引导和支持社会化专业机构为中小企业提供人才招聘、服务外包等人力资源服务，帮助中小企业解决用工需求。

第十五条　本市行业协会、商会等社会组织应当依法维护中小企业会员的合法权益，反映中小企业会员诉求，加强行业自律管理，并在中小企业参与制定标准、创业创新、开拓市场等方面发挥作用。

除法律、法规另有规定外，本市行业协会、商会等社会组织应当坚持入会自愿、退会自由的原则，不得强制或者变相强制中小企业入会、阻碍退会。行业协会、商会等社会组织不得以政府名义或者以政府委托事项为由擅自设立收费项目、提高收费标准。

第十六条　市、区人民政府应当推动中小企业诚信建设，建立适合中小企业规范发展的守信激励和失信联动惩戒制度，引导中小企业诚信经营，帮助信用优质企业在经济和社会活动中获取更多的商业机会和实际利益。

第三章　财税支持

第十七条　市、区财政部门应当安排中小企业发展专项资金，列入中小企业科目，并逐步扩大资金规模、加大支持力度。中小企业发展专项资金用于小型微型企业的资金比例应当不低于三分之一。

本市支持企业发展的其他相关专项资金应当适当向中小企业倾斜，用于中小企业的资金比例原则上不低于三分之一。

第十八条　中小企业发展专项资金采取贷款贴息、政府购买服务、资助、奖励等方式安排使用，重点支持中小企业转型升级、公共服务体系完善、融资服务环境营造和市场开拓等。

中小企业发展专项资金管理使用坚持规范、公开、透明的原则，实行预算绩效管理。

第十九条　市级支持中小企业发展的政府引导基金，应当遵循政策性导向和市场化运作原则，主要用于引导和带动社会资金支持初创期中小企业，促进创业创新。

区人民政府应当根据实际情况，设立区级中小企业发展基金。

第二十条　本市财政部门应当会同相关部门落实国家和本市有关行政事业性收费减免政策措施。

本市税务部门应当按照国家相关规定，对符合条件的小型微型企业实行缓征、减征、免征企业所得税、增值税等措施，简化税收征管程序。

本市发展改革、财政、税务部门应当按照各自职责，向社会公布国家和本市促进中小企业发展的行政事业性收费、税收的优惠政策，指导和帮助中小企业减轻税费负担。

第四章　融资促进

第二十一条　金融管理部门按照国家要求推进普惠金融发展，加强对银行业金融机构的贷款投放情况监测评估，引导银行业金融机构创新信贷产品和服务，单列小型微型企业信贷计划，建立适合小型微型企业特点的授信制度，推动普惠型小型微型企业贷款增速不低于各项贷款增速，逐步提高信用贷款、首贷和无还本续贷的规模和比例，加大中长期贷款投放力度。

本市支持各类金融机构为小型微型企业提供金融服务，促进实体经济发展。

市国资监管部门应当会同相关部门将市属国有银行为小型微型企业提供金融服务的情况纳入考核内容。

第二十二条　本市落实国家制定的小型微型企业金融服务差异化监管政策，推动商业银行完善内部考核机制，增加普惠金融在考核中权重占比，降低普惠金融利润考核要求，提升小型微型企业客户服务情况考核权重，并建立健全授信尽职免责机制。

市财政部门应当会同市地方金融监管部门、国家在沪金融管理部门建立信贷风险补偿和信贷奖励机制，鼓励和引导金融机构加大对中小企业的信贷支持。

第二十三条　本市引导和支持有条件的中小企业上市融资。

市经济信息化部门应当会同市相关部门、行业协会、商会和中介服务机构等加强本市中小企业上市资源培育工作，推动中小企业完善法人治理结构。

市地方金融监管部门应当加强与国家金融监管部门的联系沟通，协调推动本市中小企业挂牌、上市。

本市引导和鼓励创业投资企业和天使投资专注投资创新型中小企业，以股权投资方式支持中小企业发展。

第二十四条　本市支持中小企业发行集合债券和集合票据。

市经济信息化部门对中小企业发行集合债券和集合票据所应承担的评级、审计、担保和法律咨询等中介服务费用，按照规定给予资金支持。

金融管理、市财政等部门应当鼓励金融机构通过创设信用风险缓释工具、担保增信等方式，支持中小企业债券融资，降低融资成本。

第二十五条　市地方金融监管、科技、经济信息化等部门应当指导、支持上海股权托管交易中心开展制度和业务创新，为中小企业提供综合金融服务，完善符合中小企业融资需求的挂牌条件、审核机制、交易方式、融资工具等制度。

第二十六条　本市优化完善大数据普惠金融应用、中小企业融资综合信用服务平台、银税互动等平台建设，依法归集纳税、社保、公用事业缴费、海关企业信用、仓储物流等信息，逐步扩大数据开放范围，完善数据标准，提高数据质量，促进银行业金融机构完善信贷审批流程，提高对中小企业的融资服务效率和覆盖面。

鼓励产业园区、行业协会、商会等与金融机构加强合作，依法共享中小企业经营信息与信用信息。

第二十七条　市经济信息化、金融管理等部门应当建立与供应链核心企业的联系沟通机制，推动全产业链和供应链金融服务；鼓励金融机构和供应链核心企业加强合作，共享产业链上下游交易等信息，发展订单、仓单、存货、应收账款融资等供应链金融产品。

各级政府采购主体和大型企业应当及时确认与中小企业的债权债务关系，帮助中小企业利用应收账款融资，缓解中小企业资金压力。

市、区人民政府鼓励建立知识产权质押融资市场化风险分担补偿机制，支持中小企业与金融机构开展知识产权质押融资。

本市通过动产融资统一登记公示系统，为中小企业融资提供便利。

第二十八条　市、区人民政府应当建立中小企业政府性融资担保体系，为中小企业融资提供增信服务。政府性融资担保机构担保放大倍数原则上不低于五倍，担保代偿率可以达到百分之五。政府性融资担保机构发生的代偿损失，市、区财政部门应当及时核销，并按照规定补充资本金。有关单位和个人已经履行相关勤勉尽责、合规审查义务的，可以不追究单位和个人责任。

市、区财政部门应当推动政府性融资担保行业发展，履行出资人职责、组织实施绩效评价。本市用于支持中小企业发展的财政资金，应当优先保障政府性融资担保机构为增强中小企业融资担保功能、充实融资担保资金的需要。

财政、经济信息化等部门应当对符合政策导向的重点领域的中小企业实施担保费补贴，或者引导担保机构降低担保和再担保费率。对为中小企业融资提供担保的担保机构，市经济信息化部门按照规定给予奖补支持。

第二十九条　本市支持保险机构积极开展中小企业贷款保证保险和信用保险业务，开发适应中小企业分散风险、补偿损失需求的保险产品。

第三十条　市地方金融监管部门应当发挥小额贷款公司、融资租赁公司、典当行、商业保理公司等地方金融组织服务中小企业的功能，扩大中小企业融资渠道。

第三十一条　本市建立完善中小企业融资中介收费清理机制，规范中小企业融资时需要办理的保险、评估、公证等事项。

金融机构承担上述费用的，可以向市经济信息化部门申请资金支持。

第三十二条　本市鼓励金融机构开展面向中小企业的产品、业务、服务等金融创新。市人民政府设立的金融创新奖，应当对面向中小企业的金融创新活动予以支持。

第五章　创业扶持

第三十三条　市和区人力资源社会保障、经济信息化、科技、商务等部门应当加强创业指导，为创业人员提供政策咨询、创业培训等指导和服务。

鼓励本市高等学校、职业教育院校等对学生开展创业教育，开设创业教育课程，宣传国家和本市的最新政策并进行创业指导。

第三十四条　市、区市场监管部门应当根据新兴行业和中小企业发展需求，探索优化经营范围登记方式，提高登记效率。

市、区市场监管部门应当进一步简化中小企业住所登记材料。创业初期尚不具备或者不需要实体办公条件的创业创新企业，可以利用众创空间内的集中登记地作为住所申办登记。

第三十五条　市、区人民政府应当根据中小企业发展的需要，在国土空间规划中安排必要的用地和设施，为中小企业获得生产经营场所提供便利。鼓励开发区、高新产业园、商业街区、城市商业综合体利用闲置厂房等存量房产，投资建设和创办小型微型企业创业基地、孵化基地、原创品牌培育基地，为小型微型企业提供低成本生产经营场所、相关配套服务，支持中小企业开展特色经营。

第三十六条　符合要求的小型微型企业可以向所在区的人力资源社会保障部门申请获得一定额度的创业场地房租补贴。

市、区国资监管部门应当鼓励国有产业园区给予创业企业租金优惠。

第三十七条　财政、人力资源社会保障部门应当制定并完善本市创业贷款担保政策。对于符合条件的创业者和创业组织，可以按照规定给予创业贷款担保和贴息。

第三十八条　高等学校毕业生、退役军人和失业人员、残疾人员等创办小型微型企业，按照国家规定享受税收优惠和收费减免。

就业困难人员和符合条件的高校毕业生首次在本市创办小型微型企业，可以按照规定向所在区的人力资源社会保障部门申请一次性创业补贴。

市、区人民政府鼓励中小企业创造就业岗位。区人力资源社会保障部门对符合条件的小型微型企业，按照规定给予初创期创业组织社会保险补贴。

第三十九条　中小企业因工作情况特殊等原因，可以按照规定向所在区的人力资源社会保障部门申请实行不定时工作制或者综合计算工时工作制。

本市加强对灵活从业人员合法权益的保护。劳动者实现灵活就业的，可以依法参加社会保险。

第四十条　对符合条件的创业人才，市、区人力资源社会保障部门应当按照规定，直接赋予居住证积分标准分值、缩短居住证转办常住户口年限或者直接落户。

第六章　创新支持

第四十一条　本市支持中小企业聚焦产业重点领域和关键环节实施技术改造；支持中小企业通过搭建或者运用数字化平台等方式，在研发设计、生产制造、运营管理等环节实施数字化、网络化、智能化升级，实现提质增效。

中小企业实施符合上述发展方向的技术改造，符合条件的，可以向经济信息化或者相关部门申请资金支持。

第四十二条　市、区人民政府鼓励中小企业建立企业技术中心、工程技术研究中心、企业设计中心、院士专家工作站等研发机构，并参与制造业创新中心建设。

中小企业开发新技术、新产品、新工艺发生的研发费用，符合国家税收相关规定的，可以享受研发费用加计扣除优惠。

中小企业开展技术创新活动，符合规定的，可以向市科技、经济信息化部门申请科技型中小企业技术创新资金和中小企业发展专项资金支持。

第四十三条　本市鼓励科研机构、高等学校和大型企业向中小企业开放大型科学仪器设施、平台，开展技术研发与合作，帮助中小企业开发新产品。市、区科技部门应当按照有关规定，对符合条件的开放共享提供单位给予奖励。

市经济信息化、教育、科技等部门应当组织本市中小企业、高等学校和科研机构开展产学研项目交流合作，推进科技成果转移转化。鼓励高等学校、研究机构采取转让、许可、作价投资或者产学研合作等方式，在同等条件下，优先向中小企业转移具有自主知识产权的知识成果或者提供技术支持，相关政府部门应当提供便利。

第四十四条 市经济信息化部门应当会同市科技等部门将符合条件的中小企业产品纳入创新产品推荐目录，促进创新产品市场化和产业化。

市经济信息化部门支持中小企业自主创新，对中小企业符合条件的首台（套）高端智能装备、首版次软件产品、首批次新材料，按照合同金额的一定比例给予支持。

第四十五条 市科技、发展改革、经济信息化等部门推动建设长三角中小企业技术创新服务平台，为长三角中小企业提供技术交易咨询、知识产权运营、产权评估、投资融资等专业化、集成化服务。

第四十六条 市、区规划资源部门根据产业类型、投资强度、产出强度、环保、安全、就业等产业项目绩效，可以采取先出租后出让、在法定最高年期内实行缩短出让年期的方式，向符合条件的中小企业出让土地。

中国（上海）自由贸易试验区临港新片区内从事集成电路、人工智能、生物医药等重点产业的中小企业，符合条件的，可以享受相关用地支持。

第四十七条 市市场监管、经济信息化等部门应当鼓励中小企业开展重点产品质量攻关，推动企业质量技术水平、质量管理水平和质量总体水平同步提高。

在中小企业办理质量管理体系认证、环境管理体系认证、测量管理体系认证和产品认证等国际标准认证过程中，市市场监管等有关部门应当给予指导和支持。

本市支持中小企业以及相关行业协会组织或者参与制定拥有自主知识产权的高水平技术标准，开展标准化创新和应用。对主导制定国家标准、行业标准、地方标准的中小企业，市市场监管部门应当给予技术指导，并可以按照有关规定给予资金支持。

第四十八条　本市相关部门应当鼓励中小企业研发拥有自主知识产权的技术和产品，指导和帮助中小企业建立内部知识产权管理规范，按照规定资助中小企业申请和维持知识产权。

市知识产权管理部门应当完善基本公共服务，设立中小企业知识产权服务机构，为中小企业办理专利检索提供便利，助推中小企业技术研发布局，推广知识产权辅导、预警、代理、托管等服务。

市知识产权管理部门应当推进中小企业知识产权快速维权机制建设，推动纠纷快速处理。

第七章　市场开拓

第四十九条　本市按照国家有关规定，采取预算预留、评审优惠等措施，落实政府采购支持中小企业的政策。对中小企业创新产品，给予政府采购支持。

本市政府采购的采购人和采购代理机构应当公开发布采购信息，依法实现采购预算、采购过程、采购结果全过程信息公开，为中小企业参与政府采购提供指导和服务。鼓励采购人、采购代理机构对信用记录良好的中小企业供应商减免投标保证金、履约保证金。

向中小企业预留的采购份额应当不低于本部门年度政府采购项目预算总额的百分之三十，其中预留给小型微型企业的比例不低于百分之六十。中小企业无法提供的商品和服务除外。

第五十条　市经济信息化、市场监管、商务部门应当支持中小企业自主品牌的培育和建设，实施品牌发展战略，鼓励中小企业开展品牌培育管理体系建设工作，对符合规定的中小企业给予资金支持。

市市场监管、商务、知识产权管理部门应当对中小企业申请注册商标、申请地理标志保护产品和申报"中华老字号"给予指导和帮助。

第五十一条　本市推进大型企业与中小企业建立协作关系，引导、支持国有大型企业与中小企业通过项目投资、资产整合等方式开展合资合作，实现优势互补，带动和促进中小企业发展。

市经济信息化部门应当会同市发展改革、财政、国资监管、科技、商务部门定期组织开展大型企业和中小企业之间的项目、技术、供需等交流活动，构建大型企业与中小企业协同创新、共享资源、融合发展的产业生态，促进中小企业的产品和服务进入大型企业的产业链或者采购系统；建设大中小企业融通发展特色园区，促进大中小企业在研发创新、创意设计、生产制造、物资采购、市场营销、资金融通等方面相互合作。

第五十二条　本市实施中小企业信息化、电子商务以及互联网应用的推广工程，引导中小企业利用信息技术提高研发、管理、制造和服务水平，鼓励中小企业应用电子商务平台和公共信息平台开拓国内国际市场，推动创新型中小企业服务产业平台加快发展。

本市促进跨境电子商务发展，建立健全适应跨境电子商务特点的海关、税收、支付结算等管理制度，为中小企业开展跨境电商业务提供便利。

第五十三条　中小企业在境外参加展览展销活动、获得发明专利或者注册商标、申请管理体系认证或者产品认证的，可以按照规定向市商务、市场监管、知识产权管理部门申请资金支持。

市商务、经济信息化部门应当在投资、开拓国际市场等方面加强对中小企业的指导和服务，组织中小企业参加国际性展会，参与采购交易。

市商务部门应当建立和完善产业损害预警机制，监测进出口异动情况，跟踪进出口涉案产业，指导和服务中小企业有效运用贸易救济措施保护产业安全。

第八章　权益保护

第五十四条　本市依法保护中小企业财产权、经营权和其他合法权益，依法保障中小企业经营者人身和财产安全。任何单位和个人不得侵犯中小企业及其经营者的合法权益。

任何单位和个人不得强制或者变相强制中小企业购买产品、接受指定服务、赞助捐赠、摊派财物，不得非法强制或者变相强制中小企业参加评比、考核、表彰、培训等活动。

国家机关、事业单位和大型企业不得强迫中小企业接受不合理的交易条件，签订不平等协议，违约拖欠中小企业的货物、工程、服务、投资款项。审计机关在审计监督工作中应当依法加强对国家机关、事业单位、国有企业支付中小企业账款情况的审计。

第五十五条　本市建立中小企业应急援助机制。发生自然灾害、公共卫生事件等突发事件或者其他影响中小企业生产经营的重大事件时，市经济信息化部门、区中小企业工作部门应当协调相关部门采取措施，积极做好中小企业应急援助工作。

对受前述突发事件、重大事件影响较大的中小企业，市、区人民政府及其有关部门应当出台有针对性的政策措施，在稳定就业、融资纾困、房租减免、资金支持等方面加大力度，减轻企业负担，并就不可抗力免责、灵活用工等法律问题及时向有需求的企业提供指导，帮助企业恢复正常的生产经营活动。

对参加突发事件应急救援和处置的中小企业，市、区人民政府及其有关部门应当按照规定给予奖励、补助和补偿。

第五十六条　本市在制定与中小企业权益密切相关的地方性法规、政府规章和规范性文件过程中，应当通过座谈会、听证会、问卷调查等方式听取中小企业的意见，建立健全意见采纳情况反馈机制。

第五十七条　市、区人民政府及其有关部门应当按照鼓励创新、包容审慎的原则，对新技术、新产业、新业态、新模式的中小企业，根据其性质、特点，分类制定和实行相应的监管规则和标准，采取书面检查、互联网监管等手段，优化监管方式。

有关部门对中小企业随机抽查的比例、频次应当与中小企业的信用等级、违法风险程度挂钩。针对同一中小企业的多个检查事项，应当合并或者纳入部门联合抽查范围。

第五十八条　市、区相关部门应当遵循合法、客观、必要、关联的原则，归集、使用中小企业及其经营者信用信息，不得违法扩大失信信息、严重失信名单的认定范围，不得违法增设失信惩戒措施。

本市应当建立健全符合中小企业特点的信用修复机制，完善失信信息修复的条件、标准、流程等要素。对于信用修复申请，相关部门应当及时核实，符合条件的，应当予以修复，并解除惩戒措施。

第五十九条　市、区人民政府有关部门和行业组织应当公布投诉举报方式，受理中小企业的投诉、举报。中小企业可以通过"12345"市民服务热线、上海市企业服务云等平台，进行投诉、举报。收到投诉举报的相关部门和行业组织应当在规定的时间内予以调查并反馈处理结果。

市经济信息化部门、区中小企业工作部门应当建立专门渠道，听取中小企业对政府相关管理工作的意见和建议，及时向有关部门反馈并督促改进。

第六十条　本市加快推进公共法律服务体系建设，整合法律服务资源，为促进中小企业健康发展提供全方位法律服务。

鼓励律师、调解、公证、司法鉴定等行业协会组建中小企业法律服务专业团队，为中小企业维护合法权益提供公益性法律服务。

本市探索将小型微型企业纳入法律援助范畴，对生产经营困难的小型微型企业提供法律帮助。

第九章　监督检查

第六十一条　市经济信息化部门应当委托第三方机构定期对本市落实中小企业发展政策措施、资金使用等发展环境开展评估，相关部门应当根据评估情况对政策进行动态调整。评估情况应当向社会公开，接受社会监督。

区人民政府可以根据实际情况，委托第三方机构开展中小企业发展环境评估。

第六十二条　市经济信息化部门应当会同市税务、金融、市场监管、人力资源社会保障、知识产权管理、财政等部门定期收集、汇总有关中小企业的税收、融资、登记、就业、知识产权以及参与政府采购等信息。

市经济信息化部门应当会同市有关部门和区人民政府编制中小企业年度发展报告，汇总分析中小企业发展、服务保障、权益保护等情况，并向社会公布。

第六十三条　市、区人民政府应当每年向同级人民代表大会常务委员会报告促进中小企业发展情况。报告包括以下内容：

（一）本市中小企业发展的基本情况；

（二）扶持中小企业发展的政策及其实施情况；

（三）支持中小企业发展的资金、基金的使用情况；

（四）中小企业发展存在的问题、对策；

（五）其他应当报告的事项。

市、区人民代表大会常务委员会通过听取和审议专项工作报告、组织执法检查等方式，加强对本行政区域内中小企业发展工作的监督。

市、区人民代表大会常务委员会应当在预算编制审查和执行情况监督中，加强对本级财政涉及中小企业发展的各类专项资金使用情况的监督。

第六十四条　市人民政府应当对中小企业促进工作情况开展监督检查，对违反《中华人民共和国中小企业促进法》和本条例的行为，应当约谈有关部门或者区人民政府的负责人，责令限期整改；未按照要求组织整改或者整改不到位的，对直接负责的主管人员和其他直接责任人员依法给予处分。

第六十五条　行政机关工作人员在工作中滥用职权、玩忽职守、徇私舞弊侵犯中小企业合法权益的，由其所在单位或者上级主管部门依法给予处分；对受害企业造成损失的，依法给予赔偿；构成犯罪的，依法追究刑事责任。

第十章　附则

第六十六条　本条例自 2020 年 6 月 18 日起施行。

22. 上海市人民代表大会常务委员会
关于促进和保障长三角生态绿色一体化发展
示范区建设若干问题的决定

（2020 年 9 月 25 日上海市第十五届人民代表大会常务委员会
第二十五次会议通过）

实施长江三角洲区域（以下简称长三角）一体化发展国家战略，是以习近平同志为核心的党中央作出的重大决策部署。建设长三角生态绿色一体化发展示范区（以下简称示范区）是实施长三角一体化发展战略的先手棋和突破口。为了促进和保障示范区建设，实现共商、共建、共管、共享、共赢，把示范区全面建设成为示范引领长三角更高质量一体化发展的标杆，上海市人民代表大会常务委员会会同江苏省、浙江省人民代表大会常务委员会共同研究，特作如下决定：

一、示范区建设要全面贯彻国务院批复的《长三角生态绿色一体化发展示范区总体方案》（以下简称《总体方案》），坚持新发展理念，不破行政隶属、打破行政边界，率先探索将生态优势转化为经济社会发展优势、从区域项目协同走向区域一体化制度创新，实现绿色经济、高品质生活、可持续发展的有机统一。

二、示范区和示范区先行启动区的范围依照《总体方案》确定。

三、上海市会同江苏省、浙江省（以下简称两省一市）联合成立的示范区理事会，作为示范区建设重要事项的决策平台，负责研究确定示范区建设的发展规划、改革事项和支持政策，协调推进重大项目。

四、两省一市共同设立的示范区执行委员会（以下简称示范区执委会），作为示范区开发建设管理机构，负责示范区发展规划、制度创新、改革事项、重大项目和支持政策的研究拟订和推进实施，重点推动先行启动区相关功能建设。

示范区执委会应当加强统筹协调，推动两省一市相关部门和相关地区人民政府落实示范区各项政策、措施。

五、示范区执委会根据本决定授权，行使省级项目管理权限，按照两省一市人民政府有关规定统一管理跨区域项目，负责先行启动区内除国家另有规定以外的跨区域投资项目的审批、核准和备案管理，联合上海市青浦区、江苏省苏州市吴江区、浙江省嘉善县人民政府行使先行启动区控制性详细规划的审批权。

六、市人民政府应当加大对示范区建设的支持力度，加强工作统筹推进，在改革集成、资金投入、项目安排、资源配置等方面形成政策合力。

青浦区人民政府及有关部门应当落实国家和本市有关示范区建设的工作部署，积极配合示范区执委会开展相关工作，确保示范区各项建设工作有序推进。

七、在示范区内，本市地方性法规的规定，凡与《总体方案》不一致，需要调整实施的，由市人民代表大会常务委员会依法作出决定。

因示范区一体化制度创新、重大改革集成等举措，需要暂时调整或者暂时停止实施本市地方性法规的，示范区执委会可以向市人民代表大会常务委员会提出建议，由市人民代表大会常务委员会依法决定。

本决定自 2020 年 10 月 1 日起施行。

23. 上海市外商投资条例

（2020 年 9 月 25 日上海市第十五届人民代表大会常务委员会
第二十五次会议通过）

第一章　总则

第一条　为了进一步推进本市更高水平对外开放，促进和稳定外商投资，保护外商投资合法权益，加快形成全面开放新格局，根据《中华人民共和国外商投资法》《中华人民共和国外商投资法实施条例》等法律、行政法规，结合本市实际，制定本条例。

第二条　本市行政区域内的外商投资及其促进、保护、管理、服务等工作，适用本条例。

第三条　本市遵循市场化、法治化、国际化、便利化原则，全面落实外商投资国民待遇，建立和完善外商投资促进与保护机制，营造稳定、透明、可预期和公平竞争的市场环境，提升对外开放水平。

第四条　本市全面落实外商投资准入前国民待遇加负面清单管理制度。在外商投资准入负面清单之外的领域，本市各级人民政府及其部门不得针对外商投资设置准入限制。

本市根据国家规定，在设立、运营、处置等各阶段给予外国投资者及其投资不低于类似情形下给予本国投资者及其投资的待遇。

第五条　市、区人民政府应当加强对外商投资工作的组织领导、统筹推进，制定外商投资促进和便利化政策措施，建立健全与外商投资有关的议事协调机制，及时协调、解决外商投资工作中的重大问题。

市商务、发展改革部门按照职责分工，负责外商投资促进、保护、管理和服务等工作；市其他有关部门在各自职责范围内，开展外商投资相关工作。

区人民政府负责外商投资工作的部门（以下简称区商务部门）及其他有关部门按照职责分工，开展本区外商投资促进、保护、管理和服务等工作。

第六条　市、区商务部门牵头协调外国投资者、外商投资企业提出的跨部门、跨区域问题。各相关部门应当按照各自职责，积极推进解决，并将处理结果向市、区商务部门反馈。市、区商务部门应当及时将处理结果向外国投资者、外商投资企业反馈。

第七条　外商投资企业职工依法建立工会组织，开展工会活动，维护职工的合法权益。外商投资企业应当为本企业工会提供必要的活动条件。

第二章　扩大开放

第八条　本市强化开放枢纽门户功能，按照国家对外开放总体部署，实施高标准国际投资贸易通行规则，推进从商品和要素流动型开放向规则、规制、管理、标准等制度型开放拓展，在更深层次、更宽领域，以更大力度推动全方位高水平开放。

第九条　本市根据国家有关服务业领域对外开放的部署，推动落实银行、证券、保险、期货、信托投资、资产管理、信用评级等金融领域率先开放，有序推进电信、互联网、医疗、交通运输、文化、教育等领域扩大开放，并主动争取国家其他服务业扩大开放政策措施在本市先行先试。

第十条　中国（上海）自由贸易试验区（以下简称自贸试验区）应当发挥扩大开放试验田作用，加大对外开放力度，对标最高标准、最好水平，根据国家部署实行外商投资试验性政策措施，承担开放压力测试任务，积累可复制可推广经验。

有关外商投资试验性政策措施，本市可以在自贸试验区以外更大地域范围内适用，但国家明确仅适用于自贸试验区的除外。

第十一条　中国（上海）自由贸易试验区临港新片区（以下简称临港新片区）应当选择符合国家战略、国际市场需求大、对外开放度要求高的重点领域，开展差异化探索，实施更加开放的外商投资自由化便利化政策和制度，推动实现投资经营便利、货物自由进出、资金流动便利、运输高度开放、人员自由执业、信息快捷联通，根据国家规定实施具有国际竞争力的税收制度和政策，打造更加具有国际市场影响力和竞争力的特殊经济功能区。

第十二条　本市根据长江三角洲（以下简称长三角）地区一体化发展国家战略，依托长三角区域工作协作机制，协同推进重点领域对外开放，不断提升长三角地区高质量对外开放整体水平。以长三角生态绿色一体化发展示范区建设为重点和平台，探索形成创新发展制度优势，增强开放联动效应，引导外商投资产业合理布局。推动完善统一的长三角生态绿色一体化发展示范区政府核准的投资项目目录，对目录以外的外商投资项目实行备案。推动外商投资企业登记标准、办理流程和办理模式统一。建立统一的外国高端人才工作许可互认和服务制度。

进一步强化虹桥商务区联通国际功能，聚焦发展现代服务业，深化与长三角的协同联动，打造虹桥国际开放枢纽。

第十三条　本市有关部门应当充分发挥中国国际进口博览会（以下简称进口博览会）对扩大开放的溢出效应，发挥进口博览会国际采购平台、投资促进平台、人文交流平台、开放合作平台作用，强化对进口博览会参展商对接服务，策划和开展贸易投资配套活动，推动进口博览会与投资促进活动协调联动。

第十四条　对扩大开放领域需要国家层面立法保障的，本市应当加强与国家有关部门的沟通，建议对有关法律、行政法规、国务院决定以及部门规章等进行调整适用。

有关法律、行政法规和国务院决定等已对外商投资相关规定作出调整适用，除同时明确须由国家有关部门制定或者调整相关管理办法外，本市应当即时贯彻落实。

第三章　投资促进

第十五条　市、区人民政府应当建立健全由政府主导，专业机构、商会、协会和企业等共同参与的外商投资促进服务体系，为外国投资者、外商投资企业提供全方位、精准化的投资促进服务。

第十六条　本市建立统一的外商投资促进服务平台，归集外商投资相关法律、法规、规章、规范性文件、政策措施，发布行业动态、投资促进项目信息等，线上线下联动提供投资资讯、项目配对、投资对接等服务。

外商投资促进服务平台应当逐步拓展多语种信息服务。

第十七条　市、区人民政府及有关部门应当开展城市推介、区域推介、专题推介、集中签约等多种形式的投资促进活动。

市外商投资促进机构应当宣传上海投资环境，开展投资促进活动，接受外国投资者、外商投资企业的业务咨询，指导各区、自贸试验区、临港新片区、国家级和市级开发区、虹桥商务区等设立的投资促进机构开展外商投资促进工作。

支持各类投资促进机构在境内外开展投资促进活动，推动投资促进与会展、文化、科技、体育、旅游等大型国际活动联动，拓展引资渠道，提升引资质量。

市商务部门应当会同市外事部门对本市在境外开展的外商投资促进活动进行统筹、指导和服务。

第十八条　本市加强与国际友好城市、友好组织以及其他境外城市、地区在投资经贸领域的交流和合作。

市商务部门、市外商投资促进机构等应当加强与境外驻沪投资促进机构等的联系，建立投资促进合作关系，根据实际需要在境外设立投资促进机构，推动完善海外投资促进网络。

本市在境外设立的投资促进机构应当加强与市、区有关部门以及园区的对接，加强与本市企业海外办事机构的联动，共同做好项目引进等服务工作。

第十九条　市商务部门应当会同有关部门定期编制外商投资指南、外商投资环境白皮书等指引，以中英文等语种公布，并及时更新。区商务部门应当根据实际情况，编制本区外商投资指引。

外商投资指引应当包括本区域经济社会基本情况、重点区域、优势领域等投资环境介绍，外商投资办事指南，投资促进项目信息以及相关数据信息等内容。

第二十条　鼓励和引导外国投资者在国家《鼓励外商投资产业目录》和本市重点发展领域内进行投资。

外国投资者投资《鼓励外商投资产业目录》内的项目，按照规定享受税收、用地等优惠政策。外商投资鼓励类项目确认手续，通过投资项目在线审批监管平台办理。

外国投资者投资市、区重点发展领域内的项目，市、区人民政府可以在权限范围内制定相关费用减免、用地指标保障等鼓励措施。

第二十一条　本市打造高水平总部经济平台，鼓励外国投资者在本市设立跨国公司地区总部和各类功能性机构，支持其集聚业务、拓展功能，升级为亚太总部、全球总部。跨国公司在沪总部及功能性机构可以享受资金资助和人员出入境、人才引进、资金结算、贸易物流、物品通关等便利化政策。

市商务部门应当会同有关部门持续创新政策举措，做好跨国公司地区总部和各类功能性机构的引进、认定和服务等工作。

本市鼓励外国投资者在本市设立投资性公司，支持投资性公司依法开展投资活动，为其股权交易、资金进出等提供便利。

第二十二条　鼓励外国投资者在本市设立外资研发中心，并升级为全球研发中心。外资研发中心由市商务部门认定。市商务、科技、发展改革等部门应当对经认定的外资研发中心在参与政府科研项目、研发成果产业化、国际国内专利申请、研发用品进口等方面加强服务、提供便利。

鼓励外国投资者在本市设立开放式创新平台，聚合先进技术、专家、资金、成果、实验设施等资源，推动中小企业、创新团队与跨国公司对接，提升创新水平。

第二十三条　本市鼓励在沪金融机构为外商投资企业提供多渠道融资。外商投资企业可以依法通过银行贷款，在中国境内或者境外公开发行股票、公司债券等证券，公开或者非公开发行其他融资工具、借用外债等方式进行融资。

本市金融机构根据国家跨境融资管理政策，为外商投资企业开展本外币跨境融资提供相应便利。

第二十四条　鼓励外商投资企业依法在境内进行再投资。

外国投资者以其在中国境内的投资收益在中国境内扩大投资，可以依法享受企业利润再投资暂不征收预提所得税等优惠待遇。

第二十五条　区人民政府可以在法定权限内制定外商投资促进激励措施，对本区域经济社会综合贡献度高的外商投资企业，以及对外商投资促进工作有突出贡献的机构和人员给予奖励。

第四章　投资保护

第二十六条　市、区人民政府及有关部门实施政府资金安排、土地供应、税费减免、资质许可、标准制定、项目申报、职称评定、人力资源等支持企业发展的政策措施，应当依法平等对待外商投资企业。

外商投资企业通过本市公共资源交易平台，依法平等参与政府采购、招标投标、土地出让、产权交易等活动。

第二十七条　本市对外国投资者的投资依法不实行征收。特殊情况下，为了公共利益的需要，依照法律规定对外国投资者的投资实行征收的，应当严格遵守法定程序，以非歧视性的方式进行，并按照被征收投资的市场价值及时给予补偿。

为应对自然灾害、公共卫生事件等突发事件，市、区人民政府及其有关部门可以依法征用外商投资企业的财产，或者要求生产、供应生活必需品和应急救援物资的外商投资企业组织生产，保证供应。被征用的财产在使用完毕或者突发事件应急处置工作结束后，应当及时返还。外商投资企业的财产被征用或者征用后毁损、灭失的，应当依法给予补偿。

第二十八条　外国投资者在中国境内的出资、利润、资本收益、资产处置所得、取得的知识产权许可使用费、依法获得的补偿或者赔偿、清算所得等，可以依法以人民币或者外汇自由汇入、汇出。外商投资企业的外籍职工和香港、澳门、台湾职工的工资收入和其他合法收入，可以依法自由汇出。任何单位和个人不得违法对币种、数额以及汇入、汇出的频次等进行限制。

鼓励本市银行业金融机构加大金融科技应用，为外商投资企业提供涉外收支便利化和结算电子化服务，探索实施外籍和香港、澳门、台湾职工薪酬购汇便利化措施。

第二十九条　本市依法严格保护外国投资者、外商投资企业的知识产权，推进跨区域、跨部门知识产权快速协同保护机制建设，不断完善司法和行政执法知识产权保护体系，依法惩处侵犯外国投资者、外商投资企业知识产权的行为。

本市各级人民法院对于外国投资者、外商投资企业涉及知识产权的证据保全、行为保全申请，应当快速受理和审查，依法裁定并立即执行。对于重复侵权、恶意侵权以及其他具有严重侵权情节的侵权行为，依法适用惩罚性赔偿等惩处措施。适时出台有关法律适用指引，发布中英文知识产权司法保护典型案例。

第三十条　本市有关部门应当建立健全内部管理制度，采取有效措施，保护履行职责过程中知悉的外国投资者、外商投资企业的商业秘密。依法需要与其他部门共享信息的，应当对信息中含有的的商业秘密进行保密处理，防止泄露。

本市各级人民法院应当加强商业秘密司法保护，依法适用证据规则，减轻权利人的维权负担。

第三十一条　本市鼓励并依法保障外国投资者、外商投资企业基于自愿原则和商业规则，与本市各类市场主体、科研主体开展技术合作。

第三十二条　本市依法保障外商投资企业公平参与政府采购。

本市在政府采购信息发布、供应商条件确定、评标标准等方面，不得对外商投资企业实行差别待遇或者歧视待遇，不得限定供应商的所有制形式、组织形式、股权结构或者投资者国别，以及产品或者服务品牌等，不得对外商投资企业在中国境内生产的产品、提供的服务和内资企业区别对待。

第三十三条　本市制定与外商投资有关的地方性法规、规章、规范性文件，起草部门应当充分听取外商投资企业和有关商会、协会等方面的意见建议。

制定涉及外商投资的规范性文件，应当按照规定进行合法性审核，没有法律、行政法规依据的，不得减损外商投资企业的合法权益或者增加其义务。

本市制定与外商投资企业生产经营活动密切相关的规范性文件和政策措施，应当在施行前留出必要的适应调整期，但国家另有规定以及公布后不立即施行将有碍施行的除外。

制定机关公布与外商投资密切相关的地方性法规、规章、规范性文件，应当以易读易懂的方式进行解读，提供相应的英文译本或者摘要，并可以根据实际情况，提供多语种译本或者摘要。

第三十四条　市、区人民政府及其有关部门在其法定权限内向外国投资者、外商投资企业依法作出的书面政策承诺以及依法订立的各类合同，应当严格履行，不得以行政区划调整、政府换届、机构或者职能调整以及相关责任人更替等为由违约毁约。

市、区人民政府及其有关部门因超出法定权限导致承诺、合同无效或者无法执行的，应当依法承担法律责任。

第三十五条　本市保障外商投资企业依法平等参与地方标准的制定、修订工作，对于与外商投资企业生产经营密切相关的地方标准，应当充分听取外商投资企业的意见，探索提供标准征求意见稿的英文译本或者摘要。外商投资企业可以推荐代表参加本市相关专业标准化技术委员会。鼓励外商投资企业代表参加全国专业标准化技术委员会。市场监管部门和有关部门应当依法公开地方标准制定、修订的全过程信息，为外商投资企业参与地方标准起草相关工作、标准翻译以及标准国际化合作等提供便利和指导。

不得利用标准以及地方标准指导性技术文件，实施妨碍外商投资企业参与公平竞争的行为。

第三十六条　外商投资企业可以依法从事本市供水、供气、污水处理、垃圾处理，以及城市道路、公路、城市轨道交通和其他公共交通等建设、运营项目特许经营活动。

本市城市基础设施领域特许经营政策，依法同等适用于外商投资企业。

第三十七条　外商投资企业或者其投资者认为行政机关及其工作人员的行政行为侵犯其合法权益的，可以向市商务部门、区人民政府指定的外商投资部门或者机构（以下简称投诉工作机构）投诉。投诉工作机构应当按照分级负责原则，会同有关部门处理投诉人反映的问题。

市商务部门应当会同有关部门建立外商投资企业投诉工作联席会议制度，

协调、推动市级层面的外商投资企业投诉工作，指导、监督各区外商投资企业投诉工作。市商务部门应当完善投诉工作规则、健全投诉方式、明确投诉处理时限，并对外公布。

第三十八条　本市依托多元化纠纷解决平台，建立和完善调解、商事仲裁、行政裁决、行政复议、诉讼等有机衔接、相互协调的多元化纠纷解决机制，为外商投资企业提供高效、便捷的纠纷解决途径。

本市鼓励和支持依法设立的仲裁机构探索体制机制创新，依据法律、法规并借鉴国际商事仲裁惯例，完善与外商投资相适应的仲裁规则，提高商事纠纷仲裁的国际化程度，尊重当事人意思自治，允许当事人依法选择适用仲裁程序和法律规则，提供独立、公正、专业、高效的仲裁服务。

涉及外商投资的重大、复杂、疑难行政复议案件，应当由行政复议委员会审议，并安排熟悉国际经贸投资规则的非常任委员或者专家参与。

根据国家统一部署，积极推动国际商事审判组织建设，创新国际商事审判运行机制，加快形成与上海国际商事纠纷解决需求相适应的审判体制机制。

第三十九条　外商投资企业可以依法成立商会、协会，有权自主决定参加或者退出商会、协会，法律、法规另有规定的除外。

本市支持商会、协会依照法律、法规、规章和章程的规定，及时反映会员的诉求，为会员提供信息咨询、宣传培训、市场拓展、经贸交流、权益保护、纠纷处理等方面的服务。

第五章　投资管理与服务

第四十条　外国投资者在外商投资准入特别管理措施（负面清单）规定限制投资的领域投资的，应当符合股权、高级管理人员等特别管理措施的要求，不得投资禁止投资的领域。外商投资准入负面清单以外的领域，按照内外资一致的原则实施管理。

本市市场监管、发展改革以及其他行业主管部门在依法办理企业登记注册、项目核准或者备案、行业许可等事项时，应当履行负面清单审核职责，为外国投资者、外商投资企业提供相关咨询服务，并加强跨部门信息共享，对经其他部门审核通过的，相关部门应当简化负面清单审核流程。

第四十一条　申请外商投资企业设立、变更登记时，申请人承诺符合负面清单要求，并承诺所提交的章程、协议、决议和任职资格证明等材料真实、合法、有效的，市场监管部门可以对提交的材料进行形式审查，材料齐全、符合法定形式，能够当场作出决定的，应当当场作出书面决定，但法律、法规另有规定的除外。

第四十二条　外国投资者、外商投资企业在本市新建或者并购涉及固定资产投资的项目，应当按照国家和本市相关规定，在项目实施前通过投资项目在线审批监管平台，向发展改革等部门申请办理外商投资项目核准或者备案。

除负面清单内非禁止投资的项目以及国家和本市规定内外资均需核准的项目实施核准管理外，发展改革等部门应当按照内外资一致原则对外商投资项目实行备案管理，收到外国投资者、外商投资企业在线提交的项目全部信息后即为备案。

本市外商投资项目核准和备案管理办法，由市人民政府制定发布。

第四十三条　外国投资者、外商投资企业应当通过企业登记系统以及企业信用信息公示系统，向商务部门报送投资信息。市商务部门应当为外国投资者、外商投资企业报送投资信息提供指导。

外商投资信息报告的内容和范围按照确有必要的原则确定，能够通过部门共享获得的信息，不得再行要求报送。市商务、市场监管部门应当做好相关业务系统的对接和工作衔接。

第四十四条　本市有关部门应当按照国家外商投资安全审查制度和工作要求，配合国家开展相关工作。

第四十五条　市发展改革、商务、经济信息化部门应当会同有关部门、相关区人民政府建立健全重大外商投资项目服务制度。对列入重大外商投资项目清单的，通过建立绿色通道、提供"一站式"服务等方式，统筹推进准入、规划、用地、环保、用能、建设、外汇等事项，并支持项目落地。其中，符合本市重大工程项目规定的，纳入市级重大工程建设协调机制予以推进。

第四十六条　本市建立健全与外商投资企业的政企沟通机制。

市、区人民政府及有关部门应当通过定期召开"圆桌会议"或者实地走访、问卷调查、网络意见征询等多种方式，听取外商投资企业意见建议，及时了解并帮助企业解决生产经营中遇到的问题，研究完善相关政策措施。

外国投资者、外商投资企业可以通过"12345"热线、企业服务云、外商投资促进服务平台、商会、协会等渠道，反映相关诉求和意见建议，有关部门应当及时研究处理。

第四十七条　本市科技、出入境管理部门为外商投资企业外籍职工提供工作许可和出入境、停居留等便利，通过"外国人工作、居留单一窗口"办理工作许可和居留许可的，应当在七个工作日内一次办结。

本市科技部门对于外商投资企业引进的外籍高科技领域人才、技能型人才以及其他经认定的急需紧缺人才办理工作许可，可以适当放宽年龄、学历、工作经历等限制。

对接受外商投资企业邀请开展商务贸易的外籍人员，出入境管理、边检部门应当按照规定，给予口岸签证和过境免签便利。

第四十八条　市商务部门会同有关部门依托"一网通办"开设涉外服务专窗，为外籍等人员和外商投资企业提供服务事项清单、办事指南等英文指引服务。

第四十九条　市、区人民代表大会常务委员会通过听取专项工作报告、开展执法检查等方式，加强本行政区域内外商投资工作监督。

市、区人民代表大会常务委员会充分发挥代表作用，组织代表围绕外商投资开展专题调研和视察等活动，汇集、反映外国投资者、外商投资企业的意见建议，督促有关方面落实外商投资的各项工作。

第六章　附则

第五十条　香港特别行政区、澳门特别行政区、台湾地区投资者，以及定居在国外的中国公民在本市投资，参照本条例执行；法律、行政法规或者国务院另有规定的，从其规定。

第五十一条　本条例自 2020 年 11 月 1 日起施行。

24. 上海市人民代表大会专门委员会工作条例

（2020年9月25日上海市第十五届人民代表大会常务委员会
第二十五次会议通过）

第一章 总则

第一条 为了进一步加强和完善市人民代表大会专门委员会（以下简称专门委员会）工作，保障专门委员会依法履行职责，增强专门委员会的履职能力，根据《中华人民共和国地方各级人民代表大会和地方各级人民政府组织法》和有关法律、法规，结合工作实际，制定本条例。

第二条 专门委员会是市人民代表大会的常设机构，受市人民代表大会领导；在大会闭会期间，受市人民代表大会常务委员会领导。

第三条 专门委员会工作应当深入贯彻习近平新时代中国特色社会主义思想，坚持和完善人民代表大会制度，坚持中国共产党的领导、人民当家作主、依法治国有机统一，为市人民代表大会及其常务委员会依法全面履行职责发挥积极作用。

第四条 市人民代表大会设立法制委员会、监察和司法委员会、财政经济委员会、教育科学文化卫生委员会、城市建设环境保护委员会、华侨民族宗教事务委员会、外事委员会、农业与农村委员会、社会建设委员会和市人民代表大会认为需要设立的其他专门委员会。专门委员会的设立、合并、撤销和名称变更，由市人民代表大会决定。

第五条 专门委员会实行民主集中制原则，充分发扬民主，依法集体行使职权。

第六条 中共上海市人大常委会党组在专门委员会设立分党组。专门委员会分党组应当贯彻落实好中央、市委的决策部署和市人大常委会党组的要求，切实履行管党治党主体责任，在专门委员会工作中发挥把方向、管大局、保落实的领导核心作用。

第二章　组织机构

第七条　专门委员会由主任委员、副主任委员若干人和委员若干人组成。专门委员会的成员一般不少于十人，并适当增加专门委员会驻会成员人数。

专门委员会成员中应当有适当比例的本领域或者相关领域的专业人员和熟悉人民代表大会制度的专门人员。法制委员会成员中，应当包括由其他各专门委员会驻会成员兼任的成员。

第八条　专门委员会的主任委员、副主任委员和委员的人选，由市人民代表大会主席团在代表中提名，大会通过。在大会闭会期间，市人民代表大会常务委员会可以任免专门委员会的个别副主任委员和部分委员，由市人民代表大会常务委员会主任会议提名，常务委员会会议通过。

专门委员会成员出缺时应当及时进行增补。

第九条　专门委员会主任委员主持委员会会议和委员会的工作，牵头组织实施专门委员会会议议定的事项；专门委员会副主任委员、委员根据分工开展相关工作。

主任委员缺位或者因为健康情况等不能主持专门委员会工作时，由市人民代表大会常务委员会主任会议在该专门委员会驻会副主任委员中明确一人临时主持专门委员会工作。

第十条　专门委员会下设综合性办事机构，可以根据工作需要设立相关专业性办事机构，配备立法等专业工作力量。

专门委员会办事机构在专门委员会领导下工作，为专门委员会依法履职当好参谋助手，做好服务保障。

第三章　工作职责

第十一条　专门委员会依法向市人民代表大会或者市人民代表大会常务委员会提出属于市人民代表大会或者市人民代表大会常务委员会职权范围内与本委员会有关的议案；审议市人民代表大会主席团或者市人民代表大会常务委员会主任会议交付的议案，提出报告。

第十二条　专门委员会提出属于市人民代表大会及其常务委员会职权范围

内与本委员会有关的五年立法规划和年度立法项目建议；组织起草综合性、全局性、基础性以及其他重要的地方性法规草案；提前参与有关方面组织的地方性法规草案的起草工作。

专门委员会对与本委员会有关的地方性法规案进行审议，提出审议意见。法制委员会根据各代表团或者常务委员会组成人员、有关专门委员会的审议意见和各方面提出的意见，对地方性法规案进行统一审议，按照规定提出审议结果报告、法规草案修改稿、修改情况的报告和法规草案表决稿。

第十三条　专门委员会提出属于市人民代表大会及其常务委员会职权范围内与本委员会相关的年度监督事项的建议；协助常务委员会听取和审议专项工作报告，具体组织实施执法检查、询问等工作，汇总整理常务委员会会议审议意见，根据常务委员会的要求开展跟踪监督。

专门委员会根据市人民代表大会主席团或者市人民代表大会常务委员会主任会议的决定，听取有关受质询机关对相关质询案的答复，并提交答复质询案情况报告。

专门委员会对与本委员会有关的规范性文件进行审查，并提出书面审查意见。

第十四条　财政经济委员会、有关专门委员会对国民经济和社会发展五年规划编制情况及其中期评估报告，国民经济和社会发展计划、预算执行和编制情况、国有资产管理情况等开展监督调研，提出意见。

财政经济委员会按照有关规定，对关于国民经济和社会发展计划执行情况与计划草案的报告、国民经济和社会发展计划草案，关于预算执行情况与预算草案的报告、预算草案，国民经济和社会发展五年规划的调整初步方案，年度国民经济和社会发展计划、预算调整初步方案，决算草案等进行初步审查，提出初步审查意见、审查结果报告。

专门委员会参与预算审查监督及审计整改等工作，对本委员会相关的部门或领域的重点支出、重大项目的财政资金安排、使用及绩效管理等情况开展调查研究，督促相关部门做好政策实施和工作推进。

第十五条　专门委员会提出属于市人民代表大会及其常务委员会职权范围内与本委员会相关的年度讨论决定重大事项的建议，对市人民代表大会常务委员会交付的与本委员会有关的重大事项，提出审议意见报告或者调研报告；受常务委员会委托，听取与本委员会有关的重大事项报告。

第十六条　专门委员会加强与市人民代表大会代表的联系，完善征求代表意见等机制，支持和保障代表依法履职；为代表提出与本委员会工作相关的议案和建议、批评、意见提供服务；处理交由本委员会研究处理的代表建议、批评、意见，并负责答复代表；根据市人民代表大会常务委员会及其主任会议的要求，开展对与本委员会工作有关的重点办理的代表建议、批评、意见的跟踪督办。

第十七条　专门委员会对属于市人民代表大会及其常务委员会职权范围内同本委员会有关的问题，进行调查研究，提出建议。

第十八条　专门委员会加强与全国人民代表大会有关专门委员会的工作联系，对全国人民代表大会有关专门委员会和全国人民代表大会常务委员会有关办事机构交付征求意见的法律草案，组织讨论，提出修改意见；协助全国人民代表大会常务委员会和有关委员会来沪进行执法检查或者调查研究等工作。

专门委员会加强与各省、自治区、直辖市人民代表大会有关专门委员会的工作联系；推进长江三角洲区域各省市人民代表大会专门委员会的工作协同。

专门委员会加强与各区人民代表大会专门委员会、常务委员会工作机构的工作联动，形成立法、监督、代表等工作合力。

第十九条　专门委员会向市人民代表大会书面报告工作；承担市人民代表大会及其常务委员会交办的其他工作。

第四章　议事规则

第二十条　专门委员会通过专门委员会会议形式，讨论和决定有关事项。

第二十一条　专门委员会根据工作职责和工作需要确定议题，召开专门委员会会议。专门委员会会议由主任委员或者其委托的副主任委员召集并主持。

专门委员会会议的议题、日期、地点应当提前通知专门委员会成员，除特殊情况外，应同时送交有关材料。

第二十二条　专门委员会会议应当有专门委员会全体成员的过半数出席，始得举行。专门委员会成员因故不能出席专门委员会会议时，应当履行请假手续。

专门委员会会议议决事项，须经专门委员会全体成员的过半数通过。

第二十三条　专门委员会举行会议时，可以根据需要邀请市人民代表大会代表、有关部门负责人或者相关人员列席会议。

专门委员会审议议案、讨论问题时，可以要求市人民政府、市监察委员会、市高级人民法院、市人民检察院派员到会听取意见，回答询问。

第二十四条　专门委员会建立健全办公会议制度，研究处理专门委员会的具体工作。办公会议由专门委员会主任委员或者其委托的副主任委员召集并主持，专门委员会的驻会成员、相关非驻会成员、下设办事机构负责人等参加会议。

第五章　能力建设

第二十五条　市人民代表大会常务委员会应当注重强化专门委员会的履职能力建设，采取各种有效措施，加强对专门委员会履职的工作保障，提高专门委员会成员的履职能力，组织开展法律和相关专业知识的培训，建立履职优秀的专门委员会成员表彰机制。

第二十六条　市人民代表大会常务委员会主任会议指导和协调各专门委员会的日常工作，听取和讨论各专门委员会工作的汇报。

对跨领域、跨部门、涉及多个专门委员会工作领域，需要协调的重点工作事项，由常务委员会办事机构根据主任会议要求，会同相关专门委员会研究后提出协调意见，并为相关专门委员会的工作协同做好服务保障。对工作协同中遇到的问题，必要时由常务委员会办事机构提请常务委员会秘书长协调。

第二十七条　专门委员会应当完善相关工作规程，提高工作的效率和规范性。

市人民代表大会常务委员会工作机构、办事机构应当积极支持专门委员会依法履职。

第二十八条　专门委员会应当注重发挥全体成员作用，健全专门委员会成员在大会闭会期间参加专门委员会工作的机制。

专门委员会成员应当在闭会期间积极参加市人民代表大会常务委员会和专门委员会的工作。

专门委员会成员应当加强理论学习，熟悉宪法和法律，掌握履职所必备的专业知识，增强履职意识，提高履职水平。

第二十九条　专门委员会非驻会成员应当处理好专门委员会工作与其他工作的关系，优先执行专门委员会成员职务。非驻会成员所在单位应当支持其依法履行专门委员会成员的职责，对其开展调查研究、参与立法和监督工作提供支持和帮助，可以根据非驻会成员的履职需要和本单位的实际情况，探索建立工作室等方式，为其配备相应工作力量。

第三十条　专门委员会应当建立代表联系制度，组建代表专业小组，组织代表有序参加立法、监督等各项工作。

第三十一条　专门委员会可以建立专家咨询机制，聘请相关领域专家为专门委员会依法履职提供专业支持。

第六章　附则

第三十二条　本条例自 2020 年 10 月 1 日起施行。

25. 上海市公路管理条例

（1999 年 11 月 26 日上海市第十一届人民代表大会常务委员会第十四次会议通过　根据 2003 年 10 月 10 日上海市第十二届人民代表大会常务委员会第七次会议《关于修改〈上海市公路管理条例〉的决定》第一次修正　根据 2015 年 7 月 23 日上海市第十四届人民代表大会常务委员会第二十二次会议《关于修改〈上海市建设工程材料管理条例〉等 12 件地方性法规的决定》第二次修正　根据 2020 年 9 月 25 日上海市第十五届人民代表大会常务委员会第二十五次会议《关于修改〈上海市公路管理条例〉的决定》第三次修正）

第一章　总则

第一条　为了加强本市公路的建设和管理，促进公路事业的发展，发挥公路在经济建设、国防建设和人民生活中的作用，根据《中华人民共和国公路法》等法律、行政法规的规定，结合本市实际情况，制定本条例。

第二条　本条例所称的公路，是指本市行政区域内的国道、省道、县道、乡道和纳入公路规划的村道，包括公路桥梁、公路涵洞和公路隧道。县道、乡道和村道统称农村公路。

本条例所称的公路附属设施，是指公路的防护、排水、通风、照明、养护、管理、服务、交通安全、监控、通信、收费、绿化等设施、设备以及专用建筑物、构筑物等。

第三条　本条例适用于本市行政区域内公路的规划、建设、养护、经营和使用以及公路、公路用地、公路附属设施和公路建筑控制区的管理。

第四条　本市加强公路管理工作，持续提升公路安全通行条件，增强交通保障能力。

各级人民政府应当聚焦突出问题，完善政策机制，把农村公路建好、管好、护好、运营好，为加快推进农业农村现代化提供更好保障。

第五条　市交通行政管理部门按照职责分工负责本市公路的规划、建设、经营等管理工作，并依法实施行政处罚；市道路运输行政管理部门按照职责分工履行公路养护、使用等管理职责。

区交通行政管理部门按照其职责权限，负责所辖区域内公路的具体管理。

乡（镇）人民政府负责本行政区域内乡道、村道的相关工作。

本市有关行政管理部门按照各自的职责，协同实施本条例。

村（居）民委员会在乡（镇）人民政府的指导下，协助做好村道相关工作。

第六条 本市公路的建设和发展应当遵循全面规划、合理布局、确保质量、保障畅通、保护环境、保护耕地、发展绿化、建设改造与管理并重的原则。

本市公路的管理实行统一管理与分级负责相结合的原则。

第七条 本市交通、道路运输行政管理部门应当会同公安、住房城乡建设等行政管理部门依托"一网通办"平台，加强业务协同办理，优化政务服务流程，为行政相对人提供便捷高效的服务。

本市公路管理纳入"一网统管"城市运行管理体系，实现集成、协同、闭环管理，确保公路安全畅通。

第八条 本市公路规划、建设、养护和管理应当贯彻绿色发展理念，推行生态防护技术，优先使用绿色环保材料和清洁能源。

本市运用物联网、云计算、大数据等现代信息技术，在公路信息采集、出行引导服务、路车协同、安全监测和风险预警等方面，提升智能化水平。

第九条 市交通、道路运输行政管理部门应当与长江三角洲区域相关省、市有关部门建立沟通协调机制，加强公路规划、建设、养护和管理的协同，提高省际公路通达能力，推进形成便捷高效的区域公路网络。

第十条 任何单位和个人不得破坏、损坏或者非法占用公路、公路用地以及公路附属设施。

第二章 规划和建设管理

第十一条 公路专项规划按照下列规定编制：

（一）省道规划，由市交通行政管理部门根据国道规划和本市国民经济、社会发展以及国防建设的需要，听取公路沿线的区人民政府和市有关行政管理部门的意见后编制，经市规划资源部门综合平衡后报市人民政府批准，纳入城市总体规划，并报国务院交通主管部门备案。

（二）县道（含乡道、村道）规划，由区交通行政管理部门根据省道规划和区城市规划，并听取区有关行政管理部门和有关乡（镇）人民政府的意见后编制，经区人民政府和市交通行政管理部门初审后，报市人民政府批准，并报国务院交通主管部门备案。

（三）专用公路规划，由专用公路的主管单位编制，报市交通行政管理部门审核。专用公路规划应当与省道规划、县道（含乡道、村道）规划相协调。

公路专项规划主要包括公路发展的指导原则和目标，路网规模和总体建设安排，公路等级、选线、重型车辆通行等功能布局以及保障措施等内容。公路规划应当与城市道路规划有效衔接，农村公路规划应当与特色产业、乡村旅游等发展相协调。

第十二条　经批准的省道规划、县道（含乡道、村道）规划和专用公路规划需要修改的，应当由原编制单位提出修改方案，经原审批机关审查批准。

第十三条　规划村镇、开发区等建筑群，应当与公路保持规定的距离。不得在公路两侧对应建设村镇、开发区等建筑群。

规划和新建省道、县道应当合理避让已建成的村镇和开发区等建筑群。

第十四条　公路建设确需征收房屋、土地的，可以依法征收。征收应当给予被征收人公平合理的补偿，被征收人应当及时搬迁、交地。

公路用地按照以下要求划定：

（一）公路两侧有边沟、截水沟、坡脚护坡道的，其用地范围为边沟、截水沟、坡脚护坡道外侧一米的区域；

（二）公路两侧无边沟、截水沟、坡脚护坡道的，其用地范围为公路路缘石或者坡脚线外侧五米的区域；

（三）实际征收的土地超过上述规定的，其用地范围以实际征收的土地范围为准。

第十五条　公路的名称，应当在公路建设项目立项时确定。

本市公路按照国家标准以起讫点地名简称命名，同时推行以北南纵线、东西横线分别顺序编号。

第十六条　市和区交通行政管理部门应当按照公路专项规划编制省道、县道、乡道和村道的建设计划，并按照国家和本市规定的建设程序，报经批准后组织实施。

县道的新建、改建、扩建计划，应当经市交通行政管理部门审核；跨区的县道建设计划，市交通行政管理部门应当负责协调。

乡道、村道的新建、改建、扩建计划，应当经区交通行政管理部门审核；跨乡（镇）的乡道、村道建设计划，区交通行政管理部门应当负责协调。

第十七条　新建、改建农村公路，应当符合以下技术标准：

（一）县道不得低于二级公路的技术标准；

（二）乡道不得低于三级公路的技术标准；

（三）村道不得低于四级公路的技术标准。

新建、改建县道、乡道、村道，部分路段确因地形、地质等自然条件限制，无法达到前款规定的技术标准的，应当经市道路运输行政管理部门或者区交通行政管理部门组织论证。

第十八条　公路建设资金通过下列渠道和方式筹集：

（一）财政拨款；

（二）向国内外金融机构或者外国政府贷款；

（三）国内外经济组织的投资；

（四）依法出让公路收费权的收入；

（五）开发、经营公路的公司依法发行股票、公司债券；

（六）企业和个人自愿集资；

（七）法律或者国务院规定的其他方式。

第十九条　公路建设使用土地，建设单位应当依照国家和本市有关法律、法规的规定办理用地手续。

第二十条　承担公路建设项目的勘察、设计、施工和监理等单位，除依法经市场监督管理部门登记注册外，还应当取得国家规定的资质证书。

公路建设单位应当与具有相应资质的勘察、设计、施工、监理单位签订合同，明确双方的权利义务。

承担公路建设项目的勘察、设计、施工、监理单位，应当依照法律、法规、规章以及国家、本市的公路工程技术标准、规范的要求和合同的约定进行勘察、设计、施工、监理活动，保证公路工程质量。

法律或者国务院规定需要进行招标投标的公路建设项目，应当按照规定进行招标投标。

第二十一条　公路建设单位应当按照公路工程技术标准、规范的要求，根据不同的公路等级，相应设置必要的公路附属设施；高速公路、一级公路应当设置监控、通信等有关附属设施。

城镇化地区的公路路段应当按照国家和本市有关规定，设置人行道、照明、排水等设施。

公路应当按照标准设置完善的交通标志和标线，对易受积水影响的地下通道等路段，应当设置防汛警示标志。

前款所指的公路附属设施，应当与公路主体工程同时设计、同时建设。

第二十二条　公路服务区应当根据公路规划要求合理布局，与公路同时规划、同时设计、同时建设、同时投入使用。

公路服务区应当设置停车、饮用水供应、公共卫生间、生活垃圾分类投放等服务设施，高速公路服务区还应当设置加油、充电、商品零售、餐饮等服务设施；鼓励具备条件的公路服务区拓展服务功能。现有公路服务区未达到规定标准的，应当逐步改造。

公路服务区的设置位置和服务功能，应当向社会公布。

第二十三条　公路工程应当按照规定进行交工、竣工验收；未经验收或者验收不合格的，不得交付使用。

分段完成的具有独立使用价值的路段或者单项工程，可以分段验收，经验收合格的，可以先行交付使用。

公路的附属设施应当与主体工程同步进行交工、竣工验收。

公路建设项目竣工验收后，建设单位应当在规定的时限内，向城市建设档案机构报送竣工档案。

第二十四条　公路建设项目实行质量保修制度。保修期由合同约定，但不得少于一年。

保修期内发现公路有质量问题的，施工单位应当先行维修、返工；施工单位在规定期限内不予维修、返工的，由建设单位组织维修、返工。维修、返工所需费用由责任方承担。

第二十五条　因建设公路影响铁路、水利、电力、邮电设施和其他公用设施正常使用的，公路建设单位应当事先征得有关部门的同意；因公路建设对有关设施造成损坏或者需要搬迁的，公路建设单位应当按照不低于该设施原有的技术标准予以修复，或者给予相应的经济补偿。

第二十六条　改建、扩建公路时，施工单位应当在施工路段两端设置明显施工标志、安全标志。需要车辆绕行的，施工单位应当在绕行路口设置标志；不能绕行的，建设单位必须组织修建临时通行道路。

第二十七条　市道路运输行政管理部门对失去使用功能的省道、县道，区交通行政管理部门对失去使用功能的乡道、村道，在征得同级规划资源部门的同意后应当宣布废弃。

市道路运输行政管理部门、区交通行政管理部门以及乡（镇）人民政府应当将废弃公路及时向社会公告，并设立明显标志。

规划资源部门应当按照土地利用规划的要求重新确定废弃公路的土地使用性质。

国务院交通运输主管部门对公路废弃程序有规定的，按照其规定执行。

第三章　养护管理

第二十八条　市道路运输行政管理部门、区交通行政管理部门负责公路及其附属设施的养护管理，保持公路及其附属设施的完好。

市人民政府应当完善农村公路养护资金补助机制，区人民政府应当将农村公路养护资金及管理机构和人员支出纳入一般公共财政预算。

第二十九条　本市实行公路养护管理和公路养护作业分离制度，加快推进公路养护作业市场化，引导养护作业单位分类分级发展，健全与公路养护作业规模、内容和专业要求相适应的公路养护市场。

公路养护作业单位应当符合规定的条件。

市道路运输行政管理部门、区交通行政管理部门应当根据养护工程类型，选择相适应的养护作业单位。公路养护作业需要进行招标投标的，应当按照法律、法规的规定进行招标投标。

第三十条　承担公路养护作业的单位应当按照国家和本市规定的技术规范、操作规程和合同的约定对公路及其附属设施进行养护，保证公路经常处于良好的技术状态。

公路进行大修的，应当按照本条例第二十三条、第二十四条的规定实行竣工验收和质量保修。

第三十一条　市道路运输行政管理部门、区交通行政管理部门应当按照公路养护技术规范，定期对管辖的公路全面进行技术状况评定，技术状况评定每年不少于一次。技术状况评定结果，作为养护工程计划安排的重要依据。

市道路运输行政管理部门、区交通行政管理部门应当统筹编制养护工程计划，合理确定施工期限，保障养护工程按照计划实施，减少对公路通行的影响；进行省际间养护作业的，还应当与相邻省市做好沟通衔接。

市道路运输行政管理部门、区交通行政管理部门与公安交通管理部门应当加强管理协同。公安交通管理部门应当做好交通安全审批、现场交通秩序管理等工作。

第三十二条　公路养护作业单位按照下列安全规定进行养护作业：

（一）根据公路的技术等级采取相应的安全保护措施，设置必要的交通安全设施；

（二）公路养护人员应当穿着统一的安全标志服；

（三）使用车辆、机械设备进行养护作业时，应当在公路作业车辆、机械设备上设置明显的作业标志，开启危险报警闪光灯；

（四）在夜间和雨、雪、雾等恶劣天气进行养护作业时，现场必须设置警示灯光信号；

（五）公路养护作业应当避让交通高峰时段。

公路养护作业车辆进行作业时，在不影响过往车辆通行的前提下，其行驶路线和方向不受公路标志、标线限制，但在高速公路上进行养护作业的车辆除外。

对高速公路的清扫保洁和绿化养护作业，应当以机械作业为主；确实需要人工养护作业的，养护作业单位应当采取切实有效的安全防护措施。

因公路养护作业影响车辆、行人通行或者通行安全的，养护作业单位应当依照本条例第二十六条的规定办理。

第三十三条　市道路运输行政管理部门、区交通行政管理部门应当采取定期检查或者抽查等方式，加强养护工程质量监督，并督促及时整改。

发现公路损坏，任何单位和个人都有权向市道路运输行政管理部门、区交通行政管理部门反映。市道路运输行政管理部门、区交通行政管理部门应当及时处理，并反馈处理情况。

第三十四条　市道路运输行政管理部门、区交通行政管理部门、乡（镇）人民政府应当按照公路养护技术规范，定期对管辖的公路桥梁进行检查。需要进行检测的，市道路运输行政管理部门、区交通行政管理部门、乡（镇）人民政府应当委托符合资质条件的机构进行检测。

公路桥梁经检测负载达不到原标准的，市道路运输行政管理部门、区交通行政管理部门、乡（镇）人民政府应当及时采取维修和加固等有效措施，维修和加固期间应当设立明显的限载标志；经检测发现公路桥梁严重损坏影响通行安全的，市道路运输行政管理部门、区交通行政管理部门、乡（镇）人民政府应当先行设置禁止通行的标志，并及时采取修复措施，同时将相关信息报送公安交通管理部门。

第三十五条　公路及公路用地范围内的树木不得任意砍伐、迁移。确实需要更新砍伐的，应当经市道路运输行政管理部门或者区交通行政管理部门同意后，按照有关法律、法规的规定办理审批手续，并更新补种。

第四章　路政管理

第三十六条　公路两侧应当按照国家规定划定公路建筑控制区。

公路建筑控制区的范围，由市、区人民政府组织交通、规划资源等行政管理部门划定。

公路建筑控制区的范围经划定后，市道路运输行政管理部门、区交通行政管理部门应当设置明显的标桩、界桩。

除公路防护和养护需要以外，禁止在公路两侧的建筑控制区内修建建筑物或者地面构筑物；需要在建筑控制区内埋设管线、电缆等设施的，应当事先征得市道路运输行政管理部门或者区交通行政管理部门的同意。

公路建筑控制区内划定前已经合法修建的建筑物、构筑物，不得扩建；因公路建设或者保障公路运行安全等原因需要拆除的，应当依法给予补偿。

第三十七条　禁止在公路及公路用地范围内摆摊设点、堆放物品、倾倒垃圾、设置障碍、挖沟引水、打场晒粮、种植作物、放养牲畜、采石、取土、采空作业、焚烧物品、利用公路边沟排放污物、堵塞公路排水沟渠、填埋公路边沟或者进行其他损坏、污染公路和影响公路畅通的活动。

法律、行政法规对危及公路安全的行为有禁止性规定的，从其规定。

第三十八条　任何单位和个人不得擅自占用或者挖掘公路及公路用地。

因基础设施和其他重要工程建设确实需要临时占用和挖掘公路及公路用地的，必须向市道路运输行政管理部门或者区交通行政管理部门提出申请，经审批同意后方可临时占用或者挖掘；影响交通安全的，还应当经公安交通管理部门批准。

挖掘公路及公路用地的单位或者个人应当按照公路的原有标准，负责修复或者承担相应的费用。

本市加强对挖掘公路及公路用地施工的统筹管理。挖掘公路及公路用地的，应当按照规定将掘路施工计划报市道路运输行政管理部门或者区交通行政管理部门，由市道路运输行政管理部门或者区交通行政管理部门会同住房城乡建设管理部门进行综合平衡，并优先安排综合掘路施工。

挖掘公路及公路用地应当在施工现场醒目位置设置施工铭牌，标明许可情况、施工单位、施工时间、监督电话等内容。

第三十九条　新建、扩建、改建的公路竣工后五年内或者大修的公路竣工后三年内，不得挖掘。因特殊情况需要挖掘的，应当按照规定向市道路运输行政管理部门或者区交通行政管理部门交纳掘路修复费一至五倍的费用；影响交通安全的，还应当经公安交通管理部门批准。

因地下管线设施发生故障需要挖掘公路及公路用地进行紧急抢修的，抢修单位可以先行掘路，但应当立即通知市道路运输行政管理部门或者区交通行政管理部门和公安交通管理部门，并且在二十四小时内补办紧急掘路手续。

第四十条　跨越、穿越公路修建桥梁或者架设、埋设管线等设施的，以及在公路用地范围内架设、埋设管线、电缆等设施的，应当事先经市道路运输行政管理部门或者区交通行政管理部门同意；影响交通安全的，还须征得公安交通管理部门的同意。

因公路改建、扩建需要拆除或者移动前款所述管线的，管线单位应当及时予以拆除、迁移。

第四十一条　在公路上增设、改造平面交叉道口的，应当经市道路运输行政管理部门或者区交通行政管理部门以及公安交通管理部门批准。

第四十二条　经批准在公路及公路用地范围内架设、埋设管线或者设置道口的，应当符合公路工程技术标准的要求。对公路以及公路附属设施造成损坏的，应当予以相应的补偿。

第四十三条　任何单位和个人不得擅自在公路及公路用地范围内设置标牌、广告牌等非公路标志。需要设置的，应当符合相关设置规划、技术规范的要求，经市道路运输行政管理部门或者区交通行政管理部门同意，并按照设置标牌、广告牌的有关规定办理手续。

任何单位和个人不得利用公路交通安全设施、交通标志和行道树设置广告。

因公路改建、扩建需要拆除广告牌，致使设置广告牌的合同无法继续履行的，应当给予设置单位相应的补偿。

第四十四条　超过公路、公路桥梁、公路隧道限载、限高、限宽、限长标准的车辆，不得在公路、公路桥梁或者公路隧道行驶。

公路、公路桥梁、公路隧道限载、限高、限宽、限长标准调整的，应当及时变更限载、限高、限宽、限长标志；需要绕行的，还应当标明绕行路线。

第四十五条　车辆载运不可解体物品，车货总体的外廓尺寸或者总质量超过公路、公路桥梁、公路隧道的限载、限高、限宽、限长标准，确需在公路、公路桥梁、公路隧道行驶的，从事运输的单位和个人应当按照国家规定向市道路运输行政管理部门或者区交通行政管理部门申请公路超限运输许可。公路超限运输影响交通安全的，市道路运输行政管理部门或者区交通行政管理部门在审批超限运输申请时，应当征求公安交通管理部门意见。

市道路运输行政管理部门或者区交通行政管理部门批准超限运输申请的，应当告知公安交通管理部门，并加强对超限运输沿线公路设施的安全监测和通行安全管理。

跨省、自治区、直辖市进行超限运输的，按照《中华人民共和国公路法》《公路安全保护条例》的规定办理超限运输许可相关手续。

第四十六条　本市通过货物运输源头监管等方式，加强对违法超限运输行为的监管。

对违法超限运输的，市、区交通行政管理部门有权要求当事人提供超限运输货物源头信息；当事人应当按照要求提供。

第四十七条　公交车辆和其他固定线路客运车辆的站点设置或者移位，除征得公安交通管理部门的同意外，还应当符合国家有关公路管理的规定。

因站点设置影响公路以及公路附属设施使用功能的，设置单位应当负责恢复原状或者承担相应的费用。

第四十八条　市道路运输行政管理部门、区交通行政管理部门按照本条例规定受理有关申请的，应当自受理之日起十五日内作出书面审批决定。

第四十九条　高速公路上的故障车、肇事车、抛撒物等障碍物的清除由市道路运输行政管理部门、区交通行政管理部门负责。进行清除障碍物作业的车辆必须安装标志灯具并喷涂明显的标志，执行清除障碍物作业任务时，必须开启标志灯具和危险报警闪光灯。

除清除障碍物作业的车辆外，禁止其他车辆在高速公路上拖拽故障车、肇事车。

第五十条　因施工作业和养护作业确需封路、封桥的，市道路运输行政管理部门或者区交通行政管理部门和公安交通管理部门应当在正式实施封路、封桥措施三日前，通过新闻媒体联合发布封路、封桥通告。

因灾害性天气或者突发性事故影响高速公路行车安全时，市道路运输行政管理部门可以先行对部分路段或者全路实行限速或者限时封闭，并及时通报公安交通管理部门。

第五十一条　市、区交通行政管理部门应当编制突发事件应急预案，报本级人民政府批准后实施。

应急预案应当根据自然灾害、事故灾难、公共卫生事件等突发事件类型和响应等级，明确交通管制、关闭公路、疫情防控检测等应急措施；需要跨区域统一实施的，应当同时明确联动机制。

市、区交通行政管理部门应当根据应急预案，储备应急物资，组建应急队伍，定期组织演练。应急预案应当进行动态评估，并根据评估结果及时调整完善。

第五十二条　为应对突发事件以及其他应急管理需要，确有必要在公路上设置综合检查、公共卫生检疫等站点的，由市交通行政管理部门会同有关行政管理部门按照相关规定，报市人民政府批准后设置。

综合检查、公共卫生检疫等站点的设置和运行，应当在满足应急管理需要的同时，减少对公路通行的影响。

第五十三条　本市根据国家规定推行农村公路路长制，建立区、乡（镇）、村三级路长体系，设立相应的总路长、路长，分级分段组织本行政区域内的公路管理等工作。

区、乡（镇）人民政府应当按照规定，建立农村公路专管员制度，农村公路专管员负责日常路况巡查、隐患排查、灾毁信息上报等工作。农村公路专管员制度应当与城市网格化管理制度相衔接。

第五十四条　本市推进农村客运和物流服务体系建设，促进城乡交通运输一体化发展。

农村公路的技术条件应当与国家和本市对农村客运、物流发展的要求相匹配。

第五十五条　市交通、道路运输行政管理部门应当与长江三角洲区域相关省、市有关部门建立跨区域治理公路超限运输联防联动机制，统筹布局公路超限运输检测站点网络，加强执法信息共享，对严重违法的超限运输行为依法实施信用联合惩戒。

第五章　收费公路管理

第五十六条　本市按照统筹规划、合理布局、严格控制的原则和法律、行政法规的规定设立收费公路。

收费公路的设立由市人民政府批准。

第五十七条　收费公路的车辆通行费收费标准，由市交通行政管理部门会同市财政、物价部门根据国家和本市有关规定确定。

第五十八条　本市收费公路实行联网收费，按照国家和本市相关规定建设、运行、维护电子不停车收费系统，保证系统处于良好的技术状态，为通行车辆及人员提供优质服务。

第五十九条　在收费公路上设置车辆通行费收费站，应当经市交通行政管理部门审核后报市人民政府批准。

收费期限届满的收费公路，市道路运输行政管理部门应当组织收费单位及时拆除收费站设施。

第六十条　在收费公路上行驶的机动车辆，应当按照规定交纳车辆通行费，但国家规定免费通行的除外。

第六十一条　国内外经济组织投资经营的收费公路和受让收费权经营的收费公路养护工作，由该公路经营企业负责。

各公路经营企业应当按照国家和本市规定的技术规范和操作规程，对公路进行养护，或者委托符合条件的公路养护作业单位进行养护。

市道路运输行政管理部门、区交通行政管理部门应当加强对收费公路养护的监督与检查。

第六十二条　国内外经济组织投资经营的收费公路和受让收费权经营的收费公路的路政执法，由市交通行政管理部门负责。

在收费公路上临时占路、掘路或者进行管线施工以及设置道口等活动的，除经市道路运输行政管理部门审批同意外，还应当事先征求公路经营企业的意见。造成公路经营企业损失的，应当给予相应的补偿。

第六十三条　收费公路的收费期限，由市人民政府批准，但不得超过国家规定的年限。

国内外经济组织投资经营的收费公路经营期限届满的，由市人民政府无偿收回。

第六章　法律责任

第六十四条　违反本条例第三十条第一款规定，未按照规定从事养护作业的，由市或者区交通行政管理部门责令改正，处以一万元以上五万元以下的罚款；拒不改正的，吊销其资质证书。

第六十五条　违反本条例第三十六条第四款规定，在公路建筑控制区内修建建筑物、地面构筑物或者擅自实施管线工程的，由市或者区交通行政管理部门责令其限期拆除，可处以五万元以下的罚款；逾期不拆除的，由市或者区交通行政管理部门予以强制拆除，有关费用由责任方承担。

第六十六条　违反本条例第三十七条第一款规定，造成公路路面损坏、污染或者影响公路畅通的，由市或者区交通行政管理部门责令其停止违法行为，可处以五千元以下的罚款。

第六十七条　违反本条例第三十八条第一款、第三十九条第二款、第四十条第一款、第四十五条第一款、第四十九条第二款规定，有下列行为之一的，由市或者区交通行政管理部门责令其停止违法行为，可处以三万元以下的罚款：

（一）擅自占用或者挖掘公路和公路用地的；

（二）擅自在公路和公路用地范围内架设或者埋设管线的；

（三）擅自驾驶超重车辆通过公路桥梁的；

（四）除清除障碍物作业的车辆外的其他车辆在高速公路上拖拽故障车、肇事车的。

第六十八条　违反本条例第四十一条规定，擅自在公路上增设、改造平面交叉道口的，由市或者区交通行政管理部门责令其恢复原状，处以五万元以下的罚款。

第六十九条　违反本条例第四十三条第一款、第二款规定，擅自在公路及公路用地范围内设置标牌、广告牌等非公路标志或者利用公路交通安全设施、交通标志和行道树设置广告的，由市或者区交通行政管理部门责令其限期拆除，可处以二万元以下的罚款；逾期不拆除的，由市或者区交通行政管理部门强制拆除，有关费用由设置者承担。

第七十条　违反本条例第五十六条第二款、第五十九条第一款规定，未经批准设立收费公路或者设置车辆通行费收费站的，由市交通行政管理部门责令其停止违法行为，没收违法所得，可处以违法所得三倍以下的罚款；没有违法所得的，可处以二万元以下的罚款。

第七十一条　违反本条例第六十条规定，不按规定交纳车辆通行费的，公路经营企业有权拒绝其通行，并要求其补交应交纳的车辆通行费。

第七十二条　市交通行政管理部门、市道路运输行政管理部门、区交通行政管理部门的工作人员玩忽职守、滥用职权、徇私舞弊的，由其所在单位或者上级行政管理部门给予行政处分；构成犯罪的，依法追究刑事责任。

第七十三条　造成公路较大损害的车辆，当事人必须立即停车，保护现场，报告市道路运输行政管理部门或者区交通行政管理部门，接受调查，经处理后方可驶离。

因公路养护不当造成通行车辆或者行人损害的，公路养护单位应当承担相应的赔偿责任。

第七十四条　市道路运输行政管理部门、区交通行政管理部门未履行本条例规定的职责，违法审批或者作出其他错误决定的，市交通行政管理部门或者区人民政府有权责令其纠正，或者予以撤销；造成当事人直接经济损失的，作出违法审批或者其他错误决定的市道路运输行政管理部门、区交通行政管理部门应当依法予以赔偿。

第七十五条　当事人对行政管理部门的行政行为不服的，可以依照《中华人民共和国行政复议法》或者《中华人民共和国行政诉讼法》的规定，申请行政复议或者提起行政诉讼。

当事人对具体行政行为逾期不申请复议，不提起诉讼，又不履行的，作出具体行政行为的部门可以申请人民法院强制执行。

第七章　附则

第七十六条　在公路上开展智能网联汽车道路测试等活动的，按照国家和本市有关规定执行。

第七十七条　本条例自 2000 年 5 月 1 日起施行。

26. 上海市村民委员会选举办法

（1999 年 6 月 1 日上海市第十一届人民代表大会常务委员会第十次会议通过　根据 2004 年 8 月 19 日上海市第十二届人民代表大会常务委员会第十四次会议《关于修改〈上海市村民委员会选举办法〉的决定》第一次修正　根据 2010 年 9 月 17 日上海市第十三届人民代表大会常务委员会第二十一次会议《关于修改本市部分地方性法规的决定》第二次修正　2014 年 6 月 19 日上海市第十四届人民代表大会常务委员会第十三次会议修订　根据 2020 年 9 月 25 日上海市第十五届人民代表大会常务委员会第二十五次会议《关于修改〈上海市村民委员会选举办法〉的决定》第三次修正）

第一条　为了规范村民委员会选举工作，保障村民依法行使民主权利，根据《中华人民共和国村民委员会组织法》，结合本市实际情况，制定本办法。

第二条　村民委员会由主任、副主任、委员三至七人组成，其成员的具体职数由村民会议或者村民代表会议决定。

村民委员会主任、副主任和委员，由本村登记参加选举的村民直接选举产生。任何组织或者个人不得指定、委派或者撤换村民委员会成员。

村民委员会成员中，应当有妇女成员。村民委员会成员之间不得有夫妻关系或者直系亲属关系。

第三条　年满十八周岁的村民，不分民族、种族、性别、职业、家庭出身、宗教信仰、教育程度、财产状况、居住期限，都有选举权和被选举权；但是，依照法律被剥夺政治权利的人除外。

第四条　中国共产党在农村的基层组织在村民委员会选举中发挥领导核心作用，依法支持和保障村民委员会换届选举工作。

第五条　村民委员会每届任期五年，届满应当及时举行换届选举。村民委员会成员可以连选连任。

不能按时举行换届选举的，由村民委员会提出延期理由及延长期限，经村民会议或者村民代表会议同意，乡、镇人民政府审查，区人民政府批准，可以延期选举。延期选举的，由区民政部门报市民政部门备案。

村民委员会的换届选举工作由市人民政府统一部署。区人民政府成立选举工作领导小组，领导本行政区域内的村民委员会换届选举工作。

市和区民政部门负责指导村民委员会换届选举工作。

第六条　村民委员会换届选举期间，乡、镇人民政府成立选举工作指导小组，具体指导、帮助村民选举委员会工作，履行下列职责：

（一）制定本乡、镇村民委员会的换届选举工作计划，确定选举日程；

（二）宣传村民委员会选举的有关法律、法规；

（三）组织培训选举工作人员；

（四）受理有关选举工作的举报和来信来访；

（五）承办换届选举工作的其他事项。

第七条　村民委员会的选举，由村民选举委员会主持。村民选举委员会由主任、委员七至九人组成，其成员应当有一定的代表性。村民选举委员会成员由村民会议、村民代表会议或者各村民小组会议推选产生。

村民选举委员会成员被确定为村民委员会成员候选人的，应当退出村民选举委员会。

村民选举委员会成员退出村民选举委员会或者其他原因出缺的，按照原推选结果依次递补，也可以另行推选。

第八条　村民选举委员会履行下列职责：

（一）依法拟订选举工作方案，提请村民会议或者村民代表会议讨论通过；

（二）开展选举的宣传、发动工作；

（三）拟定和培训选举工作人员；

（四）公布选举日、投票地点和时间；

（五）组织村民登记，审查村民的选举资格，并公布登记参加选举的村民名单；

（六）组织登记参加选举的村民提名村民委员会成员候选人并公布候选人名

单，或者组织登记参加选举的村民直接投票选举村民委员会成员；

（七）主持投票选举，公布选举结果，并报乡、镇人民政府备案；

（八）受理有关选举工作的群众来信来访；

（九）总结选举工作，整理、建立选举工作档案；

（十）主持村民委员会工作移交；

（十一）办理选举工作中的其他事项。

村民选举委员会履行职责的期限，自组成之日起至上一届村民委员会与新一届村民委员会完成工作移交之日止。

第九条　有选举权和被选举权的村民的年龄以户籍登记的出生日期为依据。村民年满十八周岁的计算以本村的选举日为准。

村民委员会选举前，应当对下列人员进行登记，列入参加选举的村民名单：

（一）户籍在本村并且在本村居住的村民；

（二）户籍在本村，不在本村居住，本人表示参加选举的村民；

（三）户籍不在本村，在本村合法稳定居住一年以上，本人申请参加选举，并且经村民会议或者村民代表会议同意参加选举的公民。

结婚后居住在配偶户籍所在村，本人户籍未迁入，申请在配偶户籍所在村参加选举的；或者对本村集体经济依法享有权益的原村民，本人申请参加选举的，经村民选举委员会确认，可以予以登记。

已登记参加选举的村民，不得再参加其他地方村民委员会的选举。

第十条　登记参加选举的村民名单，应当在选举日的二十日前由村民选举委员会公布。

对登记参加选举的村民名单有异议的，应当自名单公布之日起五日内向村民选举委员会申诉，村民选举委员会应当自收到申诉之日起三日内作出处理决定，并公布处理结果。

第十一条　村民委员会由本村登记参加选举的村民按照《中华人民共和国村民委员会组织法》的规定直接选举产生，具体方式由村民会议或者村民代表会议决定。

第十二条　登记参加选举的村民通过投票直接提名村民委员会主任、副主任和委员候选人，均以得票多的为正式候选人。

村民委员会成员正式候选人名单应当在选举日的五日以前，按照得票多少的顺序张榜公布。

村民委员会主任、副主任的正式候选人应当分别比应选名额多一人。村民委员会委员的正式候选人应当比应选名额多一至三人，具体差额数由村民选举委员会在拟订选举工作方案时规定。

第十三条　村民选举委员会应当按照公开、公平、公正的原则帮助村民了解村民委员会成员候选人，应当组织候选人与村民见面，由候选人介绍履行职责的设想，回答村民提出的问题，但是在选举日应当停止对候选人的介绍。

第十四条　村民选举委员会在选举日以前，应当做好以下准备工作：

（一）拟定监票人和发票、唱票、计票、代书工作人员；

（二）公布投票时间，印制选票；

（三）设立选举会场、投票站；

（四）核实登记参加选举的村民委托的投票人；

（五）其他选举事务工作。

村民委员会成员候选人及其配偶或者直系亲属不得担任监票人和发票、唱票、计票、代书工作人员。

第十五条　选举村民委员会，采取无记名投票方法。可以由登记参加选举的村民一次投票选举主任、副主任和委员；也可以分次投票选举主任、副主任和委员。主任、副主任不得由当选的委员推选产生。

登记参加选举的村民应当从全体村民利益出发，选举奉公守法、品行良好、公道正派、热心公益、乐于奉献、身体健康、具有一定文化水平和工作能力的村民委员会成员。

第十六条　登记参加选举的村民，选举期间因外出或者特殊原因不能参加投票的，可以书面委托本村有选举权的近亲属代为投票。每一登记参加选举的村民接受的委托投票不得超过三人。接受委托投票的村民不得再委托其他村民投票。

委托人或者受委托人应当在选举日五日前到村民选举委员会办理委托投票手续，村民选举委员会审核后发放委托投票证，并在选举日二日前在村民委员会和各村民小组所在地公布委托人和受委托人的名单。禁止投票现场临时委托的行为。

第十七条　选举会场和投票站应当设立秘密写票处和公共代写处，文盲或者因残疾不能写选票的，可以委托其信任的人代写。

登记参加选举的村民对村民委员会成员候选人可以投赞成票，可以投反对票，可以另选他人，也可以弃权。

第十八条　投票结束后，投票站的选举工作人员应当立即将投票箱集中到选举会场统一启封，公开唱票、计票。选举结果由村民选举委员会当场向村民公布。

第十九条　选举村民委员会，有登记参加选举的村民过半数投票，选举有效。收回的票数，等于或者少于投票人数的有效，多于投票人数的无效。

每一选票所选的人数，等于或者少于应选名额的为有效票，多于应选名额的为废票。

第二十条　获得参加投票的村民过半数赞成票的，始得当选村民委员会成员。

获得参加投票的村民过半数赞成票的人数超过应选名额时，以得票多的当选。如遇票数相等，不能确定当选人时，应当就票数相等的人员再次投票，以得票多的当选。

第二十一条　当选村民委员会成员的人数少于应选名额时，当选人数达到三人的，不足的名额是否暂缺，由村民会议或者村民代表会议决定；当选人数未达到三人的，不足的名额，应当在三十日内另行选举。另行选举村民委员会时，根据第一次投票时得赞成票多少的顺序，按照差额确定候选人名单，候选人以得赞成票多的当选，但是得赞成票数不得少于选票的三分之一。

村民委员会主任暂缺的，由得票多的副主任临时主持村民委员会工作；村民委员会主任、副主任都暂缺的，由得票多的委员临时主持村民委员会工作；得票相等的，由村民会议或者村民代表会议确定临时主持村民委员会工作的成员。

第二十二条　村民选举委员会应当将选举结果报乡、镇人民政府，并向当选的村民委员会主任、副主任和委员颁发证书。

第二十三条　选举村民委员会成员的所有选票应当在选举工作结束当天及时封存，交由乡、镇人民政府保管，至少保存至下一届村民委员会选举工作结束为止。

第二十四条　在新一届村民委员会产生当日，上一届村民委员会应当向新一届村民委员会移交公章，并在十日内将村民委员会的公共财物、财务账目、债权债务凭证、档案资料等移交完毕。工作移交由村民选举委员会主持，由乡、镇人民政府监督。逾期不移交的，乡、镇人民政府应当督促移交。不移交造成村集体或者村民财产损失的，由相关责任人依法承担赔偿责任。

第二十五条　村民委员会及其成员应当遵守宪法、法律、法规和国家的政策，办事公道，廉洁奉公，热心为村民服务。

村民委员会及其成员应当接受村民和村务监督机构监督。

第二十六条　村民委员会成员有下列情形之一的，其职务自行终止：

（一）死亡；

（二）丧失行为能力；

（三）被判处刑罚；

（四）经民主评议连续两次不称职。

村民委员会成员职务自行终止的，由村民委员会召集村民会议或者村民代表会议宣布，并报乡、镇人民政府备案。村民委员会不召集村民会议或者村民代表会议宣布的，由村务监督机构召集村民会议或者村民代表会议宣布，并报乡、镇人民政府备案。

第二十七条　本村五分之一以上有选举权的村民或者三分之一以上的村民代表，可以联名要求罢免村民委员会成员。

乡、镇人民政府对具有下列情形的村民委员会成员，可以向村民委员会提出罢免建议：

（一）连续三个月以上不履行职责的；

（二）违反法律、法规造成人员重大伤亡或者集体经济重大损失的；

（三）滥用职权、谋取私利，损害集体经济利益，引起村民严重不满的。

罢免要求和罢免建议应当提出罢免理由。被提出罢免的村民委员会成员有权提出申辩意见。村民委员会应当在接到罢免要求或者罢免建议后三十日内召集村民会议投票表决。罢免村民委员会成员，须有登记参加选举的村民过半数投票，并须经投票的村民过半数通过。

村民委员会逾期不召集村民会议表决罢免要求或者罢免建议，由乡、镇人民政府责令改正，逾期不改正的，乡、镇人民政府可以召集村民会议投票表决罢免要求或者罢免建议。

第二十八条　村民委员会成员要求辞去职务的，应当以书面形式向村民会议或者村民代表会议提出，由村民会议或者村民代表会议讨论决定。

第二十九条　村民委员会成员因故出缺，其成员满三人的，经村民代表会议同意可以不补选；其成员不满三人的，应当在三个月内由村民会议或者村民代表会议进行补选。

补选村民委员会成员，村民委员会应当事先向乡、镇人民政府报告，补选程序参照本办法规定办理。补选的村民委员会成员的任期，到本届村民委员会任期届满为止。

第三十条　对有下列行为之一的，村民有权向乡、镇人民代表大会和人民政府或者区人民代表大会常务委员会和人民政府及其有关主管部门举报，有关机关应当负责调查并依法处理，对直接责任人员给予处分；违反《中华人民共和国治安管理处罚法》的，由公安机关依法给予处罚；构成犯罪的，依法追究刑事责任：

（一）以暴力、威胁、欺骗、贿赂、伪造选票、虚报选举票数等不正当手段，妨害村民行使选举权、被选举权，破坏村民委员会选举的；

（二）指定、委派、撤换村民委员会成员的；

（三）对检举村民委员会选举中违法行为的村民或者提出要求罢免村民委员会成员的村民进行压制、报复的；

（四）其他破坏村民委员会选举的行为。

第三十一条　村民对选举程序或者选举结果有异议的，可以向区或者乡、镇人民政府提出申诉，区和乡、镇人民政府应当及时调查处理。

第三十二条　村民委员会的选举经费确有困难的，乡、镇人民政府应当给予适当补助。

市和区民政部门指导村民委员会选举工作的经费，由同级财政安排。

第三十三条　区人民代表大会及其常务委员会和乡、镇人民代表大会对村民委员会选举进行监督、检查，在本行政区域内保证本办法的实施，保障村民依法行使自治权利。

第三十四条　本办法自 2014 年 10 月 1 日起施行。

27. 上海市反不正当竞争条例

（1995 年 9 月 28 日上海市第十届人民代表大会常务委员会第二十一次会议通过　根据 1997 年 8 月 13 日上海市第十届人民代表大会常务委员会第三十八次会议《关于修改〈上海市反不正当竞争条例〉的决定》第一次修正　根据 2011 年 12 月 22 日上海市第十三届人民代表大会常务委员会第三十一次会议《关于修改本市部分地方性法规的决定》第二次修正　2020 年 10 月 27 日上海市第十五届人民代表大会常务委员会第二十六次会议修订）

第一章　总则

第一条　为了促进社会主义市场经济健康发展，鼓励和保护公平竞争，制止不正当竞争行为，保护经营者和消费者的合法权益，优化营商环境，根据《中华人民共和国反不正当竞争法》和有关法律、行政法规的规定，结合本市实际，制定本条例。

第二条　在本市从事商品生产、经营或者提供服务（以下所称商品包括服务）的自然人、法人和非法人组织（以下统称经营者）在生产经营活动中，应当遵循自愿、平等、公平、诚信的原则，遵守法律法规和商业道德，不得实施或者帮助他人实施不正当竞争行为。

第三条　市人民政府建立反不正当竞争工作协调机制，研究决定本市反不正当竞争重大政策，协调处理本市维护市场竞争秩序的重大问题，为公平竞争创造良好的环境和条件。

各区人民政府建立本区反不正当竞争工作协调机制，协调处理本区跨部门反不正当竞争执法等工作。

第四条　市市场监督管理部门负责指导、协调本市不正当竞争行为的预防和查处工作，查处本市重大、跨区等不正当竞争行为。区市场监督管理部门负责本行政区域内不正当竞争行为的预防和查处工作。

财政、文化旅游、民政、体育、商务等部门（以下与市场监督管理部门统称为监督检查部门）根据法律、行政法规的规定，负责各自职责范围内不正当竞争行为的预防和查处工作。

公安、发展改革、地方金融监管、网信等部门按照各自职责做好反不正当竞争的相关工作。

市场监督管理等监督检查部门应当与相关部门建立反不正当竞争案件信息共享和协同工作机制，加强案件线索通报移送，开展调查取证协查协助，在重点领域、重点区域探索联合执法。

第五条　本市探索建立对不正当竞争行为的监测、分析和研究机制。

市场监督管理部门应当会同有关部门、专业院校、科研机构、行业组织等，对重点领域、重点区域以及新型业态中出现的不正当竞争行为探索开展监测、分析和研究，为本市制定反不正当竞争政策提供参考。

第六条　市场监督管理等监督检查部门应当加强线上线下监管体系建设和监管执法队伍建设，利用人工智能、大数据等现代信息技术，提高发现和查处不正当竞争行为的能力。

第七条　本市推动实施长江三角洲（以下简称长三角）区域反不正当竞争工作协作，开展跨区域协助、联动执法，实现执法信息共享、执法标准统一，促进长三角区域反不正当竞争重大政策协调和市场环境优化。在长三角生态绿色一体化发展示范区探索反不正当竞争执法一体化。

本市加强与其他省市反不正当竞争工作的交流合作，依法配合、协助其他省市有关行政机关和司法机关的调查取证、文书送达、执行等工作。

第二章　不正当竞争行为

第八条　经营者不得实施下列混淆行为，引人误认为是他人商品或者与他人存在特定联系：

（一）擅自使用与他人有一定影响的商品名称、包装、装潢等相同或者近似的标识；

（二）擅自使用他人有一定影响的企业名称（包括简称、字号等）、社会组织名称（包括简称等）、姓名（包括笔名、艺名、译名等）；

（三）擅自使用他人有一定影响的域名主体部分、网站名称、网页等；

（四）擅自使用与他人有一定影响的商品独特形状、节目栏目名称、企业标志、网店名称、自媒体名称或者标志、应用软件名称或者图标等相同或者近似的标识；

（五）其他足以引人误认为是他人商品或者与他人存在特定联系的混淆行为。

前款所称有一定影响的标识，是指一定范围内为公众所知晓，能够识别商品或者其来源的显著性标识。前款所称使用行为，包括生产、销售他人有一定影响的标识的行为。经营者在先使用他人有一定影响的标识，可以在原使用范围内继续使用。

经营者不得通过将他人有一定影响的标识与关键字搜索关联等方式，帮助其他经营者实施混淆行为。

第九条　经营者不得采用财物或者其他手段贿赂下列单位或者个人，以谋取交易机会或者竞争优势：

（一）交易相对方的工作人员；

（二）受交易相对方委托办理相关事务的单位或者个人；

（三）利用职权或者影响力影响交易的单位或者个人。

任何单位和个人不得收受、承诺收受或者通过他人收受贿赂，为经营者谋取交易机会或者竞争优势。

经营者、交易相对方、中间人支付或者接受折扣、佣金的，均应当按照相关财务制度如实入账。

第十条　经营者不得对其商品的性能、功能、质量、销售状况、用户评价、曾获荣誉等作虚假或者引人误解的商业宣传，欺骗、误导消费者或者其他相关公众。

前款所称的商业宣传行为包括：

（一）在经营场所或者展览会、展销会、博览会等其他场所，以及通过互联网等信息网络对商品进行展示、演示、说明、解释、推介或者文字标注等；

（二）通过上门推销或者举办鉴定会、宣传会、推介会等方式，对商品进行展示、演示、说明、解释、推介或者文字标注等；

（三）张贴、散发、邮寄商品的说明、图片或者其他资料等；

（四）其他不构成广告的商业宣传行为。

有下列情形之一，足以造成相关公众误解的，可以认定为引人误解的商业宣传：

（一）对商品作片面的宣传或者对比的；

（二）忽略前提条件、必要信息使用或者不完全引用第三方数据、结论等内容的；

（三）将科学上未定论的观点、现象作为定论事实的；

（四）使用歧义性语言进行宣传的；

（五）其他足以引人误解的商业宣传。

第十一条　经营者不得实施下列行为，帮助其他经营者对销售数量、用户评价、应用排名、搜索结果排名等进行虚假或者引人误解的商业宣传：

（一）组织虚假交易、虚构评价、伪造物流单据、诱导做出指定的评价；

（二）为其他经营者进行虚假或者引人误解的商业宣传提供组织、策划、制作、发布等服务以及资金、场所、工具等条件；

（三）其他帮助进行虚假或者引人误解的商业宣传的行为。

被帮助的其他经营者实施的虚假或者引人误解的商业宣传是否完成，不影响前款所列违法行为的认定。

第十二条　经营者不得实施下列侵犯商业秘密的行为：

（一）以盗窃、贿赂、欺诈、胁迫、电子侵入或者其他不正当手段获取权利人的商业秘密；

（二）披露、使用或者允许他人使用以前项手段获取的权利人的商业秘密；

（三）违反保密义务或者权利人的保密要求，披露、使用或者允许他人使用其掌握的权利人的商业秘密；

（四）教唆、引诱、帮助他人违反保密义务或者权利人的保密要求，获取、披露、使用或者允许他人使用权利人的商业秘密。

经营者以外的其他自然人、法人和非法人组织实施前款所列违法行为的，视为侵犯商业秘密。

第三人明知或者应知商业秘密权利人的员工、前员工或者其他单位、个人实施本条第一款所列违法行为，仍获取、披露、使用或者允许他人使用该商业秘密的，视为侵犯商业秘密。

本条例所称的商业秘密，是指不为公众所知悉、具有商业价值并经权利人采取相应保密措施的技术信息、经营信息等商业信息，包括：

（一）与技术有关的实验（试验）数据、配方、工艺、设计方案、技术诀窍、程序代码、算法、研发记录等信息；

（二）与经营活动有关的客户资料、货源情报、产销策略、利润模式、薪酬体系、标书内容等信息；

（三）其他商业信息。

经营者通过自行开发研制或者通过技术手段对从公开渠道取得的产品进行拆卸、测绘、分析等方式获得该产品技术信息的，不属于侵犯他人商业秘密的行为。

第十三条　商业秘密权利人应当根据商业秘密的实际情况，采取相应的保密措施，包括：

（一）限定涉密信息的知悉范围；

（二）对于涉密信息载体采取加锁、标注保密标识等措施；

（三）对于涉密信息设置密码或者代码等；

（四）与相关人员签订保密协议或者对相关人员提出保密要求；

（五）对于涉密信息所在的机器、厂房、车间等设备、场所采取限制来访者或者提出保密要求等保密管理措施；

（六）其他相应的保密措施。

第十四条　经营者为了销售商品或者获取竞争优势，采取向消费者提供奖金、物品或者其他利益的有奖销售行为，不得存在下列情形：

（一）所设奖的种类、兑奖条件、奖金金额或者奖品等有奖销售信息不明确，影响兑奖；

（二）采用谎称有奖或者故意让内定人员中奖的欺骗方式进行有奖销售；

（三）抽奖式的有奖销售，最高奖的金额超过五万元。

前款第一项所称的有奖销售信息不明确，包括：

（一）公布的奖项种类、参与条件、范围和方式、开奖时间和方式、奖金金额不明确；

（二）奖品价格、品名、种类、数量不明确；

（三）兑奖时间、条件和方式、奖品交付方式、弃奖条件、主办方及其联系方式不明确；

（四）其他有奖销售信息不明确。

本条第一款第二项所称的谎称有奖的方式进行有奖销售，包括：

（一）虚构奖项、奖品、奖金金额等；

（二）在有奖销售活动期间将带有中奖标志的商品、奖券不投放、未全部投放市场或者仅在特定区域投放；

（三）未在有奖销售前明示，将带有不同奖金金额或者奖品标志的商品、奖券按不同时间投放市场；

（四）未按照明示的信息兑奖；

（五）其他谎称有奖的方式。

本条第一款第三项规定的最高奖的金额超过五万元，包括一次性抽奖金额超过五万元，以及同一奖券或者购买一次商品具有二次或者二次以上获奖机会累计金额超过五万元的情形。

有奖销售活动开始后，经营者不得擅自变更奖项种类、参与条件、开奖方式、兑奖方式等信息，不得另行附加条件或者限制，但是有利于消费者的除外。

第十五条　经营者不得编造、传播或者指使他人编造、传播虚假信息或者误导性信息，损害竞争对手的商业信誉、商品声誉。

前款所称的传播包括：

（一）以声明、告客户书等形式将信息传递给特定或者不特定对象；

（二）利用或者组织、指使他人利用大众媒介、信息网络散布相关信息；

（三）组织、指使他人以消费者名义对竞争对手的商品进行评价并散布相关信息；

（四）其他传播行为。

经营者对竞争对手的商品，不得作出虚假或者误导性的风险提示信息，损害竞争对手的商业信誉、商品声誉。

第十六条　经营者利用网络从事生产经营活动，应当遵守法律法规和商业道德，不得利用技术手段，通过影响用户选择或者其他方式，实施下列妨碍、破坏其他经营者合法提供的网络产品或者服务正常运行的行为：

（一）未经其他经营者同意，在其合法提供的网络产品或者服务中，插入链接、强制进行目标跳转；

（二）误导、欺骗、强迫用户修改、关闭、卸载或者无法获取其他经营者合法提供的网络产品或者服务；

（三）恶意对其他经营者合法提供的网络产品或者服务实施不兼容；

（四）无正当理由对其他经营者合法提供的网络产品或者服务实施拦截、关闭等干扰行为；

（五）违背用户意愿下载、安装、运行应用程序，影响其他经营者合法提供的设备、功能或者其他程序正常运行；

（六）对非基本功能的应用程序不提供卸载功能或者对应用程序卸载设置障碍，影响其他经营者合法提供的设备、功能或者其他程序正常运行；

（七）其他妨碍、破坏其他经营者合法提供的网络产品或者服务正常运行的行为。

第三章　对涉嫌不正当竞争行为的调查

第十七条　监督检查部门对依据职权或者通过投诉、举报、其他部门移送、上级交办等途径发现的不正当竞争违法行为线索，应当在规定时限内予以核查，决定是否立案。

第十八条 监督检查部门发现所查处的案件属于其他部门管辖的，应当依法移送有关部门。发生跨部门管辖争议、不能协商解决的，提交市或者相关区反不正当竞争协调机制决定。

第十九条 监督检查部门调查涉嫌不正当竞争行为，可以采取下列措施：

（一）进入涉嫌不正当竞争行为的经营场所进行检查；

（二）询问被调查的经营者、利害关系人及其他有关单位、个人，要求其说明有关情况或者提供与被调查行为有关的其他资料；

（三）查询、复制与涉嫌不正当竞争行为有关的协议、账簿、单据、文件、记录、业务函电和其他资料；

（四）查封、扣押与涉嫌不正当竞争行为有关的财物；

（五）查询涉嫌不正当竞争行为的经营者的银行账户。

监督检查部门采取前款规定的措施，应当依法作出书面报告，并经批准。情况紧急需要当场实施前款第四项规定的措施的，应当在二十四小时内报批，并补办批准手续；未获批准的，应当立即解除。

第二十条 监督检查部门调查涉嫌不正当竞争行为，被调查的经营者、利害关系人以及其他有关单位、个人应当如实提供有关资料或者情况。

权利人请求监督检查部门查处涉嫌侵犯商业秘密行为的，应当提供商业秘密的具体内容、已采取的保密措施以及被侵权事实等初步材料。监督检查部门可以根据实际情况，要求侵权嫌疑人提供其所使用的商业信息不属于商业秘密或者系合法获得的证明材料。

第二十一条 监督检查部门及其工作人员对调查过程中知悉的商业秘密负有保密义务，不得泄露或者非法向他人提供。

第二十二条 监督检查部门发现国家机关、相关单位及其工作人员支持、包庇、参与不正当竞争行为的，可以通报该机关、单位，同时抄告该机关、单位的上级或者主管部门。相关机关、单位应当依法作出处理。

第二十三条 本市完善反不正当竞争案件行政执法与刑事司法的衔接机制。监督检查部门发现不正当竞争行为涉嫌犯罪的，应当按照有关规定移送相关司法机关。司法机关在案件办理过程中，发现不正当竞争行为线索的，可以移送相关监督检查部门。

第四章　反不正当竞争环境建设

第二十四条　经营者是反不正当竞争第一责任人，应当落实主体责任，加强反不正当竞争内部控制与合规管理，自觉抵制不正当竞争行为。鼓励经营者建立健全反商业贿赂等反不正当竞争管理制度，监督检查部门在查处商业贿赂案件中，应当对经营者落实反商业贿赂管理制度情况开展检查。

经营者不正当竞争行为情节轻微并及时纠正，没有造成危害后果的，依法不予行政处罚。

经营者不正当竞争行为情节轻微或者社会危害较小的，依法可以不予行政强制。

第二十五条　行业组织应当加强行业自律，引导、规范会员合法竞争，对会员建立健全反商业贿赂管理制度等加强指导，协调处理会员之间的竞争纠纷，维护市场竞争秩序。

行业组织应当在政府部门指导下，制定本行业竞争自律规范和竞争合规指引，配合、协助监督检查部门查处不正当竞争行为。

第二十六条　本市鼓励、支持和保护一切组织和个人对不正当竞争行为进行社会监督。监督检查部门应当为举报和协助查处不正当竞争行为的组织和个人保密。

任何组织和个人不得捏造事实诬陷他人、实施敲诈勒索，不得滥用举报权利扰乱监督检查部门正常工作秩序。

第二十七条　监督检查部门应当建立工作机制，对经营者依法依规开展商业竞争进行事前指引，公开不正当竞争案件裁量基准，并对经营者建立健全反商业贿赂等反不正当竞争管理制度加强指导。

市监督检查部门、市高级人民法院应当定期公布不正当竞争典型案例，会同宣传、司法行政等部门通过以案释法、情景互动等方式开展反不正当竞争法治宣传。

第二十八条　对于破坏竞争秩序，损害消费者合法权益的行为，法律规定的有关组织向人民法院提起公益诉讼的，监督检查部门依法给予支持。

第二十九条　市、区人民代表大会常务委员会通过听取和审议专项工作报告、开展执法检查等方式，加强对本条例实施情况的监督。

市、区人民代表大会常务委员会充分发挥人大代表作用，组织人大代表专题调研和视察等活动，汇集、反映人民群众的意见和建议，督促有关方面落实反不正当竞争的各项工作。

第五章　法律责任

第三十条　违反本条例规定的行为，法律、行政法规有处罚规定的，从其规定。

经营者违反本条例第十条规定，属于发布虚假广告的，依照《中华人民共和国广告法》的规定处罚。

经营者的行为构成垄断行为的，依照《中华人民共和国反垄断法》的规定处罚。

第三十一条　经营者违反本条例第八条规定实施混淆行为的，由监督检查部门责令停止违法行为，没收混淆的产品、标签、包装、宣传材料、模具、印版、图纸资料等违法商品。违法经营额五万元以上的，可以并处违法经营额五倍以下的罚款；没有违法经营额或者违法经营额不足五万元的，可以并处二十五万元以下的罚款。情节严重的，吊销营业执照。

经营者登记的名称构成混淆行为，监督检查部门或者人民法院作出责令停止使用名称的行政处罚决定或者裁判的，经营者应当在规定的期限内办理名称变更登记。

经营者未在规定的期限内办理名称变更登记的，监督检查部门或者人民法院可以根据当事人的申请，向原登记机关发出协助执行文书。原登记机关收到协助执行文书后，应当督促经营者及时变更名称。名称变更前，以统一社会信用代码代替其名称。

第三十二条　监督检查部门调查涉嫌不正当竞争行为，应当按照法律法规的要求，将查处结果及时向社会公开。

监督检查部门作出行政处罚决定的，应当自作出行政处罚决定之日起七个工作日内，通过本部门或者本系统门户网站等渠道依法公开行政处罚案件信息，并将该处罚信息作为公共信用信息予以归集；情况复杂的，经本部门负责人批准，可以延长七个工作日。行政机关应当在法定权限内对违法经营者采取信用惩戒措施。

第六章　附则

第三十三条　本条例自 2021 年 1 月 1 日起施行。

28. 上海市公共卫生应急管理条例

（2020年10月27日上海市第十五届人民代表大会常务委员会
第二十六次会议通过）

第一章 总则

第一条 为了提高公共卫生应急能力，预防和减少公共卫生事件发生，控制、减轻和消除其社会危害，保障公众生命安全和身体健康，维护公共安全和社会秩序，根据《中华人民共和国传染病防治法》《中华人民共和国突发事件应对法》以及其他有关法律、行政法规，结合本市实际，制定本条例。

第二条 本市行政区域内公共卫生社会治理，以及公共卫生事件预防与应急准备、监测与预警、应急处置、医疗救治、保障监督等活动，适用本条例。

第三条 公共卫生应急管理工作应当坚持人民至上、生命至上，遵循统一领导、分级负责，预防为主、平战结合，依法防控、系统治理，尊重科学、精准施策，联防联控、群防群控的原则。

第四条 本市建立和完善公共卫生应急管理体系，建设各方参与的公共卫生社会治理体系、集中统一的公共卫生应急指挥体系、专业现代的疾病预防控制体系、协同综合的公共卫生监测预警体系、平战结合的应急医疗救治体系。

第五条 市人民政府统一领导本市公共卫生应急管理工作。

区和乡镇人民政府、街道办事处具体负责本辖区内的公共卫生应急管理工作，落实上一级人民政府及其有关部门制定的公共卫生应急管理措施。

第六条 卫生健康部门按照职责，负责组织实施公共卫生日常管理和公共卫生事件监测预警、应急处置、医疗救治等相关工作。

发展改革、经济信息化、商务、应急管理、粮食物资储备、药品监管等部门按照各自职责，负责组织实施相关药品、医疗器械、防护用品等应急物资的储备、征用、应急生产、紧急采购，以及基本生活必需品的调度供应等工作。

民政部门负责指导公共卫生事件的社区防控，以及养老服务机构、儿童福利机构、残疾人养护机构的公共卫生事件预防与处置工作，指导开展慈善捐赠、志愿服务相关活动。

教育部门负责指导监督学校、托幼机构和培训机构落实公共卫生事件预防与处置措施，制定并组织实施公共卫生事件应急处置期间的停学和复学方案。

公安、交通、市场监管、绿化市容、生态环境、农业农村、住房城乡建设管理、城管执法、房屋管理、文化旅游、体育、人力资源社会保障、医疗保障、财政、税务、科技、国有资产、金融管理、司法行政、海关等部门按照各自职责，做好公共卫生事件预防与处置相关工作。

第七条　任何单位和个人应当遵守有关法律、法规规定，服从各级人民政府及其有关部门发布的决定、命令、通告，配合各级人民政府及其有关部门依法采取的各项公共卫生事件预防与处置措施。

第八条　各级人民政府及其部门采取应对公共卫生事件的措施，应当与公共卫生事件可能造成的社会危害的性质、程度和范围相适应；有多种措施可供选择的，应当选择有利于最大程度地保护公民、法人和其他组织权益的措施。

第九条　任何单位和个人不得歧视正在接受治疗或者已被治愈的传染病患者、疑似传染病患者、病原携带者及其家属，不得歧视来自或者途经疫区、疫情高风险地区的人员，不得泄露涉及个人隐私的有关信息资料。

第十条　本市应当与相关省市建立公共卫生事件联防联控机制，开展信息沟通和工作协作。

本市在长三角区域合作框架下，推进公共卫生事件防控预案对接、信息互联互通、防控措施协同。

第十一条　本市积极参与全球公共卫生治理，依法加强公共卫生领域的信息共享、人员技术交流等国际交流合作，共同防范公共卫生安全风险。

第二章　公共卫生社会治理

第十二条　本市建立健全公共卫生社会治理体系，坚持党的领导，落实属地责任、部门责任，通过联防联控、群防群控机制，将区域治理、部门治理、社区治理、单位治理、行业治理有机结合，形成跨部门、跨层级、跨区域的公共卫生事件预防与处置体系。

第十三条　区人民政府应当按照市人民政府及其有关部门的要求，明确公共卫生事件防控职责和分工，落实网格化防控管理机制，指导、监督属地单位和个人落实各项防控措施。

乡镇人民政府和街道办事处应当按照市、区人民政府及其有关部门的统一部署，发挥群防群控力量，组织指导居民委员会、村民委员会落实各项防控措施。

第十四条　各级人民政府及其有关部门应当建立健全公共卫生安全防护网络，发挥城市运行"一网统管"作用，做好公共卫生事件监测、预警、防控等工作。

各级人民政府及其有关部门应当充分发挥政务服务"一网通办"平台的作用，建立绿色通道，优化工作流程，为公共卫生事件预防与处置提供便捷服务。

第十五条　居民委员会、村民委员会应当发挥自治作用，协助政府及其部门、派出机关做好社区公共卫生宣传教育和健康提示，落实相关预防与控制措施。

第十六条　机关、企事业单位、社会组织应当建立健全本单位公共卫生管理制度，完善环境卫生管理长效机制，维护好各类卫生设施，并做好公共卫生健康宣传、教育、培训、应急演练等工作，对本单位落实公共卫生事件控制处置等措施承担主体责任。

第十七条　有关行业组织应当根据实际需要，结合行业特点，制定发布公共卫生事件预防与处置行业指引，及时向会员单位传达相关政策信息，推动落实各项预防与处置措施。

餐饮服务单位应当提供公筷公勺服务。餐饮行业主管部门以及相关行业组织应当制定分餐制服务规范，并推动餐饮服务单位落实要求。

第十八条　个人应当加强自我健康管理，增强自我防护意识，养成勤洗手、分餐、使用公筷公勺、不食用野味等文明健康生活习惯；在呼吸道传染病流行期间，进入公共场所应当按照要求佩戴口罩，并保持社交距离。

个人饲养犬、猫等宠物的，应当遵守相关法律法规的规定，依法履行宠物免疫接种等义务，养成文明饲养习惯。

第十九条　各级人民政府应当组织开展爱国卫生运动，全面改善人居环境，加强公共卫生环境基础设施建设，推进城乡环境卫生整治，倡导文明健康、绿色环保的生活方式，普及健康知识，推广文明健康生活习惯。

鼓励单位和个人参与群众性卫生活动，共同改善公共卫生环境。

第二十条　本市培育公共卫生领域社会组织和专业社会工作者、志愿者队伍，完善社会力量参与机制，构建多方参与、协调配合的公共卫生社会治理架构。

第二十一条　卫生健康、教育、科技等部门应当组织开展传染病防控、自我防护、文明健康生活方式等公共卫生教育和科普宣传。

广播、电视、报刊、网络等媒体应当开展公益宣传，普及公共卫生知识，宣传文明健康生活理念，提高公众科学素养和健康素养。

第三章　预防与应急准备

第二十二条　本市健全公共卫生应急指挥体系，完善相应工作机制，建设市、区公共卫生应急指挥中心，加强卫生健康部门与应急管理等部门的协同联动，构建统一领导、权威高效的公共卫生大应急管理格局。

本市依托城市运行"一网统管"平台，建设市级公共卫生应急指挥信息系统，将公共卫生应急管理融入城市运行管理体系。

第二十三条　市人民政府根据国家和本市相关应急预案，结合实际情况，制定本市公共卫生事件应急预案。

本市公共卫生事件应急预案由市卫生健康部门会同相关部门起草，报市人民政府批准后，向社会公布。

市卫生健康部门应当根据应急演练的评估结果、公共卫生事件的变化或者应急预案实施中发现的问题，及时组织修订公共卫生事件应急预案，并报市人民政府批准。

区人民政府应当根据本市公共卫生事件应急预案，结合实际情况，制定相应的公共卫生事件应急预案。

第二十四条 市、区人民政府应当定期组织有关部门按照公共卫生事件应急预案开展应急演练。

市、区卫生健康部门应当定期组织医疗卫生机构开展公共卫生事件应急预案以及相关知识、技能的培训，指导开展应急演练。其他相关部门和单位应当配合做好本行业、本单位的培训和应急演练工作。

乡镇人民政府、街道办事处应当在区人民政府的统一指挥下，组织协调居民委员会、村民委员会、辖区内单位及个人共同参与应急演练。

第二十五条 本市根据公共卫生事件应急预案，建立药品、检测试剂、疫苗、医疗器械、救护设备和防护用品等公共卫生应急物资储备制度。

市发展改革、卫生健康部门会同应急管理、财政、商务、经济信息化、粮食物资储备、药品监管等部门，编制本市公共卫生应急物资储备目录，由市公共卫生物资储备机构按照目录进行实物储备，实物储备物资应当在保质期或者有效期内适时更换并调剂使用。各区人民政府应当结合本辖区实际，进行物资储备。

鼓励单位和家庭根据本市发布的疾病预防和健康提示，适量储备防护用品、消毒用品、药品等物资。

第二十六条 市经济信息化部门应当实施应急物资的技术方案和生产能力的储备，建设和完善应急物资生产体系。政府相关部门应当根据实际需要，与有关企业签订协议，明确应急物资的生产品种、数量、能力保障等。

第二十七条 本市建立平战结合的公共卫生定点医疗机构储备制度。市、区卫生健康部门应当科学规划应急救治床位数量，确定一定数量的医疗机构，在公共卫生事件发生时可以转化为定点医疗机构。每个区储备的定点医疗机构不少于一家。

区人民政府应当根据辖区面积和人口数量等因素，做好临时医院预设规划和储备。

第二十八条 本市按照整体谋划、系统重塑、全面提升的要求，建立完善以疾病预防控制机构（以下简称疾控机构）为核心、医疗机构为支撑、社区卫生服务中心为依托的疾病预防控制体系，加强市、区两级疾控机构和社区卫生服务中心能力建设，强化医疗机构和社区卫生服务中心疾病预防控制职责，健全医防协同、疾控机构与社区联动工作机制。

第二十九条　本市优化市、区疾控机构职能设置和硬件设施，科学核定人员编制，完善人才培养使用机制，优化专业技术岗位结构比例，建立人员薪酬动态增长长效机制，稳定基层疾控队伍、提升疾病预防控制能力。

市疾控机构应当加强对区疾控机构的工作指导、业务培训和考核，建立上下联动的分工协作机制。市疾控机构可以根据公共卫生事件应急处置需要，对区疾控机构的人员、设备等进行统一调度使用。

第三十条　市、区卫生健康部门应当指导、督促医疗机构落实疾病预防控制职责，建立医疗机构与疾控机构之间人员、信息、资源互通和监督监管相互制约的医防协同机制。

医疗机构应当在疾控机构的指导下，开展疾病监测报告、流行病学调查、样本采集报送、密切接触者排查管理等工作，向疾控机构提供确诊或者疑似传染病病例诊断、实验室检测、疾病救治等相关信息。

第三十一条　本市建立以疾控机构为主体，医疗机构、高校和科研院所、第三方检测机构等协调联动的公共卫生实验室检测网络，提升公共卫生检测能力。

市、区卫生健康部门应当加强对公共卫生实验室检测网络的生物安全管理和质量控制。

第三十二条　市卫生健康部门根据传染病预防、控制需要，制定传染病预防接种规划并组织实施，合理、规范设置接种单位，保证免疫规划疫苗的接种率。用于预防接种的疫苗应当符合国家质量标准。

医疗机构、疾控机构与儿童的监护人应当相互配合，保证儿童及时接受预防接种。儿童、学生入托、入学时，托幼机构和学校应当查验预防接种证，发现未按照规定接种的，应当督促其监护人及时补种。

第三十三条　本市建立由公共卫生、临床医疗、应急管理、健康教育、心理援助、法律等专业领域专家组成的重大公共卫生安全专家库。

市卫生健康部门可以从专家库中选择部分专家成立专家委员会，指导公共卫生事件的预防与处置工作。

第四章　监测与预警

第三十四条　本市健全公共卫生监测预警体系，建立综合监测平台，构建包括医疗机构，药店，学校，托幼机构，养老服务机构，食用农产品批发交易市场，进口冷链食品储运、加工、销售企业，交通枢纽等单位和场所的监测哨点布局，依托市级公共卫生应急指挥信息系统，建立智慧化预警多点触发机制，明确不同类型公共卫生事件的触发标准，汇集、储存、分析、共享相关部门的监测信息，增强早期监测预警能力。

第三十五条　市卫生健康部门会同相关部门根据国家有关规划与监测方案要求，结合实际情况，制定本市公共卫生监测方案与工作计划，组织疾控机构和医疗机构等单位开展监测工作。

疾控机构和医疗机构根据本市公共卫生监测方案与工作计划要求，组织开展公共卫生事件、患者、症状和危险因素等监测与报告，建立信息推送、会商分析和早期预警制度，实现实时监控和主动发现。

市场监管、药品监管、农业农村、绿化市容、教育、民政、交通、海关等部门按照本市公共卫生监测方案要求和各自职责，在本系统内组织开展相关监测工作，并及时共享监测信息。

第三十六条　获悉公共卫生事件信息的单位和个人，应当立即向所在地人民政府、卫生健康部门或者疾控机构报告，或者通过 12345 市民热线报告。

第三十七条　市、区卫生健康部门应当组织有关专业机构对获悉的公共卫生事件信息或者接到的公共卫生事件报告及时汇总分析、调查核实，并将调查核实的结果按照规定流程与时限进行报告。

市、区疾控机构应当主动收集、分析、调查、核实公共卫生事件信息。接到甲类、乙类传染病疫情报告以及突发原因不明的传染病报告，或者发现传染病暴发、流行时，应当立即报告同级卫生健康部门，由卫生健康部门立即报告同级人民政府，同时报告上级卫生健康部门和国务院卫生健康部门。

第三十八条　本市建立健全公共卫生预警制度。对可以预警的公共卫生事件，按照其发生的紧急程度、发展势态和可能造成的危害程度确定预警级别。预警级别从高到低分为一级、二级、三级和四级。

市、区卫生健康部门应当根据公共卫生事件监测结果和疾控机构的报告，开展公共卫生事件发展趋势分析和风险评估，向同级人民政府报告公共卫生事件预警信息。

市、区人民政府接到预警信息报告后，应当根据有关法律、行政法规和国务院规定的权限和程序，发布相应级别的警报，决定并宣布有关地区进入预警期，同时依法向上级人民政府报告，采取相关措施，做好应急响应准备。

市、区人民政府应当根据事态发展，按照有关规定适时调整预警级别并重新发布；有事实证明不可能发生公共卫生事件或者危险已经解除的，应当立即宣布解除警报，终止预警期，并解除已经采取的有关措施。

第三十九条　本市发生公共卫生事件后，市人民政府或者市卫生健康部门应当及时向可能受到危害的区域省级人民政府或者卫生健康部门通报。

市人民政府或者市卫生健康部门在接到外省市人民政府或者卫生健康部门涉及或者可能涉及本市的公共卫生事件通报后，应当及时通知本市相关部门和医疗卫生机构。

市、区人民政府有关部门发现已经发生或者可能引发公共卫生事件的情形时，应当立即向同级卫生健康部门通报。

第四十条　本市建立公共卫生事件信息发布制度。市卫生健康部门应当依照有关法律、法规的规定，及时、准确、全面地向社会发布本市有关公共卫生事件的信息，并根据事态发展及时更新，回应社会关切，引导公众正确应对。

根据公共卫生事件应急处置需要，确需发布相关个人信息的，应当依法进行必要处理，最大程度保护个人隐私。

第五章 应急处置

第四十一条 公共卫生事件发生后，市、区卫生健康部门应当组织有关专业机构、专家库专家进行综合评估，根据国家和本市有关规定，判断公共卫生事件的类型与级别、传染病的类别等，并向本级人民政府提出是否启动应急预案的建议。

第四十二条 市、区人民政府决定启动公共卫生事件应急预案的，应当根据公共卫生事件的级别确定应急响应级别，并可以根据需要划定区域风险等级。公共卫生事件应急响应级别从高到低分为一级、二级、三级和四级；区域风险等级分为高风险、中风险和低风险。

启动一级、二级应急响应的，由市人民政府成立应急处置指挥部，市人民政府主要负责人担任总指挥，负责组织、协调、指挥公共卫生事件应急处置工作。

启动三级应急响应的，由市卫生健康部门负责组织实施公共卫生事件应急处置工作。

启动四级应急响应的，由区人民政府负责组织有关部门实施公共卫生事件应急处置工作。

甲类、乙类传染病暴发、流行时，市、区人民政府报经上一级人民政府决定，可以宣布本行政区域全部或者部分为疫区。

第四十三条 启动公共卫生事件应急响应后，市、区人民政府可以依法采取下列一项或者多项紧急措施：

（一）控制危险源，标明危险区域，封锁危险场所，划定警戒区；

（二）实行交通管制，设置道口检验检疫站；

（三）限制或者停止影剧院、体育场馆、博物馆、展览馆等场所开放或者其他人群聚集的活动；

（四）停工、停业、停学；

（五）封闭可能造成传染病扩散的场所；

（六）封闭或者封存被污染的公共饮用水源、食品以及相关物品；

（七）控制或者扑杀染疫野生动物、家畜家禽；

（八）决定对甲类传染病疫区实施封锁；

（九）法律法规规定的其他措施。

采取前款所列紧急措施依法需要报经上一级人民政府决定的，市人民政府应当向国务院报告，并对接到的区人民政府报告即时作出决定。

紧急措施的解除，由原决定机关依法决定并宣布。

第四十四条　根据公共卫生事件的实际情况和应急处置需要，相关单位应当采取下列处置措施：

（一）对公共场所、工作场所的电梯等公共区域按照技术标准进行消毒，关闭集中空调通风系统；

（二）根据技术标准和指引，实行公共场所保持社交距离、佩戴口罩等措施；

（三）对传染病患者、疑似患者、现场可疑环节采样，并进行应急检验检测；

（四）及时对易受传染病感染的人群和其他易受损害的人群采取应急接种、预防性投药、群体防护等措施；

（五）对被污染的公共饮用水源、食品以及相关物品进行检验或者消毒；

（六）对被污染的污水、污物、场所等按照要求进行消毒，有关单位或者个人拒绝消毒的，由疾控机构进行强制消毒；

（七）法律法规规定的其他措施。

第四十五条　市人民政府可以在不与宪法、法律、行政法规相抵触，不与本市地方性法规基本原则相违背的前提下，在卫生防疫、隔离观察、道口管理、交通运输、社区管理、场所管理、劳动保障、市容环境、动物防疫等方面就采取临时性应急管理措施发布决定、命令、通告等。

经市人民政府授权，可以以应急处置指挥部的名义对外发布通告。

前两款规定的决定、命令、通告，应当通过新闻发布会、政府网站等途径向社会公布。

第四十六条　疾控机构发现或者接到公共卫生事件报告后，应当立即开展流行病学调查，确定传染源、判定密切接触者、排查疑似传播环节和场所等，并提出现场处理建议。

疾控机构在开展调查时，有权进入公共卫生事件涉及的单位和发生现场，询问相关人员，查阅或者复制有关资料和采集样本。被调查单位和个人应当予以配合，不得拒绝、阻挠。

第四十七条　疾控机构根据流行病学调查结果，对已经发生甲类传染病或者按照甲类管理的乙类传染病的场所进行卫生处理，对传染病患者的密切接触者在指定场所进行医学观察和采取其他必要的预防控制措施。

对前款规定的场所或者该场所内特定区域的人员，所在地的区人民政府可以实施隔离措施，并同时向市人民政府报告。市人民政府应当及时作出是否批准的决定；作出不予批准决定的，区人民政府应当立即解除隔离措施。

在隔离期间，实施隔离措施的区人民政府应当对被隔离人员提供基本生活保障；被隔离人员有工作单位的，所在单位不得停止支付其隔离期间的工作报酬。

隔离措施的解除，由原决定机关决定并宣布。

第四十八条　根据重大传染病疫情应急处置需要，区人民政府可以对有疫情高风险地区旅行史或者居住史的人员采取在指定场所进行隔离健康观察或者居家自主健康管理，以及其他必要的预防控制措施。相关人员应当配合接受健康观察；拒绝配合的，由公安机关依法予以协助。

区人民政府根据疫情防控要求，可以临时征用具备相关条件的宾馆等场所作为集中健康观察点。

第四十九条　公共卫生事件发生时，学校、托幼机构和培训机构应当按照规定落实相关防控措施，不得在停学期间组织学生返校、组织线下教学和集体活动。

公共卫生事件发生时，养老服务机构、儿童福利机构、残疾人养护机构、羁押监管等场所应当根据应急处置需要，采取封闭式管理等措施，暂缓或者减少人员探访。

第五十条 发生甲类传染病、按照甲类管理的乙类传染病时，为了防止传染病通过交通工具及其乘运的人员、物资传播，市、区人民政府可以根据国家有关规定实施交通卫生检疫。

涉及国境口岸和出入境的人员、交通工具、运输设备以及可能传播传染病的行李、货物、邮包等物品，由海关依照国境卫生检疫法律、行政法规的规定采取卫生检疫措施。

进口冷链食品的储运、加工、销售企业应当配合海关、市场监管、农业农村、卫生健康等部门开展检验检疫及其他监督管理工作，严格落实日常防护、环境消杀、应急处置等要求，切实防范冷链物流传染病传播风险。

第五十一条 居民委员会、村民委员会应当组织动员居（村）民、志愿者等落实社区封闭式管理、人员进出管控、居家健康观察管理、健康提示等应急防控措施，及时收集、登记、核实、报送相关信息。业主委员会应当配合做好相关工作。

物业服务企业或者其他管理人应当执行政府依法实施的应急处置措施和其他管理措施，积极配合开展相关工作。居（村）民应当依法予以配合。

根据公共卫生事件应急处置需要对社区实施封闭式管理的，应当遵守有关法律、法规的规定，不得损害居（村）民的合法权益。

第五十二条 机关、企业事业单位、社会组织应当强化防控工作责任制和管理制度，对重点人员、重点群体、重要场所、重要设施实施严格管控，加强健康监测，发现异常情况及时报告相关部门。

单位发现患有传染病或者出现疑似传染病症状的人员时，应当督促其及时就诊，接受并配合疾控机构、社区卫生服务中心等开展有关传染病的调查和处置，落实相关预防和控制措施。

第五十三条 市卫生健康部门应当与海关建立出入境联防联控机制，组织相关医疗卫生机构及时对海关发现并移送的检疫传染病患者或者疑似检疫传染病患者予以处置。

第五十四条　在公共卫生事件发生后，卫生健康、生态环境、绿化市容等部门应当在各自职责范围内，加强对医疗废物和生活垃圾收运处置的监督管理，防止危害公众健康、污染环境。

医疗卫生机构应当依法分类收集本单位产生的医疗废物，交由医疗废物集中处置单位处置。医疗废物集中处置单位应当及时收集、运输和处置医疗废物。

医疗卫生机构、接受医学或者健康观察人员等产生的生活垃圾，应当按照国家和本市有关规定收运处置。

第五十五条　各级人民政府及其有关部门应当加强公共卫生事件应急处置期间舆情信息监测，主动梳理公众意见建议，及时协调解决公众关心的问题，积极回应社会关切。

各级人民政府及其有关部门发现影响或者可能影响社会稳定、扰乱社会秩序的虚假或者不完整的公共卫生事件信息的，应当在职责范围内发布准确、完整的信息，并依法采取处置措施。

第五十六条　鼓励和支持志愿服务组织参与公共卫生事件应对工作，组织志愿者根据其自身能力，在科普宣传、社区防控、秩序维护、道口检疫、心理援助、流行病学调查等领域开展志愿服务。

安排志愿者参加公共卫生事件应急处置，应当为其提供必要的安全防护保障。

志愿服务组织、志愿者开展应对公共卫生事件志愿服务，应当接受市、区人民政府及其有关部门的统一协调。

第五十七条　市、区人民政府及其有关部门应当制定复工复产复市方案，帮助企业协调解决复工复产复市中遇到的困难，有序推进生产生活秩序恢复。

市教育部门应当根据公共卫生事件发展趋势和风险研判情况，会同相关部门提出学校、托幼机构和培训机构的复学建议，报市人民政府批准后，及时向社会公布。

学校、托幼机构和培训机构应当根据本市公共卫生事件应急处置要求，制定复学方案，经教育部门会同卫生健康部门检查评估符合要求后复学。

第五十八条　市、区人民政府应当根据国家和本市有关法律法规、应急预案的规定，结合实际情况和预防控制工作需要，组织专家开展评估和论证，及时调整应急响应级别、区域风险等级以及相应的应急处置措施，并以通告等形式向社会公布。

公共卫生事件消除或者被有效控制后，应当适时解除应急处理状态。解除应急处理状态的程序与启动应急预案的程序相同。

解除应急处置状态的，可以继续采取必要措施，防止发生次生、衍生事件。

第六章　医疗救治

第五十九条　本市建立由定点医疗机构、院前急救机构、社区卫生服务中心等组成的应急医疗救治体系，按照集中患者、集中专家、集中资源、集中救治的要求，开展救治工作。

市公共卫生临床中心以及其他定点医疗机构应当按照规范要求制定医疗救治方案，负责集中收治公共卫生事件中的患者，为其提供有效治疗。

院前急救机构应当按照规范要求，配备一定数量的特种救护车辆、急救药品和设备，负责患者的现场救治、及时转运。

社区卫生服务中心应当按照规定，落实初步诊断、及时转诊以及已治愈人员康复期的跟踪随访与健康指导等工作。

第六十条　医疗机构应当落实预检分诊制度，主动询问患者的流行病学史；经预检不能排除与公共卫生事件相关疾病可能的，应当将患者分诊至相应科室诊治排查，并落实首诊负责制度，按照诊疗规范进行诊治，不得拒绝救治。

医疗机构不具备相应救治能力的，应当在确保安全的前提下，按照转诊流程及时将患者转诊至具备救治能力的医疗机构。

第六十一条　对甲类传染病患者或者疑似患者，以及依法应当隔离治疗的乙类传染病患者或者疑似患者，应当集中到定点医疗机构进行隔离治疗。

需要接受隔离治疗的传染病患者和疑似患者应当予以配合；拒不配合的，由公安机关依法协助强制执行。

第六十二条　医疗机构应当建立院内感染管理责任制，严格落实有关管理制度、操作规范和防控措施。

医疗机构应当对就诊人员、医疗卫生人员和工勤人员采取相应的卫生防护措施，防止交叉感染和污染。

第六十三条　本市充分发挥中医药在公共卫生事件医疗救治中的作用，提高中医药救治能力，建立中西医联合会诊制度，完善中西医协同救治机制。

市中医药主管部门应当组织制定中医药救治方案，指导医疗卫生机构在预防、救治和康复中积极运用中医药技术方法。

第六十四条　在公共卫生事件应急处置期间，个人应当服从医疗机构采取的预约、错峰就医、限制探视等措施，尊重医务人员，不得侵害医务人员的合法权益。

公安机关应当加强医警联动，依法严厉打击公共卫生事件应急处置期间扰乱医疗秩序、暴力伤医等违法犯罪行为。

第七章　保障措施

第六十五条　公共卫生领域的预防、应急准备、应急处置等所需经费，列入各级人民政府财政预算予以保障。

第六十六条　本市加大科研投入力度，加强公共卫生科技攻关体系和能力建设，鼓励、扶持科研机构和有关企业研究开发用于公共卫生事件预防与处置的技术和设备，加快疫苗、诊断试剂、医疗器械与药品研发，推进病原学与流行病学研究。

第六十七条　本市通过院校教育、医师规范化培训、继续教育等方式，加强公共卫生事件预防与处置专业人才培养，并建立相应的人才储备机制和应急医疗预备队伍。

鼓励医学院校加强公共卫生学科建设，重点加强预防医学、健康促进等专业建设。

市卫生健康部门应当完善住院医师和公共卫生医师规范化培训制度，加强流行病学、传染病、医院感染等临床救治与风险防范能力的培训，并将公共卫生事件预防与处置相关知识和技能培训纳入继续教育考核内容。

第六十八条　公共卫生事件发生后，经市人民政府同意，可以启用市公共卫生物资储备机构的应急储备物资。应急储备物资应当优先满足公共卫生事件一线应急处置需要。

应急储备物资不足时，市人民政府及其有关部门应当及时启用技术方案和生产能力储备，指令相关企业迅速转入生产。

市、区人民政府在必要时可以依法向单位或者个人征用应急所需设施、设备、场地、交通工具和其他物资，要求相关企业组织相应的应急物资和生活必需品的生产、供给，并向被征用的单位或者个人发出应急征用凭证，在使用完毕或者公共卫生事件应急处置工作结束后，依法予以返还、补偿。

对紧缺的应急物资，市商务部门可以多渠道组织紧急采购。

第六十九条　公共卫生事件应急处置期间，公安、交通等部门应当设置专用通道，完善相关交通设施，保障应急处置的车辆、人员以及药品、医疗器械、防护用品等应急物资优先通行。

市、区人民政府有关部门应当组织协调民航、铁路、公路、水路等经营单位，优先运送参与应急处置的人员以及药品、医疗器械、防护用品等应急物资。

第七十条　市商务、发展改革、经济信息化、农业农村、粮食物资储备等部门应当根据本市基本生活必需品的储备和生产情况，协调本市企业与外省市供应基地、生产商和供应商的产销对接，确保公共卫生事件应急处置期间基本生活必需品市场供应。

本市公共服务设施运营单位应当确保各类设施正常运行，保障居民用水、用电、用气、通讯、出行等基本公共服务需求。

医疗机构应当保障应急状态下的基本医疗服务需求，可以通过预约、错峰就医等方式提供日常医疗服务，引导患者分时段就诊。

第七十一条　本市按照国家有关规定，对直接参与公共卫生事件现场处置、医疗救治等一线工作的人员给予临时性工作补助，并在职称评审和岗位晋升上予以优先考虑。

本市对参与公共卫生事件应急处置作出突出贡献的单位和个人，给予表彰和奖励。

本市对因参与公共卫生事件应急处置工作致病、致残、死亡的人员，按照规定给予工伤、抚恤、烈士褒扬等相关待遇。

第七十二条　市、区人民政府应当安排必要的财政资金，保障因公共卫生事件产生的医疗救治费用，建立医疗费用保障和经费补偿机制。

对按照国家和本市规定实施隔离治疗的甲类传染病或者按照甲类管理的乙类传染病患者，在指定医疗机构隔离治疗所产生的医疗费用，患者参加基本医疗保险的，在基本医疗保险、大病保险、医疗救助等按规定支付后，个人负担部分由财政予以补助；患者未参加基本医疗保险的，按照国家有关规定执行。

对有隐瞒病史、疫情高风险地区旅行史或者居住史，逃避隔离治疗、医学观察、健康观察等行为的患者，其个人负担的医疗费用不予财政补助。

第七十三条　市、区卫生健康部门应当建立公共卫生事件应急心理援助和危机干预机制，组织精神卫生服务机构以及社会组织、志愿者，为有需求的公众提供心理援助，重点针对患者、医疗卫生人员、未成年人、老年人等提供心理疏导和危机干预。

第七十四条　市、区人民政府有关部门应当加强对与公共卫生事件预防、处置有关的慈善捐赠活动的规范管理，确保接收、支出、使用及其监督全过程透明、公开、高效、有序。

第七十五条　发展改革、国有资产、金融管理、税务、人力资源社会保障、商务、科技、财政等部门应当及时评估各行业受公共卫生事件影响程度和损失情况，根据国家和本市有关规定，通过各种减轻企业负担的政策措施，帮助企业平稳健康发展。

第七十六条　各级人民政府应当通过多元化解矛盾纠纷机制，引导公众通过调解、仲裁等非诉讼途径，化解因公共卫生事件引发的矛盾纠纷。

本市建立公共卫生事件法律服务应急保障机制。鼓励律师、公证、司法鉴定等行业协会组建专业团队，健全快速通道，为公众提供及时、便捷的公共法律服务。因公共卫生事件造成经营或者生活困难、提出法律援助需求的，可以免于经济状况审查，优先受理、快速办理。

第八章　监督措施

第七十七条　市、区人民政府应当督促所属部门、下级人民政府落实公共卫生应急管理责任，并完善相应的奖惩机制。

卫生健康部门应当加强对疾控机构与医疗机构公共卫生事件防控工作、公共场所卫生、生活饮用水卫生、集中空调通风系统卫生等事项的监督检查。

商务、市场监管、农业农村、城管执法等部门应当根据公共卫生事件处置要求，加强对农贸市场、活禽交易等重点场所的监督管理，加大执法力度。

市场监管部门应当依法从严惩处哄抬物价、制假售假等扰乱市场秩序的行为，稳定市场价格，维护市场秩序。

第七十八条　市、区人民代表大会常务委员会应当通过听取和审议专项工作报告、开展执法检查、询问等方式，对同级人民政府的公共卫生应急管理工作进行监督，并可以组织人大代表开展视察、调研活动，汇集和反映市民群众的意见和建议。

市人民政府应当将根据本条例第四十五条发布的决定、命令、通告，报市人民代表大会常务委员会备案。

第七十九条　任何单位和个人有权对各级人民政府及其有关部门不按照规定履行公共卫生应急管理职责、有关单位未按照规范开展公共卫生应急处置工作，以及个人不服从、不配合公共卫生应急处置措施等情况进行举报。接到举报的政府或者部门应当及时核实处理。

第八十条　新闻媒体应当及时、客观、公正报道公共卫生事件应急管理情况，对违反公共卫生应急管理的行为进行舆论监督。

第九章　法律责任

第八十一条　违反本条例规定的行为，法律、行政法规已有处理规定的，从其规定。

第八十二条　医疗卫生机构违反本条例规定，不履行公共卫生事件预防与处置相关职责的，由卫生健康部门责令改正，通报批评，给予警告。

各级人民政府及其有关部门违反本条例有关规定，不履行法定职责的，由有关主管部门依据相关法律法规规定，根据情节对相关人员依法给予处分；构成犯罪的，依法追究刑事责任。

第八十三条　单位或者个人违反本条例规定，不服从各级人民政府及其有关部门发布的决定、命令、通告或者不配合各项依法采取的措施，由有关主管部门责令改正，构成违反治安管理行为的，由公安机关依法给予处罚；导致公共卫生事件发生或者危害扩大，给他人人身、财产造成损害的，应当依法承担民事责任；构成犯罪的，依法追究刑事责任。

个人进入公共场所不按照规定采取防控措施的，有关公共场所管理单位可以拒绝为其提供服务。

餐饮服务单位未向消费者提供公筷公勺服务的，由市场监管部门责令改正；拒不改正的，处以警告，并将相关情况纳入餐饮服务食品安全量化分级管理评定范围，评定结果向社会公布。

第八十四条　违反本条例规定的行为，除依法追究相应法律责任外，有关部门还应当按照规定，将有关单位失信信息以及个人隐瞒病史、疫情高风险地区旅行史或者居住史，逃避隔离治疗、医学观察、健康观察等信息向本市公共信用信息平台归集，并依法采取惩戒措施。

第十章　附则

第八十五条　本条例自 2020 年 11 月 1 日起施行。

29. 上海市公共文化服务保障与促进条例

（2020年10月27日上海市第十五届人民代表大会常务委员会
第二十六次会议通过）

第一章 总则

第一条 为了完善本市公共文化服务体系，丰富人民群众精神文化生活，保障人民群众基本文化权益，传承中华优秀传统文化，弘扬社会主义核心价值观，坚定文化自信，促进中国特色社会主义文化繁荣发展，根据《中华人民共和国公共文化服务保障法》等法律、行政法规，结合本市实际，制定本条例。

第二条 本市行政区域内公共文化设施建设与管理、基本公共文化服务提供、群众性文化活动开展、"上海文化"品牌建设以及相关保障与促进等活动，适用本条例。

第三条 本市公共文化服务保障与促进工作，坚持社会主义先进文化前进方向，坚持以人民为中心的发展思想，按照"人民城市建设"的要求，以社会主义核心价值观为引领，遵循政府主导、社会参与，保障基本、优质均衡，开放共享、服务群众的原则，彰显海纳百川、追求卓越、开明睿智、大气谦和的城市精神。

第四条 各级人民政府是本行政区域公共文化服务的责任主体，应当将公共文化服务工作纳入政府目标责任考核。

市、区人民政府应当将公共文化服务纳入本级国民经济和社会发展规划，按照公益性、基本性、均等性、便利性的要求，加强公共文化设施建设，保障基本公共文化服务供给，支持开展群众性文化活动，提升公共文化服务效能。

乡镇人民政府和街道办事处具体负责本辖区内社区公共文化设施的日常管理，丰富公共文化产品供给，组织开展群众性文化活动。

第五条 文化主管部门负责公共文化事业发展，推进文化、广播电视公共文化服务的体系建设，实施文化惠民工程，统筹推进基本公共文化服务标准化、均等化等工作，指导和组织开展群众性文化活动。

新闻出版主管部门负责新闻出版公共文化服务，组织开展新闻出版公共文化服务的体系建设，统筹规划和指导协调新闻出版公共文化事业发展，推进公共文化服务产品版权保护，指导和组织实施全民阅读等工作。

电影主管部门负责电影公共文化服务，组织开展电影公共文化服务的体系建设，指导和协调推动电影公益放映等工作。

教育主管部门负责组织、指导校园文化活动、文化艺术普及、学校文化体育设施共享等工作。

体育主管部门负责组织、指导全民健身活动，推进公共体育设施向社会开放，监督、管理公共体育设施。

科技主管部门负责协调组织科学技术普及活动，推进科普场馆向社会开放等工作。

发展改革、经济信息化、公安、民政、司法行政、绿化市容、财政、人力资源社会保障、规划资源、住房城乡建设管理、农业农村、卫生健康、统计等部门按照各自职责，协同实施本条例。

工会、共青团、妇联、残联、科协等群团组织应当发挥各自优势，组织开展相关公共文化服务工作。

第六条　本市建立市、区两级公共文化服务综合协调机制，指导、协调、推动区域内公共文化服务保障与促进工作，加强对公共文化服务资源的统筹，推动实现共建共享。市、区文化主管部门承担综合协调具体职责。

第七条　市人民政府根据国家基本公共文化服务指导标准，结合本市经济社会发展水平，制定、公布本市基本公共文化服务实施标准，并动态调整。

区人民政府根据国家基本公共文化服务指导标准和本市基本公共文化服务实施标准，结合实际需求和文化特色，制定、公布本行政区域基本公共文化服务目录并组织实施。

第八条　本市公共文化服务供给以免费或者优惠为原则，推进基本公共文化服务均等化、普惠化、便捷化。

各级人民政府应当根据未成年人、老年人、残疾人和流动人口等群体的特点与需求，提供有针对性的公共文化服务。

第九条　本市协调推进公共文化服务与新时代文明实践融合发展，发挥公共文化设施在资源、服务、组织体系等方面的优势，开展文明实践活动。

本市鼓励和支持公共文化服务与教育、科技等融合发展，实现资源共享，发挥公共文化服务的社会教育功能，提高公众思想道德修养和科学文化素质。

本市推动公共文化服务与旅游融合发展，促进公共文化设施和旅游公共服务设施功能融合，发挥重大品牌节庆活动和公共文化设施的旅游功能，提升公共文化的影响力。

第十条　本市推动长江三角洲区域公共文化服务合作，加强公共文化服务资源联通、共享，推进区域公共文化服务一体化发展。

第二章　公共文化设施建设与管理

第十一条　本条例所称公共文化设施，是指用于提供公共文化服务的建筑物、场地和设备，主要类型包括：

（一）图书馆、文化馆、博物馆（纪念馆）、美术馆、科技馆、非物质文化遗产馆；

（二）体育场馆与设施；

（三）广播电视播出传输覆盖设施；

（四）工人文化宫、青少年宫、妇女儿童活动中心、老年人活动中心；

（五）社区文化活动中心；

（六）居（村）综合文化活动室、农家（职工）书屋、社区体育健身设施；

（七）法律、法规规定的其他公共文化设施。

市、区人民政府应当向社会公布本行政区域内的公共文化设施目录及有关信息。

第十二条　各级人民政府应当按照国家和本市有关规定，合理确定公共文化设施的种类、数量、规模以及布局，均衡规划和建设公共文化设施，形成公共文化设施网络。

任何单位和个人不得侵占公共文化设施建设用地或者擅自改变其用途。因特殊情况需要调整公共文化设施建设用地的，调整后的用地面积不得少于原有面积。

任何单位和个人不得擅自拆除公共文化设施或者改变其功能、用途，不得侵占、挪用，不得将公共文化设施用于与公共文化服务无关的商业经营活动。

因城乡建设确需拆除公共文化设施或者改变其功能、用途的，应当先建设后拆除或者建设拆除同时进行。重建、改建的公共文化设施的设施配置标准、建筑面积等不得降低。

第十三条　公共文化设施管理单位应当按照国家和本市有关规定，合理布局基本功能空间，设置便民服务区，配置开展公共文化服务必需的设备、器材等，有计划地进行巡查、维护、更新，保障公共文化设施的正常使用和运转。

公共文化设施内设置的招牌、告示、标志牌应当符合国家和本市有关规定；有条件的公共文化设施应当标注符合译写规范或者通行惯例的外国文字。

第十四条　公共文化设施管理单位应当建立公共文化设施资产统计报告制度和公共文化服务开展情况年报制度。活动项目、服务效能等公共文化服务开展情况应当向社会公开。

第十五条　公共文化设施管理单位应当建立健全安全管理制度，开展公共文化设施及公众活动的安全评价，依法配备安全保护设备和人员，保障公共文化设施和公众活动安全。鼓励公共文化设施管理单位投保公众责任险。

公共文化设施管理单位应当建立突发事件应急机制，制定应急预案并定期开展演练；在突发事件发生时，依法采取限制使用设施、设备，关闭或者限制使用有关场所等应急处置措施。

第十六条　文化、科技等部门应当推动公共图书馆、文化馆、国有博物馆（纪念馆）、国有美术馆、科技馆等公共文化设施的管理单位根据其功能定位，建立健全以理事会为主要形式的法人治理结构，吸收有关方面代表、专业人士和公众参与管理。

第十七条　区人民政府应当建立以区级公共图书馆、文化馆为总馆，以社区文化活动中心为分馆，以居（村）综合文化活动室为基层服务点的总分馆制，推动公共文化资源共享和服务延伸。

本市鼓励具备条件的学校、科研机构、企业等的图书馆（室）、职工书屋、文化活动室和其他提供公共文化服务的场所成为分馆或者基层服务点。

市级公共图书馆、文化馆应当在资源调配、服务提升、专业培训等方面为总分馆制建设提供业务指导和支持，加强业务联动。

第十八条　公众在使用公共文化设施时，应当遵守公共秩序，爱护公共设施，不得损坏公共设施设备和物品。

第三章　基本公共文化服务提供

第十九条　各级人民政府应当充分利用公共文化设施，促进优秀公共文化产品的提供和传播，支持公共文化设施管理单位按照本市基本公共文化服务实施标准，向公众提供文艺演出、陈列展览、电影放映、广播电视节目收听收看、数字文化服务、阅读服务、优秀传统文化传承体验、艺术普及、旅游咨询、法治宣传、体育健身、科学普及等文化服务。

第二十条　公共文化设施应当根据其功能、特点，按照国家有关规定，向公众免费或者优惠开放。

公共文化设施开放或者服务项目收取费用的，应当对未成年人、老年人、残疾人、现役军人和消防救援人员等实行免费或者其他优惠。

收费项目和标准应当报经同级人民政府物价部门和文化等相关部门批准。收取的费用，应当用于公共文化设施的维护、管理和事业发展，不得挪作他用。

第二十一条　公共文化设施应当根据其功能特点以及服务对象的需求合理确定开放时间，不得少于国家和本市规定的最低时限，鼓励提供延时服务、错时服务。

公共文化设施在公休日应当开放，在国家法定节假日和学校寒暑假期间适当延长开放时间。

第二十二条　公共文化设施管理单位应当建立服务信息公示制度，通过其网站或者服务场所等途径向社会公开服务项目、服务内容、开放时间等服务信息。

公共文化设施临时停止开放或者更改开放时间的，除突发原因外，应当提前七日向社会公告。

文化等有关主管部门应当汇集公共文化设施服务信息，纳入本市"一网通办"平台，为公众提供查询服务。

第二十三条　各级人民政府应当加强面向在校学生的公共文化服务，组织推动优秀传统文化、高雅艺术进校园。

鼓励学校利用公共文化设施开展德育、美育、智育、体育等教育教学活动；定期组织学生参观博物馆、美术馆等展馆，观摩爱国主义教育电影、经典艺术作品。

公共文化设施管理单位应当为学校开展课外活动提供展览参观、项目导赏、场馆设施使用等便利服务。

第二十四条　市、区两级公共图书馆应当设置盲文阅读、盲人有声阅读专区或者专座，社区文化活动中心应当配备盲文书籍或者有声图书，提供无障碍阅读服务。

本市鼓励在新闻、科普、教育、纪实类等电视节目中加配手语或者字幕；鼓励电影、电视作品制作方提供无障碍版本；在有条件的电影院、剧院配备无障碍观影设备，开设无障碍电影专场，举办无障碍电影日活动。

第二十五条　本市依托老年人活动中心、社区文化活动中心等公共文化设施，提供适宜老年人的公共文化服务。

鼓励和支持在养老服务机构设置公共文化活动区域，为老年人开展文化活动提供便利。

第二十六条　本市健全和完善市、区、街镇、居（村）四级公共文化服务供给体系，加强公共文化配送供需对接，提高配送服务效能。

各级人民政府及文化、新闻出版、电影、体育等部门应当加大对远郊地区以及大型居住社区的公共文化服务供给。

第二十七条　各级人民政府应当组织提供流动图书馆、流动展览、流动演出、公益性电影放映等流动文化服务；根据实际情况，在人员流动量较大的公共场所，配备公共阅读栏（屏）、自助式文化设施等设施设备，提供便利可及的公共文化服务。

第二十八条　文化、经济信息化等部门负责组织推进公共文化服务数字平台建设，整合公共文化服务数据，对接政务新媒体和"一网通办"平台，创新公共文化供给模式，推动利用互联网、广播电视网提供公共文化服务，提升精准服务能力。

各级人民政府及其文化等有关主管部门应当依托公共文化服务数字平台等途径，建立公众文化需求征询反馈制度。

第四章　群众性文化活动

第二十九条　各级人民政府应当健全群众性文化活动机制，支持开展全民阅读、全民普法、全民健身、全民科普和艺术普及、优秀传统文化传承等活动。

第三十条　倡导公民、法人和其他组织自发开展读书交流、演讲诵读、图书互换共享等阅读活动，形成良好阅读习惯。

鼓励相关组织或者个人提供公益性全民阅读推广服务。

各级人民政府及有关部门应当组织开展阅读指导、优秀读物推荐等全民阅读活动。

第三十一条　倡导公众自觉学习宪法和法律知识，提高自身法律素养和法治观念。

各级人民政府及有关部门应当推进社会主义法治文化建设，加强法治文化产品创作和推广，开展多种形式的普法宣传、以案释法等群众性法治文化活动，推动全民尊法学法守法用法。

第三十二条　倡导公众经常参加体育锻炼，培养健身技能，养成运动习惯。

鼓励社区体育组织、基层群众性健身团队等组织开展市民体育健身和体育竞赛活动。

开展群众性体育健身活动，应当遵守相关规定和公序良俗，不得影响他人的正常工作和生活。活动举办地所在乡镇人民政府、街道办事处以及公共场所管理单位，应当加强组织协调，保障活动有序开展。

第三十三条　倡导公民参加各类科普活动，反对封建迷信，坚持科学精神。

鼓励科协等群团组织开展群众性、社会性、经常性的科普活动，普及科学知识，倡导科学方法，传播科学思想，弘扬科学精神。

各级人民政府及有关部门应当制定科普工作规划，实行政策引导，进行督促检查，推动科普工作发展。

第三十四条　鼓励和支持各类文艺表演团体、演出场所经营单位等开展文艺演出、艺术教育、文艺指导等全民艺术普及活动。

文化主管部门应当组织专业艺术工作者、基层文化骨干、志愿者等为群众性文化活动提供艺术指导。

第三十五条　鼓励和支持通过文化展演、竞技比赛等方式，开展优秀传统文化的传承和传播。

公共文化设施管理单位应当组织开展戏曲、书画、武术等中华优秀传统文化、地方特色文化的传承弘扬活动。

鼓励合理利用非物质文化遗产代表性项目开发具有地方、民族特色的公共文化产品和服务。鼓励非物质文化遗产代表性项目的代表性传承人开展知识和技艺传授、展示、表演等活动。

第三十六条　本市鼓励并扶持建立各类自我教育、自我管理、自我服务的群众性文化团队，引导群众性文化活动健康、规范、有序开展。

社区文化活动中心等公共文化设施的管理单位应当为群众性文化活动开展提供业务指导、艺术培训、信息咨询以及设施使用等服务。

文化、体育部门以及工会、共青团、妇联、残联、科协等群团组织应当扶持和培育群众性文化团队发展，提高群众性文化活动质量。

第三十七条　倡导公众自发开展传承地方文化传统、符合农民需求特点的农村民间、民俗活动。

各级人民政府及有关部门应当支持开展农村群众性文化活动和节日民俗活动，重视发掘乡土文化产品，丰富农村公共文化服务内容。

第五章 "上海文化"品牌建设

第三十八条 本市按照加快建设社会主义国际文化大都市的目标，坚持国家标准、突出上海特色，加强"上海文化"品牌建设，传承和发扬红色文化、海派文化、江南文化等特色文化，促进公共文化服务高质量发展。

第三十九条 各级人民政府应当完善红色文化传承、创新、传播、开发体系，保护、利用建党历史资源等红色文化资源，深入发掘宣传上海作为党的诞生地的光荣历史，加强红色文化品牌建设。

第四十条 各级人民政府应当发扬海派文化特点，以上海名人、海派地标、历史事件为载体，加强海派文化品牌建设，提升海派文化内涵，传承城市文脉。

第四十一条 各级人民政府应当注重对江南水乡特色小镇等历史风貌和非物质文化遗产保护，赋予江南文化新的时代内涵和表现形式，加强江南文化品牌建设，增强市民的文化认同感和归属感。

第四十二条 本市支持举办中国上海国际艺术节、上海国际电影节、上海电视节、上海书展、上海之春国际音乐节、上海旅游节等重大品牌节庆活动，通过提供公益场次、公益票等方式，放大文化惠民效应。

本市着力提升上海国际马拉松赛等重大体育赛事办赛品质，办好市民运动会等群众性体育赛事活动，培育和保护社会影响力大、品牌知名度高、具有独立知识产权的本土原创品牌赛事。

本市强化全民科普工作，办好上海科技节等品牌活动。

第四十三条 各级人民政府应当加强高品质公共文化空间建设，打造红色文化、海派文化、江南文化地标；支持依托文化地标的区域优势和特点，举办高水平的公共文化活动。

第四十四条 本市着力培育传统戏曲、民间文艺、现代艺术等具有地方特色、示范效应和影响力的文化团队。文化主管部门应当为其提供专业指导以及交流展示平台。

第四十五条 鼓励根据乡村文化传统和农民文化需求开展乡土特色艺术创作，推动具有本市特点的美丽乡村文化建设。

第四十六条　图书馆、文化馆、博物馆（纪念馆）、美术馆、科技馆等公共文化设施的管理单位应当通过信息化、数字化、智能化等技术手段，加强公共文化数字产品内容原创研发，拓展公共文化服务应用场景，提高公共文化数字产品品质。

第四十七条　符合国家规定的公共图书馆、文化馆、国有博物馆（纪念馆）、国有美术馆、科技馆等公共文化设施的管理单位可以开展文化创意产品开发，取得的收入按照规定纳入本单位预算统一管理，用于加强公共文化服务、继续投入文化创意产品开发或者对符合规定的人员予以激励。

第四十八条　本市建立上海市民文化节可持续发展机制，实行政府、市场和社会良性互动、共建共享的公共文化服务模式，提升平台效应。

鼓励和支持各地区、各行业结合自身文化资源，开展富有区域或者行业特色的公共文化活动，实施品牌培育工程，扩大公共文化服务影响力。

第四十九条　文化主管部门应当发挥公共文化领域创新项目的示范作用，引导与支持公民、法人和其他组织参与提供优质公共文化服务。

文化主管部门建立推介和交流平台，促进公共文化服务供需对接，优化区域资源配置，强化优质公共文化服务供给。

第五十条　本市鼓励和支持综合利用外事、旅游、商务、教育等对外交流渠道，开展公共文化领域国际合作与交流，提升公共文化服务品牌的影响力。

第六章　社会参与

第五十一条　本市鼓励和支持公民、法人和其他组织参与公共文化设施建设与管理、公共文化服务提供以及其他相关活动。

第五十二条　鼓励机关、企业事业单位在确保正常工作、生产秩序的前提下，创造条件向公众开放文化体育设施。

公办学校应当在不影响日常教育教学秩序的前提下，积极创造条件向公众开放文化体育设施，鼓励民办学校向公众开放文化体育设施。市、区人民政府及有关部门对向公众开放文化体育设施的学校在运行管理、设施维修以及意外伤害保险等方面给予相应支持。

第五十三条　本市依托黄浦江、苏州河沿岸等公共空间和设施，以及文化云等网络平台，拓展公共文化服务和活动的线下和线上空间。

鼓励公园绿地、广场、景区景点、商场、交通站点等公共场所的管理单位，为利用其公共空间开展公共文化活动提供便利。

第五十四条　本市采取政府购买服务等措施，支持公民、法人和其他组织参与提供公共文化服务。政府购买公共文化服务的具体范围和内容，按照规定实行指导性目录管理并依法予以公开。

公共文化服务购买主体应当建立健全内部监督管理制度，按照规定公开购买服务的相关信息，自觉接受审计监督和社会监督。

第五十五条　本市鼓励和支持公民、法人和其他组织兴建、捐建或者与政府部门合作建设公共文化设施，依法参与公共文化设施的运营和管理。

捐赠人单独捐赠或者主要由捐赠人出资建设的公共文化设施，可以由捐赠人个人冠名或者提出公共文化设施名称，经文化主管部门同意后，报同级人民政府批准，法律、法规另有规定的除外。

第五十六条　本市鼓励和支持公民、法人和其他组织兴办的博物馆、美术馆、图书馆等文化设施，以及电影院、剧院等经营性文化单位，通过设施免费、优惠开放或者提供公益场次、公益票等方式，向公众提供公共文化服务。

符合前款规定情形的，市、区人民政府及其文化等有关主管部门可以对其实施项目补贴等方式给予资金扶持。

第五十七条　公民、法人和其他组织通过公益性社会团体或者市、区人民政府及其部门，捐赠财产用于公共文化服务的，依法享受税收优惠。

财政、税务、民政等部门应当支持符合条件的公益性社会团体依法申请公益性捐赠税前扣除。

第五十八条　本市鼓励和支持依法成立公共文化服务领域行业组织，制定行业规范，推动行业自律，加强行业服务，维护会员合法权益，指导、监督会员的业务活动，提高公共文化服务质量。

第五十九条　鼓励公民、法人和其他组织参与文化志愿服务。

公共文化设施管理单位应当建立健全文化志愿服务机制，完善志愿者招募、培训、考核、激励等制度，公布文化志愿服务项目，并组织开展文化志愿服务活动。

文化、教育、体育、科技等部门应当对文化志愿服务活动给予必要的指导和支持。

第七章　保障措施

第六十条　各级人民政府应当根据经济社会发展需要和财力状况，将公共文化服务经费纳入本级财政预算，安排公共文化服务所需资金。

各级人民政府应当根据公共文化服务领域财政事权和支出责任划分，优先保障基本公共文化服务经费。

市人民政府可以通过转移支付等方式重点支持远郊地区公共文化服务工作。

本市逐步完善公益性演出补贴制度，支持文艺表演团体、演出场所经营单位等向公众提供优惠或者免费的公益性文化服务。

第六十一条　各级人民政府应当按照公共文化设施的功能、任务和服务人口规模，合理设置公共文化服务岗位，配备相应专业人员。

乡镇人民政府和街道办事处应当按照本市基本公共文化服务实施标准，为社区文化活动中心配备相应工作人员，承担社区公共文化服务工作。

居（村）民委员会应当安排人员，承担居（村）综合文化活动室的日常管理。乡镇人民政府和街道办事处可以给予必要的经费支持。

第六十二条　市人力资源社会保障部门应当根据公共文化事业发展需要，合理优化公益性文化事业单位的专业技术职务岗位结构比例。

公益性文化事业单位应当完善内部考核制度，按照优绩优酬原则分配绩效工资，向关键岗位、业务骨干和做出突出成绩的人员倾斜。

前款规定以外的其他文化单位从事公共文化服务的人员，在相关部门组织的职称评定、学习培训、项目申报、表彰奖励等方面，与公益性文化事业单位人员享有同等待遇。

第六十三条　鼓励和支持公共文化设施管理单位、高等院校、科研机构开展公共文化领域理论研究。

文化、体育等部门应当定期对从事公共文化服务的管理人员、专业技术人员、工勤技能人员等进行培训，提高从业人员的职业素养和服务能力。

公共文化设施管理单位应当根据不同岗位要求，制定工作人员培训计划，开展分级分类培训。

第六十四条　各级人民政府应当加强对公共文化服务工作的监督检查，建立公共文化设施使用效能和公共文化服务工作考核评价制度。考核评价结果应当向社会公开，并作为改进工作、提高服务质量、确定补贴或者奖励等的依据。

开展相关考核评价工作，应当通过公众满意度测评、实地巡访等方式吸纳公众参与。

第六十五条　市、区人大常委会应当通过听取和审议专项工作报告、开展执法检查等方式，加强对本条例执行情况的监督。

市、区人大常委会应当充分发挥各级人大代表作用，组织人大代表围绕公共文化服务的保障与促进情况开展专项调研和视察等活动，汇集、反映人民群众的意见和建议，督促有关方面落实本市公共文化服务的各项工作。

第八章　法律责任

第六十六条　违反本条例规定的行为，《中华人民共和国公共文化服务保障法》等法律、行政法规有处理规定的，从其规定。

第六十七条　违反本条例规定，各级人民政府及其有关部门未履行公共文化服务保障职责的，由其上级机关或者监察机关责令限期改正；情节严重的，对直接负责的主管人员和其他直接责任人员依法给予处分。

第六十八条　对破坏公共文化设施或者扰乱公共文化设施管理秩序的行为，公共文化设施管理单位有权予以劝阻、制止；劝阻、制止无效的，可以拒绝提供服务。

破坏公共文化设施或者扰乱公共文化设施管理秩序，构成违反治安管理行为的，由公安机关依法给予治安管理处罚；构成犯罪的，依法追究刑事责任。

第九章　附则

第六十九条　本条例自 2021 年 1 月 1 日起施行。

30. 上海市不动产登记若干规定

（2020 年 11 月 27 日上海市第十五届人民代表大会常务委员会
第二十七次会议通过）

第一条　为了规范不动产登记行为，方便不动产登记申请，维护不动产交易安全，保护不动产权利人的合法权益，根据《中华人民共和国民法典》《不动产登记暂行条例》等法律、行政法规，结合本市实际，制定本规定。

第二条　市规划资源部门是本市不动产登记的主管部门，负责指导、监督全市不动产登记工作。区规划资源部门协助做好本辖区内不动产登记的监督管理工作。

市自然资源确权登记局是本市不动产登记机构，负责全市不动产登记工作。市、区规划资源部门所属的登记事务机构受市自然资源确权登记局委托，具体办理登记事务。

本市住房城乡建设管理、房屋管理、农业农村、林业、海洋、交通、民防、生态环境、城管执法等部门按照职责分工，协同做好不动产登记的相关工作。

第三条　下列不动产权利，依法办理登记：

（一）集体土地所有权；

（二）房屋等建筑物、构筑物所有权；

（三）森林、林木所有权；

（四）耕地、林地、草地等土地承包经营权；

（五）建设用地使用权；

（六）宅基地使用权；

（七）海域使用权；

（八）居住权；

（九）地役权；

（十）抵押权；

（十一）法律规定需要登记的其他不动产权利。

第四条　不动产登记包括不动产首次登记、变更登记、转移登记、注销登记、更正登记、异议登记、预告登记、查封登记等。

第五条　市规划资源部门应当建立全市统一的不动产登记信息系统，并依托政务服务"一网通办"平台，优化不动产登记流程，压减办理时间，为当事人提供便捷高效的服务。

不动产登记机构应当按照有关法律、法规、规章和本市不动产登记技术规范的要求，通过登记信息系统办理不动产登记。

本市不动产登记技术规范由市规划资源部门制定。

第六条　不动产登记簿是物权归属和内容的根据，由不动产登记机构制作并永久保存。

不动产登记机构应当指定专人负责不动产登记簿的保管，并建立健全相应的安全责任制度。

第七条　不动产以不动产单元为基本单位进行登记。不动产单元是指权属界线封闭且具有独立使用价值的空间，具有唯一编码。

不动产单元一经设定，不得任意分割、合并；需要进行分割、合并的，应当符合国家和本市相关规定。

第八条　申请不动产首次登记或者涉及不动产界址、空间界限、面积等变化的不动产变更登记的，应当进行权籍调查。

开展权籍调查活动应当符合权籍调查技术规范的要求。本市不动产权籍调查技术规范由市规划资源部门会同相关部门制定。

本市依法推进不动产权籍调查市场化。

第九条　当事人或者其代理人应当到登记事务机构申请不动产登记；属于网络申请范围的，可以通过网络申请不动产登记，具体范围由不动产登记机构公布。

不动产登记机构应当推进完善网络申请不动产登记工作，逐步扩大网络申请的范围。

第十条　申请人应当如实提交申请材料，不得隐瞒真实情况或者提交虚假材料，并在不动产登记申请书上签署诚信承诺声明。

应当提交的申请材料中涉及住房城乡建设管理、房屋管理、农业农村、林业、海洋、交通、税务等部门的审批信息、交易信息等，不动产登记机构能够通过市大数据资源平台实时互通共享获取的，不得要求申请人重复提交。

不动产登记机构应当向社会公布能够通过实时互通共享获取的信息目录，并及时更新。

第十一条　登记职责、登记范围、申请登记所需材料目录和示范文本等信息，应当在登记事务机构办公场所和"中国上海"门户网站、市规划资源部门门户网站公开。

本市按照便民原则，在受理登记时一并收取与登记有关的交易、税收等申报材料，实行一窗收件。

第十二条　属于登记职责范围，申请材料齐全、符合法定形式的，不动产登记机构应当受理不动产登记申请并书面告知申请人；申请材料存在可以当场更正的错误的，应当告知申请人当场更正，申请人当场更正后，应当受理并书面告知申请人。申请日为受理日。

发现申请登记事项的有关情况需要进一步证明的，应当一次性告知申请人在一定期限内提供证明材料，材料补齐日为受理日。

申请材料不齐全或者不符合法定形式的，应当当场书面告知申请人不予受理并一次性告知需要补正的全部内容。

未当场书面告知申请人不予受理的，视为受理。

第十三条　不动产登记机构受理登记申请后，应当对申请材料进行查验，并可以依法对申请登记的不动产进行实地查看，向申请人、利害关系人或者有关单位等进行调查。

第十四条　不动产登记机构应当自受理登记申请之日起，按照下列时限要求，办结不动产登记手续，但法律另有规定的除外：

（一）查封登记、异议登记当场办结；

（二）地役权、抵押权、预告登记的注销登记在一个工作日内办结；

（三）宅基地使用权及房屋所有权登记，土地承包经营权登记，未能提交生效法律文书或者公证文书的继承、受遗赠的转移登记，权利归属更正登记以及依职权更正登记在三十个工作日内办结；

（四）其他不动产登记在五个工作日内办结。

依法需要进行公告的，公告时间不计算在前款规定时限内。依法需要实地查看和调查、向有关部门核查相关情况的，办结不动产登记手续的时限不得超过三十个工作日。

第十五条　符合不动产登记规定的，不动产登记机构应当将登记事项记载于不动产登记簿。登记事项自记载于不动产登记簿时完成登记。

不动产登记机构应当根据不动产登记簿，填写并核发不动产权属证书或者不动产登记证明。当事人可以选择电子介质、纸质介质的不动产权属证书、不动产登记证明。

第十六条　登记申请有下列情形之一的，不动产登记机构应当作出不予登记的决定，并书面告知申请人：

（一）不动产界址、空间界限、面积等材料与申请登记的不动产状况不一致的；

（二）有关证明材料、文件与申请登记的内容不一致的；

（三）申请登记的事项与不动产登记簿的记载有冲突的；

（四）不动产属于违法建筑的；

（五）对依法查封的不动产，申请抵押、转移登记的；

（六）存在尚未解决的权属争议、申请登记的不动产权利超过规定期限以及法律、行政法规规定不予登记的其他情形。

第十七条　申请人在申请登记前，可以通过政务服务"一网通办"平台提交电子介质的申请材料。不动产登记机构对材料是否齐全、符合法定形式进行验看，并依法进行查验、实地查看或者调查。

符合不动产登记规定的，由不动产登记机构通过政务服务"一网通办"平台告知申请人提交原件的日期，并于申请人交齐原件后，当场向申请人核发不动产权属证书或者不动产登记证明；不符合不动产登记规定的，通过政务服务"一网通办"平台告知申请人。

第十八条　因不动产权利设立、变更、转让、消灭等申请首次登记、变更登记、转移登记、注销登记的，应当按照国家和本市法律法规相关规定，持相关材料申请登记。

第十九条　建设单位申请新建商品房所有权首次登记的，应当列明下列不动产的范围，并提供相关证明材料：

（一）经房屋管理部门备案的销售方案确定的建设单位保留自有的不动产、用于销售的商品房；

（二）依照法律、法规规定或者当事人约定确定的业主共有不动产和作为公益性公共服务设施的不动产。

建设单位申请保障性住房所有权首次登记的，应当列明前款第二项规定不动产的范围，并提供相关证明材料。

建设单位保留自有的不动产和用于销售的商品房，应当在不动产登记簿中予以记载，分别颁发不动产权属证书；业主共有不动产，应当在不动产登记簿中予以记载，不颁发不动产权属证书。

国有建设用地划拨决定书、出让合同中明确的或者有关部门认定的公益性公共服务设施，应当在不动产登记簿中予以注明；相关当事人申请首次登记的，向其颁发不动产权属证书。

建设单位申请保障性住房抵押登记的，还应当提供相关部门同意的证明材料。

第二十条　因风貌保护、建筑保护等需要，在国有建设用地划拨决定书或者出让合同中明确应当予以保留的房屋，当事人可以在申请建设用地使用权首次登记时一并申请房屋所有权首次登记，也可以与该国有建设用地上其他新建房屋一并申请房屋所有权首次登记，并在不动产登记簿中注明相关事实。

第二十一条　因继承、受遗赠取得不动产申请转移登记的，当事人应当提交死亡证明材料、遗嘱或者全部法定继承人关于不动产分配的协议以及与被继承人的亲属关系材料等，也可以提交经公证的材料或者生效的法律文书。不动产登记机构依法对继承、受遗赠的相关材料、事实进行查验、实地查看或者调查，全部继承人、相关当事人应当予以配合。

对当事人提交死亡证明材料、遗嘱或者全部法定继承人关于不动产分配的协议以及与被继承人的亲属关系材料等的，不动产登记机构可以进行公告，公告期不少于三个月。

第二十二条　承包农民集体所有的农用地或者国家所有依法由农民集体使用的农用地的，当事人可以申请土地承包经营权登记。

以家庭承包方式取得土地承包经营权的，享有土地承包经营权的全部家庭成员名单在不动产登记簿中予以记载。

依法取得流转期限为五年以上土地经营权的，当事人可以持取得土地经营权的相关材料以及其他必要材料申请土地经营权首次登记。

第二十三条　当事人受让划拨土地使用权地块上的房屋并办理土地使用权出让手续的，应当在申请建设用地使用权首次登记的同时，申请房屋所有权转移登记。

同一土地使用权人的用地方式由划拨转为出让等有偿使用方式的，应当申请建设用地使用权首次登记。

第二十四条　建设项目的结建地下工程应当与其地上部分一并办理建设用地使用权、房屋所有权首次登记。单建地下建设项目单独办理地下建设用地使用权、房屋所有权首次登记的，应当在办理房屋所有权首次登记时，一并办理出入口、通风口等地上建筑物、构筑物的首次登记。

在办理地下建设用地使用权的首次登记时，地下建设用地使用权的权属范围按照土地审批文件中载明的范围确定；未载明的，按照建设工程规划许可证或者乡村建设规划许可证明确的地下建筑物、构筑物的水平投影最大占地范围和起止深度确定。

地下建筑物、构筑物属于民防工程的，在不动产登记簿中予以注明。

第二十五条　依法利用宅基地建造住房及其附属设施的，可以申请宅基地使用权及房屋所有权登记。宅基地使用权及房屋所有权登记由农村村民户成员推选户代表申请，户成员名单在不动产登记簿中予以记载。

依法利用宅基地新建住房及其附属设施的，可以持有批准权的人民政府批准用地的文件等权属来源材料、宅基地建房批准文件、房屋竣工材料、确定户代表和户成员的材料、不动产权籍调查报告以及其他必要材料申请首次登记。

申请宅基地使用权及房屋所有权转移登记的，应当提供受让人为该农村集体经济组织成员的证明，但因继承致使房屋所有权发生转移的除外。

各区人民政府根据市人民政府的统一安排，按照规范有序、方便办理的要求，对本行政区域内未登记的宅基地使用权及房屋所有权组织开展首次登记工作。宅基地和房屋面积、房屋建设年代以及家庭分户等情况，应当经不动产权属调查并经村民小组、村、乡镇逐级确认。

第二十六条　通过申请审批或者招标、拍卖取得海域使用权，变更、转移海域使用权以及海域使用权有效期满不再续期的，当事人可以申请相应的海域使用权登记。

因围填海造地等导致海域灭失的，申请人应当在围填海造地等工程竣工后，依法申请国有土地使用权首次登记，并办理海域使用权注销登记。

第二十七条　当事人采用书面形式订立居住权合同或者以遗嘱方式设立居住权的，应当持居住权合同或者遗嘱等材料申请居住权首次登记。不动产登记机构应当核发不动产登记证明。

居住权消灭的，相关当事人应当及时办理居住权注销登记。

第二十八条　按照约定设定地役权的，当事人可以持需役地、供役地的不动产权属证书和地役权合同以及其他必要材料，申请地役权首次登记。

不动产登记机构应当将利用目的、利用方法、利用期限等事项，分别记载于需役地和供役地不动产登记簿。

第二十九条　以在建建筑物设定抵押的，在建建筑物竣工后，除下列不动产外，在办理房屋所有权首次登记的同时，直接将在建建筑物抵押权登记转为不动产抵押权登记：

（一）已经办理预告登记的商品房；

（二）房屋所有权首次登记时已明确的业主共有不动产；

（三）不属于建设单位所有的作为公益性公共服务设施的不动产；

（四）配建的保障性住房及其用于停放汽车的车位、车库。

本市实施不动产统一登记前已经设定的房屋建设工程抵押权预告登记，转为不动产抵押权登记的，按照前款规定办理。

第三十条　不动产灭失，当事人未申请注销登记的，不动产登记机构可以依据房屋管理、规划资源、海洋等部门提供的证明文件办理注销登记。

不动产被依法征收、收回、没收，或者不动产权利因人民法院、仲裁委员会的生效法律文书而消灭的，不动产登记机构根据已经发生法律效力的文件或者生效法律文书办理注销登记。

第三十一条　权利人、利害关系人认为不动产登记簿记载的事项有错误，可以申请更正登记。

不动产登记机构受理更正登记申请后，应当中止办理相关的不动产抵押、转移、变更等登记，并暂缓受理新的登记申请；更正登记完成后，应当恢复办理。

行政机关作出撤销不动产登记的行政复议决定或者人民法院作出撤销不动产登记的判决的，不动产登记机构应当自行政复议决定或者判决发生法律效力之日起三日内予以更正；但在错误登记之后已经办理了涉及不动产权利处分的登记、预告登记和查封登记的除外。

原权利人死亡或者终止无法恢复原登记状态的，应当在不动产登记簿中注明相关事实，不颁发不动产权属证书。

第三十二条　有商品房等不动产预售，不动产买卖或者抵押，以预购商品房设定抵押权，以及法律、行政法规规定的其他情形的，当事人可以按照约定申请预告登记。

新建商品房或者存量房交易合同网上签约后，当事人可以申请预告登记。

预告登记生效期间，未经预告登记的权利人书面同意，处分该不动产权利申请登记的，不动产登记机构应当不予办理。

第三十三条　不动产登记机构收到公安机关、人民法院、人民检察院等有权机关对不动产实施查封等措施的通知后，应当直接将查封事项和查封期限等记载于不动产登记簿。

不动产登记机构认为查封事项存在异议的，应当依法向有关机关提出审查建议。

不动产查封期限届满，公安机关、人民法院、人民检察院等有权机关未续封的，查封登记失效。

第三十四条　有下列情形之一的，不动产登记机构应当根据已经发生法律效力的文件，将有关事项记载于不动产登记簿：

（一）行政机关作出征收集体所有土地、征收房屋、收回国有建设用地使用权、批准建设用地、商品房预售许可等与不动产权利有关的决定；

（二）行政机关对保障性住房的认定；

（三）行政机关对违法用地、不履行优秀历史建筑修缮义务等的认定；

（四）行政机关对擅自改变承重结构、附有违法建筑的认定。

存在前款第三、四项所列情形已完成整改的，行政机关应当出具证明文件，由不动产登记机构在不动产登记簿中予以记载；存在前款第四项所列情形，当事人申请抵押、转移登记的，应当提供上述证明文件。

房屋租赁合同等与不动产权利事项有关的材料，当事人可以申请在不动产登记簿中予以记载。

当事人依法将土壤污染状况调查报告送交不动产登记机构的，由不动产登记机构在不动产登记簿中予以记载。

第三十五条　不动产登记机构应当建立不动产登记资料管理制度以及信息安全保密制度。

不动产登记资料由登记事务机构管理。登记事务机构应当建设符合不动产登记资料安全保护标准的不动产登记资料存放场所。

不动产登记资料中属于归档范围的，按照有关规定进行归档管理。

不动产登记资料的查询、复制，按照国家和本市有关规定执行。利害关系人不得公开、非法使用权利人的不动产登记资料。

第三十六条　登记事务机构可以通过不动产登记查询窗口、自助查询设备、互联网等方式，提供不动产登记资料查询服务。

第三十七条　不动产登记工作人员应当具备与其岗位相适应的法律法规、不动产登记等方面的专业知识和业务能力。

不动产登记机构应当加强对不动产登记工作人员的管理和专业技术培训。

本市探索建立不动产登记员制度，选取符合要求的不动产登记工作人员担任不动产登记员，独立负责不动产登记的审核、登簿等专门性工作。

第三十八条　不动产登记工作人员进行虚假登记，损毁、伪造不动产登记簿，擅自修改登记事项、泄漏不动产登记资料或者登记信息，或者有其他滥用职权、玩忽职守行为的，依法给予处分；给他人造成损害的，依法承担赔偿责任；构成犯罪的，依法追究刑事责任。

第三十九条　因登记错误，造成他人损害的，不动产登记机构应当承担赔偿责任。不动产登记机构赔偿后，可以向造成登记错误的人追偿。

当事人提供虚假材料申请登记，造成他人损害的，应当承担赔偿责任。

本市探索建立不动产登记责任保险制度。

第四十条　对不动产登记中的相关失信行为，由不动产机构依法将相关主体的失信信息归集至本市公共信用信息服务平台，由相关部门依法对失信主体实施惩戒措施。

第四十一条　旧住房综合改造符合规划要求并且已经竣工的，可以依法办理不动产登记。

对历史上应登记而未登记不动产的登记问题，结合当时的法律法规、政策和实际情况等因素予以处理。具体处理办法，由市人民政府制定。

第四十二条　本规定自2021年3月1日起施行。2008年12月25日上海市第十三届人民代表大会常务委员会第八次会议通过的《上海市房地产登记条例》同时废止。

31. 上海市促进家庭农场发展条例

（2020年11月27日上海市第十五届人民代表大会常务委员会
第二十七次会议通过）

第一条　为了保障本市家庭农场健康发展维护家庭农场合法权益，发挥家庭农场的农业经营主体作用，促进农业增效、农民增收、农村发展，推进乡村振兴战略实施，根据有关法律、行政法规，结合本市实际，制定本条例。

第二条　本条例适用于本市行政区域内家庭农场的生产经营以及相应的扶持、指导、服务与规范等活动。

本条例所称家庭农场是指以家庭成员为主要劳动力，以家庭为基本经营单元，从事农业规模化、标准化、集约化生产经营的主体。

第三条　市、区人民政府应当建立健全支持家庭农场健康发展的体制机制，制定政策措施，促进家庭农场适度规模经营和高质量发展。

农业农村部门是本市家庭农场的主管部门，负责本行政区域内涉及家庭农场相关政策的拟定和协调落实，承担家庭农场发展的扶持、指导、服务、规范等相关工作。

发展改革、财政、市场监管、规划资源、商务、金融、人力资源社会保障、绿化市容（林业）、科技、文化旅游、生态环境、水务、气象等部门应当按照各自职责，做好促进家庭农场发展的相关工作。

镇（乡）人民政府负责对家庭农场生产经营的服务指导和规范管理的日常工作。

第四条　本市实行家庭农场名录制度。家庭农场可以按照规定纳入名录库享受相关扶持政策也可以根据经营情况退出名录库。

市农业农村部门制定本市家庭农场纳入名录库的基本要求，基本要求可以包括主要经营者的成员条件、技能水平、劳动力结构，以及土地经营权获取、经营范围与规模等事项。

区农业农村部门可以根据市农业农村部门的基本要求，结合当地资源条件、行业特征、农产品品种特点等实际，对本区纳入家庭农场名录库的具体要求作出细化规定。

市、区农业农村部门应当将家庭农场纳入名录库的相关要求、扶持措施及入库的家庭农场名录向社会公开，并实行动态更新。

第五条　家庭农场合法权益受法律保护，任何单位和个人不得侵犯。

家庭农场依法可以享受国家和本市的直接补贴和项目支持。对国家和本市财政直接补助形成的生产经营资产享有占有、使用和收益的权利，并可以按照规定进行处分。

第六条　本市坚持农村土地集体所有、维护农村土地承包权益，保障农村土地经营权向家庭农场有序流转。

市、区农业农村部门应当优化农村土地经营权流转服务体系，健全农村土地经营权公开流转平台，并做好相关政策咨询、信息发布、价格指导等工作。

镇（乡）人民政府应当按照促进家庭农场发展的原则，结合合理利用土地、农作物生长特点和保持土地经营权流转关系相对稳定等需求确定流转期限，流转期限原则上不低于三年。

市、区农业农村部门应当健全完善农村土地经营纠纷调解、仲裁体系，有效化解土地经营权流转纠纷。

第七条　家庭农场应当通过农村土地经营权公开流转平台获取农村土地经营权，并签订土地经营权流转合同，明确流转期限、土地用途、流转价格等内容。推广使用农村土地经营权流转合同示范文本。

家庭农场依法取得流转期限为五年以上土地经营权的，可以持取得土地经营权的相关材料以及其他必要材料申请土地经营权首次登记。

第八条　区、镇（乡）人民政府应当在符合国土空间规划和农业相关规划的前提下，对家庭农场用于仓储、晾晒、冷藏保鲜、农机放置、农产品初加工等设施用地给予统筹支持和合理安排。

镇（乡）人民政府应当通过资源统筹等方式帮助家庭农场解决烘干晾晒、

贮藏保鲜、农机服务以及相关设施、设备的保障和更新等问题。

第九条　市、区人民政府应当采取措施，培育农业社会化服务组织，引导其开展面向家庭农场的病虫害统防统治、肥料统配统施、机械化生产、灌溉排水、贮藏保鲜等服务。

第十条　市、区人民政府应当将促进家庭农场发展的经费纳入本级财政预算，通过财政补助、贷款贴息、先建后补等方式，重点用于支持家庭农场基础设施建设、农业生产设施建设、质量标准认证、市场营销、技术创新与推广、人员培训等事项。

第十一条　金融管理部门应当按照国家要求推进普惠金融发展，鼓励银行业金融机构在风险可控的前提下，增加对家庭农场的信贷支持力度。

鼓励金融机构建立适合家庭农场特点的授信制度，开展与农业生产经营周期相匹配的流动资金贷款和中长期贷款业务，简化贷款审批流程。

通过设立的政策性农业信贷担保资金、创业担保贷款担保资金，将符合条件的家庭农场纳入政策性融资担保政策的覆盖范围，完善风险补偿机制。

第十二条　市、区农业农村部门应当为家庭农场提供政策性保险，引导家庭农场参加各类农业保险，增强家庭农场抵御风险的能力。

鼓励保险机构加强对家庭农场的综合保险服务，建立健全包括农作物生产和农产品运输、储存、加工、销售等全流程风险保障体系，扩大农业保险覆盖范围。

第十三条　市、区科技、农业农村部门应当指导和支持家庭农场应用新品种、新技术、新农艺，支持有条件的家庭农场建设科技试验示范基地，参与实施农业技术研究和推广活动。

农业科研、农技推广等机构应当组织农业科研人员、农技推广人员，通过技术培训、定向帮扶等方式，为家庭农场提供先进适用技术。

第十四条　家庭农场经营者可以自主决定向市场监督管理部门申请登记。符合条件的，市场监督管理部门应当依法受理并准予登记。

第十五条　市、区商务、农业农村部门应当采取措施，推动家庭农场和电子商务平台经营者建立合作关系，拓宽农产品流通渠道。

鼓励电子商务平台经营者通过降低入驻门槛和促销费用等方式，支持家庭农场发展农村电子商务。

第十六条　支持家庭农场开展绿色食品、有机农产品、农产品地理标志认证，推动品牌建设。

市、区农业农村部门应当对家庭农场开展品牌建设，给予指导和服务。

第十七条　家庭农场从事种植业、养殖业的，执行本市农业生产电价，并可以参照农民专业合作社执行农业分时电价。

第十八条　家庭农场经营者应当提高从事农业生产管理的能力，参加相关技能培训，掌握相应的知识和技能。

市人力资源社会保障、农业农村部门应当建立健全农业职业培训制度，完善新型职业农民、农业职业经理人、农村实用人才等培育计划，提高家庭农场技术、管理等水平。

鼓励涉农院校、科研院所和农业产业化龙头企业等，采取田间教学等形式为家庭农场提供职业技能培训服务。

鼓励家庭农场经营者通过多种形式参加职业培训，取得专业技术职称、职业资格证书、职业技能等级证书或者专项职业能力证书。

第十九条　本市户籍人员在家庭农场就业期间，经协商一致，可以通过集体参保方式，参照本市灵活就业人员参加城镇职工基本养老保险和医疗保险。

市、区人民政府应当完善家庭农场经营者参加社会保险的相关政策，扩大覆盖面，提高保障水平。

第二十条　市农业农村部门应当建立统一的信息服务管理平台，开展家庭农场数据采集、运行分析等工作，收集、汇总、发布、更新国家和本市有关家庭农场发展的政策措施、行业动态等信息，为家庭农场提供个性化服务，并为公众提供查询服务。

第二十一条　本市开展家庭农场示范建设，发挥示范家庭农场在发展适度规模经营、应用先进技术、实施标准化生产、提高农产品质量等方面的示范作用。

市、区农业农村部门应当会同相关部门制定和完善市、区两级示范家庭农场认定标准并组织评审。对经评审认定为示范家庭农场的，市、区农业农村部门应当进行定期监测和动态调整，并给予相关政策扶持。

第二十二条　家庭农场可以与相关企业、农民专业合作社和社会化服务组织在资金、技术和市场等方面加强合作，形成农业产业化联合体，提高农业经营效益。鼓励家庭农场发起或者加入农民专业合作社。

鼓励家庭农场发展农产品初加工产业、休闲农业、创意农业，拓展互联网销售模式，加强与文化旅游等二三产业融合，促进都市现代农业发展。

区农业农村部门和镇（乡）人民政府应当为家庭农场对外合作、产业延伸等提供指导和服务。

第二十三条　家庭农场从事生产经营活动应当遵守农村土地用途管制、耕地保护、生态环境保护、农产品质量安全管理等相关规定，使用并维护好农田水利、林网等基础设施，不得从事以下行为：

（一）擅自将流转经营土地再流转给第三方；

（二）损害农田水利、林网等基础设施；

（三）从事掠夺性经营，损害土地、其他农业资源和环境；

（四）擅自改变流转经营土地的农业用途；

（五）采取弄虚作假、隐瞒真实情况等手段，套取政府扶持项目和资金；

（六）违反法律、法规的其他行为。

家庭农场有前款第一项至第五项所列行为之一的，依法承担法律责任，区农业农村部门应当将其移出家庭农场名录库。

第二十四条　侵犯家庭农场合法权益的，应当依法承担法律责任。

国家机关工作人员在促进家庭农场发展工作中玩忽职守、滥用职权、徇私舞弊或者有其他违法行为的，由其所在单位或者上级主管部门依法给予处分；构成犯罪的，依法追究刑事责任。

第二十五条　本条例自 2021 年 1 月 1 日起施行。

32. 上海市养老服务条例

（2020 年 12 月 30 日上海市第十五届人民代表大会常务委员会
第二十八次会议通过）

第一章　总则

第一条　为了规范养老服务工作，健全养老服务体系，满足老年人养老服务需求，促进养老服务发展，根据《中华人民共和国老年人权益保障法》以及相关法律、法规，结合本市实际，制定本条例。

第二条　本市行政区域内的养老服务以及相关扶持保障、监督管理等活动，适用本条例。

本条例所称的养老服务，是指在家庭成员承担赡养、扶养义务的基础上，由政府和社会为老年人提供的生活照料、康复护理、健康管理、精神慰藉、紧急救援等服务，主要包括居家养老服务、社区养老服务和机构养老服务。

本条例所称的养老服务机构，包括为老年人提供全日集中住宿和照料护理服务的养老机构，以及为老年人提供居家和社区养老服务的居家社区养老服务机构。

第三条　本市养老服务坚持以人民为中心的发展思想，按照"人民城市建设"的要求，遵循政府主导、社会参与、市场运作、统筹发展、保障基本、普惠多样的原则，与本市经济社会发展相协调，实现高质量发展。

第四条　本市积极应对人口老龄化，健全符合超大城市特点的居家为基础、社区为依托，机构充分发展，居家社区机构相协调、医养康养相结合的养老服务体系，完善基本养老服务，发展公益性养老服务，促进市场化养老服务，培育养老新兴业态，推动养老事业和养老产业协调发展，满足多层次、多样化的养老服务需求，实现老有颐养。

第五条　各级人民政府应当将养老服务纳入本级国民经济和社会发展规划，将养老服务事业经费纳入同级财政预算，将养老服务工作纳入年度工作计划和绩效考核范围。

市人民政府应当加强对养老服务工作的领导，统筹协调养老服务体系建设，保障基本养老服务，促进养老服务健康发展，建立健全养老服务设施建设、运营及相关补贴政策的市级统筹协调机制。

区人民政府承担本行政区域养老服务工作的第一责任，应当根据本行政区域内老年人口数量、结构、分布等因素，推进养老服务设施建设，完善扶持保障措施，加强养老服务工作力量和综合监管，增加养老服务供给，提高养老服务质量。

市、区人民政府应当建立健全养老服务体系建设协调机制，统筹、协调、整合各类养老服务资源，研究解决养老服务重大问题。

乡镇人民政府、街道办事处负责组织实施本辖区内的养老服务工作，通过配备相应的社区工作者或者政府购买服务等方式，加强养老服务工作力量。

第六条　市、区民政部门是本行政区域内养老服务工作的行政主管部门，牵头推进养老服务体系建设，完善相应政策措施，制定基本养老服务标准，负责养老服务的监督管理。

卫生健康部门负责拟订医养结合政策措施，以及对老年人疾病防治、医疗护理、健康促进等老年健康工作的监督管理。

医疗保障部门负责组织实施长期护理保险制度，完善医养结合相关医疗保险政策。

发展改革、财政、人力资源社会保障、规划资源、住房城乡建设管理、房屋管理、市场监管、应急管理、消防救援、经济信息化、商务、教育、科技、公安、交通、生态环境、农业农村、文化旅游、金融管理、体育、统计、审计等部门和机构按照各自职责，共同做好养老服务相关工作。

第七条　本市健全基本养老服务体系。市人民政府应当制定并公布本市基本养老服务清单，明确基本养老服务的项目和具体内容，并根据经济社会发展水平、财政状况、养老服务需求变化等情况，适时进行调整。

基本养老服务应当优先保障符合条件的孤寡、失能、重度残疾、高龄老年人，以及计划生育家庭特别扶助对象、重点优抚对象等人员的基本养老服务需求。

第八条　本市鼓励和支持社会力量提供养老服务，激发市场主体活力，健全开放、竞争、公平、有序的养老服务市场，发挥社会力量在养老服务中的主体作用。

第九条　老年人的子女及其他负有赡养、扶养义务的人员，应当履行对老年人经济供养、生活照料、精神慰藉等义务。

本市支持家庭承担养老功能。

第十条　工会、共产主义青年团、妇女联合会、残疾人联合会、红十字会以及养老服务行业组织、老年人组织、慈善组织、志愿服务组织等社会组织，根据职责或者章程，发挥各自优势，协同做好养老服务工作。

居民委员会、村民委员会应当发挥自治功能和优势，协助做好养老服务工作。

鼓励自然人、法人和其他组织以各种形式参与或者支持养老服务。

第十一条　全社会应当弘扬中华民族养老、孝老、敬老的传统美德，积极践行社会主义核心价值观，树立尊重、关心、帮助老年人的社会风尚。

广播、电视、报刊、网络等媒体应当广泛开展养老、孝老、敬老的宣传教育活动。

第十二条　本市基于长江三角洲区域一体化发展战略，按照资源互补、信息互通、市场共享、协同发展的原则，推进区域养老服务一体化发展。

第十三条　本市支持开展养老服务基础理论、实务应用、制度保障、产业促进、行业管理等方向和领域的科学研究活动。

本市加强养老服务相关技术标准、服务模式、发展经验等方面的国内与国际交流合作。

第十四条　本市定期开展养老服务需求和供给状况调查，建立养老服务统计监测和信息发布制度。

第二章　设施规划与建设

第十五条　市民政部门会同市规划资源部门根据本市人口、公共服务资源、养老服务需求状况等因素，制定养老服务设施布局专项规划，合理布局各类养老服务设施，合理确定容积率，经市人民政府批准后，纳入相应的国土空间规划。区人民政府负责养老设施布局专项规划在本行政区域的推进落实。

规划资源部门应当按照有关规定，通过优化规划执行及建筑面积奖励等方式鼓励增加养老服务设施。

第十六条　本市按照区域内常住老年人口和需求配置社区养老服务设施。全市社区养老服务设施建筑面积应当不低于常住人口每千人四十平方米，并根据经济社会发展及时优化调整。

新建居住区应当按照规划要求和建设标准，配套建设相应的养老服务设施。配套建设的养老服务设施应当与住宅同步规划、建设，并由民政部门按照相关规定参与评审验收。

本市将社区养老服务设施建设作为城市更新的重要内容，已建成居住区的养老服务设施未达到规划要求或者建设标准的，所在地的区人民政府应当通过新建、改建、购置、置换、租赁等方式予以补充和完善。

鼓励企业事业单位和社会组织通过整合或者改造存量企业厂房、办公用房、商业设施和其他社会资源，建设符合标准的养老服务设施。相关部门应当根据国家和本市有关规定，在土地规划、消防审验、建筑安全等方面给予指导。

第十七条　各级人民政府应当将养老服务设施建设用地纳入国土空间规划和土地利用年度计划，按照国家和本市关于养老服务设施人均用地标准，合理安排用地需求。在符合规划、环保等要求的前提下，可以将闲置的公益性用地优先调整为养老服务设施用地。

新建非营利性养老服务设施建设用地，可以依法使用国有划拨土地或者农民集体所有的土地；新建营利性养老服务设施建设用地，以租赁、先租后让、出让等方式供应，拓展养老服务用地空间，降低养老服务用地成本。

第十八条　未经法定程序，任何组织和个人不得擅自改变养老服务设施建设用地用途或者养老服务设施使用性质，不得侵占、损坏或者拆除养老服务设施。

　　经法定程序批准改变养老服务设施建设用地用途、养老服务设施使用性质或者拆除养老服务设施的，应当按照不低于原有养老服务设施规模和标准建设或者置换；建设期间，应当安排过渡用房，满足老年人的养老服务需求。

　　第十九条　市、区人民政府应当加快推进与老年人日常生活密切相关的交通、文化等公共设施无障碍改造，支持已建成的多层住宅及养老服务设施加装电梯，在公共活动空间增设适合老年人活动、休息的设施。

　　本市为老年人交通出行、就医、办事等提供便利。各级行政管理部门、提供公共服务的机构和企业，在为老年人提供公共信息服务时，应当符合无障碍环境建设标准，满足无障碍信息传播与交流的需求，推广应用符合老年人需求特点的智能信息服务；为老年人提供公共服务时，应当充分尊重老年人的习惯，保留并完善传统服务方式。

　　第三章　居家养老服务

　　第二十条　居家养老服务，主要是通过上门、远程支持等方式，为老年人在其住所内提供的生活照料、常用临床护理等照护服务及其他支持性服务。

　　第二十一条　开展居家养老服务的机构根据老年人的需求，上门提供生活起居、卫生护理、康复辅助、环境清洁、助餐、助浴、助行等生活照料服务。

　　第二十二条　护理站等医疗机构可以为有医疗护理需要的居家老年人，提供常见病、慢性病治疗护理等基本临床护理服务。

　　第二十三条　本市支持运用互联网、物联网等技术手段，为老年人提供紧急救援服务，即时接收和处理老年人的紧急呼叫，协助联系救援。

　　对经济困难的高龄、独居老年人，可以通过政府购买服务等方式，为其提供紧急救援服务。

　　第二十四条　乡镇人民政府、街道办事处应当委托居民委员会、村民委员会，或者通过政府购买服务、组织志愿服务等方式，对高龄、独居等老年人定期进行巡访，提供精神慰藉等关爱服务，防范和化解意外风险。

　　第二十五条　本市支持为老年人提供家庭适老化改造、适老性产品安装、康复辅助器具配备和使用指导、智慧养老相关硬件和软件安装使用等服务。

符合条件的经济困难老年人进行家庭适老化改造的，由市、区人民政府给予适当补贴。

第四章　社区养老服务

第二十六条　社区养老服务，主要是依托社区养老服务设施或者场所，为老年人提供的日间照护、短期托养、助餐等服务以及其他支持性服务。

第二十七条　本市支持养老服务机构开展社区日间照护服务，为有需要的老年人提供照料护理、康复辅助、精神慰藉、文化娱乐、交通接送等服务。

第二十八条　本市支持养老服务机构开展社区短期托养服务，为失能、认知障碍、术后康复等老年人，提供阶段性的全日集中住宿和照料护理、精神慰藉、文化娱乐等服务。

第二十九条　乡镇人民政府、街道办事处应当开设社区食堂、老年助餐点等社区助餐服务场所，为有需求的老年人提供膳食加工配制、外送及集中用餐等服务，并保证膳食质量。

本市通过政府购买服务、合作共建等方式，支持社会餐饮企业、商业零售企业和网络订餐平台等，为老年人提供社区助餐服务。鼓励符合条件的养老机构或者机关、企业事业单位的食堂，为老年人提供社区助餐服务。

第三十条　本市支持在社区养老服务设施或者其他公共服务设施开辟专区，为老年人提供康复辅助器具的演示、体验等服务；支持企业开展康复辅助器具社区租赁服务。

符合条件的老年人租赁康复辅助器具，由市、区人民政府给予相应补贴。

第五章　机构养老服务

第三十一条　养老机构为入住老年人提供下列机构养老服务：

（一）满足日常生活需求的集中住宿、膳食营养、生活起居照料、洗涤与清洁卫生、室内外活动等生活照护服务；

（二）建立健康档案，宣传日常保健知识，并按照服务协议提供疾病预防、药物管理、医疗康复等日常健康服务；

（三）运用专业社会工作方法，提供情绪疏导、心理支持等精神慰藉服务；

（四）提供适合老年人的文化、教育、体育、娱乐等服务。

养老机构应当合理设置服务区域和床位数量，不得超出实际服务能力开展养老服务。

第三十二条　养老机构应当建立入院评估制度，对入住老年人的身心状况进行测评，制订分级照护服务计划，并根据老年人的身心变化动态调整。分级照护服务计划应当经老年人或者其代理人确认，并作为服务及收费的依据，在服务合同中予以载明。

认知障碍老年人的分级照护服务计划，应当符合认知障碍照护服务的标准与要求。

第三十三条　养老机构在提供服务的过程中，应当按照国家有关标准，对老年人进行服务安全风险评估，并通过制定应急预案、定期评价与改进、安全教育等方式，建立服务安全风险防范机制。

第三十四条　养老机构应当定期对老年人的生活、活动场所和使用的物品进行清洗消毒。

养老机构提供的饮食应当符合食品安全要求和民族风俗习惯，适宜老年人食用，有利于老年人营养平衡。

第三十五条　养老机构应当为入住老年人的家庭成员看望或者问候老年人提供便利，为老年人联系家庭成员提供帮助。

入住养老机构的老年人及其代理人应当遵守养老机构的规章制度，维护养老机构正常服务秩序。

第三十六条　老年人突发危重疾病的，养老机构应当及时通知其配偶、子女或者其他代理人，并按照服务合同约定转送医疗机构救治。

老年人疑似患有精神障碍的，养老机构应当按照精神卫生等有关法律、法规的规定处理。

第三十七条　养老机构应当建立老年人信息档案，收集和妥善保管服务协议等相关资料。档案的保管期限不少于服务协议期满后五年。

第三十八条　养老机构因停业整顿、变更或者终止等原因暂停、终止服务的，应当在合理期限内提前书面通知老年人及其代理人，并向原备案的民政部门报告。需要安置老年人的，养老机构应当根据服务合同约定与老年人或者其代理人协商确定安置事宜，制定安置方案。

民政部门应当督促养老机构落实安置方案，并为其妥善安置老年人提供帮助。

第六章 服务协调发展

第三十九条 本市促进居家、社区、机构养老服务融合发展，发挥养老服务机构的专业支撑作用，推动居家社区养老服务机构为家庭提供专业服务，鼓励养老机构开展居家和社区养老服务，提高养老服务资源利用效率。

支持符合条件的养老服务机构在老年人住所设立家庭照护床位，提供连续、稳定、专业的养老服务。

民政、卫生健康、医疗保障、财政等部门应当完善相关服务、管理等技术规范和支持政策。

第四十条 本市在中心城区和城镇化地区重点发展社区嵌入式养老服务，在社区内根据实际嵌入不同规模和功能的养老服务和设施，为老年人提供便利可及的养老服务。

街道办事处、乡镇人民政府应当至少建设一家社区综合为老服务中心，发挥平台作用，整合日间照料、短期托养、社区助餐、医养康养结合、养老顾问等养老服务资源，提供综合性养老服务支持。

第四十一条 本市将农村养老服务设施和服务纳入乡村振兴规划，相关区和乡镇人民政府应当按照城乡协调发展的要求，推动农村养老服务设施均衡布局，提升服务水平。

支持利用农民房屋和农村集体所有的土地、房屋等资源，尊重农民生活习惯和方式，发展符合农村特点的养老服务。

第四十二条 本市鼓励和支持老年人开展社区邻里服务、低龄健康老年人与高龄老年人结对关爱等互助性养老服务，探索建立互助性养老服务时间储蓄、兑换等激励、保障机制。

第四十三条　本市支持养老服务机构和其他社会专业机构为失能老年人的家庭照顾者提供下列支持服务：

（一）临时或者短期的托养照顾；

（二）家庭关爱服务；

（三）照护知识与技能培训；

（四）其他有助于提升家庭照顾能力或者改善其生活质量的相关服务。

第四十四条　本市依托养老服务机构和居民委员会、村民委员会的工作人员、社会工作者等，经培训后担任养老顾问，为老年人及其家庭提供养老服务清单，给予咨询、指导等服务。

鼓励和支持养老服务机构和其他组织发挥专业优势，开展社会化的养老顾问服务。

第四十五条　本市推进长江三角洲区域养老服务合作与发展，建立健全政府间合作机制，落实异地就医结算，推动本市老年人异地享受本市长期护理保险、养老服务补贴等待遇，方便老年人异地养老。

第四十六条　本市建立健全老年教育网络，将老年教育延伸到社区，为老年人提供线上线下相结合的教育服务。支持各类教育机构及其他社会主体通过多种形式举办或者参与老年教育，为养老服务机构提供教学资源等支持，推动养教结合。

本市探索建立市区联动的发挥老年人作用的信息化平台，开发老龄人力资源，支持老年人参与社会发展，促进积极养老。

第七章　医养康养结合

第四十七条　市、区人民政府及其民政、卫生健康、医疗保障、体育、教育等部门应当在政策体系、设施布局、人才培养、合作机制等方面推动医养康养相结合，建立健全老年健康服务体系，保障老年人的基本健康养老服务需求。

第四十八条　市、区人民政府在编制和完善区域卫生规划、养老服务设施规划时，应当统筹考虑养老服务设施与医疗卫生设施的布局，将两者同址或者邻近设置。

鼓励养老服务机构为医疗机构入驻提供场地和设施，方便老年人获取医疗服务。

本市按照国家有关规定，支持养老机构设立医疗机构，支持医疗机构设立养老机构。

第四十九条　卫生健康、医疗保障等部门应当为养老机构内设置医疗机构以及符合条件的养老机构设置老年护理床位提供支持、指导。在养老机构内设置的医疗机构和老年护理床位，按照规定纳入基本医疗保险支付范围。

支持各类医疗机构与养老服务机构通过签约等形式开展合作，开设绿色通道，为老年人接受医疗服务提供便利。

支持医师、护士到养老机构内设置的医疗机构开展多机构执业。

第五十条　区人民政府应当以社区卫生服务机构为平台，整合各类医疗卫生和社会资源，推动医疗机构与养老服务机构开展合作，为居家、社区与机构养老的老年人提供基本医疗和护理服务。

社区卫生服务机构应当按照国家和本市有关规定，开展老年人健康管理和常见病预防工作，为符合条件的居家、社区与机构养老的老年人提供下列服务：

（一）建立健康档案、定期免费体检等基本公共卫生服务；

（二）健康指导、保健咨询、慢性病管理等家庭医生签约服务；

（三）为符合相关医疗指征等条件的老年人提供上门诊视、设立家庭病床、居家护理等服务。

第五十一条　有条件的综合医疗机构应当开设老年病科；鼓励中医、专科医疗机构开设老年病专科。

本市按照老年人口的一定比例设置老年护理床位，加强医疗机构老年护理床位建设，支持综合医疗机构强化护理功能。

社区卫生服务机构、有条件的综合医疗机构应当根据需要，设置安宁疗护病区或者床位。

第五十二条　本市推广应用适用于老年人的中医药技术、方法和中医特色医养结合服务；支持医疗机构为老年人提供中医健康咨询评估、干预调理、随访管理等治未病服务，并与养老机构开展合作，提供中医药服务。

第五十三条　本市依托养老服务机构以及其他社会专业机构，推广老年人健康生活理念和方式，开展老年疾病防治、认知障碍干预、意外伤害预防、心理健康与关怀等健康促进活动，提供健身辅导、身体机能训练、运动干预等体养结合服务。

第八章　长期照护保障

第五十四条　本市建立相关保险、福利及救助相衔接的长期照护保障体系，完善长期护理保险、养老服务补贴等制度，发展长期照护商业保险，为长期失能老年人持续接受居家、社区、机构养老服务提供保障。

第五十五条　本市建立健全老年照护需求评估制度。对具有照料护理需求且符合条件的老年人，按照全市统一的标准对其失能程度、疾病状况、照护情况等进行评估，确定照护等级，作为其享受相应基本养老服务的依据。

全市统一的老年照护需求评估标准以及评估机构的管理办法，由市卫生健康、民政、医疗保障等部门制定。

评估机构与人员应当按照统一需求评估标准和操作规范，客观公正、独立规范开展评估工作。

第五十六条　本市按照国家有关规定，推进实施长期护理保险制度，建立健全互助共济、责任共担等多渠道筹资机制，对经老年照护需求评估达到一定照护等级的长期失能老年人，为其基本生活照料和与基本生活密切相关的医疗护理提供服务或者资金保障。

第五十七条　依法开展长期照护服务的养老服务机构，以及护理站等医疗机构，可以向医疗保障部门提出申请，经评估后，按照有关规定签订服务协议，成为长期护理保险定点护理服务机构。

第五十八条　本市建立和完善长期护理服务项目清单、标准、规范，并根据基金规模和服务需求、供给能力等因素进行调整，合理确定长期护理保险支付范围。

参保人员接受定点护理服务机构服务所发生的费用，属于长期护理保险基金支付范围的，由长期护理保险基金按照规定支付，其余部分由个人自负。

第五十九条　本市健全养老服务补贴制度，对经老年照护需求评估后符合条件的下列长期失能老年人，根据其照护等级、困难状况等因素给予相应的补贴，用于购买居家、社区、机构等养老服务：

（一）最低生活保障家庭成员；

（二）低收入家庭成员；

（三）分散供养的特困人员；

（四）市和区人民政府规定的其他经济困难或者特殊困难人员。

符合前款规定条件的老年人或者其代理人，可以通过网上或者向就近的社区事务受理服务机构提出申请，由老年人户籍所在地的乡镇人民政府、街道办事处初步审核后，报区民政部门审核决定。

享受养老服务补贴的老年人，可以选择相应的养老服务机构为其提供长期照护服务。

第六十条　区人民政府按照本市有关规定，保障达到一定照护等级的老年人依申请轮候入住提供基本养老服务的养老机构。

市发展改革、民政、财政等部门以及区人民政府应当加强资源统筹配置，完善相关制度，促进基本养老服务均衡发展、公平享受。

第六十一条　本市根据认知障碍老年人的长期照护需求，发展专门服务机构或者在养老服务机构内设置专区，制定认知障碍照护服务标准，为认知障碍老年人提供专业照护服务。

本市推进老年认知障碍友好社区建设，培育专业服务组织和专业人员队伍，加强认知障碍的早期预防和干预。

第九章　养老服务机构

第六十二条　设立养老服务机构，应当依法办理相关登记手续：

（一）设立非营利性养老服务机构，经批准设置为事业单位的，向事业单位登记管理机关办理登记手续；符合社会服务机构登记条件的，向民政部门办理登记手续。

（二）设立营利性养老服务机构，向市场监管部门办理登记手续。

养老服务机构登记后即可开展服务活动。

第六十三条　养老服务机构应当按照国家和本市有关规定，在提供服务或者收住老年人后十个工作日以内向所在地的区民政部门办理备案；备案信息发生变化的，应当及时办理变更手续。

民政部门应当将养老服务机构的备案信息向社会公开。

第六十四条　养老服务机构的场地、建筑物、设施设备，应当符合国家和本市的有关规范、标准和要求。政府投资举办的养老服务机构的设施设备应当做到经济实用。

禁止在养老服务机构内建造威胁老年人安全的建筑物和构筑物。

禁止利用养老服务机构的场地、建筑物和设施，开展与养老服务宗旨无关的活动。

第六十五条　养老服务机构应当配备与其运营服务相适应的管理人员、专业技术人员，并按照本市有关规定，根据服务类型、照护要求、服务对象数量等因素，配备相应比例的护理员。

养老服务机构中从事医疗、社会工作等服务的专业技术人员，应当具有相应的专业技术资格。

第六十六条　养老服务机构应当尊重老年人的人格尊严，依法保护老年人的个人信息。

养老服务机构为老年人提供的生活照料、康复护理、健康管理、精神慰藉、紧急救援等服务，应当符合有关国家、行业及地方标准和规范的要求。

养老服务机构的护理员以及餐饮服务人员应当持有有效健康证明；患有影响老年人身体健康疾病的，在治愈前养老服务机构不得安排其从事照护、餐饮等相关服务。

养老服务机构应当定期向老年人或者其代理人通报机构服务和运营管理的有关情况，听取意见和建议。

第六十七条　养老服务机构应当与接受服务的老年人或者其代理人签订服

务合同，明确各方的权利义务，并按照服务合同约定的内容为老年人提供相应的服务，保证服务质量。

市民政部门会同市市场监管部门、有关行业协会制定服务合同示范文本，供养老服务机构与接受服务的老年人或者其代理人参照使用。

第六十八条　养老服务机构应当按照国家和本市有关规定，建立健全消防、安全值守、设施设备、食品药品、康复辅助器具等安全管理制度，确定专人负责，开展安全风险评估和定期安全检查，及时消除安全隐患。

第六十九条　养老服务机构应当指定专人负责日常卫生管理工作，建立健全传染病预防控制管理和疫情报告制度，制定传染病应急预案，组织开展健康巡查、清洁消毒、健康宣传等工作。

发现传染病病人或者疑似传染病病人的，养老服务机构应当及时向所在地的疾病预防控制机构或者社区卫生服务机构报告，按要求采取卫生处理等控制措施，并配合做好流行病学调查等工作。

卫生健康部门应当指导、督促疾病预防控制机构对养老服务机构的传染病防控工作进行技术指导和业务培训。

第七十条　养老服务机构应当制定突发事件应急预案，定期组织开展应急演练，并根据应急演练情况和实际情况的变化，对应急预案进行修订。

突发事件发生时，养老服务机构应当根据应急预案和有关部门的要求，立即开展应急处置；需要封闭管理时，可以采取人员出入管控、内部防控等必要措施。

养老服务机构可以根据实际需要，储备必要的应急物资。负责应急物资储备和供应的部门，应当为养老服务机构获取应急物资提供必要保障。

第七十一条　养老服务收费应当按照国家和本市价格管理的有关规定执行，收费标准根据养老服务机构的经营性质、设施设备条件、服务质量、照料护理等级、服务成本等因素确定。

养老服务机构应当在醒目位置公示服务项目收费标准和收费依据。

第七十二条　养老服务机构对依法登记、备案承诺、履约服务、质量安全、应急管理、消防安全等承担主体责任，其主要负责人是第一责任人。

第十章　养老服务人员

第七十三条　养老服务从业人员应当恪守职业精神，遵守行业规范，努力提高专业水平和服务质量。

养老服务从业人员应当向养老服务机构如实告知本人的从业经历、服务技能、健康状况等情况。

养老服务机构不得招录有歧视、侮辱、虐待、遗弃老年人等违法行为的人员从事养老服务工作。

市民政、人力资源社会保障部门会同市卫生健康、医疗保障等部门，加强养老服务从业人员管理，建立从业人员信息管理系统，完善从业人员信用管理，并依法为养老服务机构提供查询服务。

第七十四条　支持养老服务从业人员参加职业技能培训、继续教育和学历教育，提高专业素质和工作技能。

养老服务机构应当加强对养老服务从业人员的职业道德教育和职业技能培训，提高其职业道德素养和业务能力。

第七十五条　本市按照国家有关规定，实施养老护理员职业技能等级认定，建立统一的养老护理员技能等级序列。

本市综合考虑工作年限、技能等级等因素，合理制定养老护理员薪酬等级体系，设立养老护理员基本工资分级指导标准，引导养老服务机构予以落实。支持相关行业组织开展养老护理员市场工资水平监测，并定期发布监测结果，引导养老服务机构合理确定养老护理员的薪酬水平。

第七十六条　在养老机构内设置的医疗机构从业的医师、护士、医技人员等卫生专业技术人员，享有与其他医疗机构专业技术人员同等的进修轮训、继续教育等待遇，并在职称评定等方面同等条件下予以优先考虑。

本市支持老年社会工作者发挥专业优势，维持和改善老年人的社会功能，提高老年人生活质量。

第七十七条　养老服务机构应当与从业人员依法建立劳动关系、聘用关系等，改善工作条件，加强劳动保护和职业防护。

养老服务机构聘用从业人员符合条件的，由市、区民政部门给予相应补贴。

第七十八条　养老服务从业人员不得有下列行为：

（一）谩骂、侮辱、虐待、殴打老年人；

（二）偷盗、骗取、强行索要或者故意损毁老年人的财物；

（三）泄露在服务活动中知悉的老年人的隐私；

（四）其他违反法律、法规、公序良俗和职业道德的行为。

第十一章　养老产业促进

第七十九条　本市发挥市场主体作用，扩大多层次、多样化、个性化养老服务和产品供给，重点推动养老照护服务、康复辅助器具、智慧养老、老年宜居、养老金融等领域的养老产业发展。

第八十条　本市鼓励各类社会资本投资养老照护服务产业，兴办满足不同需求的养老服务机构。支持外商投资设立养老服务机构。鼓励物业服务企业探索开展物业服务和养老服务相结合的居家社区养老服务。

鼓励养老服务机构专业化、连锁化、品牌化发展，依法加强养老服务商标和品牌保护。

第八十一条　本市将康复辅助器具产业纳入重点发展的新兴产业，支持建设相关产业园区，鼓励科技园区布局发展智能康复辅助器具产业；支持企业加大研发设计和智能制造力度，开发更多适合老年人需求的康复辅助器具产品；支持符合条件的康复辅助器具产品申请医疗器械注册。

第八十二条　本市推动人工智能、物联网、云计算、大数据等新一代信息技术在养老服务领域的应用，定期发布智慧养老服务需求应用场景，制定完善智慧养老相关产品和服务标准，重点扶持安全防护、照料护理、健康促进、情感关爱等领域的智能产品、服务及支持平台，提升老年人生活品质。

第八十三条　本市支持社会资本设计开发适合老年人居住的商业房地产项目，建设或者运营集合居住、生活照料、医疗照护等功能的养老社区。鼓励利用自有土地、房屋建设或者运营养老社区。

区人民政府应当加强对辖区内各类养老社区建设、运营等的规范管理。发展改革、民政、住房城乡建设管理、规划资源、金融管理、房屋管理、市场监管等部门按照各自职责，做好规范指导工作。

第八十四条　本市促进养老普惠金融发展，支持金融机构开发满足老年人需求的多样化养老金融产品，增加社会养老财富储备，提升养老服务支付能力。

鼓励保险机构开发适合居家、社区、机构等多样化护理需求的商业长期护理保险产品。

第八十五条　本市依托长江三角洲区域合作机制，加强养老产业规划协同和项目协调，促进产业链上下游对接和功能互补；推动区域养老产业支持政策、标准规范、数据信息等方面的衔接共享，促进更大范围内要素自由流动，鼓励养老服务企业跨区域发展。

第十二章　扶持与保障

第八十六条　符合条件的养老服务机构，可以享受相应的税收优惠、行政事业性收费减免和建设补助、运营补贴等优惠政策。

符合条件的养老服务机构使用水、电、燃气、电话，按照居民生活类价格标准收费；使用有线电视，按照本市有关规定，享受付费优惠；需要缴纳的供电配套工程收费、燃气配套工程收费、有线电视配套工程收费，按照本市有关规定享受优惠。

鼓励养老服务机构投保责任保险。养老服务机构投保责任保险的，可以获得相应的补贴。

第八十七条　营利性养老服务机构与非营利性养老服务机构提供同等基本养老服务的，在建设补助、运营补贴等方面享受同等待遇；政府投资建设的养老服务设施交由企业运营，与交由社会服务机构运营享受同等待遇。

第八十八条　市人民政府应当制定政府购买养老服务的标准和指导性目录。各级人民政府应当按照标准和目录要求，落实资金保障，重点购买生活照料、康复护理、机构运营、社会工作和人员培养等服务，并加强绩效评价。

第八十九条　市、区人民政府应当将本级用于社会福利事业的福利彩票公益金中不低于百分之六十的资金用于支持养老服务。

鼓励自然人、法人和其他组织通过慈善捐赠等方式支持养老服务。

本市支持专业性的社会组织依法为有需要的老年人担任监护人或者提供相关服务。

第九十条　鼓励金融机构通过银行贷款、融资租赁、信托计划等方式，多渠道、多元化加大对养老服务机构及相关企业的融资支持。

鼓励保险机构开发面向养老服务机构的责任保险、财产保险等保险产品。

第九十一条　支持高等院校和中等职业学校开设养老服务、康复护理等专业，扩大养老服务专业招生规模。

鼓励职业培训机构对接养老服务机构培训需求，开展上岗、转岗、技能提升等各类培训。

鼓励养老服务机构与相关职业院校开展合作，培养具有专业理论知识和实践技能的养老服务人才。

第九十二条　市民政部门应当建立健全养老服务信息系统，与政务服务"一网通办"平台对接，提供养老服务信息查询、政策咨询、网上办事等服务，接受投诉举报。

民政、市场监管等部门应当加强信息共享，公开办事指南，简化和规范办事流程，为养老服务机构设立、备案等提供指导和便利服务。

第十三章　监督管理

第九十三条　本市健全养老服务综合监管制度。市人民政府应当制定养老服务监管责任清单，明确各相关职能部门的职责分工。市、区人民政府应当统筹协调相关职能部门和乡镇人民政府、街道办事处，加强对养老服务机构的综合监督管理。

民政、住房城乡建设管理、房屋管理、消防救援、卫生健康、市场监管、医疗保障等部门和机构应当依法加强对养老服务机构的服务运营、建筑安全、消防安全、医疗卫生安全、食品安全、服务价格、长期护理保险基金使用等环节的监督检查，并依托城市运行"一网统管"平台，完善养老服务机构组织信息、养老从业人员信息等基本数据集，加强监管信息共享和执法协作。

第九十四条　对已备案的养老服务机构，民政部门应当自备案之日起二十个工作日内进行现场检查，并核实备案信息；对未备案的养老服务机构，民政部门应当自发现其提供服务或者收住老年人之日起二十个工作日内进行现场检查，并督促其及时备案。

民政部门应当每年对养老服务机构的服务安全和质量进行不少于一次的现场检查。

第九十五条　民政、市场监管、住房城乡建设管理、房屋管理等部门应当制定养老服务设施、服务、管理、技术、安全等地方标准，并依照标准实施监管。

鼓励社会团体、养老服务机构制定高于国家、行业和地方标准的团体标准或者企业标准。

第九十六条　市民政部门应当建立健全养老服务机构等级评定制度，定期对养老服务机构的设施设备、人员配备、管理水平、服务质量等进行综合评定。

市民政部门应当根据国家和本市相关标准和要求，组织开展养老服务机构服务质量日常监测工作。

养老服务机构的等级评定和日常监测结果应当向社会公布，并作为其享受相关奖励、补贴政策的依据。

第九十七条　财政、审计等部门应当按照各自职责和有关规定，对政府投资举办或者接受政府补贴、补助的养老服务机构的财务状况、政府补贴资金使用情况进行监督。

第九十八条　公安、金融管理、市场监管、民政等部门应当对养老服务领域非法集资、诈骗等违法行为进行监测、分析和风险提示，依法予以查处。

第九十九条　民政部门应当建立养老服务机构信用档案，记录其设立与备案、日常监督检查、违法行为查处、等级评定结果等信息，并依法向市公共信用信息服务平台归集。

民政部门应当建立信用分级制度，确定养老服务机构信用等级，采取差异化监管措施。对严重失信的养老服务机构，由相关部门依法实施联合惩戒。

第一百条　养老服务行业组织应当健全行业自律规范，推动行业诚信体系建设，制定实施行业服务规范和职业道德准则，推动养老服务标准实施，提升养老服务质量，协调解决养老服务纠纷。

第一百零一条　民政、卫生健康、医疗保障、市场监管等部门应当及时受理与养老服务相关的投诉、举报；对接到的投诉、举报应当及时核实处理。

第一百零二条　市、区人民代表大会常务委员会通过听取和审议专项工作报告、开展执法检查等方式，加强对本行政区域内养老服务发展情况的监督。

市、区人民代表大会常务委员会充分发挥人大代表作用，组织人大代表围绕养老服务开展专题调研和视察等活动，汇集、反映人民群众的意见和建议，督促有关方面落实养老服务的各项工作。

第十四章　法律责任

第一百零三条　违反本条例规定的行为，法律、行政法规已有处理规定的，从其规定。

第一百零四条　违反本条例规定，养老服务机构未依法办理相关登记手续开展服务活动的，由民政、市场监管等部门依法查处。

违反本条例规定，养老服务机构有下列行为之一的，由民政部门责令改正，给予警告，并可处以二千元以上二万元以下罚款；情节严重的，处以二万元以上二十万元以下罚款：

（一）养老机构未建立入院评估制度或者未按照规定开展评估活动的；

（二）在养老服务机构内建造威胁老年人安全的建筑物和构筑物的；

（三）利用养老服务机构的场地、建筑物、设施，开展与养老服务宗旨无关活动的；

（四）配备人员的资格不符合规定的；

（五）安排未取得有效健康证明的护理员、餐饮服务人员上岗工作，或者未及时将患有影响老年人身体健康的疾病的护理员、餐饮服务人员调离岗位的；

（六）未按照有关强制性国家标准要求开展服务的；

（七）未依照规定预防和处置突发事件的；

（八）向负责监督检查的民政部门隐瞒有关情况、提供虚假材料或者拒绝提供反映其活动情况真实材料的。

对有前款所列行为之一的养老服务机构，有关部门可以中止、取消有关扶持、优惠措施；情节严重的，追回已经减免的费用和发放的补助、补贴。养老服务机构经整改消除前款所列行为的，可以重新申请相关扶持、优惠措施。

第一百零五条　养老服务机构或者其他组织、个人骗取补贴、补助、奖励的，由民政部门责令退回，可处以骗取补贴、补助、奖励金额一倍以上三倍以下罚款；构成犯罪的，依法追究刑事责任。

第一百零六条　违反本条例规定，养老机构擅自暂停或者终止服务，未妥善安置入住老年人的，由实施备案的民政部门责令改正，并处以一万元以上十万元以下罚款；情节严重的，处以十万元以上二十万元以下罚款。

第一百零七条　违反本条例规定，未按照核准的规划要求配套建设社区养老服务设施，或者未经法定程序擅自改变养老服务设施建设用地用途的，由规划资源部门依法查处。

违反本条例规定，未经法定程序擅自改变养老服务设施使用性质的，由民政部门责令限期改正，有违法所得的，没收违法所得；逾期不改正的，责令退回补贴资金和有关费用，处以一万元以上十万元以下罚款。

违反本条例规定，侵占、损坏、擅自拆除养老服务设施的，由民政部门责令限期改正；逾期不改正的，责令退回补贴资金和有关费用，处以十万元以上五十万元以下罚款；情节严重的，处以五十万元以上一百万元以下罚款。

第一百零八条　养老服务从业人员违反本条例有关禁止行为规定，构成违反治安管理行为的，由公安机关依法处罚；构成犯罪的，依法追究刑事责任。

第一百零九条　违反本条例规定，各级人民政府及其有关部门有下列行为之一的，对直接负责的主管人员和其他直接责任人员依法给予处分；构成犯罪的，依法追究刑事责任：

（一）未按照规定标准规划配置养老服务设施、安排养老服务设施年度用地计划的；

（二）未经法定程序，擅自改变养老服务设施建设用地用途或者养老服务设施使用性质的；

（三）未按照规定履行监督管理职责，造成不良后果的；

（四）未按照规定落实养老服务扶持、优惠政策的；

（五）对接到的投诉、举报，未及时核实处理的；

（六）其他滥用职权、玩忽职守、徇私舞弊的行为。

第十五章 附则

第一百一十条 本条例自 2021 年 3 月 20 日起施行。2014 年 2 月 25 日上海市第十四届人民代表大会常务委员会第十一次会议通过，2016 年 2 月 23 日上海市第十四届人民代表大会常务委员会第二十七次会议修正的《上海市养老机构条例》同时废止。

33. 上海市知识产权保护条例

（2020 年 12 月 30 日上海市第十五届人民代表大会常务委员会
第二十八次会议通过）

第一章　总则

第一条　为了全面加强知识产权保护，激发创新创造活力，推动上海科技创新中心建设，营造国际一流的营商环境和创新环境，根据《中华人民共和国民法典》《中华人民共和国专利法》《中华人民共和国商标法》《中华人民共和国著作权法》等法律、行政法规，结合本市实际，制定本条例。

第二条　本条例适用于本市行政区域内知识产权保护、管理及相关活动。

本条例所称知识产权，是指权利人依法就下列客体享有的专有的权利：

（一）作品；

（二）发明、实用新型、外观设计；

（三）商标；

（四）地理标志；

（五）商业秘密；

（六）集成电路布图设计；

（七）植物新品种；

（八）法律规定的其他客体。

第三条　本市开展知识产权保护工作，遵循"严保护、大保护、快保护、同保护"的原则，坚持行政保护、司法保护与社会共治相结合，深化知识产权保护工作体制机制改革，构建制度完备、体系健全、环境优越的国际知识产权保护高地。

第四条　市、区人民政府应当加强对知识产权保护工作的领导，完善知识产权保护体系，成立知识产权联席会议，组织、指导和监督本行政区域内知识产权保护工作，研究制定知识产权保护重大政策和战略规划，统筹推进知识产权保护工作中的重大事项，具体工作由同级知识产权部门承担。

知识产权保护工作应当纳入国民经济和社会发展规划，并作为政府绩效考核的内容。

第五条　市、区知识产权部门负责组织、协调、实施知识产权保护工作，依法承担专利、商标、地理标志保护职责。

市版权部门依法负责全市版权保护工作，各区主管版权的部门负责本区内的版权保护工作。

市、区农业农村和林业部门依法负责植物新品种保护工作。

国有资产监管、经济信息化、科技、商务、公安、发展改革、财政、司法行政等有关部门按照各自职责，配合做好知识产权保护工作。

市知识产权部门应当发挥组织协调作用，与负有知识产权保护管理职责的其他部门紧密协同，牵头建立信息通报、要情会商、联合发文等工作机制。

第六条　本市按照知识产权保护的要求，整合优化执法资源，推进知识产权领域综合执法。

市、区市场监管、文化旅游等部门依据职责，依法查处专利、商标、地理标志、商业秘密、版权等方面的违法行为。

第七条　本市推进长江三角洲区域知识产权保护会商和信息共享，建立区域知识产权快速维权机制，完善立案协助、调查取证、证据互认及应急联动等工作机制，实施重大知识产权违法行为联合信用惩戒，实现知识产权执法互助、监管互动、信息互通、经验互鉴。

本市强化与其他省市知识产权保护协作，配合、协助外省市有关行政机关和司法机关做好调查取证、文书送达等工作。

第八条　本市拓宽知识产权对外合作交流渠道，加强与世界知识产权组织等国际组织的合作交流，构建与国际接轨的知识产权保护体系。

鼓励和支持社会组织依法开展知识产权保护国际交流合作。

第九条　本市对在知识产权保护方面作出显著贡献的单位和个人，按照有关规定予以表彰和奖励。

第十条　市、区人大常委会应当通过听取和审议专项工作报告、开展执法检查等方式，加强对知识产权保护工作的监督。

第二章　制度建设

第十一条　知识产权、版权、农业农村、林业、市场监管等部门（以下统称"知识产权相关管理部门"）应当为市场主体知识产权的取得、转移、权益保障等活动提供指引、指导和服务。

第十二条　知识产权相关管理部门应当会同有关部门引导高等院校、科研机构、企业等建立健全知识产权管理制度，落实知识产权管理规范。

国有资产监管部门及委托监管单位应当会同知识产权相关管理部门加强对本市国有企业知识产权保护工作的指导，明确并落实企业主要负责人履行知识产权管理和保护第一责任人制度，提高国有企业知识产权管理和保护水平。

第十三条　市知识产权部门应当推动专利快速审查机制建设，按照有关规定，为国家重点发展产业和本市战略性新兴产业等提供专利申请和确权的快速通道。

第十四条　本市建立知识产权评议制度。市、区人民政府应当在重大产业规划、高技术领域政府投资项目以及其他重大经济活动立项前，对项目所涉及的与技术相关的专利等知识产权状况进行分析、评估，防范知识产权风险。

第十五条　本市建立健全知识产权保护预警机制。知识产权相关管理部门应当加强对知识产权发展现状、趋势和竞争态势的监测、研究，对于具有重大影响的知识产权事件，及时向社会公布并就可能产生的风险发出预警。

知识产权相关管理部门应当会同商务部门、相关行业组织等对具有重大影响的国际知识产权事件以及国外知识产权法律修改变化情况进行分析、研究，为本市企业开展对外经贸、投资活动做好风险预警。

第十六条　本市完善知识产权对外转让审查制度。

根据国家规定，对于技术出口中涉及的知识产权对外转让，市知识产权部门应当会同市经济信息化、商务、科技等部门，制定和完善转让审查程序和规则，规范知识产权对外转让秩序，维护国家安全和重大公共利益；对于外国投资者并购境内企业中涉及的知识产权对外转让，本市相关部门应当配合国家有关部门做好审查工作。

第十七条　各级机关应当将计算机软件购置经费纳入财政预算，对通用软件实行政府集中采购。

市版权部门应当会同市电子政务、国有资产监管、经济信息化等部门对使用正版软件情况开展日常监管、督促检查及培训工作。

第十八条　本市加快推进知识产权领域信用体系建设，建立健全知识产权领域信息归集、信用评价和失信惩戒机制。依法将自然人、法人和非法人组织因侵犯知识产权等行为被司法判决或者行政处罚等信息纳入公共信用信息予以共享，推动开展以信用为基础的分级分类监管，对失信主体依法实施惩戒措施。

第十九条　本市按照国家要求，在创新知识产权保护工作机制和纠纷处理、涉外维权等方面先行先试，支持浦东新区建设知识产权示范城区，率先探索建立知识产权统一管理和执法的体制，探索成果条件成熟时可以在全市推广。

第三章　行政保护

第二十条　本市推进建立统一的知识产权信息化综合服务平台，知识产权相关管理部门应当结合政务服务"一网通办"、城市运行"一网统管"建设，优化政务服务流程，加强信息共享，实现知识产权相关事项办理一次登录、全网通办。

各类知识产权公共服务机构应当拓展服务领域，开展知识产权快速审查、快速登记、快速确权、快速监测预警、快速维权和检索查询等相关服务。

第二十一条　市知识产权部门应当建立健全本市重点商标保护名录制度，将在本市享有较高知名度、具有较大市场影响力、容易被侵权假冒的注册商标纳入重点保护范围。

市版权部门应当根据国家有关部门发布的版权预警重点保护名单，对本市主要网络服务商发出版权预警提示，加强对侵权行为的监测。文化旅游部门应当加强对未经授权通过信息网络非法传播版权保护预警重点作品的查处。

知识产权相关管理部门应当对知识产权侵权集中领域和易发风险区域加强

监督检查，必要时可以开展专项行动或者联合执法。

第二十二条　知识产权、市场监管等部门应当积极引导申请人、代理机构依法进行商标注册申请、专利申请，依法查处不以使用为目的的恶意申请商标注册和非正常专利申请行为。

第二十三条　知识产权相关管理部门在查处知识产权违法行为过程中，发现不属于其管辖的案件线索，应当移交有管辖权的部门。司法机关在案件办理过程中，发现知识产权违法行为的线索，可以移交知识产权相关管理部门。

第二十四条　知识产权相关管理部门发现知识产权违法行为涉嫌犯罪，需要采取侦查措施进一步获取证据以判断是否达到刑事立案标准的，应当向公安机关移送。公安机关依法不予立案的，应当将案件予以退回。

接受案件移送的公安机关应当依法及时查处，并将查处信息反馈给移送的部门。

第二十五条　市知识产权、农业农村、林业部门对于专利、植物新品种侵权等纠纷，可以根据双方当事人的意愿先行调解；调解达成协议的，应当制作调解书。当事人不愿调解或者调解不成的，应当依法作出处理。

本市受理专利侵权纠纷案件实行立案登记制，依托"一网通办"，推行网上立案。市知识产权部门对当事人提交的申请材料，应当予以接收，并出具书面凭证。符合法定条件的，应当当场予以登记立案；不符合受理范围的，应当予以释明；提交材料不符合要求的，应当一次性书面告知在指定期限内予以补正。

第二十六条　本市建立知识产权技术调查员制度。

知识产权相关管理部门根据需要，选聘相关领域专家担任技术调查员，协助专利、技术秘密、计算机软件等专业技术性较强的知识产权案件的处理。具体选聘条件和程序，由知识产权相关管理部门确定并向社会公布。

第二十七条　任何单位和个人对于知识产权违法行为有权向知识产权相关管理部门进行投诉、举报。

知识产权相关管理部门应当完善知识产权投诉、举报处理机制，向社会公开受理渠道和方式，并在规定的时间内，依法作出处理。

知识产权相关管理部门应当及时将处理结果告知投诉、举报人；对于举报内容和举报人信息，依法予以保密。

第四章 司法保护

第二十八条 本市建立和完善知识产权保护行政执法和司法保护衔接机制，推动行政机关和司法机关在违法线索、监测数据、典型案例等方面的信息互通共享。

人民法院应当深入推进知识产权民事、刑事、行政案件"三合一"审判机制改革，通过繁简分流、在线诉讼等方式，提高知识产权案件审判效率。

第二十九条 人民法院应当加强知识产权诉讼指引。强化举证责任分配、举证不能法律后果等释明，鼓励当事人充分利用公证、电子数据平台等第三方保全证据方式收集、固定证据。

第三十条 本市加大知识产权侵权赔偿力度，对情节严重的故意侵权行为，依法判令其承担惩罚性赔偿责任。

第三十一条 人民法院、人民检察院应当完善法律适用统一机制建设。通过发布典型案例、编撰类案办案指南等方式加强案例指导，促进法律适用的统一。

第三十二条 本市建立知识产权调解协议司法确认机制。当事人向人民法院申请确认知识产权调解协议的，人民法院应当依法予以审查，并作出是否确认的决定。

第三十三条 本市依法探索推进知识产权领域公益诉讼工作。

人民检察院可以通过诉前检察建议、督促起诉、支持起诉等方式，依法开展知识产权公益诉讼工作。

第三十四条 人民检察院应当充分发挥法律监督职能，依法有效开展对知识产权民事、刑事、行政案件等相关法律监督工作，加大侵犯知识产权犯罪打击力度，严格追究刑事责任。

第五章 社会治理

第三十五条 本市加强知识产权保护法治宣传，营造有利于创新创造的社会环境。

市知识产权部门应当会同有关部门定期编制本市知识产权保护白皮书和典型案例。

知识产权相关管理部门、司法机关应当会同宣传、司法行政等部门通过以案释法等方式，开展法治宣传，结合世界知识产权日、世界读书与版权日、中国品牌日等宣传活动，提升全社会知识产权保护意识。

第三十六条　高等院校、科研机构、企业应当建立健全知识产权内部管理和保护制度，提高保护意识，强化保护措施，增强自我保护能力。

鼓励和支持高等院校开设知识产权保护课程，培养知识产权保护专业人才；鼓励和支持高等院校、科研机构、企业通过市场化机制引进国内外高层次知识产权保护人才。

第三十七条　行业组织应当加强自律管理，建立健全知识产权维权保护规范，将知识产权保护内容纳入团体标准和示范合同文本；督促会员配合知识产权相关管理部门开展行政执法工作，对侵犯他人知识产权的会员进行规劝惩戒，并将规劝惩戒情况通报知识产权相关管理部门。

知识产权部门应当支持知识产权服务行业组织发展，推动建立行业服务标准，提升服务能级，提高服务质量。

第三十八条　本市推动建立知识产权合规性承诺制度。参加政府采购和招标投标、政府资金扶持、参评奖项等活动的，应当向有关主管部门提交不存在侵犯他人知识产权的书面承诺，并在签订协议时约定违背承诺的责任。

鼓励自然人、法人和非法人组织在合同中约定知识产权合规性承诺的内容以及相应的违约责任。

第三十九条　本市举办大型展示、展览、推广、交易等会展活动，会展举办单位应当要求参展方提交未侵犯他人知识产权的合规性书面承诺或者知识产权相关证明文件。未按照要求提交的，会展举办单位不得允许其参加会展相关活动。

会展举办单位可以根据会展规模、期限等情况，自行或者与仲裁机构、行业协会、知识产权服务机构等设立会展知识产权纠纷处理机构。

市知识产权部门应当会同市商务等部门制定会展知识产权保护规则，推动知识产权保护条款纳入会展活动相关合同示范文本。

第四十条　电子商务平台经营者应当建立知识产权内部管理机制和侵权快速反应机制，及时处理相关知识产权纠纷，维护电子商务领域知识产权权利人的合法权益。

市知识产权部门应当会同市商务等部门制定电子商务知识产权保护指引，规范电子商务平台经营者的侵权投诉处理行为，引导和督促电子商务平台经营者履行知识产权保护义务。

第四十一条　支持本市仲裁机构开展知识产权纠纷仲裁。

鼓励本市仲裁机构加强知识产权仲裁专业化建设，广泛吸纳知识产权专业人才参与仲裁工作。

支持境外知名仲裁及争议解决机构在本市依法开展知识产权仲裁业务。

第四十二条　鼓励行业协会、知识产权服务机构、国际贸易促进机构等依法成立行业性、专业性调解组织。

支持各类调解组织开展知识产权纠纷调解工作，提供便捷、高效的知识产权调解服务，引导当事人通过调解方式，解决知识产权纠纷。

知识产权相关管理部门、司法行政部门应当对调解组织开展知识产权纠纷调解提供必要的支持和指导，并加强与人民法院的协调和配合，提高调解工作的质量和水平。

第四十三条　鼓励公证机构创新公证证明和公证服务方式，依托电子签名、数据加密、区块链等技术，提供原创作品保护、知识产权维权取证等公证服务。

第四十四条　本市完善海外知识产权维权援助机制，加强对企业海外维权的行政指导与维权援助。商务、市场监管、知识产权等部门设立的海外维权机构应当为企业和其他组织在海外处理知识产权纠纷提供信息、法律等方面的支持。

支持重点行业、企业建立知识产权海外维权联盟，促进联盟成员在知识产权保护领域的交流与合作。

第四十五条　知识产权相关管理部门应当加强与电子商务平台经营者、行业组织、社会专业机构等合作，借助大数据、人工智能和区块链等数字新技术，在涉案线索和信息核查、重点商品流向追踪、重点作品网络传播、知识产权流转、侵权监测与识别、取证存证和在线纠纷解决等方面，推动知识产权治理创新。

第六章　附则

第四十六条　本条例自 2021 年 3 月 1 日起施行。

34. 上海市铁路安全管理条例

（2020 年 12 月 30 日上海市第十五届人民代表大会常务委员会
第二十八次会议通过）

第一章　总则

第一条　为了加强铁路安全管理，保障铁路运输安全和畅通，保护人身和财产安全，根据《中华人民共和国铁路法》《铁路安全管理条例》等法律、行政法规，结合本市实际，制定本条例。

第二条　本条例适用于本市行政区域内铁路的安全管理活动。

本条例所称的铁路，包括国家铁路和地方铁路。

第三条　本市铁路安全管理坚持安全第一、预防为主、综合治理的方针，建立健全政府统筹、行业监管、企业负责、协同管理、社会共治相结合的运行机制。

第四条　市人民政府以及沿线区、镇人民政府应当按照各自职责，加强保障铁路安全的教育，落实护路联防责任制，防范和制止危害铁路安全的行为，协调和处理保障铁路安全的有关事项，做好保障铁路安全的有关工作。

第五条　国务院铁路行业监督管理部门设立的上海铁路监督管理机构（以下简称上海铁路监督管理机构）依法负责本市行政区域内铁路安全监督管理工作。市交通管理部门负责本市行政区域内地方铁路安全监督管理的具体工作。上海铁路监督管理机构和市交通管理部门统称铁路安全监管部门。

发展改革、规划资源、住房城乡建设管理、应急、公安、经济信息化、农业农村、绿化市容、生态环境等部门和消防救援机构、无线电管理机构按照各自职责，协同实施本条例。

第六条　铁路建设单位、铁路运输企业应当履行安全生产主体责任，建立健全安全生产管理制度，设置安全管理机构或者配备安全管理人员，执行保障生产安全的相关标准，加强对从业人员的安全教育培训，保证安全生产所必需的资金投入。

第七条　任何单位或者个人发现损坏或者非法占用铁路设施设备、铁路标志、铁路用地以及其他影响铁路安全的行为，有权报告铁路运输企业，或者向铁路安全监管部门、公安机关或者其他有关部门举报。接到报告的铁路运输企业、接到举报的部门应当根据各自职责及时处理，并反馈相关处理情况。

对维护铁路安全作出突出贡献的单位或者个人，按照国家和本市有关规定给予表彰奖励。

第八条　本市鼓励在铁路安全信息采集、安全监测、安全防护、风险预警、应急处置等方面，应用物联网、云计算、大数据等现代信息技术，提升铁路安全管理的智能化水平。

本市鼓励铁路安全领域的科学技术研究，加快新技术、新工艺、新材料、新设备的研发和推广应用。

第九条　铁路安全监管部门以及其他有关部门、铁路运输企业应当加强铁路安全宣传教育，普及铁路安全法律法规和安全常识，提高社会公众的铁路安全意识，共同维护本市铁路安全。

第二章　建设安全

第十条　市规划资源部门应当会同市发展改革、住房城乡建设管理部门和铁路安全监管部门，根据国土空间规划、铁路发展规划、选线专项规划，划定铁路线路规划控制线。

铁路线路规划控制线内不得擅自新建、改建、扩建建筑物、构筑物。新建、改建、扩建建筑物、构筑物的，规划资源部门在审批时，应当征求铁路安全监管部门的意见。

第十一条　铁路建设单位应当在铁路建设项目可行性研究阶段，对项目建设过程中的建设工程本体的风险以及对毗邻建筑物、构筑物和其他管线、设施的安全影响等进行评估，并按照建设程序报批。

铁路建设单位应当按照评估报告采取措施，防止和减少对建设工程本体以及毗邻建筑物、构筑物和其他管线、设施的影响，保障其安全。

第十二条　铁路建设工程的建设、勘察、设计、施工、监理、检测等单位，应当遵守法律、法规、规章关于建设工程质量和安全管理的规定，执行相关标准和技术规范。

第十三条　新建、改建铁路与既有道路、轨道交通、渡槽、航道、管线等设施交叉，或者新建、改建相关设施与既有铁路交叉的，建设单位与设施管理单位或者铁路运输企业应当就安全防护措施等进行协商，相互提供必要的便利。

第十四条　铁路与道路等立体交叉设施及其附属安全设施竣工验收合格后，应当按照有关规定移交有关单位管理、维护。

有关单位拒绝接收或者无法确定接收单位的，市交通管理部门应当协调落实接收单位。

第十五条　铁路建设工程竣工，应当按照有关规定组织验收，并由铁路运输企业进行运营安全评估。

地方铁路除按照前款规定验收、评估外，还应当由市交通管理部门组织有关部门和专家进行认定，报市人民政府同意后开展初期运营，并于初期运营期满后组织第三方机构进行运营安全评估。

铁路经验收、评估合格，符合运营安全要求的，方可投入运营。

第三章　线路安全

第十六条　铁路线路两侧依法设立铁路线路安全保护区。铁路线路安全保护区的范围，从铁路线路路堤坡脚、路堑坡顶或者铁路桥梁（含铁路、道路两用桥，下同）外侧起向外的距离分别为：

（一）城市市区高速铁路为十米，其他铁路为八米；

（二）城市郊区居民居住区高速铁路为十二米，其他铁路为十米；

（三）村镇居民居住区高速铁路为十五米，其他铁路为十二米；

（四）其他地区高速铁路为二十米，其他铁路为十五米。

铁路线路位于地下的，从地下车站、隧道外边线外侧起向外的五十米区域，纳入铁路线路安全保护区范围。

本条第一款、第二款规定距离不能满足铁路运输安全保护需要的，由铁路建设单位或者铁路运输企业提出方案，铁路安全监管部门或者区人民政府依照本条第四款规定程序划定。

在铁路用地范围内划定铁路线路安全保护区的，由铁路安全监管部门组织铁路建设单位或者铁路运输企业划定并公告。在铁路用地范围外划定铁路线路安全保护区的，由所在区人民政府根据保障铁路运输安全和节约用地的原则，组织有关部门划定并公告。

新建、改建铁路的线路安全保护区范围，应当自铁路建设工程初步设计批准之日起三十日内，由所在区人民政府依照本条第三款、第四款的规定划定并公告。铁路建设单位或者铁路运输企业应当根据工程竣工资料进行勘界，绘制铁路线路安全保护区平面图，并根据平面图设立标桩，标明安全保护区界限、范围等内容。

第十七条　在铁路线路安全保护区内建造建筑物、构筑物等设施，取土、挖砂、挖沟、采空作业、打桩、基坑施工、地下顶进、架设、吊装、钻探、地基加固、堆放物品、悬挂物品的，应当征得铁路运输企业或者铁路建设单位的同意并签订安全协议，遵守保证铁路安全的相关标准和施工安全规范，采取措施防止影响铁路运输安全。铁路运输企业或者铁路建设单位应当公布受理渠道、办理程序、相关条件和办结期限等内容。铁路运输企业或者铁路建设单位应当派员对施工现场实行安全监督。

在地方铁路线路安全保护区内进行前款活动的，作业单位还应当事先将作业方案报市交通管理部门备案。市交通管理部门可以组织有关部门、第三方机构和专家对作业方案进行技术评估，并将评估意见反馈作业单位和铁路运输企业或者铁路建设单位。

第十八条　铁路线路安全保护区内违法建设的建筑物、构筑物，当事人应当拆除；当事人拒不拆除的，依法予以拆除。

铁路线路安全保护区内既有的建筑物、构筑物危及铁路运输安全的，应当采取必要的安全防护措施；采取安全防护措施后仍不能保证安全的，依法予以拆除。

拆除铁路线路安全保护区内的建筑物、构筑物，清理铁路线路安全保护区内的植物，或者对他人在铁路线路安全保护区内已依法取得的相关合法权利予以限制，给他人造成损失的，应当依法给予补偿或者采取必要的补救措施，但拆除违法建设的建筑物、构筑物的除外。

第十九条　在铁路线路安全保护区外进行施工，工程施工机械可能跨越或者触及铁路线路的，施工单位应当采取安全防护措施。未采取安全防护措施或者采取的安全防护措施无法保障铁路运营安全的，施工单位应当立即停止施工，并采取相应的安全处置措施。

第二十条　在铁路电力线路导线两侧各五百米的范围内，禁止升放风筝、气球、孔明灯等低空飘浮物体。

在高速铁路电力线路导线两侧各一百米的范围内、普通铁路电力线路导线两侧各五十米的范围内，禁止无人机等低空、慢速、小型航空器飞行；因安全保卫、应急救援、现场勘察、施工作业、气象探测等确需开展上述飞行活动的，应当按照规定办理相关手续，采取必要的安全防护措施，并提前通知铁路运输企业。

第二十一条　对铁路线路两侧的塑料大棚、彩钢棚、广告牌、防尘网等轻质物体，所有权人或者管理人应当采取加固防护措施，并对散落的塑料薄膜、锡箔纸、彩钢瓦、铁皮等材料及时清理，防止大风天气条件下危及铁路安全。

第二十二条　铁路运输企业应当加强对铁路线路沿线的巡查，发现铁路线路沿线线杆、烟囱有倾倒风险或者树木有倒伏风险，或者铁路线路两侧的轻质物体有危及铁路安全情形的，应当立即通知所有权人或者管理人。所有权人或者管理人应当及时采取措施，消除安全隐患。

所有权人或者管理人拒绝或者怠于处置的，铁路运输企业应当及时向住房城乡建设管理部门或者绿化市容管理部门报告，由住房城乡建设管理部门或者绿化市容管理部门协调所有权人或者管理人采取措施，消除安全隐患。情况紧急的，铁路运输企业可以先行采取相关措施。

第二十三条　在铁路线路两侧建造、设立生产、加工、储存或者销售易燃、易爆或者放射性物品等危险物品的场所、仓库，应当符合相关标准规定的安全防护距离。已建场所、仓库不符合规定的安全防护距离的，应当予以整改，或者依法转产、停产、搬迁、关闭。

第二十四条　负责铁路道口管理的区交通管理部门或者铁路运输企业应当按照国家规定，设置警示标志以及其他安全防护设施，并加强日常巡查和监督工作，确保铁路运输安全。

铁路桥梁下的区域，禁止实施影响铁路运输安全、污染铁路沿线环境等活动。

第四章　运营安全

第二十五条　铁路运输企业应当加强运输过程中的安全防护，使用的专用设施设备应当符合相关标准和安全要求。

铁路运输企业应当建立健全铁路设施设备的检查防护制度，加强对铁路设施设备的日常维护检修，确保铁路设施设备性能完好和安全运行。

铁路运输企业的从业人员应当按照操作规程使用、管理铁路设施设备。

第二十六条　铁路运输企业应当按照规定设置安全检查设施设备，配备与运量相适应且经专业培训的安全检查人员，并对旅客及其随身携带、托运的行李物品进行安全检查。

旅客应当接受并配合铁路运输企业的安全检查，不得违法携带、夹带管制器具，不得违法携带、托运烟花爆竹、枪支弹药等危险品或者其他违禁物品。

本市推动铁路与航空、轨道交通安检联动，实现便捷的换乘服务。

第二十七条　禁止实施下列危害铁路安全的行为：

（一）擅自进入铁路线路封闭区域以及其他禁止、限制进入的区域；

（二）攀爬或者翻越围墙、栅栏、站台、闸机等；

（三）在铁路列车禁烟区域使用诱发列车烟雾报警的物品；

（四）采取阻碍列车车门关闭等方式影响列车运行；

（五）法律、法规规定的其他行为。

第二十八条　铁路安全监管部门、铁路运输企业应当按照规定，制定突发事件应急预案，并组织开展应急演练；发生铁路安全突发事件的，按照规定启动应急预案，做好铁路安全应急处置工作。突发事件应急预案应当与市、区人民政府相关应急预案相衔接。

铁路安全监管部门、铁路运输企业应当加强与本市应急、公安、卫生健康、生态环境、规划资源、水务、气象等部门以及消防救援机构的协作，建立健全预警信息互通机制。

在法定假日和传统节日等铁路运输高峰期或者恶劣气象条件下，铁路运输企业应当加强对铁路运输的关键环节、重要设施设备的安全状况检查，并采取必要的安全应急管理措施，确保运输安全。

铁路运输企业应当按照规定，落实消防安全主体责任，建立多种形式的消防组织，制定并落实消防安全制度、配置消防设施和器材、加强防火检查、开展消防宣传教育、定期组织消防演练，确保铁路消防安全。

第二十九条　铁路运输企业应当按照国家和本市有关规定，在铁路沿线重要区域、铁路车站重点部位安装符合标准的智能安全技术防范系统，并与公安机关联网。

第三十条　禁止使用无线电台（站）以及其他仪器、装置干扰铁路运营指挥调度无线电频率的正常使用。

铁路运营指挥调度无线电频率受到干扰的，铁路运输企业应当立即采取排查措施并报告市无线电管理机构、铁路安全监管部门；市无线电管理机构、铁路安全监管部门应当依法排除干扰。

市无线电管理机构应当加强铁路沿线无线电电磁环境和无线电台（站）信号的监测，保障铁路运营指挥调度系统的正常使用。

第三十一条　铁路车站设置公共卫生检疫站点的，铁路运输企业应当予以配合。公共卫生检疫站点的设置和运行，应当在满足应急管理需要的同时，减少对铁路车站运行的影响。

铁路运输企业应当加强铁路运营食品安全管理，遵守有关食品安全管理的法律法规和其他有关规定，保证食品安全。

第五章　联合监管与长三角区域协作

第三十二条　市交通管理部门与上海铁路监督管理机构应当建立铁路安全管理协作机制。

铁路安全监管部门和市住房城乡建设管理、应急等部门应当建立信息通报制度和运输安全生产协调机制。铁路建设单位、铁路运输企业发现安全隐患，应当及时采取措施排除安全隐患；发现重大安全隐患难以自行排除的，应当及时向铁路安全监管部门报告。铁路安全监管部门接到报告后，应当依法处置；不属于职责范围的，及时移送有关部门。

铁路沿线区、镇人民政府与铁路运输企业应当按照国家和本市有关规定，建立铁路安全隐患综合治理双段长工作责任制。

第三十三条　市交通管理部门应当建立铁路与相邻交通设施设备管养协调机制，加强养护单位维修养护时间和周期的协同，提升设施设备的维修养护效率。

第三十四条　铁路沿线区、镇人民政府应当落实护路联防责任，将铁路安全防范工作纳入本地区社会治安防控体系，建立治安联防联控机制。

铁路公安机关和铁路沿线地方公安机关应当建立健全铁路治安信息共享、执法联勤联动等机制，按照职责共同维护车站、列车和铁路沿线的治安秩序。

第三十五条　在铁路运输高峰期或者恶劣气象条件下，铁路沿线区人民政府应当加强与铁路运输企业的协调，组织公安、交通、应急等部门以及轨道交通、公共汽（电）车等公共交通运营企业，做好交通疏解工作。

第三十六条　铁路运输企业应当依法制定防范和应对处置恐怖活动的预案，加强铁路重点设施和场所的技防、物防建设，落实反恐怖主义工作责任制。

公安机关等有关部门与铁路运输企业应当加强联动，共同做好反恐怖主义工作。

第三十七条　铁路安全监管部门应当与长江三角洲区域相关省、市有关部门以及相关铁路运输企业建立铁路安全管理沟通协调合作机制，统筹协调区域铁路安全管理重大问题，构建长江三角洲区域信息互通、资源共享、联勤联动的安全管理体系，共同维护良好的铁路安全环境和秩序。

市交通管理部门应当与长江三角洲区域相关省、市有关部门以及相关铁路运输企业进行协商，推进跨省、市地方铁路在运行计划、安检标准、导向标识等方面的协调统一。

第六章 法律责任

第三十八条 违反本条例规定，法律、行政法规已有处理规定的，从其规定。

第三十九条 违反本条例第十七条第一款规定，未经同意或者未签订安全协议，在铁路线路安全保护区内从事相关活动，或者违反保证铁路安全的相关标准和施工安全规范，影响铁路运输安全的，由铁路安全监管部门责令改正，可以处十万元以下罚款。

违反本条例第十七条第二款规定，作业单位未按照要求备案的，由铁路安全监管部门责令改正，处一万元以上三万元以下罚款。

第四十条 违反本条例第十九条规定，施工单位未按照规定停止施工、采取相应的安全处置措施的，由铁路安全监管部门责令改正，处一万元以上五万元以下罚款。

第四十一条 违反本条例第二十条、第二十七条规定，实施危害铁路安全的行为的，由公安机关责令改正，对单位处一万元以上五万元以下罚款，对个人处五百元以上二千元以下罚款。

第四十二条 有下列情形之一的，相关信息依法纳入本市公共信用信息服务平台：

（一）擅自在铁路线路安全保护区内从事相关活动被依法处罚的；

（二）违反安全防护距离有关规定，在铁路线路两侧建造、设立生产、加工、储存或者销售易燃、易爆或者放射性物品等危险物品的场所、仓库的；

（三）实施严重危害铁路运营安全的其他行为的。

第四十三条 铁路安全监管部门、其他有关部门及其工作人员有玩忽职守、滥用职权、徇私舞弊行为的，依法对直接负责的主管人员和其他直接责任人员给予处分；构成犯罪的，依法追究刑事责任。

第七章　附则

第四十四条　专用铁路、铁路专用线的安全管理，参照本条例的规定执行。

第四十五条　铁路交通事故的应急救援和调查处理，依照国家有关规定执行。

第四十六条　本条例自 2021 年 3 月 1 日起施行。

35. 上海市合同格式条款监督条例

（2000 年 7 月 13 日上海市第十一届人民代表大会常务委员会第二十次会议通过 根据 2020 年 12 月 30 日上海市第十五届人民代表大会常务委员会第二十八次会议《关于修改本市部分地方性法规的决定》修正）

第一条　为了规范合同中的格式条款，防止滥用格式条款获取不正当利益，保护消费者的合法权益，根据《中华人民共和国民法典》《中华人民共和国消费者权益保护法》和相关法律、法规的规定，结合本市实际情况，制定本条例。

第二条　格式条款是指格式条款的提供方（以下简称提供方）为了重复使用而预先拟定，并在订立合同时未与对方协商的条款。

商业广告、通知、声明、店堂告示、凭证、单据等的内容符合要约规定和前款规定的，视为格式条款。

第三条　本市范围内，提供方与为生活消费需要购买、使用商品或者接受服务的消费者订立合同采用格式条款的，适用本条例。

第四条　本市市场监督管理部门负责对格式条款进行监督，对利用格式条款损害消费者合法权益的违法行为依法进行处理。

其他有关行政主管部门按照各自职责，共同做好格式条款监督工作，及时处理损害消费者合法权益的违法行为。

行业组织依照法律、法规和章程的规定，对本行业内格式条款的提供进行指导，并接受市场监督管理部门和相关行政主管部门的监督。

第五条　提供方应当遵循公平原则确定当事人之间的权利和义务，不得滥用优势地位作出对消费者不公平、不合理的规定。

第六条　格式条款不得含有免除提供方下列责任的内容：

（一）造成消费者人身损害的责任；

（二）因故意或者重大过失造成消费者财产损失的责任；

（三）对提供的商品或者服务依法应当承担的保证责任；

（四）因违约依法应当承担的违约责任；

（五）依法应当承担的其他责任。

第七条　格式条款不得含有加重消费者下列责任的内容：

（一）违约金或者损害赔偿金超过合理数额；

（二）承担应当由提供方承担的经营风险责任；

（三）违反法律、法规加重消费者责任的其他内容。

第八条　格式条款不得含有排除消费者下列主要权利的内容：

（一）依法变更或者解除合同；

（二）请求支付违约金或者请求损害赔偿；

（三）行使合同解释权；

（四）就合同争议提起诉讼的权利；

（五）消费者依法享有的其他主要权利。

第九条　格式条款含有免除或者限制自身责任内容的，提供方应当在合同订立前，用清晰、明白的语言或者文字提请消费者注意。通知、声明、店堂告示等还应当设在醒目位置。

第十条　提供方拟订格式条款，可以参照各类合同的示范文本。

合同示范文本由有关行政主管部门或者行业组织制定。

上海市市场监督管理局（以下简称市市场监管局）可以参与合同示范文本的制定。

有关行政主管部门、行业组织自行制定合同示范文本的，应当报市市场监管局备案。

第十一条　下列合同采用格式条款的，提供方应当在合同订立之前将合同文本报市市场监管局备案，但本条例第二条第二款规定视为格式条款的除外：

（一）房屋的买卖、租赁及其中介、委托合同；

（二）物业服务合同、住宅装潢合同；

（三）旅游合同；

（四）供用电、水、气合同；

（五）运输合同；

（六）邮政、电信合同；

（七）市人民政府认为其他含有格式条款需要备案的合同。

经备案的格式条款内容需变更的，提供方应当将变更后的格式条款重新报市市场监管局备案。

市市场监管局对备案的格式条款，应当建立公开查阅制度。

第十二条　通过下列方式发现格式条款违反本条例第六条、第七条、第八条规定的，市市场监管局可以向提供方提出要求予以修改的意见；提供方不同意修改或者对修改意见有异议的，可以要求市市场监管局举行听证：

（一）市市场监管局备案审查发现的；

（二）市场监督管理部门在日常监督检查中发现的；

（三）由消费者权益保护委员会履行职能时发现的；

（四）由消费者申诉发现的。

按照本条例第十一条规定需要报市市场监管局备案的格式条款，提供方要求听证的，市市场监管局应当组织听证。本条例第十一条规定以外的格式条款，提供方要求听证的，市市场监管局可以根据实际情况，决定是否组织听证。

第十三条　市市场监管局对格式条款举行听证的，应当在举行听证的七日前，将举行听证的时间、地点通知提供方和其他有关当事人。提供方应当参加听证。

市市场监管局组织听证时，可以邀请市消费者权益保护委员会、有关行政主管部门、行业组织和专家学者、法律界人士以及消费者代表参加。

第十四条　市市场监管局根据法律、法规或者听证结果要求修改格式条款的，应当书面通知提供方。

提供方应当在接到书面通知之日起十五日内对格式条款进行修改，并将修改后的格式条款报市市场监管局备案。提供方拒不修改的，市市场监管局可以将该格式条款及其提供方的有关情况向社会公告。

第十五条　消费者认为格式条款违反本条例规定，侵害其合法权益的，可以向市场监督管理部门、消费者权益保护委员会提出申诉或者投诉，也可以依法向人民法院提起诉讼。

第十六条　提供方违反本条例第六条、第七条、第八条规定，侵害消费者合法权益的，应当承担相应的法律责任。

提供方违反本条例第九条，第十一条第一款、第二款规定的，由市场监督管理部门责令限期改正；在规定期限内拒不改正的，可以处以五百元以上五千元以下的罚款。

第十七条　经备案及听证的格式条款，不排除提供方因格式条款损害消费者权益应当承担的民事责任。

第十八条　当事人对具体行政行为不服的，可以依照《中华人民共和国行政复议法》和《中华人民共和国行政诉讼法》的规定，申请行政复议或者提起行政诉讼。

当事人对具体行政行为在法定期限内不申请复议，不提起诉讼，又不履行的，作出具体行政行为的部门可以申请人民法院强制执行。

第十九条　市场监督管理部门对格式条款进行监督时，可以提请有关行政主管部门或者行业组织协助进行监督、指导和处理。

国家有关部门或者国家直属企业提供的格式条款侵害消费者权益的，市市场监管局可以提请国家有关部门进行监督和纠正。

第二十条　农民购买直接用于农业生产的生产资料，与提供方订立含有格式条款的合同，参照本条例执行。

第二十一条　本条例自 2001 年 1 月 1 日起施行。

本条例第十一条第一款规定的含有格式条款的合同，在本条例施行前已经使用的，提供方应当自本条例施行之日起九十日内将合同样本报市市场监管局备案。

36. 上海市遗体捐献条例

（2000 年 12 月 15 日上海市第十一届人民代表大会常务委员会第二十四次会议通过 根据 2010 年 9 月 17 日上海市第十三届人民代表大会常务委员会第二十一次会议《关于修改本市部分地方性法规的决定》第一次修正 根据 2020 年 12 月 30 日上海市第十五届人民代表大会常务委员会第二十八次会议《关于修改本市部分地方性法规的决定》第二次修正）

第一条 为了规范遗体捐献工作，发展医学科学事业，促进社会主义精神文明建设，根据本市实际情况，制定本条例。

第二条 本条例所称遗体捐献，是指自然人生前采用书面或者订立遗嘱的形式自愿表示在死亡后，由其执行人将遗体的全部或者部分捐献给医学科学事业的行为，以及生前未表示是否捐献意愿的自然人死亡后，由其配偶、成年子女、父母以书面形式共同决定将遗体的全部或者部分捐献给医学科学事业的行为。

第三条 本条例适用于本市行政区域内的遗体捐献及其管理活动。

第四条 遗体捐献应当遵循自愿、无偿的原则。

捐献的遗体应当用于医学科学事业。

第五条 捐献人捐献遗体的意愿和遗体的人格尊严受法律保护。

第六条 市卫生健康行政部门是本市遗体捐献工作的行政主管部门。

市红十字会承担遗体捐献的日常工作。

公安、民政、财政、教育、房屋、交通、经济信息化等行政管理部门应当在各自职责范围内，协助做好遗体捐献工作。

第七条 广播、电视、报刊等新闻单位应当配合开展遗体捐献工作的公益性宣传。

第八条 本市鼓励遗体捐献行为，树立尊重捐献人的社会风尚。

对在遗体捐献工作中有突出成绩的单位和个人，市或者区人民政府应当给予表彰。

第九条　从事遗体捐献接受工作的单位（以下简称接受单位），应当具备下列条件：

（一）有开展医学科研、教学业务能力的医学大专院校、医学科研单位以及医疗机构；

（二）有专门从事遗体接受工作的机构和人员；

（三）有与开展遗体接受工作相适应的设备、场地。

第十条　开展遗体捐献接受工作的单位，受市红十字会委托后，方能开展遗体捐献接受工作。

第十一条　区红十字会和接受单位是本市遗体捐献的登记机构（以下统称登记机构）。

市红十字会应当向社会公布各登记机构的名称、地址、电话和工作时间。

第十二条　办理遗体捐献登记手续的，可以采取以下方式：

（一）到登记机构登记；

（二）委托他人代为登记；

（三）要求登记机构上门登记；

（四）其他便于登记的方式。

生前未办理遗体捐献登记手续的自然人死亡后，其配偶、成年子女、父母以书面形式共同决定捐献其遗体的，上述人员应当持该书面决定、本人身份证、关系证明以及死者身份证办理遗体捐献登记手续；但死者生前明确表示不同意捐献遗体的除外。死者配偶、成年子女和父母之间意见不一致的，登记机构不得办理遗体捐献登记手续。

第十三条　遗体捐献登记表应当载明下列主要事项：

（一）捐献遗体全部或者部分及其用途；

（二）遗体捐献执行人的姓名、联系方式及同意执行的意见；

（三）遗体捐献的接受单位；

（四）遗体利用后的火化及处理。

捐献人可以在遗体捐献登记表上注明遗体捐献保密的要求。

登记机构应当告知捐献人和执行人有关遗体捐献的程序与事项，指导填写表格，并颁发捐献卡和纪念证。

遗体捐献登记表、捐献卡和纪念证，由市红十字会统一印制。

第十四条　办理遗体捐献登记手续后，捐献人可以变更登记内容或者撤销登记。

登记机构应当按照捐献人的要求，及时办理变更或者撤销手续。

第十五条　遗体捐献的执行人，可以是捐献人的近亲属或者在工作上、生活上有密切关系的其他自然人，也可以是捐献人生前所在单位、居住地的居（村）民委员会、养老机构或者其他有关单位。

第十六条　捐献人死亡后，执行人应当及时通知相应的接受单位办理有关手续。户籍所在地公安部门凭执行人提交的有关证明材料，出具殡葬许可证明。

执行人因故不能执行的，捐献人生前所在单位或者居住地的居（村）民委员会可以及时通知相应的接受单位。

因突发性因素导致死亡，有关单位和人员在处理中发现死亡者是捐献人的，应当及时通知相应的接受单位。

有关单位和人员应当尊重捐献人的意愿，支持执行人履行义务。

第十七条　接受单位收到接受遗体的通知后，应当依据捐献人的捐献卡以及殡葬许可证明及时接受遗体。

第十八条　在接受、运送捐献遗体时，物业管理、交通等有关部门应当提供方便。

持有公安部门核发的运送捐献遗体专用标志的交通工具优先通行。

第十九条　接受单位接受遗体后，应当及时书面通知原登记机构，并根据捐献人近亲属的要求，为捐献人举行告别仪式。

第二十条　接受单位利用捐献的遗体，应当严格依照捐献人的意愿，遵守国家和本市的有关规定，无偿用于医学教学、医学科研、临床解剖以及角膜移植。

利用完毕的遗体，由接受单位负责送殡葬单位火化。

第二十一条　接受单位应当建立专门档案，完整记录遗体的利用情况。

捐献人的近亲属或者其他执行人有权查询遗体的利用情况，接受查询的单位应当答复。

第二十二条　从事遗体捐献登记、接受工作的人员应当接受有关法律和专业知识的培训，取得相应的证书。

从事遗体捐献登记、接受工作的人员应当遵守操作规程和职业道德，尊重捐献人的人格尊严，实行规范、文明服务。

第二十三条　从事遗体捐献登记、接受工作的人员违反本条例规定的，由其所在单位或者上级主管部门给予批评教育；情节严重的，给予处分。

第二十四条　违反本条例规定，按照下列规定予以处理：

（一）违反本条例第十条规定，未经市红十字会委托，以红十字会名义接受遗体捐献的，由市红十字会责令改正；擅自使用红十字标志的，可以提请违法使用者所在地的区人民政府依法处罚；

（二）违反本条例第十四条第二款、第十七条、第十九条规定的，由市红十字会责令立即改正并通报批评；对情节严重的，可以终止委托，责令其停止使用红十字标志。

第二十五条　违反本条例第二十条第一款规定的，由市卫生健康行政部门没收违法所得，并处违法所得三至五倍的罚款。

第二十六条　接受、利用捐献的遗体，违反法律规定，构成犯罪的，依法追究刑事责任。

第二十七条　当事人对市卫生健康行政部门的具体行政行为不服的，可以依照《中华人民共和国行政复议法》或者《中华人民共和国行政诉讼法》的规定，申请行政复议或者提起行政诉讼。

当事人对具体行政行为逾期不申请复议，不提起诉讼，又不履行的，作出具体行政行为的市卫生健康行政部门可以申请人民法院强制执行。

第二十八条　本条例自 2001 年 3 月 1 日起施行。

37. 上海市技术市场条例

（1995 年 4 月 7 日上海市第十届人民代表大会常务委员会第十七次会议通过　根据 1997 年 7 月 7 日上海市第十届人民代表大会常务委员会第三十七次会议《关于修改〈上海市技术市场条例〉的决定》第一次修正　根据 2003 年 6 月 26 日上海市第十二届人民代表大会常务委员会第五次会议《关于修改〈上海市技术市场条例〉的决定》第二次修正　根据 2020 年 12 月 30 日上海市第十五届人民代表大会常务委员会第二十八次会议《关于修改本市部分地方性法规的决定》第三次修正）

第一章　总则

第一条　为了促进本市技术市场的健康发展，保障当事人的合法权益，根据《中华人民共和国科学技术进步法》《中华人民共和国民法典》以及其他有关法律、行政法规，结合本市实际情况，制定本条例。

第二条　公民、法人和其他组织在本市从事技术交易和技术交易服务，适用本条例。

技术交易包括技术开发、技术转让、技术许可、技术咨询、技术服务等交易活动。

技术交易服务包括技术交易场所服务、技术交易经纪服务、技术交易咨询服务、技术评估服务、技术信息服务等。

第三条　本市各级人民政府应当加强对技术市场的培育和扶持，引导技术市场健康发展。

第四条　市科学技术行政部门是本市技术市场的主管部门，负责本条例的实施。

市和区市场监管、税务等有关部门依法对技术市场实施监督管理。

第二章　技术交易准则

第五条　从事技术交易，必须遵循自愿平等、有偿互利、诚实信用和协商一致的原则。

第六条　技术交易的当事人应当对其拥有的技术的合法性承担责任。

当事人一方明知或者应知另一方非法占有他人技术而与之进行技术交易，视为侵害他人技术权益。

第七条　技术交易当事人转让技术，应当将该技术在实施过程中可能发生的技术风险的责任在合同中约定。

第八条　技术交易项目的价款、使用费或者报酬，由当事人根据研究开发成本、应用后的经济效益和社会效益、许可使用范围以及技术市场供需状况等因素议定；也可以经无形资产评估机构评估后，由当事人议定。

第九条　技术的拥有者可以将其技术作价向技术交易当事人另一方投资入股。

第十条　从事技术交易，根据《中华人民共和国民法典》和其他有关法律、法规的规定签订技术合同。

第十一条　技术交易涉及国家安全、社会公共利益、国家重大经济利益、环境保护，应当遵守有关法律、法规的规定。

第十二条　技术交易中禁止下列行为：

（一）窃取或者侵占他人拥有的技术从事技术交易；

（二）以欺骗、胁迫等手段从事技术交易；

（三）法律、法规禁止的其他行为。

第三章　技术交易服务机构

第十三条　鼓励设立各类技术交易服务机构。

各类技术交易服务机构应当依照有关法律、法规的规定，按照服务规范，为技术交易提供场所、经纪、咨询、评估、信息等服务。

第十四条　各类技术交易服务机构应当遵循公正、公开、公平和客观、真实、科学的原则。

第十五条　设立技术交易服务机构应当具备下列条件：

（一）有明确的业务方向和与其相对应的专用名称；

（二）有与服务范围、规模相适应的专业人员和管理人员；专职的专业人员中应当具有一定数额的中级以上的专业技术人员；

（三）有固定的场所和必需的资金、设施；

（四）有组织章程和服务规范。

第十六条　设立技术交易服务机构，应当在设立后的十五日内向市科学技术行政部门备案。

设立经营性技术交易服务机构，应当按照国家有关规定向所在地的市场监管行政部门登记注册，在办理登记后的十五日内向市科学技术行政部门备案。

第十七条　本市设立技术市场基金，为加快技术在应用领域的扩散，促进技术市场的发展，提供各种形式的支持。

技术市场基金的设立和管理办法，由市人民政府制定。

第四章　技术市场的管理

第十八条　市科学技术行政部门的主要职责是：

（一）宣传、执行有关技术市场的法律、法规，检查技术市场遵守有关法律、法规的情况；

（二）管理技术市场基金；

（三）负责管理技术合同的认定登记工作；

（四）统一考核技术市场经营管理人员；

（五）负责技术市场的统计和分析；

（六）对繁荣技术市场作出贡献的单位和个人进行表彰、奖励；

（七）依法处理技术交易中的违法行为。

区科学技术行政部门的主要职责是：

（一）宣传、执行有关技术市场的法律、法规，检查本区内技术市场遵守有关法律、法规的情况；

（二）负责本区技术合同的认定登记工作；

（三）负责本区举办的技术交易会的备案工作；

（四）负责本区技术市场的统计；

（五）对繁荣技术市场作出贡献的单位和个人进行表彰、奖励；

（六）对本区技术交易中违反本条例的行为进行调查，提出处理意见。

上海市技术市场办公室在市科学技术行政部门领导下具体负责本市技术市场的日常管理工作。

第十九条　公民、法人和其他组织应当加强对拥有的技术的自我保护。

第二十条　本市实行技术合同认定和登记制度。技术交易的当事人持所订立的技术合同向技术合同认定登记机构申请认定和登记。经认定和登记的，由技术合同认定登记机构发给认定登记证明。

技术合同经认定和登记后，当事人享受国家和本市的有关优惠政策。未经认定和登记或者不予认定的合同，不得享受国家和本市的有关优惠政策。

第二十一条　法人和其他组织可以从技术交易的收益中提取一定比例，作为对该技术项目直接完成人的奖励。

第五章　法律责任

第二十二条　在技术交易中发生争议时，当事人一方或者双方可以根据技术合同中的仲裁条款或者事后达成的书面仲裁协议，向国家规定的仲裁机构申请仲裁。当事人未在技术合同中订立仲裁条款，事后又未达成书面仲裁协议的，可以向人民法院提起诉讼。

当事人一方在仲裁裁决规定的期限内不履行仲裁裁决的，当事人另一方可以向有管辖权的人民法院申请执行。

第二十三条　伪造、骗取技术合同认定登记证明的，由市科学技术行政部门处以五百元以上二千元以下的罚款。非法享受的税收等优惠，由有关部门追回。

第二十四条　在技术交易中，违反本条例第十一条规定的，由有关部门依法处理。构成犯罪的，依法追究刑事责任。

第二十五条　技术交易服务机构在业务活动中有欺骗、胁迫等行为的，由市场监管行政部门根据情节轻重，没收其违法所得，责令改正，责令停业，并处以违法所得一至三倍的罚款。

第二十六条　技术市场管理人员玩忽职守，贪污受贿，徇私舞弊的，根据情节轻重，由所在单位给予处分。构成犯罪的，依法追究刑事责任。

第二十七条　当事人对科学技术行政部门或者其他行政部门的具体行政行为不服的，可以依照《中华人民共和国行政复议法》和《中华人民共和国行政诉讼法》的规定，申请复议或者提起诉讼。

当事人逾期不申请复议，不提起诉讼又不履行行政处罚决定的，作出行政处罚决定的行政部门可以申请人民法院强制执行。

第六章　附则

第二十八条　本条例的具体应用问题，由市科学技术行政部门解释。

第二十九条　本条例自 1995 年 7 月 1 日起施行。

38. 上海市住宅物业管理规定

（2004 年 8 月 19 日上海市第十二届人民代表大会常务委员会第十四次会议通过　2010 年 12 月 23 日上海市第十三届人民代表大会常务委员会第二十三次会议修订　根据 2018 年 11 月 22 日上海市第十五届人民代表大会常务委员会第七次会议《关于修改〈上海市住宅物业管理规定〉的决定》第一次修正　根据 2020 年 12 月 30 日上海市第十五届人民代表大会常务委员会第二十八次会议《关于修改本市部分地方性法规的决定》第二次修正）

第一章　总则

第一条　为了规范住宅物业管理活动，维护业主和物业服务企业的合法权益，根据《中华人民共和国民法典》、国务院《物业管理条例》和其他有关法律、行政法规，结合本市实际情况，制定本规定。

第二条　本市行政区域内住宅物业管理、使用及其监督管理，适用本规定。

第三条　本规定所称住宅物业管理（以下简称物业管理），是指住宅区内的业主通过选聘物业服务企业，由业主和物业服务企业按照物业服务合同约定，或者通过其他形式，对房屋及配套的设施设备和相关场地进行维修、养护、管理，维护相关区域内的环境卫生和秩序的活动。

本规定所称业主，是指房屋的所有权人。

本规定所称使用人，是指房屋的承租人和实际居住人。

第四条　市房屋行政管理部门负责全市物业管理的监督管理工作。区房屋行政管理部门负责本辖区内物业管理的监督管理，指导和监督乡、镇人民政府和街道办事处实施与物业管理相关的行政管理工作。

市房屋行政管理部门履行以下职责：

（一）制定本市物业管理相关政策；

（二）建立完善本市物业管理分级培训体系；

（三）指导区房屋行政管理部门开展辖区内物业管理的监督管理工作；

（四）指导物业管理行业协会开展自律性规范的制定和实施工作；

（五）建立全市统一的物业管理监管与服务信息平台；

（六）实施对物业服务行业及其他物业管理相关工作的监督管理。

区房屋行政管理部门履行以下职责：

（一）组织实施物业管理相关政策和制度；

（二）实施辖区内物业服务企业和从业人员的监督管理；

（三）指导和监督物业管理招投标活动；

（四）实施业主大会成立前专项维修资金的归集和日常使用管理；

（五）实施物业管理区域核定、物业服务企业用房和业主委员会用房（以下合称物业管理用房）确认等事项；

（六）指导乡、镇人民政府和街道办事处对业主大会、业主委员会的工作以及其他物业管理工作实施监督管理；

（七）指导乡、镇人民政府和街道办事处开展物业管理业务培训；

（八）落实物业管理方面的其他监督管理职责。

本市发展改革、建设、交通、公安、水务、绿化市容、民政、规划资源、财政、税务、司法行政、城管执法、市场监管、应急管理等行政管理部门，按照各自职责协同实施本规定。

第五条　区人民政府应当建立住宅小区综合管理工作制度，组织区相关行政管理部门，乡、镇人民政府和街道办事处以及相关单位，部署、推进和协调辖区内物业管理各项工作。

乡、镇人民政府和街道办事处应当建立本辖区住宅小区综合管理工作制度，协调和处理辖区内物业管理综合事务和纠纷；其设立的房屋管理事务机构（以下简称房管机构）承担房屋管理的相关具体事务。

乡、镇人民政府和街道办事处履行以下职责：

（一）指导和监督业主大会、业主委员会的组建和换届改选，办理相关备案手续；

（二）指导和监督业主大会、业主委员会的日常运作，对业主大会筹备组

（以下简称筹备组）成员、业主委员会委员和业主委员会换届改选小组成员进行培训；

（三）参加物业承接查验，指导和监督辖区内物业管理项目的移交和接管工作；

（四）办理物业服务合同备案，对物业管理区域内的物业服务实施日常监督检查，指导和监督物业服务企业履行法定的义务；

（五）监督业主、使用人按照规定使用和维护物业；

（六）建立物业管理纠纷调解和投诉、举报处理机制，调解物业管理纠纷，处理物业管理相关投诉和举报；

（七）建立物业应急服务保障机制；

（八）法律、法规、规章规定的其他职责。

第六条　本市建立健全以居民区党组织为领导核心，居民委员会或者村民委员会、业主委员会、物业服务企业、业主等共同参与的住宅小区治理架构，推动住宅物业管理创新。

居民委员会、村民委员会依法协助乡、镇人民政府和街道办事处开展社区管理、社区服务中与物业管理相关的工作，加强对业主委员会的指导和监督，引导其以自治方式规范运作。

第七条　市物业管理行业协会是实行行业服务和自律管理的社会组织，依法制定和组织实施自律性规范，组织业务培训，对物业服务企业之间的纠纷进行调解，维护物业服务企业合法权益。

本市鼓励物业服务企业加入市物业管理行业协会。

第二章　业主及业主大会

第八条　住宅小区，包括分期建设或者两个以上单位共同开发建设的住宅小区，其设置的配套设施设备是共用的，应当划分为一个物业管理区域；但被道路、河道等分割为两个以上自然街坊或者封闭小区，且能明确共用配套设施设备管理、维护责任的，可以分别划分为独立的物业管理区域。

第九条　区房屋行政管理部门负责核定物业管理区域。

建设单位在申请办理住宅建设工程规划许可证的同时，应当向区房屋行政管理部门提出划分物业管理区域的申请，区房屋行政管理部门应当在五日内核定物业管理区域。

建设单位在房屋销售时，应当将区房屋行政管理部门核定的物业管理区域范围，通过合同约定方式向物业买受人明示。

第十条　尚未划分或者需要调整物业管理区域的，区房屋行政管理部门应当会同乡、镇人民政府或者街道办事处，按照第八条的规定，结合当地居民委员会、村民委员会的布局划分物业管理区域。调整物业管理区域的，还应当由专有部分面积占比三分之二以上的业主且人数占比三分之二以上的业主参与表决，并应当经参与表决专有部分面积过半数的业主且参与表决人数过半数的业主同意。

物业管理区域调整后，区房屋行政管理部门应当在相关物业管理区域内公告。

第十一条　建设单位在办理房屋交付使用许可手续时，应当向房管机构提交下列资料：

（一）竣工总平面图，单体建筑、结构、设备竣工图，配套设施、地下管网工程竣工图等竣工验收资料；

（二）设施设备的安装、使用和维护保养等技术资料；

（三）物业质量保修文件和物业使用说明文件；

（四）物业管理所必需的其他资料。

建设单位在办理物业承接验收手续时，应当向物业服务企业移交前款规定的资料。

业主可以向房管机构、物业服务企业申请查询本物业管理区域内第一款规定的资料。

第十二条　业主在物业管理活动中，享有下列权利：

（一）按照物业服务合同的约定，接受物业服务企业提供的服务；

（二）提议召开业主大会会议、业主小组会议，并就物业管理的有关事项提出建议；

（三）提出制定和修改管理规约、专项维修资金管理规约、业主大会议事规则的建议；

（四）参加业主大会会议、业主小组会议，行使投票权；

（五）选举业主委员会委员，并享有被选举权；

（六）监督业主委员会的工作；

（七）监督物业服务企业履行物业服务合同；

（八）对物业管理区域内物业共用部位、共用设施设备和相关场地使用情况享有知情权和监督权；

（九）监督专项维修资金的管理和使用；

（十）法律、法规规定的其他权利。

业主在物业管理活动中，履行下列义务：

（一）遵守临时管理规约、管理规约、业主大会议事规则和专项维修资金管理规约；

（二）遵守物业管理区域内物业共用部位、共用设施设备和相关场地的使用，公共秩序、公共安全和环境卫生维护等方面的规章制度；

（三）执行业主大会的决定和业主大会授权业主委员会作出的决定；

（四）按照有关规定交纳专项维修资金；

（五）按时交纳物业服务费；

（六）履行其承担的房屋使用安全责任；

（七）向业主委员会提供联系地址、通讯方式；

（八）法律、法规规定的其他义务。

业主对建筑物专有部分以外的共有部分，享有权利，承担义务；不得以放弃权利不履行义务。

第十三条　业主大会由一个物业管理区域内的全体业主组成。

一个物业管理区域内，房屋出售并交付使用的建筑面积达到百分之五十以上，或者首套房屋出售并交付使用已满两年的，应当召开首次业主大会会议，成立业主大会。但只有一个业主的，或者业主人数较少且经全体业主一致同意，决定不成立业主大会的，由业主共同履行业主大会、业主委员会职责。

第十四条　物业管理区域符合本规定第十三条第二款所列应当成立业主大会条件之一的，建设单位应当在三十日内向物业所在地的乡、镇人民政府或者街道办事处提出成立业主大会的书面报告，并提供下列资料：

（一）物业管理区域核定意见；

（二）物业管理用房配置证明；

（三）业主清册和物业建筑面积；

（四）物业出售并交付使用时间；

（五）已筹集的专项维修资金清册。

建设单位未及时提出书面报告的，业主可以向乡、镇人民政府或者街道办事处提出成立业主大会的书面要求。

第十五条　乡、镇人民政府或者街道办事处应当在接到建设单位书面报告或者业主书面要求后的六十日内组建筹备组。筹备组应当自成立之日起七日内，将成员名单在物业管理区域内公告。

筹备组由业主代表，建设单位代表，乡、镇人民政府或者街道办事处代表，物业所在地居民委员会或者村民委员会代表组成。筹备组人数应当为单数，其中业主代表应当符合本规定第二十条第二款的规定，人数所占比例应当不低于筹备组总人数的二分之一。筹备组组长由乡、镇人民政府或者街道办事处代表担任。

筹备组中的业主代表，由乡、镇人民政府或者街道办事处组织业主推荐产生。

业主对筹备组成员有异议的，由乡、镇人民政府或者街道办事处协调解决。

乡、镇人民政府或者街道办事处应当在筹备组开展筹备工作前，组织筹备组成员进行培训。

第十六条　筹备组应当做好以下筹备工作：

（一）确认并公示业主身份、业主人数以及所拥有的专有部分面积；

（二）确定首次业主大会会议召开的时间、地点、形式和内容；

（三）草拟管理规约、业主大会议事规则；

（四）确定首次业主大会会议表决规则；

（五）制定业主委员会委员候选人产生办法，确定业主委员会委员候选人名单；

（六）制定业主委员会选举办法；

（七）完成召开首次业主大会会议的其他准备工作。

前款内容应当在首次业主大会会议召开十五日前在物业管理区域内公告。业主对公告内容有异议的，筹备组应当记录并作出答复。

筹备组应当自成立之日起九十日内，组织召开首次业主大会会议。

筹备组在业主委员会依法成立后自行解散。

第十七条　业主大会除履行《中华人民共和国民法典》、国务院《物业管理条例》规定的职责外，还可以决定业主委员会的工作经费、撤销业主小组不适当的决定。

第十八条　业主大会会议可以采用集体讨论形式，也可以采用书面征求意见的形式。业主大会会议应当由物业管理区域内专有部分面积占比三分之二以上的业主且人数占比三分之二以上的业主参与表决。

业主大会作出决定，应当经参与表决专有部分面积过半数的业主且参与表决人数过半数的业主同意。业主大会决定筹集建筑物及其附属设施的专项维修资金，改建、重建建筑物及其附属设施，或者改变共有部分的用途、利用共有部分从事经营活动的，应当经参与表决专有部分面积四分之三以上的业主且参与表决人数四分之三以上的业主同意。

业主可以委托代理人参加业主大会会议，代理人应当持业主书面委托书并依据委托人对所议事项的意见进行投票表决。

第十九条　首次业主大会会议通过的议事规则，应当就业主大会的议事方式、表决程序，业主小组的设立，业主委员会的组成、任期、罢免和补选等事项作出约定。

第二十条　业主委员会由业主大会会议选举产生，依法履行职责。业主委员会由五人以上单数组成，但建筑面积在一万平方米以下的住宅小区，业主委员会可以由三人组成。筹备组应当根据物业管理区域规模和建筑物区分所有权的比例，确定业主委员会委员的人数和构成比例。业主委员会的任期为三年到五年。

业主委员会委员应当符合国务院《物业管理条例》规定的条件，且本人、配偶及其直系亲属未在本物业管理区域服务的物业服务企业任职。业主在本物业管理区域内有损坏房屋承重结构、违法搭建、破坏房屋外貌、擅自改变物业使用性质、欠交物业服务费或者专项维修资金、违法出租房屋等情形之一且未改正的，不得担任业主委员会委员。业主大会可以依法决定增加不得担任业主委员会委员的情形。

业主委员会委员候选人应当书面承诺符合前款规定的条件，全面履行工作职责，不以权谋私。

业主委员会履行下列职责：

（一）召集业主大会会议，报告年度物业管理的实施情况、业主委员会履职情况；

（二）执行业主大会决定，处理业主大会的日常管理事务；

（三）代表业主与业主大会选聘的物业服务企业签订物业服务合同；

（四）拟订业主大会年度财务预算方案和决算方案；

（五）拟订物业共用部分经营管理方案以及收益的管理、使用和分配方案；

（六）拟订印章管理、财务管理、档案管理、停车管理、宠物管理、装饰装修管理等规章制度；

（七）监督专项维修资金的使用以及组织专项维修资金的补建、再次筹集；

（八）及时了解业主、物业使用人的意见和建议，督促业主交纳物业服务费，监督和协助物业服务企业履行物业服务合同；

（九）监督管理规约的实施，对业主违反管理规约的行为进行制止；

（十）业主大会赋予的其他职责。

业主委员会应当接受业主大会和业主的监督，接受相关行政管理部门，乡、镇人民政府或者街道办事处，居民委员会或者村民委员会的指导和监督。

第二十一条　业主委员会委员候选人由筹备组通过直接听取业主意见、召开座谈会、发放推荐表等方式产生。筹备组应当审查候选人资格，提出候选人名单，并报送乡、镇人民政府或者街道办事处。候选人的基本信息，由筹备组在物业管理区域内公告。

业主委员会委员由业主大会会议选举产生。业主委员会主任、副主任在业主委员会委员中推选产生。筹备组应当自选举完成之日起三日内，在物业管理区域内公告业主委员会主任、副主任和其他委员的名单。

业主委员会主任负责主持业主委员会日常工作，并履行以下职责：

（一）召集和主持业主委员会会议；

（二）提出业主委员会会议议题；

（三）按照业主大会会议的决定，签署有关文书。

业主委员会主任因故不能履行职责时，由副主任履行。

第二十二条　乡、镇人民政府或者街道办事处应当会同区房屋行政管理部门定期组织业主委员会委员，进行物业管理相关法律、法规、规章、规范性文件和日常运作规范等培训。

第二十三条　业主委员会自选举产生之日起三十日内，持下列文件向乡、镇人民政府或者街道办事处备案：

（一）业主大会会议记录和会议决定；

（二）业主大会议事规则；

（三）管理规约；

（四）专项维修资金管理规约；

（五）业主委员会委员的名单、基本情况和书面承诺；

（六）业主委员会委员的培训记录。

乡、镇人民政府或者街道办事处对依法选举产生的业主委员会出具业主大会、业主委员会备案证明和印章刻制证明。备案证明应当载明业主大会名称，业主委员会名称、届别、任期、负责人和办公地址。

业主委员会应当依法刻制和使用印章。印章印文中应当包含业主委员会名称以及届别。

第二十四条　业主大会可以根据业主委员会工作情况决定给予业主委员会委员适当的津贴。津贴可以在公共收益中列支，也可以通过其他方式筹集。具体津贴标准，资金筹集、管理和使用办法应当由业主大会决定。

第二十五条　业主大会会议分为定期会议和临时会议。业主大会定期会议应当按照业主大会议事规则的规定召开。经百分之二十以上业主提议，业主委员会应当组织召开业主大会临时会议。

召开业主大会会议，业主委员会应当事先将会议时间、地点、议题和议程书面通知所在地房管机构、居民委员会或者村民委员会，邀请房管机构、居民委员会或者村民委员会派代表参加，并听取房管机构、居民委员会或者村民委员会的意见、建议。

业主委员会不依法组织召开业主大会会议的，乡、镇人民政府或者街道办事处应当督促其限期召开；逾期不召开的，乡、镇人民政府或者街道办事处可以应业主要求组织召开业主大会会议。

第二十六条　业主委员会会议分为定期会议和临时会议。业主委员会定期会议应当按照业主大会议事规则的规定召开，至少每两个月召开一次。经三分之一以上业主委员会委员提议，应当及时召开业主委员会临时会议。

业主委员会会议应当有全体委员过半数出席，并邀请物业所在地居民委员会或者村民委员会派员列席，也可以邀请业主旁听。业主委员会委员不得委托他人出席业主委员会会议。

业主委员会作出决定应当经全体委员过半数签字同意，在作出决定之日起三日内将会议情况以及决定事项在物业管理区域内公告，并告知物业所在地居民委员会或者村民委员会。

业主委员会主任、副主任无正当理由不召集业主委员会会议的，乡、镇人民政府或者街道办事处应业主书面要求可以指定一名其他委员召集和主持。

第二十七条　业主委员会应当建立定期接待制度，听取业主和使用人对物业管理和业主委员会日常工作的意见和建议，接受业主和使用人的咨询、投诉和监督。

业主委员会应当建立工作记录制度，做好业主大会会议、业主委员会会议、物业服务合同协商签订活动，以及物业管理中各项重要事项的记录，并妥善保管。

业主委员会应当建立信息公开制度，按照规定及时公布业主大会和业主委员会作出的决定，物业服务企业选聘、物业服务合同等物业管理中的各项决定和重大事项；定期公布专项维修资金和公共收益收支；接受业主查询所保管的物业管理信息。

第二十八条　业主委员会任期届满的五个月前，应当书面报告乡、镇人民政府或者街道办事处。乡、镇人民政府或者街道办事处应当在收到书面报告之日起六十日内组建换届改选小组，并在业主委员会任期届满前，由换届改选小组组织召开业主大会会议选举产生新一届业主委员会。

业主委员会未按照前款规定报告的，乡、镇人民政府或者街道办事处可以应业主书面要求组建换届改选小组，由换届改选小组组织召开业主大会会议选举产生新一届业主委员会。

换届改选小组由业主代表，乡、镇人民政府或者街道办事处代表，物业所在地居民委员会或者村民委员会代表组成。换届改选小组人数应当为单数，其中业主代表应当符合本规定第二十条第二款的规定，人数所占比例应当不低于换届改选小组总人数的二分之一。换届改选小组组长由乡、镇人民政府或者街道办事处代表担任。

自换届改选小组产生至新一届业主委员会选举产生期间，业主委员会不得组织召开业主大会会议对下列事项作出决定：

（一）选聘、解聘物业服务企业；

（二）调整物业收费标准；

（三）除管理规约规定情形之外的物业维修、更新、改造等重大事项；

（四）其他重大事项。

第二十九条　业主委员会应当自换届改选小组成立之日起十日内，将其保管的有关财务凭证、业主清册、会议纪要等档案资料、印章及其他属于业主大会所有的财物移交物业所在地房管机构保管。业主大会、业主委员会依法需要使用上述物品的，物业所在地房管机构应当及时提供。

新一届业主委员会选举产生后，应当在三十日内向乡、镇人民政府或者街道办事处办理换届备案手续，并由物业所在地房管机构在备案后十日内，将其保管的前款所述物品移交新一届业主委员会。

拒不移交第一款所述物品的，新一届业主委员会可以请求物业所在地乡、镇人民政府或者街道办事处督促移交，物业所在地公安机关应当予以协助。

第三十条　不再担任业主委员会委员的，应当在十日内将其保管的本规定第二十九条第一款所述物品移交业主委员会；拒不移交的，业主委员会可以按照本规定第二十九条第三款规定处理。

第三十一条　业主委员会委员有下列情形之一的，其业主委员会委员资格按照本条第二款处理：

（一）已不再是本物业管理区域内业主的；

（二）以书面形式向业主委员会提出辞职的；

（三）因健康等原因无法履行职责且未提出辞职的；

（四）拒不召集业主委员会会议的；

（五）一年内累计缺席业主委员会会议总次数一半以上的；

（六）违反书面承诺的。

属于前款第一项、第二项情形的，其委员资格自情形发生之日起自然终止；属于前款第三项情形的，经业主大会会议讨论通过，其委员资格终止；属于前款第四项至第六项情形的，经业主大会会议讨论通过，罢免其委员资格。业主委员会应当将委员资格终止或者罢免的情况在物业管理区域内公告。

第三十二条　业主委员会委员人数不足但超过半数的，业主大会可以补选业主委员会委员。

　　业主委员会出现下列情形之一时，乡、镇人民政府或者街道办事处应当组织召开业主大会会议；业主大会应当启动提前换届改选程序：

　　（一）业主委员会委员人数不足半数的；

　　（二）业主委员会连续六个月未开展工作的；

　　（三）业主委员会作出的决定严重违反法律、法规的；

　　（四）因其他原因导致业主委员会无法正常运作的。

　　业主大会决定对业主委员会提前换届改选的，乡、镇人民政府或者街道办事处应当依法组建换届改选小组，由换届改选小组组织召开业主大会会议选举产生新一届业主委员会。

　　第三十三条　业主委员会的名称、所辖区域范围、委员、业主大会议事规则和管理规约发生变更的，业主委员会应当在三十日内向乡、镇人民政府或者街道办事处办理变更备案手续。

　　因物业管理区域调整、房屋灭失或者其他原因致使业主委员会无法存续的，业主委员会应当在三十日内向乡、镇人民政府或者街道办事处办理注销备案手续。

　　第三十四条　按照本规定第二十三条、第二十九条、第三十三条规定，乡、镇人民政府或者街道办事处受理业主委员会备案后，应当在二十日内完成备案手续，并将备案资料抄送区房屋行政管理部门。

　　第三十五条　同一物业管理区域内有两幢以上房屋的，可以以幢、单元为单位成立业主小组。业主小组由该幢、单元的全体业主组成。

　　业主小组应当履行下列职责：

　　（一）推选业主代表出席业主大会会议，表达本小组业主的意愿；

　　（二）决定本小组范围内住宅共用部位、共用设施设备的维修、更新、改造和养护；

　　（三）决定本小组范围内的其他事项。

　　业主小组议事由该业主小组产生的业主代表主持。业主小组行使前款规定职责的程序，参照本物业管理区域业主大会议事规则执行。

第三十六条　居民委员会、村民委员会设立的人民调解委员会，可以依法调解本地区业主、业主委员会、物业服务企业之间的物业管理纠纷。

第三章　物业管理服务

第三十七条　房屋行政管理部门应当依法对物业服务企业服务活动实施监督检查。

物业服务项目经理承接物业管理区域数量和建筑面积的规范，由市房屋行政管理部门制定。

第三十八条　市房屋行政管理部门应当根据物业服务合同履行、投诉处理和日常检查等情况，建立物业服务企业信用档案库和物业服务项目经理信用档案库。

第三十九条　选聘物业服务企业前，业主委员会应当拟订选聘方案。选聘方案应当包括拟选聘物业服务企业的信用状况、专业管理人员的配备、管理实绩要求、物业服务内容和收费标准、物业服务合同期限和选聘方式等内容。

选聘方案经业主大会会议表决通过后，业主委员会应当在物业管理区域内公告。

第四十条　建设单位应当通过公开招标方式选聘物业服务企业，签订书面的前期物业服务合同，并作为房屋销售合同的附件。

鼓励业主大会采用招投标方式，公开、公平、公正地选聘物业服务企业。

采取招投标方式选聘物业服务企业的，应当通过本市统一的物业管理监管与服务信息平台进行招标。

第四十一条　建设单位在申请房屋预售许可前，应当参照市房屋行政管理部门制作的示范文本，制定临时管理规约和房屋使用说明书，作为房屋销售合同的附件。

临时管理规约应当对物业的使用和维护管理、业主义务、违反临时管理规约应当承担的责任等事项作出规定，但不得与法律、法规、规章相抵触，不得侵害物业买受人的合法权益。临时管理规约应当报区房屋行政管理部门备案。

房屋使用说明书应当载明房屋平面布局、结构、附属设备，注明房屋承重结构的房屋结构图，不得占用、移装的共用部位、共用设备，以及其他有关安全合理使用房屋的注意事项。

建设单位与物业买受人签订的房屋销售合同，应当包含前期物业服务合同约定的内容，以及建设工程规划许可文件载明的建设项目平面布局图，并在房屋交接书中列明物业管理区域内归全体业主所有的配套设施设备。

建设单位不得将物业共用部分的所有权或者使用权单独转让。

第四十二条　建设单位应当在物业管理区域地面上配置独用成套的物业管理用房，其中物业服务企业用房按照物业管理区域房屋总建筑面积的千分之二配置，但不得低于一百平方米；业主委员会用房按照不低于三十平方米配置。在物业交付时，物业管理用房由建设单位交付物业服务企业代管，并在业主大会成立后三十日内无偿移交给业主大会。

规划资源行政管理部门在核发建设工程规划许可证时，应当在许可证附图上注明物业管理用房的具体部位。

区房屋行政管理部门在核发房屋预售许可证和办理房屋所有权首次登记时，应当注明物业管理用房室号。

物业管理用房不得擅自变更位置，也不得分割、转让、抵押。

第四十三条　物业管理区域内的下列配套设施设备归业主共有：

（一）物业管理用房；

（二）门卫房、电话间、监控室、垃圾箱房、共用地面架空层、共用走廊；

（三）物业管理区域内按规划配建的非机动车车库；

（四）单独选址、集中建设的共有产权保障住房、征收安置住房小区的停车位；

（五）物业管理区域内的共有绿化、道路、场地；

（六）建设单位以房屋销售合同或者其他书面形式承诺归全体业主所有的物业；

（七）其他依法归业主共有的设施设备。

建设单位申请房屋所有权首次登记时，应当提出前款规定的配套设施设备登记申请，由不动产登记机构在不动产登记簿上予以记载，但不颁发不动产权属证书。建设单位应当在物业管理区域内显著位置公开业主共有配套设施设备的位置、面积等信息。

第四十四条　物业服务企业应当按照物业服务合同的约定，提供相应的服务。物业服务合同可以约定下列服务事项：

（一）物业共用部位、共用设施设备的使用管理和维护；

（二）共有绿化的维护；

（三）共有区域的保洁；

（四）共有区域的秩序维护；

（五）车辆的停放管理；

（六）物业使用中对禁止性行为的管理措施；

（七）物业维修、更新、改造和养护费用的账务管理；

（八）物业档案资料的保管；

（九）业主大会或者业主委托的其他物业服务事项。

物业服务企业将物业服务区域内的部分专项服务事项委托给专业性服务组织或者其他第三人的，应当就该部分专项服务事项向业主负责。物业服务企业不得将其应当提供的全部物业服务转委托给第三人，或者将全部物业服务支解后分别转委托给第三人。

物业服务企业应当在签订物业服务合同之日起三十日内，将物业服务合同报房管机构备案。

第四十五条　物业服务企业提供物业服务，应当遵守下列规定：

（一）符合国家和本市规定的技术标准、规范；

（二）及时向业主、使用人告知安全合理使用物业的注意事项；

（三）定期听取业主的意见和建议，改进和完善服务；

（四）配合居民委员会、村民委员会做好社区管理相关工作。

物业服务企业应当协助做好物业管理区域内的安全防范工作。

第四十六条　物业服务合同期限届满前，业主委员会应当组织召开业主大会，作出续聘或者另聘物业服务企业的决定，并将决定书面通知物业服务企业。业主大会决定续聘且物业服务企业接受的，业主委员会与物业服务企业应当在物业服务合同届满前重新签订物业服务合同。

物业服务企业决定物业服务合同期限届满后不再为该物业管理区域提供物业服务的，应当在合同期限届满前九十日书面通知业主或者业主委员会，但是合同对通知期限另有约定的除外。

物业服务合同期限届满后，业主大会没有依法作出续聘或者另聘物业服务企业决定，物业服务企业按照原合同继续提供物业服务的，原合同继续有效，但是服务期限为不定期。在原合同继续有效期间，任何一方可以随时解除不定期物业服务合同，但是应当提前六十日书面通知对方。

第四十七条　物业服务企业应当建立和保存下列档案和资料：

（一）小区共有部分经营管理档案；

（二）小区监控系统、电梯、水泵、电子防盗门等共用设施设备档案及其运行、维修、养护记录；

（三）水箱清洗记录及水箱检测报告；

（四）住宅装饰装修管理资料；

（五）业主清册；

（六）物业服务企业或者建设单位与相关公用事业单位签订的供水、供电、垃圾清运、电信覆盖等书面协议；

（七）物业服务活动中形成的与业主利益相关的其他重要资料。

物业服务企业对前款第一项至第三项规定的有关信息资料，应当定期予以公示。

物业服务企业应当采取有效措施，妥善保管在物业服务过程中获得的业主信息资料。

第四十八条　物业服务收费实行市场调节价，由业主和物业服务企业遵循合理、公开、质价相符的原则进行协商，并在物业服务合同中予以约定。

同一物业管理区域内实施同一物业服务内容和标准的，物业服务收费执行同一价格标准。

市房屋行政管理部门应当定期发布住宅小区物业服务标准。物业管理行业协会应当定期发布物业服务价格监测信息，供业主和物业服务企业在协商物业服务费用时参考。

物业服务企业应当将服务事项、服务标准、收费项目、收费标准等有关情况在物业管理区域内公告。实行物业服务酬金制收费方式的，物业服务企业应当每年向业主委员会或者全体业主报告经审计的上一年度物业服务项目收支情况，提出本年度物业服务项目收支预算，并在物业管理区域内公告；实行物业服务包干制收费方式的，物业服务企业应当在调整物业服务收费标准前，将经审计的物业服务费用收支情况或者经第三方机构评估的收费标准向业主委员会或者全体业主报告，并在物业管理区域内公告。

前款中的公告应当在物业管理区域内显著位置予以公示。

第四十九条　前期物业服务合同生效之日至出售房屋交付之日的当月发生的物业服务费用，由建设单位承担。

出售房屋交付之日的次月至前期物业服务合同终止之日的当月发生的物业服务费用，由物业买受人按照房屋销售合同约定的前期物业服务收费标准承担；房屋销售合同未约定的，由建设单位承担。

业主应当根据物业服务合同约定，按时支付物业服务费；业主逾期不支付物业服务费的，业主委员会应当督促其支付；物业服务企业可以催告其在合理期限内支付；合理期限届满仍不支付的，物业服务企业可以提起诉讼或者申请仲裁。

业主转让物业时，应当与物业服务企业结清物业服务费；未结清的，买卖双方应当对物业服务费的结算作出约定，并告知物业服务企业。

第五十条　物业服务企业应当自物业服务合同终止之日起十日内，向建设单位或者业主委员会移交下列资料和财物：

（一）本规定第十一条第一款、第四十七条规定的资料；

（二）物业服务期间形成的物业共用部分运行、维修、更新、改造和养护的有关资料；

（三）公共收益的结余；

（四）采用酬金制计费方式的，产生的物业服务资金结余以及用物业服务资金购置的财物；

（五）物业管理用房；

（六）应当移交的其他资料和财物。

第五十一条　利用物业共用部分从事广告、商业推广等活动的，应当经业主大会或者共同拥有该物业的业主同意，并在物业管理区域内公告。业主大会可以授权业主委员会同意利用全体业主共用部分从事相关活动。

公共收益归全体业主或者共同拥有该物业的业主所有，并应当单独列账。

公共收益应当主要用于补充专项维修资金，也可以按照业主大会的决定使用。公共收益主要用于补充专项维修资金的，应当按季度补充专项维修资金，补充比例应当高于百分之五十；剩余部分应当按照业主大会或者共同拥有该收益业主的决定，用于业主大会和业主委员会工作经费、物业管理活动的审计费用、拥有该收益业主的物业维护费用或者物业管理方面的其他需要。

第五十二条　区房屋行政管理部门应当建立临时物业服务企业预选库。物业服务企业退出且业主大会尚未选聘新物业服务企业的，由业主委员会报乡、镇人民政府或者街道办事处在预选库中选定物业服务企业提供临时服务。未成立业主委员会的，经百分之二十以上业主提请，由居民委员会或者村民委员会报乡、镇人民政府或者街道办事处在预选库中选定物业服务企业提供临时服务。

临时物业服务期限不超过六个月，费用由全体业主承担。

第五十三条　经物业管理区域内专有部分面积占比三分之二以上的业主且人数占比三分之二以上的业主参与表决，并经参与表决专有部分面积过半数的业主且参与表决人数过半数的业主同意，业主可以自行管理物业，并对下列事项作出决定：

（一）自行管理的执行机构以及负责人；

（二）自行管理的内容、标准、费用和期限；

（三）聘请专业机构的方案；

（四）其他有关自行管理的内容。

电梯、消防、技防等涉及人身、财产安全以及其他有特定要求的设施设备管理，应当委托专业机构进行维修和养护。

业主大会聘请单位或者自然人提供保洁、保安、绿化养护、设施设备保养等服务的，应当与其签订服务合同；聘请自然人的，被聘用人员可以根据约定自行购买意外伤害等保险，费用由业主大会承担。

业主自行管理物业需要开具收费票据的，业主委员会可以持房管机构的证明材料，向物业所在地的税务部门申请领取。

业主大会可以委托具有资质的中介机构对管理费用、专项维修资金、公共收益等进行财务管理，根据委托财务管理合同开通专项维修资金账户，并应当向业主每季度公布一次自行管理账目。

第四章　物业的使用和维护

第五十四条　建设单位在申请物业交付使用前，应当与物业服务企业共同对物业管理区域内的物业共用部分进行查验，共同确认现场查验的结果，签订物业承接查验协议，并向业主公开查验的结果。物业承接查验可以邀请业主代表以及物业所在地的房管机构参加。

承接查验协议应当对物业承接查验基本情况、存在问题、解决方法及其时限、双方权利义务、违约责任等事项作出约定。对于承接查验发现的问题，建设单位应当在三十日内予以整改，或者委托物业服务企业整改。

物业承接查验协议应当作为前期物业服务合同的补充协议。

物业承接查验的费用由建设单位承担，但另有约定的除外。

第五十五条　建设单位应当按照国家规定的保修期限和保修范围，承担物业的保修责任。建设单位委托物业服务企业维修的，应当与物业服务企业另行签订委托协议。

第五十六条　业主、使用人应当遵守国家和本市的规定以及临时管理规约、管理规约，按照房屋安全使用规定使用物业。

禁止下列损害公共利益及他人利益的行为：

（一）损坏房屋承重结构；

（二）违法搭建建筑物、构筑物；

（三）破坏房屋外貌；

（四）擅自改建、占用物业共用部分；

（五）损坏或者擅自占用、移装共用设施设备；

（六）存放不符合安全标准的易燃、易爆、剧毒、放射性等危险性物品，或者存放、铺设超负荷物品；

（七）排放有毒、有害物质；

（八）发出超过规定标准的噪声；

（九）法律、法规和规章禁止的其他行为。

第五十七条　业主、使用人装饰装修房屋，应当遵守国家和本市的规定以及临时管理规约、管理规约。

业主、使用人装饰装修房屋的，应当事先告知物业服务企业，并与物业服务企业签订装饰装修管理协议。装饰装修管理协议应当包括装饰装修工程的禁止行为、垃圾堆放和清运、施工时间等内容。

业主、使用人未与物业服务企业签订装饰装修管理协议的，物业服务企业可以按照临时管理规约或者管理规约，禁止装饰装修施工人员、材料进入物业管理区域。

物业服务企业对装饰装修活动进行巡查时，业主、使用人或者装饰装修施工人员应当予以配合。

第五十八条　业主、使用人应当按照规划资源行政管理部门批准或者不动产权属证书载明的用途使用物业，不得擅自改变物业使用性质。

确需改变物业使用性质的，由区规划资源行政管理部门会同区房屋行政管理部门提出允许改变物业使用性质的区域范围和方案，并召开听证会听取利害关系人意见后，报区人民政府决定。

在允许改变物业使用性质的区域范围内，具体房屋单元的业主需要改变使用性质的，应当符合法律、法规以及管理规约，经有利害关系的业主一致同意后报区房屋行政管理部门审批，并依法向其他行政管理部门办理有关手续。

第五十九条　物业服务企业发现业主、使用人在物业使用、装饰装修过程中有违反国家和本市有关规定以及临时管理规约、管理规约行为的，应当依据有关规定或者临时管理规约、管理规约予以劝阻、制止；劝阻、制止无效的，应当在二十四小时内报告业主委员会和有关行政管理部门。有关行政管理部门在接到物业服务企业的报告后，应当依法对违法行为予以制止或者处理。

第六十条　供水、供电、供气等专业单位应当承担分户计量表和分户计量表前管线、设施设备的维修养护责任。

第六十一条　物业管理区域内，建设单位所有的机动车停车位数量少于或者等于物业管理区域内房屋套数的，一户业主只能购买或者附赠一个停车位；超出物业管理区域内房屋套数的停车位，一户业主可以多购买或者附赠一个。

占用业主共有的道路或者其他场地用于停放机动车的车位，属于业主共有。

建设单位所有的机动车停车位向业主、使用人出租的，其收费标准应当在前期物业合同中予以约定。业主大会成立前，收费标准不得擅自调整；业主大会成立后，需要调整的，建设单位应当与业主大会按照公平、合理的原则协商后，向区房屋行政管理部门备案。

车辆在全体共用部分的停放、收费标准、费用列支和管理等事项，由业主大会决定。业主大会决定对车辆停放收费的，参照物业管理行业协会发布的价格监测信息确定收费标准。业主大会成立前，其收费标准由建设单位参照物业管理行业协会发布的价格监测信息确定。收费标准、费用列支和管理等事项应当在前期物业服务合同中予以约定。

车主对车辆有保管要求的，由车主和物业服务企业另行签订保管合同。

公安、消防、抢险、救护、环卫等特种车辆执行公务时在物业管理区域内停放，不得收费。

第六十二条　物业管理区域内的机动车停车位，应当提供给本物业管理区域内的业主、使用人使用。建设单位尚未出售的停车位，应当出租给业主、使用人停放车辆，不得以只售不租为由拒绝出租。停车位不得转让给物业管理区域外的单位、个人；停车位满足业主需要后仍有空余的，可以临时按月出租给物业管理区域外的单位、个人。

物业管理区域内停放车辆，不得影响其他车辆和行人的正常通行。

第六十三条　区人民政府应当组织区交通、公安、房屋、建设等行政管理部门建立停车资源共享协调制度。停车位供需矛盾突出的住宅小区，其周边商业配建停车场（库）、道路具备夜间等时段性停车条件的，乡、镇人民政府或者街道办事处应当提出错时停车方案。鼓励业主与住宅小区周边单位通过协商实现停车资源共享。

第六十四条　新建商品住宅、公有住宅以及住宅区内的非住宅物业出售时，物业出售人和买受人应当按照国家和本市的规定交纳专项维修资金。专项维修资金应当用于物业共用部分的维修、更新和改造，不得挪作他用。

物业出售人应当在办理房屋所有权首次登记前，交纳其应交的专项维修资金，并垫付尚未销售物业部分的应由物业买受人交纳的专项维修资金。

第六十五条　未建立首期专项维修资金或者专项维修资金余额不足首期筹集金额百分之三十的，业主应当按照国家和本市的相关规定、专项维修资金管理规约和业主大会的决定，及时补建或者再次筹集专项维修资金。

专项维修资金补建或者再次筹集的方式分为分期交纳和一次性交纳，具体方式及筹集金额、期限、程序、资金入账等事项应当由业主大会作出决定。

专项维修资金管理规约未就补建或者再次筹集专项维修资金进行约定，且业主大会在本条第一款规定的情形发生之日起九十日内未作出决定的，业主委员会应当书面通知专项维修资金开户银行向需要交纳专项维修资金的业主发出交款通知，通知其应交金额和交纳时间。业主应当自收到交款通知之日起九十日内，一次性将专项维修资金账户余额补至首期筹集金额的百分之五十。

乡、镇人民政府和街道办事处应当指导、协调专项维修资金补建或者再次筹集工作。

业主申请不动产转移登记或者抵押登记时，应当同时向不动产登记机构提供已足额交纳专项维修资金的相关凭证。

业主经催告后仍不交纳专项维修资金的，经业主大会决定，业主委员会可以依法向人民法院提起诉讼。

第六十六条 专项维修资金应当存入银行专户，按幢立账、按户核算。

业主委员会和受委托的物业服务企业应当至少每半年公布一次专项维修资金的收支情况，每季度公布一次公共收益的收支情况，并接受业主的监督。

第六十七条 专项维修资金和公共收益的使用实行工程审价和使用程序审核。

业主大会、业主委员会应当委托有资质的中介机构对专项维修资金、公共收益的收支情况以及业主委员会工作经费进行年度财务审计和换届财务审计。审计结果应当在物业管理区域内显著位置公告三十日。

第六十八条 物业维修、更新、改造和养护的费用，按照下列规定承担：

（一）专有部分的所需费用，由拥有专有部分的业主承担；

（二）部分共用部分的所需费用，由拥有部分共用部分业主按照各自拥有的房屋建筑面积比例共同承担；

（三）全体共用部分的所需费用，由物业管理区域内的全体业主按照各自拥有的房屋建筑面积比例共同承担。

按照本规定设立专项维修资金的，部分共用部分、全体共用部分的维修、更新和改造费用在专项维修资金中列支。但物业的共用部分属于人为损坏的，费用应当由责任人承担。

第六十九条 物业部分共用部分的维修、更新和改造，应当由部分共用的业主决定，由部分共用部分专有部分面积占比三分之二以上的业主且人数占比三分之二以上的业主参与表决，其中，涉及筹集专项维修资金或者改建、重建建筑物及其附属设施的，应当经参与表决专有部分面积四分之三以上的业主且参与表决人数四分之三以上的业主同意；其他决定事项，应当经参与表决专有部分面积过半数的业主且参与表决人数过半数的业主同意。

前款决定不得与业主大会对全体共用部分作出的决定相抵触；对上述决定，

业主委员会应当执行。

第七十条　机动车停车场（库）的维修、养护费用由其所有人承担。机动车停车场（库）的专项维修资金按照物业管理专项维修资金标准交纳，纳入业主大会的专项维修资金账户管理，单独核算。

第七十一条　建设单位未按照规定提出成立业主大会书面报告前，专项维修资金不得动用，住宅共用部位、共用设施设备需要维修、更新和改造的，应当由建设单位承担物业维修责任。

建设单位已经按照规定提出成立业主大会的书面报告但业主大会尚未成立期间，需要动用专项维修资金的，物业服务企业应当提出维修实施方案，由物业所在地的居民委员会或者村民委员会组织征询业主意见，经全体共用部分业主依法讨论通过后，由物业服务企业组织实施。仅涉及部分共用部分的，可以提交涉及共用部分的业主依法讨论通过。

维修费用经市房屋行政管理部门指定的中介机构审价后，在专项维修资金中列支。

第七十二条　业主应当定期对物业进行维修养护，并按照规定检测和鉴定。

物业服务企业应当根据物业服务合同的约定，履行物业维修养护义务。

物业出现国家和本市规定的必须维修养护的情形时，业主或者物业服务企业应当及时履行维修养护义务。

第七十三条　发生危及房屋安全等紧急情况时，物业服务企业或者自行管理执行机构应当立即采取应急防范措施。

发生下列情况，需要对住宅共用部位、共用设施设备进行维修、更新的，物业服务企业或者自行管理执行机构应当及时制定维修、更新方案：

（一）水泵、水箱（池）故障，影响正常使用的；

（二）电梯故障，电梯专业检测机构出具整改通知书要求停运的；

（三）火灾自动报警系统、自动喷淋系统、消火栓系统损坏，消防部门出具整改通知书的；

（四）外墙墙面、建筑附属构件有脱落危险，经有资质的鉴定机构出具证明的；

（五）屋顶或外墙渗漏等情况，严重影响房屋使用，经有资质的鉴定机构出具证明的。

前款规定的维修、更新事项不属于工程质量保证范围，需要使用专项维修资金的，按照下列规定办理：

（一）业主大会成立前，物业服务企业应当持有关材料，报房管机构审核同意后组织实施。维修、更新费用经具有相应资质的中介机构审价后，报区房屋行政管理部门在专项维修资金中直接列支；

（二）业主大会成立后，物业服务企业或者自行管理执行机构应当持有关材料向业主委员会和物业所在地房管机构报告，并向业主委员会提出列支专项维修资金的申请，经业主委员会审核同意后组织实施。维修、更新费用经具有相应资质的中介机构审价后，在专项维修资金中列支。业主委员会对维修、更新方案未在七日内审核同意，且已出现影响房屋正常使用或者居民人身财产安全情形的，区房屋行政管理部门可以组织代为维修。维修费用经具有相应资质的中介机构审价后，凭审价报告和区房屋行政管理部门出具的支取通知，在专项维修资金中列支。

第七十四条　物业存在房屋结构安全隐患或者被鉴定为危险房屋，可能危及公共利益或者他人合法权益时，责任人应当及时维修养护，有关业主应当予以配合。责任人不履行维修养护义务的，可以由物业服务企业报经业主大会同意或者直接按照管理规约的规定，代为维修养护或者采取应急防范措施，费用由责任人承担。

第七十五条　物业管理区域内的房屋外墙应当保持整洁和完好，并定期进行清洗或者粉刷，具体办法由市人民政府另行制定。

第七十六条　物业共用部分需要维修、养护、更新、改造的，相关专有部分的业主、使用人应当予以配合。

供水、供电、供气、信息、环卫、邮政、民防等专业单位进行相关作业需要进入物业管理区域的，物业服务企业应当予以配合；需要进入专有部分的，相关业主、使用人应当予以配合。

上述作业造成共有部分或者专有部分损失的，责任人应当依法恢复原状、承担赔偿责任。

第七十七条　业主、业主委员会、物业服务企业应当按照本市生活垃圾分类管理的规定，履行相应的义务。

第五章　法律责任

第七十八条　违反本规定的行为，法律、行政法规或者本市其他法规有处罚规定的，依照有关法律、法规处理。

第七十九条　业主、使用人违反管理规约应当承担相应的民事责任。对违反管理规约的，业主委员会应当予以劝阻、制止；对不听劝阻的，业主委员会可以在物业管理区域内就相关情况予以公示；相关业主可以依法向人民法院提起民事诉讼。

第八十条　建设单位违反本规定第十四条第一款规定，未将物业管理区域符合业主大会成立条件的情况书面报告物业所在地乡、镇人民政府或者街道办事处，或者未按照规定提供有关资料的，由区房屋行政管理部门责令限期改正，可处一万元以上十万元以下的罚款。

第八十一条　违反本规定第五十条规定，物业服务企业不移交有关资料或者财物的，由区房屋行政管理部门责令限期改正；逾期不改正的，对物业服务企业予以通报，处一万元以上十万元以下的罚款。

第八十二条　违反本规定第五十一条规定，业主委员会委员、物业服务企业、自行管理执行机构或者代理记账机构挪用、侵占公共收益的，由区房屋行政管理部门追回挪用、侵占的公共收益，并归还业主，没收违法所得，并处挪用、侵占金额二倍以下的罚款；挪用、侵占公共收益构成犯罪的，依法追究直接负责的主管人员和其他直接责任人员的刑事责任。

第八十三条　违反本规定第五十六条第二款第一项规定，损坏房屋承重结构的，由区房屋行政管理部门责令立即改正，恢复原状，可处一万元以上十万元以下的罚款；情节严重的，可处十万元以上二十万元以下的罚款。

第八十四条　违反本规定第五十六条第二款第二项规定，违法搭建建筑物、构筑物的，由城管执法或者规划资源行政管理部门根据职责分工，依照《上海市拆除违法建筑若干规定》的相关规定予以拆除，可处一万元以上十万元以下的罚款。

第八十五条　违反本规定第五十六条第二款第三项、第四项、第五项规定，破坏房屋外貌，擅自改建、占用物业共用部分，损坏或者擅自占用、移装共用设施设备的，由区房屋行政管理部门责令改正，恢复原状，可处一千元以上一万元以下的罚款；情节严重的，可处一万元以上十万元以下的罚款。

第八十六条　业主、使用人违反本规定第五十八条规定，擅自改变物业使用性质的，由区房屋行政管理部门责令限期改正，恢复原状，可处一万元以上五万元以下的罚款。

第八十七条　物业服务企业违反本规定第五十九条规定，对业主、使用人的违法行为未予以劝阻、制止或者未在规定时间内报告有关行政管理部门的，由区房屋行政管理部门责令改正，可处一千元以上一万元以下的罚款。

第八十八条　建设单位违反本规定第六十二条第一款规定，不将机动车停车位提供给本物业管理区域内业主、使用人使用的，由区房屋行政管理部门责令立即改正，并处一万元以上十万元以下的罚款。

第八十九条　违反本规定第六十四条第一款规定，物业出售人未按规定交纳专项维修资金的，由区房屋行政管理部门责令限期改正，可处应交专项维修资金数额一倍以下的罚款。

违反本规定第六十五条第一款规定，业主未按要求补建或者再次筹集专项维修资金的，由区房屋行政管理部门责令限期改正。

第九十条　当事人对房屋行政管理部门以及其他有关行政管理部门的具体行政行为不服的，可以依照《中华人民共和国行政复议法》或者《中华人民共和国行政诉讼法》的规定，申请行政复议或者提起行政诉讼。

当事人对具体行政行为逾期不申请复议，不提起诉讼，又不履行的，作出具体行政行为的行政管理部门可以依法申请人民法院强制执行。

第九十一条　房屋行政管理部门，乡、镇人民政府，街道办事处，房管机构以及相关行政管理部门的工作人员违反本规定，有下列情形之一的，由其所在单位或者上级主管部门依法给予处分；构成犯罪的，依法追究刑事责任：

（一）违法实施行政许可或者行政处罚的；

（二）未按照本规定履行监督检查职责的；

（三）发现违法行为不及时查处，或者包庇、纵容违法行为，造成后果的；

（四）其他玩忽职守、滥用职权、徇私舞弊的情形。

第六章　附则

第九十二条　本规定中有关专业用语的含义：

（一）专有部分，是指在构造上及利用上具有独立性，由单个业主独立使用、处分的物业部位。

（二）部分共用部分，是指由部分业主共同使用、管理的物业部位、设施设备及场地等部分。

（三）全体共用部分，是指由全体业主共同使用、管理的物业部位、设施设备及场地等部分。

第九十三条　市房屋行政管理部门应当制定临时管理规约、管理规约、首次业主大会会议表决规则、业主大会议事规则、业主委员会委员候选人产生办法、业主委员会选举办法、物业服务合同等示范文本。

第九十四条　非住宅物业管理，参照本规定执行。

第九十五条　本规定自 2011 年 4 月 1 日起施行。

39. 上海市建筑市场管理条例

（1997年10月21日上海市第十届人民代表大会常务委员会第三十九次会议通过 根据2003年10月10日上海市第十二届人民代表大会常务委员会第七次会议《关于修改〈上海市建筑市场管理条例〉的决定》第一次修正 根据2010年9月17日上海市第十三届人民代表大会常务委员会第二十一次会议《关于修改本市部分地方性法规的决定》第二次修正 2014年7月25日上海市第十四届人民代表大会常务委员会第十四次会议修订 根据2018年12月20日上海市第十五届人民代表大会常务委员会第八次会议《关于修改〈上海市供水管理条例〉等9件地方性法规的决定》第三次修正 根据2020年12月30日上海市第十五届人民代表大会常务委员会第二十八次会议《关于修改本市部分地方性法规的决定》第四次修正）

第一章　总则

第一条　为了加强本市建筑市场的管理，维护建筑市场秩序，保障当事人的合法权益，根据《中华人民共和国建筑法》等有关法律、行政法规的规定，结合本市实际情况，制定本条例。

第二条　在本市行政区域内从事建筑市场活动，实施建筑市场监督管理，适用本条例。

第三条　市建设行政管理部门负责全市建筑市场的统一监督管理。具体履行以下职责：

（一）组织制定本市建筑市场监督管理政策；

（二）组织编制工程建设地方标准和规范；

（三）建立全市统一的建设工程交易市场；

（四）负责建筑市场企业资质和从业人员资格管理；

（五）市人民政府规定的其他统一监督管理职责。

区建设行政管理部门按照其职责权限，负责本行政区域内建筑市场的监督管理。

　　本市交通、水务、海洋、绿化市容、民防、房屋等行政管理部门（以下简称其他有关部门）按照市人民政府规定的职责分工，负责专业建设工程建筑市场的监督管理。

　　本市发展改革、规划资源、环境保护、应急管理、市场监管、财政、公安、消防、经济信息化、人力资源社会保障等行政管理部门按照各自职责，协同实施本条例。

　　第四条　从事建筑市场活动应当遵循依法合规、诚实守信、有序竞争的原则；禁止以任何形式垄断建筑市场，或者以不正当手段扰乱建筑市场秩序。

　　建筑市场管理应当坚持统一、开放、公平、公正的原则。

　　第五条　鼓励建筑科学技术研究和人才培训，支持开发和采用建筑新技术、新工艺、新设备、新材料和现代管理方法，推动先进、成熟、适用的新技术上升为技术标准，促进建筑产业现代化。

　　第六条　建筑市场相关行业协会应当建立健全行业自律和交易活动的规章制度，引导行业健康发展，督促会员依法从事建筑市场活动；对违反自律规范的会员，行业协会应当按照协会章程的规定，采取相应的惩戒措施。

　　第二章　市场准入和建设许可

　　第七条　建设工程勘察、设计、施工、监理、造价咨询、工程质量检测等单位应当依法取得资质证书，并在资质许可范围内承接业务。

　　建设工程施工单位应当按照国家有关规定，取得安全生产许可证。

　　第八条　注册地在其他省市的单位进入本市从事建筑活动，应当向市建设行政管理部门报送国家或者省级相关行政管理部门颁发的资质证书、专业技术人员注册执业证书等相关信息。

　　第九条　国家规定实行注册执业制度的建筑活动专业技术人员，经资格考试合格，取得注册执业证书后，方可从事注册范围内的业务。

　　第十条　注册执业人员不得有下列行为：

　　（一）出租、出借注册执业证书或者执业印章；

（二）超出注册执业范围或者聘用单位业务范围从事执业活动；

（三）在非本人负责完成的文件上签字或者盖章；

（四）法律、法规禁止的其他行为。

第十一条　按照国家和本市有关规定配备的施工员、质量员、安全员、标准员、材料员、机械员、劳务员、资料员等施工现场专业人员，应当经过聘用单位组织的岗位培训并通过职业能力评价。

第十二条　建设单位应当在建设工程发包前，向市、区建设行政管理部门报送项目信息。

第十三条　建设工程开工应当按照国家有关规定，取得施工许可。未经施工许可的建设工程不得开工。

除保密工程外，施工单位应当在施工现场的显著位置向社会公示建设工程施工许可文件的编号、工程名称、建设地址、建设规模、建设单位、设计单位、施工单位、监理单位、合同工期、项目经理等事项。

第三章　工程发包与承包

第十四条　依法必须进行招标发包的建设项目，建设单位应当在完成建设工程的项目审批、核准、备案手续后，方可进行工程总承包或者施工发包。

第十五条　工程总承包、勘察、设计、施工的发包应当具备下列条件：

（一）发包单位为依法成立的法人或者其他组织；

（二）有满足发包所需的资料或者文件；

（三）建设资金来源已经落实。

政府投资的建设工程的施工发包应当具有施工图设计文件。但是，建设工程技术特别复杂或者需要使用新技术、新工艺，经市建设行政管理部门审核同意的除外。

第十六条　建设工程的勘察、设计、施工，可以全部发包给一个承包单位实行工程总承包；也可以将建设工程的勘察、设计、施工分别发包给不同的承包单位。

发包单位不得将应当由一个承包单位完成的建设工程支解成若干部分发包

给几个承包单位。

第十七条　建设工程的发包分为招标发包和直接发包。

建设工程招标发包分为公开招标发包和邀请招标发包。

第十八条　全部或者部分使用国有资金投资或者国家融资，以及使用国际组织或者外国政府贷款、援助资金之外的建设工程，可以不进行招标发包，但是国家另有规定的除外。

政府特许经营项目已通过招标方式选定投资人，投资人具有相应工程建设资质且自行建设的，可以不进行招标发包。

第十九条　具备勘察、设计或者施工资质的单位自行投资建设工程的，可以在其资质许可范围内承担相应的工作。

在建工程追加附属小型工程或者房屋建筑主体加层工程，原承包单位具备承包能力的，可以将工程总承包或者勘察、设计、施工直接发包给原承包单位。

第二十条　依法必须公开招标发包的工程，发包单位应当按照国家和本市有关规定，在市建设行政管理部门等相关行政管理部门指定的媒介上发布招标公告。

鼓励使用市建设行政管理部门等相关行政管理部门制定的招标示范文本。

第二十一条　评标由招标人依法组建的评标委员会负责。

招标人与评标委员会成员串通确定中标人的，中标无效。

第二十二条　实行建设工程总承包的，总承包单位应当具备相应的设计或者施工资质，并建立与工程总承包业务相适应的项目管理体系。

实行总承包的建设工程，工程质量由总承包单位负责。总承包单位经发包单位同意将所承包工程中的部分工作分包给其他单位的，总承包单位和分包单位应当就分包工程向发包单位承担连带责任。

第二十三条　两个以上的勘察、设计、施工单位可以组成联合体承包工程。联合体各方应当签订联合体协议，确定一方作为联合体主办方，并对承包合同的履行承担连带责任。

联合体各方应当在各自的资质许可范围内承接工程；资质类别相同但资质

等级不同的企业组成联合体的，应当按照资质等级低的承包单位的资质许可范围承接工程。

已经参加联合体的单位不得参加同一建设工程的单独投标或者其他联合体的投标。

第二十四条　实行施工总承包的，总承包单位应当自行完成主体结构工程的施工，在主体结构工程施工中应当承担下列责任：

（一）在施工现场设立项目管理机构；

（二）按照规定在施工现场配备本单位的管理人员；

（三）加强施工现场质量和安全管理；

（四）自行采购、供应主体结构工程的主要材料；

（五）法律、行政法规规定的其他责任。

总承包单位和建设单位应当在总承包合同中对分包工程、建设工程材料和设备供应方式等内容予以明确。

建设行政管理部门和其他有关部门应当加强对总承包单位施工现场的监管。

第二十五条　建设单位需要在施工总承包范围内确定专业分包单位或者建设工程材料、设备供应单位的，应当在招标文件中明示或者事先与总承包单位进行协商，并在施工总承包合同中约定；确定的专业分包单位或者材料、设备供应单位应当接受总承包单位的管理，并由总承包单位进行相关工程款项的结算和支付。

建设单位需要将施工总承包范围外的专业工程另行发包的，应当事先与施工总承包单位书面约定现场管理方式。

采取前两款发包方式的，建设单位与施工总承包单位的承包合同应当明确建设单位的责任。

第二十六条　工程总承包、勘察、设计、施工、监理单位承接建设工程时不得有下列行为：

（一）借用他人资质或者以他人名义承接工程；

（二）以贿赂等不正当手段承接工程；

（三）参与有利害关系的招标代理机构代理的建设项目的投标；

（四）提供伪造或者变造的资料；

（五）未以投标方式承接必须投标承包的建设工程；

（六）法律、法规禁止的其他行为。

第二十七条　承包单位不得转包工程。承包单位有下列情形之一的，属于转包行为：

（一）工程总承包单位将其资质范围内的全部设计或者施工业务交由其他单位或者个人完成；

（二）勘察、设计承包单位将全部的勘察或者设计业务交由其他单位或者个人完成；

（三）施工总承包单位将全部的施工业务交由其他单位或者个人完成。

第二十八条　施工承包单位不得违法分包工程。施工承包单位有下列情形之一的，属于违法分包行为：

（一）将建设工程分包给不具备相应资质的单位或者个人的；

（二）专业分包单位将其承包的建设工程再实行专业分包的；

（三）劳务分包单位将其承包的劳务作业再分包的；

（四）法律、行政法规规定属于违法分包的其他情形。

第二十九条　建设单位可以自主委托招标代理、造价咨询等中介服务机构。招标代理机构、造价咨询机构不得同时接受同一建设工程招标人和投标人的委托，也不得同时接受同一建设工程两个以上投标人的委托。

第三十条　建设单位可以委托具有建设工程设计、施工、监理或者造价咨询相应资质的项目管理单位，开展工程项目全过程或者若干阶段的项目管理服务。

项目管理单位应当配备具有相应执业能力的专业技术人员和管理人员，提供工程项目前期策划、项目设计、施工前准备、施工、竣工验收和保修等阶段的项目管理服务，也可以在其资质许可范围内，为同一工程提供工程监理、造价咨询等专业服务。

设计、施工单位从事项目管理的，不得承接同一建设工程的工程总承包、设计或者施工项目。

本市逐步推进政府投资的建设工程委托项目管理单位实行全过程管理。

第四章　工程合同和造价

第三十一条　承接建设工程总承包、勘察、设计、施工项目的，应当签订书面的建设工程合同。承接建设工程项目管理、招标代理、造价咨询、监理、检测等业务的，应当签订书面的委托合同。鼓励使用国家或者本市制定的合同示范文本。

实行招标发包的建设工程，其承发包合同的工程内容、合同价款及计价方式、合同工期、工程质量标准、项目负责人等主要条款应当与招标文件和中标人的投标文件的内容一致。

第三十二条　合同签订后三十日内，发包单位、委托单位应当向建设行政管理部门或者其他有关部门报送工程内容、合同价款、计价方式、项目负责人等合同信息。合同信息发生变更的，发包单位、委托单位应当于变更事项发生后十五日内，向原报送部门报送变更信息。

经依法报送并履行完毕的合同项目，方可作为业绩在企业申请资质升级增项、参与招标投标过程中予以使用。

第三十三条　合同履行过程中，市场价格波动超过正常幅度且合同未予约定的，合同当事人应当对合同价款的调整进行协商。

第三十四条　全部使用国有资金投资或者国有资金投资为主的建设工程的施工发包和承包应当采用工程量清单方式计价。工程量清单应当按照国家和本市的清单计价规范编制。

全部使用国有资金投资或者国有资金投资为主的建设工程实行施工招标，招标人应当在发布招标文件时，公布最高投标限价，并报送建设行政管理部门或者其他有关部门备查。

鼓励其他资金投资的建设工程的施工发包和承包采用工程量清单方式计价。

第三十五条　发包单位应当按照法律规定和合同约定，进行工程预付款、工程进度款、工程竣工价款的结算、支付。

建设工程竣工后，发包单位和承包单位应当按照合同约定进行工程竣工结算。

承包单位应当在提交竣工验收报告后，按照合同约定的时间向发包单位递交竣工结算报告和完整的结算资料。发包单位或者发包单位委托的造价咨询机构应当在六十日内进行核实，并出具核实意见。合同另有约定的除外。

竣工结算文件确认后三十日内，发包单位应当将双方确认的竣工结算文件报建设行政管理部门或者其他有关部门备案。

第三十六条 市建设行政管理部门应当会同其他有关部门制定全市工程造价信息数据标准，建立全市工程造价信息平台。

全部使用国有资金投资或者国有资金投资为主的建设工程，建设行政管理部门和其他有关部门应当将最高投标限价、中标价、竣工结算价在市建设行政管理部门指定的网站上公开，接受社会监督。

第三十七条 建设工程合同当事人可以采取投标担保、履约担保、预付款担保、工程款支付担保等担保方式，降低合同履行的风险。

发包单位要求承包单位提供履约担保的，应当同时向承包单位提供工程款支付担保。

第三十八条 建设工程合同对建设工程质量责任采用质量保证金方式的，使用财政资金的建设工程应当按照国家有关规定，将质量保证金预留在财政部门或者发包单位。

建设工程合同对建设工程质量责任采用工程质量保险方式的，不再设立建设工程质量保证金。

第五章 市场服务与监督

第三十九条 建设行政管理部门和其他有关部门应当通过全市统一的建设工程管理信息系统，实施行政许可、招标投标监督管理、合同管理、注册执业人员管理、工程质量和安全监督等监督管理活动。

市建设行政管理部门应当会同市人力资源和社会保障行政管理部门，建立施工作业人员劳务信息系统，向劳务用工单位提供实名登记的施工作业人员信息，并向劳务人员提供劳务用工单位的用工需求信息。

第四十条　市建设行政管理部门应当建立统一规范的建设工程交易中心，为建设工程交易活动提供场所、设施以及信息、咨询等服务。

第四十一条　市建设行政管理部门应当会同其他有关部门，按照国家和本市有关规定以及本市建设工程技术评审管理的实际需求，建立建设工程评标专家库和专项技术评审专家库。

在本市建设工程交易中心进行评标，以及按照国家或者本市规定开展专项技术评审活动的，应当分别从本市建设工程评标专家库或者专项技术评审专家库中选取专家。

专家在评标或者开展专项技术评审过程中，应当客观、公正地履行职责，遵守职业道德，并对所提出的评审意见承担个人责任。

第四十二条　本市实行施工图设计文件审查制度。施工图设计文件审查机构应当经市建设行政管理部门或者其他有关部门依法确定并向社会公布。

第四十三条　施工图设计文件审查机构应当按照国家或者本市有关规定开展施工图设计文件审查活动，不得有下列行为：

（一）超出范围从事施工图审查；

（二）使用不符合条件的审查人员；

（三）未按照规定的内容进行审查；

（四）未按照规定的时间完成审查；

（五）法律、法规禁止的其他行为。

第四十四条　市建设行政管理部门或者其他有关部门应当加强对审查机构和审查人员的监督检查，并定期公开监督检查结果。

第四十五条　建设行政管理部门和其他有关部门应当对建筑市场活动开展动态监督管理。发现企业资质条件或者安全生产条件已经不符合许可条件的，应当责令限期改正，改正期内暂停承接新业务；逾期未改正的，由许可部门降低其资质等级或者吊销资质证书；属于进沪的其他省市企业的，应当提请发证部门依法作出处理。

建设行政管理部门和其他有关部门在施工现场开展监督检查时，应当对合同的主要内容和现场情况进行比对。

第四十六条　市建设行政管理部门应当会同其他有关行政管理部门组织编制本市建设工程标准、管理规范、定额、计价规则等技术管理文件，并向社会公布。

第四十七条　本市推进建筑市场信用体系建设。建设行政管理部门和其他有关部门应当建立信用信息数据库，记载建筑市场活动中各单位和注册执业人员的信用信息。信用信息应当向市公共信用信息服务平台归集，并向社会公布。

政府投资建设工程的建设单位应当在招标投标活动中使用信用信息。鼓励其他主体在建筑市场活动中使用信用信息。

建设行政管理部门和其他有关部门应当根据建筑市场活动中各单位和注册执业人员的信用状况实行分类管理，加强对失信单位和人员的监管，对信用良好的单位和人员实施便利措施。

第四十八条　本市按照国家有关规定开展建设领域稽查工作，对建设行政管理部门、其他有关部门贯彻执行法律、法规、规章、标准及相关政策的情况进行监督检查。

第六章　法律责任

第四十九条　违反本条例规定的行为，《中华人民共和国建筑法》《建设工程质量管理条例》及其他有关法律、行政法规已有处罚规定的，从其规定。

第五十条　违反本条例第八条规定，其他省市企业未按照要求报送信息的，由市建设行政管理部门责令限期改正；逾期未改正的，处五千元以上三万元以下罚款。

第五十一条　违反本条例第十条规定，注册执业人员违反规定从事执业活动或者出租、出借注册执业证书、执业印章的，由建设行政管理部门或者其他有关部门责令停止违法行为，处一万元以上三万元以下罚款；有违法所得的，没收违法所得，处违法所得两倍以上五倍以下罚款；情节严重的，提请发证部门吊销资格证书。

第五十二条 违反本条例第十三条第二款规定，施工单位未按照要求在建设工程施工现场进行公示的，由建设行政管理部门或者其他有关部门责令限期改正，处一万元以上三万元以下罚款。

第五十三条 违反本条例第二十六条规定，工程总承包、勘察、设计、施工、监理单位有下列情形之一的，由建设行政管理部门或者其他有关部门按照下列规定予以处罚：

（一）未取得资质证书，借用他人资质或者以他人名义承揽勘察、设计、监理工程的，责令停止违法行为，对违反规定的勘察、设计、监理单位分别处合同约定的勘察费、设计费、监理费两倍以上四倍以下罚款；对违反规定的工程总承包、施工单位处工程合同价款百分之五以上百分之十以下罚款；有违法所得的，没收违法所得；并可以责令停业整顿、降低资质等级；情节严重的，吊销资质证书。

（二）以贿赂等不正当手段承揽工程的，责令改正，对违反规定的勘察、设计、监理单位分别处合同约定的勘察费、设计费、监理费两倍以上四倍以下罚款；对违反规定的工程总承包、施工单位处工程合同价款百分之五以上百分之十以下罚款；并可以责令停业整顿、降低资质等级；情节严重的，吊销资质证书。

（三）提供伪造或者变造的资料的，责令限期改正，处十万元以上三十万元以下罚款；有违法所得的，没收违法所得；情节严重的，暂扣或者吊销资质证书。

（四）未以投标方式承接必须投标承包的建设工程的，责令停止建筑活动，处一万元以上三万元以下罚款。

第五十四条 违反本条例第二十九条规定，造价咨询机构就同一建设工程同时接受招标人和投标人或者两个以上投标人委托的，由建设行政管理部门或者其他有关部门责令限期改正，予以警告，并处三万元以上十万元以下罚款。

第五十五条 违反本条例第三十二条第一款规定，发包单位、委托单位未按照要求报送合同信息的，由建设行政管理部门或者其他有关部门责令限期改正；逾期未改正的，处一千元以上五千元以下罚款。

第五十六条 违反本条例第三十五条第四款规定，发包单位未按照要求办理竣工结算文件备案手续的，由建设行政管理部门或者其他有关部门责令限期改正，处一万元以上三万元以下罚款。

第五十七条 违反本条例第四十一条第三款规定，评审专家未客观、公正履行职责的，由市建设行政管理部门责令改正；情节严重的，取消其担任评审专家的资格。

第五十八条 施工图设计文件审查机构违反本条例第四十三条规定，未按照规定开展施工图设计文件审查活动的，由市建设行政管理部门或者其他有关部门责令改正，处一万元以上三万元以下罚款；已经出具审查合格书的施工图，仍有违反法律、法规和工程建设强制性标准的，处三万元以上十万元以下罚款；情节严重的，市建设行政管理部门或者其他有关部门不再将其列入审查机构名录。

第五十九条 相关行政管理部门的工作人员违反本条例规定，有下列情形之一的，由所在单位或者上级主管部门依法给予处分；构成犯罪的，依法追究刑事责任：

（一）违法实施行政许可或者行政处罚的；

（二）违法干预建设工程的发包和承包的；

（三）未按照本条例规定履行监督检查职责的；

（四）发现违法行为不及时查处，或者包庇、纵容违法行为，造成后果的；

（五）其他玩忽职守、滥用职权、徇私舞弊的行为。

第七章 附则

第六十条 本条例有关用语的含义：

（一）建设工程，是指土木工程、建筑工程、线路管道和设备安装工程、装修工程、园林绿化工程及修缮工程。

（二）建筑市场活动，是指在建设工程新建、扩建、改建和既有建筑物、构筑物的装修、拆除、修缮过程中，各方主体进行发包、承包、中介服务，订立并履行合同等活动。

（三）政府投资，是指在本市行政区域内使用政府性资金进行的固定资产投资活动。政府性资金包括财政预算内投资资金、各类专项建设基金、统借国外贷款和其他政府性资金。

第六十一条　本条例自 2014 年 10 月 1 日起施行。

40. 上海市建设工程质量和安全管理条例

（2011 年 12 月 22 日上海市第十三届人民代表大会常务委员会第三十一次会议通过 根据 2020 年 12 月 30 日上海市第十五届人民代表大会常务委员会第二十八次会议《关于修改本市部分地方性法规的决定》修正）

第一章 总则

第一条 为了加强本市建设工程质量和安全管理，保障人民群众生命和财产安全，根据《中华人民共和国建筑法》《建设工程质量管理条例》《建设工程安全生产管理条例》和其他有关法律、行政法规，结合本市实际，制定本条例。

第二条 本市行政区域内建设工程的新建、扩建、改建和既有建筑物、构筑物的拆除、修缮，以及相关监督管理活动，适用本条例。

第三条 市建设行政管理部门是本市建设工程质量和安全的综合监督管理部门，并负责相关专业建设工程质量和安全的监督管理，具体履行以下职责：

（一）组织编制与建设工程质量和安全相关的工程建设技术标准；

（二）建立全市统一的建设工程监督管理信息系统；

（三）指导、协调本市专业建设工程质量和安全的监督管理；

（四）对房屋建设工程、市政基础设施工程和公路工程等建设工程质量和安全实施监督管理。

市港口、水务、海洋、绿化市容、民防、房屋等行政管理部门（以下简称其他有关部门）按照法律、法规和市人民政府规定的职责分工，负责相关专业建设工程质量和安全的监督管理。

区建设行政管理部门和其他有关部门按照职责分工，负责本行政区域内建设工程质量和安全的监督管理。

本市发展改革、应急管理、财政、公安、消防、市场监管、规划资源、经济信息化等行政管理部门在各自职责范围内，协同实施本条例。

第四条　从事建设工程活动，应当严格执行建设程序。

本市有关行政管理部门应当按照法定的权限和程序审批建设工程项目。

任何单位和个人不得随意要求压缩建设工程的合理工期。

第五条　建设、勘察、设计、施工、监理、检测等单位以及其他与建设工程质量和安全有关的单位，应当建立健全质量和安全管理体系，落实质量和安全管理责任。各单位的主要负责人应当依法对本单位的建设工程质量和安全工作全面负责。

勘察、设计、施工、监理、检测等单位应当依法取得相应的资质证书，并在资质许可范围内承接业务。

勘察、设计、施工等单位不得转包或者违法分包所承接的业务。

监理、检测等单位不得转让所承接的业务。

第六条　建筑师、勘察设计工程师、造价工程师、建造师、监理工程师等专业技术人员，应当依法取得相应的执业资格，应当在资格许可范围内执业，并依法对其执业参与的建设工程质量和安全承担相应责任。

注册执业人员不得同时在两个以上单位执业，不得准许他人以本人名义执业。

从事建设工程活动的其他专业技术人员和管理人员，应当按照国家和本市规定取得相应的岗位证书。

第七条　建设工程相关行业协会是建设工程各参与单位的自律组织，依法制定自律规范，开展行业培训，维护会员的合法权益。对违反行业自律规范的会员，行业协会可以按照行业协会章程的规定，采取相应的惩戒性行业自律措施。

第八条　建设行政管理部门或者其他有关部门应当通过建设工程监督管理信息系统向社会公布建设工程的基本情况、主要参与单位、施工许可、竣工验收等信息。

任何单位和个人对违反建设工程质量和安全管理的行为，有权向建设行政管理部门或者其他有关部门举报。接到举报的部门应当及时调查、处理。

第二章　建设单位的责任和义务

第九条　建设单位对建设工程质量和安全负有重要责任，应当负责建设工程各阶段的质量和安全工作的协调管理，并按照合同约定督促建设工程各参与单位落实质量和安全管理责任。

本市鼓励建设单位委托项目管理单位，对建设工程全过程进行专业化的管理和服务。

第十条　建设单位应当在可行性研究阶段，对建设工程质量和安全风险进行评估，并明确控制风险的费用。建设工程质量和安全风险包括建设和使用过程中的建设工程本体的风险以及对毗邻建筑物、构筑物和其他管线、设施的安全影响等。风险评估的具体办法由市人民政府另行制定。

建设单位应当将风险评估的内容提供给勘察、设计、施工和监理等单位，并要求相关单位在勘察文件、设计方案、初步设计文件、施工图设计文件、施工组织设计文件的编制过程中，明确相应的风险防范和控制措施。

第十一条　建设单位应当保证与建设需求相匹配的建设资金，并按照合同约定的价款和时间支付费用，不得随意压低勘察、设计、施工、监理、检测、监测等费用。

建设单位应当按照规定，在建设工程项目专户中单独列支安全防护措施费、监理费、检测费等费用。

第十二条　建设工程发包前，建设单位应当根据建设工程可行性研究报告和建设工期定额，综合评估工程规模、施工工艺、地质和气候条件等因素，确定合理的勘察、设计和施工工期。在建设工程招标投标时，建设单位应当将合理的施工工期安排作为招标文件的实质性要求和条件。

勘察、设计和施工工期确定后，建设单位不得任意压缩；确需调整且具备技术可行性的，应当提出保证工程质量和安全的技术措施和方案，经专家论证后方可实施。调整勘察、设计和施工工期涉及增加费用的，建设单位应当予以保障。

第十三条　建设单位应当依法将建设工程发包给具有相应资质等级的单位，

不得将建设工程支解发包或者指定分包单位。

建设单位与勘察、设计、施工、监理、检测、监测等单位签订的合同中，应当明确约定双方的建设工程质量和安全责任。

第十四条　下列建设工程，建设单位应当委托监理单位实行监理：

（一）国家和本市重点建设工程；

（二）大中型公用事业工程；

（三）住宅工程；

（四）利用外国政府或者国际组织贷款、援助资金的工程；

（五）国家和市人民政府规定应当实行监理的其他工程。

第十五条　建设单位应当对建设工程毗邻建筑物、构筑物和其他管线、设施进行现场调查，并向勘察、设计、施工、监理等单位提供相关的调查资料和保护要求。

第十六条　建设单位应当将施工图设计文件送市建设行政管理部门或者其他有关部门认定的施工图设计文件审查机构审查。审查机构应当按照法律、法规和强制性标准对施工图设计文件进行审查。

经审查通过的施工图设计文件不得擅自变更；涉及主要内容变更的，应当经原施工图设计文件审查机构重新审查。

第十七条　建设单位不得对勘察、设计、施工、监理、检测等单位提出不符合法律、法规、规章和强制性技术标准规定的要求，不得违法指定建设工程材料、设备的供应单位。

第十八条　建设单位在收到施工单位提交的建设工程竣工报告后，应当及时组织设计、施工、监理等单位进行竣工验收；其中，新建住宅工程应当先行组织分户验收。

第十九条　在新建住宅所有权初始登记前，建设单位应当按照本市有关规定交纳物业保修金。建设单位投保工程质量保证保险符合国家和本市规定的保修范围和保修期限，并经房屋行政管理部门审核同意的，可以免予交纳物业保修金。

建设工程使用建筑幕墙的，应当符合市人民政府的相关规定。建设单位应当按照规定建立专项资金，用于建筑幕墙的维修。

第二十条　建设工程竣工验收合格后，建设单位应当在建筑物、构筑物的明显部位镶刻建筑铭牌，标注竣工时间，建设、勘察、设计、施工、监理等单位名称和项目主要负责人姓名。

第三章　勘察、设计单位的责任和义务

第二十一条　勘察、设计单位应当对勘察、设计质量负责。勘察、设计文件应当满足建设工程质量和安全的需要。

第二十二条　勘察单位应当在勘察作业前，根据强制性技术标准编制勘察大纲，并针对特殊地质现象提出专项勘察建议。

勘察单位在勘察作业时，应当遵守勘察大纲和操作规程的要求，并确保原始勘察资料的真实可靠。发现勘察现场不具备勘察条件时，勘察单位应当及时书面通知建设单位，并提出调整勘察大纲的建议。

第二十三条　勘察文件应当满足国家规定的深度要求，标注勘察作业范围内地下管线和设施的情况，并标明勘察现场服务的节点、事项和内容等。

第二十四条　设计文件应当满足国家规定的深度要求，并符合下列规定：

（一）对建设工程本体可能存在的重大风险控制进行专项设计；

（二）对涉及工程质量和安全的重点部位和环节进行标注；

（三）采用新技术、新工艺、新材料、新设备的，明确质量和安全的保障措施；

（四）根据建设工程勘察文件和建设单位提供的调查资料，选用有利于保护毗邻建筑物、构筑物和其他管线、设施安全的技术、工艺、材料和设备；

（五）明确建设工程本体以及毗邻建筑物、构筑物和其他管线、设施的监测要求和监测控制限值；

（六）标明现场服务的节点、事项和内容。

设计单位应当按照技术规范，指派注册执业人员对设计文件进行校审。校审人员应当签字确认。

第二十五条　勘察、设计单位应当在建设工程施工前，向施工、监理单位说明勘察、设计意图，解释勘察、设计文件。

勘察、设计单位应当按照合同约定和勘察、设计文件中明确的节点、事项和内容，提供现场指导，解决施工过程中出现的勘察、设计问题。

施工单位在施工过程中发现勘察、设计文件存在问题的，勘察、设计单位应当应施工单位要求到现场进行处理；勘察、设计文件内容发生重大变化的，应当按照规定对原勘察、设计文件进行变更。

第二十六条　勘察单位应当参加建设工程桩基分项工程、地基基础分部工程的验收，并签署意见。

设计单位应当参加设计文件中标注的重点部位和环节的分部工程、分项工程和单位工程的验收，并签署意见。

设计单位应当参加建设工程竣工验收，对是否符合设计要求签字确认，并向建设单位提供建设工程的使用维护说明。

第四章　施工单位的责任和义务

第二十七条　施工单位应当对建设工程的施工质量和安全负责。建设工程实行总承包的，分包单位应当接受总承包单位施工现场的质量和安全管理。

建设工程材料、设备的供应单位承担所供应材料、设备施工作业的，应当按照规定取得相应资质。

第二十八条　施工单位应当组建施工现场项目管理机构，并根据合同约定配备相应的项目负责人、技术负责人、专职质量管理和安全管理人员等技术、管理人员。上述人员不得擅自更换，确需更换的，应当经发包单位同意，并不得降低相应的资格条件。

前款规定的人员应当是与施工单位建立劳动关系的人员。

第二十九条　施工单位在施工前，应当根据建设工程规模、技术复杂程度等实际情况，编制施工组织设计文件。对国家和本市规定的危险性较大的分部工程、分项工程，应当编制专项施工方案，附具安全验算结果，并按照规定经过专家论证。

施工组织设计文件、专项施工方案应当明确下列内容：

（一）与设计要求相适应的施工工艺、施工过程中的质量和安全控制措施以及应急处置预案；

（二）施工过程中施工单位内部质量和安全控制措施的交底、验收、检查和整改程序；

（三）符合合同约定工期的施工进度计划安排；

（四）对可能影响的毗邻建筑物、构筑物和其他管线、设施等采取的专项防护措施。

第三十条　施工单位应当按照合同约定的施工工期进行施工，并按照技术标准和施工组织设计文件顺序施工，不得违反技术标准压缩工期和交叉作业。

国家和本市规定的危险性较大的分部工程、分项工程施工时，项目负责人、专职安全管理人员应当进行现场监督。

建设工程竣工验收合格后，施工单位应当清理施工现场的临时建筑物、构筑物和设施、设备，并撤离相应的人员。

第三十一条　施工单位应当在施工现场建立消防安全责任制度，确定消防安全责任人，制定用火、用电、使用易燃易爆材料等各项消防安全管理制度和操作规程，设置消防通道、消防水源，配备消防设施和灭火器材，并在施工现场入口处设置明显标志。

建设工程材料和设备，以及施工脚手架（包括支架和脚踏板）、安全网应当符合防火要求。

第三十二条　施工单位按照国家和本市有关规定实行劳务分包的，劳务分包单位应当具备相应的资质。

施工单位或者劳务分包单位应当与其施工作业人员签订劳动合同。

施工作业人员应当向市建设行政管理部门申领施工作业人员劳务信息卡。施工单位或者劳务分包单位应当及时将施工作业人员的身份信息、所在单位、岗位资格、从业经历、培训情况、社保信息等信息输入劳务信息卡。

施工作业人员进出施工现场时，施工单位应当按其持有的劳务信息卡进行信息登记。

第三十三条　施工单位和劳务分包单位应当定期对施工作业人员开展教育培训和业务学习。未经教育培训或者考核不合格的人员，不得上岗作业。

从事特种作业的施工人员应当持证上岗。

对于首次上岗的施工作业人员，施工单位或者劳务分包单位应当在其正式上岗前安排不少于三个月的实习操作。

对初次进入建设工程劳务市场的施工作业人员，由建设行政管理部门或者其他有关部门采取措施，开展建设工程质量和安全的相关教育培训。教育培训经费在市区两级财政安排的教育费中单独列支。

第三十四条　施工单位应当向施工作业人员提供符合国家和本市规定标准的安全防护用具、安全防护服装和安全生产作业环境，并书面告知危险岗位的操作规程和违反操作规程操作的危害。

施工单位应当按照国家和本市有关规定，根据季节和天气特点，采取预警和安全防护措施；出现高温天气或者异常天气时，应当限制或者禁止室外露天作业。

第三十五条　按照国家和本市技术规范需要由专业监测单位实施监测的建设工程，施工单位应当委托没有利害关系的专业监测单位实施监测。

第三十六条　施工单位应当按照规定使用取得生产许可、强制产品认证或者经市建设行政管理部门备案的建设工程材料。

对进入施工现场的建设工程材料和设备，施工单位应当核验供应单位提供的生产许可或者认证证明、产品质量保证书和使用说明书。

建设工程使用商品混凝土、钢筋等结构性建设工程材料的，施工单位应当在分部工程、分项工程验收和竣工验收时，要求供应单位对供应数量进行确认。

第三十七条　对进入施工现场的安全防护用具、机械设备、施工机具及配件，施工单位应当核验其生产（制造）许可证、产品合格证；其中，对建筑起重机械，还应当核验其制造监督检验证明和首次使用备案证明。

施工现场的安全防护用具、机械设备、施工机具及配件应当由专人管理，并定期进行检查、维修和保养。

第三十八条　施工单位安装、拆卸建筑起重机械的，应当编制安装和拆卸方案，确定施工安全措施，并由专业技术人员现场监督。

施工单位应当在建筑起重机械和整体提升脚手架、模板等自升式架设设施使用和拆除前，向建设行政管理部门或者其他有关部门登记。

建筑起重机械在使用过程中首次加节顶升的，应当经有相应资质的检验检测单位监督检验合格。

施工现场有多台塔式建筑起重机械作业的，施工单位应当根据实际情况，组织编制并实施防碰撞安全措施。

第三十九条　建设工程施工过程中发生质量和安全事故时，施工单位应当立即启动应急处置预案，并及时报告建设行政管理部门或者其他有关部门。施工单位应当配合相关行政管理部门进行事故调查处理。

事故现场处置完毕后，施工单位应当制定并落实整改和防范措施。已经暂停施工的，经建设行政管理部门或者其他有关部门批准后方可复工。

第四十条　因施工单位的原因致使建设工程质量不符合约定的，发包人有权请求施工单位在合理期限内无偿修理或者返工、改建。

发生结构性质量事故的，修理或者返工、改建后的建设工程应当经检测单位检测合格。

第五章　监理、检测、监测单位的责任和义务

第四十一条　监理单位应当代表建设单位对施工质量和安全实行监理，对建设工程施工质量和安全承担监理责任。

第四十二条　依法必须实行监理的建设工程，监理收费标准应当执行国家和本市的相关规定。

第四十三条　监理单位应当组建施工现场项目监理机构，并根据合同约定配备相应的总监理工程师、专业监理工程师和监理员等人员。

第四十四条　项目监理机构应当在建设工程开工前，负责审核施工单位报

送的施工现场项目管理机构组建方案、质量和安全管理制度、施工组织设计文件、专项施工方案。审核意见经总监理工程师签署后，报建设单位。

第四十五条　项目监理机构应当按照相关规定编制监理规划，明确采用旁站、巡视、平行检验等方式实施监理的具体范围和事项。监理平行检验中的检测工作，应当委托具有相应资质的检测单位实施。检测比例应当符合国家和本市的有关规定。

项目监理机构应当对施工单位报送的检验批、分部工程、分项工程的验收资料进行审查，并提出验收意见。分部工程、分项工程未经项目监理机构验收合格，施工单位不得进入下一工序施工。

项目监理机构应当对进入施工现场的建设工程材料和设备进行核验，并提出审核意见。未经审核的建设工程材料和设备，不得在建设工程上使用或者安装。

第四十六条　项目监理机构应当督促施工单位进行安全生产自查，并巡查施工现场安全生产情况。

项目监理机构应当对施工单位安全防护措施费的使用和管理进行审查，并报建设单位。

项目监理机构应当核查施工单位的资质、安全生产许可证以及项目负责人、专职安全管理人员和特种作业人员的资格证书。

第四十七条　项目监理机构应当按照市建设行政管理部门的规定，定期将施工现场的有关情况向建设行政管理部门或者其他有关部门报告。

第四十八条　项目监理机构发现施工不符合强制性技术标准、施工图设计文件、施工组织设计文件、专项施工方案或者合同约定的，应当立即要求施工单位改正；施工单位拒不改正的，应当及时报告建设单位。

项目监理机构发现存在质量和安全事故隐患的，应当立即要求施工单位改正；情况严重的，应当要求施工单位暂停施工，并及时报告建设单位。

施工单位拒不改正或者不停止施工的，或者施工现场发生质量和安全事故的，项目监理机构应当立即向建设行政管理部门或者其他有关部门报告。建设行政管理部门或者其他有关部门应当立即到施工现场予以处置。

第四十九条　检测单位应当按照法律、法规、规章和强制性技术标准开展检测活动，并对检测数据和检测报告的真实性和准确性负责。禁止检测单位伪造检测数据或者出具虚假检测报告。

涉及建设工程质量和安全的新技术、新材料的检测项目，检测单位应当通过市建设行政管理部门组织的检测能力评估论证。

检测单位的检测人员应当按照国家和本市有关规定取得相应的资格或者经检测行业协会考核合格后，方可上岗。

第五十条　检测单位在同一建设工程项目或者标段中不得同时接受建设、施工或者监理单位等多方的检测委托。

第五十一条　检测单位应当依托市建设行政管理部门建立的全市统一的建设工程检测信息管理系统，对按照法律、法规和强制性标准规定应当检测的建设工程本体、结构性材料、功能性材料和新型建设工程材料实施检测，并按照检测信息管理系统设定的控制方法操作检测设备，不得人为干预检测过程。

检测单位应当通过检测信息管理系统出具检测报告。

第五十二条　监测单位应当根据设计文件确定的监测要求编制施工监测方案，对建设工程本体以及毗邻建筑物、构筑物或者其他管线、设施实施监测。

监测单位应当保证监测数据的真实性，按照设计单位设定的报警值及时报警。

第六章　监督管理

第五十三条　建设行政管理部门和其他有关部门应当加强对建设工程质量和安全的监督管理，建立和完善建设工程质量和安全的追溯体系。

建设行政管理部门和其他有关部门应当建立健全建设工程质量和安全监督管理制度，并配备相应的质量和安全监督人员和装备。

从事建设工程质量和安全监督的人员，应当按照国家有关规定，经考核合格后方可实施质量和安全监督。

市建设行政管理部门可以结合本市实际，组织编制优于国家标准的地方工程建设质量和安全技术标准。

第五十四条　建设行政管理部门和其他有关部门应当履行下列建设工程质量和安全监督管理职责：

（一）监督检查国家和本市有关建设工程质量和安全的法律、法规、规章和技术标准的执行情况；

（二）监督检查建设工程各参与单位的质量和安全行为，以及质量和安全管理体系和责任制落实情况；

（三）查处违反建设工程质量和安全法律、法规、规章和技术标准的行为；

（四）法律、法规规定的其他监督管理职责。

第五十五条　建设行政管理部门和其他有关部门在履行建设工程质量和安全监督管理职责时，有权采取下列措施：

（一）要求被检查单位提供有关建设工程质量和安全的资料；

（二）进入被检查单位的施工现场进行检查，并将检查的时间、地点、内容、发现的问题及其处理情况，作出书面记录；

（三）发现有影响建设工程质量的问题或者安全事故隐患时，责令改正或者立即排除；重大安全事故隐患排除前或者排除过程中无法保证安全的，责令从危险区域内撤出作业人员或者暂停施工；

（四）法律、法规规定采取的其他措施。

第五十六条　在审批施工许可时，建设行政管理部门和其他有关部门应当对开工前需要落实的建设工程质量和安全控制措施进行现场检查。

第五十七条　建设行政管理部门和其他有关部门应当对报送备案的勘察、设计、施工图审查、施工、监理、检测等合同进行抽查。抽查比例不得低于备案合同总量的十分之一。发现合同约定内容违反法律、法规和规章规定的，应当及时要求合同当事人予以改正，并依法予以处理。

第五十八条　建设行政管理部门或者其他有关部门应当采用试样盲样检测的方式实施监督检测。涉及建设工程结构安全的监督检测，检测比例应当符合本市有关建设行政管理部门确定的标准。

对建设工程实体的监督检测，建设行政管理部门或者其他有关部门不得委托对该工程实体已实施过检测的检测单位。

监督检测的费用由同级财政拨付，不得另行收取。

第五十九条　建设行政管理部门和其他有关部门应当记载建设活动各参与单位和注册执业人员的信用信息。相关信息由市建设行政管理部门按照国家和本市有关规定即时向社会公布。

市建设行政管理部门和其他有关部门应当按照诚信奖励和失信惩戒的原则实行分类管理，并在资质管理、行政许可、招标投标、工程保险、表彰评优等方面对守信的建设活动各参与单位和注册执业人员给予激励，对失信的单位和人员给予惩处。

第七章　法律责任

第六十条　违反本条例的行为，法律、行政法规已有处罚规定的，从其规定。

第六十一条　违反本条例规定，建设单位有下列情形之一的，由建设行政管理部门或者其他有关部门按照下列规定进行处罚：

（一）违反第十条第一款规定，未按照规定进行风险评估或者未明确控制风险费用的，责令限期改正；逾期不改正的，处十万元以上三十万元以下罚款，并可对单位主要负责人处一万元以上三万元以下罚款。

（二）违反第十一条第二款规定，未按照规定单独列支相关费用的，责令限期改正；逾期不改正的，处一万元以上十万元以下罚款，并可对单位主要负责人处一千元以上一万元以下罚款。

（三）违反第十九条第二款规定，未按照规定建立专项资金的，责令限期改正；逾期不改正的，处应筹集专项资金一倍的罚款。

（四）违反第二十条规定，未按照规定镶刻建筑铭牌的，责令限期改正；逾期不改正的，处一万元以上三万元以下罚款。

第六十二条　违反本条例第十六条第一款规定，施工图设计文件审查机构未按照法律、法规和强制性标准对施工图设计文件进行审查的，由建设行政管理部门或者其他有关部门处一万元以上十万元以下罚款；情节严重的，撤销对审查机构的认定。

第六十三条　违反本条例第二十四条第一款第一项、第三项、第四项、第五项规定，设计单位的设计文件不符合相关要求的，由建设行政管理部门或者其他有关部门责令限期改正，处十万元以上三十万元以下罚款。造成工程质量和安全事故的，责令停业整顿，降低资质等级；情节严重的，吊销资质证书。

第六十四条　违反本条例规定，施工单位有下列情形之一的，由建设行政管理部门或者其他有关部门按照下列规定进行处罚：

（一）违反第二十八条第一款规定，施工单位更换的人员不符合要求的，责令限期改正，处一万元以上十万元以下罚款；情节严重的，责令暂停施工。

（二）违反第三十条第二款规定，施工单位未按照规定安排项目负责人现场监督的，责令限期改正，处二万元以上十万元以下罚款。

（三）违反第三十二条第三款、第四款规定，施工单位未按照规定输入信息或者未进行信息登记的，责令限期改正，处一万元以上三万元以下罚款。

（四）违反第三十三条第三款规定，施工单位或者劳务分包单位未按照规定对首次上岗的施工作业人员安排实习操作的，责令限期改正，处二万元以下罚款；情节严重的，责令暂停施工。

（五）违反第三十五条规定，施工单位未按照规定委托专业监测单位实施监测的，责令限期改正，处十万元以上三十万元以下罚款；情节严重的，责令暂停施工。

第六十五条　违反本条例规定，项目监理机构有下列情形之一的，由建设行政管理部门或者其他有关部门按照下列规定进行处罚：

（一）违反第四十七条规定，未按照规定定期向有关行政管理部门报告的，责令监理单位限期改正；逾期不改正的，处一万元以上三万元以下罚款。

（二）违反第四十八条规定，发现质量和安全事故隐患未及时要求施工单位改正或者暂停施工的，或者施工单位拒不改正或者不停止施工，未及时向有关行政管理部门报告的，责令监理单位限期改正；逾期不改正的，责令停业整顿，并处十万元以上三十万元以下罚款；情节严重的，降低资质等级或者吊销资质证书。

第六十六条　违反本条例规定，检测单位有下列情形之一的，由建设行政管理部门或者其他有关部门按照下列规定进行处罚：

（一）违反第四十九条第一款规定，检测单位伪造检测数据或者出具虚假检测报告的，责令限期改正，整改期间暂停承接业务，处二万元以上二十万元以下罚款；情节严重的，吊销资质证书。

（二）违反第四十九条第三款规定，检测单位的检测人员未取得资格或者未经考核合格从事检测业务的，责令限期改正，处一万元以上十万元以下罚款。

（三）违反第五十条规定，违反检测回避规定的，责令限期改正，处一万元以上三万元以下罚款。

（四）违反第五十一条规定，未通过检测信息管理系统实施检测或者人为干预检测过程的，责令限期改正，整改期间暂停承接业务，处一万元以上三万元以下罚款。

第六十七条　违反本条例第五十二条规定，监测单位未编制施工监测方案或者出具虚假监测数据的，由建设行政管理部门或者其他有关部门责令限期改正，处一万元以上十万元以下罚款。

第六十八条　建设行政管理部门和其他有关部门在监督检查中发现勘察、设计、施工、监理、检测等单位不再符合相应资质条件的，应当责令其限期改正，整改期间暂停承接业务；逾期不改正的，由许可部门降低其资质等级或者吊销其资质证书。

第六十九条　建设行政管理部门和其他有关部门的工作人员违反本条例规定，有下列情形之一的，由所在单位或者上级主管部门依法给予处分；构成犯罪的，依法追究刑事责任：

（一）违法实施行政许可或者行政处罚的；

（二）未按照本条例规定履行监督检查职责的；

（三）发现违法行为不及时查处，或者包庇、纵容违法行为，造成后果的；

（四）其他玩忽职守、滥用职权、徇私舞弊的行为。

第八章　附则

第七十条　本条例自 2012 年 3 月 1 日起施行。

41. 上海市地下空间规划建设条例

（2013 年 12 月 27 日上海市第十四届人民代表大会常务委员会第十次会议通过　根据 2018 年 5 月 24 日上海市第十五届人民代表大会常务委员会第四次会议《关于修改本市部分地方性法规的决定》第一次修正　根据 2020 年 12 月 30 日上海市第十五届人民代表大会常务委员会第二十八次会议《关于修改本市部分地方性法规的决定》第二次修正）

第一章　总则

第一条　为了加强对本市地下空间开发的规划和建设的管理，保障相关权利人合法权益，促进地下空间资源的合理利用，适应城市现代化和可持续发展的需要，根据《中华人民共和国民法典》《中华人民共和国城乡规划法》《中华人民共和国土地管理法》等有关法律、行政法规，结合本市实际，制定本条例。

第二条　本市行政区域内地下空间开发的规划、建设及相关管理活动，适用本条例。

第三条　本条例所称地下空间是指本市行政区域内地表以下空间。

第四条　地下空间开发应当遵循统筹规划、综合开发、合理利用、安全环保、公共利益优先、地下与地上相协调的原则。

第五条　市和区规划资源行政管理部门承担地下空间开发的综合协调职责，负责规划和用地管理。

市和区建设行政管理部门负责地下空间开发的建筑活动的监督管理和地下市政基础设施建设管理的协调工作。

市和区民防行政管理部门负责民防工程建设的监督管理和地下空间开发兼顾民防需要的监督管理。

市和区房屋行政管理部门负责地下建筑物、构筑物的权籍管理和交易管理。

其他有关行政管理部门按照各自职责，做好地下空间的相关管理工作。

第六条　市和区规划资源、建设、房屋等行政管理部门应当根据各自职责，依法开展地下空间调查，调查涉及的有关单位和个人应当予以配合。

第七条　市和区规划资源、建设、民防、房屋及其他有关行政管理部门应当按照各自分工，履行对地下空间开发的监督检查职责。

第二章　地下空间规划

第八条　本市地下空间分为浅层、中层和深层。

本市地下空间实行分层利用。地下空间开发应当优先安排市政基础设施、民防工程、应急防灾设施，并兼顾城市运行最优化的需要。

第九条　市规划资源行政管理部门应当组织编制本市地下空间总体规划，作为专项规划纳入城市总体规划，并向社会公布。

地下空间总体规划的内容应当包括：地下空间开发战略、总体布局、重点建设范围、竖向分层划分、不同层次的宜建项目、同一层次不同建设项目的优先顺序、开发步骤、发展目标和保障措施。

中心城分区规划、郊区区总体规划、新城总体规划、新市镇总体规划应当包括地下空间规划内容，地下空间规划内容应当符合地下空间总体规划。

第十条　编制涉及地下空间安排的控制性详细规划，应当明确地下交通设施之间、地下交通设施与相邻地下公共活动场所之间互连互通的要求。

市人民政府确定的重点地区的控制性详细规划，还应当对地下空间开发范围、开发深度、建筑量控制要求、使用性质、出入口位置和连通方式等作出具体规定。其他地区的控制性详细规划可以参照重点地区对地下空间的规划要求作出具体规定。

第十一条　涉及地下空间安排的各类专项规划，由市有关专业管理部门会同市规划资源行政管理部门组织编制，经批准后纳入相应的城乡规划。

市民防行政管理部门应当制定民防工程建设规划，对单建民防工程的布局，以及地下空间开发兼顾民防需要的重点区域和技术保障措施等作出规定。

第十二条　规划资源行政管理部门应当会同建设行政管理部门根据控制性详细规划和相关专项规划，结合城市道路、公路的建设，制定地下管线综合规划。

制定地下管线综合规划应当征求管线建设单位及相关行政管理部门的意见。

第十三条　控制性详细规划和相关专项规划应当在相应地下空间预留地下管线位置。已经预留地下管线位置的区域不得新建架空线及其杆架。

本市新城、国务院和市人民政府批准设立的经济开发区应当制定综合管沟规划。已经制定综合管沟规划的区域，应当集中敷设电信电缆、电力电缆、给水管道等管线。相关管线规划应当与综合管沟规划相衔接。

已明确纳入综合管沟的管线，相关规划不再另行安排管线位置。

第三章　地下空间建设

第十四条　地下空间建设应当遵守国家和本市规定的建设程序。结建地下工程的相关行政审批，应当随地上工程的行政审批一并办理。

结建地下工程应当遵循先地下、后地上的建设顺序。

第十五条　地下空间建设不得危及地上及地下相邻建筑物、构筑物、附着物的安全。

地下空间建设因通行、通风、通电、排水等必须利用相邻建设用地的，相邻建设用地使用权人应当提供便利条件。建设单位的通行、通风、通电、排水等应当符合相关法律法规、标准和规范的要求，尽量避免对相邻建设用地使用权人造成损害；造成损害的，应当给予赔偿。

第十六条　建设地铁、隧道、综合管沟、地下道路等市政基础设施以及单建式地下工程，应当符合国家有关地下工程建设兼顾民防需要的标准。

建设单位新建民用建筑，应当按照国家有关规定，结建可用于民防的地下室。

第十七条　列入国家《划拨用地目录》范围的地下建设项目可以采用划拨方式取得地下建设用地使用权，其他地下建设项目应当以出让、租赁等有偿方式取得地下建设用地使用权。

建设项目的结建地下工程应当随其地上部分一并取得建设用地使用权。

第十八条　地上的建设用地使用权人可以申请开发其建设用地范围内的地

下空间，但市政基础设施、民防工程等公益性建设项目需要使用地下空间的除外。

地上的建设用地使用权人开发其建设用地范围内的地下空间的，应当符合控制性详细规划的要求。

第十九条　地下建设项目的建设用地使用权出让，应当采用招标、拍卖、挂牌的方式，但符合下列情形之一的，可以采用协议方式出让：

（一）附着于地下交通设施等公益性项目且不具备独立开发条件的经营性地下建设项目；

（二）地上的建设用地使用权人在其建设用地范围内单建的经营性地下建设项目；

（三）国家和本市规定的其他符合协议出让条件的情形。

第二十条　地下建设项目的建设用地使用权出让金的收取，由市人民政府制定具体办法，向社会公布并依法接受监督。

第二十一条　规划资源行政管理部门应当根据控制性详细规划核定地下建设项目的规划条件。控制性详细规划中未明确地下空间的规划要求的，应当根据规划管理技术规定核定规划条件。

市人民政府确定的重点地区的地下建设项目，以划拨方式提供建设用地使用权的，规划资源行政管理部门应当在核发选址意见书时，核定地下建设项目的规划条件；以出让方式提供建设用地使用权的，规划资源行政管理部门应当在签订建设用地使用权出让合同前，核定地下建设项目的规划条件。规划条件应当明确地下建设项目的用地性质、最大占地范围、开发深度、建筑量控制要求、与相邻建筑连通要求等规划设计要求。

其他地区的地下建设项目，规划资源行政管理部门应当在审定建设工程设计方案前明确地下空间的建设内容。

结建建设项目的地下空间开发范围，不超出地上建设用地使用权的用地界线。

第二十二条　在集中开发的区域，涉及地下空间的建设工程设计方案应当经集中开发区域的管理机构综合平衡后，方可报规划资源行政管理部门审批。建设工程设计方案未经综合平衡的，规划资源行政管理部门不予受理相关建设工程规划许可申请。

集中开发区域的管理机构可以对地下空间实施整体设计、统一建设；建成的地下空间可以单独划拨或者出让，也可以与地上建设用地使用权一并划拨或者出让。

第二十三条　规划条件对地下建设工程有连通要求的，地下建设工程的设计方案应当明确与相邻建筑的连通方案。相邻建筑已经按照规划预留横向连通位置的，新项目的横向连通位置应当与之相衔接。新项目建设单位负责建设衔接段的地下通道，并可以取得地下通道的建设用地使用权。

规划条件对地下建设工程未明确连通要求的，建设单位可以与相邻建筑所有权人，就连通位置、连接通道标高、实施建设主体和建设用地使用权等内容达成协议，形成连通方案，纳入建设工程设计方案一并提交审核。

衔接段的地下通道需要穿越城市道路、公路用地的，规划资源行政管理部门应当征询建设行政管理部门的意见，并在土地划拨决定书或者出让合同中明确建设单位建设地下通道的义务、地下通道建成后的使用方式和维修养护义务。

第二十四条　地下工程建设应当符合工程建设安全和质量标准，满足防汛、排涝、消防、抗震、防止地质灾害、控制震动影响和噪声污染等方面的需要，以及设施运行、维护等方面的使用要求，使用功能与出入口设计应当与地上建设相协调。

地下建设工程之间的距离，应当符合相邻地下设施安全保护的要求。

控制性详细规划应当根据相关专项规划或者行业标准，明确隧道、地铁、综合管沟等大型地下市政基础设施的安全保护区范围。需要在安全保护区范围内进行地下工程建设的，项目可行性研究报告和建设工程设计方案的审批应当征求相关行业行政管理部门的意见；建设单位应当依法向相关行业行政管理部门报批施工保护方案，并委托有资质的监测单位对市政基础设施的安全进行监测和检测，采取相应的安全措施。

第二十五条　建设单位应当按照规划许可进行地下空间建设，不得擅自变更规划许可内容；确需变更的，必须向规划资源行政管理部门提出申请。规划资源行政管理部门受理后，应当会同相关部门进行审核。变更的内容不符合规划要求的，规划资源行政管理部门不得批准。

第二十六条　建设地下管线工程的，建设单位应当委托具有相应资质的测绘单位开展地下管线跟踪测量。建设单位在向规划资源行政管理部门申请《建设工程规划许可证》时，应当提交地下管线跟踪测量合同。

地下管线工程覆土前，建设单位应当通知测绘单位按照地下管线跟踪测量合同，实施跟踪测量。

第二十七条　地下建设工程竣工规划验收前，建设单位应当提请城建档案管理机构对地下建设工程档案进行专项预验收。建设单位应当在申请地下建设工程竣工规划验收时，将竣工图、竣工测绘报告等资料的纸质文本和电子数据报送规划资源行政管理部门。未按照要求报送竣工验收资料的，规划资源行政管理部门不予受理其竣工验收申请。

建设单位应当对其报送资料的准确性负责。因资料不准确导致地下管线等设施在施工时受到损坏并给他人造成损失的，建设单位应当依法承担赔偿责任。

规划资源行政管理部门应当及时将建设单位报送的有关电子数据分送建设、民防、房屋等行政管理部门。

市规划资源、建设、民防、房屋等行政管理部门应当根据各自的功能使用要求，完善地下空间信息系统，实现各专业系统的信息共享，并依法实行信息公开。

第二十八条　建设项目的结建地下工程应当与其地上部分一并办理建设用地使用权和房屋所有权首次登记。单建地下建设项目单独办理地下空间建设用地使用权和房屋所有权首次登记。

地下建设用地使用权的权属范围，按照土地审批文件中载明的地下空间建设用地使用权范围确定。按照规划许可建成的地下建筑物、构筑物，通过竣工规划验收后，其权属范围应当以地下建筑物、构筑物外围所及的范围确定。

地下空间的房地产权利人在办理房地产登记前，应当委托有关机构开展地下空间地籍调查和房屋权属调查。

第二十九条　地下空间建设用地使用权的登记和地下建筑物、构筑物的房地产登记，按照国家和本市房地产登记的有关规定执行。

第四章　法律责任

第三十条　违反本条例规定的行为，《中华人民共和国城乡规划法》及其他法律、行政法规已有处罚规定的，从其规定。

第三十一条　建设单位违反本条例第二十三条第一款规定，未按照规划预留横向连通位置，或者未按照要求对横向连通位置进行衔接的，由规划资源行政管理部门责令改正，处建设工程造价百分之五以上百分之十以下的罚款。

第三十二条　建设单位违反本条例第二十六条第二款规定，未通知测绘单位对地下管线工程进行跟踪测量的，由规划资源行政管理部门责令限期改正；逾期未改正的，处补测费用两倍以上三倍以下的罚款。

第三十三条　规划资源、建设、民防、房屋等行政管理部门有下列行为之一的，由本级人民政府、上级主管部门或者监察机关依据职权责令限期改正，通报批评；对直接负责的主管人员和其他直接责任人员依法给予处分：

（一）违反本条例第九条、第十条、第十一条、第十二条、第十三条、第二十四条第三款规定，未按照要求编制相关规划的；

（二）违反本条例第二十一条规定，未按照要求核定规划条件的；

（三）违反本条例第十一条第二款规定，未按照要求编制民防工程建设规划的；

（四）违反本条例第二十八条、第二十九条规定，未按照要求进行地下空间房地产权利登记的；

（五）违反本条例第七条规定，未按照职责对地下空间开发进行监督检查的。

规划资源、建设、民防、房屋等行政管理部门的工作人员玩忽职守、滥用职权、徇私舞弊构成犯罪的，依法追究刑事责任。

第五章　附则

第三十四条　本条例所称结建，是指由同一主体结合地上建筑一并开发地下空间的建筑活动。

本条例所称单建，是指独立开发地下空间的建筑活动。

第三十五条　本条例自 2014 年 4 月 1 日起施行。

42．上海市农村集体资产监督管理条例

（2017 年 11 月 23 日上海市第十四届人民代表大会常务委员会第四十一次会议通过　根据 2020 年 12 月 30 日上海市第十五届人民代表大会常务委员会第二十八次会议《关于修改本市部分地方性法规的决定》修正）

第一章　总则

第一条　为了加强和规范农村集体资产监督管理，维护农村集体经济组织及其成员的合法权益，支持和促进农村集体经济可持续发展，根据《中华人民共和国民法典》等法律、行政法规，结合本市实际，制定本条例。

第二条　本市行政区域内农村集体资产管理及其监督等活动，适用本条例。

本条例所称农村集体资产，是指乡镇、村、组农村集体经济组织全体成员集体所有的资产。

本条例所称农村集体经济组织，是指乡镇、村、组成员以生产资料集体所有制为基础建立的合作经营、民主管理、服务成员的组织。

第三条　农村集体经济组织应当接受所在地中国共产党基层组织领导，完善组织章程，建立健全民主管理的治理机制，依法管理农村集体资产，发展农村集体经济。

第四条　本市各级人民政府应当根据本行政区域发展实际，建立完善财政引导、多元投入的集体经济发展扶持机制，加大对农村公共服务的财政投入，支持农村集体经济发展。

市、区农业农村部门和乡镇人民政府按照职责分工负责指导、协调和监督本行政区域内农村集体资产的管理工作。市、区和乡镇农村经营管理机构履行本条例规定的日常指导和监督管理职责。

市、区发展改革、财政、民政、公安、市场监管、税务、规划资源、建设、人力资源社会保障、水务等部门按照职责分工，共同做好有关农村集体资产管理的指导工作。

行政区域内存在农村集体资产的街道办事处，履行本条例关于乡镇人民政府的各项职责。

第五条　农村集体经济组织应当与乡镇人民政府、村民委员会实行事务分离、分账管理。

农村集体经济组织根据法律、法规和章程的规定，可以将其收益按一定比例用于本地区公共事务和公益事业。

第六条　农村集体资产受法律保护，任何单位和个人不得侵占、损害。

任何单位和个人不得强制农村集体经济组织捐助或者向农村集体经济组织摊派。财政投入实施的农村公共设施建设和公共服务项目，不得强制农村集体经济组织安排配套资金。

第七条　市、区人民代表大会及其常务委员会和乡镇人民代表大会应当加强对农村集体资产相关法律、法规实施情况的监督检查。

第二章　权属确认

第八条　下列资产依据法律规定纳入农村集体资产管理范围：

（一）成员集体所有的土地等资源性资产；

（二）成员集体所有的用于经营的建筑物、设施设备、无形资产、集体投资形成的投资权益等经营性资产；

（三）成员集体所有的用于教育、科技、文化、卫生、体育等公共服务的建筑物、设施设备等非经营性资产；

（四）政府拨款、减免税费以及接受捐赠、资助形成的资产；

（五）依法属于成员集体所有的其他资产。

前款规定的经营性资产应当以份额形式量化到本集体经济组织成员。除国家和本市另有规定外，其他资产不得以份额形式量化或者以货币等形式分配。

第九条　自农村高级农业生产合作社成立以来，在乡镇、村、组集体生产生活的人员，经农村集体经济组织民主程序确认，成为该集体经济组织成员。成员确认应当综合户籍关系、农村土地承包关系、对农村集体资产积累的贡献等因素。

农村集体经济组织成员对农村集体资产及其经营管理依法享有知情权、表决权、收益权、监督权等权利。因工作、生活等原因与农村集体经济组织不再具有生产生活关系的，不享有表决权，但农村集体经济组织章程另有规定的除外。

第十条　农村集体经济组织应当建立成员名册，记载成员的姓名、份额等基本信息，并及时向乡镇农村经营管理机构备案。

农村集体经济组织成员享有的份额，应当以户为单位记载。户内总份额一般不随户内人口增减而调整，但农村集体经济组织章程另有规定的除外。

第十一条　农村集体资产份额可以在本集体经济组织成员之间转让、赠与，也可以由本集体经济组织赎回，不得向本集体经济组织成员以外的人员转让、赠与。

农村集体资产份额可以依法继承。农村集体经济组织成员以外的人员通过继承取得份额的，不享有表决权，但农村集体经济组织章程另有规定的除外。

通过份额量化或者转让、赠与、继承等方式持有农村集体资产份额的，持有的总份额不得超过农村集体经济组织章程规定的上限。

第三章　组织机构

第十二条　乡镇农村集体经济组织可以登记为农村经济联合社，村、组农村集体经济组织可以登记为农村经济合作社。农村经济联合社和农村经济合作社（以下统称经济合作社）由区农业农村部门登记并发放证书，登记证书应当记载农村集体经济组织名称、统一社会信用代码、负责人、住所等事项。

农村集体经济组织已经登记为有限责任公司或者社区股份合作社的，符合条件可以转制为经济合作社。

农村集体经济组织依据《中华人民共和国民法典》等法律、行政法规的规定取得法人资格。

第十三条　经济合作社的组织机构由成员大会、理事会、监事会组成，表决实行一人一票制。

经济合作社理事会成员、监事会成员任职前应当进行公示，理事会成员、监事会成员不得互相兼任。

第十四条　经济合作社应当制定章程，并向区农业农村部门备案。章程可以载明下列事项：

（一）名称、住所和负责人；

（二）经营范围；

（三）成员大会、成员代表会议、理事会、监事会的职责范围和议事规则；

（四）成员代表的组成和选举、罢免的方式；

（五）理事会、监事会的组成以及理事、理事长、监事、监事长的选举、罢免的方式；

（六）重大事项、一般事项、主要管理人员的范围；

（七）成员份额、限额、份额流转的条件与程序；

（八）收益分配办法；

（九）合并、分立以及因其他事由解散的条件；

（十）清算办法；

（十一）成员大会或者成员代表会议认为需要规定的其他事项。

区农业农村部门应当在市农业农村部门的指导下，结合本区实际情况制定示范章程。

第十五条　成员大会是经济合作社的权力机构，可以就下列事项作出决定：

（一）制定和修改章程；

（二）选举和罢免理事会、监事会成员；

（三）审议理事会、监事会工作报告；

（四）合并、分立以及因其他事由解散的实施方案；

（五）农村集体资产发展规划、经营方式、重要规章制度、重大投资项目；

（六）年度财务收支预算、决算和收益分配方案；

（七）成员的增减；

（八）法律、法规和章程规定的其他事项。

成员较多的经济合作社，可以设立由成员户代表或者成员代表参加的成员代表会议，按照章程规定履行成员大会授予的职责。

第十六条　成员大会或者成员代表会议每年至少召开一次，由理事会召集，理事长主持。经十分之一以上的成员或者理事会、监事会提议，应当召开成员大会或者成员代表会议。

成员大会由全体成员二分之一以上出席方可举行，成员代表会议由全体代表三分之二以上出席方可举行。

成员大会和成员代表会议对章程规定的重大事项的决议，应当由出席人数五分之四以上通过；对一般事项的决议，应当由出席人数三分之二以上通过。

第十七条　理事会是经济合作社的管理机构，依照章程规定履行下列职责：

（一）召集成员大会或者成员代表会议；

（二）执行成员大会或者成员代表会议的决议；

（三）制定并执行农村集体资产管理的规章制度；

（四）制订年度财务收支预算、决算和收益分配方案草案；

（五）负责农村集体资产的经营和日常管理工作；

（六）向成员大会或者成员代表会议作工作报告；

（七）法律、法规和章程规定的其他职责。

理事任期由章程规定，但每届任期不得超过五年。

第十八条　监事会是经济合作社的监督机构，依照章程规定履行下列职责：

（一）检查经济合作社财务；

（二）监督理事、主要管理人员执行职务的行为，对违反法律、法规、章程以及成员大会或者成员代表会议决议的理事、主要管理人员提出罢免建议；

（三）纠正理事、主要管理人员损害经济合作社利益的行为；

（四）提议召开成员大会或者成员代表会议，在理事会不召集会议时自行召集会议；

（五）向成员大会或者成员代表会议提出提案；

（六）法律、法规和章程规定的其他职责。

监事任期由章程规定，但每届任期不得超过五年。

第四章　经营管理

第十九条　农村集体经济组织应当建立和完善农村集体资产经营管理、责任考核和风险控制等制度。

农村集体经济组织对经营性资产可以直接经营，也可以采取发包、租赁、委托、合资、合作等方式经营。

农村集体经济组织理事、主要管理人员不得违反法律、法规和章程的规定，或者未经成员大会同意，以农村集体资产为他人提供担保。

农村土地等资源性资产的经营和使用，应当遵守有关法律、法规的规定，不得擅自改变其用途。

第二十条　农村集体经济组织应当定期开展资产清查核实工作，重点清查经营性资产、未承包到户的资源性资产以及现金、债权债务等。清查核实结果应当向成员公示，并经成员大会或者成员代表会议确认。

第二十一条　转让农村集体资产的，应当符合国家和本市关于产权公开交易的规定。出租农村集体资产的，鼓励在农村集体资产租赁平台上以公开、公正的方式择优选择承租人。

第二十二条　农村集体经济组织只能开立一个基本存款账户，可以按照有关规定开立专用存款账户。相关账户信息应当向乡镇农村经营管理机构备案。

农村集体经济组织应当建立健全财务收支预决算、开支审批、资金管理、票据管理、财务公开、坏账核销和内部控制等财务和会计制度。

农村集体经济组织与其他单位或者个人在经济往来中取得的原始凭证，应当真实、合法。农村集体经济组织以及由其设立的企业的财务档案、经济合同等资料，应当按照有关规定予以保存。

第二十三条　农村集体经济组织应当配备必要的会计人员或者委托具备资质的专业机构承担财务核算、财务会计档案保管和统计等工作。

乡镇人民政府确定的机构提供会计代理服务的，不得向农村集体经济组织收取费用。

第二十四条　农村集体经济组织应当定期向其成员公示下列信息：

（一）农村集体资产的运行情况；

（二）农村集体经济组织设立企业的资产运行情况；

（三）农村集体经济组织及其设立企业的管理人员工作报酬、经济责任审计情况；

（四）农村集体资产的清查核实结果；

（五）国家和本市规定应当公示的其他信息。

第二十五条　农村集体资产经营收益由本集体经济组织全体成员集体所有。

农村集体经济组织当年的净收益应当在弥补亏损、提取公积金和公益金后，按照本条例和章程的规定进行分配。公积金和公益金的提取比例均为当年净收益的百分之十五，鼓励农村集体经济组织在章程中规定更高的提取比例。公积金和公益金累计额达到章程规定的，可以不再提取。

公积金主要用于发展生产、转增资本、弥补亏损，公益金主要用于资助本地区公共事务和公益事业。

农村集体经济组织应当在农村经营管理机构的指导和监督下，根据本集体经济组织经济状况和发展实际，制定年度收益分配方案。年度收益分配方案应当符合国家和本市有关规定，并向农村经营管理机构报告，提交成员大会或者成员代表会议审议决定。

第二十六条　农村集体经济组织合并、分立或者因其他事由解散，需要调整农村集体资产权属或者处置农村集体资产的，应当在区农业农村部门的指导和监督下，制定具体的实施方案；村民小组、村、乡镇撤制的，农村集体经济组织应当先行对集体资产清产核资、明晰产权，制定处置方案。

前款规定的实施方案和处置方案应当提交成员大会或者成员代表会议审议决定。调整农村集体资产权属和处置农村集体资产时，对纳入经营性集体资产管理范围的土地补偿费等应当按照国家和本市的规定进行份额量化，不得损害农村集体经济组织及其成员的合法权益。

第二十七条　在农村集体产权制度改革中，因农村集体资产权利人名称变更、资产确权和变更等情形发生的相关税费，按照国家有关规定予以减免。

第二十八条　有下列情形之一的，农村集体经济组织应当委托具备法定资质的资产评估机构对农村集体资产进行评估：

（一）将农村集体资产作价出资的；

（二）转让农村集体资产达到章程规定的限额的；

（三）因村民小组、村、乡镇撤制或者农村集体经济组织解散，需要调整农村集体资产权属或者处置农村集体资产的；

（四）法律、法规规定需要进行评估的其他情形。

农村集体资产评估结果应当向本集体经济组织成员公示。

第二十九条　农村集体经济组织应当委托第三方专业机构或者建立内部审计机构，每年对本集体经济组织的经济活动开展审计。

审计结果和审计整改情况应当向本集体经济组织成员公示。

第三十条　农村集体经济组织成员有权了解本集体经济组织的经营管理情况，农村集体经济组织应当及时答复并予以解释；十户或者二十人以上联名询问或者涉及重要问题的，应当记录在册。

第五章　指导监督

第三十一条　市、区和乡镇农村经营管理机构承担农村集体资产管理的日常指导和监督工作，包括下列事项：

（一）农村集体资产、负债、损益和收益分配；

（二）农村集体资产评估的范围、程序和结果；

（三）农村集体资产承包、租赁、转让等合同的签订和履行；

（四）公积金、公益金的提取和使用；

（五）农村集体经济组织的治理结构和议事规则；

（六）农村集体经济组织的合并、分立以及因其他事由解散；

（七）法律、法规规定的其他事项。

农村经营管理机构在监督检查中，可以进行现场检查，向农村集体经济组织或者承包、承租、受托管理农村集体资产的单位和个人询问、调查有关情况，查阅、复制有关档案、合同、发票、账簿以及其他相关资料。

第三十二条　农村经营管理机构应当对农村集体经济组织开展内部审计的情况进行检查，并根据监督管理需要，派员或者委托第三方专业机构，对农村集体经济组织的资产、财务收支等情况进行审计。

市和区人民政府审计机关在职责范围内依法进行审计业务指导。

第三十三条　农村经营管理机构在监督检查中，发现农村集体经济组织存在违法违规风险或者管理疏漏的，应当发出风险预警或者整改通知，并跟踪检查。

存在重大经营风险或者其他资产管理问题，未及时整改的，农村经营管理机构可以约谈集体经济组织等有关单位主要负责人，要求其落实农村集体资产管理责任，采取有效措施消除资产经营风险。

第三十四条　农村经营管理机构应当向农村集体经济组织成员公开对该集体经济组织开展监督检查的结果，并向相关部门通报。

农村经营管理机构应当建立农村集体资产监督管理档案，记录监督检查、相关部门对农村集体经济组织进行行政处罚等情况。

第三十五条　农村集体经济组织成员及利害关系人对成员资格、份额等有异议的，可以向农村集体经济组织提出核实申请。农村集体经济组织收到申请后，应当调查核实，并及时作出答复；发现问题的，应当予以纠正。

农村经营管理机构可以根据农村集体经济组织成员及利害关系人的请求，帮助调查核实，并督促农村集体经济组织作出答复。

第三十六条　任何单位和个人发现农村集体资产流失等违法行为的，可以向相关行政管理部门、农村经营管理机构投诉举报。

相关行政管理部门、农村经营管理机构对收到的投诉举报应当在十五日内作出处理，属于本单位职责的，予以核实、答复；不属于本单位职责的，应当在五日内书面通知、移交有权处理的单位，并告知投诉举报人。

第六章　法律责任

第三十七条　违反本条例规定的行为，法律、行政法规有处罚规定的，从其规定。

第三十八条　农村集体经济组织的理事、监事、主要管理人员有下列行为之一，造成农村集体资产损失的，依法承担赔偿责任；构成犯罪的，依法追究刑事责任：

（一）收受贿赂或者取得其他非法收入和不当利益的；

（二）侵占、挪用农村集体资产的；

（三）违反法律、法规和章程规定，以农村集体资产为他人提供担保，或者将农村集体资产低价折股、转让、出租的；

（四）不如实向资产评估机构、会计代理机构提供有关情况和资料，或者与资产评估机构、会计代理机构串通出具虚假资产评估报告、审计报告的；

（五）违反法律、法规和章程规定的决策程序决定本集体经济组织重大事项的；

（六）其他违反法律、法规和章程的行为。

第三十九条　农村集体经济组织理事、监事、主要管理人员等违反本条例规定，情节严重的，市、区农业农村部门和乡镇人民政府可以向农村集体经济组织提出暂停职务或者罢免的建议。

第四十条　农村集体经济组织成员及利害关系人认为农村集体经济组织侵害其合法权益的，或者农村集体经济组织认为其他单位或者个人侵害其合法权益的，可以依法向人民法院提起民事诉讼。

农村集体经济组织及相关人员对市、区农业农村部门或者乡镇人民政府的行政行为不服的，可以依法申请行政复议或者向人民法院提起行政诉讼。

第四十一条　各级人民政府及其有关部门的工作人员违反本条例规定，有下列情形之一的，依法给予处分；构成犯罪的，依法追究刑事责任：

（一）侵占、损害农村集体资产，强制农村集体经济组织捐助，或者向农村集体经济组织摊派的；

（二）财政投入实施的农村公共设施建设和公共服务项目，强制农村集体经济组织安排配套资金的；

（三）收到投诉举报或者农村集体经济组织提交的报告，未及时处理，造成不良影响的；

（四）在农村集体资产监督管理工作中滥用职权、玩忽职守或者徇私舞弊的其他行为。

第七章　附则

第四十二条　本条例自 2018 年 4 月 1 日起施行。

图书在版编目(CIP)数据

上海地方立法蓝皮书.2020年/丁伟主编;上海市
立法研究所编. —上海:上海人民出版社,2021
ISBN 978-7-208-17205-0

Ⅰ.①上… Ⅱ.①丁… ②上… Ⅲ.①地方法规-立
法-研究-上海-2020 Ⅳ.①D927.210.0

中国版本图书馆 CIP 数据核字(2021)第 132801 号

责任编辑 夏红梅
封面设计 孙 康

上海地方立法蓝皮书(2020 年)

丁 伟 主编 王 娟 副主编
上海市立法研究所 编

出 版 上海人民出版社
 (200001 上海福建中路 193 号)
发 行 上海人民出版社发行中心
印 刷 上海商务联西印刷有限公司
开 本 720×1000 1/16
印 张 45
插 页 2
字 数 650,000
版 次 2021 年 8 月第 1 版
印 次 2021 年 8 月第 1 次印刷
ISBN 978-7-208-17205-0/D·3796
定 价 168.00 元